# 이 슬 람 사

이슬람 권력의 흥망 및 아랍민족의 경제적 · 사회적 · 지성적 발전의 서술

김용선 編著

明文堂

◀ 코란의 황금페이지 아라비아식 디자인으로 장식되어 있다.

▲ 코란의 수업

◀ 무함마드와 그 후계자 무함마드가 칼리프로 알리를 명하였다. 왼쪽이 무함마드이다.

▲ 무함마드의 천국 편력  예언자 무함마드는 꿈에 칠천(七天)을 순력(巡歷)했다고 전해진다.

◀ 아부 바크르의 즉위 초대 칼리프로 선출된 아부 바크르는 무함마드의 오랜 동지였다.

▼ 메카 순례
이슬람교도에게 있어 메카 순례는 최대의 행사이다.

▲ 메카 무함마드의 탄생지이자 이슬람교 최고의 성지(聖地). 가운데가 카바 신전이다.

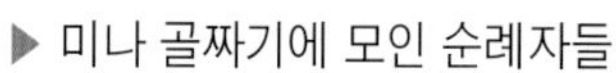

▶ 미나 골짜기에 모인 순례자들

▲ 왈리드 모스크 우마이야조 6대 칼리프 왈리드가 건축한 모스크

▶ 칼리프 마문의 목욕도

▼ 무아위야와 아들 야지드

▲ 예루살렘의 바위돔 우마이야조 5대 칼리프 말리크에 의해 691년에 완성되었다.

▶ 융단 천장과 깔개 신하들을 알현하는 아바스조 칼리프

▶ 오스만 투르크의 군주인 술탄의 모습

▲ 이슬람 기병대  기독교도 기병대를 추격하는 이슬람 기병대의 모습

▼ 루멜리 히사리  오스만 제국의 흥륭을 상징하는 역사적 기념물

# 머 리 말

이슬람 예언자 무함마드가 632년 타계한 후로는 예언자로서의 후계자는 끊어졌으나 무함마드가 이룩한 이슬람 공동체는 공고해져 무함마드의 현세적 일을 위임받는 칼리프(대리자)가 교단을 통솔하였다. 무함마드가 서거한 1세기 후에는 이슬람 공동체는 북부 아프리카를 비롯하여 지금의 중동지역 거의 전부와 동쪽으로는 인더스 강 유역까지 강대한 이슬람 공동체를 구성하였다.

이 공동체를 이슬람에서는 '움마'라 하며, 두 개의 측면이 있다고 본다. 눈에 보이지 않는 측면은 인간 존재의 본래적인 것과 이상을 표시하는 것이며, 성스러운 것이다. 눈에 보이는 존재, 역사적 형태로서 보았을 경우 결코 이상대로 되지 않는다. 현실의 유한한 인간이 구성하는 집단으로서 오르막이 있고 내리막이 있고 역사가 있다.

이슬람 공동체를 세운 3백 년 동안은 이슬람 공동체의 전성기로 서쪽으로 스페인, 아프리카 북부 일대, 중앙아시아에서 중국으로 뻗쳐 동남쪽으로 인도, 말레이시아 반도까지 석권하였다. 이 광대한 이슬람 공동체는 종교뿐만 아니라 학술, 예술 및 산업에 걸친 넓은 범위의 문화를 가짐으로써 당시 아직도 중세 암흑지대에 놓여 있던 유럽에 이슬람권의 모든 문화를 전파시키는 결과를 가져왔다.

그러나 이 강대한 종교 공동체(국가)가 번영으로 치닫고 있는 중에 칼리프 왕조가 분리되고, 교리와 의례는 형식이 되고 번영의 절정에서 악화되어갔다. 게다가 르네상스를 원동력으로 하는 유럽 문명의 부흥과 서구 제국의 동침(東侵) 정책에 의하여 이슬람 국가는 근대에 들어서 식민지화와 속국으로 전락하여간다.

그러나 최악의 사태에도 불구하고 이슬람은 아시아, 아프리카 민족 속에 뿌리박아 박해와 압정 속에 절대적인 정신의 지주가 되었고, 미래에 대한 등불이 되고 있다.

이 책을 쓰는 데 있어 명문당 김동구 사장님의 물심양면에 걸친 격려에 다시금 감사드린다.

2012년 2월 김용선

# 차 례

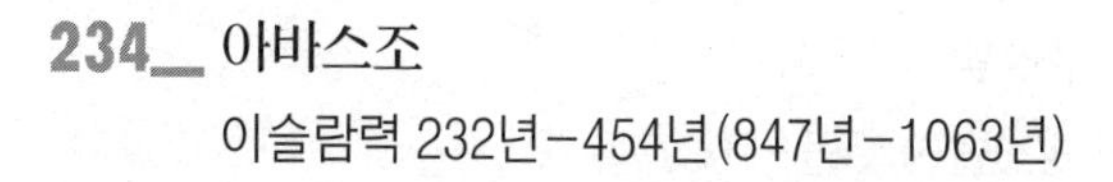

## §§ 예언자 무함마드

이슬람력 1년-10년(622년-632년)

### 메디나에서의 무함마드-무함마드의 당쟁

무함마드는 570년경 아라비아 반도의 메카에서 태어났다. 메카의 유력한 집안 '하심' 가문 출신인 그는 유복자로 태어나 아버지를 보지 못했고, 어머니도 그가 6세 때 사망했다. 그는 할아버지, 다음에는 큰아버지 아부 탈리브 밑에서 자랐다. 가난한 고아였던 그는 소년 시절부터 사람들에게 고용되어 일하기도 하고, 또 큰아버지의 장사를 돕기도 했다. 무함마드의 청년시절에 대해서는 메카의 상업 캐러밴(caravan, 낙타 대상)에 참가하였다는 것 외에는 별로 알려진 것이 없다.

그는 25세 무렵 하디자라는 미망인이 경영하는 대상(隊商)무역에 고용되어 뛰어난 수완을 보였다. 무함마드의 재능과 인물에 반한 하디자는 그에게 청혼했다. 무함마드가 25세, 하디자는 40세쯤이었다. 이 결혼으로 그는 가난한 처지에서 곧 재산가가 되었다. 무함마드는 아내와의 사이에 2남 4녀를 낳았다. 아들들은 어린 나이에 죽고, 딸도 셋만이 성장하여 결혼했으나, 막내딸 파티마를 제외하고는 이들도 젊어서 죽었다. 무함마드는 자기를 길러 주었던 큰아버지 아부 탈리브의 아들 알리를 막내딸 파티마와 결혼하게 했다.

결혼한 후 별다른 일 없이 생활하면서 대상무역에 종사하던 상인 무함마드는 40세쯤에 하나님의 소명을 받는 체험을 갖게 된다. 610년 태음력 라마단〔이슬람력 9월〕달이었다. 무함마드는 여느 때처럼 메카 근교의 히라 동굴에서 명상하다가 잠들었는데, 돌연 천사 가브리엘이

무함마드의 천국 편력

나타나 책을 내놓고 '읽어라'라고 명령했다. 그가 읽을 줄 모른다고 하자 천사는 책을 그의 목에 바짝 대고 다시 '읽어라'고 말했다. 그러다가 천사는 다음과 같은 계시를 전했다.

.'읽어라. 창조주이신 주님의 이름으로.

주님은 핏덩어리에서 인간을 창조하시었다.

읽어라. 그대의 주님은 참으로 고마우신 분이시다.

붓을 잡는 법을 가르쳐 주시고,

인간에게 알지 못하는 일을 가르쳐 주셨다.'(코란 96 : 1~6)

이는 예언자로서의 최초의 종교 체험이었다. 무함마드는 처음에는 이것이 하나님으로부터의 계시라 믿지 않고, 당시 아라비아 반도에서 널리 믿어졌던 진(요정)에 의한 것으로 생각되어 무섭기도 하여 집으로 돌아왔다. 무서워 덜덜 떨면서 악령에 사로잡혔다고 아내 하디자에게 말했다. 그러나 하디자는 무함마드가 들은 계시가 분명히 하나님이 내린 계시이며, 그의 종교적 체험을 바로 살펴보도록 격려했다.

이후에도 환상이 때때로 그를 찾아왔다. 그러나 하늘에서 내리는 계시는 다시 들려오지 않았다. 그는 번민하고 괴로워했다. 그럴 때마다 그의 버팀목이 되는 사람은 아내 하디자였다. 이렇듯 계시를 기다리기 3년 되던 해에 천사가 그를 부르는 것을 들었다.

'오, 겉옷을 입은 자여. 일어서 경고하라. 그대의 주님을 찬송하라. 그대의 옷을 깨끗하게 하라. 더러운 것을 피하라.'(코란 74 : 1~4)

이즈음 무함마드는 계시가 내려오는 것을 기다릴 때는 겉옷을 입고 누워 있었다. 무함마드는 자기의 사명을 자각하게 된다. 하나님의 계시는 수시로 내려온다. 무함마드는 차차로 계시의 확실성과 예언자로 선택된 자기의 존재를 확신하게 된다. 계시란 때와 장소를 가리지 않고 돌연히 내려오고, 인간의 뜻과는 관계없이 명령을 내리고 실행토록 다그친다. 예언자로서 하나님 앞에 불리워졌다 함은 하나님의 말을 선교하고, 이를 역사 속에 뿌리 내리게 하는 사명을 짊어지는 것이다.

새로운 종교의 제창자로서 그는 일어서기로 결의했다. 최초의 신자가 된 사람은 아내 하디자였다. 그리고 사촌, 자녀, 양자와 친척들의 일부가 신자가 되었는데, 대부분의 메카 주민들은 무함마드를 미친 사람 취급하거나, 또는 당시 그들 사회에 있었던 점치는 자나 주술사라 취급하고 상대해주지 않고 조소만 했다.

그런데 무함마드가 설교하는 하나님을 믿으라는 말씀은 메카 사람들에게 경제적으로나 정치적으로 꽤 큰 영향을 갖는 것이었다. 매해 한 번 카바 신전에서의 축제는 메카의 경제적인 번영을 뒷받침하는 중요한 것으로, 이것 외에도 카바 신전에 참배하는 자의 경제적 의미도 컸다. 또 메카에 사는 쿠라이시 부족을 필두로 하는 여러 부족은 각각의 신을 카바 신전에 모시고 있었다. 그리하여 카바 신전을 중심으로 하는 부족의 세력 균형이 물질적으로나 정신적으로 성립하여 부족연합을 만드는 합의제의 근거가 되었다.

그러나 하나님만을 찬양하고 받드는 일신교가 되면 이런 정치적 균형이 파괴되게 된다. 부족결합을 유지하는 정신적 중추인 카바 신전의 여러 신들을 부정한다 함은 부족 자체가 해체될지도 몰랐다. 부족조직은 굳건하여 부족민은 그 속에서만 일이나 사물을 생각할 수 있었다. 무함마드의 전도가 메카 쿠라이시 부족민들의 끈질긴 저항에 부딪치게 된 것은 이것이 부족의 전통을 파괴한다고 그들이 생각했기 때문이다.

무함마드에 대한 반대는 차차로 더해갔다. 그렇지만 무함마드는 굴하지 않고 전도에 노력했다. 그런 그의 노력에도 불구하고 압박은 심해졌다. 그를 기른 큰아버지 아부 탈리브는 무함마드가 속한 하심가의 가장으로 그가 고난을 참고 견디도록 격려했고, 아내 하디자도 굳건한 그의 신앙과 활동의 버팀목이 되었다.

드디어 615년, 그는 아라비아 반도의 홍해 맞은편에 있는 아비시니아(에티오피아)로 신자들의 한 무리를 피난시켰다. 피난해야 할 정도로 포교가 곤란했다는 것을 말한다. 박해는 더욱 심해졌다. 무함마드의 집안인 하심가는 마침내 메카 주민들로부터 절교가 선언되어, 하심가 사람들은 메카 교외에서 살아야 할 처지가 되었다. 여기에다 대상무역에도 참가할 수 없어 무역상으로서의 활동도 봉쇄되었다. 무함마드의 처지는 매우 곤란해졌다.

619년, 지금까지 음으로 양으로 무함마드를 돕던 큰아버지 아부 탈리브와, 무함마드를 잘 이해하고 활동을 뒷받침해주던 아내 하디자가 잇달아 사망했다. 그에게 더욱 불운한 일은 그의 작은아버지로 새로 하심가 가장으로 선출된 아부 라합은 큰아버지 아부 탈리브와는 달리 무함마드를 보호할 의사를 전혀 갖고 있지 않았다. 더이상 메카에서의 전도가 불가능하다고 생각한 무함마드는 메카에서 동쪽으로 약 150리 가량 떨어진 고원 도시 타이프에서 포교를 하기 위한 활로를 찾으려 했으나 돌세례를 받고 쫓겨나왔다.

이 시점에서 무함마드가 새로운 천지를 개척하는 계기가 열렸다. 그와 야스리브〔메디나〕 주민인 아랍부족과의 관계이다. 후에 메디나로 개칭된 야스리브는 메카 북방 450리쯤 되는 곳에 있는 오아시스의 도읍이었는데, 이 도읍을 개척한 사람은 유태인들이었다. 그후 아랍부족도 여기에 들어왔고, 유태민족과 비슷한 세력을 이룬 때는 5세기말 경이었다. 아랍부족과 유태부족은 서로 세력의 균형을 이루며 공존하였는데 때때로 다툴 때도 있었다. 동시에 아랍부족간의 대립도 격렬하였다. 이 때문에 불안정한 동요가 항상 되풀이되는 야스리브에서는 이들 아랍부족을 함께 뭉칠 지도자가 필요하다는 기운이 농후해졌다. 이즈음 메카에서 힘겹게 전도하는 무함마드의 소식을 듣고 있었다.

야스리브의 아랍부족 몇 사람은 메카의 카바 신전 순례 때 무함마드의 설교를 듣고 이슬람 신도가 된 자도 있었다. 그들의 말을 전해들은 사람들은 다시금 아랍부족의 대표자 12명을 보내어 무함마드와 만났고, 그들은 즉시 신도가 되었다. 다음해 70명의 야스리브 아랍부족은 메카에서 조금 떨어진 아까바에서 무함마드와 만났다. 그들은 무함마드의 가르침에 따르고, 또한 그를 야스리브에 영입할 것을 맹세했다. 이 같은 무함마드와 야스리브의 아랍부족간의 접촉은 비밀리에 진행되었으나, 마침내 메카의 쿠라이시 부족민들도 알게 되었다.

이를 알아차린 무함마드는 곧 그의 친구이며 신도인 아부 바크르와 함께 메카를 탈출하여 남부의 다우르 동굴에 몸을 숨겼다. 아부 바크르는 메카의 대상인으로 신앙심이 깊은 충실한 사람이었다. 동굴에 숨은 3일 동안 아부 바크르의 가족들은 음식물을 가져다 주었다.

무함마드를 찾아 강력한 수사를 개시한 쿠라이시 부족은 낙타 백 마리의 현상금까지 걸었다. 수색대는 동굴 앞까지 와서 안을 들여다 보고 조사하려 했으나 그만두었다. 아부 바크르가 '이제 우리 둘뿐이군요.'라고 말하자, 무함마드는 '아니야. 하나님이 계시지 않나.'하고 의연히 말했다.

수색대가 떠난 것을 보고 두 사람은 낙타를 타고 야스리브로 왔다. 이 해가 이슬람 원년으로 치는 '헤지라〔성천〕' 원년으로, 622년 9월 20일이었다. 이 날짜에 대해서는 여러 설이 있으며 6월, 또는 3월이라고도 한다.

메카를 벗어났다 함은, 이슬람 신도가 아닌 자들이 장악하고 있는 지역에서 이슬람 신도들이 탈출하여 자기들의 신앙을 방해받지 않고 이슬람교를 믿는 신앙 공동체를 구성하고, 신앙에 따른 사회적·정치적 원칙을 실행할 수 있는 터전을 마련한 셈이었다.

메카를 탈출하여 야스리브에 도착한 무함마드는 신도들의 집단예배를 위해 성당〔모스크〕을 건설하고 여러 가지 종교 의식을 정했다. 이때부터 야스리브는 '빛이 비춰진 도시'라는 뜻인 메디나로 개칭되어 지금까지 내려오고 있다. 메카에서 탈출해 온 신도들의 생활의 어려움을 타개하기 위해, 메디나에서 개종한 아랍부족의 신도들은 메카 출신의 교도들과 의형제 관계를 맺어 생활을 도왔다.

이때부터 메디나의 이슬람 신도들은 '원조자〔암사르〕'라 불리고, 메카에서 이주한 이슬람 신도들은 '이주자〔무하지룬〕'라고 일컬어졌다.

그러나 그를 환영하지도 않고 반대하지도 않으며, 은밀히 메카의 다신교 신자들과 손잡고 그를 해치려고 하는 사람들인 '위선자〔무나휘쿤〕'가 있었다. 또한 메디나에는 아랍부족이 아닌 유태부족이 있었다. 그들은 메디나와 그 근처의 오아시스가 있는 마을에서 살고 있었다.

무함마드는 자기 주변부터 종교 공동체를 확립하고자 했다. 언급하였다시피 메디나 주민들은 처음부터 이슬람에 귀의한 것은 아니었다. 그러나 무함마드는 서서히 이들을 교화하여 이슬람 체제를 굳혀갔다. 그의 탁월한 정치적 재능을 여기서 볼 수 있다. 유태부족의 문제는 더욱 중요했다. 그는 유태인들에게 이슬람은 새로운 종교가 아니며, 교리나 목적에 있어서도 새로운 것이 아니라고 설명했다.

아담을 창조하고 아브라함을 인도하고 모세와 다윗, 예수에게 계시를 내리신 하나님은 마지막의 예언자이며, 사자로서 무함마드에게 새로운 최후의 계시를 주고 계신다. 이슬람은 무함마드 이전 시대의 계시와 종교를 부인하는 것이 아니라, 하나님을 믿는 자는 스스로의 종교적 교리나 종교관을 포기할 필요가 없다고 그들을 설득했다.

그들은 무함마드를 정치적 지도자로 받아들이기만 하면 되고, 무함마드를 통해 하나님이 제시한 규칙에 반대하지 않으면 된다고 하였다. 무함마드는 유태교를 인정하고 예배 방향을 예루살렘으로 하여 유태민족의 마음을 끌어안으려고 했다. 그러나 이 정책은 효과가 없었다. 그래서 무함마드는 금요일을 예배일로 정하고, 예배 방향을 메카로 했다.

메디나로 이주한 지 2년째 되는 해인 헤지라 2년에, 유태인들이 무함마드를 그들의 구약 성서의 예언자 계통의 한 사람으로 인정하지 않는다는 것이 밝혀졌다. 이 해 무함마드는 예배 방향을 메카 쪽으로 했다. 이는 이슬람에서 종교적인 면의 중심으로서의 메카의 위치를 확인하고 아랍적인 기반에 둔다는 것을 의미했다. 메카의 중요성을 현저하게 하는 것은 이슬람의 다섯 의무 중 하나인 순례에서도 찾아볼 수 있다. 메카로의 순례는 가능하면 일생에 한 번은 하여야 한다고 모든 이슬람 신도들에게 의무화 되어 있다.

무함마드는 쿠라이시 부족의 다신교도들이 통제하고 있는 메카를 제압하기로 계획했다. 그는 메카에서 받아들여지지 않고 메디나로 와서야 비로소 목적으로 한 이슬람 공동체〔움마〕를 실현시킬 수 있었다. 그러나 메카는 여전히 아라비아 반도의 중심도시였고, 정치적으로나 경제적으로 커다란 힘을 가진 현실적 존재였다.

624년 1월, 메카의 낙타대상 행렬이 짐을 싣고 시리아에서 메카로 돌아오고 있었다. 이 메카의 대상을 상대로 무함마드는 싸움을 걸었다. 무함마드는 이 대상을 메디나에서 조금 떨어진 '바드르'라는 곳에서 공격하기로 계획했다. 이슬람군은 불과 3백 명이었고 이에 대항하는 메카군은 대상행렬의 구원을 위해 온 1천 명의 병력이었다. 그런데도 메디나의 이슬람군은 이 싸움에서 3배나 되는 쿠라이시 부족의 메카군을 격파하는 대승리를 거두었다.

코란 제8장 전리품의 장은 바드르 전투의 승리를 말한 것으로 바드르 전투 때 하나님은 천사들로 하여금 이슬람군을 돕게 하여 승리하게 하였고, 이슬람교도에 대한 최대의 은총을 내렸다고 말하고 있다. 메카 쿠라이시군의 패배는 그들이 하나님과 무함마드를 배신한 데 대한 하나님의 엄한 처벌이라고 말한다.

또 이 전투를 성전(聖戰)으로 말한다. '그들을 죽인 것은 너희들〔이슬람 교도〕이 아니다. 하나님이 죽이신 것이다. 사살한 것은 그대〔무함마드〕였어도 하나님께서 사살하신 것이다. 이것은 신자들에게 고마운 은총을 경험시키려 하신 것이다.'(코란 8 : 17)

하나님을 위한다면 모든 전투를 금지시킨 옛 아랍의 관행인 신성월(神聖月)의 전투 금지조차 문제시 되지 않는다. 또 전리품의 5분의 1을 하나님을 위해, 무함마드를 위해, 근친자 · 고아 · 빈민을 위해 납부하면 나머지는 자유처분에 맡겼다. 성전으로 전사한 자에게는 모든 죄가 용서된다. 싸움에서 흘린 한 방울의 피는 단식과 예배의 2개월 이상의 가치를 가진다.

양피지(羊皮紙) 코란

이렇듯 정신과 물질면에 걸친 무함마드의 격려는 이슬람군을 강력하게 양성하게 된다.

다음해인 625년, 메카는 3천 명의 병력을 동원하여 메디나 근처로 쳐들어왔다. 이슬람군은 7백여 명으로 메디나 교외의 우후드 언덕에서 그들을 맞아 싸움을 벌였다. 이슬람군은 전투 초반에는 형세가 유리했으나, 활사수 부대의 전열의 동요로 패배하였다. 그래도 이슬람의 메디나측은 동요하지 않았다.

코란 제3장의 후반부는 우후드 전투에 관한 계시를 수록하고 있는데, 전투에 패배한 비참함을 전연 감지할 수 없다. 무함마드는 우후드의 패전은 이슬람교도의 신앙의 느슨함에 기인하고, 바드르 싸움에서 그들에게 한없는 은총을 내려준 하나님이 그들의 신앙의 동요에 대한 벌로, 그들의 신앙의 굳건함을 확인하는 수단으로 시련을 이슬람 교도들에게 주었다고 말한다. 패배는 오히려 메디나 이슬람 공동체의 강한 결속을 가져왔다.

우후드 전투 직후 '만약 너희가 고아에게 공평하게 대하지 못할 것으로 우려되면 너희들이 마음에 든 여자를 취하라. 두 명이든 세 명이든 네 명이든.'(코란 4 : 3)이라는 계시가 내렸다. 그 이유는 우후드 전투에서 다수의 이슬람 교도가 전사해서 많은 미망인과 고아가 생겼기 때문이다. 혼자서 많은 고아를 후견한다면 공평치 못한 경우가 생길 수 있다. 그래서 미망인의 생활 보장을 위해 한 명이라도 많은 아내를 얻을 것을 신도들에게 권했던 것이다.

627년, 쿠라이시 부족은 유목민과 합하여 1만 명의 대군으로 메디나를 향해 쳐들어왔다. 무함마드는 지난 전투의 경험을 살려 메디나 시내에서 농성하기로 하고, 적이 침입할 우려가 있는 곳에는 도랑을 파 기마대(騎馬隊)가 넘어오지 못하도록 했다. 메카군은 이를 넘을 수 없어 메디나 포위를 풀고 떠나갔다. 바드르 전투에서 시리아와의 통상로가 차단된 메카는 차차 그 경제력이 쇠퇴하고 군사적인 면에서도 성공하지 못했다.

628년, 무함마드는 1천5백 명의 이슬람 신도들과 함께 메카 순례를 계획했다. 이때 무함마드는 싸울 의사가 없이 순례복을 입고 무장하지 않은 채 메카로 향했다.

메카측은 무장하여 메디나의 이슬람 신도들을 요격하려 했으나 무함마드는 싸우지 않고 10년 간 휴전하기로 했다. 그리고 메카에서 이슬람을 받아들여 개종할 사람들은 자유로이 메디나에 갈 수 있게 되었고, 무함마드는 메카 순례가 허용되었다. 무함마드의 정치적 수완이 이끌어낸 승리였다.

무함마드는 이로써 메카를 정복할 수 있다는 자신감을 갖게 되었다. 그러나 메카 정복은 평화로운 가운데 행해져야 했다. 그는 단지 메카 정복뿐만 아니라 그 뒤에 올 아라비아 반도 전체의 지배를 구상했다.

메카의 쿠라이시 부족은 아랍에서 가장 뛰어난 인재들을 망라하고 있었으므로, 그들의 협력없이는 아라비아 반도의 지배를 달성할 수 없었다. 이 때문에 그는 그들을 패잔병으로서가 아니라 적극적인 열의를 갖는 협력자로서 이슬람 진영에 참여시켜야 했다. 이 같은 배려가 무함마드에게 무혈정복을 결의하게 했고, 그는 그 준비를 착착 해나갔다.

카바 신전에서 승리 소식을 듣는 무함마드

630년, 무함마드는 1만 명의 대군을 이끌고 메카로 향했다. 메카는 마침내 유일신 하나님을 믿고, 무함마드가 하나님의 예언자라는 것을 인정했다. 메카는 무혈로 점령되었다. 카바 신전에서 제사 지냈던 우상들은 모두 파괴되었다. 다신교 시대는 끝났다고 소리 높여 선언되었다. 8년 전 목숨을 걸고 빠져나온 메카에, 무함마드는 지배자로서 고향에 개선한 것이다.

메카의 무혈정복으로 이슬람에 의한 아라비아 반도 통일의 발판을 삼으려던 무함마드의 의도는 적중했다. 무함마드가 이끄는 이슬람 공동체는 급속히 발전해갔다. 지금까지 방관하고 있던 다른 아랍부족들도 줄지어 메디나에 사절을 보내 맹약을 맺고, 이슬람의 가르침을 받아들이고 무함마드를 따르기로 맹세했다. 이는 무함마드가 이끄는 메디나의 이슬람교 국가의 정치력·군사력에 복종한다는 것을 의미했다.

632년, 무함마드는 메카 순례단을 조직하여 메카 순례를 행했다. 이 순례는 그의 생애 마지막 순례여서 '이별의 순례'라 불린다. 순례 의식은 아랍의 전통 형식을 따랐다. 이슬람을 아랍의 전통적인 감정으로 강화하는 것이었다. 무함마드는 순례가 끝나고 메디나로 돌아오면서 건강이 나빠졌고, 이 해에 세상을 떠났다. 사랑하는 아예샤가 임종을 지켜보았다.

그의 타계 소식이 전해지자 메디나의 무슬림들은 깊은 슬픔에 빠지고 동요했다. 나중에 제1대 칼리프로 선출되는 아부 바크르는 예언자 모스크에 모인 군중을 앞에 두고 흥분한 말투로 다음과 같이 말했다. '무함마드는 죽었다. 신은 살아 계시고 신은 죽지 않으신다.' 그리고 다음과 같은 코란 구절을 인용했다.

'무함마드는 사도(使徒)에 지나지 않는다. 그보다 앞서 온 여러 사도들도 죽었다. 가령 그가 죽든지 살해를 당했다면 너희들은 되돌아갈 것인가. 비록 되돌아가는 자가 있다 하더라도 하등 하나님을 상케

이별의 순례

하지 않는다. 하나님은 감사하는 자에게 보답하신다.'(코란 3 : 144)

이 장에는 무함마드의 인간성이 냉엄하게 술해졌다.

이렇게 무함마드는 신의 사도이며 예언자로서의 생애를 마쳤다. 그는 신의 가르침을 선교한 것뿐만 아니라, 스스로의 노력으로 이를 이슬람의 역사 가운데 뿌리 내리게 하는 데 거의 완전히 성공했다. 그의 유산인 이슬람 공동체〔움마〕가 어떻게 발전해 나갈지는 남은 무슬림들의 손에 넘겨졌다.

## §§ 정통(正統) 칼리프 시대

이슬람력 11년-23년(632년-644년)

아부 바크르 반란-페르시아인 및 비잔틴인과의 싸움-아부 바크르의 서거-우마르-가르디아 및 메소포타미아의 정복-페르시아 및 비잔틴인의 패배-시리아, 팔레스타인 및 이집트의 정복-우마르 서거

예언자 무함마드의 인격이 얼마나 신도들의 마음을 붙들었는지는 그가 서거하자 믿는 자가 처음에는 한 사람도 없었다. 그들은 얼마 안 되는 세월 속에 아랍의 전모를 변화시킨 사람이 다른 보통사람과 같은 자연의 섭리에 따라야 한다는 것을 도저히 이해하지 못했다. 사람들의 동요는 초대 칼리프가 된, 존경받는 아부 바크르에 의해 진정되었다. 그는 예언자 무함마드의 죽음이 결코 거짓이 아니라 사실이라고 확언하고 군중들을 향하여 다음과 같이 말했다.

"무슬림들이여, 만일 무함마드를 숭배한다면 무함마드가 죽었다는 것을 알아라. 숭배하는 이가 하나님이라면 하나님이 살아 계신다는 것을 알아라. 하나님은 죽지 아니하신다. 코란에 말씀된 것처럼 '무함마드는 사명을 띤 사람에 지나지 않는다. 그이 이전에도 주님의 사명을 받고 죽은 사람이 수없이 많다. 무함마드 그도 그 이전의 사람들이 죽은 것처럼 죽을 것이다.'라는 말씀을 잊어서는 안 된다."

그리고 이때 군중 사이에서 처음으로 자기들의 위대한 지도자가 영원히 사라졌다는 것을 슬퍼하는 소리가 일어났다.

다음에 일어난 문제는 이슬람 교단 공동체의 통치권을 누가 계승하느냐 하는 것이었다. 무함마드는 생전에 계승 문제에 대하여 확실한 말을 남기지 않았다. 이것은 개인적인 야심에 희망을 주고, 이슬람의

화근을 낳았고, 나중에는 왕조간의 전쟁 및 종교적 분쟁의 원인이 되기도 하였다.

아랍인에게는 부족의 족장권은 세습이 아니라 선거제이다. 보통 선거의 원리는 어디까지나 인정되었고, 부족의 성원은 모두가 족장 선거에 한 표의 자격을 갖고 있다. 선거는 족장이 죽은 다음에 죽은 족장의 가족 중에서 남자 가운데 연장자를 선택하는 식으로 행해졌다. 무함마드의 후계자를 선택할 당시의 절박한 사정으로 보아 지도자 선택을 늦추는 것이 허용되지 않아 예로부터의 부족적 관습이 그대로 행해졌다.

그리고 연령으로 보거나 메카에서 점했던 지위에서 말하더라도 아랍인들의 존경을 받고 있는 아부 바크르가 그 자리에서 할리파(칼리프)로, 즉 예언자의 대리인 지위에 선출되었다. 그는 총명하고 신앙이 독실한 사람으로 알려져 있어, 그의 선임은 관례대로 무함마드 일가의 주요한 사람들의 충성의 맹세로 확인되었다.

군중들이 충성의 맹세를 하였을 때, 그는 다음과 같이 말했다.

"보시오. 내게 지금 통치권이 맡겨졌습니다. 나는 여러분 가운데서 최고의 인물이 아닙니다. 그래서 여러분의 조언과 협력이 필요합니다. 나의 시정(施政)이 좋다고 생각된다면 나를 지지하여 주십시오. 내게 잘못이 있다면 이를 고쳐주십시오. 시정이 위탁된 인물에 대하여 진실을 말한다는 것은 무슬림으로서 충성된 일입니다. 이를 덮어둔다는 것은 배반입니다. 강자나 약자나 아무런 다름이 없습니다. 나는 양자에 대하여 공평하려고 합니다. 내가 하나님과 하나님의 예언자에게 복종하는 것처럼 여러분도 내게 복종하시오. 만일 내가 하나님과 예언자의 율법대로 행하지 않는다면 나는 이미 여러 부족에게 복종을 요구할 권리를 갖고 있지 않습니다."

티그리스 및 유프라테스의 두 큰 강에 의해 관개(灌漑)되는 지역은 예로부터 여러 나라가 다투는 목표지역이었다. 아르메니아 산 계통에서 발원하는 티그리스와, 또 한편으로는 다우르스 고지에서 발하는 유프라테스의 두 강은 강 입구에서 수백㎞ 떨어진 상류에서 합해 페르시아 만으로 흐른다. 샤트 알 아랍이다. 이 두 강에 둘러싸인 지역은 고대로부터 메소포타미아로 알려져 있다. 하류지방의 충적토 평원은 바빌로니아 및 가르디아라 불려지고 지금은 이라크로 알려져 있다.

이 유명한 두 강의 연안에는 많은 도시가 번창했었다. 강성하였던 아시리아 왕조의 도읍인 고대 니네브는 티그리스 강변에 있었고, 페르시아의 수도였던 마다인도 그렇고, 중세에는 칼리프들의 도읍이고 현재 이라크의 수도인 바그다드도 이 강변에 있다.

유프라테스 강변에는 아랍인이 건설한 고대의 바빌론, 히라, 쿠파를 비롯하여 기르기시아, 라카 등이 있다. 티그리스 강 넘어 자그로스 산맥 동쪽 기슭에는 페르시아 중앙부로 이라크 아자므라 아랍인이 부르는 지방이 있다.

아라비아 반도의 평정이 완료되었을 때, 헤지르 작전중이던 할리드와 무산나 두 장군은 히라 공세의 분쇄에 착수했다. 가르디아에 있던 페르시아의 지방장관은 국경에서 싸움에 도전했으나 막대한 손상을 입고 패퇴하였고, 히라도 저항한 지 얼마 안 되어 이슬람에 항복했다. 히라인에 이어 가르디아의 대지주(데간)들도 무기를 버리고, 일정한 토지세를 지불하는 것으로 영토의 보장을 받았다. 빈농들은 아무런 간섭을 받지 않고 원래대로 마음놓고 전답을 경작할 수 있었다.

히라의 정복은 페르시아 정부로 하여금 위험의 중대성을 느끼게 했다. 종교적 형태로 표현된 국민적 감정을 활동력의 원천으로 하여 일어선 이슬람이 이제 문앞까지 다가오고 있었다. 당시 그들이 현명하였다면 아마 국내 분쟁으로 인해 분열하고 있던 나라를 개혁하고, 방위력을 강화하였을 것이다.

또는 무슬림과 조약 체결을 제안했을지 모른다. 그러나 당시 페르시아 제국은 아직도 부강함을 자랑하고, 영토는 페르시아 전토와 이라크와 메소포타미아, 그리고 인도의 국경에 이르는 중앙아시아에 이르는 일부 지방을 포괄하고 있었다. 페르시아는 이슬람군을 가르디아

아부 바크르의 칼리프 즉위

에서 격퇴하기 위해 대군을 보냈다.

이 무렵 칼리프는 할리드 장군에게 군의 절반을 인솔하게 하고 시리아로 파견할 사정이 있었다. 이렇게 되어 페르시아의 대군을 맞이하여 싸울 군 지휘자는 겨우 소부대를 인솔하는 무산나 장군뿐이었다. 전진하여 구축했던 진지를 후퇴시키고 그는 원군을 청하고자 급히 메디나로 돌아갔는데, 이미 늙은 칼리프는 죽음의 병상에 있었다.

아부 바크르는 시정 2년 반으로 이슬람력 13년(634년)에 세상을 떠났다. 그는 예언자 무함마드가 전도하는 이슬람을 받아들이기 전에 메카의 쿠라이시 부족 중에서 뛰어난 인물의 한 사람으로 큰 세력을 갖고 있었고, 상인의 한 사람으로서 부와 지혜를 갖고 있었다. 예언자 무함마드처럼 아부 바크르도 생활이 극히 간소했다. 차분한 성격이면서도 강인한 면이 있었던 그는 모든 정력을 새로운 국가의 시정과 국민인 무슬림의 복지에 바쳤다.

밤이 되면 고통받는 자와 가난한 자를 구제하기 위해 살피러 다니기를 늘 하였다. 칼리프로 선출된 후에도 얼마 동안은 개인적인 수입으로 생활하였으나, 자기 재산과 사업까지 관리한다면 도저히 나랏일에 충분한 노력을 바치지 못한다고 깨닫고, 결국 국고로 생활비를 받을 것을 동의했다.

그는 죽음에 앞서 국고로 받았던 봉록에 마음이 아파, 자기가 받았던 금액을 전액 국고에 반납하도록 재산의 매각을 명했다. 무함마드의 교우란 이름만큼 질박한 사람이었다. 아부 바크르는 죽기 전에 우마르를 칼리프 후계자로 지명하였는데 사람들이 이를 그대로 받아들였다.

우마르의 칼리프 즉위는 이슬람에 매우 귀중한 사항이었다. 그는 강한 도덕심과 예리한 정의감을 갖고 있었고, 왕성한 정력과 강한 성격을 가진 사람이었다. 이슬람 교단 국가의 내정을 개혁한 그가 최초로 한 일은 무산나 장군에게 원군을 급파하는 것이었다. 이 원군을 통솔한 지휘관은 아부 우마이다로, 전쟁터에 도착하여 스스로 총사령관이라고 하였다. 그리고 무산나의 사려 깊은 진언에 귀를 기울이지 않고 군을 움직일 수도 없는 지점까지 페르시아군에게 도전하였다가 뼈아픈 패전을 당하고 목숨을 잃었다.

그런데도 페르시아군은 이 같은 우세한 정국을 밀고 나가지 못하고, 결국은 유프라테스 서편의 지류에 연한 부아이브에서 무산나 장군과 일전을 벌여 패배하게 된다. 그리하여 무산나는 다시 그 지방을 점령하고 히라에 입성했다.

이즈음 페르시아 왕은 즉위한 지 얼마 되지 않았다. 젊고 야심적인 야즈다길드는 무슬림들을 히라에서 내쫓고 아랍 본토까지 정복하고자 생각했다. 이 목적을 갖고 가르디아에 10만의 대군을 집결하여 진격시키고, 남진하여 무슬림들을 압도하여 점령지대에서 격퇴하고자 한 것이다. 이 대군에 도저히 저항할 수 없었던 무산나 이하의 이슬람군은 다시 가르디아를 내놓고, 사막의 가장자리까지 후퇴하여 그곳에서 메디나로부터의 원군을 기다렸다.

이슬람군이 페르시아군의 공격을 기다리고 있는 동안 그들의 위대한 장군은 가르디아 특유의 열병에 걸려 쓰러졌다. 이에 칼리프한테서 파견된 보충부대를 이끌고 온 사드 빈 와가스는 2만 명 병사의 총수가 되었다. 전투는 3일간에 걸쳐 계속되었고 맹렬하게 전개되었는데, 3일째에 드디어 페르시아 대군은 붕괴되었다. 페르시아 총사령관은 전사하고, 많은 병졸을 잃고, 페르시아군은 북쪽으로 패주했다.

가르디아 전투는 거의 가르디아와 메소포타미아의 운명을 결정하였다고 할 수 있다. 가르디아는 다시 무저항 속에서 점령되었고, 무산나와 맺은 조약을 깨뜨린 히라인은 그 불신행위의 처벌로 거액의 세금이 부과되었다.

히라 주변에 있는 도읍들의 항복을 받아들이면서 사드는 바빌론 방향으로 군의 방향을 돌렸다. 바빌론에는 페르시아군 잔병(殘兵)이 후이르잔, 후르므잔 및 마란 등의 지휘관 아래에 모였다. 이 패잔군들은 격파되어 사방으로 흩어졌다. 마란은 페르시아의 수도 마다인으로 피하고, 후르므잔은 페르시아의 국경을 넘어 자기 영토로 돌아가고, 후이르잔은 페르시아 국왕의 보고(寶庫)인 네하완드에 몸을 맡겼다.

그렇지만 마란이 페르시아 대군을 이끌고 주둔하고 있는 마다인에서 지배세력이 미치는 한 가르디아의 영구적 점령은 불가능했다. 그래서 사드는 그들의 수도를 향하여 진군해야 했다. 포위된 지 얼마 되지 않아 마다인은 성문을 열었다. 이 함락에 이어 티그리스 강 서안 일대의 영토가 귀순하였다. 전군이 참가한 가운데 승리의 감사 예배는 죠스로 궁전에서 집행되었다.

이라크의 문무(文武) 양 방면의 수장이 된 사드는 마다인을 본부로 정하였다. 그는 여러 행정 부서가 있는 왕궁에 자리 잡고 매주 금요일에 큰 방에서 예배 집전을 행했다. 그는 그곳에서 지방 행정을 관리했다. 그러나 얼마 되지 않아 무슬림들은 또다시 분쟁에 직면해야 했다. 산맥 서쪽에 있는 호르완에 진치고 있는 페르시아 왕은 마다인 탈환의 대군을 진격시켜왔다. 이 대군은 마르완에서 동북 약 1백㎞에 있는 자랄르에서 요격되어 큰 손상을 입고 패퇴했다. 그리고 이슬람군은 호르완 시까지 함락하고 강력한 수비 병력을 두었다.

자랄르와 마다인에서의 승전보가 메디나에 도착하였을 때 칼리프는 울었다. 왜 우는가라고 물었을 때 그는 대승리의 그늘에 무슬림의 장래의 파멸 모습이 보인다고 답하였는데, 이 예언은 틀리지 않았다. 이런 무슬림들의 지금까지 한 번도 보지 못했던 대성공은 결과적으로 초기에 그렇게 큰 승리의 힘이 되었던 실질적으로 검소하고 엄격하며 자기희생이라는 미덕을 상실시키는 데 이른다.

호르완 함락 후 페르시아 왕 사이에 평화조약이 체결되고, 페르시아 산맥이 양국의 국경이 되었다. 칼리프는 이후 무슬림은 국경을 넘어서는 안 된다는 단호한 명령을 발하였다. 페르시아 만 상류 지방은 동쪽의 작은 산맥에 이르는 데까지는 이미 질서를 회복하고, 우보라 항구도 무슬림의 수중에 있었다. 현명하고 공정한 지배자로서의 우마르의 수완, 그리고 그를 돕는 막료들의 능력은 이 지방의 부흥과 여러 자원의 개발을 하는 데서 보여준 무슬림들의 노력의 참으로 좋은 예이다.

알리의 제의로 규모가 큰 농지의 검사와 새로운 조세제도가 시행되어 빈농의 부담은 경감되고, 빈농에게는 토지의 소유가 보증되었다. 페르시아의 사산 왕조 시대부터 대지주에게 과해졌던 세는 그대로 부활되고, 관개를 목적으로 하는 훌륭한 운하망이 펼쳐지고, 필요에 응하여 경작자에게 전불을 인정하는 법령도 발포되었다. 토착농민의 이산을 막기 위해 토지매매는 엄격히 금지되었다.

페르시아 국왕의 사유지, 사산 왕조 왕실의 산림, 도망간 귀족과 대지주가 포기한 농원, 이미 성직자도 도망간 배화교 사원의 소속재산

등이 국유재산으로 편입되고, 메디나에서 임명된 총독에 의해 관리되었다. 군인들은 이 같은 몰수지와 사와드라고 불리는 가르디아 평원을 전리지(戰利地)로 분배할 것을 요구했으나, 칼리프는 알리와 이븐 아바스의 진언을 받고 단호하게 거절했다. 관유지로부터의 소득은 공과금을 지불한 후 아랍 이민자들에게 분배되었다.

하지만 칼리프의 현명한 시정도, 장령(將領)들의 자제도, 사산왕조의 페르시아인과 분쟁이 생기는 것을 막을 수가 없었다. 사산왕조의 야즈다길드는 수도와 가장 좋은 두 지방을 상실하여 분만을 어찌할 수 없었다. 그의 지방장관들은 이미 그의 통제를 벗어나 있었고, 군대는 무슬림에 대해 재진격할 것을 요구했다. 아와즈 지방장관 후르므잔은 몇번이나 아랍인 식민지를 습격했다. 그리고 격퇴당할 때마다 자신부터 평화를 바라면서도 언제나 기회가 주어지면 그 약조를 깨뜨렸다.

이즈음 이라크에는 새로운 도시 두 개가 생겼다. 샤드 알 아랍의 강가에 병영 도시로 바스라가 생겼다. 군인 주둔 도시로 아랍인이 살았는데, 주로 북부 아랍부족이었다. 이 도시가 오보라의 지위를 대신하여 이라크의 바다 항구도시가 되었다. 히라에서 약 6㎞ 남쪽 유프라테스 강 서안의 쿠파는 남아랍부족 예멘계 아랍인을 주로 하여 마다인의 지위를 능가하였다. 마다인은 환경이 좋지 못하여 내버려둔 것이다.

새로 생긴 두 도시는 잘 설계되었다. 광장이 설치되고 그 가운데에는 이슬람 중앙 성원(聖院)이 건립되고 총독 관저가 이와 근접하고 있었다. 시가는 넓고 여유가 있는 곧은 도로가 뻗어 있고, 시장은 편리하게, 그리고 공원도 다수 있었다.

메소포타미아에 있는 아랍인은 페르시아 사산왕조의 국왕이 북방에 대군을 집결하고 대규모의 공격을 준비하고 있다는 보고를 해왔다. 이보다 앞서 포로가 되어 메디나에 호송되어 이슬람으로 개종한 후르므잔도 페르시아 왕 야즈다길드가 있는 한 싸움이 계속될 것이라고 의견을 말했다. 칼리프 우마르의 의중도 동방 진격 금지령을 파기할 필요가 있다고 보았다.

이슬람군은 자위를 위해 페르시아군을 분쇄하고 페르시아 전토를 완전 점령하는 길밖에 없었다. 페르시아군도 자기들을 수도에서 내쫓고 가장 좋은 지방을 빼앗은 사막의 침입자들에게 결사적인 일전을 해야 한다는 국왕의 요구에 응하여 일어섰다. 최후의 싸움을 위해 야즈다길드가 소집한 군대는 페르시아에 지금까지 없었던 대군이었다.

페르시아인이 군비를 진행하고 있다는 소식은 메디나에도 큰 흥분을 일으키고, 칼리프는 곧 국경지방에 구원군을 급파했다. 사마드 빈 아비와가스 장군이 남방에서 페르시아 침입군과 싸우고 있었는데, 이슬람군의 사령관으로 임명되었다. 엘부르즈 산기슭 네하완드에서 행해진 전투는 서남아시아의 운명을 결정했다. 지금도 승리 중의 승리로 일컬어지고 있다. 642년의 일이다.

수적인 면에서도 6대 1의 비율로 이슬람군을 능가하고 있던 페르시아군은 큰 손해를 입고 격파당했다. 페르시아의 사산왕조는 완패하여 왕 야즈다길드는 전전하여 도망갔으나, 호라산의 메르비 근처 시골에서 원주민에게 시해되었다. 이렇게 페르시아는 이슬람령에 들어왔다. 메소포타미아처럼 칼리프는 농민의 토지를 보장하기 위한 긴급조치를 취했다. 그들은 대지주의 무서운 압박에서 해방되었다. 세제는 개혁되어 확고한 기초 위에 정해지고, 파괴된 수도도 수리되어 회복되고, 여기에 새로운 수도까지 증설되었다. 대지주들은 일정한 세금을 지불하는 것으로 토지를 보유할 수 있었다.

신앙의 자유는 국민 모두에게 인정되었고, 무슬림들은 주민의 종교에 관여하지 말라는 명령이 발해졌다. 전통적으로 내려오는 신앙을 고집하는 사람들은 딤미(보호민, 또는 예속민)라는 이름이 붙여졌다. 단 하나 개종의 권유가 있었다면 언제나 병역에 복무할 의무를 갖는 무슬림들은 국가에 불과 얼마 안 되는 자카드(희사)만 납부하면 되는데, 딤미는 병역이 면제된다는 점을 고려하여 높은 세를 지불해야 한다는 것이다. 정복된 주민들의 다수는 이슬람을 믿게 되었다.

이 같은 개종자와 아랍인 이민 사이에 결혼이 행해지고, 많은 페르시아인이 이슬람에 개종한 원주민(마왈리)으로서 아랍인과의 사이에 친척관계를 갖게 되었다. 이들 중 훌륭한 일을 하였거나 무엇인가 이름을 날린 자들은 국가 기록에 여러 가지 혜택을 받는 자로 기록된 자도 많았다.

그런데 배화교 승려들은 그들의 오래된 종교를 믿고 있는 주민들을 사주하여 폭동을 일으킬 때도 있었다. 이 같은 폭동의 진압에는 쌍방 어느 쪽에도 잔학한 행위가 있었다. 그런데 후세의 아바스조 역대의 칼리프의 현명한 위무정책과 이슬람의 보급은 오랫동안의 불평의 씨를 모두 사라지게 했다.

아부 바크르가 칼리프로 즉위하자마자 무슬림과 비잔틴인 사이에 분쟁이 일어났다. 이즈음에 메소포타미아와 가르디아의 서쪽 모든 지방은 비잔틴 제국에 속해 있었다. 팔레스타인과 시리아에는 이라크처럼 아랍부족이 살고 있었다. 그리고 나프트 사막에도 아랍 유목부족이 있었다. 이 지방은 당연히 이슬람권에 들어왔다.

우사마의 응징군 원정은 시리아의 여러 부족을 격앙시켜 보복적인 습격을 유발했다. 때를 같이하여 비잔틴 제국은 국경으로부터 멀지 않은 바르가에 대군을 집결시켰다. 칼리프로서는 동로마 비잔틴과 대항하고, 여러 부족을 굴복시키는 이외에는 방법이 없었다. 이는 이슬람 교단국가의 이익을 지키기 위한 필요한 수단이었다.

동원의 격문은 무슬림으로부터 열정적으로 받아들여졌다. 군대가 메디나에 집결되고 칼리프는 이를 곧 북방으로 진격시켰다. 아랍 지리학자들에 의하면 팔레스타인은 카밀 산에서 갈릴리 해의 북쪽까지 그은 선의 남방에 있는 지방이고, 요르단 강에서 지중해에 달한다. 비잔틴은 이 지방에 강력한 군주둔지를 얼마간 갖고 있었다. 예리코, 예루살렘, 가자, 야파 등이다. 북쪽은 요르단 지방으로 그 중에는 앗가(아코) 및 다이아 같은 군인 주둔 도시가 있었다. 팔레스타인 북방에는 시리아가 있고 다마스쿠스, 홈스, 알레포, 안티오크 등등의 역사적 도시가 있으며, 모두 강력한 비잔틴 주둔군이 지키고 있었다.

아부 바크르가 시리아에 보낸 최초의 파견군은 아주 강력한 반격을 받았다. 그러나 나이든 칼리프는 용기를 잃지 않고 오히려 새로운 정력으로 군사의 징병에 힘을 쏟았다. 전장에 서둘러 나간 새로운 편성군은 4개의 부대로 나눠지고, 4명의 장군 지휘 아래 별도의 지방에서 각기 다 작전에 종사하도록 명을 받았다.

도량이 넓은 장군 아부 우마이다는 자비아에 본부를 두고 홈스 부대의 지휘를 하고, 그 주위에 다수의 메디나인과 예언자의 교우들을 인솔했다. 팔레스타인 부대는 아무르 빈 아라스의 지휘 아래 있었다. 그는 이집트 정복으로 명성을 얻고서도 알리에 대한 배반 행위로 이름을 더럽힌 장군이다. 다마스쿠스로 향하는 부대는 일찍이 이슬람의 적이고, 지금은 그 깃발 아래서 싸우는 아부 수피안의 아들 야지드가 인솔하는 부대이다.

야지드의 페르시아군은 주로 메카 및 티하마 지방의 아랍인이고, 메카의 저명한 사람도 몇명 포함되어 있었다. 그들 대부분은 메카가 넘어갈 때까지 이슬람에 반항한 사람들이다. 이제 그들은 시리아의 풍부한 전리품에 눈이 가려져 의용군으로 야지드군에 가담했다. 한편에는 티하마 지방의 아랍인과 메카인, 다른 한편에는 메디나인이 있어 이 양자간에는 아직도 적의가 남아 있었다.

그 영향은 곧 나타났다. 슈라빌이 이끄는 제4부대는 요르단 강 계곡에서 행동했다. 후에 칼리프 자리를 빼앗고 우마이야조를 세운 아부 수피안의 둘째 아들 무아위야가 인솔하는 한 부대도 이에 가세했다.

아무르 빈 아라스가 하팔레스타인에 진격하여 가자와 예루살렘으로 육박했을 때 상호 연계하여 사다리꼴로 형성하였던 아부 우마이다, 슈라빌, 야지드의 세 부대는 다마스쿠스와 테베리아스 호수로 다가섰다. 하지만 그들 휘하의 군세는 불과 3만 5천을 넘지 않고 적인 비잔틴 제국의 부강을 생각하면 도저히 충분하다고 할 수 없었다.

콘스탄티노플의 비잔틴 제국은 이미 유럽의 속령 약간을 잃었다 하더라도 아직 대국이었다. 그 자원과 부와 군수물자 공급은 무한이었다. 그 판도는 소아시아의 광대한 반도가 포함되고 세 방면의 바다에 둘러싸여 다수의 도시를 갖고 있었다.

기타 시리아가 있고 피니키아가 있으며 팔레스타인이 있고, 또한 이웃 여러 나라의 곡창 이집트가 포함되고, 더불어 '바깥 외투의 긴 소매'라고 불리는 광대한 영토는 이집트에서 대서양에 이르고, 지난날 이름을 날린 기레네와 카르타고의 땅도 포함되어 있다.

비잔틴 황제 헤라크리오스는 침입하는 이슬람군과 싸우기 위해 스스로 홈스에 와 이슬람군을 분쇄하기 위해 네 개 부대를 파견했다. 비잔틴군의 행동소식이 최초로 접해졌을 때, 이슬람군은 서로 급사를 교환하여 의논한 결과 전군을 한 곳으로 집결시키기로 결정하고, 이 결정에 따라 네 개 부대 모두는 634년 4월, 야르무크 강변의 자우란에 모였다. 이를 안 비잔틴군도 전군을 집결시켰다.

야르무크 강은 하우란 고지에서 생겨나 테베리아스 호수의 남쪽 수㎞ 지점에서 요르단 강에 내려가는 작은 강이다. 요르단 강 합류점에서 약 50㎞ 상류에서는 북측에 반원형을 그리고, 그 가운데 큰 부대가 야영에 합당한 대평원을 형성하고 있다. 야르무크 강둑은 거칠고 험준하다. 원형부의 중심부에는 협곡이 있고, 안쪽의 평지로 가는 입구로 되어 있다. 이 지점이 이슬람사에서 유명한 와그사이다.

비잔틴군은 이 지점을 사면이 안전한 야영지라 생각했다. 그래서 전혀 이슬람군을 고려하지 않고 그곳에 들어갔다. 그런데 이슬람군은 곧 적의 무모한 계획을 알고 상류에서 조금 북측에서 도하하고 비잔틴군이 협곡에서 나오는 순간을 공격하려고 바로 옆에 진을 쳤다.

이렇게 양군은 2개월 간 대치하고 있었는데, 이에 칼리프는 할리드 빈 왈리드 장군을 가르디아에서 시리아로 파견했다. 할리드가 인솔하는 부대는 비잔틴군이 눈치 채지 못하게 사막을 넘어 이슬람군과 합류했다. 헤라크리오스군은 24만 명을 헤아렸는데 이슬람군은 전군을 합해도 4만을 넘지 못했다. 그런데도 비잔틴군은 스스로 판 올가미에서 피하고자 하는 몇번의 기도가 실패한 후 용기를 잃었다.

마침내 634년 8월의 어느 아침, 사제(司祭)들에게 고무된 비잔틴군이 이슬람군에 도전하려고 야영지에서 출격했다. 이 기념할 전투는 야르무크 전투로 알려지고 있다. 비잔틴군은 섬멸적인 타격을 받고 군의 일부는 강에 빠졌고, 남시리아 일대는 무슬림의 발 아래 굴복했다.

아부 바크르가 타계한 때는 이 무렵이었다. 사실은 타계 소식이 전해진 것은 전투가 시작하기 전이었는데, 할리드가 이를 비밀에 부치고 싸움에 이길 때까지 발표하지 않았다. 종래 한 번도 할리드의 용맹함을 칭찬하지 않았던 우마르는 그를 총사령관의 지위에서 물러나게 하고 아부 우마이다를 총사령관으로 했다. 할리드는 아부 우마이다 밑에서 일하며 시리아의 여러 도시를 하나하나 점령했다. 다마스쿠스, 홈스, 하마, 기니스린, 알레포 등 기타 중요 도시는 아부 우마이다한테 성문을 열었다.

마침내 아부 우마이다는 콘스탄티노플의 경쟁도시로 비잔틴 제국의 수도인 안티오크에 모습을 나타냈다. 안티오크는 각지로부터 도망해 들어온 패잔병들과 합한 큰 규모의 주둔병으로 도시가 수배되어 있었다. 사치와 쾌락 때문에 쇠하였다고는 하나 인구도 꽤 있었다. 하지만 성밖에서 벌어진 소규모 전투에서 거둔 무슬림의 승리는 시민의 사기를 꺾어 며칠간 농성 후에 그들은 항복했다. 이렇게 되어 아부 우마이다는 북시리아의 대부분을 평정했다.

아무르 빈 아라스는 팔레스타인 전투에서 성공을 거두었다. 비잔틴이 파견한 팔레스타인 총독 아르다빈은 이 지방 방위를 위해 대군을 집결시키고 예루살렘, 가자, 라무레 등에 주력부대를 두고 자신은 라무레와 바이트지부린의 중간 예루살렘의 동쪽에 있는 아지나딘이라는 작은 마을에 호위병과 함께 주둔했다.

예루살렘에 있는 바위의 돔

이슬람군은 분견대로써 예루살렘, 가자, 라무레, 자리아 등을 누르고 아르다빈을 향해 진격했다. 양자간에 행해진 전투에서 비잔틴군은 야르무크 패전에 못지않은 비참한 결과로 거의 전멸했다. 사령관과 함께 도주한 예루살렘에 숨은 병사는 얼마 되지 않았다. 이 승리의 결과로 무슬림군은 야파와 나부르스 두 도시를 힘들이지 않고 항복시켰다.

아스가론, 가자, 라무레, 앗가, 베리토스, 시든, 아바미아, 고부라 등은 싸움도 하지 않고 성문을 열었다. 예루살렘만이 대군으로 잠시 항전했다. 잠시 동안 포위가 계속된 후에 예루살렘의 성직자는 평화를 바랐으나 칼리프 스스로가 오지 않는 한 항복하지 않겠다고 주장했다. 우마르는 이 주장을 받아들여 근위병도 거느리지 않고 시종 한 명만 데리고 출발하여 자비아에서 예루살렘으로부터 온 사절로부터 마중을 받았다.

마중 나온 사절에 대하여 그는 얼마간의 납세만 하면 종교의 자유와 교회의 유지를 허락하겠다고 약속했다. 여기서 그 사절단과 함께 예루살렘으로 향하고 소프로니스 사제의 영접을 받았다. 이슬람의 최고위에 있는 칼리프와 기독교의 최고 사제는 함께 성도(聖都)에 들어가 유적 등에 대하여 말을 나누었다.

우마르가 부활 기념관에 들어섰을 때는 마침 예배시간이었다. 그는 기념관 내에서 예배드리기를 사양하고 콘스탄틴 교회의 계단에서 예배드렸다. "그렇게 하면 장래에 무슬림들이 나의 전례를 따라한다고 배신행위를 하면 안 된다."고 그는 사제를 향하여 말했다. 그러나 무슬림 편을 든 사마리아의 유태인에게는 일체의 세금이 면제되고, 가지고 있는 토지가 보증되었다.

638년 봄에 비잔틴의 헤라크리오스는 동북쪽 이슬람군에 정복되지 않은 미정복지 주민들과 연결하여 시리아 평야에 대군을 출격시켰다. 전에 이슬람군에 항복했던 여러 도시는 다시 비잔틴 황제에게 성문을 열고 기독교를 신봉하는 아랍부족도 그들 편에 섰다.

해안에 상륙한 이집트에서 온 비잔틴의 한 부대는 북팔레스타인을 무슬림으로부터 탈환했다. 이렇게 아랍 무슬림의 지위는 각 방면에서 위협을 받게 되었다. 그러나 그들에게는 자기들의 믿음에 대한 열정과 신뢰를 골고루 갖춘 담력과 용기를 가진 우수한 장군들이 있었다.

장소에 따라서는 수적으로도 20대 1의 열세이면서도 그들은 비잔틴 연합군을 격파하고 대전과를 올렸다. 헤라크리오스의 아들도 패하고 얼마 되지 않는 호위병들과 함께 도주했다. 시리아 지방은 다시 무슬림들의 통치 아래에 들어갔다. 그러나 북시리아에서는 비잔틴 제국의 수중에 남아 있는 곳이 한 군데가 있었다.

해안가에 있는 카자리아는 바다 쪽에서 이집트의 원조를 받고 잠시 무슬림에 반항을 계속하였으나 헤라크리오스의 아들이 콘스탄티에서 도망함에 따라 이 도시의 방위군의 용기도 상실되고, 마침내 보호의 보장을 받고 항복했다. 이렇게 시리아 국내가 진정되었고 시리아는 칼리프에 복종하게 되었다.

비잔틴인은 마지막 패전 후에 자기들의 철저한 패배를 인정하면서도 이슬람 영토로의 침입을 멈추지 않았다. 그들은 자기들과 무슬림간에 건너기 힘든 울타리를 만들기 위해 서아시아에 남아있는 국경의 광대한 지역을 문자 그대로 사막으로 변하게 했다.

저주받은 지역의 모든 도시는 파괴되고, 요새들은 무장이 박탈되고, 주민들은 북방으로 옮겨졌다. 종래 이슬람군 소행이라고 간주되었던 것은 실제로는 비잔틴인의 만행의 소산이다. 그러나 이 같은 잔재주는 아무런 효과가 없었다. 당시 북시리아 방면의 지휘관이었던 아부우마이다는 다우르스 산맥을 넘어 아시리아 왕조의 옛 수도였던 다르수스를 함락하고, 시리아 지방을 이슬람의 지배 아래에 두었다. 그리고 그는 이슬람군을 흑해까지 진격시켰다.

이 무렵 무슬림들은 정력을 쏟아 함대의 창설에 힘쓰고 얼마 되지 않아 군함을 타게 되었다. 비잔틴 해군은 이슬람 해군을 앞에 두고 헬레스폰드 해협에 도주하여 다도해의 섬들은 차차로 함락되었다. 그리고 이집트 방면에서 시리아로 빈번히 침입이 일어나고, 해안가에도 비잔틴군이 행한 재해가 많아 칼리프는 잠시 주저했지만, 마침내 파라오의 본토인 이집트에 원정군을 보내기로 했다.

아무르 빈 아라스는 불과 4천 명의 군사를 이끌고 출발하여 3주간에 비잔틴 영토를 석권했다. 이집트의 각 지방에서 쫓겨난 비잔틴군은 훌륭한 요새인 알렉산드리아로 들어가 전투를 벌였다. 잠시 공방전이 계속된 후에 알렉산드리아는 관대한 조건으로 항복했다.

641년, 이집트 전토는 남쪽은 에티오피아의 아비시니아 국경에서 서쪽은 라바에 이르기까지 이슬람의 통치에 들어갔다. 다른 지방의 경우와 마찬가지로 여기도 평정되는 즉시 농민층의 상태를 개선할 여러 수단이 강구되었다. 토지는 경작자의 손에 맡겨지고, 종래 방치되었거나 허물어지는 대로 내버려진 옛 관개공사는 재건되었다. 그리고 지중해와 홍해를 잇는 전부터의 운하도 다시 준설되었다.

콥트라고 불리는 멜기세덱파에 속하는 기독교도는 무슬림에 대해 호의를 보였다는 점에서 특히 관대한 취급을 받았다. 과세는 일정한 온당한 세율로 매겨지고, 무역은 적은 관세만 부과되고 장려정책이 취해졌다. 645년, 알렉산드리아는 비잔틴군이 탈환했지만 1년 후에 이슬람군에 의해 회복되었다. 이집트 평정 후 아무르는 서방의 부족들과 전투를 전개하며 드디어 바르가 해안까지 공략했다.

이슬람력 18년, 북아라비아와 시리아에 기근과 역병이 들고 2만 5천 명이 희생되었다 한다. 무슬림들 중에서 걸출한 사람들이 이에 포함되었다. 그 중에는 아부 우마이다, 야지드, 샤라비 등이 있다. 국내에서 들리는 슬픔의 소리는 다시 칼리프 우마르를 메디나에서 불러내었다. 70세에 가까운 그는 전처럼 한 명의 막료를 데리고 시리아로 떠났다. 칼리프는 아이라의 기독교 성직자를 방문하여 새롭게 기독교의 특권을 보장하고, 그의 모습과 언어로 사람들의 영혼을 불러일으켰다.

메디나의 예언자 모스크

메디나로 돌아온 칼리프 우마르는 이슬람 국가의 행정조직과 자원개발계획에 몸을 바쳤다. 그러나 자객의 손이 그의 모든 계획을 끝나게 했다. 칼리프에게 사적인 원한이 있었던 노예 신분의 기독교 신자가 예배중인 그에게 치명적인 상처를 입히고, 마침내 목숨을 잃게 했다. 644년의 일이다. 죽음에 앞서 후계자를 선택하기 위해 여섯 명의 칼리프 선택 자격자를 지명했다. 이 여섯 명은 당시 무슬림의 가장 지도적인 인물들이었다.

칼리프 우마르의 타계는 참으로 이슬람한테는 슬픈 일이었다. 굳건한 마음과 바른 선견지명을 갖고 무슬림들의 마음속 구석구석까지 알고 있는 그는 분방한 아랍인의 통치에는 둘도 없는 인물이었다. 그는 힘센 손으로 투구를 쓰고, 도시의 사치와 악덕에 접한 무슬림들에게 타락의 경향을 엄격히 억제했다.

그는 디완, 즉 재정부를 창설하고 세입 처리를 하도록 했다. 지방통치에 관해서는 일정한 규정을 설치했다. 그는 키가 크고 건장한 체격과 훌륭한 용모를 하고 있었다. 생활은 간소하고 절약하며 부하들에게 다정하게 대하고, 야간에는 호위도 없이 국민들의 생활을 조사하고자 시내를 걸어 다녔다. 당시의 가장 위대하고, 가장 세력있는 지배자는 이런 사람이었다.

## §§ 정통(正統) 칼리프 시대

이슬람력 24년-40년(644년-661년)

우스만-그 온정주의-우스만의 죽음-알리-무아위야의 반역-시핀 전투-하와리지당-알리의 암살-정통 칼리프 시대의 마감

우마르도 마음만 먹으면 알리든 자기의 아들 압둘 알라흐 빈 우마르를 칼리프 자리의 계승자로 지명할 수 있었다. 그러나 그의 양심적인 방법으로, 선택은 메디나의 6명의 원로에게 위탁되었다. 이때 우마이야가는 이미 메디나에서도 호족이 되었고, 그들은 예언자 무함마드 가족인 하심 일가와 적대관계에 있었고, 하심가를 매우 미워하고 있었다. 그들은 무함마드를 말할 수 없이 괴롭히고, 겨우 메카가 정복된 다음에 자기의 이해관계로 이슬람에 들어왔다.

그들은 이슬람의 발전을 개인적인 번영수단으로 삼았다. 이슬람 사회를 지배하고 있던 엄격하고 질박한 예언자의 교우들에 대한 그들의 증오는 불타는 화염 같았다. 원로 회의를 구성하고 있는 나이든 무슬림에 대하여 음험한 질투를 갖고 있었다.

이렇게 성자와 같은 청순하고 간소한 생활은 그들의 이완과 이기심에 대한 부단한 질책이었다. 그래서 그들은 혈연관계를 갖는 유목민 부족의 부족장과 쉽게 동맹을 맺을 수 있었다. 이 같은 공작으로 그들은 알리의 칼리프 즉위를 방해하는 데 성공했다.

수일간에 걸친 격렬한 논의 끝에 칼리프 선택 자격자들의 결정은 우마이야가의 일원인 우스만 빈 앗파안을 칼리프로 선정했다. 그가 선정되었다는 것은 결국 이슬람이 순탄치 못하다는 것을 의미했다. 우스만은 덕이 있고 염직한 인물이었으나 나이가 많고 성격이 연약하

여 정치에는 전혀 적합하지 않았다. 그는 우마이야가의 음모자들의 예상대로 곧 일족의 세력에 굴복했다.

그는 우마이야가의 지조 없는 마르완을 비서장으로 하였는데 그의 뜻대로 되었다. 마르완은 전에 배신행위로 예언자가 쫓아내기도 했던 인물이다. 알리는 이전에 변함없는 충성과 신앙으로 헌신적인 태도를 갖고 우스만이 칼리프에 선택된 그날부터 우스만에게 충실했다. 이렇게 우스만 아래에는 하심가 대 우마이야가의 추한 쟁투가 시작되고, 이것이 1세기 이상 계속되었다.

언제나 성격이 강하고 통제에 복종하는 것을 싫어하는 아랍인 전체는 예언자 무함마드의 인격에 감화되어 질서를 유지하게 되었다. 그리고 아부 바크르와 우마르의 견실한 정치력으로 그들로 하여금 기율을 지키게 했다.

그런데 다른 아랍부족들은 메카의 쿠라이시 부족의 우세한 세력에 불만을 느꼈고, 예언자 무함마드가 타계하자 멀리 떨어진 지방에서는 이슬람 교단에 반란의 씨를 뿌렸다. 이것을 초대 칼리프 아부 바크르는 해결하였으나, 다시 북아랍부족과 남아랍부족 사이의 예로부터 있었던 부족적 반감이 생성되어 이슬람 사회에 좋지 않은 결과를 가져오게 된다.

우스만은 우마르가 임명한 지방장관을 대부분 물리치고 그 뒤에 일족의 무능한 사람으로 대치했다. 그의 대에 최고 6년간은 그래도 새로운 지방장관의 간섭을 받으면서도 지방 주민들은 얌전하였다. 아라비아 반도 히자즈 지방 이외의 여러 지방에서는 늘 무슬림에게는 공동의 적이 있어 상비군이 있었다. 트랜스옥시아나에서의 터키인의 침입은 오히려 아부 바크르의 정복을 불러왔다. 헤라트와 카불과 가즈니도 함락했다.

남부 페르시아에서의 폭동은 게르만과 시스탄을 복속시키는 결과를 가져왔다. 새로운 영토의 평정에는 우마르식의 정책을 취했다. 이들 여러 나라가 정복되자마자 자원의 개발을 위해 효과적인 수단이 채용되었다. 수로가 굴착되고 도로가 건설되고 과일나무가 심어지고 항구적인 경찰 조직이 설립되어 상업도 안전하게 되었다.

북방에서 비잔틴인이 침입한 결과, 오히려 지금의 소아시아 지방을 흑해까지 진출하는 결과가 되었다. 아프리카에서는 트리폴리와 바르가가 정복되고, 지중해에서는 키프로스도 평정되었다. 비잔틴이 이집트 탈환을 위해 파견한 대함대는 알렉산드리아 앞바다에서 격멸되었다.

3대 칼리프 우스만의 나약함과, 주위를 둘러싸고 있는 총신(寵臣)들의 악랄함은 주민들 사이에 불온한 형세를 조성하고 있었다. 각 주 지방장관들의 가렴주구에 대한 불만의 외침은 수도인 메디나에로 흘러 들어오기 시작했다. 칼리프가 결국 보잘것없는 총애 받는 자들에게 정국을 맡기게 되자 알리도 몇번 충언했으나 우스만은 조금도 귀를 기울이지 않았다.

마침내 여러 지방으로부터 개혁을 요구하는 대표자들이 메디나까지 왔다. 대표자들은 약속을 받고 돌아갔다. 가는 도중 우연히 그들은 마르완의 편지를 입수했는데, 편지 내용은 대표자들이 목적지에 닿으면 곧 그들의 우두머리 목을 자르라는 지방장관에 대한 명령이었다. 이 같은 불신행위에 격노한 대표들은 메디나로 되돌아가 마르완의 인도를 요구했다.

불행한 우스만은 이 요구를 완강히 거부했다. 그렇다면 칼리프도 공모하지 않았나 생각한 분격한 사람들은 그의 저택을 포위했다. 이 같은 위급한 시기에 우마이야 일족은 늙은 칼리프를 버리고 친척인 무아위야가 총독으로 있는 시리아로 떠났다. 우스만의 신변은 알리와 그의 아들과 가신들에 의해 안전하게 지켜졌으나 저택을 넘은 두 명의 반도한테 늙은 칼리프는 시해되었다.

우스만은 암살당하였을 때 82세, 또는 86세였다고 한다. 중키에 수염이 있고 사지는 컸다고 하며 성격은 강하지 않았다고 한다. 그의 장점은 경건한 신앙심이었다. 친족에게 막대한 선물을 주고, 때로는 간신 마르완에게 국고의 세입을 주기도 하여, 이 일은 국민들에게 대단히 좋지 않게 보였다.

우스만이 비참한 죽음을 당한 후에 알리는 어떤 이론(異論)도 없이 칼리프에 즉위했다. 그때까지 역대 칼리프 3대 사이에 그는 이슬람 원로들 중 예언자 무함마드의 사위로, 또는 교우(敎友)의 한 사람으로 칼리프들에게 간언하기도 하고, 진언도 하여 보좌해 왔다. 우마르 시대에 행해진 행정적인 큰 사업도 그의 발의에 의한 것도 적지 않았다. 사실 우마르는 그를 크게 신뢰하여 자기의 국외 여행중에는 그를

알리의 칼리프 즉위

대리로 하여 메디나에 머물게 했을 정도이다.

그러면서도 그는 독자적인 성격을 잃지 않고 학문의 연구와 자제들의 교육에 몸을 바쳤다. 칼리프로 선택되었을 때, 그는 평상시의 담백한 태도로 공공 사원에 가 활자루에 몸을 유지하면서 무슬림들의 충성의 맹세를 받고 동시에 자기 이상의 사람이 나타날 경우, 언제나 기꺼이 칼리프 자리를 내놓을 용의가 있다는 뜻을 선언했다.

예언자 무함마드의 딸 파티마의 남편인 그는 세습적인 권리와 선거에 의한 권리를 한몸에 아울러 지녔다. "이처럼 순수하고 큰 영광 앞에 누구라도 머리를 숙였을 것이라고 생각될지 모른다. 그런데 현실은 결코 그렇게 잘 나가지 않았다."라고 서양 사가는 말했다.

그는 처음부터 우마이야 일족의 적의에 둘러싸였다. 언제나 그의 특징인 목적의 순수함에 따라 칼리프 즉위 후, 그는 미봉책을 권하는 주위의 권고와 충고를 무시하고 우스만이 임명한 부패한 지방장관들, 늙은 칼리프가 사회의 손실을 생각하지 않고 주된 총신들에게 준 영토와 저택의 몰수, 그리고 우마르가 정한 규정에 의한 세입의 분배를 명했다.

이 같은 명령은 선대의 통치 아래 자기를 살찌게 한 사람들로부터 심한 적의를 받았다. 우스만이 임명한 사람들 중 순순히 직위를 반납한 자도 있었으나 대부분이 반란을 일으켰다. 그 중에는 아부 수피안의 아들 무아위야가 있었다. 그는 시리아의 통치권을 장악하고, 시리아의 부를 가지고 용병을 사, 그에게 충성을 다하는 용병의 대군을 모았다. 무아위야는 이런 배경을 갖고 반기를 들었다.

그런데 알리는 이것 외에도 여러 가지 어려움이 있었다. 알리는 쿠라이시 부족의 중요인물인 탈하와 주바이르 두 사람에게 쿠파와 바스라의 통치권을 주지 않았고, 이 두 사람의 호의적 태도를 증오로 변하게 했다. 그리고 아부 바크르의 딸이며 무함마드의 마지막 아내 아예샤는 알리에 대하여 사람이 상상할 수 없을 정도의 반감을 품고 있어 그들의 증오를 더욱 부채질했다.

충성의 맹세를 잊은 탈하와 주바이르는 먼저 메카로 가 그곳에서 아예샤와 합했다. 여기서 반역자들은 칼리프 공격의 목적으로 대군을 모을 수 있었다. 그들을 어디까지나 따랐던 알리는 집안싸움격인 전투를 하지 않으려 여러 노력을 시도했으나 아무런 소용이 없었다. 드디어 싸움은 후라이바에서 벌어지고, 탈하와 주바이르는 전사하고 아예샤는 포로가 되었다. 그녀는 특별히 정중한 취급을 받아 메디나로 되돌아가게 했다.

가르디아와 메소포타미아가 평정되자 칼리프 알리는 시리아로 향하여 진군했는데, 650년, 라카 서쪽 시핀에서 시리아 반군과 마주쳤다. 언제나 변함없는 인도주의에서 알리는 평화적인 해결을 하려고 노력했다.

그러나 시리아의 총독 무아위야는 자부심에 눈이 어두워 불가능한 조건을 요구했다. 불필요한 유혈을 피하고자 1대1의 싸움으로 싸움의 끝을 맺을 제안을 했으나 우마이야가측에서는 이 도전에 응하려 하지 않았다. 칼리프는 전군에 적의 공격을 기다리고, 도망하는 자를 돕고 포로를 잘 대우하도록 명령했다.

싸움 첫머리에 반군은 패색이 짙어 전장에서 무아위야가 패하려 할 무렵, 이집트를 공략한 바 있는 아무르 빈 아라스의 작전계획을 받아들여 시리아군의 파멸을 구했다. 그는 병사들의 창이나 칼에 코란 구절을 적은 천을 매달게 하여 목숨을 구해 줄 것을 청하게 했다. 칼리프측의 병사는 곧 추격을 그치고 칼리프에게 강화수단을 강구하도록 요구했다. 칼리프는 반군의 책략을 꿰뚫어보았으나 부하들의 요구를 받아들이는 데 동의했다.

657년, 휴전 조정회의에 참석한 알리측의 조정자는 아부 무사 아샤리라는 마음 약한 노인이었다. 그는 무아위야측을 대표한 아무르 빈 아라스의 수완에는 적수가 되지 못했다. 이렇게 승리의 과실을 자기편 병사들의 손에 의해 헛되게 한 칼리프는 분통한 마음을 억누르고 군을 데리고 쿠파로 철수했다.

시핀의 조정회의에 불만을 품은 일부 군인들은 이를 비난하고 잘못 되었다고 말하기 시작했다. 그들은 공공연히 상관에게 반항하고, 사막에 가까운 나르완에 들어가 불온한 태도를 취하기 시작했다. 임무에 복귀하는 것도, 해산하여 평온하게 고향에 돌아가는 것도 거부했다. 그 같은 행동은 드디어 묵과하지 못할 정도로 중대하게 되었고, 칼리프는 그들을 토벌하지 않을 수 없었다. 이들을 군에서 나왔다하여 '하와리지'파라고 이름이 붙여졌다.

하와리지파는 대부분은 전멸되었으나 얼마는 알 바흐라인과 알 아샤로 피하여 광신도의 중심이 되어 때때로 집요한 공격을 해 이슬람의 걱정의 씨앗이 되었다. 동부에서 이런 사건이 빈번히 일어나고 있는 동안, 다우마드 알잔다르에서 열린 양군의 조정회의에서 칼리프측의 대표는 완전히 번롱(翻弄)당하여 배반된 결과를 가져왔다.

여기서 아무르는 이슬람의 평화를 위해 알리와 무아위야의 쌍방은

우스만(오른쪽)과 알리

물러서야 한다고 내세우고, 아부 무사가 알리의 퇴위를 요구하면 자기도 무아위야를 물리치고 그후에 새 칼리프를 선출하는 것이 어떠냐고 권했다. 단순한 아부 무사는 곧 이 덫에 걸려 연단에 오르자마자 "나는 알리를 칼리프 자리에서 폐위시킨다."라고 말했다.

그후에 단에 오른 아무르는 "나는 알리의 퇴위를 인정하고 무아위야를 상속인으로 민다."라고 말했다. 이렇게 후안무치한 선언은 칼리프를 받드는 사람들을 분개하게 만들었다. 두 파는 반드시 복수할 것을 되새기고 갈라졌다. 그리고 아부 무사는 메디나로 돌아왔는데 그는 나중에 우마이야조에서 연금을 받게 되었다.

이 시기 이후 무아위야에 대한 전쟁은 단속적으로 행해졌다. 칼리프 알리는 동부 국경에서의 분쟁으로 인해 무아위야를 공격할 대군을 지휘할 수가 없었다. 그는 시리아를 확보하고 칼리프 자리를 지키는 것도, 이집트를 정복하는 것도 도저히 할 수 없는 상태에 섰다. 칼리프를 추종하는 중요인물들은 음모에 의해 독살당하거나 검으로 목숨을 잃고, 칼리프 자신도 661년에 쿠파의 공공 사원에서 예배 도중 하와리지파 자객의 손에 의해 쓰러졌다.

알리는 혈색이 좋고 키는 크지 않으나, 체력이 강하고 텁수룩한 수염과 조용한 회색 눈을 가진, 자애와 인정이 넘치는 용모였다고 한다. 알리와 예언자의 딸 파티마 사이에는 세 명의 아들과 네 명의 딸을 낳았다. 파티마는 아버지 예언자 무함마드가 죽은 후 불과 몇 개월밖에 살지 못했다. 알리를 끝으로 이슬람의 정통 칼리프 시대의 공화정치는 끝을 고한다.

## §§ 정통(正統) 칼리프 시대 개관

### 정치체제-정책-행정-군대-사회생활

메디나에서 예언자가 10년 동안 생활하고 있는 동안 아랍 여러 부족은 하나의 위대한 사상의 영향을 받아 결집된 하나의 국민이 되었다. 단기간에 행해진 이 사업은 영원히 사상 최대의 성공적인 일의 하나로 꼽힌다.

이슬람 교단에 굴복하였던 여러 유목부족들은 아부 바크르 시대의 구체제로 돌아가려고 힘을 썼으나 되지 않았다. 이를 '배교사건'(릿다)이라 한다. 이후에 온 것은 마치 나일 강의 홍수와 같은 현상이었다. 처음에는 비극이나 분열적 행동이 크게 일어나지만, 홍수가 지나가면 토양은 풍요로워진다. 대부분이 인근 여러 민족의 적개심에서 일어난 아랍 무슬림들의 출격은 여러 부족의 영토에도 커다란 효과를 가져왔다.

정통 칼리프 시대가 계속된 30년간 아랍인 사회에 놀라운 변화가 일어났다. 사회는 아직도 전통적이었는데 처음에는 발달을 가져오고, 이어 타락의 길을 가게 하는 부속적인 물질적 욕구와 취미가 성장하고 있었다. 주요 도시에는 아름답고 웅장한 건물이 처마를 잇대고, 생활은 사치스러워졌다. 아랍이 정복한 피정복지에서는 아라비아 반도에 유행했던 보호민(마왈리) 제도가 들어왔다.

그리고 이슬람에 입교한 페르시아인이나 터키인, 그리스인들은 아랍인 가족, 또는 부족의 보호민이 되어 아랍인의 힘의 증가와 더불어 자기들도 세력을 얻었다. 아라비아 반도의 주민들은 집중적으로 이슬람 사상에 의해 지배되었으나, 아라비아 반도의 통일은 결코 완전한 것이 못되었다.

따라서 정통 칼리프 시대의 끝무렵에는 이슬람의 영토가 마치 무함마드 이전의 메카처럼 두 파로 갈라져, 한 파는 예언자 무함마드의 집안(하심)에게 충절을 다하고, 다른 한 파는 우마이야 일가와 뜻을 통하게 된다.

정치체제의 최고 원수인 칼리프는 예언자의 주요 교우들로 구성된 원로들의 보좌를 받고, 기타 메디나에 있는 주민의 유지와 유목민 부족장들의 협력을 받는 것도 적지 않았다. 원로들 중에는 특수 임무를 띠고 있는 자도 몇명 있었다.

예를 들면 아부 바크르가 칼리프로 있는 동안 우마르는 사법과 구빈세(救貧稅) 분배의 일을 하고 있었다. 알리는 학자로 통신사업과 포로의 감독과 그 대우 등이 위탁되었다. 또 다른 원로는 병참부의 장이 되었다. 이렇게 행정은 세부까지 모두 주의가 기울여져 무엇 하나 상담없이 결정되는 일이 없었다.

정통 칼리프 시대 30년의 공화정치 시대의 정책의 골격은 주로 우마르한테서 나왔고, 그 영향은 그가 살아있을 때뿐만 아니라, 사후까지 미쳤다. 그의 정책은 아랍을 통일하고 아랍의 여러 부족을 융합하여 한 국민으로 하는 것이었다. 아라비아 반도 밖의 외지에 식민하는데 아랍의 국민성인 이슬람성이 상실되고, 다른 국민에 섞이지 않나 두려워했다.

만일 우마르가 좀더 오래 살았더라면 그의 영향력은 아랍인의 순수함을 한층 더 간직하고, 이슬람 정체의 원인이 된 그 비참한 내란과 같은 것을 막았음에 틀림이 없다. 그의 정책 중에 특히 주목되는 것은 아라비아 반도에서 온갖 적성, 또는 외국적 요소를 배제하고 무슬림 것으로 하고 이슬람 교단국가의 과도한 신장을 피하고자 했다는 점이다.

후에 나타난 지배자한테서는 거의 보지 못할 정도의 선견지명을 갖고 이슬람 국가의 안정과 물질적 발전이 농민의 번영에 있다는 것을 감지하고 있었다. 이 목표를 확보하기 위해 그는 피정복지 지방에서의 토지 소유와 농작지 매매를 금지했다. 또한 아랍인의 이런 권리 침해의 대항책으로 아랍인이 토착민으로부터 토지를 취하는 것을 금지하였다. 이렇게 농민 및 지주는 이중으로 보호되었다.

그가 아랍 무슬림들에게 부여한 우위적(優位的)인 특권은 배타적인 성격의 것이 아니었다. 피부색이나 민족이나 국적이 다르다는 것은 결코 권리와 평등에 방해가 된다고 생각하지 않았다. 우마르 치하에서 무슬림이 된다는 것은 아랍인이 아닌 자도 이슬람에 입교, 또는 보호민 제도로 그 사람이 원래의 아랍인과 같은 지위로 신분이 상승된다는 것이다. 이 정책은 적어도 이후 몇대에 걸쳐 계속되었다.

이렇게 되어 많은 페르시아인 가족들은 신앙을 바꾸는 일 없이 아랍인 가족의 마왈리, 즉 보호민이 되었다. 이와 마찬가지로 시리아와 이집트의 많은 기독교 교도들과 아프리카 베르베르인도 아랍민족으로 들어오게 되었다.

물론 다른 지방이나 다른 사회에서도 반드시 행했던 것처럼 국가적인 종교 이슬람에는 여러 특권이 부여되고, 이것이 종래의 신앙을 급속히 버리는 데 한몫했다. 이슬람의 계율과 교리는 민주주의적 경향이 있고, 한편으로는 경제적 측면에서 사회주의적인 경향도 극히 강하다. 빈부를 불문하고 하나님 앞에서는 동등하며, 지배자는 국민을 무정부 상태에서 지키는 하나님의 파견관에 지나지 않는다.

국가의 수입은 칼리프 때문이 아니라 국민의 행복을 위하는 것이다. 구빈세는 빈민의 구제를 위해 부자한테 과해지고, 자선이 법률의 형태를 갖췄다. 따라서 정통 칼리프 시대의 초기 국고에는 경비원이나 장부도 필요치 않았다. 구빈세는 이를 받는 빈민들 사이에 직접 분배되고, 또는 국가를 지키는 군의 장비에 충당되었다.

전리품도 똑같이 분배되었는데 이 경우에는 나이와 남녀를 불문하고, 또 신분의 자유 여부와 관계없이 모든 사람에게 같은 비율이었다. 후에 이 분배는 실시하는 데 적당치 않다고 하여 정액 급여제로 바뀌었다.

모든 국민은 설정된 등급에 따라 국가의 수입에서 지출되는 봉급을 받을 권리를 갖게 되었다. 그리고 이 은혜는 무슬림에게만 한정되지 않고, 딤미(비무슬림)에게도 충성 또는 바른 행위가 현저한 자는 똑같이 취급을 받았다. 역대 칼리프는 소위 기밀비라는 것을 갖지 않았다.

불행하게도 우스만 치하에서는 선대 칼리프가 실시했던 훌륭한 정책의 주요점이 완전히 전복되었다. 그는 우마르가 각 지방의 책임자로 임명한 유능한 총독들을 파면시켰을 뿐 아니라, 친척들의 탐욕스런 요구를 만족시키기 위해 새로운 인사를 단행했다. 공유재산이었던 국가의 영토는 주위에 간신으로 둘러싸인 이 칼리프의 손에 의해 친척에게 주어졌다. 이렇게 하여 무아위야 같은 사람은 시리아의 전 공유지와 메소포타미아의 공유지 일부를 손에 넣었다.

우마르가 불가침의 땅으로 남겼던 사와드도 다른 친척에게 주어졌다. 아부 바크르 및 우마르 시대에 공공 신탁물이었던 국고도 점점 이런 비열한 자들 때문에 줄어들고, 각지의 부는 우마이야 일가를 부유하게 하고, 권력 다툼을 준비하는 데 사용되었다. 우스만은 비무슬림에게 인정된 특권을 빼앗고 선대 칼리프의 규정과는 정반대의 규정을 설정했다. 여기에 그는 토지매매를 허용하고, 무인(武人)의 봉건적 영토의 창설자가 되었다.

알리의 정치도 내란에 휩쓸려 전대의 잘못된 정책을 교정하는 데 이르지 못했으나, 그래도 부패한 총독의 대부분을 파직시키고, 자기의 권력이 미치는 한 우마르의 정책을 부활하고 칼리프의 정치기록을 안전하게 보관 유지하고자 국립 기록보존소를 창설하고, 하지브, 즉 궁내부의 직과 경찰조직을 설치하고 그 임무를 규정했다.

예언자 무함마드는 메카를 정복하고, 아라비아 반도를 통일한 후에 주요 도시와 주요 지방에 아미르(총독 또는 행정관)를 두었다. 이 제도는 이슬람의 정치조직의 사실상의 건설자라 할 우마르에 의해 계속되었다. 그는 총독으로 하여금 그들의 임지의 자원을 개발할 수 있도록 정복지를 잘게 분할하여 행정상의 주로 했다.

아와즈와 바흐라인을 한 주로 하고, 시지스탄과 메르간, 게르만을 한 주로 하고, 타바리스탄과 호라산을 별개의 주로 했다. 남페르시아에는 세 명의 총독 지배 아래 두고, 이라크는 쿠파 주재의 총독과 바스라 주재의 총독 두 명의 지배 아래 두었다. 이것은 시리아에서도 마찬가지였다.

시리아 북부 여러 주의 총독은 홈스에 총독부를 두고, 남부의 장관은 다마스쿠스에 주재하게 했다. 팔레스타인에는 별도의 총독이 있었다. 아프리카에는 3개의 주가 있고, 그 하나는 상부 이집트, 또 하나는 이집트 본토, 마지막은 리비아 사막 건너에 있었다.

아라비아 반도는 5개의 주로 분할되었다. 규모가 작은 주에서는 장관은 왈리 또는 나이브(총독 대행)로 불렸다. 대부분의 곳에서 장관은 직권에 의해 공식적으로 이슬람 사원에서 행해지는 예배를 집전하고, 금요일의 합동 예배 설교(쿠트바)를 했다. 이것은 정치적인 선언이 되는 경우가 적지 않았다.

팔레스타인, 다마스쿠스, 홈스, 기니스린의 네 지방에 우마르는 특명판사를 두고 사법부뿐만 아니라, 예배도 집전케 했다. 세입의 수납 및 지출을 통제하기 위해 디완이라고 하는 재정부를 설립했다. 세입에서 나오는 수입은 첫째 각 지방의 회계와 민사 행정의 비용으로 사용하고, 가끔은 군사에 돌렸고, 나머지는 국민의 생활면에 충당되었다. 이것은 아랍인과 마왈리(보호민)의 전부가 아주 자세하고 엄격한 규정에 따라 분배에 참여하는 자격을 가졌다.

디완에는 아랍인과 비아랍인, 그리고 남녀 구별없이, 아이들도 분배받을 자격이 있는 자는 모두 등록되었다. 주 총독은 그 주의 문무(文武)의 장관이고, 재정과 행정의 기능은 실제로 이를 위해 특별히 임명된 하급관리에 의해서 행해졌다.

점령지 행정은 농민의 생활 향상과 상업의 발달에 특히 치중했다. 이런 목적으로 이집트, 시리아, 이라크, 남페르시아의 여러 지방에서는 구석구석까지 측지되고 통일적인 기준에 따라 우열이 정해졌다.

큰 규모의 토지관계기록은 토지의 면적뿐만 아니라, 토질이나 산물이나 보유형태, 그리고 기타를 세세히 기입한 문자 그대로의 목록이다.

바빌로니아에는 운하망이 설치되고 페르시아 왕조가 태만하여 방치하였던 티그리스와 유프라테스 두 강의 제방에 이를 관리하는 관리를 두었다. 우마르는 곡물과 보호직업에 대한 과세를 감세했다.

또 이집트와 아라비아 반도의 직접 교통을 쉽게 하기 위해 나일 강과 홍해 사이에 끊어져 있던 운하를 준설했다. 아랍인은 이를 '칼리프 운하'라고 불렀다. 공사는 1년이 못되어 완성되었고, 나일 강의 배가 이집트의 물산을 싣고 얌보나 젯다에 올라왔다. 메카와 메디나의 시장에서 곡물 가격은 하락하고, 원산지와 거의 같은 가격이 되었다.

사법은 칼리프가 임명하여 주 총독에 종속되지 않은 문관인 판사에 의해 행해졌다. 판사에 대한 봉급을 정하고 그 직권을 행정관의 직능과 구별한 것은 이슬람 국가의 지배자로는 우마르가 최초이다. 사법은 완전히 공평히 행해지고 역대의 칼리프는 스스로 합법적으로 내린 판결에 복종하는 것으로 평등의 실례를 보였다.

초창기에 경찰 업무는 사회 전반에 의해 행해졌다. 우마르는 야간 경비와 순찰제를 실시했는데, 제대로 조직된 경찰이 생긴 것은 알리 시대부터이며, '쉬르타'라 불리는 도시 경비대가 조직되었고, 그 책임자를 '사히브 우시 쉬르타'라고 불렀다.

국가의 세입은 세 가지 종류의 재원에서 나왔다. 첫 번째는 자산이 있는 무슬림 모두에게서 수입에 따라 받는 구빈세이다. 이것은 국방비, 세금을 징수하는 세리의 봉급과 가난한 무슬림의 구제에 할당되었다. 두 번째는 딤미(비무슬림 주민)로부터 받는 하라지(토지세)이다. 세 번째는 지즈야(인두세)이다. 나중의 두 개는 비잔틴 제국에서 행해졌고, 인두세는 페르시아의 사산 왕조에서도 거두어들였다.

그래서 이 같은 징세는 무슬림들이 이집트, 시리아, 이라크, 페르시아 등에서 과해졌던 것을 답습한 것이다. 어느 것이나 온당하고 공평한 표준으로 정해졌다. 특별한 도시나 주나 부족은 이 같은 부담이

면제되었다. 그리고 과해진 장소에서도 세금 때문에 고통받는 일이 결코 없도록 정해졌다.

군대는 부족의 징병과 주로 메디나와 타이프, 그리고 기타 도시에서 모아진 의용병으로 구성되었다. 군인의 봉급은 최초에는 구빈세에서 지불되었는데, 후에는 이것뿐만 아니라, 다른 여러 세금에서도 각출되었다. 칼리프는 먼저 총수(總帥)만을 임명하고 장교의 선임은 총수인 사령관에 위임되었다.

군 총수는 칼리프의 대리이기 때문에 매일의 예배 때에도 수석 자리에 앉게 된다. 몇개의 부대가 합할 경우에는 반드시 어느 장군이 예배 때 수석 자리에 앉는가를 분명히 했다. 전쟁터에서 군기 위반과 비열한 행동을 하면 그 사람의 머리에서 두건을 벗기고 사람들 앞에 내놓았다. 당시 이것은 더할 나위없는 정도의 효력을 갖는 치욕이었다.

병과는 기병(騎兵)과 보병이 있었다. 기병은 방패와 검과 창으로 무장하고, 보병은 방패와 창과 검 또는 방패와 화살과 활로 무장했다. 보병 중에는 활의 사수가 가장 중요시되었다. 보병의 진형은 대개 3열 종대를 이루고, 기병의 돌격을 요격하기 위해 창을 가진 조가 전열에 나오고, 활을 가진 조는 뒤에 있었다. 기병은 통상 두 날개가 있다. 전투는 도전과 1대1 싸움으로 시작되었다.

무슬림군의 우수성은 뛰어난 기동성과 인내력에 있었다. 이런 전투적 특징과 종교적 열정이 합해 그들을 불패의 군으로 만들었다. 그들은 언제나 급여를 잘 받았고, 먼 곳에 가는 군사는 낙타를 이용했다. 초기에는 부대 주둔시 야자 잎사귀로 작은 막사를 만들었으나 나중에 우마르는 영구적으로 부대 주둔지 병영의 건설을 명했다.

이것이 바스라와 쿠파로 이집트에서의 푸스다드, 아프리카의 카이로완 등이 병영도시의 기원이 되었다. 이외에 홈스, 가자, 에데사, 이스파한, 알렉산드리아 등에는 불의의 습격을 대비하여 강력한 주둔군이 있었다. 기병은 쇠사슬로 엮은 갑옷을 입고 독수리 깃털로 장식된 강철로 만든 철모를 썼다. 보병은 무릎 아래까지 내려오는 몸에 맞는 바지를 입고 가죽 장화를 신었다. 적과 마주쳤을 때 코란의 장구(章句)를 입 속에서 따로 외우면서 전장으로 향하고 "알라흐 아크바르"(하나님은 위대하시다)를 외치면서 돌진했다.

부족에서 징병된 병사는 가족이 따라갈 때도 있지만 주둔지에는 가족을 위한 숙박소도 있었다. 예를 갖추지 못한 행위는 엄중히 금해지고, 술에 취하여 주정을 부리면 벌로 80대의 태장을 맞았다. 가족과 떨어져 외지에 근무하는 병사는 그 기한이 4개월이었다. 기타 우마르는 점호제도를 받아들였고, 국경의 요새를 구축하기도 했다.

이 시대의 초기에는 건축양식이란 전혀 없었다. 메카에는 카바 신전처럼 건축이라고 할 것이 겨우 두세 개 있었다. 그리고 부잣집은 돌이나 흙벽돌로 세워졌다. 메디나에는 집이 흙벽돌로 지어지고, 중앙 이슬람 성원조차 햇볕에 말린 흙벽돌 위에 회반죽을 바른 빈약한 건물이었다. 대부분의 집에는 아래층에 가운데뜰이 있고 마당에는 반드시 우물이 있었다.

그런데 2대 칼리프의 말기에 외국 건축의 영향이 메디나에도 미쳐 건축사업의 자극이 되었다. 중앙사원은 헐려 돌과 대리석의 훌륭한 건축물로 세워졌다. 메카가 상업을 영위하는 한편, 메디나 시민은 농업으로 번영을 이룩하고자 했다. 이런 사정이 두 도시에 오랫동안의 경쟁을 더욱 가열시켜 적의를 갖게 했다.

메카의 주민은 도박과 술과 사치스런 생활에 빠져 있었다. 메디나 주민들, 특히 이슬람 시대의 메디나 주민들은 예언자 무함마드를 본받아 엄격한 태도와 경건한 생활을 계속했다. 메카가 정복된 후에 밝고 유쾌한 메카 주민들은 이슬람이 정하는 도덕률에 따르게 되었고, 이것이 2대 칼리프 동안은 계속되었다.

3대 우스만이 칼리프로 즉위함에 이르러 옛 상태의 생활이 주로 우마이야가에 속하는 많은 귀족 자제들에 의해 부활되었다. 우스만의 조카가 도박장을 시작했고, 연인의 창가에서 서있는 일이 유행했다.

메카의 카바 신전

메카의 경박한 풍조는 우마이야조의 다마스쿠스에서 한층 나쁜 형태로 재현되었다.

메디나에서의 생활 자체는 성실한 것으로 간주되었다. 메디나의 강당에는 열성적인 학생들이 넘쳤고, 많은 무슬림 남녀들이 칼리프가 집전하는 예배에 나가 설교를 들었다. 음악은 아직 금지되지 않아 사람들은 하루 일을 마치면 오락으로 노래하고 기타를 연주하였다. 북방도시의 부인들은 훌륭한 가수들을 두어 엄격한 우마르조차 순찰중 발을 멈추고 그 노랫소리에 귀를 기울였다고 한다.

부잣집의 마루에는 융단이 깔려 있었다. 의자나 탁자는 없고 융단 위에는 방석이 깔려져 그 위에 주인은 손님을 앉게 했다. 부인 방은 격리되고 실내는 장식이 되었다. 식사는 방석 앞에 가죽을 깔고 그 위에 천을 넓게 펼쳐 제공되었다. 식사 전후에 양손을 씻었는데, 아직 포크나 수저가 없어 손으로 식사를 했다. 그런데 접시에 세 손가락 이상이 들어가면 교양이 없는 동작으로 여겨졌다.

유목민의 복장은 지금과 비슷하여 한 장의 긴 셔츠뿐으로, 아랫자락은 발목까지 내려오고 가죽띠로 허리를 매었다. 셔츠 위에는 대개 낙타의 털로 짠 웃옷을 입었다. 싸우거나 말을 탈 경우 셔츠뿐만 아니라, 바지도 입었다. 머리에 쓰는 것이란 길고 넓은 천으로 목까지 내려오는 술이 붙은 것으로 이것을 머리에 두르고 낙타의 갈기 털로 만든 끈으로 매었다.

원주민 사이에서 상류층 남자는 무릎까지 오는 셔츠를 바지 위에 입었다. 그 위에 발목까지 오는 헐렁한 조끼를 입고 허리에 비단띠를 둘렀다. 그 위에 겉옷인 쥬바나 아바라는 외투를 걸쳤다. 신발은 샌들이나 가죽신을 신었다.

여성의 복장은 자유로워 지금과 별로 다르지 않았다. 이슬람의 여러 나라에서 행해지고 있는 여성 격리 풍속이 생긴 것은 이후로부터이다. 정통 칼리프 시대의 무슬림 사회에서는 여성도 자유롭게 대중이 있는 곳에 들어가 칼리프의 설교나 기타 다른 사람들의 강연 등을 들을 수 있었다.

이슬람 이전의 아랍인은 고대 히브리 사람들처럼 여러 명의 아내를 둘 수 있었다. 이것은 부족 전쟁이 일어날 경우 남자가 소수인 점을 고려한다면 당연한 것으로, 그렇지 않았다면 여성은 굶어야 했다. 아랍의 예언자는 이 관습에 한계를 정하여 간접적으로 다처제를 금지했고, 대체로 사회의 모든 계층에 적합할 정도로 했다. 이 시대의 가정생활은 가장 중심이었다.

노예매매는 전적으로 금지되었고, 사람을 재산으로 간주하는 것은 법으로 금지되었다. 그러나 정당한 전쟁에서 포로가 된 사람은 배상이 끝날 때까지 인질로 잡아두는 것이 인정되었고, 인질은 그 집의 가족으로 간주되었다.

## §§ 우마이야조

이슬람력 40년-64년(661년-683년)

하산과 그의 퇴위-무아위야-찬탈(簒奪)-씨족간의 알력-북아랍부족-남아랍부족 또는 예멘인-씨족 분쟁이 이슬람에 미친 영향-우마이야 제국의 신장-무아위야의 서거-야지드 1세-후사인과 카르발라의 학살-히자즈 지방 반란-하라에서의 시리아군 승리-메디나 약탈-야지드 1세 서거-무아위야 2세-압둘 알라흐 주바이르

정통 칼리프 알리의 장남 하산은 쿠파와 그 위성도시에서 투표로 당시 비어있던 칼리프에 선출되었으나, 그의 아버지의 희망을 물거품처럼 만든 천박하고 경솔한 주민들의 야박한 감정은 곧 그의 아들조차 퇴위하지 않을 수 없게 했다.

이 새 칼리프가 즉위하자마자 무아위야는 이라크로 침입했다. 하산은 자기의 위치를 굳힐 틈도 없이 아버지의 죽음으로 혼란에 빠져있던 정치를 조정도 하지 못하는 중에 전화에 휩쓸렸다. 그리고 무아위야의 시리아군을 막기 위해 가이스라는 장군을 파견시키고 자신은 주력부대를 인솔하여 마다인으로 진격했다.

그런데 가이스가 전사하였다는 오보가 전해져 젊은 칼리프 군대 내부에 폭동이 일어나고, 폭도들은 본부에 밀고 들어와 칼리프의 소지품을 약탈하고 마침내는 그를 잡아 적의 손에 넘기려고도 했다. 이런 일에 매우 실망한 하산은 칼리프의 지위를 버리려고 결의하고 쿠파로 귀로를 재촉했다.

약속만 하고 결코 실행하지 않는 이라크 사람들에 대한 불신은 무아위야의 제안에 두말없이 귀를 기울이게 되었다. 담판 결과 무아위

야가 살고 있는 동안 칼리프를 위탁한다는 조약이 맺어졌다. 무아위야가 죽는다면 알리의 둘째 아들이 후사인에게 양도한다는 것이다. 하산은 퇴위 후 가족들과 함께 메디나로 은퇴했는데, 조약으로 연금 받는 시기는 오래되지 않아 무아위야의 아들 야지드의 교사 아래 독살되었다.

하산의 퇴위와 함께 무아위야는 이슬람 세계의 사실상 지배자가 되었다. 역사상 드물게 보는 운명의 장난으로 예언자 무함마드의 박해자의 자손은 예언자의 자손이 계승하여야 할 지위를 빼앗기고, 우상숭배자의 전사가 이슬람 및 그 세계의 최고 주권자가 되었다.

알리가 수도로 정한 쿠파는 이제 다마스쿠스로 옮겨져 그곳에서 무아위야는 페르시아 및 비잔틴 왕조와 같은 현란한 허식에 휩싸였다. 달갑지 않은 적이나 공적이 있는 자라 할지라도 아무런 보호가 되지 못했다. 이 같은 야망이나 정책에 희생된 사람들 중에는 시리아 정복자의 아들인 압둘 라흐만이 있다.

시리아 사람들 사이에서의 압둘 라흐만의 인망과 시리아 무슬림 사이에서 받은 존경이 그의 횡사의 원인이 되었다. 어떤 서양 작가는

무아위야와 아들 야지드

그의 성격과 그의 성공을 가져온 사정을 이렇게 편견없이 말했다.

"빈틈없고 무자비한 우마이야조 초대 칼리프는 지위를 지키기 위해서 어떤 일도 저지르는 데 서슴지 않았다. 살인이란 그에게는 무서운 적을 제거하기 위한 상투수단이었다. 예언자의 손자는 그에게 독살되었다. 알리의 용감한 보좌관 말리크 알 아쉬다르도 같은 방법으로 망했다.

자신의 아들 야지드를 칼리프에 확실하게 상속시키려고 무아위야는 알리의 아들로 혼자 남은 후사인과 서약한 말도 지키지 않는 데 주저하지 않았다. 이 냉혈한 아랍인은 이슬람 전토를 지배하고, 칼리프의 자리는 90년간 그의 집안에서 차지하게 된다. 이 변칙적인 현상의 이유에는 두 가지 사정이 있다. 그 하나는 경건한 아랍 무슬림들이 자기들의 종교를 바르게 표현하기 위한 길은 속된 일에서 멀리해야 된다는 믿음이었다. 또 다른 하나의 이유는 아랍의 부족적 감정이다. 근동아시아와 북아프리카와 스페인의 정복자이면서 아랍인은 결코 그 지위에 적합한 수준으로 오르지 못했다. 위대함을 만나 그 빛나는 한 가운데에서 그들은 사막 민족적인 무리한 열정과 경쟁심과 가엾은 질투심으로 이전과 변함없는 기질을 품고 있었다. 그는 이슬람 이전의 싸움을 조금 넓은 광장에서 재현하는 데 지나지 않았다."

우마이야조의 칼리프 즉위는 단지 지배자가 바뀌었다는 의미만은 아니다. 그것은 이후의 경과에서 나타나는 것처럼 이슬람 제국의 운명과 민족의 발전에 매우 깊은 영향을 미친 새로운 요소의 출현이고 역전이었다. 이 사정을 이해하고 역사의 흐름을 알기 위해서는 아랍에서의 아랍부족과 그들의 상호관계를 아는 것이 필요하다.

예언자 무함마드 출현 당시 아라비아 반도에는 다른 뿌리를 갖고 있는 두 부족이 살고 있었다. 그 하나는 예멘을 요람지로 하여 카흐탄에서 나온 남아랍부족이고, 다른 하나는 히자즈에서 나온 북아랍부족이다. 조상은 아브라함의 아들 이스마일이다. 북아랍부족의 일부는 구사이라는 부족장의 인솔 아래 5세기쯤 메카 근처에 머물렀고, 예언자가 출현했을 때 쿠라이시 부족이라 불리며 그곳에 살고 있었다.

또 다른 한 파는 야스리브(메디나)에 들어가 오랜 기간 동안 아으스 및 하즈라지의 두 씨족으로 나뉘어졌다. 남아랍부족은 시리아에 정주한 자들은 바누 가사안(가사안 부족)이라 하고, 이라크에 정주한 자들은 '바누 갈부'라 불렀다. 남아랍부족과 북아랍부족간에는 언제나 증오에 가까울 정도로 격렬한 반감이 있었다.

남아랍부족은 이슬람이 나타나기 수세기 전부터 고도의 문명을 가지고 있었다. 그들이 정주한 곳에는 좀 어설프지만 일반 주민 생활에 적합한 정부조직을 만들었다. 그들은 글을 쓰고 읽었으며 주로 농경에 힘을 쏟았다. 한편 북아랍부족은 구사이 이후의 쿠라이시족을 예외로 하고 대체로 유목에 종사했다.

각 씨족은 이해(利害)나 감정도 별도이고 서로 떨어져 있어 어느 씨족이나 자기들의 족장을 일종의 투표로 뽑았다. 이 같은 분열상태는 당연히 남아랍부족의 여러 왕에 의해 평정을 보게 되었다. 왕들한테는 때때로 일어나는 전쟁에도 불구하고 5세기경까지는 공물이 바쳐졌다. 한편은 우세를 유지하고, 한편은 독립을 바라는 남아랍부족과 북아랍부족의 끊임없는 쟁투는 쌍방에 질투의 쓴 감정과 적의를 불태우는 감정을 생기게 했다.

이런 감정은 북아랍부족이 남아랍부족을 습격하고, 또는 남아랍부족이 북아랍부족을 공격했다는 이야기를 시로 읊은 음유시인들에 의해 더욱 생생한 것이 되었다. 예언자 무함마드의 설교는 이런 부족적 반감을 지우고 음영시인의 영향을 씻어내기 시작했다. 만일 예언자의 생명이 길었다면 아마 그의 가르침과 그의 훌륭한 인격은 두 부족을 하나로, 하나의 동질의 국민으로 하였음에 틀림이 없다.

정통 칼리프 아부 바크르와 우마르 시대에 있었던 정복의 물결은 아랍 무슬림들을 세계 여러 곳으로 보냈다. 북아랍부족은 바스라에 머물고 쿠파는 주로 남아랍부족이 점거하는 곳이 되었다. 팔레스타인 및 다마스쿠스 지방에는 북아랍부족이 우세했으나, 시리아 북부와 북아라비아 반도에는 남아랍부족이 자리잡고 있었다.

동부 여러 지방에서나 이집트와 아프리카에서도 이 두 부족은 대체로 같은 분포를 보였다. 하지만 칼리프 우마르의 엄격한 통치 아래서 이들의 싸움은 억압되어 있었다. 당시 무슬림들이 행한 사업에서 자기 보존과 자기 신장을 필요 이상으로 다투는 것은 겨우 경쟁심 이상의 감정의 존재를 허락하지 않았다.

만약 알리의 평화스러운 칼리프의 후계가 우마르한테서 이루어졌다면 아마도 아랍 두 부족은 모르는 사이에 합해졌을 것이다. 그런데 우마이야 집안의 우스만 아래에서 꺼져가던 증오의 불씨는 다시 피어나 마침내 불길이 되어 스페인이나 시칠리아, 아프리카 사막에서도, 호라산의 평원에서도, 카불의 황야에서도 화염처럼 불탔다. 이 슬픈 불행은 이를 부채질하는 자에게도 불행을 가져오게 하고, 무슬림의 장래와 아랍인과 적이 되어 싸운 유럽인들의 운명에도 막대한 영향을 끼쳤다.

무아위야는 한편에서는 북아랍부족의 지원에 힘을 얻으면서도 그들과 남아랍부족과의 균형을 어쨌든지 유지하는 수완을 갖고 있었다. 여기에다 한편이 부당하게 다른 쪽을 압박을 허락하지 않는 힘이 있었다. 그의 뒤를 이은 사람들의 시대에는 그 시대에 우세하게 된 쪽의 부족이 상대방을 가혹하게 박해했다.

그러면서도 육친관계와 자기의 이해관계로 굳게 뭉쳐진 우마이야 일족은 자기들의 족장에 대한 복종이라는 점에서 결코 흔들림이 없었다. 여기에 시리아인 용병은 무아위야와 그의 일족에게는 언제나 강력한 방책이 되었다.

이런 형편에서 비교적 사려가 깊고 신앙이 돈독한 사람들은 일체의 사회적인 문제에 간여하지 않고, 문학과 학문 예술의 개발이나 이슬람법 연구 등에 힘을 썼다. 이것은 이 시대에 처음으로 그 기초가 만들어졌다. 그리고 그들은 자기들만의 종교적 계율을 준수하는 데 몸을 바쳤다. 그들은 이슬람 포교에 협력했으나 국가 정치에는 조금도 관여하지 않았다.

칼리프 알리에게 반역을 한 하와리지파는 나르완에서 격멸되고 북아프리카나 아라비아 반도의 먼 곳으로 피해 가, 그곳에서 그들은 암울하고 광신적인 교리를 펼쳤다. 그러나 수적으로나 합리적이지 않은 행동이나, 옳다고 믿는 것에 대한 헌신적인 태도는 다마스쿠스 정부에게는 큰 적이었다. 그들은 무아위야에게 반항하고 가르디아에 침입해 이라크를 위협했으나, 마침내 격파되고 사막의 근거지로 돌아가지 않을 수 없었다.

이제 다마스쿠스를 수도로 하여 최고 지위인 칼리프에 오른 무아위야는 아프리카에 눈을 돌렸다. 아랍인 사이에서 '이프리키아'라는 지명은 이집트 서쪽의 북아프리카 지방만을 가리킨다. 이 광대한 지역은 세 곳으로 나뉜다. (1)대서양에서 도레무젠에 이르고 남쪽은 사마라에 이르는 서쪽 오지(마그리브 알 아크사), (2)오란과 부기아 지방 사이를 포함하는 서남 지방(마그리브 알 아드나), (3)알제리아 양끝에서 이집트 국경에 이르는 아프리카 전토이다.

리비아 사막의 서쪽, 흑인이 사는 수단 북쪽에 있는 북아프리카에는 셈 계통에 속하는 베르베르인이 살고 있었다. 이 지방의 평원이나 고지에 살고 있는 대부분의 사람들은 아랍의 주요 씨족에서 나왔다고 한다. 용감하고 굽힐 줄 모르는 그들은 아랍인처럼 강렬한 독립심을 갖고 있었다.

이 지방의 최초 침략은 칼리프 우마르 시대에 행해지고, 무슬림군은 비잔틴의 요충지인 바르가까지 진격했다. 옛 카르타고에서 얼마 멀지 않은 곳에서 벌어진 전투에서 비잔틴 총독 그레고리스가 패배했고, 그후 비잔틴 제국은 무슬림에게 매년 공물을 바치게 되어 이슬람군은 자위라와 바르가에 소수의 주둔병을 남기고 그곳에서 철수했다.

비잔틴인은 자기들이 철수한 지방을 회복했는데, 그들의 탐욕과 주구(誅求)는 도를 지나쳐 원주민 자신들이 비잔틴의 질곡에서 벗어나려고 이슬람군을 끌어들였다. 무아위야는 이 청에 응하여 우크바 빈 나피를 지휘관으로 하는 군을 아프리카로 진격시키고, 온갖 저항을 배제하고 그곳을 무슬림에 복속시켰다.

이슬람력 50년(670년), 우크바는 귀순하지 않은 베르베르인을 막고 바다로부터의 비잔틴인 공격을 방어하기 위해 튀니지 남방에 유명한 군사도시 카이로완을 건설했다. 마그리브(모로코)를 차지했던 비잔틴인은 베르베르인의 원조를 받고 때때로 아프리카에 침입해왔다.

이슬람력 55년, 드디어 우크바는 서쪽으로 진격할 결심을 굳혔다. 여러 도시들이 무너져 항복하고 비잔틴인과 그리스인은 서쪽으로의 진격을 방해하려 시도했으나 끝내 날개를 접었다. 우크바는 강행군을 계속하여 마침내 대서양에 도착했다.

양양한 대서양의 물결이 앞을 가로막자 실망한 그는 말에 박차를 가하여 파도 속으로 말을 타고 들어가 하늘을 향해 손을 올리고 "전능한 하나님, 이 바다가 없다면 더욱더 오지까지 진격하여 거룩한 이름의 영광을 펼치고, 하나님의 적을 평정했을 것인데"라고 외쳤다고 한다.

우크바의 화려한 진군과 그가 비잔틴인 및 베르베르인에게 가했던 철저한 타격은 수년 간 그 지방의 평온을 간직할 수가 있었다. 다마스쿠스로 귀환한 얼마간의 기한을 빼면 그는 이슬람력 65년에 죽을 때까지 아프리카와 그 서쪽 속령을 지배하고 있었다.

그가 죽은 해에 아틀라스 산이나 계곡에서 나온 무수한 베르베르 대군은 카이로완을 지키는 무슬림들을 습격했다. 이 북아프리카의 야만적인 호전 부족과의 싸움에서 무슬림들은 불굴의 용기를 보였다. 베르베르인은 그가 있었던 카이로완을 포위했으나 우크바는 덫에 걸린 쥐처럼 그냥 죽을 사람은 아니었다. 구름 떼처럼 몰려온 적 한가운데로 돌격하다가 장렬히 전사했다. 나머지 소수는 겨우 혈로를 뚫고 이집트로 피했는데, 카이로완은 베르베르인한테 함락되고 아프리카와 서부지방에서의 아랍인의 지배는 끝난 것처럼 보였다.

이렇게 우크바는 서부지방에서 싸우고, 인더스 강 하류 계곡 각 지방에는 아부 수프라의 아들 무하리브의 군에 의해 정복이 행해졌다. 동아프가니스탄도 같은 시기에 복속했다. 내란을 틈타 무슬림 영토에 숨어들어오고자 한 비잔틴인은 몇번인가의 전투에서 격파되고, 무슬림군은 가바드시아에서 겨울을 보냈다. 비잔틴 함대는 무슬림 함대를 겁내어 피하고, 그리스 군도의 섬들은 정복되어 귀순했다.

무아위야는 바스라 총독 무리라의 진언을 받아들여 아들 야지드를 칼리프 계승자로 지명하려고 했다. 이는 하산과의 서약을 정면으로 파기하는 것인데 그의 이 계획에는 당시 이라크와 호라산을 통치하고 있던 배다른 동생의 도움이 있었다. 이라크 사람들은 야지드에게 충성의 맹세를 하도록 위협하거나 달래어 결국 설복되었고, 시리아인은 물론 무아위야의 마음대로였다.

무아위야는 이슬람력 51년, 히자즈의 무슬림들의 서약을 얻고자 메디나와 메카로 갔다. 여기서도 그의 공갈이나 기교가 거의 성공하는 것 같았다. 그런데 이 무렵 무슬림들 중 가장 높은 지위에 있던 네 명, 즉 알리의 아들 후사인, 우마르의 아들 압둘 알라흐, 아부 바크르의 아들 압둘 라흐만, 주바이르의 아들 압둘 알라흐 등은 어떤 조건에서도 서약할 것을 거부하였는데 이것이 히자즈 사람들에게 용기를 주었다.

무아위야가 '쿠라이시의 여우'라고 부른 주바이르의 아들 압둘 알라흐는 칼리프 자리를 바랐고, 다른 사람들은 간계에 뛰어난 야지드를 싫어하는 감정을 가진 태도에서 나왔다. 무아위야는 이슬람력 60년(680년) 라자브달에 타계했다. 그의 용모는 훌륭하고 좋은 체격을 가졌다고 한다. 사가들은 이렇게 말했다. "그는 앉아서 민중을 설득한 최초의 칼리프이며, 개인적인 일에 환관을 쓴 최초의 칼리프이며, 궁정에 있는 사람들과 함께 친하게 말했던 최초의 칼리프였다."

수완이 있고 삼가는 것이 없고 머리가 좋고 인색했으나, 필요할 때는 아끼지 않고 돈을 쓰고, 외면은 반드시 종교적 계율을 지켜도, 자기의 계획과 야심을 실행하기 위해서는 인간의 명령이든 신의 이름에 의한 계율이라도 일체 간섭을 허락하지 않는 사람이 무아위야였다.

그런데 왕좌인 칼리프 자리를 확보하고 앞을 가로막는 적이 없어졌을 때, 그는 국가를 잘 통치하는 데 힘을 썼다. 사학자 마수디는 무아위야의 일상생활에 대해 다음과 같이 말했는데 흥미롭다.

"아침 예배가 끝나면 그는 대신들의 보고를 받고 다음은 고문관이나 관리들이 공무 처리 일로 온다. 아침식사 때 비서 한 사람에게 지방에서 오는 통신을 읽게 한다. 정오가 되면 예배를 드리려고 일반성원에 나가 자리를 잡는다. 누구라도 마음대로 옆에 와 하소연할 수 있다. 궁전으로 돌아가면 귀인들을 만난다. 이것이 끝나면 그날의 오찬을 들고 잠시 휴식을 취한다. 오후 예배를 마치면 사무 처리를 위해 한 번 더 대신들을 접견한다. 밤이 되면 만찬을 취하고 한 번 더 모임을 갖고 하루를 끝낸다. 요컨대 무아위야의 통치는 국내에서 평화와 번영을 유지하고 해외에서 성공을 거두었다."

무아위야 치정 초반에 비잔틴 제국에서는 형 데오도시스를 시해한 콘스탄틴 2세가 황제 자리에 있었고, 그가 축출 당하자 아들 콘스탄티누스 4세가 자색 옷을 걸치게 되었다. 이 제왕은 형 헤라클리우스와 테베리우스의 코를 자르고, 교회의 고위 성직자를 나무에 묶고 찔러 죽이는 처형에 처한 것으로 유명하다.

무아위야가 죽자 야지드는 그의 유언에 따라 칼리프에 올랐다. 이로 인해 칼리프는 국민의 투표에 의해 선출되어야 한다는 공화주의적 원칙에 종지부를 찍었다. 이 원칙은 아랍인이 대단히 신성시하여 예언자 무함마드 일족이 이슬람의 최고 속권(俗權)인 정치적 원수 자리를 차지할 수 있는 권리조차 포기해야 할 정도였다. 야지드 칼리프 즉위부터 주권자가 자기 후계자를 지명하고 그 상속권을 확실하게 하기 위해 생시에 군인이나 귀족들로부터 충성의 맹세를 받게 된다. 왕권정치의 시작이다.

7세기 말까지 살았던 이 시기의 유명한 학자 바스라의 하산은 다음과 같이 단언했다. "이슬람 내부를 혼란에 빠뜨린 사람이 둘 있다. 한 사람은 아무르 빈 아라스인데 그는 무아위야에게 코란을 창끝에 달자고 제안하고 전투에서 그렇게 하게 했다. 다른 한 사람은 무아위야에게 야지드에 대한 충성을 받으라고 충언한 무기라이다. 이런 일이 없었더라면 칼리프 선출 회의는 부활의 날까지 계속되었음에 틀림이 없다. 이런 일이 생겨 무아위야의 후계자들은 그 선례에 따라 자기 아들에게 서약을 취하게 되었다."

야지드는 잔인하고 비열하기도 했다. 그의 타락한 성격은 신앙이나 정의도 없었다. 쾌락이 타락적인 것과 마찬가지로 그의 한패는 악당뿐이었다. 궁전에서는 주연의 주정이 횡행하고, 그와 함께 수도의 거리에서도 이를 흉내냈다.

이와 대조적으로 정통 칼리프 4대 알리의 둘째 아들 후사인은 아버지와 마찬가지로 미덕과 기사도적인 성격을 지녔다. 무아위야와 하산간에 조인된 강화조건 중에는 그의 칼리프 자리 계승권을 유보하고 있다는 것이 명기되어 있다. 따라서 후사인은 결코 다마스쿠스의 폭군의 권위를 인정하려 하지 않았다.

그리고 쿠파의 무슬림들은 우마이야조의 폭정을 피하기 위해 원조를 요청받았을 때, 그의 청원에 응하는 것이 자기들의 임무라고 느끼고 있었다. 후사인을 눈엣가시처럼 여기고, 그의 계획의 차질을 바라는 주바이르의 아들 압둘 알라흐를 별도로 하고, 후사인의 친구들은 그에게 충고하기를 쿠파 사람들의 말을 믿지 말도록 설득했다.

그들은 이라크 사람의 성격을 알고 있었다. 열정적이고 성급한 쿠파 사람들은 확실히 인내와 견실함이 없었다. 그들은 자기 자신의 마음도 몰랐다. 어느 군주를 위하거나, 어떤 사람을 위해 불같이 타오르는 순간이 있는가 하면, 다음날에는 얼음처럼 찬 시체처럼 냉담하다는 것이다. 그런데 그의 모습만 보이면 그 순간에 모든 이라크인이 일어설 준비가 되어 있다는 말을 듣고 후사인은 쿠파로 가기로 결심했다.

몇 사람의 친척과 장성한 두 명의 아들과 두서너 명의 충실한 측근과 가냘픈 부녀자를 데리고 무사히 아랍 사막을 넘어 이라크 국경에 가까이 왔는데도, 마중 나와야 할 쿠파인의 군세는 그림자도 보이지 않았다. 그는 그 지방의 삭막한 환경에 경계심을 갖고 배반자와 우마이야가의 군세에 마음을 쏟으면서 유프라테스 서안에 가까운 카르발라라는 곳에서 숙영하려고 천막을 쳤다.

배반에 대한 후사인의 걱정은 기우가 아니었다. 그는 잔인악덕한 야지드가 파견한 군에게 습격당했다. 그들의 천막은 수일간 포위되었다. 그런데도 후사인의 신변에 도저히 다가갈 수 없다고 느꼈을 때, 우마이야군은 유프라테스 강 흐름 쪽으로 길을 막고 후사인 일행에게 고통을 주었다.

그는 적의 대장과 교섭하여 다음 3개조 중 임의로 선택할 것을 당당히 제안했다. 즉 메디나로의 귀환을 허락하든지, 터키인 방어 국경 주둔군에 들어갈 수 있게 하든지, 또는 무사히 야지드 앞까지 데려다 주든지 하는 것이었다. 하지만 우마이야가의 폭군의 명령은 완고하고 준열했다. 후사인과 그 일행에 대해 정을 보여서는 안 된다. 우마이야가의 정의감에 의해 처치하기 위해서는 범죄자로 칼리프의 앞에 데리고 오라는 것이다.

후사인은 마지막 수단으로 가련한 부녀자에게는 칼을 휘두르지 않고 자기의 목숨만을 취하고 승부를 짓자고 요구했다. 그러나 야수와 같은 그들은 피도 눈물도 없었다. 이에 후사인은 일행에게 신변의 안전을 기하라고 권했으나 그들은 한결같이 경애하는 스승을 버리고 살아남기를 거절했다.

예언자의 손자에게 무기를 드는 모독행위에 공포를 느낀 적의 한 대장은 "언젠가 올 죽음에 대하여 잘못되었다는 취급을 받지 않기 위해" 30명의 부하를 데리고 사라졌다.

1대1의 싸움이나 백병전에서 파티마(예언자의 딸이며 후사인의 어머니) 가의 사람들은 결코 적에 지지 않았다. 그러나 적의 사수는 안전거리에서 그들을 쏘아 넘어뜨렸다. 방어하는 측에서는 차차로 전사하고 마침내 예언자의 손자가 홀로 남게 되었다. 부상하여 죽어가면서도 그는 움직이지 않는 몸을 이끌고 죽기 전에 물 한 모금 마시려고 강변으로 향했다.

하지만 그들은 화살을 쏘아 그를 강변에 가까이 가지 못하게 했다. 다시 천막에 돌아온 그는 어린애를 양팔에 안았다. 그런데 아이는 적이 던진 창에 죽어 있었다. 아들이나 조카들도 그에게 안긴 채 죽어갔다. 더 이상 혼자 피로한 몸으로 적과 대항할 수 없다고 생각한 그는 천막 입구에 앉았다.

한 여인이 그에게 목마른 입을 축이라고 물을 주었는데, 물이 입에 닿는 순간 창이 날아와 그의 입을 꿰뚫었다. 그는 양손을 하늘을 향해 올리고 산 자와 죽은 자를 위해 장례의 기도를 드렸다. 그리고 마지막 용기를 불러일으켜 우마이야군 가운데에 돌입했다. 빈혈로 힘을 잃은 그는 곧 넘어지고, 살인자의 무리는 죽어가는 영웅에게 덮쳤다. 그들은 목을 자르고, 몸을 짓밟고, 있는 대로의 포학한 짓을 다했다.

당시의 최고 인사는 이렇게 쓰러지고, 그와 같이 있던 가족 중의 남자들은 늙은이나 젊은이나 모두 세상을 떠났다. 다만 후사인의 여동생 자이나브(제노비아)가 대학살에서 구출한 병든 아이가 혼자 남았다. 이 어린애는 알리라 이름 지어지고 후세에 '자인 알 아브데인(신자의 장식)'이라 불렸다. 그는 후사인과 페르시아 사산왕조 마지막 왕인 야즈디기르드의 딸 사이에 태어나 예언자 집안의 혈통을 전했다.

그리고 또 어머니 혈통에서 사산가의 일원으로 이란의 왕좌에 오를 권리를 갖고 있었다. 이 아이가 우마이드 알라흐 앞에 끌려나왔을 때, 예언자 무함마드의 혈통을 끊기 위해 죽이려고 우마이드 알라흐는 생각했으나, 자이나브의 얼굴에 나타난 어린 조카와 함께 죽으려고 하는 결의가 폭군의 마음을 크게 흔들었다.

후사인가의 부녀자들은 어린 알리 2세와 함께 다마스쿠스로 보내지고, 이를 따르는 병사들의 창끝에는 순교자들의 머리가 걸려 있었다. 예언자의 손녀들은 여행중의 옷을 입은 채 야지드의 궁전 벽 아래 앉아 아랍 여성들의 특유한 울음으로 계속 울었다. 이 슬픈 울음소리에 겁먹은 야지드는 이 예언자의 일족 때문에 수도에 폭동이 일어날 것을 우려해 급히 그들을 고향으로 돌려보냈다.

카르발라의 비극은 이슬람 세계 내부에 공포의 전율을 일으켜 후에 페르시아에서 예언자의 숙부 아바스가의 후예로 하여금 우마이야조를 멸망시키는 국민적 감정을 생기게 했다. 메디나에서의 이 감정은 특히 강하여 야지드는 메디나 주민의 감정을 무마시키기 위해 급히 특명대사를 파견할 정도였다.

그의 말에 따라 메디나 유지들은 후사인 일가의 배상을 청구하는 사절단을 다마스쿠스에 파견했다. 이 사절단은 야지드의 혐오스런 생활과 자기들에 대한 태도에 분노하여 귀국했다. 이 사절단의 노력의 결과가 별로 이렇다 할 성과가 없는 데 분개한 메디나 사람들은 야지드의 폐위를 선언하고, 그가 파견한 관리를 내쫓았다.

이런 소식은 야지드로 하여금 불같이 화나게 했다. 그는 곧 시리아인 용병과 우마이야족 의용병으로 구성된 대군을 아랍사에 '저주된 살인자'로 기술되는 우크바 빈 무슬림의 지휘 아래 급파했다. 메디나측은 하라에서 요격하고 결전했다.

그러나 중과부적(衆寡不敵)하여 영웅적인 용기를 나타냈음에도 불구하고 메디나의 무슬림들은 패배했다. 메디나 기사도의 꽃이라 일컬어지는 예언자의 교우(敎友)들인 안사르와 무하지룬도 이 불행한 싸움에서 전사했다. 이는 무슬림들에게는 어느 의미에서 불행이었다. 전에 예언자를 보호하고 그의 생활과 포교로 신성시되었던 도시는 더럽혀졌다.

이렇게 우마이야 일족은 이슬람 교단의 승리 때 받은 인자함과 너그러운 은혜를 원수로 되돌렸다. 이슬람 교단측의 상류층은 살해되든가 또는 안전을 찾아 먼 지방으로 피했다. 남은 얼마 되지 않은 사람들은 야지드의 노예가 되는 것을 인정해야 했다. 거부하는 자는 목에 불 낙인이 찍혔다. 이 같은 치욕을 면한 두 사람은 후사인의 아들 알리 2세와 아바스의 손자 알리였다.

메디나에 있었던 학교와 병원, 그리고 역대 칼리프가 세운 공공 건축물은 폐쇄되거나 파괴되어 황폐화되었다. 후년에 알리 2세의 손자로 '앗 사디크(참된 사람)'로 칭해진 자파르는 이전에 그의 조상 칼리프 알리 밑에서 육성하였던 학교를 메디나에 다시 세웠는데, 이것만이 유일한 사막 가운데의 오아시스 같았고, 주위는 모두 어둠에 덮여 있었다.

우마이야조 시대에 메디나는 이미 과거의 도시가 된 감이 있고 옛 영화를 되돌리지 못했다. 아바스조 제2대 칼리프인 만수르가 메디나를 방문하였을 때, 옛 시절 저명인이 생활하고 일하였던 장소를 알기 위해서는 안내가 필요할 정도였다.

메디나인에 대한 복수가 끝나자 시리아군은 압둘 알라흐 빈 주바이르가 스스로 칼리프라 칭하고 자리잡은 메카를 향해 진군했다. 메카 근교에 도착한 시리아군은 이 도시를 포위하고 몇번 전투를 한 끝에, 카바 신전과 기타 신성한 건축물에 큰 손상을 입혔다. 때마침 야지드가 죽어 시리아군은 포위를 풀고 급히 다마스쿠스로 철수했다.

야지드의 뒤를 이은 사람은 무아위야 2세인데 그는 성질이 양순하고 자기 일문이 범한 잘못된 일을 싫어했다고 한다. 그는 수개월 정무를 보다가 은퇴하고 곧 죽었는데 아마 독살되지 않았나 생각된다. 이 무아위야 2세로 아부 수피안 혈통의 정권은 끝난다. 여기까지의 우마이야조를 아부 수피안의 아버지 하캄의 이름을 따서 하캄파로 구별된다. 이는 마르완이 무아위야 1세의 젊은 손자를 칼리프에 앉지 못하게 책동했던 것이다.

야지드가 죽은 직후 압둘 알라흐 빈 주바이르가 히자즈와 호라산의 전토에서 칼리프로 인정되었다. 이때 그는 메카에서 나와 예로부터의 대담함을 보이고 시리아를 쳤다면, 우마이야조의 지배가 영원히 망할 것이라는 사실은 의심할 여지가 없다. 그러나 그는 아무 일 없이 메카에 있어 우마이야조에 전비를 갖추는 여유를 준 것이다.

## §§ 우마이야조

이슬람력 64년-86년(683년-705년)

마르완 빈 하캄-우마이야가의 가장이 되다-마르지 라하트의 전투-북아랍부족의 멸망-마르완의 배반-회개-마르완의 죽음-시리아의 지배자 압둘 말리크-무크타르의 일어남-후사인 살해자의 멸망-무크타르의 죽음-무사브-압둘 말리크의 시리아 침입-무사브의 죽음-압둘 말리크의 히자즈 침입-메카 공방전-주바이르의 아들 압둘 알라흐의 죽음-이슬람의 수장 압둘 말리크-폭군 하자즈-아프리카 사태-하와리지당-압둘 말리크의 죽음

무아위야 2세가 죽고 칼리프 계승권은 동생 할리드에게 옮겨졌으나 당시 그는 어려 우마이야 일족은 그를 자기들의 지배자로 인정하는 것을 거부하고, 일족의 원로의 한 사람을 등용할 것을 요구하여 우마이야가는 일시 무력상태에 빠졌다. 씨족 중 가장 원로인 마르완은 무아위야 1세의 사촌이며 일족 중에서도 꽤 세력을 갖고 그의 일당은 일족을 굴복시킬 힘을 갖고 있었다.

그러나 조심을 너무 한 압둘 알라흐가 별일없이 메카에 앉아있는 동안 바스라 총독 우베이둘라 빈 지아드는 자기의 지배지에서 칼리프를 참칭하고자 했다. 그런데 이것이 실패하자 이번에는 마르완 편에 들어가 자기를 위해 나라 전체를 설득하고자 했다. 마르완의 일도 쉽지 않았다. 우마이야족도 시기심이 깊고 서로 분열했다.

시리아에 있는 남아랍부족은 북아랍부족 세력에 질투심을 품고 있었다. 그러나 나이는 먹었어도 마르완의 책동적 수완은 쇠퇴하지 않았다. 그는 할리드에게 칼리프 계승권을 약속함으로써 그 일당의 지

지를 얻는 것에 성공하고 자기편에 끌어들였다. 씨족 사이에서 꽤 세력을 가진 사촌 아무르도 같은 약속으로 자기편에 들어오게 했다. 남아랍부족의 가장들을 여러 가지 특혜로 매수했다.

이런 식으로 마르완은 자기가 필요로 하는 세력을 획득한 것이다. 아랍 사가 마수디는 이렇게 말했다. "그는 자기 검의 힘으로 칼리프 자리를 획득한 최초의 사람이다."

남아랍부족이 승복하였다는 것은 마르완으로 하여금 압둘 알라흐 빈 주바이르에 가담했던 북아랍부족장 다하크에 대한 공격을 가능케 한 것이다.

싸움은 다마스쿠스 북동 몇km에 있는 마르지 라하트에서 일어났다. 남아랍부족의 수적 우세에도 불구하고 처음 전투는 결정적 승리가 없었으나 마르완의 계략으로 적장 다하크가 죽고, 다음 전투에서 북아랍부족은 문자 그대로 섬멸된다. 여기서 시리아는 마르완의 지배 아래 들어가고 이집트도 곧 그의 지배 아래 들어오게 된다.

자기의 지위가 이렇게 충분히 보장되자 마르완은 할리드와의 약속을 뒤로 돌리고, 같은 계승자로 지명되었던 아무르도, 자신의 아들인 압둘 말리크 및 압둘 아지즈 두 사람 때문에 칼리프 즉위 권리를 포기하지 않을 수 없게 했다.

마르지 라하트의 전투를 계기로 그때까지 오랫동안 잠자던 남아랍부족과 북아랍부족간의 불행한 적의가 홀연히 불탔다. 우세한 위치에 있는 남아랍부족은 옛 원수에게 잔인한 압박을 가했다. 이 상태는 마르완 및 그의 아들로 계승자인 압둘 말리크가 통치하는 동안 계속되었다.

마침 이 무렵, 카르발라 들판에서 후사인을 초청했으면서도 돌보지 않아 후회하고 있던 이라크 군사는 학살자들에 대해 복수를 맹세하고 무기를 들고 일어섰다. 어느 날 밤, 그들은 후사인의 묘 앞에서 눈물을 흘리며 기도를 드리고 다음날 아침 시리아군과 싸우려고 출발했다.

그들은 스스로 '회개군'(따와분)이라 부르고 지도자 술라이만의 지도 아래 군사 작전을 행했으나 결국 마르완이 보낸 압도적인 대군한테 패했다. 술라이만과 그의 참모들은 살해되고 뿔뿔이 흩어진 '회개군'의 잔당은 쿠파에 퇴각했다. 그곳에서 그들은 지도자 무크타르를 만나 세력을 회복했다.

마르완이 야지드의 미망인의 손에 목숨을 잃은 것은 거짓과 포학한 생애에 걸맞은 최후였다. 그는 이 미망인의 아들인 할리드의 군을 자기 휘하에 둘 목적으로 그녀와 결혼했다. 그런데 어느 날, 그는 자신이 칼리프에 오르는 길을 막은 할리드를 모욕했고, 그날 밤 화가 난 미망인의 손에 찔렸다.

마르완은 수니파 무슬림들로부터는 칼리프로 인정받지 못한다. 이슬람 학자들은 그를 지목하여 시리아를 제외한 전 이슬람권으로부터 권위를 인정받았던 압둘 알라흐 빈 주바이르에 대한 반역자의 한 사람에 지나지 않는다고 여기고 있다. 또한 압둘 말리크의 칼리프 자리가 압둘 알라흐 빈 주바이르가 살해당한 때부터 정당한 것으로 인정하여도 마르완의 아들에 대한 서약이 합법적인 것으로 생각지 않는다.

마르완이 죽자 그의 아들 압둘 말리크가 우마이야 씨족의 대다수로부터 지배자로서 받아들여졌다. 압둘 말리크는 전형적인 우마이야족 사람으로 정력이 있고 술책이 능하고 염치가 없으며, 자기의 지위를 강화하기 위해 비상한 능력을 보이기도 했다.

그가 이렇게 지위를 굳히고 있을 때 무크타르는 이라크에서 입지를 굳히고, 그곳에서 후사인의 살해자들을 복수하려 벼르고 있었다. 압둘 말리크한테서 '도살 장군'이라 이름 붙여진 우마이야 빈 지야드가 이끄는 군은 섬멸되고, 장군 자신도 전사하여 그 머리는 무크타르에게 보내졌다.

자신들이 무기를 잡고 일어선 그 목적물을 눈앞에서 보고 이제 복수자의 군은 분열하여 당파를 이루고, 이라크 총독 무사브에 의해 진압되었다. 무크타르와의 싸움은 오랫동안 계속되었는데 마침내 복수자 무크타르는 살해되고 그의 부하들도 전장에서 쓰러졌다.

무사브는 메카의 참칭 칼리프 압둘 알라흐의 동생으로 이제 이라크의 완전한 주인이 되었다. 호라산도 그의 무릎 아래 엎드렸다. 한데 그의 세력은 확고한 기초를 갖고 있지 않았다. 믿음을 둘 수 없는 이라크의 일부 사람들은 약간의 보수를 받고 압둘 말리크와 비밀 교섭을 시작했다.

그 사이에 메카의 압둘 알라흐의 군은 하와리지당과의 싸움에서 점점 힘이 쇠해졌다. 하와리지당은 사막의 요새에서 나와 악한 일을 저지르고 가르디아 및 남페르시아의 무기 없는 주민들에게 해를 가했다. 이 잔인한 광신자들의 무리는 종교적인 광기로 불타 조직된 사회에 대한 복수 때문에 소름끼치는 무서운 짓을 저질렀다.

이슬람력 71년(659년), 이슬람의 중요 행사인 순례(하지) 때 일어난 일은 아랍 사가들한테서 그 당시의 이슬람 분열 상태를 나타내는 것으로 논해졌다. 이 해의 순례 때 네 파를 대표하는 네 개의 기가 아라파트 산에 세워졌다. 주바이르의 아들 압둘 알라흐, 마르완의 아들 압둘 말리크, 알리의 다른 아내의 아들 무함마드 알 하나피아, 하와리지당의 기였다.

그리고 각각의 기 주위에는 각 파의 병사가 모여 있었으나 서로의 적의에도 불구하고 신성한 휴전기간 중에는 누구도 다른 파에 간섭하려 하지 않았다.

압둘 말리크는 사정없이 검을 휘둘러서 불과 몇년 사이에 시리아에서 적을 일소했다. 그의 일족인 아무르 빈 사이드는 반역을 기도하다가 궁전 내에 숨어들어가다 들켜 압둘 말리크의 손에 주살 당했다. 다마스쿠스에 확고한 발판이 생긴 후에 그는 압둘 알라흐 빈 주바이르의 동생 무사브가 지배하고 있는 메소포타미아와 가르디아에 눈을 돌렸다. 이라크인의 반 우마이야조에 대한 대항은 그로 하여금 군사를 쿠파로 향하게 했다.

무사브와 그의 아들 야흐야와 휘하의 용감한 장군 이브라힘 알 아수다르는 전쟁터에서 쓰러지고, 이라크는 다시 우마이야조의 지배 아래 들어왔다. 무사브가 패하자, 압둘 말리크는 히자즈에 있는 압둘 알라흐 빈 주바이르를 없애려고 군을 보냈다. 하자즈 빈 유수프가 인솔하는 압도적인 시리아 대군은 히자즈 지방에 침입했다.

메디나는 이렇다 할 곤란없이 점령되고 메카는 다시 포위되었다. 성스런 도시를 둘러싼 산마다에 설치된 발사기에서 사출되는 탄환 같은 돌덩어리는 비오듯이 하여 성도를 황폐화 시켰다. 그래도 압둘 알라흐는 몇번 출격하여 꽤 오랫동안 시리아군을 막아냈다.

밀고 당기는 공방전은 이제 봉쇄전으로 변했다. 굶주림과 겁에 질린 주민들은 차차 도망가고, 견디지 못한 압둘 알라흐는 몇 안 되는 방위군과 함께 남았다. 마지막 출격을 시도하기 전에 그는 아부 바크르의 딸인 어머니 아스마를 향하여 증오하는 우마이야가에 굴복할 것인가, 또는 싸워서 죽을 것인가를 상의했다.

아랍의 칼과 같은 강한 자존심을 가지고 있는 늙은 어머니는 "네가 네 주장이 옳다고 여긴다면 마지막까지 싸우는 것이 의무이고, 만일 잘못되었다고 생각한다면 항복하는 것이다."라고 말했다. 죽은 후 자기 몸이 적의 손에 더럽혀질까 걱정하던 그는 "영혼은 하나님 곁으로 가므로 육체가 어찌되든 문제 되지 않는다."는 어머니의 말을 듣고, 어머니에게 이별의 인사를 했다. 그는 칼을 손에 잡고 죽느냐 사느냐 하는 굳은 결의로 출격했다.

결국은 많은 수의 적을 이기지 못하고 이 용사는 쓰러졌다. 무릇 무인의 전사란 상대가 훌륭한 적이라면 존경하는 것이다. 그런데 시리아군은 전혀 기사도 정신이 없고 '죽은 자를 존경하라'는 예언자 무함마드의 가르침도 무시되었다. 그들은 아들의 시체를 장사 지냈으면 하는 어머니의 바람을 거부하고, 당시의 잔학한 심보로 시체를 교수대에 올려놓고 욕을 보였다. 압둘 알라흐와 두 명의 그의 막료의 목은 메디나에서 조리돌려진 다음 다마스쿠스에 보내졌다.

압둘 알라흐의 성격에는 여러 면이 보여진다. 그는 기교가 많고 야심적이 많았는데 당시의 경쟁자 대부분에 없었던 강한 정의감을 가진 영웅형이었다. 아마도 그의 멸망의 원인이라 여겨지는 유일한 성격적 약점은 그의 인색함이다.

하자즈가 메카 성밖에 다가왔을 때, 그는 비축했던 자기의 것에서 병사의 봉급을 지불한다든가, 군수품을 매입하는 것을 거부했다. 압둘 알라흐는 성도(聖都, 하라마인 샤리파인)를 유지했다는 점에서 수니파 무슬림으로부터 정당한 칼리프의 한 사람으로 인정되고 있다. 또 메디나 및 메카의 모스크에서 그를 위해 예배를 드렸다는 것도 그 이유의 하나이다.

압둘 말리크는 이제야 아랍제국의 절대적인 군주가 되었다. 압둘 알라흐 빈 주바이르 밑에서 남부 페르시아 총독이었던 무하리브 빈 아부 스프라는 더이상 반항하는 일이 헛된 일이라 생각하고 압둘 말리크에게 충성의 서약을 했다.

무하리브만큼 온순치 않은 호라산 총독은 압둘 말리크의 친서를 그 사자에게 삼키게 하고, 다마스쿠스로 쫓아 버리는 것으로 항복권고에 답했다.

압둘 알라흐와 압둘 말리크 사이에 싸움이 계속되고 있는 동안 하와리지당파의 세력은 증가하여 남부 페르시아와 가르디아 일대에 퍼졌다. 우마이야조의 지방 관리들의 무정한 박해에 쫓겨진 채 격노한 그들은 목숨을 던지고 덤볐다. 그리고 얼마 되지 않은 군세로 차차 우마이야조의 군을 격파했다.

그런데 그들은 조직력과 통일이 전혀 없었다. 어떤 자는 정통 칼리프 우마르 시대로 돌아가 백성들이 선택한 칼리프를 받들자고 원하고, 어떤 자는 신권정치처럼 일체 개인적인 통치를 거부하고 원로원을 위에 둔 신의 지배를 요구했다. 그러나 그들은 싸움에서 패했다. 페르시아에서도 압둘 말리크한테 군사적 재능을 높이 평가된 무하리브가 그들의 적이었다.

그들의 본거지는 장기간의 격전 끝에 그에 의해 격파되고 섬멸되었다. 패잔병들은 사막에 몸을 숨겼다. 하와리지당과 마찬가지로 비잔틴

인도 내란을 틈타 이슬람 영토에 침입했다. 하지만 압둘 말리크는 이를 격퇴하고 차차로 작전에 성공하여 비잔틴 제국으로부터 광대한 영토를 탈취했다. 동부에서도 현재의 카불 부근의 라드비르라는 이름의 인도 귀족이 지배하는 지방이 평정되었다. 이와 마찬가지로 북아프리카의 대부분도 귀순하거나 재점령되었다.

이슬람력 69년, 압둘 말리크는 베르베르(이프리키아) 재정복을 위해 군을 파견했다. 군의 지휘는 우크바의 유능한 막료였던 주하이르에게 맡겨졌다. 주하이르의 초기작전은 성공적이어서 반란군의 수장 고세이라 및 베르베르인과 비잔틴군의 연합군을 격파하고 바르가 지방에서는 적의 그림자도 보지 못했다. 여기서 주하이르는 치명적 오류를 범했다.

바르가 부근에서 소수의 부대를 몸 가까이에 두고 그곳을 본부로 하여, 먼 지방의 진압을 위해 원정을 도모했다. 이 같은 위험한 상태에서 보초도 세우지 않는 위험까지 무릅쓴 결과, 그는 뒤쪽에 상륙한 비잔틴 대군한테 습격을 당했다. 싸움은 격렬해지고 무슬림 장군은 전사하고 병졸들은 뿔뿔이 흩어졌다. 이렇게 되어 베르베르인들은 다시 무슬림들한테서 떨어져 나갔다.

그래도 압둘 말리크는 끈질긴 힘을 발휘하여 하산 빈노만을 장으로 하는 군을 세 번째로 보내 곧 일체의 저항을 배제하고 카이로완을 탈환하고, 카르타고의 거리를 습격하고, 야전에서 비잔틴군과 베르베르인을 격멸했다. 비잔틴군 잔병은 급히 그 지방에서 떠나고 무슬림들은 다시 바르가 성벽에서 대서양에 이르는 사이에 군림했다.

당시 베르베르인과 아트라스 산지의 야만 부족은 아랍 사가들이 카히나(여자 점쟁이)라고 부르는 여자의 위세에 복종하고 있었다. 이 베르베르인 여자는 신통력을 갖고 있다고 소문이 나있어 그녀의 한마디는 누메디아인과 기타 야만족을 궐기시켜 아랍 원정군에 대항했다. 무슬림들은 단번에 압도당했다. 몇개의 부대는 흩어지게 되었고 주력부대는 바르가까지 격퇴되었다. 5년 동안 카히나는 아프리카의 여왕다운 자리를 지켰다.

이슬람력 79년(690년), 압둘 말리크는 하산부대에 원군을 파견했다. 실제의 무기로만 볼 때 베르베르인과 무슬림은 필적했으나, 무슬림군은 병참과 조직과 훈련면에서 적보다 우수했다. 그들이 특히 뛰어난 것은 용기와 정력과 지구력이고, 자기들이 갖는 무용과 신앙에 싶은 신뢰를 두고 있다는 점에서도 그러했다.

압둘 말리크군은 거센 파도를 뚫고 나가는 배처럼 누메디아인의 대군 속을 돌파했다. 무슬림의 진군을 막고 여러 도읍에서의 재보에 대한 희망을 뿌리에서부터 제거하기 위하여 베르베르의 여괴(女傀)는 전토를 사막으로 바꾸고자 하는 죽음에 몸을 맡기려고 결의했다. 그녀는 자기 세력하의 모든 지방을 초토화하라고 명령했다.

저택이나 궁전을 허물어뜨리고, 산악지대로 운반할 수 없는 값나가는 것은 모두 파괴했다. 도시와 촌락은 폐허가 되고, 무성하던 나무와 농원은 베어져 없어지고, 그 전에 번영했던 모든 지방이 처참한 황야로 변했다. 아랍 사가들은 이 일을 '최초의 아프리카 유린'이라 부르고 있다.

여하간에 이 여괴의 만행은 주민들로 하여금 하산을 구조의 장군으로 맞이하게 했다. 황폐된 여러 도읍의 주민들은 서둘러 귀순하고 복종의 맹세를 했다. 카히나는 아틀라스 산 아래에서 벌어진 전투에서 패하고 전사했다. 무슬림들의 끈질긴 전투에 손을 든 베르베르인들은 강화를 청하고, 무슬림 장군에게 2만 5천 명의 기병을 제공한다는 조건으로 인정되었다. 이제 이슬람의 가르침은 베르베르인에게 급속히 보급되었다.

그런데 페르시아와 아랍에서 쫓겨나온 하와리지당(알리 진영에서 나간 사람)이 아프리카에 흘러들어왔다. 그들의 편협한 교의 개념, 배타적인 반동적 교리, 다마스쿠스 전부에 대한 그들의 반감 등 이런 것이 베르베르인의 감정이나 사상과 일치했다. 압둘 말리크한테 몰려 있는 신권주의자나 분리주의자는 여기서 민중의 지도자가 되었다. 이

후 때때로 격발된 베르베르인의 반란은 그들의 교사에 기인한다.

그 전에 히자즈의 총독으로 있었던 하자즈는 카불과 트랜스옥시아나의 일부를 포함하는 호라산, 이라크, 세제스탄, 게르만 등에 이르는 압둘 말리크가 임명한 총독이 되었다. 서부 아라비아 반도는 히샴 빈 이스마일의 별도 행정관의 관할에 속하고, 이집트는 압둘 말리크의 동생 압둘 아지즈의 지배 아래 있었다.

하자즈의 잔인하고 혹독한 정치는 몇번 반란의 원인이 되었으나, 이중 압둘 라흐만 빈 아라샤가 일으킨 반란은 한때 압둘 말리크의 칼리프 자리까지 위협을 줄 정도였다. 하지만 수가 많고 지구력이 강한 덕으로 반항은 탄압되고 반도들은 쫓겨 먼 지방으로 도주했다.

히자즈 지방의 총독으로 있는 동안 하자즈는 메디나 주민에게 잔혹하기 짝이 없는 압박을 가했고, 그때까지 그곳에 살고 있던 예언자의 교우들을 학대했다. 이라크를 지배하고 있는 동안 그곳에서 거의 15만 명에 달하는 주민을 사형에 처했는데, 그 다수는 무죄였다고 하며, 그 중에는 아랍민족 중에서 가장 우수하다고 여겨지는 사람들도 있었다. 그가 죽었을 때 5만 명의 남녀가 감옥에서 신음하며 폭군을 저주했다고 한다.

하와리지당을 소탕하고 호라산에서 하자즈의 파견관으로 근무했던 무하리브는 703년에 죽었다. "그와 더불어 인자함과 우애도 죽어 없어졌다."라고 아랍 시인들은 노래하고 있다. 그의 자리는 아들 야지드가 계승했는데 하자즈는 야지드에 대해서도 잠시 동안 같은 은총을 보였다고 한다.

압둘 말리크는 62세로 생을 마감했다. 이슬람력 86년이다. 그는 시를 좋아했는데 특히 자신을 칭찬하는 시를 사랑했다. 탐욕과 잔인함은 그의 성격의 바탕이었다. 마수디의 말에 의하면 그의 휘하의 장군들은 그가 찡그리는 것을 모방하여 무법한 유혈사태를 저질렀다. 압둘 말리크는 젊었을 때 이슬람의 종교적 행사에 힘썼다고 전해지고 있다.

그러나 "너는 아버지의 후계자"라는 말이 떨어지는 순간, 그는 그 때까지 공부하고 있던 코란을 옆에 던지고 "이제 이것으로 너와 이별이다."라고 했다 한다.

사가들은 그가 이슬람에서 배반적인 행동을 취한 최초의 칼리프이며, 자기 면전에서 신의 두려움이나 평등애와 같은 말을 내놓는 자가 있다면 그 목을 꺾어 주겠다고 말하고, 정의로운 간언을 엄금한 최초의 칼리프였다.

그는 정의가 자기에게 유익하다고 생각했을 때는 정의를 중히 여기고 용감하고 정력적이었고, 결단성이 있었고 계획을 수행함에 결코 방심하지 않았다. 무사브나 압둘 라흐만 휘하의 반도와 싸움을 시작하기 전에 그의 편에서 상대에게 조건을 내걸은 적도 있다. 그의 잔인함은 그가 신뢰를 배반한 경우처럼 우마이야조의 이익을 지켜내려는 데 있었다.

압둘 말리크는 이슬람 사회에 조폐국을 만든 최초의 칼리프이다. 그 다음의 무슬림 지도자들은 통화의 가치를 유지하고 위조를 막는 데 특히 주의를 기울였다. 압둘 말리크 시대까지는 모든 공문서나 징세기록 등은 그리스어나 페르시아어로 쓰여졌는데, 그는 이로 인한 폐해를 생각하여 이후 모든 기록을 아랍어로 기록하도록 명했다.

그가 세상을 떠나기 얼마 전에 아들 왈리드를 위해 동생 압둘 아지즈의 칼리프 상속권을 포기시키려 했다. 그러나 압둘 아지즈는 이를 완강히 거부했으나 곧 죽었으므로, 왈리드는 평화로운 가운데 칼리프 자리를 계승했다.

## §§ 우마이야조

이슬람력 86년-96년(705년-715년)

왈리드 1세 동방 정복-아프리카 진공-서방 총독 무사 빈 누사이르-스페인의 정세-로데리크의 압박-타리크 빈 지아드의 지브롤터 상륙-메디나 시도니아의 전투-로데리크의 죽음-스페인 정복-프랑스 침입-무사 및 탈리크의 소환-스페인에서의 무슬림 지배의 특징-행정구역-부족적 반목의 영향-왈리드 1세의 죽음

왈리드 1세 즉위 후, 곧 동부 여러 주의 총독인 하자즈는 아버지 무하리브의 뒤를 이은 야지드를 호라산의 행정장관에서 물러나게 했다. 그리고 그 자리에 북아랍부족장 구다이바라는 사람을 앉혔다. 그는 민완한 작전가로 완전한 장군이었으나 고집이 세었다.

이보다 앞서 옥수스 강 북방 중앙아시아 여러 지방에서 살고 있던 소그데아인은 무슬림과의 평화를 유지하고 식민지를 황폐시키지 않는다는 약속을 하고, 주요 도시에는 무슬림의 이권을 지키기 위해 주재관(아미르)을 둘 것을 동의했다.

그런데 야지드가 제외되었다는 일은 그들이 보기에 독립을 찾을 좋은 기회로 생각했다. 그들은 불의에 무슬림한테 반기를 들었고 주재관을 쫓아내고 이민 온 자들을 학살했다. 그래서 10년간 계속하여 싸움이 벌어졌고, 수많은 잔인한 행위가 쌍방간에 행해지고, 결국 구다이바는 카쉬가르 국경에 미치는 중앙아시아의 진정에 성공했다.

이 무렵, 메구란 주 총독 무함마드 빈 카심은 인도의 신드와 베르지스탄의 중간에 사는 지방부족의 괴롭힘을 당해 인도에 원정군을 일으키고, 드디어 신드, 무르단 및 펀자브 지방의 베아스 지경까지 병돈

(倂敎)하게 된다.

왈리드 시대를 통하여 우마이야 일족 중에서 가장 뛰어난 용사였던 동생 마스라마는 소아시아에 있는 무슬림 사령관이었다. 한편 우군 중에는 왈리드의 아들 아바스가 지휘하는 군도 있었다. 양자의 공동 작전은 몇몇 중요 지방을 정복할 수 있었다. 이렇게 되어 소아시아의 대부분은 무슬림이 소유하는 곳이 되었다.

이슬람력 87년, 왈리드는 사촌형인 우마르 빈 압둘 아지즈를 히자즈 지방의 장관으로 임명했다. 우마르는 메디나에 도착하자마자 이 도시의 법률가와 유지들로 형성된 회의를 조직하고 이 기구의 협찬없이는 일체의 정치적, 또는 행정적 행위를 하지 않기로 했다. 그는 야지드와 압둘 말리크의 치하에서 이슬람교의 성도에서 행해진 황폐의 흔적을 벗어내려고 했다.

그리고 많은 고층건물로 메디나와 메카를 미화하고 새로운 수도를 만들고, 히자즈의 각 도시와 메디나를 잇는 도로를 건설했다. 온화하지만 굳은 심지를 갖고, 백성의 복지를 증진하고자 원하는 우마르의 다스림은 모든 계층이 고마워했다.

우마르의 부드럽고 바르고 관대한 정치는, 동부 여러 주를 지배하는 폭정의 무서운 압박을 피하여 이라크에서 흘러들어오는 사람들로 들끓었다. 히자즈에서 안전과 평화를 찾은 것이다. 하자즈는 이 일을 달갑지 않게 여기고 칼리프 왈리드에게 중상모략했다. 왈리드도 전대의 압둘 말리크처럼 그의 말에 움직였다.

마침내 하자즈의 계획은 성공하여 이슬람력 92년, 우마르는 히자즈 주민의 애석한 석별을 받으면서 총독직에서 물러났다. 그의 후임자는 먼저 메디나와 메카에서 이라크인 도망자들을 내쫓는 것으로 취임사를 대신했다. 이 시기에 야지드 빈 무하리브는 형제들과 함께 하자즈에 의해 감옥에 수감되고 책고(責苦)를 받았다. 그러나 그들은 포학한 자의 손에서 탈출하는 데 성공하고, 칼리프 왈리드의 계승자인 동생 술라이만한테 가서 숨었다.

한편 서쪽 지방 아프리카는 예의 여괴(카힌나)의 사후, 하산에 의해 비교적 평화롭고 안전한 상태가 유지되었다. 그런데 이슬람력 89년에 그는 총독직에서 해직되고 유명한 무사 빈 누사이르가 총독이 되었다.

무사의 아버지는 무아위야 밑에서 경찰부장(사히브 우시 쉬르타)으로 근무했는데, 시핀 전투에서 알리에 대항하는 것을 거절한 인물로 이 사람의 사람됨을 잘 알고 있는 무아위야는 그의 생각을 존중하고 있었다. 하산의 은퇴는 베르베르인 반란의 봉화가 되었으나, 그들은 새 총독의 힘과 용기를 잘못 알고 있었다.

무사는 스스로 자식들과 함께 작전을 되풀이하여 베르베르인 연합군을 격파하고, 비잔틴의 책사(策士)를 쫓아내고 전토를 평정했다. 베르베르 부족장들한테 유화적 태도를 취하여 신뢰를 갖게 하고 존경을 얻었다. 주민들에게 이슬람 교리를 가르칠 교사도 임명하고, 얼마 되지 않아 베르베르의 모든 주민이 이슬람신자로 개종했다.

여기저기의 무슬림 식민지가 지중해의 여러 섬에서 비잔틴군에 의해 괴롭힘을 당했는데 무사는 이를 격퇴하고자 원정군을 파견하고, 마조르가와 미노르가, 그리고 이비가를 정복하여 아랍제국에 병합했다. 무슬림의 지배 아래 들어간 이 세 개의 섬은 얼마 있지 않아 번영을 누렸다.

무슬림은 다른 지방에서 그러하였던 것처럼 아름답고 화려한 건물을 짓고, 각종 수공업을 수입하는 등 물질적인 면에서 개선에 힘썼다. 무사의 총독령은 이제 그 규모에서 거의 하자즈에 필적했으나, 행정적인 수완과 통수의 능력을 요한다는 점에서는 오히려 컸다. 이집트의 서쪽 구역은 대서양에 이르렀다.

아프리카에 공정한 행정이 시행되고 무슬림 지배 아래 물질적 번영의 길로 활보하고 있을 때, 이웃 스페인은 고트인의 철각에 신음하고 있었다. 스페인의 국민 상태는 고트인 국왕의 질곡을 짊어지고 열악한 비참의 극에 달했다. 귀족 특권계급은 일반적으로 조세가 면제되고, 홀로 공공의 부담을 지고 있는 중산 계급은 몰락의 비운을 어찌 할 수 없었다.

산업은 거액의 수입과다로 멸망하고, 공업과 상업도 없어져 후에 무슬림이 쫓겨나올 때 온 상태와 우열을 가릴 수 없는 무서운 비생산 상태가 반도 전체를 덮고 있었다. 스페인 전 국토가 많은 영주의 영토로 갈라지고, 성직자나 일반 영주들은 궁전과 같은 저택에 살고 매일을 음탕하고 극악한 행위로 지냈다.

농경은 흙에 매어있는 농노나 잔인한 감독의 무자비한 채찍 아래 일하는 노예 무리들에 의해 행해졌다. 농노이든 노예이든 해방된다든가 이 세상에서 햇빛을 본다든가 하는 희망은 전혀 없었다. 농노나 노예나 자기 것이라고 할 물건은 하나도 없고, 주인의 동의가 없으면 결혼도 할 수 없고, 인접한 두 영지의 노예가 결혼하였을 경우에 그 자식들은 두 명의 영주가 나눠 가졌다.

노예 매매

이베리아 반도에 다수 정착한 유태인은 기독교 국왕이나 성직자나 귀족들의 박해에 고통을 받았다. 박해에 견디다 못한 그들은 반란을 일으켰으나 계획이 졸렬하고 실행을 서두른 결과 실패하여, 심각한 결과를 낳았다. 동산, 부동산, 갖고 있는 것 하나 없이 다 몰수되고 학살만 면했을 뿐, 그들 모두는 노예 신분이 되었다. 늙은이나 젊은이나 남자나 여자나 노예로서 기독교도에게 인도되었다. 노인은 그나마 눈꼽만한 정으로 자기의 종교를 간직하는 것이 허락되었지만, 젊은이들은 기독교도에 의해 교육되어야 했다.

유태인 사회 내부에서의 결혼은 일체 금지되고 유태인 노예는 이후 기독교인 노예와 결혼해야 했다. 이것은 국내에서 전권을 장악한 기독교 성직자들이 유태인에게 준 벌이다. 곤궁하여 몰락한 국민, 고통받는 노예, 박해받고 쫓겨난 유태인, 이런 사람들이 기다려도 오지 않는 구원의 손길을 기다리고 있었다.

구원은 의외의 방면에서 그들의 고통이 최고조에 달했을 때 왔다. 해협 건너의 무슬림의 영토는 고트인이나 성직자의 압정으로 희생되는 자한테는 안전한 피난처로 생각되었다. 국왕이나 성직자들의 가혹한 폭정을 피하여 아프리카 이슬람령으로 온 스페인인도 다수 있었다. 이때는 무사가 아프리카를 지배하고 있을 때이다.

이베리아의 왕위에 오른 사람은 전왕 위데자를 시해한 프레데릭이었다. 로데리크의 딸 프로린다의 일로 무도한 취급을 받고 분만(憤懣)을 가졌던 세유다의 지사 쥬리안은 스페인 도망자와 함께 무사를 향하여 스페인을 찬탈자들의 쇠사슬에서 해방해 달라며 왔다. 무사는 이 청에 응해 칼리프 왈리드의 재가를 얻고 다리흐라는 젊고 기략이 넘치는 장교를 파견해 남해안을 정찰하게 했다.

보고가 유리하여 무사 휘하의 막료 중 유능한 탈리크 빈 지야드는 불과 7천 명의 정예부대를 이끌고 라자브달에 그의 이름을 지명으로 하고 있는 지점에 상륙했다. 상륙지점을 작전기지로 사용되도록 요새화하고, 그는 로데리크 부하 데오도미르가 영유하고 있는 아르헤시라

지방을 습격했다. 그의 진격을 막으려던 고트군은 산산이 격파되고, 탈리크는 유명한 톨레도 진군을 개시했다.

이런 가운데 운좋게 총독한테서 파견된 후원군이 도착하여 그의 군단은 1만 2천 명의 병력이 되었다. 프레데릭은 북부에서 국내 진압에 힘쓰고 있었는데, 이 침입 소식을 듣자마자 곧 수도로 돌아가고 전국의 모든 영주에게 일족과 가신들을 데리고 와 코르도바에서 합류하라고 명했다. 친위군만으로도 대군인데 여러 영주들이 부하들을 데리고 왔으니 로데리크 휘하의 병력은 10만에 달했다. 이렇게 현격히 차이나는 양군은 메디나 시도니아의 북방 구아다레데 강변에서 맞붙게 되었다.

국왕의 학대를 견디다 못하여 전왕 위데자의 유자녀들은 처음 전투가 끝난 후 로데리크 진영에서 피해 달아났다. 로데리크는 수하에 병력도 많고 훈련도 잘되어 있어 잠시 동안은 무슬림군의 공격에 한 발자국도 양보하지 않았다. 그러나 탈리크를 필두로 하는 맹렬한 돌격에 대항하지 못했다.

고트군은 완전히 무너져 패주하고, 로데리크는 도망가는 도중 구아다레데 강의 흐름에 빠졌다. 이 대승리의 정신적인 영향은 대단한 것이었다. 이것은 스페인으로 하여금 무슬림과 전장에서 대항할 용기를 빼앗았다. 시드니아와 가르모나는 성문을 열었고, 로데리크의 잔병이 도망가 들어간 에시하만이 약간의 저항을 시도하였으나 이곳도 관대한 조건으로 항복했다.

여기서 탈리크는 휘하의 군을 네 부대로 나누어 부하 장군 한 명에게는 코르도바를 향하게 하고, 다른 한 명에게는 말라가로, 또 다른 한 명에게는 그라나다 및 에르디라로 군을 진격시켰다. 그 자신은 본대의 선두에 서서 고트의 수도 톨레도로 급히 진군을 계속했다. 말라가와 그라나다 및 코르도바는 별다른 어려움없이 차례로 함락되고, 데오도미르가 영유하였던 아르헤시라 전토는 곧 점령되었다.

고트인은 탈리크의 행동의 신속함과 공격의 준열함에 의기소침했다. "신은 우상 숭배자의 가슴 속에 공포와 경계심을 채우셨다."라고 아랍 사가는 말했다.

귀족들 가운데는 항복하는 자도 있었고, 이리저리 도망 다니는 자도 있었다. 고위 성직자들은 로마로 피하고, 백성 대부분과 유태인이나 농노나 가난한 시민들은 무슬림을 자기들을 구하는 자로 환영했다. 스페인이 톨레도를 포기했다는 것을 안 탈리크는 유태인과 무슬림으로 편성된 소부대를 이 도시에 남기고, 그곳의 행정을 위데자 왕의 동생 옷파스에게 위탁하고 고트군을 아스도가까지 추격했다.

한편 80이 넘은 나이의 아프리카 총독 무사는 질투에서인지 경쟁심에서인지 자기의 우수한 부하가 착수한 정복을 완성하고자 1만 8천명의 병력을 인솔하고 스페인에 상륙했다. 그의 군 안에는 예멘의 명문에 속하는 신분이 높은 아랍인이 다수 포함되었고, 예언자 교우들의 후예도 몇명 있었다. 무사는 동쪽으로 가 세비야와 메리다를 연이어 평정했다. 그 다음 톨레도에서 탈리크의 군사과 합류했다.

두 정복자의 만남은 당시로는 보통의 추한 다툼으로 보였으나 양자는 곧 화해하여 군사를 아라곤으로 진격시켰다. 사라고사, 다라고나, 바르셀로나 및 기타의 북부 도시들은 잇달아 성문을 열었고, 피레네 산맥까지의 스페인 전토는 2년이 넘지 않아 무슬림 손에 떨어졌다. 이로부터 수년 후에 포르투갈도 점령되고, 알 가르브, 즉 아랍의 서부라는 한 주가 되었다. 다만 아스토리아 산맥만이 기독교 스페인인이 틀어박혀 무슬림에게 저항을 계속했다.

탈리크에게 가르시아 평정을 위임한 무사는 프랑스에 침입했고, 지금까지 고트인 영토로 되어 있던 랑게독 지방을 문제없이 점령했다. 피레네 산 위에 섰을 때 이 불요불굴의 총독은 전 유럽 정복의 계획을 가슴에 품었다. 만일 그가 그 계획을 실행할 수 있는 상태에 있었다면 그는 성공했음에 틀림없다. 서방 세계는 완전히 그의 발 아래에 있었다.

무사와 칼리프령에 있는 여러 나라 사이에는 아무런 점착력이 없고, 더욱이 기독교 세력을 통일하고 무슬림의 진격을 막을 만한 인물이 아직 나타나고 있지 않았다. 너무 조심하고 머뭇거린 다마스쿠스 궁정은 이 좋은 기회를 놓쳤다. 이탈리아에 진격할 목적을 갖고 더욱 프랑스 깊이 돌입한 무사는 칼리프 왈리드의 명령으로 중단되었다. 여기서 그는 기독교도들이 결사적인 저항을 시도하고 있던 스페인 산악지대의 완전 제압으로 목표를 바꾸었다.

그는 가르시아에 들어가 많은 요새를 함락하고, 적을 아스토리아의 바위산의 좁은 길로 내몰았다. 이제 사방에서 적의 퇴로를 봉쇄하던 전군의 행동을 무사는 루고에서 지휘했다. 이 노장군의 한결같은 세력에 두려움을 느낀 적의 게릴라 부대는 차차로 항복하고, 마침내 남은 부하들을 거느린 페아요만 남았다.

이대로는 그도 언젠가는 무기를 버릴 처지인데, 마침 정복이 거의 끝날 무렵 다마스쿠스로부터 무사와 탈리크 두 정복자에게 귀환 명령을 가지고 사자가 왔다. 왈리드로 하여금 무사와 탈리크를 소환시킨 동기가 어찌되었든 간에 이것은 이슬람으로서는 커다란 불행이라는 데는 의심할 여지가 없다.

무사의 철수는 페아요로 하여금 산중에 성채를 구축하게 하는 여유를 갖게 하고, 후년에 이슬람 여러 나라를 남방으로 압박한 세력의 중심을 그곳에 형성시켰다. 두 명의 우수한 장군이 없어진 무슬림군은 이 얼마 되지 않은 성채의 병력을 멸시하고, 그들이 날마다 수를 더하고 강력하게 자라는 것을 묵과했다.

"이 지방에서 이슬람의 전토를 불타게 할 운명을 가진 불꽃을 얼마 되지 않은 불씨 속에서 무슬림들이 곧 끊었다면"하고 무슬림 사가는 탄식했다.

스페인을 떠나기에 앞서 무사는 이 땅의 시정에 필요한 모든 것을 수배했다. 그는 세비야를 정청 소재지로 하고, 맏아들 압둘 아지즈를 새 영토의 장관으로 임명했다. 용감한 군인이었던 둘째 아들 압둘 알라흐는 이프리키아 수비에 머물게 했다. 그리고 막내 아들 압둘 알리

그는 모로코(마그리브 알 아크사)를 통치하고, 압둘 앗살레는 탄지르를 본부로 하여 해안 수비와 함대의 지휘를 맡게 했다. 총독령의 통치에 관한 수배가 끝난 후에 무사는 다수의 부하를 데리고 다마스쿠스로 가는 길에 들어섰다.

무슬림의 스페인 정복은 이베리아 반도에 새로운 세대를 얻는 것이었다. 이 정복은 성직자와 귀족이 가장 높은 자리를 차지하고 있는 특권계급이 누리는 잘못된 여러 권력을 일소했다. 산업을 멸망시키고 중산층을 파멸시킨 그 과중한 부담을 제거시켰다. 변덕스런 가혹한 과세 대신에 정당하고 공평하고 도리에 맞는 세제를 시행했다.

비무슬림이 지불해야 할 것은 보통 인두세와 무슬림이나 비무슬림 구별없이 모든 국민에게 부과하는 토지세이다. 인두세는 지불하는 자의 자력에 따라 차이가 있는데 실제의 부담은 아주 가볍고, 12개월로 나누어 징수했다. 토지세는 그 토지의 생산능력에 따라 정해지고 결코 농작에 큰 짐이 되지 않았다.

많은 스페인 도시는 정복되었을 때 매우 관대한 조건을 얻고 그 조건은 충실하게 지켜졌다. 침입군에게 있을 수 있는 병사들의 개인적인 폭행이나 약탈행위는 엄중히 단속되었다. 전 정부의 특징이었던 냉혹한 타종교에 대한 배척과 박해는 관대한 신앙의 자유에 자리를 물려주었다. 박해받고 짓밟혔던 유태인들은 허가나 방해없이 자기네 종교를 지킬 권리를 얻었고, 기독교도들은 자기의 종교와 법률을 아무런 걱정없이 향수할 수 있었고, 여기에다 법의 집행은 자신들의 재판관에 맡겨졌다.

누구나 자기 신앙에 관해 간섭받지 않고 남자나 여자나 어린아이들도 좋아하는 것을 숭배할 수 있었다. 기독교도들은 세금의 징수나 분쟁의 해결에도 기독교 관리가 했다. 공무의 어떤 부문도, 어떤 지위봉급의 직위에도, 모든 무슬림과 유태인, 그리고 기독교도에게 공평하게 열렸다.

무슬림의 정복사업이 가져온 가장 귀한 결과는 노예나 농노에 미친 영향이다. 그때까지 노예나 농노는 소나 말보다 더 혹독하게 취급당했다. 그러던 것이 인간으로서의 지위를 얻은 것이다. 무슬림의 손에 옮겨진 영지에서 일하던 농노나 노예는 곧 해방되고, 이 땅에 자기 자신의 생활관계를 갖는 소작농이 되었다. 토지는 산물의 일부를 무슬림 지주에 지불한다는 조건으로 사실상 그들의 것이 되었다.

그리고 기독교도 주인에게 속했던 남자 종도 대우가 조금 나아졌다. 학대를 호소하든지 이슬람으로 개종한다든가 하면 법의 운영으로 해방되었기 때문이다. 노예나 농노는 전 정부에서 주어지지 않았던 자유와 생활의 즐거움을 얻기 위해 이슬람교에 들어왔다. 명사나 귀족은 신앙에서, 또는 이해관계에서 이슬람을 믿었는데 그 태도는 결과를 보면 아는 것처럼 진솔하고 경건한 것이었다.

기독교도들조차 고트인, 또는 프랑크인의 폭정 아래 학대받는 것보다 무슬림의 너그러운 시정을 좋아하고, 전에 공포로 도망했던 도시나 마을에 무리를 지어 돌아왔다. 신부들조차 이 변화에는 불만이 없었다.

한 서양 사가는 이렇게 말했다. “무어인은 멋진 코르도바 왕국을 만들었는데 이것은 중세의 경이이며, 전 유럽이 아직 야만적인 무지와 투쟁으로 황폐했을 때 홀로 서방 세계 앞에 교양과 문명의 횃불을 밝혔다. 무어인이 그들 이전의 야만인처럼 그들이 지난 후에 황폐와 폭정을 남겼다고 생각해서는 안 된다. 안달루시아는 아랍인 정복자한테 다스림을 받았을 때처럼 온화한 바른 현명한 정치를 받아본 적이 없었다. 그들은 거의 아랍의 사막에서 직접 왔다고 할 수 있을지라도, 저 급격한 승리의 물결은 그들에게 외국인 조종술을 배울 틈을 주지 않았는데도 그들이 과연 어디서 그런 정치적인 재능을 얻었는지 우리들은 짐작도 할 수 없다.”

행정상의 목적에서 그들은 스페인을 네 개의 큰 주로 나누고 각각에 총독 직속의 장관을 두었다. 첫 번째 주는 안달루시아-바다와 과달키비르 강 사이의 지방-와 이 강에서 구아디아나 강에 이르는 지역으로 코르도바, 세비야, 말라가, 에시하, 하엔, 보스나의 여러 도시가 있다.

두 번째 주는 동은 지중해, 서는 루시다니아(현 포르투갈) 국경을 보고 북은 두로 강에 이르는 중앙 스페인의 전토이다. 이 중에는 다호 강변의 톨레도, 후가르 강변의 구엔가, 두로 강 지류인 세고비아, 기타 구아다하라, 발렌시아, 데니아, 아리간데, 가르다헤나, 로르가, 바에사 등의 여러 도시가 있다.

세 번째 주는 가르시아와 루시다니아가 포함되고 메리다, 에베라, 페하, 리스본, 고이므브라, 루고, 아스도르가, 자모라, 사라만드의 도시가 있다.

네 번째 주는 가르시아를 서쪽에 보고 두로 강에서 피레네 산맥에 이르는 에프로 강 양둑의 지방이다. 여기에는 사라고사, 도르도사, 바르셀로나, 우르헤르, 두데라, 바라도릿도, 흐에가스, 하으도, 포바스도로 등의 도시가 있다. 나중에 정복이 진행되면서 피레네 산맥 맞은편에 다섯 번째 주가 생겼다. 여기에는 나르본느, 니므, 가르가손느, 페지에, 마규론, 모데부 등이 포함되어 있다.

아랍인과 베르베르인은 도회지에서 생활하는 것을 좋아했다. 그들은 도회지에서 부족 나름대로 집단을 이루고 살았는데, 이는 기독교도로부터의 공격을 받았을 경우 방어하는 데 적합하다고 할지 모르나 부족적 질시라는 불행한 감정을 배양하는 온상이 되었다.

스페인 각 지방에 무슬림이 정착해서 살았는데 이들은 다마스쿠스, 홈스, 기니스린, 팔레스타인, 요르단, 페르시아, 예멘, 이라크, 이집트 등에서 이주해온 자들이다. 그리고 마지막으로 히자즈의 1만 병사가 가족과 함께 이베리아 반도로 이주했다.

무사의 아들로 아버지가 시리아로 출발 후 장관이 되어 정치를 한 압둘 아지즈는 그 지방에 필요한 이슬람적 법률과 조직의 구성과. 스페인과 아랍 양 민족의 융합의 촉진을 위한 디완(협의회)을 설정했다. 그의 현명한 정치적 수완과 너그러운 시책은 모든 사회계층을 어루만졌다. 그는 정복자와 피정복자간의 결혼을 장려하고, 스스로 로데리크의 미망인 에로히나, 즉 아랍인인 엄무 아심이라는 여자와 결혼해 시범을 보였다.

무슬림 이민은 이집트나 시리아, 페르시아와 같은 대체적으로 농업지방에서 온 이민이 많았다. 그들은 근로를 종교적 의무라 하는 예언자 무함마드의 가르침에 따라 생산으로의 길에 들어섰다. 그리고 지금까지 기독교 정부 아래 거의 생산이 없던 스페인의 물질적 발전에 비길 데 없는 정력을 보였다.

그들은 각종 농작물의 학문적 연구도 추진했다. 미개간지를 개간하고 황폐한 도시에 사람들을 살게 하고, 훌륭한 기념비도 세워 도시를 미화하고, 다수의 상공업적 관계에 따라 여러 도시를 결합했다. 국민들에게 종래 고트 국왕이 결코 주지 않았던 권리인 토지 양도권을 주었다. 오랫동안 주저한 것처럼 토지에 달라붙어 있던 봉건적인 노역제도에서 해방된 스페인은 유럽 여러 국가들 중에서 특히 인구가 많은 근면한 나라가 되었다.

아랍인은 스페인을 하나의 정원으로 만들었다. 그들은 모범적인 행정조직을 만들고 예술이나 과학에 자극을 주었지만 이렇게 먼 땅까지 와서도 다만 그 사막에서 가졌던 질시와 질투심은 종래 제거하거나 억제할 수 없었다. 그들 앞에는 영원한 제국을 건설할 절호의 기회가 주어졌는데도, 자신들의 통일과 점착력 결여로 잃어버렸다.

스페인에 있은 이 같은 불화는 외국의 지배에 불리한 두 가지 부가적 요소로 더욱더 격화되었다. 무슬림군 중에서도 다수로 여겨지는 완고한 베르베르인들은 아랍인 장교들을 미워했다. 반란이나 소란은 때때로 일어나고, 진압이란 민족적 감정의 어색한 반감을 더하기만 했다. 빌라디윤(원주민)이라고 불리는 스페인 토착의 무슬림은 아랍인과 베르베르인 모두를 싫어했다.

한쪽은 거만한 태도 때문에, 다른 한편은 야만적인 생활 때문이었다. 이슬람의 민주주의적인 교리는 민족과 피부색의 차이는 일체 무시했으나, 칼의 힘으로 밀고 들어온 먼 나라에서 언제나 아랍인 성격의 본질적 특징인 너무나 내세우는 민족적 자긍심과 자랑을 억제하지는 못했다.

빌라디운은 스페인 태생의 무슬림들로 통치 형태의 수정을 가한 국내 지배를 주장했다. 사실상 자기 민족 중에서 인물이 나와 통치하기를 희망했다. 아랍인에 대한 그들의 폭동이 이슬람교의 교리와 이슬람 법률을 해석하는 푸아기에 의해 자아낸지도 모른다.

스페인인은 이슬람을 믿는 데에서도 기독교를 믿었을 때와 같은 열

모스크에서 울라마가 설교하는 모습

의와, 이유를 알 수 없는 열렬함을 보였다. 그리고 푸아기의 사주 아래 때때로 아랍인을 향해 반란을 일으키고 법의 자유주의적인 해석과 관대함을 요구했다. 이 같은 불화는 모두 이슬람국의 힘을 약화시킬 뿐이었다. 이는 이븐 할둔이 마음속 깊이 탄식하는 것처럼 80년이 넘지 못하고 바르셀로나에 이르는 전체의 북부지방을 상실케 한다.

칼리프 왈리드는 죽음에 앞서 하자즈, 구다이바, 기타 다수의 북아랍족 원로들의 지지를 얻고 칼리프 자리 계승을 자기 아들에게 형편이 좋게 금하려 했으나 그 목적을 달성하기 전에 죽었다. 왈리드는 715년, 9년 7개월의 빛나는 치적을 남기고 다이르 마란에서 서거했다. 아랍 사가 마수디나 이븐 우라시르도 그를 독재의 폭군으로 보았으나 시간적으로 떨어져 있으면 우리에게는 그의 선행만 부각된다.

그는 아버지 압둘 말리크나 할아버지 마르완보다 인정미를 갖고 있었다는 것은 의심할 바가 없다. 인정이라는 점에서는 그 이후의 칼리프에 결코 못지않다. 당연히 시리아 사람들은 그를 역대 칼리프 중 특히 우수한 인물이라고 생각하고 있다.

다마스쿠스에 큰 모스크를 세우고 메디나와 예루살렘 성원을 증축하고 단장했다. 그때까지 예배드릴 사원이 없었던 도시에는 그의 명령으로 모두 사원이 세워졌다. 또 국경 방위를 위해 요새가 구축되고, 전 국토에 도로를 만들고, 우물을 팠다.

학교와 병원을 세우고, 가난한 자와 노약자를 위해 국가로부터 일정한 보조금을 주고 잡다한 자선사업을 금지했다. 맹인이나 불구자나 미치광이를 위해 양육원을 창설하여 그곳에 수용하고, 전문 간호사를 고용하여 돌보게 했으며, 부모를 잃은 불쌍한 고아들의 보호와 교육을 위해 고아원을 세웠다. 그리고 직접 시장에 찾아가 물가를 점검하고, 우마이야조 칼리프로서는 처음으로 문학, 예술, 공예 등을 장려했다.

## §§ 우마이야조

이슬람력 96년-105년(715년-724년)

술라이만의 즉위-무사 및 탈리크의 몰락-무사의 아들 압둘 아지즈의 죽음-씨족간의 알력-예멘인-야지드 빈 무하리브의 난-콘스탄티노플의 포위-무슬림의 퇴각-술라이만의 죽음-우마르 2세의 즉위-그의 지와 덕을 겸비한 다스림-야지드 빈 무하리브의 반란-예멘인의 파괴 행위-씨족간의 알력-무슬림의 역전-야지드 2세 서거-아바스

아버지 압둘 말리크에게 한 서약에 따라 왈리드의 뒤는 동생 술라이만이 상속했다. 그는 솔직한 성격에 쾌락과 오락을 즐기고 후에는 그의 뒤를 이어 칼리프가 된 사촌 우마르 빈 압둘 아지즈의 현명하고 정이 넘치는 진언을 잘 받아들였다. 술라이만은 칼리프 즉위 직후 이라크의 옥문을 열고 하자즈가 투옥한 수천의 죄수들을 석방했다.

그리고 압도적인 법령의 대부분을 폐기했다. 만일 그가 하자즈가 백성들에게 부담시킨 것을 없애는 데 만족했다면 그에 대해서는 기록할 것이 별로 없을 것이다. 그런데 그는 자기의 복수적 감정이 이지적 판단을 흐리게 하여 왈리드의 칼리프 후계 변경계획에 참여한 북아랍계 부족에 대해 크게 보복했다. 그래서 남아랍계 예멘부족은 치솟는 세력을 갖게 되었고 자기들이 하자즈로부터 받은 냉혹한 행위에 앙갚음을 했다.

신임 이라크 총독이 된 야지드 빈 무하리브는 원수가 이미 죽어 자기 마음대로 할 수 없게 되자 하자즈의 일당이나 친척들에게 한을 폭발시켰다. 호라산에서는 이즈음 국내 각지에서 북아랍계 부족과 남아랍계 부족 사이에서 다시 폭발한 내란 가운데 위대한 장군 구다이바

가 살해되었다.

스페인 정복자인 무사 및 탈리크에 대하는 술라이만의 태도에는 난해한 점이 있다. 대체로 둘 다 야지드의 신임을 얻은 인물이 아니었던가. 그런데 우마이야조의 역사에서 오욕이라 할 수 있는 것은 이 두 명의 중요한 사람이 궁핍 속에 죽었다는 것이다. 또 술라이만은 스페인 통치에 성공하고 번영을 가져오게 한 무사의 아들 압둘 아지즈가 세비야에서 살해된 사건에도 관계가 있지 않나 생각되는 점도 있다.

인도의 신드 및 펀자브의 정복자로 공정하고 인자한 정치로 인도인에게도 인망이 있었던 무함마드 빈 카심은 중앙정부로부터 귀환을 명받았다. 그의 유일한 죄라고는 그가 하자즈의 조카인 사실뿐이고, 이 때문에 그는 야지드 빈 무하리브한테 혹독한 박해를 받아야 했다. 인도의 총독으로는 야지드의 동생 하비르가 임명되었다. 용감하였으나 능력이 없던 그는 전임자가 인도인으로부터 얻은 지반을 거의 상실했다.

술라이만의 통치 기간 중 스페인의 무슬림들은 스스로에게 의존해야 했다. 압둘 아지즈가 살해됨에 따라 군에서는 아이유브 빈 하비브를 지방장관으로 선택했으나 그의 임명은 아프리카 총독이 인정하지 않았다. 스페인은 당시 아프리카 총독 관리에 속한 것으로 여겨졌다. 불과 수개월의 시정 기간 동안 아이유브는 정청 소재지를 세비야에서 코르도바로 옮겼을 뿐이고, 북아랍계 부족 사람 알푸르한테 지위를 빼앗겼다.

알푸르는 아프리카에서 주요 아랍인 가족 4백 명을 데려오고 이들이 스페인에서의 무슬림 귀족의 조상이 되었다고 한다. 이때 이래 아바스조가 건국될 때까지 이베리아 반도는 때로는 다마스쿠스의 칼리프, 때로는 아프리카 총독이 임명하는 관리의 지배를 받았다. 아프리카 총독의 관청은 당시 카이로완에 있었다.

권력의 분산은 중대한 문제의 원인이 되고, 행정조직을 혼란하게 하고, 정책의 지속을 방해하고, 무질서에 박차를 가했고, 재외 주둔군의 충분한 활용을 막았다. 알푸르는 약 3년간 지배권을 장악하고 있었으나, 이 기간에 주목할 일은 북방의 대정복사업이었다.

이슬람력 98년에 술라이만은 옛 가르시스에 가까운 다비그라는 곳에 있은 적이 있었다. 그곳에서 레오라는 자가 술라이만을 찾아왔다. 레오는 별명을 이소리아라 했는데, 소아시아에서 비잔틴군을 지휘한 비잔틴 제국의 장군이었다. 이 비잔틴의 이중 첩자는 열변을 토하면서 콘스탄티노플을 함락하는 것이 얼마나 쉬운지, 그 정복으로 이슬람 제국에 가져올 이익이 얼마나 될지를 술라이만에게 설득했다.

그리고 그 성공을 확실히 하기 위해서 스스로 침입군의 길잡이가 되겠다고 제안했다. 술라이만은 스페인과 같은 새 영토가 생긴다는 말에 현혹되어 마스라마의 지휘 아래 군을 진격시켰다. 파견군은 아무런 저항도 받지 않고 헬레스폰드 해협을 건너 콘스탄티노플의 성 밑에 도착하여 그곳을 포위했다. 술라이만의 아들이 이끄는 별동대는 드라기아를 평정하고 사가리밧드, 즉 살인도시라고 불리는 그 도시를 함락했다.

이렇게 몰린 비잔틴 사람들은 두려워 떨면서 포위를 푼다면 막대한 금액을 내놓겠다고 마스라마한테 제안했다. 이 제안은 거부되었고 비잔틴 당사자들은 절체절명의 궁지에 빠졌다. 이에 이르러 콘스탄티노플의 주인이었던 테오도시우스 3세는 살해되었거나 황제 자리에서 물러났거나 하여 마침내 비잔틴 사람들은 레오로 하여금 황제를 참칭케 했다.

레오는 이슬람 진영을 피하여 콘스탄티노플에 들어가 황제라 칭했다. 포위군의 약점을 다 알고 있는 그는 어떤 공격에도 대항할 수가 있었다. 거기에다 그는 이미 배반자의 편린을 보이고 이슬람측의 군량 대부분을 소비하게 했다. 이슬람군의 육해군은 굶주림과 전염병과 한기로 매우 괴로워했으나 그래도 용감한 그들은 포위망을 풀지 않았다. 칼리프로부터 명령이 내릴 때까지는 퇴각이라는 말을 입밖에 내놓지 못했다.

비잔틴 성벽을 기어 올라가는 마스라마 이하의 군에 대하여 충분한 지원을 하지 못했다는 것에서 술라이만이 형 왈리드보다 못하다는 것을 보여주는 사실은 확실하다. 충분한 원군만 있었다면 이때 콘스탄티노플이 함락되었을 것이라는 사실은 의심할 바가 없다.

이 실패는 타바리스탄 및 쿠디스탄에서 야지드 빈 무하리브의 성공으로도 도저히 보충되지 않았다. 이들 지방은 카스피 해 서남쪽에 자리잡고 있어 지금까지 난공불락의 근거지로, 때때로 이슬람 권력에 반항하는 그 지방 군주의 영주였다.

마침내 술라이만은 마스라마가 요구하는 원군을 스스로 지휘하고자 일어섰으나, 최초에 그가 배반자 레오와 만난 기니스린 지구의 다비그를 통과하지 못한 채 중병에 걸려 2년 5개월이라는 짧은 기간 동안 그리 화려하지 못한 치적을 남기고 이슬람력 99년(717년)에 죽었다.

술라이만도 형처럼 칼리프 자리를 자기의 친자식에게 물려주고 싶은 생각을 갖고 있었다. 그러나 후계자로 정해놓았던 장남 아이유브는 그보다 앞서 죽고, 차남 다우드는 그 불행한 비잔틴 원정군에 참가하였다가 생사도 알지 못했다.

이 같은 불행에 시달린 그는 자기가 무언가 정하지 않으면 반드시 알력이 생긴다고 여기고, 이를 방지하기 위하여 임종 때 사촌 우마르를 후계자로 정했다. 그리고 우마르 다음의 후계자로는 역시 압둘 말리크의 아들인 야지드를 지명했다. 이 두 명의 이름은 종이에 적어 봉하여 신용있는 고문관 라자 빈 아이유브한테 위탁되었다. 왕실 사람들은 이 유언서에 충실하겠다고 서약했다.

술라이만의 성격은 모순과 당착투성이였다. 자기 일당에게는 관대하면서도 적에 대해 잔인한 것은 아버지에 뒤지지 않았다. 쾌락과 안이함을 좋아했다. 그에게 가장 큰 인망을 가져다준 행위는 동부 전지역에 걸쳐 있던 폭군 하자즈의 옥문을 연 것이다. 그로 인해 그는 '좋은 열쇠'(미프타하 알 하야르)란 이름을 얻게 되었다. 그는 죄수들에게 물질적으로 보조금도 지급했다.

경건한 칼리프로 알려진 우마르 2세가 칼리프로 즉위한 때는 이슬람력 99년 사파르달이다. 아버지는 압둘 말리크의 동생 압둘 아지즈로 이전에 이집트 총독으로 공정하고 현명한 정치로 소문이 자자했다. 어머니는 2대 칼리프 마르완의 손녀이다. 우마르는 수니파에서도 다섯 번째의 정당한 칼리프, 즉 '라시딘 할리파'로 인정되고 있다.

사람들로 인해 움직이지 않는 신앙심, 굳건한 정의감, 변함없는 성실함, 겸양, 아주 간소한 생활 등은 그의 성격의 주요한 면이다. 자기에게 맡겨진 직무의 책임은 늘 그의 가슴 속에 새겨져 있고 언제나 반성을 되풀이했다. 어느 때 기도 후에 울고 있는 그의 모습을 아내가 보았다. "무엇 때문에 슬퍼하는가"하고 물으니 그는 이렇게 대답했다고 한다.

"파티마여, 나는 무슬림을 비롯하여 여러 다른 나라 사람의 지배자가 되었다. 그런데 굶주림에 시달리는 빈민이나, 가난한 병자나, 고통받으면서 고독하게 있는 자나, 억눌린 피압박자나, 감옥에 있는 외국인이나, 존경할 원로나, 대가족을 가진 자력이 없는 사람들을 생각할 때, 하나님은 반드시 부활일에 내게 맡겨진 사람들을 물을 것이라고 생각되어 비로소 어떤 변명도 소용없을 것이라고 느꼈다. 그래서 울었다."

칼리프로 즉위한 직후 그는 궁전의 마구간을 공개하고, 경매에서 말을 팔고 그 돈을 국고로 했다. 그리고 아내에게 아버지나 형제로부터 받은 보석이나 귀중품 등을 팔아 국고에 반환하도록 말했는데 아내 파티마도 이 요구를 기꺼이 받아들였다.

우마르가 죽고 파티마의 동생 야지드가 칼리프에 즉위했을 때 야지드는 그녀에게 보석을 되돌려주겠다고 했다. "남편이 살았을 때도 나는 이런 것들을 생각하지도 않았습니다. 이제 남편이 죽었는데 어찌 그런 것들에 욕심을 내겠습니까?"라는 것이 그녀의 대답이었다.

우마르 2세는 지난날 기독교도나 유태인이 귀순했을 때의 권리를 주면서 금하고 있는 교회나 회당을 부활시켜 주었다. 예언자 무함마드의 정원은 마르완에 의해 빼앗겼는데, 이를 무함마드 집안에 되돌려주었다. 종래 우마이야조 치하에서는 예배 단상에서 정통 칼리프 알리와 그 후예의 추억을 저주하는 관습이 있었는데, 이 관습의 폐지를 명하고 사람들의 마음을 견인(堅忍)하고 관대하게끔 이끄는 데 지금까지 사용하던 저주 대신에 예배를 하도록 정했다.

도덕의 이완은 비난되고 어떤 작은 일도 압박하는데 상당한 벌이 가해지고 이라크, 호라산 및 신드의 개종자에 대해서는 하자즈와 그 아래 관리가 과한 부담을 모두 없앴다. 우마르 2세의 통치는 우마이야조에서 가장 우수한 좋은 시대를 만들었다. 사학가들은 그 업적에 만족을 느끼고 국민의 행복만을 자기 야심의 대조로 하여 지배자가 품은 포부를 엿보는 데 즐거움을 느끼게 했다.

그의 치하에서 하와리지당의 광신자들조차도 아라비아 반도에서나 아프리카에서도 삼가고 있었다. 그들은 우마르한테 사자를 보내 그의 정치에는 반대하지 않으나 술라이만이 우마르의 후계자로 정한 타락한 자, 야지드의 즉위에는 반대한다는 일도 있었다. 우마르의 의도는 국토의 확장이 아니라 자기에게 맡겨진 광대한 국토를 굳히는 데 있었다.

콘스탄티노플 성밖에 주둔하고 있던 마스라마의 군부대는 소환되었다. 국경지방으로의 원정은 모두 중지되었다. 산업 수행이 장려되고 각 주의 지방장관들은 엄중한 업무보고를 제출하도록 요구되었다.

우마르는 야지드 빈 무하리브를 언제나 폭군으로 간주했고, 야지드측은 우마르를 위선자로 불렀다. 하지만 이 위선자는 국민들한테 자기의 의무를 다하는 데 아주 열심이었다. 우마르는 야지드에게 전에 병상에 있었던 칼리프 술라이만에게 보낸 전리품에 대하여 설명을 요구했다. 그러나 충분한 설명을 받지 못했다.

이 횡령 피의자는 당시의 습관에 따라 고문이나 기타 학대를 받지 않았으나 알레포 성채에 유폐되어 우마르가 서거할 때까지 석방되지 못했다. 쿠파 주 총독 앞으로 보낸 편지에서 우마르는 그 주의 일체의 잘못된 법령의 폐기와 온갖 불만의 원인을 제거하라고 명했다. 그의 명령은 이러했다.

"귀관은 이슬람을 받드는 것이 정의롭고 인자한 행위라는 것을 알아야 한다. 여하한 죄도 경시해서는 안 된다. 번창하려는 자를 쇠하게 해서는 안 된다. 국민으로부터 능력 이상의 것을 취해서는 안 된다. 인구 상태와 경제 상태를 개선하기 위하여 모든 수단을 다하라. 온건하고 매섭지 않게 통치하라. 축제를 빌미로 선물을 받아서는 안 된다. 백성들에게 반포하는 코란의 대가를 받아서는 안 된다. 여행자나 결혼하는 데, 또 낙타 젖에 과세해서는 안 된다. 그리고 이슬람에 개종한 자들에게 인두세를 받아서는 안 된다."

그의 아들 압둘 말리크도 국민을 위해 국민의 행복을 위하고, 이슬람 개혁을 바라는 점에서는 아버지와 같은 마음을 가진 전도가 밝은 17세의 청년이었다. 어느 날 아버지 우마르를 향해 반은 힐문하는 조로 "왜 이슬람 사회 중심에 깊이 파고든 여러 가지 해악을 근절시키기 위해 한층 진지한 노력을 하지 않느냐"고 물었다. 아버지는 이렇게 답했다. "아들아! 네가 나한테 하라는 것은 칼을 쓰지 않으면 달성될 수 없다. 그러나 칼을 필요로 하는 개혁은 결코 훌륭하지 못하다."

719년, 스페인에서 발발한 소요 보고를 듣고 이에 대처하는 알푸르의 무력함을 안 우마르는 직책에서 물러나게 하고, 아스삼 빈 말리크라는 예멘인을 임명했다. 아스삼은 정치가로서도 군인으로서도 훌륭한 인물로, 재정 질서를 회복하고 정부를 완전히 개조하는 임무를 부여받았다. 칼리프로부터의 지시에 따라 국내에 거주하는 여러 잡다한 인종과 종교 등을 조사했다. 동시에 이베리아 전 반도의 일반 조사도 행해지고 도시, 산, 강, 호수, 토질, 산물의 종류, 토지의 자원 등이 상세하고 면밀히 기록되었다. 사라고사에 큰 성원이 건립되고 무수히 많은 교량이 세워지거나 수리되었다.

스페인에서 질서를 회복한 후에 아스삼은 기독교도 폭도의 진압과 고트인 영토에 속하는 랑게독 및 프로방스 평정에 착수했다. 반군은 싸움에서 패하고 아스토리아 산중의 준험한 곳에 숨어 있어야 했다. 세프데마니아가 석권되고 나르본느는 성문을 열고 다른 여러 도시도 이에 따랐다. 나르본느는 바다 쪽에서 공격이 용이하기 때문에 굳건한 요새로 만들고 주둔병을 두었다.

이같이 아스삼은 아키타니아의 수도 툴루즈에 다가가 포위했으나 후방에 남겨두지 않았기 때문에 휘하의 병력은 그리 크지 않았다. 이 도시에 최후의 일격을 가하지 못하고 있는 중에 대군을 이끌고 도착한 사람은 아키타니아 영주 유데였다. 수적으로도 10분의 1에 지나지 않고 양면의 적을 맞이하면서도 무슬림군은 언제나 변함없는 용기로써 싸움을 치렀다. 대장들은 검의 칼집을 깨트리고, 승리 아니면 죽는다는 각오로 싸웠다. "당시 아랍군의 장군들에 대해 말한다면 그들은 죽더라도 항복하지 않았다."

싸움은 격렬했고 언제까지라도 승패를 판가름하지 못했으나, 한 개

사라고사 남쪽에 있는 이슬람 성채

의 화살이 아스삼의 목에 명중하여 그는 그 자리에 넘어졌다. 의지하고 있던 대장이 쓰러지는 것을 본 무슬림군은 동요하여 도망갔으나, 곧 대신하여 지휘를 맡은 압둘 라흐만은 노련함과 용기를 발휘하여 프로방스로부터 철수하는 데 성공하고 적들을 감탄케 했다. 많은 수의 무슬림들을 잃은 툴루즈 전투가 행해진 때는 721년 5월이며, 우마르 2세가 죽은 후 얼마 되지 않아서이다.

우마르 2세의 엄격하고 공정한 시정은 우마이야가의 의지에 반하는 것이었다. 그들은 순식간에 자기들의 수중에서 실력도 세력도 빠져나가는 것을 알았다. 그는 그들로 인해 공직이 오염되는 것을 막았다. 그리고 충신들의 간절한 간언은 그로 하여금 마음에서 계승 순위를 변경하는 생각을 갖게 했다.

우마이야가의 후예들은 자기 동족 중의 군주를 제거하기 위해 당연히 예에 따라 늘 썼던 수단을 사용할 시기가 왔다. 칼리프가 쓰고 있던 노예 한 사람을 매수하여 무서운 독약을 탔다. 우마르 2세는 이슬람력 101년(720년), 홈스에서 가까운 다이르 시만이라는 곳에서 독살되었다.

술라이만의 지명에 따라 우마르 다음에 압둘 말리크의 셋째 아들 야지드 2세가 계승했다. 야지드는 하자즈의 조카딸과 결혼하고 있어 인정적으로 북아랍부족에게 마음을 두었다. 우마르 2세는 남북의 아랍부족에게 우열이 없도록 마음을 썼는데, 야지드 2세 대에 이르러 남아랍부족은 북아랍부족의 복수의 압박을 맛봐야 했다. 이것은 술라이만 시대에 야지드 빈 무하리브가 하자즈 일가가 불의로 재산을 모은 것을 토해 내게끔 잔인하다고는 할 수 없지만 준열(峻烈)한 정책을 썼기 때문에 일어난 결과라고도 할 수 있다.

무하리브가 그들한테서 재산을 몰수했을 때, 야지드의 아내인 하자즈의 조카딸조차도 예외가 아니었다. 남편 야지드의 탄원도 허사였다. 야지드는 만일 자기가 정권을 잡는다면 빈 무하리브를 없애 버리겠다고 욕하니 상대방도 이에 지지 않고 10만의 창으로 상대하겠다고 받아쳤다.

이런 사유로 이븐 무하리브가 알레포에서 우마르가 위독하다는 소식을 듣는 순간부터 자기가 우마이야가의 일원이기 때문에 어떤 결과를 기대하지 않으면 안 된다는 것을 깨달았다고 한다. 그래서 이라크를 도망쳐 나와 동생과 함께 반기를 들었다. 당시 바스라에 있던 석학 이맘 하산 바스라는 일반 백성에게 어느 타락자에게도 편들지 말라고 설득했으나, 이븐 무하리브와 그의 동생의 용기는 너그럽고 후한 아랍 혼을 자극하여 사람들을 들끓게 했고, 모두 그 휘하에 모여 그에 대해 충성의 맹세를 하기도 했다.

우마이야가의 야지드 2세는 일족 중의 군인인 마스라마와 아바스 빈 왈리드 두 사람을 장으로 하여 폭도 진압군을 내세웠다. 양군은 유프라테스 강 오른쪽 아그라 벌판에서 전투를 벌였다. 반군은 작전에서 패하고, 병사의 대부분은 도망가 흩어졌고 반군의 장은 동생과 함께 전사했다. 한때는 우마이야조의 존속조차 위협한 빈 무하리브의 반란은 비록 성사는 못했지만 나중까지 큰 영향을 남겼다. 이라크의 아즈드족, 즉 야지드에 속하는 남아랍부족의 예멘계 한 부족의 멸망은 모든 이슬람 세계를 흔들었다.

남아랍부족과 북아랍부족은 스페인에서도, 아프리카에서도, 우마이야조의 동부에서도 사투가 계속되고, 이슬람의 적은 각 방면에서 승리했고, 반면 칼리프와 그를 섬기는 중신의 무력과 무능한 행정관의 임명 등은 국내 혼란에 박차를 가했다. 아제르바이잔에 간 원정군은 코카서스 지방에 사는 카자르인과 기프자그인의 뼈아픈 반격을 받았다.

트랜스옥시아나에서는 거의 늘상이다시피 새롭게 부임하는 지방장관의 주구(誅求)를 부르짖고, 반란이나 폭동이 일어나고, 그 진압에도 커다란 인명손실을 수반했다. 다만 소아시아에서만 비잔틴인에 대한 성공이 보인다.

아프리카에서는 그 전에 하자즈의 부하 장군이 임명되고, 이라크인

알레포 성채

에 대하여 자기의 옛 상관이 하였던 방식과 다름없는 매섭고 냉혹하게 페르시아인들을 다룬 결과, 폭동이 일어나 얼마 안 가 광범위한 지역에 만연되었고, 마침내 그 진압을 위해 야지드의 다음 대에서 아랍제국의 모든 자원을 동원해야만 하는 상태에 이르렀다.

우마르 2세 치하에서는 균형이 잘 잡혀 불평을 토로하는 당파가 없을 정도의 스페인에서도, 다시 예전처럼 남북아랍부족간의 반목이 일어나고 각 도시는 자체의 내부 싸움 때문에 황폐했다. 왈리드 1세 치세 때 하자즈의 동생에 의해 예멘에서 실시된 후 우마르 2세에 의해 폐지된 가혹한 세제는 부활되고, 그 지방의 민심을 이반시키게 되었다.

우마르 2세가 발포한 정당한 법령은 모두 폐기되었다. 전대 치세 때 공격적인 태도를 삼가고 있던 하와리지당도 이제 자기들이 보고, 부정하고 비열한 폭군에게 반항하기 시작했다. 이렇게 우마이야조의 사면이 혼란한 가운데 한편에서 야지드 2세는 자기가 몹시 귀여워하는 후궁의 두 여성과 밤낮을 보냈다. 그리고 한 후궁의 죽음은 그로

하여금 비탄에 잠기게 했고, 며칠 있다가 그도 죽게 된다. 결과적으로는 크게 이 일가에 다행한 것이다.

역사에는 이 왕조의 신용에 관한 주목될 좋은 일이 한 가지 기록되어 있다. 하자즈와 같은 타입의 사람이었던 메디나 총독은 카르발라의 순교자 후사인의 딸 파티마를 아내로 하고자 끈덕지게 굴었다. 그녀는 집안의 고아들 양육에 생애를 보내겠다고 하며, 메디나 총독의 구혼을 거절했다. 형편없는 총독은 일가를 학대하겠다고 위협했는데, 궁핍의 길바닥에 몰린 파티마는 야지드에게 탄원했고, 마침내 총독은 그 직위를 빼앗기고 엄중히 처벌되었다.

아바스가의 후예를 위하는 선전이 동부 일대에서 활발히 전개되기 시작된 것은 이 시대의 일이다. 아바스가의 밀사들은 상인 복장으로 위장하고 호라산에 나타났다. 그런데 당시 아바스가의 가장 무함마드를 위하여 열을 올리는 그들의 선전이 우마이야조가 파견한 지방장관 시드의 귀에도 들어갔다. 그들은 지방장관 앞에 불려와 자세히 심문을 당했다. 하지만 그들의 교묘한 답변과 이미 그들과 친했던 인사들의 보증으로 그들은 모두 석방되었다.

후임으로 부임한 지방장관들은 그보다 관대하지 않았고, 그처럼 쉽게 속아 넘어가지도 않아 아바스가의 밀사들은 어디에 가더라도 목숨을 걸고 유세에 종사했다. 이 위험한 선전을 없애려고 온갖 노력이 경주되었으나 지하공작은 착착 진행되고 각 방면에서 뜻을 같이하는 자가 증가했다. 얼마 안 있다가 페르시아 전면에 증오하는 우마이야가를 타도하겠다는 비밀조직이 형성되었다.

마침 이 시기에 몇 가지의 원인이 함께 어울려 음모의 진행이 용이하게 되고, 마침내 수년 후에 일어날 반란은 불의의 해일처럼 우마이야가를 덮어 형체도 없이 멸망시켰다.

야지드 2세가 칼리프로 즉위하기 전에 있었던 우마르의 선정(善政)으로도 하자즈의 학정의 기억은 도저히 사람들의 마음에서 지울 수 없었다. 그리고 같은 부족의 반역자들의 가족에 대한 그의 야만적인 행위는 남아랍부족인 예멘인의 적의를 일으켰다. 이외에도 아바스가의 권력으로의 길을 평탄하게 한 원인도 있다.

야지드 2세의 악덕과 악정 때문에 예언자 무함마드의 집안에 정통의 권력을 되돌리는 것이 온당하다는 열렬한 바람이 각 방면에서 일어나고 있었다. 아바스가가 그들의 주의 주장을 들고 무대에 나타난 것은 바로 이 불안과 초조의 시기이다.

아바스가는 예언자 무함마드의 숙부 아바스의 후예이다. 아바스는 압둘 알라흐, 파즈르, 우베이둘라, 가이사안 등 네 명의 자식을 남기고 이슬람력 32년에 죽었다. 역사에서는 이븐 아바스라는 호칭이 더 유명한 아부달라는 헤지라 3년 전 619년에 메카에서 출생했다. 형제 네 명 모두 '낙타 전투'에 참가했다. 학자이면서도 군인으로서도 자질이 있었던 이븐 아바스는 시핀에서 알리의 기병대를 지휘했다.

그는 칼리프의 사절로도 때때로 임무를 맡았다. 알리와 무아위야의 싸움을 조정에 위탁해야 할 때 무함마드가의 대표로 지명하고 싶어했던 사람은 이 사람이었다.

이븐 아바스는 후사인의 비참한 죽음 후, 이슬람력 67년 타이프에서 상심을 안고 70세로 죽었다. 정통 칼리프 알리를 기려 이름을 지은 그의 아들은 무함마드의 아내 파티마의 자손에게도 충실했다는 점에서 아버지가 보인 모범에 어긋나지 않았다.

그는 이슬람력 117년에 죽고, 뒤를 이어 가장이 된 사람은 아들 무함마드이다. 뛰어난 두뇌와 한없는 야심을 가진 무함마드는 이 집안에서 칼리프에 즉위하겠다는 계획을 가슴에 품은 최초의 사람이다. 그는 자기 집이 이슬람 최고 지도자의 지위를 바라는 것을 정당화하는 새로운 설교를 하기 시작했다. 카르발라에서 당한 후사인의 학살의 참극에서 살아남은 어린 아들한테 이슬람의 종교적 지도권이 전해지지 않고 아바스가에 전해졌다는 것이다.

이런 주장은 곳에 따라서는 그대로 믿음을 주었고, 예언자의 후예를 존경하고 있는 다수의 민중에 대하여 아바스가의 밀사들은 자기들이 예언자 가계를 같이하는 집안을 위해 노력한다는 것을 강조했다.
이슬람력 125년, 죽음에 앞서 무함마드는 아들 이브라힘과 압둘 알라흐 아부 아바스(별명 아사파)와 압둘 알라흐 아부 자파르(별명 알 만수르) 세 명을 차례로 후계자로 지명했다. 그리고 그가 시작한 선전은 그의 사후에도 살아있을 때와 같이 변함없는 열의와 침착과 용기로 계속되었다.

## §§ 우마이야조

이슬람력 105년-125년(724년-743년)

히샴의 즉위-아랍제국의 곤혹상태-히샴의 성격-동부의 여러 사건-아르메니아-아프리카-하와리지당 및 베르베르인의 반란-한자라-베르베르인의 패퇴-스페인-국내 분쟁-빈번한 지방장관의 경질-압둘라흐만 알 가피키의 취임-북프랑스 침략-토룬 전투-수도원식의 과장-프랑스 재침략-아비뇽 함락-우크바의 전공-그의 죽음-피가 피를 부르는 상극(相剋)-프랑스에서의 아랍 멸망-할리드 알 카스리의 몰락-이라크에서의 자이드의 반란-그의 죽음-아바스가의 선전-아부 무슬림의 출현-히샴의 서거

야지드 2세의 죽음과 함께 남아랍부족과 북아랍부족간의 반목에 골치를 앓고, 나라 안팎에서 분쟁이 그치지 않았던 아랍제국 우마이야조를 계승한 사람은 전 칼리프의 동생 히샴이었다. 북으로부터는 터키인과 카자르인 전투병이 다가오고, 국내에서는 하와리지당의 광신자들의 불만이 들끓고, 지하에는 아바스가의 밀사가 활약하고 있고, 이 모두가 동부의 우마이야가의 세력 근간을 위협하는 힘이 되고 있었다.

국민이 잘살겠다는 의욕은 내란이나 질투가 심한 궁정의 시기적인 정책의 그늘에서 시들어갔다. 전대의 칼리프가 중신들에게 걸었던 맹목적인 신뢰는 무능력과 이기심 때문에 국민의 인심을 이반시키듯 하는 관리의 손에 정치를 맡기는 결과가 되었다.

해 저무는 수평선에 보이는 별처럼 몇 안 되는 사람들이 번쩍이며 임무에 열심히 하는 점만 눈에 띄고, 그것도 대개는 관리끼리의 의무

에 관해서 그렇게 하는 것이지 지난날처럼 애국심과 이슬람에 대한 열정과는 다르며 개인적인 야심 추구가 앞섰다.

이 위기에서 나라가 파멸의 나락에 떨어지는 것을 구하기 위해서는 능력있고 훌륭한 군주가 있어야 했다. 그러나 칼리프 히샴의 성격으로나 기질로 봐서 그는 지금 아랍제국을 둘러싸고 있는 곤란을 처리하는 데 적절치 않았다. 물론 그로서도 전대의 칼리프에 비하면 어느 정도는 좋은 편이다. 궁정의 분위기는 정화되고, 전대의 정치 이완은 얼마간 긴장되고, 도시는 사회를 먹이로 살고 있는 기생충을 몰아내 없애고, 삶의 관습과 법에 대한 관심도 깊어졌다.

칼리프 히샴의 엄격함에는 어두운 그림자가 깔리고, 그의 절약과 검소의 바탕에는 탐욕이 있었다. 이런 결점은 더욱 간과할 수 없는 성격상의 약점으로 심해졌다. 편협한 견해, 속 좁은 동정, 시기적인 태도는 누구도 믿지 않고 첩자와 모략만 믿고, 위험한 도당이나 음모를 막으려 했다.

잘못된 첩보에도 움직여질 때가 허다하고, 단순한 의혹으로 국가의 일류 인물들을 희생하고, 빈번한 지방장관의 전임은 비참한 결과를 낳는 원인이 되었다. 그의 밑에서 어느 기간 직위를 유지한 소수의 인물들 중에는 히샴의 즉위 후 15년 동안 이라크 총독으로 있었던 압달라 알 카스리의 아들 할리드가 있다.

할리드는 견해도 뛰어나고, 남아랍부족의 일원이지만 수완과 지혜로 남아랍부족과 북아랍부족의 균형을 유지하고, 그의 통치 기간에는 두 부족간에 거의 분쟁이 생기지 않았다. 기독교도와 유태인에 대한 그의 태도는 사려가 깊고 공정하며 또한 자유로웠다. 그들의 교회와 회당을 고쳐 짓고, 그들에게 보수가 많은 신뢰가 필요한 지위를 개방한 것이다.

그의 현명하고 정치적인 관대함은 그를 광신적인 하와리지당의 공격 앞에 서게끔 되었는데, 이것은 어느 시대나 어느 나라에 한한 것이 아니고 군주의 비호는 그를 적의 손에서 막아 주었다. 그런데 그의 몰락은 그의 15년간의 성과에 못지않을 만큼 예상외의 결과였다.

히샴의 즉위 후 얼마 되지 않아 호라산에서 남아랍부족과 북아랍부족간에 격렬한 싸움이 일어나고, 그 진정에도 꽤 고난이 동반되었다. 그 직후에 총독의 탐욕으로 일어난 소그데아인의 반란이 일어났다. 총독은 이슬람교를 믿는 국민들에게 인두세의 경감을 약속하면서도 대다수가 개종하여 재정의 압박을 조금 받자 그들에게 다시 중세를 과하고자 했다.

반도들 중에는 총독의 불신행위를 비난하는 하리스라는 아랍인 씨족장을 받드는 다수 이주민도 가세했다. 그들은 또 트랜스옥시아나 동부 쪽에 떠돌아다니는 돌궐족 우두머리의 지지를 받고 있었다. 이 반란을 진정시키기 위해 큰 노력이 행해졌으나 이라크 총독 할리드는 소요가 있는 지방의 질서를 회복하고자 동생 아사드를 그 지방의 장관으로 파견할 때까지 아무런 성과도 거두지 못했다.

결국 반도들은 푸에르가나에서 구축되고, 돌궐족에게 자기들을 맡기지 않을 수 없었다. 이 유랑 부족 무리의 간단없는 습격으로 국내가 혼란상태에 있었던 이슬람력 119년, 아사드는 푸에르가나 동방의 가한(可汗)의 특별령이었던 굿다르에 진주했다.

그런데도 겨울이 가까워옴에 따라 발크까지 퇴각하지 않을 수 없는 결과, 전리품을 획득한다는 전과나, 적군에 대해 아무런 타격도 주지 못했다. 발크에 진지를 치고 각 부대는 흩어져서 고향으로 돌아가고 말았다.

여기서 돌궐족은 이를 약탈 재개의 절호의 기회로 삼아 트랜스옥시아나에 침입하여 도처에 살인과 약탈을 자행했다. 이런 약탈과 살인이 행해지고 있는 동안 산상의 봉화를 신호로 병사를 모았던 총독의 습격을 받고 돌궐족은 섬멸되었다.

가한은 탈출에 성공했으나 얼마 지나지 않아 부하 대장의 한 사람한테 살해되었다. 히샴은 처음에 이 소식을 믿지 않아 사실을 확인하기 위하여 특별 사절까지 파견했다고 한다. 이슬람의 대적이 정말로 죽었다는 사실이 알려지자 다마스쿠스에서는 환희의 소용돌이가 일어났다.

아사드는 형 할리드가 이라크 총독의 지위에서 물러나기 전 이슬람력 120년에 사망했다. 그의 뒤를 이어 호라산의 총독이 된 나스르 빈 사야르는 이슬람력 130년에 죽을 때까지 온갖 음모를 물리치고 자리를 지켰다. 나스르의 견해도 온건하며 자기한테 맡겨진 국민들의 행복을 촉진하는 데 힘썼다.

그의 통치는 처음에 남아랍부족과 북아랍부족의 싸움이 재개할 때까지 생기가 있고 공정하고 관대했다. 그리고 돌궐 영토 안에서 떠돌아다니는 무법한 소그데아인에 대해 다시 국민의 의무를 지키도록 권고했다.

그리고 그들은 첫째로 종교에 간섭을 받거나 정당한 법률에 의하지 않고는 벌 받는 자가 없으며, 둘째로 이슬람교로부터의 이탈이 범죄로 간주되지 않는다는 것을 조건으로 요구했다. 이 두 조건은 신임 총독이 인정하고, 소그데아인은 다시 옛 땅으로 돌아갔다.

이런 일이 중앙아시아에서 일어나고 있는 동안 북페르시아와 아르메니아에서는 코카서스 지방에 사는 부족의 침입에 괴로움을 당했다. 메소포타미아와 아르메니아, 아제르바이잔 지방을 포함하는 아르메니아 총독 구역은 당시 히샴의 동생 마스라마의 지배 아래 있었다.

이슬람력 108년, 페르시아는 아라스 강 건너 산악지대에서 나와 아제르바이잔을 거칠게 휩쓸었던 터키 대군의 습격을 받았으나, 그들은 결국 패퇴하여 그 지방에서 구축되었다. 그런데도 그들이 용이하게 페르시아에 침입할 수 있었다는 것이 다른 민족으로 하여금 그 예를 따르게 되어 4년 후에 카자르인으로 구성된 완강한 터키군이 아르메니아로 침입했다.

마스라마의 후임이 된 아랍인 총독 자라는 전투에서 패배하여 알데빌 부근에서 전사하고, 이들 야만인은 모술 부근에 이르기까지 국내를 교란하며 휩쓸었다. 그들을 요격한 사람은 히샴이 급파한 사이드 알 하르시가 이끄는 의용군으로 침입군은 이 때문에 격파되어 손실을 입었다. 의기를 잃은 남은 병사들은 그때까지 획득한 배나 전리품을 남겨두고 아라스 강을 건너 도망하고, 탈환한 것은 정당한 주인에게 돌아갔다.

히샴은 자기 특유의 고집으로 사이드를 소환하고, 다시 동생을 아르메니아 총독에 복귀시켰다. 그런데 1년 후, 마스라마는 또 자리를 빼앗기고 그 지위는 나중에 칼리프가 된 마르완에게 주어졌다. 마르완은 카자르인의 영토에 공격해 들어가 이를 분쇄하고, 총독을 맡은 선물을 대신했다.

조지아는 정복되고, 레스기와 기타 산간의 여러 부족들도 항복했다. 하지만 그치지 않고 압박을 가하여 오는 지방 유목인들과의 끊임없는 싸움은 아랍제국 우마이야조의 세력을 크게 떨어뜨렸다. 아라비아 남쪽에서도 중대한 문제가 많았다. 그리고 이라크에서도 하와리지당이 몇번인가 봉기하였고, 이를 진압하기 위해서 대군의 상비를 필요로 했다.

아프리카와 스페인에서도 일시 일이 순조롭게 진행되었고, 국토도 조금 커졌다. 740년(이슬람력 122년), 시칠리아 섬에 침입하고 시라큐스도 격전 후에 평정되었다. 프랑스에서도 몇번인가 정복에 성공하여 서부에서는 운명이 히샴에게 미소 짓는 것 같았다. 하지만 그해가 저물 무렵, 아프리카 전토는 베르베르인과 하와리지당의 활발한 반란으로 동란에 말려들었다.

이 무렵 모리타니아에 새로운 광신자 일파가 나타났다. 그들은 스스로 소파르 교도라 칭하고, 난폭하고 완고함에서는 동부의 아프리카인에 필적했다. 박해를 받았던 그들은 지배계급을 이교도 이상의 악인이라고 단정하고 지배자들에게 철저한 투쟁을 선언했다. 우마이야조에 굴복한 자들은 모두 이단자라 했다.

탄지르에서도 아버지의 대리인으로 근무하고 있는 총독 아들의 압박과, 무슬림에게도 인두세를 과하고자 하는 탄지르 주민들을 분격시켜 폭동이 일어났다.

폭도들은 베르베르인과 합류하여 총독의 파견관을 살해하고 도시를 점령했다. 그들은 탄지르에서 카이로완을 향해 진격했다. 이렇게 되어 시칠리아 섬에서의 작전은 일체 중지되고, 이 섬에서 활약하고 있던 장군들도 베르베르인의 반란을 저지하기 위해 소환되었다.

카이로완으로 가는 도중 반도들의 길을 차단한 것은 시칠리아 섬 총독의 아들이었으나, 그 병력은 반군의 대군의 전진을 막을 정도가 되지 못한다고 여겼다. 수에서도 열세인 아랍인들은 그 특유의 대담하고 적을 두려워하지 않는 정신으로 적에게 맞섰다. 그런 영웅적인 행동도 수에는 아무런 소용이 없었다.

아랍군의 대장들은 예에 따라 칼집을 던지고 말에서 내려 싸웠고, 병사들도 이에 따랐다. 그리고 무슬림군은 포위되어 공격을 받고 거의 한 명이 남을 때까지 싸워 격파되었다. 이 비참한 전투는 이슬람사에 당시 전사한 아랍 전사들의 수에서 '10대1의 전투'로 알려져 있다.

이븐 하비브군의 패배는 북아프리카 전토에 혼란을 야기시켰다. 그 영향은 스페인까지 미치고, 스페인 주민들은 칼리프 파견관에 반항하고, 히샴이 제쳐놓았던 관리를 파견관의 후임으로 선택했다.

자기 군이 전투에서 격파되었다는 소식은 히샴을 몹시 화나게 했다. 그는 반역자에게 철저하게 대하겠다는 마음을 다졌다. 아들의 잘못된 시정으로 인하여 반란을 야기한 총독을 소환하고, 구르숨이라는 장군을 형세 회복을 위해 급파했다. 그런데 싸움 전날 밤, 휘하 부대의 두 대장이 보기 흉한 다툼으로 인해 전과 같은 결과가 생겼다. 아랍인들은 다시 격파되고, 주력 전사들이 거의 전사했다.

시리아군의 일부는 스페인으로 향하고, 나머지는 카이로완으로 들어갔으나, 카이로완은 게부스에서 일어난 오가샤라는 반군 장군을 두령으로 하는 베르베르인과 하와리지당의 광신자들에게 포위되었다. 연속적인 싸움에서 반군의 공세는 무뎌지고, 오가샤는 일시 사막으로 후퇴했다. 갈브족의 한자라 빈 사프완을 아프리카 총독으로 임명했다. 카이로완에 도착한 한자라가 먼저 행한 일은 방어시설을 정비하고 방위군의 사기를 진작시키는 것이었다.

그런데 얼마 되지 않아 30만의 베르베르인 대군은 아프리카의 수도에 내습했다. 수도에 들어오고 나가는 일체의 출입이 봉쇄되고 여기에서 통수 능력이 시련을 받게 되었다. 아랍인들은 궁지에 몰렸으나 한자라는 옛 유형의 영웅이었다.

그는 우마르 시대의 종교적 열정과 당시에는 매우 드문 우아한 마음을 함께 갖고 있었다. 이슬람 중앙사원 앞 광장에 선 그는, 봉쇄된 무슬림과 성밖의 반란군과의 싸움은 생사를 건 싸움이고, 베르베르인이 이기면 성별과 연령을 불문하고 무차별 대학살이 행해질 것이라고 사람들에게 설득하며 호소했다.

이때야말로 이슬람 역사에서 잊을 수 없는 일대 위기였다. 포위군은 구름처럼 성을 둘러싸고, 전투에 지친 성루에 서서 가슴을 울렁거리면서 격투를 지켜보았다. 의용병을 모집하는 한자라의 격문에 시민들은 곧 응하여 일어섰다. 위험에 익숙해지고 무기 잡기를 계속하고 있는 아랍 여성들은 전쟁터에서 남편이나 형제들의 협력자로서 얕볼 수 없다는 것이 때때로 증명되었다.

한자라는 여성들만의 유격부대를 조직하여 병사와 의용군에 맡기고, 낭자군으로 하여금 성의 방비에 임하게 했다. 한자라는 막료와 더불어 밤잠도 자지 않고 무기를 나눠주고 다음날의 전투 명령을 하달했다.

아침 예배가 끝나자 방위군 전사들은 칼집을 부수고 적군 속에 돌입했다. 전투는 격렬해지고 아침 동틀 무렵부터 저녁에 해가 질 때까지 계속되었는데, 마침내 반란군은 패배하고 떠났다. 그리고 반도들이 전력이 없어지고 저항력이 다할 때까지 추격은 계속되었다.

이 전투에서 베르베르인은 주된 자들을 포함하여 18만 명을 잃었는데 무슬림군의 손실은 적지는 않다 하여도 크지는 않았다. 당시 아랍의 어려운 형편과 이때 한자라가 얻은 승리의 중요성은 반군 패퇴 후, 카이로완 시의 모든 사원에서 감사예배가 행해졌다는 사실로도 밝혀진다. 이제야 떨어져 나갔던 지역의 평화와 질서를 회복할 수 있었다. 그리고 그가 직을 맡고 있는 한 국내는 소란의 화를 면했다. 그의 인자하고 공정한 통치 아래 북아프리카는 얼마 가지 않아 지난날의 번영을 되찾았다.

이베리아 반도를 포함하는 안달루시아 영토는 가스고니, 랑게독, 사보이의 일부와 함께 당시 우마이야조의 긴요한 부분을 이루고 있었다. 다른 땅과 다른 시대에서도 그렇듯이 이 지역에 사는 주민들은 정복자들의 풍속을 본떠 그 문명을 흡수했다.

그런데 그 거리가 수도의 중심에서 떨어져 있다는 것은 중앙의 권력을 약화시키고 그 행정제도는 잘못을 범하기도 했다. 스페인을 아프리카의 한 관구로 보기도 하고, 카이로완의 총독은 국가원수의 재가를 얻지 않고 안달루시아의 책임장관을 임명하는 권한이 부여되었다. 물론 공적인 이익이 부족, 또는 가족의 이익에 희생이 제공되는 것도 적지 않았다.

또 빈번한 지방장관의 경질은 언제나 내란의 원인이 되었다. 앗 사무가 툴루즈 성밖에서 쓰러졌을 때, 전군의 사령관으로 알 가피키를 뽑았는데 그가 직위를 유지한 것은 아프리카 총독이 임명한 안바사가 도착할 때까지 불과 수개월에 지나지 않았다.

'큰 용기와 행동에도 착실하고 판단은 공평하다'고 평가되는 알 가피키(압둘 라흐만)는 후임자가 도착할 때까지 이베리아 반도 내의 서로 반목하는 여러 세력을 자기 손에서 억제하고 있었다. 그가 경질된 것은 이슬람력 103년 사파르달이다.

히샴이 즉위한 후 얼마 되지 않아 안바사는 프랑스에 원정하여 가르가송, 니므 등 몇개의 중요한 지방을 정복하고, 주위의 스페인 도시와 공수(攻守)동맹을 체결했다. 안바사가 행한 정복은 힘보다 기교와 수완에 의한 것이다. 주민의 호의를 얻고자 하는 그의 노력은 남부 프랑스에서 무슬림의 지위를 강화했다.

프랑스 여러 도시에서 차출된 인질들은 바르셀로나에 보내져 후한 대우를 받았고, 지방민과 아랍인을 연결하는 끈이 되었다. 안바사는 불행하게 피레네 산맥의 준험한 고개에 매복하고 있던 바스크인 반도의 복병 손에 쓰러졌다. 그의 죽음은 이베리아 전 반도를 혼란 속에 던져, 프랑스에서의 일체 작전은 정지되고, 그를 돕던 참모장 우드라는 군과 함께 급거 스페인으로 돌아왔다.

안바사가 죽고 731년(이슬람력 113년)에 있었던 알 가피키의 재임명에 이르는 5년간에 이 지방의 장관이 된 사람은 다섯 명으로, 그 중에는 자리에 취임한 지 겨우 몇 개월이 된 자도 있었다. 이런 인사이동으로 국내 통치는 거의 마비상태에 빠지고, 페라요를 두목으로 하는 반도들은 다시 세력을 얻게 되었다.

이슬람력 111년, 스페인에 온 하이셈은 그들을 정복하고자 피레네 산맥을 넘어 다시 정복사업을 하려는 노력이 얼마간 보였다. 그리고 리옹, 마곤, 센 강변의 샤롱 등을 정복하고, 본과 오으탄을 약탈하고 기타 각지로부터 조공케 하였으나 결국 이 침략은 아무런 결실도 보지 못했다. 아랍인들은 그들 자체의 내부 의견 차이로 이들 도시를 차지할 수 없었고, 특히 무슬림군의 중추를 이루고 있는 베르베르인의 도리에 어긋난 행동은 친해질 수 있는 세프데마니아인까지 적으로 돌렸다.

하이셈이 죽자 압둘 라흐만 알 가피키가 히샴의 명으로 안달루시아의 총독으로 취임했다. 그가 총독이 되었다는 것은 스페인인에게 있어 이베리아 반도의 행복의 전조로 환영되었다. 그는 우마이야조 시대에 이 지방에 온 지배자로 가장 유능하고 애국심이 강한 총독이었다. 그는 민정을 다스리는 수완도 꽤 좋고, 그와 함께 일류의 군사적 재능도 갖고 있었다.

남아랍부족이나 북아랍부족 어디에도 무한한 세력을 가지고, 군인들로부터도 존경을 받고, 부드러운 마음과 관대하고 공정함은 주민들로부터 인망을 얻었다. 그는 사방에서 모여든 불평을 해결하기 위해 관할 내의 도시나 지구를 전부 순회했다. 배임죄가 분명한 지방관은 면직되고 그 후임에 염직(廉直)한 인재가 배속되었다.

각 계급은 민족이나 종교의 구별없이 평등한 권리로 취급되고, 종래 불법으로 빼앗던 기독교도의 교회는 정당한 소유주에게 반납되고, 재정은 세밀히 개정되고, 공안을 해치는 행위는 엄중히 금지되었다. 북부 국경지방의 방위라는 중대한 일을 하면서도 그는 행정개혁을 진행했다.

툴루즈를 앞에 두고 반격을 받았을 때, 억울함을 갚겠다는 당연한 욕망에 자극되어 탈리크와 무사의 빛나는 업적에 필적하는 공을 세우고 싶다는 그의 생각은 북에 침입하여 군사적으로 결코 지지 않는 군대를 육성하는 데 힘썼다. 종교적 열정도 강하고 용감한 지휘자를 받든다는 것으로 다수 의용병을 끌어들이는 힘이 있었다.

피레네 산맥 건너에 있는 세르다뉴의 무슬림 파견 장관은 당시 기독교로부터 무느자라 불렸는데, 실제 이름은 우스만 빈 아부 나자라 불리는 사람으로 아키타니아 공작 유드의 딸 란베기와 결혼하고, 장인인 공작과 공수동맹을 체결했다. 그리고 장인과 호응하여 반기를 들었다.

그런데 가피키는 손을 놓고 모반을 바라보고 있을 사람이 아니었다. 무느자가 아내와 함께 살고 있는 아르바부에 곧 군이 급파되었다. 반군의 장은 산악지대에 도망갔으나 마침내 잡혀 주살되었다. 불행한 아내는 가피키의 부하에게 잡혀 정중히 다마스쿠스에 송치되고, 그 뒤에 그곳에서 칼리프 히샴의 아들과 결혼했다. 무느자가 패하고 죽었다는 것은 그가 동맹을 맺고 있던 기독교 영주를 동요하게 했고, 압둘 라흐만 가피키는 북방 침입 계획이 완료하기 전에 무기를 잡아야 했다.

가피키는 아라곤과 나바르를 통과하여 732년 봄, 비고라르와 바안의 계곡을 타고 프랑스에 들어갔다. 아랍 사가들이 기록한 바에 의하면 바다로부터 15㎞쯤 거슬러 올라간 강가 광막한 사람이 살지 않는 평야에 홀연히 있었던 아를은 공물을 바친다는 것을 승낙하고 있었던 터이다.

그런데 무느자가 죽자 금방 조약의 준수를 거부했다. 가피키는 먼저 아를을 향하여 진격했고, 론 강변에서 격전이 벌어진 후에 아를은 항복했다. 또한 가피키는 아를에서 보르도를 향해 군을 진격시켜 얼마간의 저항을 받았으나 그곳도 함락했다.

도르다뉴 강의 도하를 방해하고자 한 아키타니아 공작도 참패했다. 이 승리로 부르군데이는 석권되고, 이슬람의 깃발은 리옹, 베상송, 상루미 등의 성벽에 높이 걸렸다. 점령된 여러 도시에 충분한 주둔병을 남겨서 병력은 적지만 그래도 승리를 자랑하는 장군은 프랑크 왕국의 수도를 향해 진군했다.

아키타니아 영주 유드 공작은 도르다뉴 강변에서의 패전 이래 침입군에 대항할 수 없다고 여기고 헤리스타르의 영주 페팽의 서자 샤를한테 협력을 요청했다. 배짱있는 전술가인 샤를은 유드의 청에 둘도 없는 좋은 기회가 왔다 하고 응답했다. 다뉴브 강과 엘가 강의 강변과 독일의 벌판에서 다수의 원주민들을 군에 보충하여 남쪽으로 향했다.

한편 무슬림군은 토룬에 진격하여 여러번 돌격전을 감행하고 그곳을 점령했다. 아랍 사가들은 얼마 안 있어 무슬림군을 엄습한 비운의 엄격한 군령이 있음에도 불구하고 훈련이 부족한 베르베르인이 토룬에서 저지른 도리에 어긋난 일에 대한 신의 노여움이라 하고 있다.

첩자들의 첩보에서 프랑스인의 강함을 제대로 판단하지 못한 이슬람군 장군들은 마침 로알 강을 건너려고 할 때, 샤를이 대군을 인솔해 온다는 소식을 듣고 놀랐다. 적군이 수적으로 훨씬 아군을 능가한다는 것을 알자 무슬림군은 전초선을 강 제방까지 후퇴시키고, 토룬과 보아데이의 중간에 진을 쳤다.

압둘 라흐만 가피키의 군대는 극히 우려할 만한 상태에 있었다. 전리품을 등이 휘어질 정도로 지고 언제나 서로 시기하고, 같이 오랫동안 행동하는 것을 좋아하지 않는 각 부족의 혼성군은 퇴각을 요구했다. 그들이 북으로 진격중에 모은, 어찌되었든 버리기도 싫은 전리품은 군기의 이완을 가져왔다.

샤를이 원했던 것처럼 전투다 하는 경우에는 각 부대의 전리품은 무슬림군에게 대단한 부담거리가 되고, 그 부담은 당연히 압둘 라흐만 가피키도 두려워하는 일이었다.

그래서 그는 병사들에게 노획품의 일부를 버리게끔 생각했으나 그 명령에 복종하기를 요구하여 불만을 일으키는 것은 그로서도 바라는 바가 아니었다. 이런 약점이라고 칭할 사실에서 생긴 결과는 그후에 벌어진 일들이 보여주듯 매우 큰 것이었다.

말을 탄 기병 외에도 이리 가죽을 두르고, 길게 엮은 머리카락을 양 어깨에 늘어뜨린 보병을 합류한 샤를의 대군은 무슬림군의 야영지로부터 수㎞ 상류의 로알 강을 건너 배수진을 쳤다. 며칠 동안 규모가 작은 싸움이 일어났고, 처음의 전투는 무슬림군에 유리했다.

그리고 9일째에는 전군의 전투가 벌어지고, 밤의 장막이 갈라놓을 때까지 싸웠다. 다음날 아침 전투가 다시 재개되었다. 무슬림 병사들은 용기를 내 싸우고 프랑크인의 진영이 동요하기 시작할 무렵 결정적인 승리를 목전에 두고, 갑자기 짐이 있는 본진이 위험하다는 함성이 들렸다.

그 소리를 듣자 무슬림들은 전열을 이탈하고 전리품을 지키려고 뛰었다. 질서를 회복하고자 하는 무슬림군 사령관의 노력도 허사였다. 여러 대책도 효과가 없었고 총지휘관인 가피키도 혼란중에 적의 창칼에 쓰러졌다. 대장이 쓰러졌다는 것은 전군을 혼란의 와중에 몰아 넣고 적은 이 혼란을 틈타 맹위를 떨쳤다. 하지만 프랑크인도 무슬림의 창끝이 예리하다는 것을 알고 무섭게 여기고 있어, 저녁 어둠이 양군을 갈라놓았을 때에는 오히려 안도하는 분위기였다. 밤이 되자 양군은 후퇴했다.

무슬림 병사들이 돌아가자마자 무슬림군의 부장들간에 심한 다툼이 일어나고, 각 부대는 창과 칼을 들고 싸우는 모양새가 되었다. 이제 프랑크인에게 이기는 것이 문제가 아니라 안전하게 퇴각하는 것이 유일한 바람이었다. 무슬림군의 각 부대는 밤을 틈타 조용히 세프데마니아 방면으로 후퇴했다.

날이 밝았을 때 샤를과 동맹자 유드는 적진이 너무 조용하여 무슨 깊은 함정이 있지 않나 의심했다. 주의를 기울이면서 무슬림군의 야영지에 가까이 온 그들은 퇴각군에 따라가지 못한 부상병들 외에 아무것도 남지 않은 것을 발견하고 날뛰며 기뻐했다. 부상병들은 그 자리에서 살육되었다.

그렇지만 샤를은 감히 무슬림군의 퇴각을 뒤쫓지 않고 곧 군을 북으로 돌렸다. 이렇게 되어 무슬림은 이제 한 발자국을 남겨 두고 세계 제패의 기회를 놓친 것이다. 오늘에 이르기까지 무슬림 사회의 숙명인 불순종과 종족간의 질시가 이런 불행을 가져온 것이다. 이 전장은 압둘 라흐만 가피키와 함께 목숨을 버린 사람의 수가 많아 '발라드 앗 쉬하다', 즉 순사자의 고장이라 불린다.

가피키의 부하들은 서둘러 아프리카 총독과 다마스쿠스의 칼리프 히샴에게 패전보고를 보냈다. 히샴은 이슬람 깃발의 위세를 회복해야 한다는 것을 말하고, 압둘 말리크 빈 갓단을 새 파견관으로 파견했다. 이베리아 반도 북부의 산악지대에 사는 주민들은 가피키의 죽음의 기회를 타 무슬림의 지배를 벗어나고자 시도했다.

새로운 파견장관은 아라곤 및 나빌에서 그의 최초의 수완을 발휘하고자 했다. 반도들은 수회에 걸친 전투에서 패배하고 죄의 용서를 빌어야 했다. 다음에 그는 랑게독에 들어가 그 지방에서 무슬림의 지위를 굳혔다. 734년 나르본느에 파견된 지방관 유수프는 이슬람과 동맹관계에 있던 마르세이유의 공작 모론데우스와 손잡고 론 강을 건너 상 루미를 함락하고 아비뇽을 향해 진격했다. 프랑크군은 데유랑스 강의 도하를 막으려고 시도했으나 효력이 없고 승패가 결정되어 아비

농은 단시일의 포위 후에 함락되었다.

아비뇽이 함락된 후에 압둘 말리크는 남쪽으로 돌아가고, 피레네 산맥의 준험한 산길에서 진로가 저지되었는지, 혹은 아랍 사가들이 말하는 것처럼 "그의 잔인한 성격과 재결(裁決)의 도를 넘는 엄격" 때문에서인지 이슬람력 116년 라마단달에 유수프는 자리에서 면직되었다.

뒤를 이은 우크바는 사가한테 평하라고 하면 "아주 공정하고 잘못을 찾을 수 없는 사람으로 모든 무슬림으로부터 존경받는 여러 미덕을 갖고 있었다." 그는 5년의 통치 기간 동안 몇번 프랑스를 침입했고, 무슬림 전사의 칼이 종래의 국경 멀리까지 휘둘렀다.

그의 시대에 랑게독의 무슬림들은 론 강에 이르는 모든 방위지점에 요새 진지를 구축했다. 이 같은 군사 거점은 '리바트'라 하고, 감시와 동시에 방어의 목적도 갖고 있었다. 우크바는 나르본느를 거대한 성채로 다시 만들고 그곳에 무기와 식량을 저장했다.

이슬람력 118년(736년)에 그는 도피니에 들어가 산 포르, 도로아 샤토, 도르제르, 바란스, 뉴리용 등을 하나씩 함락시켰다. 무슬림 부대는 부르군데이의 오지에도 돌입하여 프랑스의 수도를 위협했다. 삐에드몽에는 이미 1년 전부터 침입해 있었고, 토지를 선정하여 몇개의 군사 식민지를 건설하고 있었다.

토룬 전투 이래 마르데르의 칭호를 자칭하고 있었던 샤를은 혼자 힘으로 무슬림군과 싸울 수 없다는 것을 알고 롱바르데아 왕 레에드부랑의 조력을 청했다. 동생인 시르데부랑은 프랑크 왕국의 동부 영토에서 원주민의 원군을 인솔하여 왔고, 연합군은 무슬림 점령지를 향해 남하했다. 동시에 샤를은 바스크인 및 가스곤인을 사주하여 피레네 산길을 막아 남쪽에서부터 견제했다. 이렇듯 무슬림군은 사방에서 공세를 받게 된다.

아비뇽은 오랫동안의 농성 끝에 빼앗았고, 무슬림들은 모두 검의 이슬로 사라졌다. 나르본느도 포위되었고, 바다에서 보낸 구원군도 연합군 때문에 깨졌지만 방위군의 사기는 떨어지지 않고 마침내 샤를도 끈기가 다해 포위를 풀었다.

그러면서도 더이상 무슬림들이 진격하지 않도록 난공불락의 방책을 구축하기 위하여 그는 로알 강 남쪽 제방에 이르는 광대한 지역을 문자 그대로 사막으로 변하게 했다. 무슬림들에 의해 아름다운 도시가 되었던 페지에이, 아그드, 기타 중요 도시는 폐허로 변했다. 니므도 그 장려한 원형극장을 비롯한 훌륭한 건축 기념물도 같이 잿더미가 되었다.

이 같은 사건이 프랑스에 일어나고 있는 동안 아프리카는 앞서 기술한 것처럼 베르베르인의 큰 반란 때문에 끓어올랐다. 아프리카에서의 혼란은 스페인에도 파급되었다. 이슬람력 123년, 전 지방장관 압둘 말리크 빈 갓단을 수령으로 한 모반이 발발하고 우크바가 반도들에 잡혀 살해되었다.

이런 가운데 압둘 말리크는 정권을 수중에 넣었다. 그러나 그로서도 그의 불의의 권력은 언제나 유지할 수 없었고, 얼마 있지 않아 아프리카에서 구르숨군의 공격을 피하여 돌아온 바르지를 받드는 시리아인이 스페인에 도착하고, 이베리아 반도에서의 투쟁은 또 새로운 요소가 첨가되었다.

압둘 말리크와 바르지간에 싸움이 일어나 압둘 말리크가 살해되었다. 상대편도 얼마 안 있다가 압둘 말리크의 아들과의 싸움에서 받은 상처로 죽었다. 그래서 시리아인은 일족 중에서 살라바 빈 살라마를 안달루시아의 파견장관으로 뽑았으나 내란은 여전히 계속되었다.

스페인 무슬림들인 빌라디운은 압둘 말리크의 유족을 받들고, 시리아인들은 자기들이 선택한 살라바를 우두머리로 하였고, 베르베르인은 자력으로 싸웠다. 스페인 내의 정치는 완전히 마비 상태에 빠지고 프랑스에 있는 군사 거점이나 초소들은 자력에 의지하지 않을 수 없는 상태가 되었다.

나르본느 같은 지역에서는 그 지휘관이 압둘 말리크와 그의 일족을 구원하려고 나섰기 때문에 내버려진 꼴이 되었다. 기타 무슬림들이 점령한 도시도 마찬가지로 방비 병력을 잃었다. 당시에 아버지 샤를의 뒤를 이어 메로빙거 궁전의 주인이 된 단구(短軀)의 페팽 왕이 아랍인의 식민지를 습격했다면 무슬림은 거의 저항할 힘이 없었을 것이다. 그런데 지난 과거의 전투 교훈이 아직 그의 가슴에 있어 프랑크인은 아랍인이 내부 불화 때문에 완전히 약화되었는데도 타격을 가할 시기를 놓친 것이다.

이미 말한 것처럼 이라크의 통치권은 히샴의 즉위 이래 정치는 할리드가 했고, 그도 열심히 공정을 기하면서 통치하고자 노력했다. 하지만 그의 어진 정치는 히샴의 마음을 독하게 만들었다. 그에 관한 의혹의 중심점은 그가 하심가(예언자 무함마드의 후예)에 호의를 갖고 있었다는 것이다.

또 히샴이 탐욕에도 움직여졌을 것이다. 히샴은 할리드가 이라크 총독 직위에 있는 15년 동안 횡령으로 커다란 재산을 축적했을 것이라는 의심도 있었다. 이슬람력 120년에 할리드는 이라크 총독직에서 해임되고, 그의 후임이 된 사람은 감정이 변하기 쉽고 잔인한 성격이라 알려진 위선자 유수프 빈 우마르였다.

그는 북아랍부족 출신으로 할리드를 혐오하고 있었다. 자리에서 쫓겨난 총독은 그 의혹의 표적인 재산에 관해 고문까지 받았으나 결국은 칼리프 히샴의 명으로 석방되었다. 그러나 히샴은 당시 잔인하고 가혹한 취급을 받고 있던 하심가의 사람들에 대한 유수프의 박해에는 간섭하지 않았다.

하심가의 종주격인 후세인 손자 자이드가 개혁을 요구하고, 히샴을 알현했지만 치욕을 받고 물러나왔다. 심한 대우에 분개한 자이드는 쿠파에 가 모반을 기도했다. 그의 친족들이 그의 정신 나간 듯한 계획을 생각하지 말고, 신용할 수 없는 이라크 사람을 의지하지 말라고 충고했는데도 그 말을 무시하고 모반을 기도했다가 실패했다. 시체는 집안사람들에 의해 조용히 묻혔다.

그런데 복수심이 강한 우마이야가 사람들은 그의 묘를 파고 시체를 파내어 십자가 형틀에 매달았다가, 얼마 지난 후 화장하여 그 재는 유프라테스 강에 뿌려졌다. 이 같은 냉혹한 행위는 결국 우마이야가에도 피도 눈물도 없는 복수로 나타난다.

자이드의 아들 야흐야는 당시 17세의 인품이 고결한 청년으로, 호라산으로 피해 달아났다. 자이드의 죽음은 아바스가에서 우마이야가한테 적이 될 한 사람을 제외했다는 점에서 오히려 아바스가의 선전을 강화하고, 이와 때를 같이하여 아부 무슬림이 나타나 마침내 우마이야조의 몰락을 가져온다.

우마이야가를 이슬람 세계의 주권자의 지위에서 축출하고, 예언자 무함마드의 후예로 뒤를 잇게 한다는 계획의 주모자인 아바스의 증손 무함마드는 계획의 수행을 장자 이브라힘에게 맡기고, 이슬람력 124년에 죽었다. 이스파한 출신으로 역시 아랍인인 아부 무슬림은 무함마드 휘하의 한 사람이었다.

무함마드는 그의 총명과 조직력에 감복하고 그를 호라산에서의 아바스가의 선전 책임자로 삼았다. 아부 무슬림은 구변과 수완으로 하심가 주장 아래 다수의 사람을 모았다. 이에 덧붙여 히샴의 죽음은 아부 무슬림의 사업을 용이하게 했다. 히샴은 이슬람력 125년 제2 라비달 6일 루사푸아에서 타계하고, 그 뒤를 조카인 왈리드 2세가 상속했다.

## §§ 우마이야조(아랍 제국)

이슬람력 125-126년(743년-744년)

히샴 서거 당시의 우마이야조 영토-후계자의 성격-그의 잔인 행위-할리드 알 카스리의 사형-야흐야 빈 자이드의 반란과 죽음-호라산 주민에 대한 영향-스페인의 형세-스페인 지방장관 후삼(아부 알 카다르)-여러 당파의 항복-애초에 베푼 그의 공정한 시정-예멘인 비호-북아랍계 부족의 반대-세린다 전투-살라바의 선임-그의 죽음-유수프의 선임-안달루시아의 기사-그의 죽음-압둘 라흐만의 도착-단구(短軀)왕 페팽의 침입-무슬림 대학살-나르본느 포위-배반으로 인한 함락-프랑스에 있는 아랍 세력의 멸망-아프리카 사태-왈리드 2세에 대한 반역-그의 죽음-야지드 3세의 즉위-그의 죽음-이브라힘의 즉위-마르완의 반역-아인 울 자르의 전투-이브라힘의 몽진(蒙塵)-마르완의 즉위

칼리프 히샴이 죽은 743년에 아랍제국인 이슬람 영토는 극대에 달했다. 프랑스 남부와 이베리아 반도가 이슬람의 영토가 되었다. 지중해에서는 마죠리가, 미노르가, 이비가, 코르시카, 크레타, 사르데니아, 로오드, 키프로스 및 시칠리의 일부를 영유하고, 그리스 다도해의 대부분은 그들의 것이었다.

아프리카에서도 그 영토는 지브롤터 해협에서 수에즈 지협에 이르고, 아시아에서는 시나이 사막에서 몽골 초원에 달하고 있었다. 그러나 동부에서는 범위가 넓은 대규모의 음모가 권력의 작용을 약화시키고 있는 한편, 서부에서의 불화와 상극은 국가적인 기구의 붕괴의 조짐을 보이고 있었다.

칼리프 히샴의 죽음은 여러 약점이 있으면서도 그래도 덕을 지닌 신중한 지배자를 잃은 것은 매우 중대한 시기에서이다. 칼리프 히샴의 후계자는 전혀 그와 달랐다. 꽤 방종한 성질이 있고 보통의 도덕률에 무관심하고 술에 빠져 있는 그는, 얼마 되지 않아 국민으로부터 난폭한 생활 때문에 미움을 받게 된다.

히샴은 생전에 그의 칼리프 계승 순위를 변경하고자 생각도 해보았으나 그의 형과의 서약을 변할 수도 없고 이를 파기할 수도 없었다. 아마 그로서도 어느 정도 엄격히 형의 아들인 조카의 나쁜 습관을 교정하고자 시도도 해보았으나 그것은 결국 추악한 다툼이나 말싸움으로 끝나는 데 지나지 않았다. 히샴의 궁전에서의 엄격한 기풍은 이 청년의 성격에 맞지 않았고, 그는 요르단의 아라크라는 곳에 가있으면서 다만 숙부의 죽음을 기다리고 있었다.

숙부가 사망했다는 소식이 닿자 그는 금방 다마스쿠스로 가 히샴의

수에즈 운하

가족들을 궁전에서 내쫓는 것으로 정무(政務)를 시작했다. 왈리드 2세의 즉위이다. 죽은 칼리프의 장례마저 심한 간섭을 받고 겨우 집행할 수가 있었다. 왈리드 1세나 히샴의 아들로 비잔틴 제국과의 전투에서도 이름을 날린 성년 남자 사촌 형제들한테 대하는 그의 냉혹한 태도는 국민들의 혐오감을 더 샀다.

처음에 그는 군인의 봉급을 인상한다든가 거액이 소요된 은사품(恩賜品)을 국민들에게 나눠주고 사람들의 환심을 샀다. 사회의 인기를 얻기 위하여 빈민이나 불구자나 노약자들에게 부조금도 올렸다. 그러나 이런 노력은 때때로 폭발하는 잔인한 행위로 나타나는 변하기 쉬운 성격과 천한 성질로 결국은 헛수고가 되었고, 오히려 나쁜 결과를 가져왔다.

여기서 잠깐 스페인 사태를 말하면, 행정장관으로 살라바가 히샴으로부터 인정되었는데, 살라바의 남아랍계 부족의 선호로 북아랍계 부족들은 베르베르인과 스페인 태생인 아랍인 빌라디운들과 결탁하게 되고 반란의 씨앗이 되었다. 살라바는 메리다 성밖에서 반란 동맹군을 힘겹게 이겼다. 그는 1만의 포로를 잡았다고 했는데 다음날 처형할 예정이었다.

날이 밝아 누구나 피비린내 나는 사건이 터지지 않나 예기하고 있을 즈음, 멀리에서 칼리프의 깃발이 갑자기 나타나 군중 사이에 동요를 일으켰다. 여러 가지로 정부의 약점이 생기고 있다 할지라도 칼리프의 이름은 아직도 사람들에게 존경받는 무서운 존재라는 생각을 일으키는 마력을 갖고 있었다.

무자비한 사형 집행자의 손을 멈추게 한 깃발은 사회질서를 회복하고, 각 파가 야기한 문제를 해결하기 위해 히샴이 파견한 신임 행정장관의 도착을 알리는 것이었다.

신임 행정장관은 히샴의 명령으로 아프리카 총독 한자라가 파견한 역시 남아랍계 부족의 후삼이었다. 후삼은 칼리프 히샴이 죽은 5개월 후인 이슬람력 125년 라자브달에 코르도바로 들어갔다. "그가 안달루시아에 상륙하자마자 각 파는 다투어 무기를 버렸다."고 사가들은 말했다.

후삼(아불 카다르)의 다스림은 처음에는 인자하고 공정했으나 그에게도 부족적 편견이 없는 것은 아니었다. 스페인에 있는 남아랍부족에 대해 그가 편드는 마음과 북아랍부족장이 말하는 모략은 반란을 도발했다. 내란이 다시 일어나고 이전보다 더 격한 싸움이 벌어지게 되었다.

코르도바 근교에서의 격전에서 남아랍부족이 패하고 후삼도 목숨을 잃었다. 이에 이르러 북아랍부족은 예멘인 사와바를 파견장관으로 선택하고, 일문의 씨족장의 한 사람인 앗 스마이르를 부행정장관으로 선임했다. 사와바는 이 명목뿐인 정권을 16개월 유지했으나 다음해 그가 죽자, 군대는 그의 후임에 우크바의 후예인 아프리카의 정복자 유수프를 선임했다. 그의 임명은 앗 스마이르의 제안에 따른 것으로 일시적으로 서로 반목하는 여러 씨족들을 타협시키는 효과도 나타났다. 두 파도 함께 무기를 버리고 유수프로 하여금 약 10년간 다마스쿠스로부터 결정이나 고국으로부터의 간섭없이 정무를 보게 되었는데, 그의 다스림도 결코 평화적인 것이라 할 수 없었다.

용감함과 호기로운 행위와 실력을 갖춘 '안달루시아의 기사(알 파리스 알 안달루스)'라는 나르본느의 행정장관 라흐만이 무기를 잡고 반란을 일으켰으나, 결국 그도 부하의 배반으로 쓰러졌다. 기타 바하에서 반기를 든 자도 있고, 세비야에서도 반란이 일어났다. 하지만 유수프는 이 같은 반란을 잘 진압했다. 아바스가의 복수를 하겠다는 칼날을 피해 755년 6월 스페인 해안에 상륙한 히샴의 증손 압둘 앗 라흐만이 없었으면 아마도 유수프는 자신의 왕조를 수립했을 것이다.

그런데 우마이야가의 후예의 출현은 완전히 정세를 바꿔버렸다. 용기와 정력과 일류의 정치능력을 가진 우마이야 공자는 자기 이름으로 온갖 곤란을 극복하고, 드디어 스스로 스페인에서 새로운 왕조의 창립자가 되었다.

유수프가 반대파들을 상대하고 있는 동안 프랑스에서 무슬림이 완전히 약화되면 공격하고자 기회를 엿보던 단구왕(短軀王) 페팽은 원주민 부족의 대군을 이끌고 그때까지 아랍인이 영유하고 있던 랑게독, 세프데마니아, 서사보이 등을 석권했다. 웅장한 도시는 전쟁의 화염에 불타고 사원, 병원, 학교도 화마에 불타버렸다. 아랍인은 남녀노약의 구별없이 적의 칼에 베어지고, 전 국토는 대규모의 학살과 파괴의 무대가 되었다. 프랑크인이 저지른 황당한 행동은 기근을 가져왔고 이로 인해 다수의 민중이 죽었다.

이 같은 절망 상태에 있으면서 프랑스에 있는 무슬림들은 그들의 백 배에 달하는 적에게 한 치의 땅도 양도하지 않겠다고 3년간 완강히 저항했다. 755년에 남은 땅은 나르본느뿐이고, 그곳도 모든 세력을 다하여 습격해온 페팽이 포위했다.

포위는 4년간 계속되었으나 드디어 어느 날 시내의 기독교도가 경계가 느슨한 틈을 타 경비병을 습격하여 여럿을 쓰러뜨리고, 성밖의 기독교도를 위해 성문을 열었다. 곧 그들은 시내로 쳐들어가 무슬림이라면 남녀를 막론하고 아이들까지 죽였다. 문명이라는 이름의 것은 모두 땅에 맡겨지고 랑게독와 프로방스는 당시 기독교 유럽을 덮고 있던 전반적인 암흑 가운데 휘말렸다.

페팽이 무슬림들을 프랑스 영토에서 쫓아내고 있을 때, 스페인에서 동란에 휩싸인 무슬림들은 비스게 만에 임하는 산악지대를 포기하게 되고, 반도들은 여기에 얕볼 수 없는 왕국의 중심을 구축할 수가 있었다.

아프리카에서도 카이로완의 성밖에 있는 베르베르인의 격멸 이후 한자라가 자기 관할인 광대한 지역에 좋은 통치를 했다. 베르베르인도 하와리지당도 다들 그의 의도가 순수하다는 것을 알고, 그 시정이 공정하다는 것을 인정함에 따라 전토에 평화의 물결은 상업 무역에 박차를 가했다. 그런데 압둘 알 라흐만 빈 하비브라고 불리는 흘러떠도는 한 관리가 일으킨 반란은 국내를 다시 불화와 상극의 소용돌이로 몰아넣었다. 이슬람력 127년, 그는 튀니지에서 반기를 들었는데 그의 잘못된 계획을 번복하고자 파견한 몇명의 귀족 출신 사절을 인질로 잡고 카이로완을 향해 진격해 나갔다.

그리고 상대가 공격하면 인질을 살해하겠다고 협박했다. 평상시 유혈을 싫어하는 한자라는 아시아에 돌아가 은둔생활에 들어갔다. 카이로완은 성문을 열고 반도들을 맞이했고, 반도의 두령은 스스로 아프리카의 총독이라고 부르게 했다. 하지만 이 같은 불신행위가 시작되고 있는 정치는 폭동이나 내란을 함께했다. 그런대로 빈 하비브는 이슬람력 137년에 동생과의 싸움에서 죽을 때까지 권력을 장악했다.

지금까지 다마스쿠스는 우마이야조의 수도이고 본거지였다. 칼리프로 있는 군주의 성격이 어찌 되었든 간에 우마이야 일족들은 그 군주에게 충실한 점에서는 결코 동요가 없었다. 육친관계에서부터 자기의 이익이 굳어졌던 그들의 충성은 우마이야조의 위세를 유지하고 안전을 지킨다는 점에서 가치가 있었다.

그런데 왈리드 2세 때에 본질적인 변화가 나타났다. 그가 음악이나 경마에 마음을 빼앗기고 있을 때, 이로 인해 국무에 태만하고 있다는 것에 수도의 보수적인 사람들에게는 인기가 없었으나 일족의 주된 사람들은 그 놀이의 한 무리였다. 그런데 칼리프의 몸가짐이 좋지 않고 도덕을 아랑곳하지 않는 그의 공공연한 태도는 가장 충실한 지원자들을 떠나게 하고, 마침내 우마이야가의 대다수가 등을 돌리게 되었다고 사가들은 말했다.

이슬람력 126년(743년) 무하람달에 잔인한 유수프가 이라크의 전 총독 할리드를 살해한 사건을 그가 묵과한 일은 시리아에 있는 남아랍부족을 분노하게 만들었다. 그들은 이 잔인한 행위를 그대로 허락한 칼리프에 대한 분격으로 봉기했다.

왈리드 1세의 아들로 압둘 알 말리크의 손자인 야지드는 스스로 그 선두에 섰다. 여기에 다마스쿠스의 시민들도 가세했고, 왈리드를 수도 근교의 한 성채에 몰아넣고 포위했다. 그는 반도들과 화의를 맺고자 시도했으나 그들은 국민을 적으로 돌린 것은 칼리프 자신이 하나님을 잊어버린 방탕한 생활의 보답이라는 대답을 돌려보냈다.

마침내 성문은 돌파되고 불운한 칼리프는 자기의 궁전에 잡혀가 살해되었고, 목은 참수되어 다마스쿠스의 시내에서 조리돌려졌다. 왈리드의 죽음에 관한 사정과 그 시체에 대한 무참한 취급은 그때까지 '전원 일치로 선택된 칼리프'의 신변에 둘러싸인 후광을 완전히 벗겨낸 것이다.

왈리드 2세가 죽자 반란을 지휘한 야지드가 칼리프로 즉위했다. 그는 이슬람의 종교적 의무를 엄격히 지키고, 자기 언행에도 충실한 경건한 인간이었다고 한다. 민중이 충성의 맹세를 칼리프 즉위 때 받고, 후에 공개 연설에서 자기가 사촌 왈리드 2세에 칼을 들게 된 사정을 설명하고, 앞으로 국경을 굳건히 지키고, 도시의 방위 상태를 완전히 하고, 국민의 부담을 가볍게 하며, 정부의 부정 관리를 제거하겠다고 약속했다.

그가 오랫동안 살았다면 혹은 군주로서의 수완을 발휘할 수 있었을지도 모르지만, 그의 치세는 너무 짧고 너무 장애가 많아 개혁이나 개량도 전혀 불가능했다. 홈스나 팔레스타인에서 일어난 폭동은 진압되었다. 아르메니아 총독 마르완은 처음에 충성의 맹세를 거부했으나, 불행한 왈리드 2세의 아들을 칼리프에 즉위시킬 목적으로 시리아로 갔다. 그의 표면상의 항복은 아버지의 영지를 바치겠다는 것이고, 그렇게 되었다. 그리고 왈리드 2세의 어린 자식들은 감옥에 투옥되었다. 할리드를 살해한 유수프도 직책에서 해직되고, 왈리드 2세의 아들들과 같은 감옥에 들어갔다.

그런데 호라산 총독 나스르는 야지드 3세의 주권을 인정하지 않았다. 중앙정부에 일어난 정변이 벽지에까지 파급되어 마비상태가 생겼다. 아프리카에서 한자라에 배반한 압둘 라흐만의 폭동에도 처벌을 가하지 못했다. 겨우 야지드가 행한 유일의 개혁조차도 오히려 그에 대한 군인의 인기를 하락시키는 것이었다.

왈리드 2세는 군인의 봉급을 증액했는데 야지드는 이를 칼리프 히샴 시대의 액수로 인하하여 '안나기스(인색한 자)'라는 이름을 얻었다. 그의 치세는 불과 6개월로 이슬람력 126년에 죽었다. 야지드 3세의 뒤를 이은 사람은 동생 이브라힘인데 그의 주권이 인정된 곳은 단지 수도와 그 근교에 한하고, 그것도 겨우 2개월 10일의 명맥을 잇는 데 지나지 않았다. 이브라힘은 칼리프에는 포함되지 않는다.

마르완은 왈리드 2세의 자식들은 돕겠다는 결의를 갖고 다마스쿠스로 진격했다. 바르바그에서 다마스쿠스로 가는 도중 레바논 산과 안티레바논 산의 중간에 있는 소도시 아인 울 자르에서 그는 이브라힘이 파견한 남아랍계 부족 예멘인을 주로 하는 대부대와 만났다.

마르완 부대는 훈련을 받은 장병들이고 비잔틴군이나 터키군과 전쟁을 한 경험을 갖고 있었다. 남아랍계 부족의 예멘인 부대는 오합지졸에 지나지 않았고 참패했다. 다마스쿠스로 가는 길은 승리자의 앞에 열렸다.

마르완이 수도에 가까이 오자 이브라힘과 그 가신들은 혹시 구원자의 군 진격을 멈출 수 있지 않을까 하여 왈리드의 자식들을 살해하고 도망갔다. 같은 감옥에 있던 할리드의 살해자도 자기가 죽인 상대의 아들에 의해 목숨이 빼앗기고 죄에 걸맞는 운명을 다했다. 여기에 이르러 왈리드 일문의 낭당(郎黨)들은 곧 궐기하여 도망자 이브라힘과 그 가신들을 습격하고, 다수를 살해하고 주거를 약탈했다. 그리고 야지드 3세의 묘지를 파고 그 시체를 성문에 세웠다.

이렇게 다마스쿠스는 무서운 무정부 혼란 상태에 빠지고, 마르완은 양민들의 환호 가운데 입성했다. 그는 곧 칼리프라 칭하고 국민들은 규율있는 군인이라면 난마(亂麻)처럼 흩어진 국내에 평화를 가져올 것이라 기대하고, 기꺼이 충성의 맹세를 서약했다.

## §§ 우마이야조

이슬람력 127년-132년(744년-750년)

마르완 2세-그의 사람됨-반란-호라산의 폭동-아부 무슬림-페르시아인의 반란-호라산 지방장관 나스르의 반란-아바스가의 종주 이브라힘의 죽음-네하완드에서 우마이야군 패배-이라크 총독의 패배-사푸아의 칼리프 즉위-자하브의 싸움-마르완의 패배-그의 도주-다마스쿠스 함락-아바스가의 복수-마르완 서거-우마이야조 멸망-우마이야조의 몰락 원인

마르완 2세는 우마이야조 하캄파 칼리프 창시자의 손자이다. 그는 자기 지배지인 아르메니아를 힘과 수완으로 통치하고, 북쪽에서 압박해오는 유목민의 공세도 그때마다 격퇴했다. 그의 놀라운 지구력은 그에게 '알 히마르(당나귀)'라는 별명을 갖게 했는데, 이는 조롱의 의미가 아니라 그의 체력과 의지력을 인정한 별명이다.

그는 선임자들과 달리 생활과 태도에서 절제적이었다. 야영할 때도, 행군할 때에도 그는 병사들과 같이 생활하고 얼마 되지 않는 봉급이나 일상사에서 모자라 불편한 것도 병사와 다름없는 금욕주의적이었다. 또 궁전에서도 일족의 군주들 사이에 행해지고 있는 사치스런 일이 없었다.

그는 고대사 연구에 마음을 쏟고 측근이나 주위 사람들에 대하여 역사 강의를 종종 하기도 했다. 칼리프에 즉위했을 때는 나이가 꽤 들어서이지만 그의 행동의 민활함과 사방에서 습격해오는 적을 물리치는 일은 나이가 들어도 체력이 쇠하지 않았다는 것을 나타냈다.

그런데 위기에 처한 우마이야조의 권력의 붕괴를 구할 군주로서의

무엇인가 단순한 군인적인 소질 이상의 것, 즉 부족적 편견을 초월하는 능력이 필요했다. 그런데 우마이야 일족의 대부분과 마찬가지로 마르완에게도 가장 결핍된 자질이었다.

가령 그가 정치가로서 넓은 견해와 먼 데까지 보는 선견지명이 있고, 분쟁만 일으키는 여러 세력을 조화시키는 데 필요한 유화(宥和)하는 서로 용서하고 화합하는 정신이 있었다면 중동아시아의 역사는 전혀 다른 것이 되었을 것이다.

우마이야 집안 사람의 특성이라 할 고집과 완강하고 사리에 어두운 성격을 갖고, 지기 싫어하는 성질은 결점을 더욱 심하게 했다. 아랍을 분열시키는 당쟁을 화해시키는 노력을 하기는커녕 마르완 2세도 맹목적인 당파적 열정을 갖고 스스로 씨족간의 분쟁에 뛰어들었다.

그리고 그가 예멘인에 대한 잔혹하리만큼 준엄한 태도는 상대측에

궁정 생활

풀 수 없는 증오감을 품게 했다. 이 같은 눈앞의 잘못된 행위에 불쾌한 마음을 갖게 하는 적의는 시인들의 시로 더욱 격해진다. 북아랍부족계 시인 굼아이드는 장시 한 편을 지어 자기 부족의 용감함과 위대함을 찬양하고, 예언자 무함마드의 가계 하심가의 미덕과 수난을 노래했다.

이에 답해 남아랍부족의 티브리라는 시인은 같은 투로 북아랍부족을 공격하고, 남아랍부족과 같은 계통인 우마이야조의 칼리프들의 영광을 찬양했다. 이 같은 시는 도시의 거리에서 사막의 야영 천막으로 전해져 야유와 풍자는 도시사람이나 유목인에게도 함께 흥분시켰다. 이렇게 북아랍부족과 남아랍부족은 서로 어디에도 비할 수 없는 노여움을 품고 상대의 틈을 노리게 되었다.

우마이야조가 다스리는 당시 서아시아는 혼돈된 상태였다. 종교에 종사하는 사람이나 학자들은 몸 가까이 소용돌이치고 있는 정치 싸움에서 피하고, 정치적인 문제는 거칠고 없는 자나 자기 이익에 급급하는 자에게 맡겨졌다. 사면팔방을 돌아봐도 천하가 동란에 휩싸이기를 바라는 기풍이 있었다.

마르완이 칼리프에 즉위하자마자 그에게 반기를 드는 자가 홈스나 팔레스타인에도 나타났다. 하와리지당의 광신자들은 이와 때를 같이 하여 사막의 본거지에서 나와 공격을 가하고 우마이야조가 하나님을 두려워하지 않는 정치 행태를 비난하고, 참된 이슬람으로 귀의할 것을 부르짖었다.

이 불과 같은 교리가 어떻든간에 그들이 믿는 신앙에 충실하고, 어떤 장애도 일로 삼지 않는 의무감을 품고 있었다는 것을 인정해야 한다. 수적으로는 비교적 적다 할지라도 그들은 한때 예멘과 히자즈와 이라크를 석권하고 유지했다.

이러한 반란이 일어나자 마르완은 훌륭한 통솔 모습을 보이고 무인다운 과단성을 보였다. 그는 홈스와 팔레스타인을 하나하나 공격하고 반군을 분쇄하고 그 우두머리의 목을 베어 매달았다. 다음은 이라크에 군을 돌려 몇번인가 격전한 후에 하와리지파의 군을 티그리스 강 반대쪽으로 내쫓았다. 그러나 히자즈 지방에 있는 메디나에서 아부 함자를 우두머리로 하는 하와리지당의 군과 일전을 벌였으나 패배하고 마침내 함락되었다.

메디나를 점령한 반군의 태도는 오히려 우마이야조에서는 일찍이 보지 못했던 정도의 마음씀씀이였다고 한다. 예멘은 '진리 탐구자', 즉 다아이 알 핫그의 수중에 있었다. 마르완이 파견한 지방장관은 몇번의 대격전에서 반도들을 격파하고 히자즈와 예멘을 평정했다. 이라크에서 쫓겨난 하와리지당 대군은 페르시아로 피했고, 그곳에 이미 있었던 불화나 혼란은 더욱 박차를 가하게 되었다.

한편 아라비아 반도의 히자즈와 예멘에서 패주한 자는 반도 남쪽 해안가 하드라마우트로 갔다. 평화를 회복하자 마르완은 우마이야가 일문 중에서 충성으로 소문이 난 야지드 빈 호바이라를 동부 총독으로 명하고, 자신은 그곳에 잠깐 체류했다가 원정군으로 나갔는데, 이 원정이 그 자신과 우마이야조한테는 매우 심한 비참한 결과를 가져오게 된다.

마르완이 시리아 영토를 토벌하고 이라크와 아라비아의 하와리지당의 광신자들과 싸우고 있는 동안, 북아랍부족 무드하르족과 남아랍부족 힘야르족간의 깊은 적의는 아시아에 있는 아랍제국 우마이야조의 파멸의 씨를 낳았다.

호라산의 장관 나스르는 북아랍부족의 한 사람인데, 남아랍부족은 모두 결속하여 그에게 대항했다. 정복되어 종속된 여러 민족 위에 서 있는 아랍의 두 부족간의 사투는 아바스가 선전(宣傳)의 지도자들 눈에는 마치 미리 주의 깊게 매설한 지뢰에 드디어 불을 붙일 바라던 좋은 기회라고 비쳐졌다.

반군의 수령 아부 무슬림은 아바스가에서 위탁된 일을 행하는 인물로는 가장 적합했다. 어떠한 불운이나 성공에도 조금도 움직이지 않는 조용한 외면 뒤에 무자비한 마음을 숨기고 있었다. "무슨 대사건이라도 그의 안색의 냉정함을 움직인다는 것은 불가능하다."라고 옛사가 한 사람은 말했다.

"그는 대승리의 보고를 접하고도 조그만 희색도 나타내지도 않았고, 나쁜 큰 운에도 전혀 불안한 마음을 보이지 않고, 비록 마음에 노여움이 있다 하더라도 자제를 잃지 않았다." 그래서 그의 변함없는 단아하고 겸허한 품격은 적이나 자기편의 마음을 붙잡았다.

그리고 군을 조직하고 공무를 처리하는 능력은 세상의 칭찬을 받게 되었다. 또한 남북 아랍부족의 허영심과, 양자를 움직이는 악감정을 교묘하게 다루는 그의 수완은 양자 어느 편에서도 시끄러운 일을 받지 않고 계획을 수행할 수 있었다.

아바스가의 선전 방법과 차차로 한 세력으로 되어왔던 것은 이미 말한 대로이다. 속세를 떠난 종교 지도자들의 폭력 부정은 기상이 격한 사람들로부터는 무사안일주의로 보고 증오하는 우마이야 집안을 배제하는 데 필요한 지도를 다른 데서 받으려는 바람이 생겼다.

하지만 이것만으로 아바스가를 승리의 물결에 우마이야조를 뒤엎은 반란의 힘을 설명하기에는 불충분하다. 이것만으로 마르완과 같은 노련한 전략가를 무장으로 하는 우마이야가를 뒤집어 망하게 하지는 못했을 것이다. 아바스가의 홀연한 흥기(興起)의 수수께끼를 푸는 열쇠는 우마르 2세의 노력이 있었음에도 불구하고, 우마이야조 후기 군주들 아래에서 전통적인 정책을 취한 하자즈 이래의 시정의 특징 가운데서 찾을 수 있다.

칼리프들은 정복한 여러 종속 민족들과 전혀 접촉을 갖지 않고, 또 상하간에 감정의 유대가 될 것이 없었다. 아랍인은 자기들 민족적 긍지 때문에 토착민과 일정한 거리를 두고 이슬람의 가르침에 따르지 않고, 그들을 열등 민족이라고 경멸하고 결국 증오를 받게 되었다.

민사나 재무 행정을 담당하는 낮은 직책은 주로 베르베르인이 담당했다. 그들은 군사적인 지위나 나랏일의 요직으로부터는 멀리 있게 되었다. 코란에 기술된 사람의 평등과 노예 해방에 관한 구절로 인류

코란의 한 표지

의 평등과 형제동포 관계를 논하는 자가 있다면 아예 무시하거나 또는 궤변으로 논의하지 못하게 했다.

칼리프 우마르의 기록에 공명을 남긴 자라든가, 훈공으로 이름을 나타낸 소수를 제외한다면 종속 민족 출신은 사회적인 집회나 지배계급의 놀이에도 참가하지 못하고, 다만 과거의 번영을 새기며 우울한 분만과 증오를 가슴에 품고 있었다.

그런데 시리아의 아랍인이나 북아랍부족, 남아랍부족은 자기들뿐만의 행락이나 부족간의 싸움을 일삼고, 다가오는 폭풍우에 마음을 쓰지 않았다. 그리고 정치적인 무능력과 불쾌한 사회적 차별은 페르시아인 사이에 강하고 당연한 부정을 의식시키는 데 이른다. 민족적인 열정에 불을 붙이는 데 필요한 것은 한마디의 표어였다. 이 표어는 드디어 동부지역의 여러 종속 민족의 싸움의 화살을 당기는 '알 울바이트'(성스러운 집의 자손)이다.

남아랍부족계 여러 부족과 호라산에 정주하는 히자즈 및 이라크의 다수 아랍인도 같은 불만을 품게 되었다. 늘상의 예에서 보는 바와 같이 권력을 장악한 자들은 세력과 소득을 독점하려 하고, 어떠한 자도 개입하지 못하도록 애썼다. 이런 것들이 적의로 가득 찬 질투와 불화를 만드는 요인이 되었다. 아부 무슬림도 이 같은 불만과 복종하지 못하는 여러 요소에 반란의 무기를 찾은 것이다. 그리하여 호라산은 아바스가 일당의 본부가 되었다.

호라산의 총독 나스르는 유능하고 용감한 군인이며 행장관인데, 환경 조건이 좋았다면 아마도 그 지방에서 이름을 남겼을지도 모른다. 한데 칼리프가 서부지방에서 광신적인 하와리지파의 군과 싸우고 있을 무렵, 그는 출생지의 이름을 따 게르마니라고 불리는 사람에게 인솔된 남아랍부족의 예멘인 일파와 대항하여 싸워야 했다.

이렇게 아랍 주둔군이 위수(衛戍) 지구를 떠난 것을 안 아부 무슬림은 마침내 봉기할 것을 선언했다. 그가 내건 주장은 전횡을 자행하는 우마이야가에 대한 '알 울바이트'의 권리이며, 스스로 예언자 무함마드의 집안 하심가가 선택한 전사라고 했다. 이것으로 시아파의 지원도 받았다.

집회는 이슬람력 129년(746년) 라마단달 25일에 열리고, 사람들은 고개 위에 불 붙여진 봉화 아래에 모였다. 망하고 살해된 부족장들에 대한 조의를 표시하고, 모두 검은 옷을 입은 대군중은 그곳에 모였다. 몇 주 후에 새로운 칼리프로 아바스가 출신을 옹립하는 흑기는 거리에서 거리로, 서쪽을 향해 전진을 계속했다.

우마이야조의 주둔군은 최동부의 헤라트와 그 주위 지역에서 다른 토지로 쫓겨났다. 그리고 북아랍부족의 복병으로 게르마니가 전사하자 그의 아들도 아부 무슬림에 합류하고, 그 연합 세력은 마침내 나스르를 메르부에서 쫓아냈다. 알 하심군의 검은 흑기는 그때까지 분열되어 있던 시리아인들의 마음에 경각심을 일으켰다. 그들은 놀라 위험의 중대성을 깨닫고 동맹 비슷한 것을 만들고자 시도했다. 그러나 때는 이미 늦었다. 폭동은 벌써 완전한 반란으로 변하고 히자즈와 이라크의 아랍인의 다수를 같은 편으로 끌어들였다.

점점 수를 더하여 세력이 강해지는 아부 무슬림군에 혼자서는 항거할 수 없던 애처로운 지방장관은 칼리프에게 원군을 요청했으나, 당시 메소포타미아에 있는 광신적인 하와리지당의 군한테 압박받고 있던 마르완으로부터 아무런 회답도 받지 못했다.

메르부를 포기하기에 앞서 나스르는 마지막으로 충정이 절절한 구원요청의 서한을 마르완에게 올렸다. 이 서한은 반란의 불길이 맹렬하기 전에 밟아 꺼버려야 한다고 지적하고 역사적으로 유명한 "오라, 우마이야의 후예로 잠에서 깨어나지 않는가! 아직도 눈을 못 뜨는가?

서라, 때는 왔다."라고 일갈하면서 맺고 있다. 이 위급한 간원에 답해 마르완은 이라크 총독으로 명한 나스르를 구원하고자 했으나, 원군이 전장에 도착하기 전에 푸르가나와 호라산은 아부 무슬림의 손에 떨어지고, 이로써 그는 병력을 더욱 증가하게 되었다.

아부 무슬림은 사람 보는 눈도 뛰어났다. 그가 등용한 무장들은 당시로는 가장 우수한 사람들이었다. 파르스에 사는 히자즈 출신 아랍인 카타바 빈 샤비브는 나스르를 사라구스까지 추격하여 뼈아픈 패배를 맛보게 하고, 시리아군의 힘을 완전히 빼앗아 버렸다. 당시 85세의 노령에 달한 나스르는 쥬르잔까지 후퇴하여 다시 패하고, 다음 파르스를 목표로 가다가 도중에 쓰러졌다.

동부 쪽에 이런 사태가 일어났을 때 마르완은 과연 하심가의 누구를 위해 반기(叛旗)가 나부끼는지를 알고자 노력했다. 당시 아바스의 후예는 남부 팔레스타인에 있는 후마이마라는 마을에 살고 있었다. 일족으로부터 이맘(종교지도자)으로 여겨지고 있는 이브라힘이 이 폭동의 장본인이라는 것을 안 그는 이브라힘을 체포하고 하란으로 데리고 왔다. 그리고 이브라힘은 하심가 및 우마이야가의 몇 사람과 함께 그곳에 감금되었다. 우마이야가 일족 사람으로 마르완으로부터 모반의 기도가 있다고 의심받고 있는 사람은 우마르 2세의 아들 아부달라와 왈리드 1세의 아들 아바스였다. 그런데도 이브라힘의 체포도 아부 무슬림군의 활동에 아무런 영향을 주지 못했다.

카타바는 쥬르잔에서 나스르를 무찌른 후에 서쪽으로 진격에 속도를 더했다. 그와 행동을 같이한 사람은 페르시아인 할리드 빈 바르마크이다. 후에 아랍 역사에서 이름을 나타낸 이는 이 사람의 후예이다. 국내에서는 어느 곳이나 심한 혼란 상태에 있었다.

카타바는 라이(고대의 라게스)에 들어가자 이 지방의 질서를 회복했고, 그의 아들 하산은 페르시아 태생의 그의 참모 아부 아윤과 함께 우마이야족과 하와리지당 광신자들을 격퇴했다. 일찍이 페르시아 정복의 단서가 되었던 유명한 격전지인 네하완드에는 강력한 시리아군이 주둔하고 있었다.

하산 빈 카타바가 네하완드를 포위하고 있을 때, 아버지 카타바는 마르완이 보낸 원군을 도중에서 요격하고 이를 섬멸했다. 원군 하나는 마르완의 아들 아부달라의 지휘 아래 상메소포타미아에서 오고, 다른 또 하나의 원군은 야지드의 지휘 아래 있는 부대로 네하완드에 다가서려고 했다. 카타바는 성의 공격을 한층 강화했고, 네하완드는 양 방면의 군사가 도착하기 전에 항복했다.

카타바는 아부달라에 대항할 아부 아윤이 지휘하는 군을 파견하는 한편, 스스로는 주력부대를 인솔하고 쿠파에서 연결되는 길에 진을 치고 있는 야지드의 옆을 지나 곧바로 이라크의 수도로 진격했다. 이를 안 야지드는 쿠파로 가는 길을 막으려고 급히 갔다. 카타바는 야지드보다 조금 늦게 유프라테스 강에 도착하고, 수㎞ 위에 있는 적의 손이 못 미치는 지점을 건넜다.

양군은 칼리프 알리의 손자 후사인이 전사한 지점에서 마주쳐 격전을 치러, 우마이야군은 패배했는데, 카타바는 익사했는지 전사했는지 이 싸움에서 숨졌다. 그래서 지휘는 아들 하산이 하고, 아버지 뒤를 이어 야지드를 거점에서 쫓아내어 야지드는 와시드까지 퇴각하지 않을 수 없었다. 쿠파는 이렇다 할 저항없이 하산의 손에 떨어졌다. 패전 소식은 마르완을 불같이 화나게 하여 야만적인 행동을 취하게 되었고, 결국은 이것이 우마이야가에 무서운 복수를 가져온다.

이브라힘이 아부 무슬림의 군과 연락을 갖고 있다는 것을 안 그는 이브라힘의 머리를 생석회를 가득 담은 가죽 포대에 박게 하여 죽게 할 것을 명했다. 동시에 다른 죄인들도 참수했다.

불행한 이브라힘은 죽음에 앞서 동생 아부 알 아바스 아부달라에게 아바스가의 이맘의 지위를 양도한다는 뜻을 전할 수 있었다. 아부 알 아바스는 입술을 깨물며 복수를 맹세했고, 그 결과 '앗 사푸아'(유혈)라는 그리 좋지 못한 칼리프 칭호로 역사에 나타났다.

이브라힘이 죽자 그 자제들은 쿠파로 피했고, 하산 빈 카타바가 이 도시를 점령할 때까지 잠적해 있었다. 결국은 페르시아를 우마이야조의 손에서 구한 이 사람의 궁극적인 목적은 알려지지 않고 있지만 '알 울바이트'라는 표어는 모든 주민을 흑기 아래 모으는 동력이 되었고, 시아파의 동정과 지지를 받게 되었다.

하산 빈 카타바는 쿠파에 들어가자마자 아부 살라마 알 가라르와 손을 잡았다. 그는 자칭 시아파의 파티마가의 대표자로 활동한 것 같으나, 파티마가의 가장으로부터는 형식상으로 인정된 것은 아니다. 그는 아바스가의 장군으로부터 최대의 경의를 받았다. 장군은 그의 손에 입맞춤하고, 그를 상좌에 모시면서 '귀하의 뜻대로 하세요.'라는 아부 무슬림의 명령을 전했다. 아부 살라마의 허영심은 모두 만족되었다. 그리고 아부 살라마와 하산 빈 카타바의 연명으로 쿠파 주민들에게 포고가 발해졌다. 다음날 칼리프 선거를 위해 마스지드 알 자미아(일반 이슬람 사원)에 모이라는 취지였다.

당일 쿠파에는 흔치 않은 광경이 연출되었다. 다수의 군중들은 검은 옷을 입고 시내 각처로부터의 대망의 선언을 듣기 위해 마스지드 알 자미아로 달려갔다. 얼마 있지 않아 아부 살라마도 회장에 모습을 나타냈는데, 묘한 것은 그도 같은 검은 옷을 입고 있었다. 그가 어떻게 하여 아바스가에 절개를 팔았는지는 아부 알 아바스의 막료 이외는 거의 모른다. 말하자면 주인에게 충성을 다하는 것보다 자기의 목숨이 중하고 지키는 것이 먼저였다.

예배 집전이 끝난 후에 그는 군중에게 집회의 목적을 설명했다. 이슬람의 방위자로 종가의 권리의 호위자인 아부 무슬림은 우마이야조는 불의의 정상에서 나락으로 떨어져야 한다고 했다. 지금은 이맘(종교 지도자) 겸 칼리프가 될 사람을 선출해야 하는데, 현재 이 지위에 필요한 신앙심과 능력, 기타 온갖 자질에서 아부 알 아바스 아부달라만한 사람이 없다, 그래서 자기는 이에 그를 추천한다고 아부 살라마는 이렇게 설득했다.

이때까지도 아부 살라마도, 아바스 일가도 이 집회의 효과에 대한 확신이 없었다. 예언자 무함마드의 사촌이고 사위인 알리 집안에 대한 그들의 불신행위는 쿠파 사람들로부터 비난받지 않을까 두려워하였고, 실제로 부딪쳐 보니 예로부터 말해지는 쿠파 사람들의 유별난 분수는 사실이었다.

쿠파 사람들은 파티마가의 주장을 도와 몇번인가 칼을 잡고 일어섰으나, 자기들이 원조한다고 맹세한 상대나 자기들이 원조해 달라고 부탁한 상대를 배반하는 것도 이에 못지않을 만큼 가끔 있었다. 즉흥적인 기분에 움직여져 진리의 배반자이거나 방위자가 되는 그들이었다. 아부 알 아바스를 칼리프로 추천하는 말이 아부 살라마의 입에서 떨어지자 곧 그들은 '타그빌'(하나님은 위대하시다)을 부르면서 찬의를 나타냈다.

여기서 아부 알 아바스를 숨어있는 집에서 맞이하기 위해 사자를 보내고, 그가 사원에 도착하자 군중들은 열광적인 환호로 그의 손을 잡고 충성을 서약했다. 이렇게 선거는 끝났다. 그는 단에 올라가 설교를 했다. 이때부터 그는 이슬람의 이맘 겸 칼리프가 되었다. 이와 같이 되어 아바스가는 파티마가의 자손의 인망을 이용하여 권력을 장악했으나, 그들이 후에 그 보수로 준 것은 과연 무엇인지 알 수 없다.

한편 북쪽에서도 사태는 급진전을 보였다. 아부 아윤은 소자하브강 동쪽에 있는 샤르주르에서 마르완의 아들이 이끄는 부대와 만나 큰 손실을 주고 이를 타파했다. 아들의 패배 소식을 들은 마르완은 분격하여 다시 예전에 뒤지지 않는 활동을 보였다. 그는 12만의 대군을 이끌고 티그리스 강(대자하브 강)을 향해 진격했다. 그 사이에 아부 아윤 쪽은 쿠파로부터 구원을 받고, 원군을 인솔하여 온 사푸아의 숙부 아부달라 빈 알리가 아바스군의 총사령관이 되고, 아부 아윤은 부사령관이 되었다.

자하브 강 왼쪽 강변 구샤흐라는 마을에서 전투가 벌어졌다. 마르완은 주위의 권고를 듣지 않고 강에 가교를 설치하고 예전과 같은 대담한 태도로 전투에 임했다. 머리에서 발끝까지 검은색 차림을 하고 깃발도 검은색, 말이나 낙타도 검은색 일색으로 물들인 사푸아의 군단은 장례식 행렬처럼 밀집형의 부대로 묵묵히 앞으로 나아갔고, 이를 본 시리아군은 공포감을 가지게 되었다.

여기에 더하여 양군이 대치하고 있을 때 이상한 일이 생겨 우마이야조 군사의 눈에는 패전의 전조처럼 보였다. 한 무리의 큰 까마귀가 시리아군 위를 날아 지나, 아바스군의 흑기 위에 멈춘 것이다. 마르완은 이를 대수롭지 않게 여겼으나 미신적인 그의 장병들한테는 영향을 끼쳤다.

마르완 자신이 전장에 선 첫 번째 공격은 효력을 발휘하여 아바스군은 후퇴했는데, 아부 아윤은 기사들로 하여금 말을 버리고 내려와 창을 땅 위에 세우게 했다. 그리고 아부달라 빈 알리는 병사들에게, "그대들은 호라산의 영웅이 아닌가! 이브라힘의 원수를 갚자!"라며 격려했다. 그의 "야 무함마드! 야 만수르!"(예언자 무함마드여! 승리여!)라는 외침은 전군의 함성으로 퍼졌다.

마르완 쪽에서도 종래의 전적을 열거하여 집안 이름을 간직하라고 격려했다. 하지만 그 격려도 아무런 소용이 없고, 시리아군은 상대방의 예리한 공격에 두려워 물러서고, 주인을 잃은 마르완측의 날뛰는 말 때문에 더욱 혼란에 빠졌다. 우마이야조의 운명이 판가름난 역사적인 전투가 행해진 날은 이슬람력 132년(750년) 제2 쥬마디달 11일이다.

마르완은 전력을 잃고 서북쪽에 있는 모술로 피했으나 모술은 성문을 닫고 그를 들여보내지 않았다. 그는 그곳에서 하란으로 가서 잠시 머물면서 재기의 군사를 모으려 했으나 잘 되지 않았다. 더군다나 거침없이 아바스군은 이미 가까이 오고 있어 그는 하란에서 홈스로, 홈스에서 다마스쿠스로 피했고, 그곳도 안전하지 못하다는 것을 알고 팔레스타인으로 향했다.

하지만 추격은 더욱 조여지고 아부달라 빈 알리는 사냥개처럼 마르완을 쫓았다. 모술, 하란, 홈스의 여러 도시는 싸우지도 않고 사푸아에게 항복했다. 다마스쿠스에서는 약간의 저항이 시도되었으나 결국 함락되고, 마르완의 양자인 다마스쿠스 시장도 살해되고, 시리아의 수도로 사실상 우마이야조의 서울이었던 다마스쿠스는 아바스가의 것이 되었다.

쿠파에 입성한 지 5개월 만인 자하브 강의 전투로부터 3개월 후인 이슬람력 132년 라마단달 5일, 흑기는 우마이야 궁전에 펄럭였다. 사상 그 예를 찾을 수 없을 정도의 야성을 가진 아부달라 빈 알리는 살아있는 자한테 복수하는 데 만족하지 않고, 땅에 묻힌 시체도 파내어 뼈까지 태워 재를 바람 속에 날려 보냈다. 이런 일들을 마치고 아부달라는 다시 마르완을 추격했다.

마르완은 팔레스타인을 떠나면서 비잔틴 제국령에 들어가 콘스탄틴 황제의 원조를 요청할 작정이었다. 그는 비잔틴의 어느 황제의 조력으로 페르시아 국왕이 집안을 다시 일으켰다는 고사를 알고 자기도 이런 원조를 받을 것이라고 생각했다. 이에 대해 그때까지 그를 따라다니던 충실한 가신들의 반대가 있었다. 이집트에서 아프리카로 들어가면, 또는 동부제국을 회복할 군대를 조직할 수 있을지도 모르고, 그렇지 않으면 서부에서 강력한 새 왕국을 구축할 수도 있다고 권고했다. 마르완은 이집트 상부에 있는 파윰으로 몸을 피했다.

아부달라 빈 알리는 도망치는 패장 마르완을 잡기 위해 동생 살레와 아부 아윤을 파견했다. 아부 아윤은 포스다트에서 마르완의 족적을 발견하고 이를 쫓았다.

마침내 그들은 나일 강 서안(西岸) 부시리스라고 불리는 작은 기독교 교회에서 영락한 군주 칼리프 마르완을 발견했고, 그곳에서 그는 생애를 마쳤다. 이때 불운한 이 군주는 검을 들고 출격했으나 쫓는 자들의 창끝에 쓰러졌다. 이렇게 일문 중에서 무용과 재능이 뛰어난 군주도 죽고, 그와 함께 우마이야조도 멸망했다.

하심가의 복수자의 이름을 얻은 사푸아의 명으로 몰락하는 우마이야가의 사람들은 사정없이 찾아내어 처형했다. 잔학한 복수심이 만족되려고 할 때 인정은 모든 일도 잊게 한다. 우마이야가의 남자들은 보이는 대로 살해되었다. 수색은 벽지 어디에나, 폐옥의 그늘에도, 산등성이 동굴에도 미치고, 잡힌 잔당은 모두 참수되었다. 아부달라 빈 알리는 팔레스타인의 아부 프트르스 강 양쪽에 마르완 친족 80명을 사면한다는 약속으로 유인하여 모두 살육했다.

하지만 복수자의 검을 피한 후에 사푸아의 자손의 인정으로 보호와 후원을 받은 자도 다수 있었다. 수색을 면한 자 중에는 스페인으로 도망간 칼리프 히샴의 손자 압둘 앗라흐만도 있다. 마르완의 딸들은 다른 가족들과 함께 하란으로 돌려보내졌다. 그들은 그곳에서 아바스조 칼리프 마흐디의 즉위 때까지 빈곤한 생활을 계속했으나, 마흐디는 그들에게 거액의 연금을 주고 지난날의 지위와 현재의 비운에 걸맞는 고운 마음씨로 대했다.

동부에서도 굳건했던 우마이야가의 지배는 마르완으로 끝이었다. 우마이야 칼리프들 중에는 훌륭한 사람도 있었고, 다른 이들도 같은

우마이야조의 칼리프 왈리드가 세운 모스크

시대의 서방사회의 군주만큼 포학하지도 않았다. 우마르 2세와 같은 사람은 당시로는 꽤 진보한 군주였다. 왈리드 1세나 히샴도 우마르 2세한테는 비하지 못한다 하더라도 마음에서 국민들의 복지를 바랐고 꽤 능력을 보인 칼리프였다. 마르완도 그러한 불행한 최후로 마감하지 않았다면 일류급의 군주에 속한다. 그는 용감하고 현명했다. 그의 시대에 왕조가 멸하였기에 무용이나 지혜도 수포로 돌아갔다.

몰락한 우마이야조의 운명에는 상당한 교훈이 포함된다. 마르완 집안의 한 사람으로 당시에 국가의 중요한 직책을 맡았던 사람은 후에 우마이야조가 아바스가의 손에 넘겨졌을 때 우마이야가의 몰락의 원인으로 다음과 같이 말했다고 사가 마수디는 말했다.

"우리들은 당연히 공무를 봐야 할 시간에 쾌락에 빠졌다. 우리들이 국민에게 과한 무거운 부담은 그들로 하여금 우리들의 지배에서 이탈케 했다. 가렴주구에 고통받고, 고쳐 바로잡는 데 희망을 잃은 그들은 우리의 손에서 해방되기를 기원했다.

영토는 경작되지 않은 곳이 많고 국고는 텅 비었다. 우리는 중신들을 신뢰하고 있었으나 그들은 자기 집안의 이익과 야심을 좇고 나라의 이익을 희생하였고, 우리한테 상의하지도 않고 정치를 좌우했다. 봉급 지불이 늦어지기가 다반사였던 군대는 위급한 시기에 적의 편을 들고 동맹자는 조력이 가장 필요할 때 떠나갔다. 한데 사회적인 사건이나 주위에서 일어난 일들에 관한 우리의 무지야말로 우리 제국(우마이야조)을 몰락하게 한 주요 원인의 하나로 꼽아야 할 것이다."

우마이야조의 존속기간은 정통 칼리프 시대가 끝나고 무아위야가 우마이야조를 세운 후, 마르완 2세의 죽음에 이르기까지 대략 91년에 해당한다. 우마이야가와 아바스가의 쟁투는 야만적이고 이기적이었으나, 이슬람 세계의 지적 발달에 혁명을 가져온 저명한 인물을 적지 않게 배출한 것도 이 싸움이 있은 때문이다.

## §§ 우마이야조 개관

정체-연수(年收)-행정-압둘 말리크의 행정 개혁-다마스쿠스-궁정 생활-사회-여성의 지위-여성 격리제도의 출현-복장-문학-종교 및 철학의 각 파

정통 칼리프 시대의 칼리프는 메디나 주민의 투표로 선출되고, 이 선거는 외부의 아랍인들도 이의없이 인정했다. 칼리프 즉위식은 이슬람 사원에서 거행되고 식장에는 무슬림들이 집합하여 충성의 서약을 행했다. 우마이야조 시조 무아위야 시대 이래 현존의 칼리프가 자기 후계자를 지명하고, 고관이나 여러 장군은 칼리프의 옥좌 앞에서 충성을 서약하고, 각 지방에서는 장관이 칼리프 후보자에 대신하여 서약을 받았다. 일단 서약을 받으면 칼리프 선출을 신성한 것으로 생각했다.

정통 칼리프 시대에 국고는 사실상 국민의 재산이며, 이슬람 교단 사회 모든 구성원이 국가의 수입에서 어느 정도의 보조를 받을 권리를 갖고 있었다. 무아위야의 군주독재 정치가 수립됨과 함께 나라의 세입은 군주의 사유재산이 되고 그 지배 아래 놓였다. 그는 이집트에서 얻는 전 수입을 자기에게 공이 있는 아무르 빈 아라스에게 공적의 봉급으로 하여 아무르에게 줄 수 있었다. 그러나 아무르는 이 은상(恩賞)에 불복하고 "다른 사람이 소젖을 짜고 있을 때 뿔피리를 갖고 있다."라고 하여 단호하게 거절했다.

세입원은 정통 칼리프 시대와 같았다. 즉 (1)토지세-하라지, (2)비무슬림에 과하는 인두세-지즈야, (3)구빈세(救貧稅)-자카트, (4)관세 및 소비세, (5)조약에 의한 조공, (6)전리품의 5분의 1이다.

각 주에 모인 세금은 그 주의 금고에 납입되었다. 지방 분권이 원

칙적으로 이루어졌고, 주 행정에 관련된 지출은 모두 주 금고에서 지불되었다. 어떤 주에 배속되거나 또는 그 주에 부속된 군인이나 관리들은 그 주의 세입에서 봉급을 받았다. 도로와 운하 같은 공익사업이나 사원이나 학교 등 공공 건축물은 모두 이를 필요로 하는 그 주의 비용으로 건설되었다.

정산된 잔액은 모두 다마스쿠스의 중앙 국고에 송금되었다. 세입의 수납은 아미르란 명칭의 금전 집행관에 위임되었다. 아미르는 집행의 권능도 행사했다. 우마르 2세 이후에 흔히 보는 것처럼 주 총독이 본래의 권능 외에 사히브 알 하라지(세입 수출입관)의 직을 겸하고 있을 때는 주 총독이 규정에 위반하여 자기의 서기인 가티브로 하여금 세를 걷게도 했다. 이것 때문에 이 무렵부터 공금 횡령 등이 생겼으나 이에 대해서는 중형이 가해지고, 때로는 범인의 재산을 모두 몰수하기도 했다.

칼리프가 개인으로 소유하는 땅, 칼리프 일문의 사람들이 차지하는 토지도 많았다. 그런데도 왈리드 2세의 즉위까지는 이런 토지의 경작에도 특히 주의가 기울여졌다. 압둘 말리크가 권력을 잡은 내란 시기에는 가르디아에서 우마르가 한 관개공사를 완전히 망각하고, 거칠어진 대로 놔두어 넓은 지역이 늪으로 변했다.

조세(租稅)는 일정한 기준에 따라 거두어들이는 것이 아니라, 역대 칼리프들이 과한 조건이나 인정된 특권에 따라 각각의 주가 달리했다. 이를 취소한 일도 몇번 있었으나 이런 시도는 반드시 반란의 원인이 되었다.

우마이야조의 아랍제국은 다섯 총독령으로 나눠졌다. 아라비아 반도의 히자즈와 예멘과 중앙 아라비아를 한 총독이 다스리고, 상이집트와 하이집트가 또 한 총독 아래에 있었다. 이라크는 이라크 아랍(고대 바빌로니아와 가르디아)과 이라크 아잠(페르시아 본토)과 펀자브 일부와 함께 대관할구로 이라크 총독의 지배를 받고, 총독의 정청(政廳)은 쿠파에 있었다.

호라산과 트랜스옥시아나는 대체로 메르부에 파견되어 있는 총독의 지배를 받고, 알 바흐라인과 오만은 바스라에 파견되어 있는 총독의 지배를 받고, 신드와 펀자브에는 각각 총독이 있었다. 메소포타미아는 아르메니아, 아제르바이잔, 소아시아 일부와 함께 하나의 주로 되었으나 총독령 중 가장 중요한 것은 아프리카였다.

이곳은 이집트 서부에 이르는 북아프리카 전토와 스페인과 프랑스 남부를 포함했고, 기타 시칠리, 사르데니아 두 개의 섬과 함께 바레아레스 제도를 포함하고 있었다. 정청 소재지는 카이로완에 있었고, 단지 이르와 지중해 여러 섬에 파견된 관리가 있었다. 스페인은 코르도바를 수도로 하는 파견관의 지배 아래에 있었다.

각 주의 정치와 군사 행정은 총독 권한이었으나, 세입은 행정장관으로부터 독립하여 직접 국가원수로부터 임명되는 사히브 알 하라지(세수 담당관)라는 별도의 관리의 담당이었다. 주요 도시의 재판관은 대리 판사를 임명하는 권한이 주어졌다. 비무슬림 사회의 사법 행정은 자기들의 자치구의 장관 또는 성직자에 한정되었다. 공식적인 이슬람 예배 때 윗자리에 앉는 것은 매우 중요한 역할로, 총독 또는 고위 관리였다.

경찰청장(사히브 우시 쉬르타)은 행정장관 아래에 놓였다. 우마이야조 말기 칼리프 히샴 통치 때 새 경찰조직이 생겨 아다스라고 했다. 이 조직은 군사적인 임무도 수행하고 경찰과 정규군의 중간적인 존재가 되었다. 광대한 영토 안에서 국가원수와 지방장관 사이의 연락을 용이하게 하고, 허위 포고의 유포를 방지하기 위해 무아위야는 인새국(디완 알 가뎀), 즉 칼리프의 직인이 찍힌 문서국인 대내 부서를 창설했다. 칼리프가 내보내는 포고는 다 기록되어 원본은 봉인되어 목적지에 도착하게 했다. 또한 그는 우편제도도 확립했는데 이 제도는 후에 아바스조에 훌륭히 완성되었다.

그런데 우마이야조의 정책이 특히 동부지방에서 그 특징을 나타내게 된 것은 결코 무아위야의 힘이 아니었다. 정책의 창시자는 압둘 말리크이다. 그는 국내문제에 외국의 영향이 미치지 않는 것을 목적으로 국가적인 중요 직책에는 아랍인만을 임명하도록 명령했다. 이 같은 배타적인 정책은 이라크에서도 그의 한 팔이었던 효웅(梟雄) 빈 하자즈에 의해 최대한으로 수행되었다.

그는 국가의 정무에서 비무슬림을 배척했을 뿐만 아니라, 아랍인이라도 무슬림이 아니면 관리가 될 수 없고, 딤미(정복된 비무슬림)가 지불하는 인두세를 외국인 무슬림에게 과하기도 했다. 실제로 그후 얼마 되지 않아 페르시아인과 그리스인이 민사재정의 하급관리로 다수 일하였기 때문에 이 배타정책은 성공하지 못했다.

그후에 남은 일반적인 불만은 마르완 2세 시대에 이르러 무서운 결과를 가져왔다. 이것 외에 아부 말리크가 취한 두 가지 방법은 확실히 온정적 경향을 갖고 현명한 정치가적인 정책에서 나왔음을 알 수 있다.

그때까지 우마이야조인 아랍제국에는 일정한 공인 통화를 갖고 있지 않았다. 각 지방장관은 각기 그 지방의 조폐국이 있어 여기서 그 지방만의 통화가 발행되었다. 각인(刻印)이나 실제의 함유가치 등은 전혀 부정확하고 통화위조는 당연한 것이었다. 일상적인 일에는 일반적으로 비잔틴 화폐와 페르시아 구화폐가 사용되었다. 하지만 아랍제국이 신장하고 상업이 발달함과 함께 일정불변한 통화단위를 설정하는 것이 필요했다.

압둘 말리크는 국립 조폐창을 설립하고, 국내에 유통되는 각종 화폐를 모두 거둬들이고 그 대신에 새로운 금화와 은화를 발행했다. 그의 통화 개혁은 비잔틴 및 사산조의 명칭을 병용했다. 비잔틴의 솔리두스는 금화의 기본단위가 되고, 정통 칼리프 우마르 시대에 새로 사용한 디르함은 은화의 단위가 되었다. 위조는 중벌에 처해졌다.

압둘 말리크가 행한 두 번째 통화개혁도 중대하고 영구적이었다는 점에서는 첫 번째에 못지않았다. 그의 시대까지 국고 수입이 페르시아어나 그리스어로 기입되었는데 이것이 배임행위를 부추겼다. 압둘

디르함 은화

말리크는 이후 국가의 회계는 모두 아랍어로 기입해야 한다고 명령했다.

야지드 2세 즉위 전까지는 지방인사는 주로 정치적이거나 행정적 이유로 행해지고, 총독이나 지방장관은 적임이라든가 훈공이나 칼리프에 충실했다는 이유로 임명되었다. 그런데 야지드 2세 시대에 이르러서는 총신(寵臣)의 세력이 관직 이동의 주된 힘이었다. 최고지위는 그 사람이 적당한가 적당치 않은가는 무시하고 그들이 힘을 얼마나 썼는지에 따라 결정되었다.

히샴조차 이런 외부적인 세력을 무시할 수 없었다. 당시 행정 방면에 파고 들어온 악폐는 후년에 커다란 폐해를 낳게 한 하나이다. 그때까지는 먼 거리에 있는 지방장관은 그가 다스리는 성안에 거주하여야 했다. 그 즈음에 권세를 가진 사람이나 저명인들은 이런 직책을 얻었을 때, 자기는 수도에 살고 행정은 대행자들에게 맡기고, 다만 그 지방의 수입으로 자기 집안을 부하게 만드는 데만 치중하는 일도 드물지 않았다.

요컨대 우마이야조의 행정기구는 아직도 초보적인 것이었다. 아바스조 시대와 같은 정밀함도 없고 능률을 촉진하는 임무의 분담도 없었다. 행정 실무는 주로 다음 네 부서에서 보았다. (1)디완 울 하라지(토지 세무부)는 재무부와 같은 성격의 부서이고, (2)디완 알 하팀(공문서 봉인부)에서는 정부의 법령이 기록되고 확인되어 봉인하며, (3)디완 우르 라사일(체신부)은 지방문제와 각 장관과의 통신사무를 취급하는 부서, (4)디완 알 무스다기라트(총무부서)에서는 잡수입을 처리했다.

이 네 개의 부서 외에 재무부에 속하는 부서가 있어 경찰관과 군인의 봉급을 지불했다. 병역은 국내의 아랍계 국민 전부의 의무이고, 아랍인은 일정한 나이가 되면 각자가 소속될 쥰디, 즉 군단에 입대하여 훈련을 받아야 했다. 전쟁에 나가야 할 병사는 단지 예비군으로서 복무하는 경우보다 거액의 봉급을 받는데, 소집될 가능성이 많은 자는 모두 국가로부터 봉급을 받을 권리가 있었다. 해군 함대는 아미르 알 바흐르(해상장관)의 지휘 아래 있었다.

도시는 방위를 위해 성벽으로 둘러싸였다. 각종 직업이나 조합은 한 덩어리로 뭉쳐져 한 구역이나 한 가로를 점하고, 그 직업의 이름으로 지명이 생겼다. 그러나 이 같은 거리나 몇개의 구역으로 갈라졌다는 것은 직업에만 한정된 것은 아니었다. 그들이 거주하는 곳은 거의 다 각 부족마다 각기의 집단을 만들었다. 각 부족이나 씨족은 다 독립된 거주지, 가옥, 사원, 시장, 매장지 등이 있다.

이 같은 부족적 경향은 권력에 반항하여 폭동이나 반란을 일으키는데 십상이었다. 작은 읍 같은 각 촌락은 섞이는 것을 막기 위해 다른 촌락과 단단한 일각대문으로 거리를 두고, 일각대문에는 반드시 경비(하리스)를 두고 출입을 감시하고, 특히 밤에 통행인을 경계하는 것을 임무로 했다.

이슬람 정복 시대에는 다마스쿠스는 번화한 거리였고 비잔틴 파견 행정관이 주재하는 곳이었다. 우마이야조에 이르러서는 세계에서도 가장 화려한 도시의 하나로 꼽히고 아랍 제국의 수도가 되었다. 시내는 호화로운 건축물과 분수와 정자와 오락시설로 장식되었다. 사치가 시작된 것은 무아위야가 세운 녹색궁(가스르 알 아흐다르)이 시작이고, 이 궁전은 색채와 장식이 다 녹색이기 때문에 이 같은 이름을 갖게 되었다.

후대에 이르러 시내에 무수한 궁전이나 사원의 둥근 은색 지붕과 첨탑이 빛났다. 특히 왈리드 1세는 공공건물로 다마스쿠스와 그 교외를 장려하게 하고, 자기를 위해서도 영원한 기념비로 대사원을 건립했다.

그런데 건축 애호가는 지배자한테만 한하지 않았다. 우마이야가 일문 사람이나 고관들은 다마스쿠스와 기타 대도시를 미화한다는 점에서 그 멋을 다투었다. 히샴 시대에 11년간 모술 주 총독을 지낸 푸르는 학교를 세우고 대상의 숙소를 만들고, 자기의 주거로 멋을 다한 궁전을 신축했다. 이 저택은 순백의 설화(雪花) 석고로 세워졌다. 벽은 여러 가지 모양의 작은 돌을 박아 장식하고, 천장은 조각의 정교함을 나타내는 인도산 재목 티크의 서까래 위에 아름다운 금은 모양을 입혔다. 이 저택은 채색궁으로 불렸다.

그리고 모술 시민에게 양질의 물이 부족하다는 것을 안 그는 운하를 팠는데 이 운하는 수세기가 지난 지금도 남아있다. 상수도가 있는 유명한 도로 옆에는 나무가 심어지고, 시민들이 가족과 함께 밤에 휴식을 취하는 장소가 되었다.

다마스쿠스의 상수도 설비는 지금도 동부지방의 가장 유명한 것으로 우마이야조 칼리프의 불멸의 기념비가 되었다. 그리스인이 그린로아스 강이라고 부르는 바라다 강도 많은 깨끗한 물을 이 옛 고도에 공급하고 있었고, 오늘에 이르기까지 가난한 집에도 일일이 수도가 있을 정도로 상수도 설비가 발달하게 한 공적은 의심할 바 없이 우마이야조의 칼리프들이 세운 것이다. 시내에는 일곱 개의 대상수도가 있었고, 여기서 무수한 수도가 갈라져 나와 각 가정에 물을 공급했다.

우마이야조 칼리프는 다마스쿠스의 시가와 그 아름다운 근교를 어디에도 비할 수 없는 아름다운 집으로 만들었다고 할 수 있다. 칼리프 궁전은 황금이나 대리석으로 번쩍이고, 마루나 벽은 고가의 네모난 모양의 세공으로 장식되고, 맑은 물을 뿜어내는 호수와 폭포수는 궁정 가득히 청량한 기운을 맴돌게 했다.

정원에는 진귀한 초목이 무성하고 많은 새들이 노래했다. 각 방의 천장은 금은으로 칠해지고 보석이 박혔다. 실내는 지금도 다마스쿠스에 유행하고 있는 밝은 줄무늬 모양의 비단 상의를 입은 노예들이 여럿 대기했다.

히샴의 알현실은 대리석이 깔려 있는 큰 방으로 대리석 한 장 한

장 사이의 경계는 황금으로 구획을 만들어 놓았다. 칼리프는 붉은 융단 위에 앉았는데, 사향이나 기타 좋은 냄새를 풍기는 곳이었다. 시가지로 들어갈 때까지 여섯 개의 대문이 있고, 성문의 높은 탑은 먼 곳으로부터 오는 여행자의 눈에 들어왔다.

아랍인이 시리아를 정복했을 때 아랍은 독특한 건축양식이 없었지만, 곧 구성의 아름다움과 방법의 완전함에서도 페르시아식이나 비잔틴식을 능가하는 건축양식을 만들어냈다. 한 국민의 건축양식이란 민족이나 국민 본래의 풍습이나 그 원시적인 생활 상태에서 나온 특색을 갖고 있다.

이슬람식 건축의 궁륭(穹窿)과, 기둥, 첨탑, 둥근 지붕의 우아한 선은 의심할 바 없이 아랍인에게 귀중한 야자숲의 궁형(弓形)이나 원형과 참으로 비슷하다는 느낌을 떠오르게 한다. 처음에 시리아인의 집은 비잔틴식을 취했다. 그리고 이라크 거리의 건축에는 분명히 페르시아풍의 취향과 설계가 눈에 띈다.

세월은 흘러도 건축양식에 아무런 변화도 없고, 대체로 보면 가정의 설비 등은 아직도 바뀌지 않았다. 위신을 갖추고 재산이 있는 사람의 집은 당시에도 지금처럼 문턱의 한 단 높은 상석 위에 나무로 만든 긴 의자가 있고, 문지기가 있고 방문객의 통행을 살펴보았다. 가난한 사람의 집은 문에 붙은 쇠붙이나 기타 금속의 큰 방울을 달아 그것을 두드려 손님이 온 것을 알렸다.

문을 열고 들어가면 장방형의 가운데 마당이 있고, 주위에는 기둥이 줄지어 서있는 회랑(回廊)이 있는 곳이 많았다. 가운데 마당의 주위에는 돌이나 대리석으로 여러 잡다한 보도가 깔려 있고, 그 중앙에는 샘이 있는데, 향기 있는 꽃이 빽빽이 피어 있으며, 오렌지, 레몬, 시트론 등의 과일나무가 심어져 작은 정원을 만들었다.

집 한쪽에는 한 단 높은 홀(리완)이 있고, 그곳도 가운데 마당처럼 대리석이나 색채가 아름다운 돌이 깔려 있으며 더운 계절에는 손님 접대용 객실로 쓸 수 있었다. 부잣집 저택은 2층 건물도 있어 큰 방이 하나가 아니고, 방들이 다 같은 장식도 아니었다.

큰 방 좌우에는 육중한 커튼이 걸려 있는 방문이 있고 객실이나 거실로 통했다. 겨울에는 홀이나 큰 방, 각 방의 대리석 마루에는 훌륭한 융단이 깔렸고, 여름에는 선선한 깔개가 깔렸다. 집주인이 고위직에 있을 경우에는 깔개를 몇장 겹쳐 높은 좌석을 만들었다.

방문 반대쪽에는 대리석 기둥의 아름다운 마루간이 있고, 그곳에 예배 전에 몸을 씻는 데 사용하는 주전자와 대야가 놓였다. 천장은 아라베스크 모양으로 장식되고, 금은보석이 가득 박혀 있었다. 겨울에는 만하르라는 화로로 주위를 따뜻하게 하고, 여름에는 창문을 활짝 열고 샘을 바라보며 선선함을 즐겼다.

칼리프는 금요일 집단예배와 일상의 예배 때 수석 자리에 앉았다. 이 같은 의무는 무아위야와 압둘 말리크와 우마르 2세 때에는 충실히 지켜졌으나 다른 칼리프들은 매일 예배에 나오지 않을 때가 많았다. 그런데 금요일 집단예배에는 군주인 칼리프의 출석이 절대로 필요하며, 칼리프로서 설교를 했다. 그 경우 흰색 복장을 하고 보석으로 장식된 흰 고깔모자를 쓰고 이슬람 사원에 나타났다. 예배가 끝나면 민바르(설교단)에 올라가 예배에 참석한 무슬림들에게 설교했다.

그러나 우마이야조의 군주 중에 비교적 게으른 칼리프들은 금요일

당초무늬 그릇

의 예배에도 출석하는 것을 달가워하지 않았다. 야지드 2세 같은 칼리프는 공식 예배에도 친위대장(사이브 우시 쉬르타)을 대리출석시킬 때도 가끔 있었고, 왈리드 2세는 장난이 지나쳐 수도의 경건한 시민을 몹시 분개하게 만들기도 했다. 그는 어느 때 자기의 장난기를 잘 아는 미녀에게 자신의 법의를 입히고, 사원에서 자기 대신에 금요일 예배 근행을 시키기도 했다.

칼리프는 종교적인 기능 외에 사법도 관장하여 대법원장의 직무도 맡았고, 인근 속국의 사절을 인견하고 국가의 고관을 접견했다. 공식 접견에서 칼리프는 대접견실의 수석 자리에 앉고, 칼리프 일족은 오른쪽에, 대관이나 시종관들은 왼쪽에 자리잡았다. 입실 자격을 가진 자는 들어와서 칼리프 앞에서 예를 취했는데, 그들은 거리의 유지나 시인, 법률가, 공예 기능자였다. 일상시의 접견은 일족과 고관, 시종에 한했다.

우마이야조 초기의 칼리프들은 한가한 때 대개 이슬람 시대 이전의 아랍인이 싸운 전기나 모험담, 영웅담을 즐겨 듣는 것이 보통이었다. 시 낭독도 오락으로 즐겼다. 그런데 야지드 2세 때 음주 풍습이 들어왔다. 그의 시대의 사교적 모임은 그후의 야지드 2세나 왈리드 2세 때와 마찬가지로 서로 친하기 위한 모임보다 신분이나 지위의 상하를 가리지 않고 마음놓고 즐기는 주연으로 소란에 가까웠다.

즉시 시낭송 대신에 노래와 음악이 출현했다. 우수한 가수는 당시 음악 예술의 고향인 메카와 메디나에서 다마스쿠스에 모였다. 투계[닭싸움]는 왈리드 1세나 우마르 2세 때는 금지되었으나, 대체로 당시에는 흔하게 행해진 오락이고, 경마는 각 계층이 좋아하는 야외 오락이었다. 말의 종자 개량 목적으로 경마를 시작한 사람은 칼리프 히샴이 최초라고 한다. 궁전에 있는 마구간을 비롯하여 여러 곳에서 모여드는 4천 필의 말이 그가 주최하는 경마에서 경주하는 모습은 전대미문이었다고 한다.

왈리드 2세도 이에 못지않게 경마를 좋아했고, 그와 히샴은 말에 관해서는 양보가 없었다고 한다. 칼리프 왈리드 시대에 들어서 음악 애호가 거의 열광적으로 되었고, 먼 지역으로부터 궁정에 초청되는 유명한 가수나 음악가에게 소요되는 비용도 많은 액수였다. 무용이나 노래를 직업으로 하는 노예계급에 다액의 돈이 흘러들어간 결과 사회 타락 풍조를 가져왔다. 이윽고 존경해야 할 여성 사회의 일부를 격리하기에 이른다.

어느 예리한 사가는 이렇게 말했다. "실제로 후궁제도가 생긴 것은 왈리드 2세에 이르러서이고, 또 그는 비잔틴 제국의 풍습을 모방하여 궁정 안에 환관을 두게 되었다. 이 이래 이들 애처로운 사람들이 고귀한 여성들이 신뢰하는 종복으로 동양의 궁정에서 상당한 역할을 연출하게 된다."

인간을 거세하는 없애야 할 풍습은 그리스인이 시작한 것으로 그들은 후에 이것을 욕심의 대조로 하기도 했다. 이슬람력 3세기에 합리주의적인 무타질라 신학파의 아랍학자 알자히즈는 이 같은 악폐를 아주 나쁘다고 매도했다. 하지만 무슬림 학자나 종교계에서 혐오되고 부정되어도 이 풍습과 제도는 우마이야조 궁정에 깊이 파고들었다.

궁정의 내부적인 일 때문에 특별히 환관을 부리는 좋지 않은 풍속이 비잔틴 궁정에서 우마이야조에 들어옴과 동시에, 옛 페르시아 국왕 시대에 행해졌던 여러 관습이나 행동거지의 법도도 들어왔다. 군주인 칼리프의 예에 따라 거의 모든 남자들이 술을 마시는 한편, 부인들도 음료수를 기호로 마시게 되었다. 장미당(糖)에 물을 부어 여름에는 얼음도 넣는 청량음료로, 궁정에 있는 부인들은 이 음료를 좋아했다고 한다.

우마이야조의 2대 칼리프 야지드 1세는 옛날 페르시아 왕 흉내를 내어 매일 술독에 빠져 취하지 않은 때가 별로 없었다고 한다. 칼리프 압둘 말리크는 한 달에 한 번 술을 실컷 마셨는데, 비잔틴 황제들이 사용했다는 어떤 종류의 약을 복용하고, 다음날에는 멀쩡하게 발랄한 생기를 찾고 전날 밤의 주연의 흔적을 전혀 남기지 않았다고 한다. 왈리드 1세는 하루 걸러 술을 마셨는데 동생인 야지드 2세와 조카인 왈리드 2세는 언제나 술잔을 잡고 있었다.

우마이야조의 칼리프 중에 술을 좋아하지 않은 군주는 독실한 신앙을 가진 우마르 2세와 히샴, 야지드 3세뿐이었다. 궁전이나 대저택에서의 주연에는 음악과 노래가 붙어 다녔다. 이 경우에는 넓은 방의 중앙에 엷은 커튼이 걸려있고, 이것으로 칼리프와 음악가, 가수 사이에 거리를 두고 노래를 들을 수 있었다.

페르시아인들 사이에 오래 전부터 행해졌던 여성 격리 풍습이 이슬람 사회에 들어온 것은 왈리드 2세 시대이다. 이 칼리프의 성격과 생활은 지질(地質)을 같이하는 시리아 땅에 궁지와 모방에서 옮겨져 심은 이 풍습의 성장을 촉진했다.

사회적인 관례를 아예 무시하고 남의 가정에도 태연히 들어가는 그의 태도는 사회로 하여금 외부로부터의 침입에 방위수단을 취하지 않을 수 없게 했고, 그것이 한 번 행해지게 되면서 어엿한 하나의 풍습으로 변했다. 문화정도가 낮은 인간에게는 품성의 고귀함과 마음의 정순함보다, 벽이나 경비하는 사람이 있는 것이 더 강한 보호가 된다고 느껴지는 것이다.

이 같은 환경에 있으면서도 여성은 아바스조 제10대 칼리프 무타와킬의 즉위 때까지 꽤 자유를 갖고 있었다. 예로부터의 기사도는 아직 남성 사이에 남아있었다. 비잔틴 제국의 방탕함과 페르시아의 사치가 들어왔다 하더라도 사막의 소박함과 자유를 없앨 수 없었다.

집안 가장들은 훌륭히 자란 아름다운 딸들에게 녹색의 의미가 있는 별명 갖는 것을 자랑으로 생각했고, 형제나 연인이나 자매와 애인의 이름을 부르면서 싸움터인 전장에서 분투하는 것을 일상사로 여겼다. 품위있게 자란 아랍 처녀들은 별로 당혹함이 없고, 잘못된 의식을 갖지 않고 남성과 대화할 수 있었다.

우마이야조 하캄 계통의 초기 칼리프 마르완의 즉위 무렵, 사기나로 불리는 여성이 유명했다. 그녀는 카르발라에서 숨진 후사인의 딸이다. 그녀는 집안으로 보나 아름다움에서도, 또한 지혜와 덕으로도 당시 첫째가는 여성으로 꼽혔다. 그녀의 집은 시인이나 법학자나 기타 온갖 계층의 학식있고 신앙심 있는 사람들이 모이는 장소였다.

여기서 열리는 회합은 발랄하고 원기가 있고 언제나 그녀의 재치로 회화의 색채를 더했다. 아랍 여성은 시나 시낭독을 매우 좋아했고, 훌륭한 작품을 남긴 이도 결코 적지 않다. 유명한 신비주의(수피주의)의 여성 시인 라비아는 이 시대의 시인이다. 그녀는 당시 신비주의자들 중에서도 특히 뛰어난 인물의 한 사람이었다.

남자들은 몸에 붙는 겉옷을 입었다. 복장은 그 사람의 능력에 따라 질과 양을 달리하면서도 직업으로도 형상이 가지가지였다. 법률 계통과 문서를 다루는 서기들의 옷은 군인 복장과는 전혀 달랐다. 예를 들면 말을 타는 데는 실내에서 입는 헐렁한 긴 상의 대신 꼭 맞는 짧은 상의와 바지를 입었다.

다마스쿠스가 부유하고 호화로운 궁정 소재지로, 중요한 군사 거점

천막 안의 여인

이고, 아랍제국의 상업 중심지였던 시대의 밝고 발랄한 정경은 쉽게 상상할 수 있다. 좋은 옷을 입고 잘 꾸민 말을 타고 부하들을 데리고 궁전으로 대관들이 급히 가고, 기묘한 복장을 한 유목민 족장들이 위풍당당하게 말을 타고 가로를 가고, 햇볕에 그을린 사막의 아랍인은 다색(茶色)과 백색의 낙타털로 짠 외투를 입고, 빨갛고 누런 줄무늬의 조끼를 입고, 거리의 떠들썩함을 흥분된 모습으로 멍하게 바라보았다.

시리아 지방 주민들은 자색의 긴 외투와 폭이 넓은 바지와 앞 끝이 붉은 신과 희거나 파란 큰 두건을 머리에 둘렀다. 그들은 토산물을 실은 당나귀나 낙타를 몰고, 하심가의 딸들이 긴 상의를 입은 아름다운 귀족적인 용모를 선망의 눈으로 바라보면서 간다. 그리고 부인들은 시녀들에 둘러싸여 점포에 내놓은 상품들을 들여다보는 이 같은 정경이 모여 흥미있고 활기찬 한 폭의 그림을 나타냈음에 틀림없다.

우마이야조 중엽에 냅킨이나 숟가락이라는 말이 나타난다. 냅킨은 지금도 양식 식사 때 하는 것처럼 목둘레에 매고 조끼에 끼게 했다. 숟가락은 그릇의 셔벗을 마실 수 있게끔 긴 자루가 달린 나무로 만든 것도 있고, 중국에서 수입된 자기로 만든 것도 있었다. 부유한 가정에서는 하루의 시작을 대개 꿀을 넣은 우유나 설탕을 탄 우유를 한 그릇 마신다.

아침해가 창가에 들어오는 안쪽 방에서 집안 식구들이 모여 아침 식사를 한다. 식사가 끝난 후 집주인은 일을 시작하는 집도 있다. 점심 식사가 정찬(正餐)으로 응접실에서 제공된다. 이 식사 때는 반드시 손님이 동석한다. 저녁 식사는 오후 예배(아스르 예배) 후에 하고 이때에도 함께 식사한다. 모두 의자에 앉고 식탁 위에 흰 천의 식탁보를 씌운다. 그리고 꿀을 탄 우유와 기타 음료수가 나오고 다음에 육류 요리가 나온다. 저녁 식사가 끝나면 주인과 손님은 밤예배(이샤)를 하러 나가고, 그 뒤에 다른 방에 모여 이야기를 하면서 밤 시간을 보냈다.

이성간의 접촉은 비잔틴과 페르시아의 영향이 강해짐에 따라 더욱 엄격해졌다. 노예계급이란 말은 이슬람 사회에서 이 같은 지위의 사람에게 걸맞지 않는다. 무슬림 사회에서는 당시 어떤 민족이나 어느 나라에 있었던 노예제도와 유사한 것이 전혀 없었다. 아랍출신의 예언자 무함마드는 인간의 자유를 박탈하는 것을 금했다.

부모로부터 아이들을 떼어놓아서는 안 된다, 육친 부모를 떼어놓으면 안 된다고 타이르고, 노예에게는 주인 부부와 다름없는 음식과 옷을 주고 절대 학대해서는 안 된다고 명했다. 그들의 몸을 되찾을 수 있게끔 하게 하거나 또는 노동으로 자유를 얻는 것을 허락해야 한다, 노예해방은 최고의 선행이라고 말해졌다. 노예들은 사실상 가족의 한 사람이었다.

그렇지만 아무리 노예의 지위가 다른 사회에 비해 높다고 하여도 이를 다수 사용한다는 것은 아랍 사회에 향기롭지 못한 영향을 가져왔다. 말하자면 이상적인 수준을 끌어내리고, 도덕의 고삐를 늦추는 경향을 가져왔다. 그리하여 외국에 머무는 무슬림들이 점차로 종속민족의 여성들과 결혼하여 좋지 않은 결과가 나타났다. 그들이 살고 있는 지역 사람들이 프랑크인이나 페르시아인이나 그리스인과 같은 문화가 높고 고급 민족인 경우는 자손이 개량되지만, 하급 민족과 결혼하는 경우에는 자손의 질이 떨어지게 되었다.

문학은 음악이나 예술이나 시처럼 우마이야조로부터 장려를 받지 못했다. 우마르 2세 시대에는 법학자들이 존경을 받고 학자들은 일반적으로 후원자를 가졌다. 그러나 이는 결코 우마이야조의 자체적인 취향은 아니었다. 우마이야조 통치기간 전반을 통해 학문이 있는 칼리프는 야지드 1세의 아들 할리드만이 학문의 재간을 칭찬받았다.

정치적 의혹을 받기 쉬운 가계(家系)를 가진 자나 아랍의 여러 씨족은 상업을 업으로 삼았다. 아바스조처럼 발달된 교회 조직이 없는 국가에서 봉급을 받는 법학자도 이익을 위해 절대적으로 이슬람에 귀의를 주장할 정도로 교단 내부에 개입하지 않았다. 이슬람 분파는 주로 순 정치적, 또는 왕당파적인 성격을 가졌다.

이슬람의 종교적 수장으로서의 이맘의 문제는 각 분파가 상이점을 달리했다. 우마이야조에서는 자기들도 믿고 있지 않았을지 모르지만 자기 일문의 권리라고 주장했다. 예언자 무함마드의 후예들은 예언자의 집안의 권리라고 내세우고, 아바스가에서는 자기 집안의 권리라고 주장했다. 우마이야가에서는 하나의 기본 교리인 알리와 그 자손의 증오라고 하는 것이 있었다.

메카 쿠라이시 부족의 다른 씨족들은 각각 전통에 근거한 가헌(家憲)을 지키고 있었다. 알리 집안에 적의를 갖는 일파는 나와시브(반역자들)라고 불렀고, 같은 편에 있는 자들은 앗 시아트 리알리 알 바이트(알리가를 따르는 자)라 불렀다. 종교적인 관념이 철학적인 경향을 가지게 된 것은 파티마가 경우뿐이다.

학문이 보급된 결과 연구정신을 활발하게 했다. 철학적인 논의는 인구가 많은 중심지에서 보통의 일이 되고, 당시 메디나에서는 칼리프 알리의 증손에 해당하는 이맘 자파르 사디크를 장으로 하는 꽃피어진 학파가 지도적인 위치에 있었다. 연구심과 사고력이 예리하고 당시의 학문 전반에 통한 그는 실질적으로 이슬람에서 주요 철학 각 파의 창시자였다.

그의 강의를 들은 자들은 후에 법률학 각 파의 창시자가 된다. 먼 나라에서 철학자나 학자들도 그의 강의를 듣기 위해서 왔다. 고향인 바스라에 돌아간 이맘 하산 알 바스라도 제자 중의 한 사람이다. 유명한 무타질라파를 창설한 와시르 빈 아다도 역시 그의 강의에서 영감을 얻었다고 한다. 와시르도 파티마가의 이맘처럼 인간의지의 자유를 설득했다.

야지드 3세와 마르완 2세는 무타질라파이고, 야지드 3세의 동생 이브라힘도 같다. 다마스쿠스에서는 마흐바드 알 쥬니, 지란 다마스키, 유스나 알 아스와리 세 사람이 와시르보다 더 나아가 개인의 절대자유를 내세웠고, 자암 빈 사프완은 숙명설을 내세웠다.

## §§ 아바스조

이슬람력 132년-158년(749년-775년)

사푸아의 통치-그의 죽음-만수르의 즉위-그의 성격-압둘 빈 알리의 반대-아부 무슬림의 죽음-바그다드 건설-무함마드 및 이브라힘 알 하산의 선언-두 사람의 죽음-스페인 침략-만수르 서거

아바스조의 흥륭과 함께 서아시아의 상황도 일변한다. 정부의 소재지는 시리아에서 이라크로 옮겨지고, 시리아인이 그때까지 향유했던 독점적 세력이 상실되고, 문화적 진보의 물결은 서쪽에서 동쪽으로 전이된다. 그런데 우마이야조의 칼리프령의 통일은 끝내 오지 않는다. 스페인의 서우마이야조는 당초부터 아바스조의 권위를 전혀 인정하지 않고, 망명한 우마이야조의 왕자 압둘 라흐만의 뜻대로 스페인에 아바스조에 못지않은 큰 왕조를 구축했다.

서아프리카에서는 대체로 초기 아바스조 군주인 칼리프가 지배권을 장악했으나 이것은 명목뿐인 종주권으로 변했다. 이렇듯 이슬람 제국이 축소된 것은 결코 이익이 동반되지 않은 것이 아니라 오히려 그것 때문에 아바스조의 초기 칼리프들은 자기들의 힘을 굳히고 자원을 조직하고, 국민의 물질적이고 지적 발달을 촉진시키게 되었다.

아바스조 9대까지의 군주들은 예외없이 비범한 재능을 가진 훌륭한 정치가로 사회복지를 돌보는 데 힘썼다. 그들은 모두 호전적인 성격에 고도의 지성을 겸비하고 있었다. 그 중에는 잔인한 행위로 정치적인 오점을 남겼다 할지라도 이는 당시 세계에서 시대적인 특징으로 왕조정치의 소산이었다. 초기 아바스조의 정치는 동방 무슬림의 가장 빛나는 시대였다. 정복 시대는 지나고 문명 시대가 시작한 것이다.

어떻게 하여 아불 아바스가 칼리프로 칭하게 되었고, 어떤 거친 행동으로 사푸아(유혈자)라는 칭호를 얻게 되었는지는 기술한 대로이다. 당시로는 서부나 동부에서나 인간의 생명은 거의 가치를 갖지 않았다. 종교조차도 거의 인간의 선천적 잔인성을 저지하지 못했다. 그렇게 잔인성을 갖고 있으면서도 사푸아는 임무에 충실하고 독단에 빠지지 않는 마음이 넓은 군주였다고 한다.

당시 아랍의 일반적인 풍습에 반하여 그는 움무 살마 한 명의 아내뿐이었다. 그의 아내가 그에게 미친 영향은 매우 컸으나 그녀로서도 우마이야가에 대한 그의 광적인 증오를 진정시키지 못했다.

이런 압박에서 오는 반감으로 당연한 결과가 시리아 각 곳에 생겼다. 사푸아에 반기를 들고 일어난 폭동은 다마스쿠스, 홈스, 기니스린, 팔레스타인, 메소포타미아에서이다. 이 같은 경우 남자들은 얼굴의 턱수염을 깎고 아바스가에 대한 충성을 부인하는 표시를 했다. 이즈음의 폭동은 종래의 폭동에 비하면 훨씬 정치적인 방법으로 진정되고 반도들은 유리한 조건으로 무기를 내렸다.

우마이야조 말기 시대의 이라크 총독이었던 야지드 빈 후바이라는 하산 빈 가다브와 아부 자파르한테 쫓겨 와시드 성에 있었는데, 얼마동안 성을 지키고 있었다. 포위는 11개월에 걸쳐 계속되었다. 성을 포위한 공격군은 성안에 불을 지르고자 불이 붙은 배를 강에 띄워 흐르게 했고, 방위하는 측은 갈고리를 사용하여 배를 멈추게 하거나 옆으로 제쳤다.

야지드는 우마이야가 이미 몰락하여 다시 일어설 수 없다고 생각하고 자기가 알리의 후예를 옹립하여 칼리프로 세우고 반 아바스당 재건의 중심이 되었다. 하지만 회답을 받기 전에 특히 와시드 내부의 예멘인이 사푸아의 밀사에게 설득되어 자기와 가족과 가신의 신변의 안전을 전 재산과 더불어 보장한다는 굳은 서약을 받고 아부 자파르에게 항복했다.

아부 자파르는 이 약속을 지킬 작정이었으나 사푸아는 아부 무슬림의 말에 움직였다. 무자비한 아부 무슬림은 야지드를 얕볼 수 없는 적으로 간주하고 있었다. 그래서 아부 무슬림은 사푸아에게 야지드 빈 후바이라에게는 많은 가신들이 있고, 그의 일족 푸에자라 부족에서의 그의 세력은 크니 야지드를 사형에 처하도록 충고하고, 사푸아로부터 그의 동생 아부 자파르에게 그 뜻을 전했다.

아부 자파르는 이 잔혹한 명령의 실행을 어디까지나 거부했으나 마침내 승낙하지 않을 수 없었다. 그리고 야지드의 집에 한 부대의 병사를 보내 야지드와 장남과 그 가신들을 함께 살해했다.

이렇게 되어 사푸아는 아시아와 이집트의 군주가 되고 아프리카도 그의 권위를 인정했다. 장관직의 할당에 그는 일문의 사람들과 자기에게 공적이 있었던 사람들을 임명하도록 마음을 썼다. 아부 자파르는 메소포타미아와 아르메니아와 아제르바이잔의 총독이 되고, 숙부 다우드 빈 알리는 히자즈와 예멘과 예마마를 지배하고, 아부달라 빈 알리는 시리아, 술레이만 빈 알리는 바스라와 그 속령, 아부 무슬림은 호라산, 아부 아윤은 이집트를 지배했다.

할리드 빈 바르마크는 재무관계 장관, 사푸아가 칼리프가 되는 데 공이 있던 아부 살마는 재상직에 취임하여 칼리프의 좌우에서 활동했다. 아부 살마의 세력은 아부 무슬림의 질투를 받고, 어느 날 밤 아부 살마가 궁정에서 귀가 도중 아부 무슬림의 자객의 습격을 받고 암살당했다. 그의 죽음은 하와리지당의 소행이라고 알려졌다.

새로운 군주의 손으로 여러 정책과 수단을 다했음에도 불구하고 이슬람 제국은 아직 안정된 분위기에 들어가지 못했고, 비잔틴군은 이런 정세를 틈타 북방의 이슬람 영토에 침투하고, 순한 주민들을 죽이거나 잡아가고, 그 지방을 황폐하게 만들었다.

사푸아는 히라에 가까운 안바르에서 병으로 젊은 나이에 죽었다. 그에게는 무함마드라는 아들과 와이다라는 딸이 있었다. 사푸아는 죽기 전에 칼리프의 계승자로 동생 아부 자파르를, 그리고 그 다음의 후계자로 조카 이사를 지명했다. 아부 자파르는 당시 메카 순례로 없

아바스 대제(大帝)

었기 때문에 그에 대한 충성의 서약은 이사가 대신했다.

아바스가의 최초의 군주는 사푸아이지만 2대 칼리프 아부 자파르를 사실상 아바스조의 창립자로 간주해야 한다. 아바스조가 오랜 역사 동안 계속되었고, 장악하였던 권력과 종주권이 상실된 후에도 아바스 일가가 간직했던 세력은 그의 선견지명에 의한 것이다.

그가 설립한 사원은 칼리프의 영향을 유지하고 증대하여 후에 그 힘의 주요 원천이 되었고 세력의 지주가 되었다. 그는 인간의 성질을 잘 파악하여 오랜 통치기간 국민의 머리 속에 군주라는 지위를 높임과 함께, 다른 세력을 군주편으로 끌어들임으로써 새로운 왕조에 강력한 교권을 부여하는 힘이 된 여러 가지 교리를 내세워 이를 점차 공식화했다. 원대한 그의 정책 요점은 '국민의 동의'에 신성한 관념을 붙이는 것이었다.

아부 자파르는 칼리프 만수르라는 이름으로 칼리프에 즉위했다. 만수르 이후에 서아시아에서 매우 유명하게 된 칼리프들이 계속 뒤를 이었다. 그들은 국민의 생활향상과 행복을 위해 힘을 쏟았다. 그들은 이웃의 존경을 받으며 활기있는 시책과 웅대하고 유익한 계획으로 국민들의 기대에 반하지 않도록 노력했다.

그들은 신도시의 건설, 도로, 대상의 숙소, 운하의 건조, 자선 장학 교육 조직의 설립, 문학의 장려 보호, 상업 기타 일체의 평화적인 직업의 촉진에 헌신했다. 정복계획은 폐기했다. 호전적인 계획을 부인하였다는 점에서 아바스조 칼리프들은 당시의 풍조에 일치했다.

동부 쪽의 무슬림들은 문명의 혜택을 이해하기 시작했다. 그리고 바그다드의 군주들은 국민의 소리에 호응하여, 곧은 일정한 정치를 하고 엄격한 재판제도를 설정하여 교육을 보급하고, 국내 각 지방을 긴밀한 상업관계로 연결시켰다.

만수르는 정책 수립, 정치를 하는 데에는 군주로서 그에게 거의 비할 만한 칼리프가 없었다. 선견지명이 있는 이지적인 면과 복지에 관심을 둔 점에서도 그는 결코 다른 사람에 뒤지지 않았다. 그러나 인간으로서의 그는 신의를 중하게 여기지 않았고, 동시에 인명도 아끼지 않았다. 말하자면 그의 성격에는 선과 악이 뒤섞여 있었다.

그의 전대 칼리프 사푸아의 잔인함은 미친 듯한 복수심에 기인되었으나, 다음 대인 그는 타산적인 면에서 피를 흘렸다. 냉혈 타산적인 그는 조금이라도 자기나 아바스조에 위험하다고 간주되는 인물은 한 사람도 남기지 않고 살해했다. 정통 칼리프인 4대 칼리프 알리의 후예에 대한 그의 처치는 아바스 집안 역사에서 가장 음참(陰慘)한 한 장이다. 아바스가와 알리가의 불화를 일으킨 것은 만수르가 시작했다고 사가는 말했다.

만수르는 사푸아의 죽음 소식을 듣자 곧 쿠파에 돌아와 알 만수르(승리의 칼리프)라는 칭호로 칼리프에 취임했다. 얼마 안 있어 사푸아 아래에서 시리아 총독으로 있었던 숙부 아부달라 빈 알리가 반란을 일으켰다. 만수르는 반도의 토벌을 아부 무슬림에게 명했다. 아부 무슬림은 나시빈 부근에서 아부달라 빈 알리의 반군에 승리하고, 아부달라는 가족과 함께 바스라에 있는 동생 술라이만 빈 알리한테 피했고, 술라이만이 총독직에서 해직될 때까지 그곳에서 숨어있었다.

술라이만이 총독직에서 물러나게 되자 아부달라는 두 명의 아들과 함께 만수르에게 잡혀 하시미야로부터 멀지 않은 성에 유폐되었다. 그런데 수도에 가까운 곳에 위험한 인물을 살게 하는 것은 안 된다고 여겨 소금밭이 있는 곳에 집을 짓게 하여 떠들썩한 신축식을 하고 아부달라를 보냈다. 그런데 곧 큰비가 내리고 소금의 초석은 곧 붕괴되어 아부달라는 무너진 집에 깔려 죽었다.

나시빈의 전투 이후 아부 무슬림은 호라산의 임지로 돌아가기를 원했다. 그는 우마이야조 말기, 호라산에 근거를 두고 우마이야조를 멸망케 하는 데 한몫했다. 임지라 하여도 실제 그곳의 왕과 다름이 없었다. 호라산에서의 그의 세력은 말할 나위없이 강하여 아바스가로서는 그야말로 그가 위험의 뿌리였다.

그에게는 많은 가신이 있고 그를 예언자로 생각하는 종파도 있었다. 그는 손가락 하나를 움직이는 것으로 자기가 수립한 아바스조를 마찬가지로 용이하게 망하게 할 수가 있었다. 또한 그의 태도도 그즈음에는 묵과하지 못할 정도가 되었다. 전리품 목록을 만들기 위해 칙사가 나시빈에 도착했을 때, 군주인 칼리프에 대하는 언어에는 존경이나 우정도 포함되어 있지 않았다.

이 같은 위험한 신하를 제외시키는 것이 이제 만수르의 첫째 문제로 부상했다. 그래서 심복 부하에 둘러싸인 호라산 임지로 돌려보내는 것을 허락할 수 없는 이유가 있었다. 그래서 속령을 포함하는 시리아의 총독으로 영전시킨다는 제안이 있었으나 아부 무슬림은 이런 것에 속아넘어갈 만만한 사람은 아니었다.

그는 아부달라 빈 알리를 격파한 군대를 이끌고 호라산으로 귀국할 진군을 개시했다. 만수르는 이를 막을 힘이 없었다. 그는 함정을 팠다. 만수르로부터 여러 유리한 조건을 제안 받은 아부 무슬림은 종래 뜻을 굽혀 궁정에 보고를 드리는 형식으로 궁정에 들어갈 마음이 생겼다. 그는 정중히 영접되고 잠깐 동안 그에게 부여한 영예는 거의 임금에 해당하는 것이었다. 그런데 어느 날 궁전에 있는 그의 부하들은 무장 해제되고, 그 자신도 칼리프의 옥좌 옆에서 살해되었다.

아부 무슬림이 살아 있는 동안은 만수르는 칼리프 자리에 있다 하여도 안정감을 갖고 있지 않았다. 이제야 비로소 군주로서의 자각을 갖고 만수르는 수도가 될 땅을 찾기 시작했다. 다마스쿠스는 아바스가에게는 매력적인 무엇도 없고 오히려 공포의 토지였고, 한편 바스라나 쿠파의 주민들은 믿을 수 없는 들뜬 기질을 갖고 있다고 생각하면 이 두 도시도 수도로서는 바람직하지 못했다. 이리저리 조사한 끝에 그는 현재 바그다드가 있는 장소, 즉 바스라에서 강으로 6일이나 걸리는 거리의 지점을 수도로 선택했다.

바그다드는 페르시아의 유명한 군주 게스라 아수르바니팔의 피서지였던 곳으로, 이 왕이 바른 정치를 하고 지배한 이름난 곳으로 그 이름에서 '정의의 정원'으로 칭해졌다고 한다. 페르시아의 멸망과 함께 이곳의 군주가 많은 신민에게 정의를 실시했다는 유명한 정원도 없어졌으나, 그 이름만 전설적으로 남아 있다.

중앙에 위치한 이 아름다운 지점이 만수르의 눈에 띄어 역대 칼리프의 호화로운 수도가 된 이 도시는 파도 가운데 나타난 바다의 여신처럼 당시의 최고 건축가의 마술 지팡이 아래 홀연히 출현한 것이다.

만수르의 바그다드는 티그리스 강 서안에 건설되었다. 그러는 동안에도 칼리프 후계자의 힘으로 또 하나의 도시 신바그다드가 생겼고, 후계자의 이름을 따 마디에로 명명되었다. 이 신도시는 건축물의 호화로움에서도 만수리에의 장려함과 서로 다투었다. 바그다드는 번영했던 시대에는 나중에 칭기즈칸의 압도적인 대군이 서아시아를 석권해 이슬람 문명을 흔적도 없이 파괴할 때까지는 이슬람 제국의 수도답게 당당한 외관을 나타냈다.

거리는 원형을 이루고 이중의 성벽으로 둘러싸였다. 궁은 그 중앙에 있고 바로 옆에 중앙 성원이 있었다. 고관들의 저택은 군대의 열병이나 사열을 위해 설치된 광장 맞은편에 있었다. 가로는 규격을 갖춰 뚫려지고 폭은 약 12미터의 넓이였다. 시장은 떠도는 부랑인이나 의심스러운 사람이 들어오기 쉽기 때문에 성벽 안에 놓았다. 각 가로에는 각진 모퉁이마다 특별 허가를 받은 일용품을 판매하는 상인이 있고 경찰의 감독을 받았다.

군 막사는 강의 동쪽에 있고, 북아랍부족의 군부대와 남아랍부족의 군부대와 호라산 출신 군부대를 위한 세 동으로 나뉘어 서로가 견제하게 되었다. 성벽에는 여러 개의 문이 있고, 문 위에는 모두 높은 탑이 솟아있고, 군인이 교대로 밤낮으로 경비를 섰다.

바그다드의 건설이 완성된 해는 이슬람력 150년이다. 그때까지 여러 가지 일이 일어났으나 그것이 모두 만수르에게 좋은 일만은 아니었다. 아부 무슬림의 살해는 호라산 지방에 반란을 일으켰는데, 반도들은 싸움에 져서 흩어졌다. 이와 거의 때를 같이하여 아바스조의 칼리프를 신의 모독이라고 하는 알리의 아들 하산의 후손들이 하시미야에서 폭동을 일으켜 한때는 만수르의 생명을 위협할 정도의 사태가 되기도 했다.

그런데도 결국 진압되고 그들을 비롯한 각 종파는 성밖으로 내쫓겨졌다. 비잔틴군도 침입하는 횟수가 많아졌으나 큰 손해를 입고 격퇴되었고, 이스탄불의 콘스탄틴 황제는 강화를 청하지 않을 수 없었고, 7년간의 휴전 조약이 성립되었다. 이후 만수르는 기독교 침략자가 거칠게 휩쓴 곳을 수리하고 황폐한 도시에 주민들을 복귀시키고 국경에 충분한 방비를 굳혔다.

이스탄불의 모스크

이 같은 목적으로 만수르는 스스로 각 주를 시찰하고 가파도시아에는 하산 빈 카타바에게 대군을 인솔시키고 파견했다. 마라데아, 마시사 등 기타 다수의 도시는 재건되고 주민들이 몰리고 강력한 군대가 주둔되었다. 또한 구로데아와 기타 전략적 지점에는 비잔틴군의 침입을 방비하기 위해 새로운 성채가 구축되었다.

카스피 해 서남쪽 타바리스탄의 산속에는 그때까지도 예로부터의 전통 종교를 믿고, 명목만은 칼리프를 종주로 받든다면서 실제로는 자기들의 족장의 지배를 받았다. 이들은 갑자기 무슬림들을 급습하여 다수를 살육했다. 당연히 원정군이 파견되고 원주민 부족장은 살해되거나 쫓겨났다. 타바리스탄과 기이란은 확고하게 이슬람 제국 아바스조의 영토가 되었다.

이 정복이 완료된 무렵, 예로부터 배화교를 믿으면서 이름만으로는 이슬람 제국의 지배 아래 있던 데이렘의 주민들이 무슬림령에 침입했다. 이들도 격전 몇번 후에 격퇴되고, 이후에는 신중히 배치된 군대의 힘으로 침략을 당하는 일이 없었다.

이슬람력 143년(763년), 지방장관의 이동이 있어 다시 지방에 일어난 사건의 정보를 끊임없이 중앙 정부에 전달하기 위한 정보관 제도가 설치되고, 현대의 어느 정부와 비교해도 뒤떨어지지 않는 대규모의 첩보망이 뻗어졌다. 이것은 권력에 반대하는 조직의 출현을 경계하는 의미로 이용되었으나, 결코 국민에게 안정감을 주지 못했다.

여기서 이 주목할 군주의 역사에서 그의 선량함과 온화함이 조금도 신뢰하지 못할 것임을 말하게 된다. 앞으로 말할 사건을 이해하기 위하여 정통 칼리프 제4대 알리가 일문이 차지하였던 지위에 대하여 생각해 볼만하다.

칼리프 알리의 후예인 하산가는 그때까지 전혀 정치에 관여하지 않았다. 때때로 학대를 받기는 하였어도 결코 그때의 정권에 반기를 들지는 않았다. 후사인의 아들 알리 2세는 마찬가지로 은둔생활을 영위하고, 문학이나 철학 연구에 몰두하고 혈연이 있는 아바스 일가의 선전 등에는 전혀 관계하고 있지 않았다.

하산가와 후사인가는 메디나에 살았는데 얼마 남지 않은 재산의 수입과 상업으로 얻은 이익으로 생계를 이었다. 하지만 비교적 자력은 없다 하여도 그들은 시민들 사이에 더없는 존경을 받고 있었다. 메디나에는 처음 정통 칼리프 3대까지의 후예와 주바이르, 기타 예언자의 교우 자손들이 거주하여 이들이 모두 어떤 식이라도 정통 칼리프 제4대 알리의 일족과 관계를 갖고 있었다.

알리 집안이 갖고 있는 세력과 주위에서 받고 있는 존경은 의심이 많은 만수르에게 경계심을 일으켰다. 우마이야조의 마르완 시대에 우마이야조가 그렇게 쉽게 무너졌다는 사실이 그 자신의 아바스조에도 같은 운명이 닥치지 않을까 하는 걱정을 품게 되었다. 조금이라도 음모 비슷한 것이 있다면 발각하여야 한다는 마음으로 그는 탐색의 수단을 다하고, 많은 첩자들에게 무슨 수를 써서라도 알리 일족의 신용을 얻고, 부주의 속에 입을 열면 고발의 구실을 만들어 오도록 명령했다.

우마이야조 칼리프가 완전히 멸망했을 때 예언자 무함마드의 자손들은 물론 이 일에 관심을 갖고 있었다. 그리고 메디나에서 집회가 열리고 그곳에 하심 씨족 대부분이 참가했고, 만수르 자신도 참가했다. 이 집회에서 하산 집안의 기둥이라 여겨지는 하산의 증손 무함마드는 아버지가 살아 있었으나 특히 칼리프 후보로 선택되었다. 그의 고결한 인격과 포부의 웅대함과 높은 덕은 그로 하여금 '안 나프스 알 자키야'(맑은 영혼)라는 칭호를 얻게 했다.

그의 사람됨이 뛰어나고 걸출하다는 의견에 모두의 의견이 일치하고, 회의에 참가한 자들은 모두 그에게 충성의 맹세를 했다. 그리고 이중에는 아부 자파르(만수르)도 있었다. 그러나 전술한 것처럼 사실은 칼리프 자리는 아바스가의 수중에 떨어졌다.

만수르가 칼리프로 즉위했을 때 당시 메디나에 있었던 서약의 기억은 그의 인생을 어둡게 하고 의혹을 깊게 했다. 그리고 첩자들은 하산가에 관한 허위 보고로 그의 마음에 독을 부었다. 하산가의 무함마드와 동생 이브라힘을 체포하려 했으나 두 사람은 도주했다. 그래서 그는 정통 칼리프 시대의 3대 칼리프 우스만의 자손으로 우스만가의 가장인 무함마드 알 우스마니라는 인물을 체포했다. 그의 딸이 이브라힘과 결혼했기 때문이다. 그들은 줄줄이 체포되어 쿠파에 압송되고 호바이라 성에 유폐되었다.

무함마드 알 우스마니는 시리아인의 존경을 받고 있기 때문에 아바스조로서는 위험한 인물로 간주되었다. 그는 태장을 맞고 결국에는 사형에 처해졌다. 다른 사람들도 매우 잔혹한 취급을 받고, 너무 지나친 책고에 불쌍한 희생자들은 오히려 우마이야조 시대가 좋았다고 말할 정도였다.

무함마드와 이브라힘의 행방이 구석구석 수색되었다. 먹을 물이 있는 장소를 감시하는 밀정으로는 유목민이 고용되고, 들어가 숨어있을 만한 촌락은 모두 수색되고, 숙소를 제공했을 것이라고 생각되는 사람은 닥치는 대로 체포되어 처벌되었다.

절체절명이 된 무함마드는 아와즈와 바스라에서 병사를 모으기 위해 동생 이브라힘을 보내고 자기는 메디나에 나타났다. 만수르 폐위 선언은 바스라와 메디나에서 동시에 발표될 예정이었다. 이 계획대로 시행되었다면 아바스조의 정권도 여기서 종지부를 찍었을지 모른다. 그런데 무함마드는 동생의 준비가 끝나기 전에 거사해야 할 처지가 되어 이 결과 만수르는 둘을 차차로 공격할 수 있었다.

처음에 무함마드는 만사를 생각대로 할 수 있었다. 메디나에 있는 만수르가 파견한 지방관은 체포되어 투옥되었으며, 불과 며칠 후에 히자즈와 예멘 지방 전체가 무함마드를 이슬람의 칼리프로 인정했다. 법학자 아부 하니파와 법학자 말리크는 수니파의 2대 법률학파의 창시자인데 이 둘도 무함마드의 주장이 옳다고 성명했다.

사태가 예상 외로 위험하다는 것을 안 만수르는 예에 따라 일구이언의 상투수단을 썼다. 하산가의 무함마드에게 서한을 보내어 절대적인 신변보장(아만)과 거주지의 자유선택 허가와 근친의 보호를 제안했다. 이에 대해 무함마드는 칼리프 자리의 정당한 권리는 자기에게 있기 때문에 자비로 용서해준다는 말은 이쪽에서 말할 일이라고 답했고, 마지막에 만수르의 제안인 신변보장이란 아부 무슬림나 아부달라 빈 알리나 야지드 빈 호바이라에게 준 것과 같은 성질의 것이냐고 묻고 회답을 맺었다.

이 같은 회답에 급소를 찔린 만수르는 나프스 알 자가라는 칭호를 가진 무함마드에게 긴 장문의 변명을 보내고, 아바스조 수립의 논거가 되는 주장을 설명했다. 그리고 자기가 서약한 말은 무시하고 예언자 무함마드는 한 사람의 남자 후손도 없이 타계했기 때문에 딸의 자손들에게는 계승권이 없고, 계승권은 당연히 아버지편 숙부인 아바스의 후예에 속한다고 논했다.

그리고 만수르는 조카 이사에게 대군을 인솔하게 하고 나프스 알 자가를 토벌하려고 했다. 싸움에 앞서 나프스 알 자가는 가신 일동에게 이 자리를 떠나는 것도, 자기와 함께 남는 것도 마음대로 하라고 그들에게 선택하게 했다. 이 말을 듣고 가족 일에 마음을 많이 쓰던 사람은 고향으로 떠나고, 만수르의 대군에 대항할 병사는 불과 3백명만 남았다. 장렬한 싸움은 죽음으로 막을 내렸다. 그의 가신은 최후의 한 사람까지 쫓아가 살해당했다. 이브라힘은 형의 복기가 너무 빨랐기 때문에 곤경에 빠졌으나, 그런대로 대군을 모을 수가 있어 몇번인가 만수르군을 격파하고, 아바스군의 진지를 위험에 빠지게 하여, 만수르는 쿠파로부터 피해야 할 지경에 있었다.

이 궁지에서 그가 이브라힘의 군에 맞서게 한 것은 만수르의 조카 이사였다. 유프라테스 강가의 전투에서 아바스군은 큰 손실을 입고 패퇴했으나, 여기서 이브라힘군은 추격을 멈추었다. 승리할 기회를 상실한 것이다. 아바스군은 이를 보고 곧 뒤돌아 맞서고, 부상한 것처럼 넘어져 있던 많은 병사들이 일어났다. 다시 싸움이 전개되고 이브라힘은 화살에 맞아 쓰러지고 군세는 기울어졌다. 이브라힘군이 패배한 것이다.

만수르는 메디나와 바스라에 대한 울분을 풀었다. 이브라힘에게 가담한 바스라의 많은 병사들은 체포되고 처형되었다. 그들의 집은 파괴되고 대추야자숲은 베어졌다. 메디나에 있는 하산가와 후사인가의 재산은 몰수되고 종래 메디나에서 가졌던 특권은 모두 빼앗기고 이집트로부터 받던 공급의 길도 두절되었다. 만수르는 시아파 신학자 이맘 자파르 앗 사디크가 자기 재산을 돌려달라고 요구하자 죽음으로 그를 대했다. 그리고 이맘 아부 하니파는 투옥되고 이맘 말리크에게는 무참히 채찍질도 가했다.

호바이라 성에 유폐된 죄수들 중에 어떤 사람은 사형에 처해지고, 어떤 사람은 병이 들어도 옥사하게 놔두었다. 이브라힘의 수급(首級)이 도착했을 때 만수르는 이것을 이브라힘의 아버지한테 보내 슬픔을 더욱 심하게 했다. 이에 답한 아부달라의 말이야말로 잊지 못할 것이었다. 그는 사자에게 "주인에게 이렇게 전해라. 우리들의 고통의 시대도, 그대의 주인의 융성한 날도 화살처럼 흐르고 있다. 언젠가는 함께 하나님 앞에 서서 심판을 받을 것이다."라고 말했다. 이 전언을 들었을 때의 만수르의 모습은 비참해 보였다고 한다.

이 같은 형세로 만수르의 권위는 서아시아와 아프리카 전토에 퍼지게 되었는데, 스페인만은 그의 세력에 굴복하지 않았다. 하지만 스페인에서도 성도 메카와 메디나 두 성도의 보유 관리자가 그였기 때문에 금요일 예배 때의 쿠트바(예배 의식의 하나)만은 그의 이름으로 행해졌다.

이슬람력 146년(673년), 그는 아들 자파르에게 부관으로 장군 하르브 빈 아부달라를 붙여 모술 총독으로 부임하게 했다. 하르브는 모술 근교에 아름다운 성을 갖고 있었고, 자파르는 그곳에 살면서 딸 주바이다를 낳았다.

이즈음 이프리키아 총독은 스페인 정복을 시도했다. 침입군은 스페인에 있는 우마이야가의 압둘 라흐만한테 패배했고, 아바스조의 군사령관 머리가 밀사의 손에 의해 가져와 메카에서 정청을 열었던 만수르 앞에 던져졌다. 그런데 누가 가져왔는지 판명되지 않았다. 이 대담한 행위에 매우 놀란 만수르는 하나님이 '쿠라이시의 매'(그는 압둘라흐만을 이렇게 불렀다)와 자기 사이에 큰 바다로 가로질러 떨어지게 한 것을 마음으로 감사했다.

조지아에 침입한 카자르인도 격퇴되었고 이후에 유목민의 침투를 막기 위해 여러 가지 수단이 취해졌다. 또 쿠르드인도 문제를 일으킬 것 같은 형세여서 만수르는 재무를 담당하는 할리드 빈 바르마크를 메소포타미아의 총독으로 임명했다. 할리드는 단호한 태도와 공정한 조치로 다스려 곧 이 지방의 질서를 회복하고 방종한 쿠르드인을 잘 회유했다.

다음에 만수르는 조카 이사에게 칼리프 자리 계승권을 포기하게끔 하고자 했다. 종종 협박적인 수단이 사용되었고, 이사는 자기 권리를 연기하지 않을 수 없었다. 마침내 만수르는 자기 아들 무함마드를 칼리프 후계자로 하여 알 마흐디라는 칭호를 내렸고, 이 지명은 국민들로부터 인정되어 충성의 서약도 행해졌다.

이슬람력 148년, 시아파 6대 자파르 앗 사디크가 메디나에서 타계했다. 그가 창설한 교육기관은 다행히 그의 사후에도 존속했다. 이 교육기관은 그의 뒤를 이은 아들 무사(별명 알 카짐)를 받들어 변함없이 번창했다.

이 시기에 알리가의 일족으로 이룩된 시아파에서도 불화가 생겼다. 시아파 이맘 자파르는 계승자로 장남 이스마일을 지명했는데 이스마일은 아버지보다 일찍 세상을 떠났다. 그래서 그는 무사를 지명했는데, 일족 시아파 중에 무사를 따르지 않는 자들이 있어 이스마일의 아들 하비브를 대신 이맘으로 옹립했다. 이 파가 이집트에 파티마조를 연 이스마일파의 시작이다.

그 다음해 이슬람력 149년(676년)에 호라산에 사는 우스다드 시스라는 그 지방의 유지를 수령으로 하는 반란이 일어났다. 우스다드 시스는 가족과 함께 체포되어 바그다드에 끌려와 그곳에서 대우를 받고 머물게 되었다.

아프리카는 만수르에게 언제나 고생의 씨앗이었다. 티밈족의 한 사람으로 이슬람력 148년에 아프리카 총독으로 임명된 아글라브는 약 2년간 잘 통치했는데, 하와리지당의 폭도와 튀니지 부근에서 싸우다가 전사했다. 그 후임으로 우마르 빈 하프슨은 재능있는 총독으로 3년간 자리를 보존했다. 그렇지만 하와리지당은 다시 반란을 일으켜 카이로완을 포위하고 궁지에 몰아넣었다.

우마르 총독은 농성중에 전사하고, 아프리카의 수도는 반군에게 함락되었다. 만수르는 분격하여 야지드 무라리브를 새 총독으로 삼아 군을 인솔케 하고 반군과 대적하게 했다. 정력적이고 훌륭한 행정능력이 있는 새 총독은 하와리지당을 격파하고, 수령을 죽이고 도망한 반도(叛徒)들을 각처에서 체포하고, 수개월이 지나지 않아 혼란한 아프리카에서 평화와 질서를 회복했다. 그는 15개월 아프리카의 총독으로 있다가 이슬람력 170년에 죽고, 그의 아들 다우드가 총독직을 계승했다.

이슬람력 155년(772년), 만수르는 라피가라는 도시를 건설하고 바스라와 쿠파 주위에 성벽과 도랑을 팠다. 그리고 인구조사를 실시했다. 비잔틴 황제는 조약을 깨뜨리고 이슬람 제국의 영토를 침입했으나 번번이 패했다. 그래서 비잔틴은 공물을 바친다는 약속 아래 새 조약이 체결되었다. 이슬람력 156년, 만수르는 새롭게 지방장관의 이동을 단행하였고 메디나 총독으로는 하산가 출신을 임명했다.

만수르가 이슬람 제국의 건설에 발휘한 정력은 바로 그의 체력을 말하지만, 그도 이제 자기의 생명이 길지 않다는 것을 알았다. 칼리프 계승자인 아들을 불러놓고 이슬람 제국의 통치에 대해 마지막 훈계를 했다. 아들에게 준 훈계 가운데는 꽤 비범한 것도 있다.

"오늘 해야 할 일을 내일로 미루지 마라."

"국민과 군에는 언제나 만족하게 해라."

"형벌에 처한다 해도 반드시 도를 넘어서는 안 된다."

"국고를 함부로 하지 마라."

"자기가 할 일은 자기가 해라."

"사업에 정력을 집중해라."

"좋은 말과 충고를 얻을 수 있는 사람들과 사귀어라."

"친구와 친척을 멸시하지 마라."

"국경 경비를 엄격히 하라."

"신앙심 이외에는 칼리프를 덕이 있는 군주로 만들 수 없고, 복종 이외에는 나라를 지킬 수 없고, 공정 이외에는 국민을 개혁할 수 없다. 용서치 못할 자는 아랫사람을 압박하는 자이다."

"충분히 고려하지 않고 어떤 사업도 일으키지 마라. 현인의 숙고는 자기의 결점과 장점을 비추는 거울이다."

"감사함으로 은혜의, 관용으로 권력의, 부드러운 애정으로 복종의, 겸손과 용서로 승리의 영속을 도모하라."

부자지간의 이별이 있은 후 만수르는 성지에서 생을 마감하기 위해 메카를 향해 바그다드를 출발했고, 메카로 떠난 지 몇 시간 후에 데르 마이무나로 오는 도중에 타계했다. 그의 묘지가 100기에 가깝다고 하는데, 시체를 어디에 묻었는지 국민에게 알리지 않고 조용히 비밀리에 그 중의 하나에 매장되었다.

만수르의 국가 통치는 거의 22년에 미친다. 그는 미남형의 얼굴과 키가 큰 늘씬한 사람으로 그가 하는 일과 생활은 모범적이었다. 궁정에서 방종함이나 단정치 못한 것이 없었다. 그는 오전의 대부분을 명령의 발포, 관리의 임명에 보내고, 국경 방위나 도로 수리나 국민의 생활상태와 주거 개량에 대해 방법을 강구하고 수질 검사에 노력했다. 오후에는 사랑하는 가족이나 아이들과 지냈다. 저녁 예배 후 그날 온 사자의 목적을 묻고, 대신들과 여러 현안을 상의했으며, 잠자리에 드는 것은 밤이 깊어서였다. 군대의 사열과 요새의 검열은 몸소 했다.

이 전제군주는 자기의 권리에는 집요했고, 사법의 권위에 절대 복종한다는 점에서 스스로 아랫사람에게 본을 보였다. 어느 낙타 소유자에 관한 사건으로 메디나 판사에게 소환되었을 때, 시종 한 사람만을 데리고 스스로 재판에 출석했고, 군주를 맞이하기 위해 자리를 떠나지 않는 재판관 앞에 보통의 소송관계자로 섰다.

사건은 원고에 유리하게 해결되었는데, 만수르는 기회를 보아 그 판사에게 거액의 상금을 보내는 것으로 법관의 독립과 안전한 지위를 밝혔다. 그가 죽은 후에도 국고는 넉넉했다. 그의 뒤를 이은 칼리프가 말하기를 그 금액이 10년간의 국비를 충당하고도 남음이 있다고 했다.

## §§ 아바스조

이슬람력 158년-170년(775년-786년)

마흐디의 즉위-그의 훌륭한 시정과 인정미-비잔틴과의 싸움-이레네의 조공 승인-마흐디의 서거-하디의 즉위-모리타니아 분리-하디 서거

아바스조 제2대 칼리프 만수르의 아들 무함마드는 제3대 칼리프로 마흐디라는 칼리프 이름으로 아버지의 뒤를 이어 즉위했다. 그는 어머니쪽 계통으로 본다면 옛 예멘의 힘야르계(系) 왕까지 거슬러 올라간다. 마흐디의 정책은 아버지의 것과는 전혀 달랐다. 천성이 인정이 후하고 관대한 그는 칼리프에 등극하자마자 아버지가 행했던 통치의 준엄하고 가혹한 점을 고치려고 노력했다.

살인죄로 사형이 결정된 자라든가, 위험한 범죄 때문에 중형에 처해진 중죄인을 제외하고 모든 죄수를 석방했다. 이브라힘의 아들 하산은 감옥에서 출옥되고 많은 액수의 연금을 받게 되었다. 그리고 메카와 메디나 두 성도(聖都)는 아버지가 취소한 오래 전부터의 특권을 회복하고 이집트한테서 물자공급 받는 것을 다시 인정하게 되었다.

예언자의 후예에 대하여도 만수르가 몰수한 재산을 돌려주었다. 그는 비잔틴군과의 싸움에서 유명한 마스라마의 집을 지나면서 마스라마가 자기 할아버지에게 생전에 호의를 다했다는 것을 알고 충분한 영지와 많은 금품을 하사했다. 이슬람력 160년의 하지 성지 순례는 미증유의 화려하고 규모도 큰 것이었다. 메디나에 있는 예언자 사원은 그의 명으로 개축, 보수되고 그 도중에 있는 히자즈 주민들에게 많은 돈과 의류가 내려졌다. 중요한 여러 도시에 있던 학교에 부속된

사원은 확장되고, 없는 곳에는 새로 지었다.

그는 문둥병 환자나 부채 때문에 투옥된 빈민들에게 급여하는 연금도 정했다. 사푸아 시대에 메카로 가는 길에는 카데시아와 주바라의 약 440㎞ 사이의 거리에만 휴식처가 있었지만, 이제 마흐디의 명으로 가도는 모두 탄탄하게 확대되었다. 그리고 양 성도에 이르는 모든 도로에 우물과 물탱크가 있는 크고 편리한 숙박소가 건조되고, 순례자나 여행자의 보호를 위해 군데군데에 경비초소가 설치되었다.

시리아에서 마르완 2세의 아들이 모반을 기도했으나 금방 패하여 체포되었다. 마흐디는 이 모반자를 잠시 감금한 후에 많은 연금을 주고 석방했다. 마르완의 미망인 마즈나는 마흐디의 부인 하이즈란에게서 궁전 안에 살 방을 받고 칼리프의 온 가족으로부터 정중한 친절로 대우되었다. 하이즈란은 남편한테 큰 영향력을 갖고 있었다 한다. 이런 이유로 그녀의 알현실에는 궁정의 신하나 귀족, 기타 지위라든가 보호를 구하는 사람으로 언제나 붐볐다.

사푸아의 조카에 해당하는 불쌍한 이사는 계승권 포기가 확실히 인정되었다. 마흐디와 하이즈란 사이에 태어난 두 아들 무사와 하룬은 순번대로 칼리프의 계승자로 지명하고, 계승자로서의 둘에 대한 충성의 맹세 서약식도 행해졌다.

호라산의 복면 예언자로 알려지고 있는 하심 빈 하킴이 나타난 때는 마흐디 시대였다. 호라산 지방에는 늘 종교의 종파가 많고 당시는 안정된 정세도 아니었다. 하심은 용모가 추한 왜소한 남자로, 보기 싫은 용모를 감추기 위해 언제나 황금 가면을 썼다. 그래서 그는 무칸나(복면)라는 별명을 취했다.

그는 추종자들에게 하나님은 인류 속에 나타나시기 위해서는 간혹 사람의 몸을 빌어 현신하신다고 설득했다. 또한 아담과 노아와 아부 무슬림과 자기가 하나님의 화신이라고 말하며, 종교는 신앙에 있으며 봉사는 없다고 설교했다. 기타 교리란 대단히 혁명적이고 비도덕적이었다. 그는 아부 무슬림의 살해에 대한 복수를 한다고 하여 많은 신봉자를 얻고 잠시 동안은 정부군에 대항했으나, 마침내 힘에 겨워 기시에서 살해되었다.

무칸나의 추종자들은 백의를 입어 누바이제, 즉 백의파로 불리기도 했다. 그후 얼마 안 있다가 카스피 동해안 쪽에 쥬르장에 같은 광신적인 교리를 갖는 무하레미, 즉 홍의파라 불리는 새로운 종파가 나타나 문제의 씨앗이 되었다. 그러나 그것의 진압에는 커다란 곤란이 없었다. 마니교의 교리를 섞은 마즈다그의 고대의 허무적인 공산주의는 꽤 많은 사람들에게 퍼졌다. 마즈다그는 4세기경 페르시아의 게스라안 시르완(조스로 여러 왕) 시대에 일어난 바 있다. 그 일파는 페르시아 왕의 무력으로 멸망되었으나 그 뿌리가 다시 살아난 것이다. 후에 이름을 날린 마니는 철학자이다.

마흐디 시대에 마즈다그의 허무주의는 마니 철학과 다소 혼합되어 호라산에 만연하고 서페르시아와 이라크 각지에 침투했다. 이 사상은 사회의 기반을 이완시키고 당국의 통제력을 약화시키면서 인간의 감정을 자유라고 인정했다. 이 파의 신봉자는 진디크라 불려졌다. 진디크가 복종이라는 궤변적인 해석으로 사회적인 관습과 종교적인 신앙을 뒤덮고자 한 것은 의심할 여지가 없다. 마흐디는 이같은 허무주의자들한테 조금도 자비를 보이지 않았다. 그들은 용서없이 잡아들여져 도덕과 질서와 권위를 적으로 하는 자들로 엄벌에 처했다.

이슬람력 163년, 비잔틴군이 이슬람 제국 아바스조의 영토에 침입해 국경지방을 휩쓸었다. 그들은 마라아쉬(게르마니아)를 빼앗고, 그 지방을 불태우고, 주민들을 살육했다. 하산 빈 카타바를 장으로 하는 아바스조의 군사가 이들을 토벌하고자 출전하자 재빨리 철수해 무슬림군은 몇 곳의 비잔틴 마을을 휩쓰는 것으로 울분을 달랬다. 이후에도 다른 침입이 있어 마흐디는 전쟁터에 나가야 했다.

마흐디는 큰아들 무사를 자기 대리로 하여 바그다드에 남기고 모술에서 전쟁터로 출발했다. 본부를 알레포에 두고 이사 빈 무사, 압둘 말리크 빈 살레, 하산 빈 카타바 등의 장군들과 휘하 장병을 이끌고 5

대 칼리프가 된 하룬이 비잔틴군 정벌에 나섰다. 야흐야 빈 할리드가 이 파견군의 부사령관이었다. 사마리온과 기타 각지는 항복하거나 점령당했다.

이렇게 하여 마흐디는 예루살렘으로 군을 진격시켰다. 하룬은 아르메니아와 아제르바이잔을 포함하는 서부 지역의 총독으로 임명되었다. 그리고 사비드 빈 무사가 재정관계를 맡아보고, 야흐야 빈 할리드가 정무를 맡았다. 그러나 비잔틴의 호전적인 태도는 결코 평화의 정착을 허용하지 않았다. 비잔틴군의 장군 메가사고무즈가 이끄는 군대는 다시 무슬림 영토에 쳐들어와 주위 일대를 폐허로 만들었다.

하룬은 급히 침입군 격퇴를 위해 군사를 진격시켜 비잔틴군에 손해를 입히고 물리쳤다. 무슬림군은 여세를 몰아 콘스탄티노플을 향해 진격했다. 아들 콘스탄티누스 6세의 이름을 빌어 비잔틴 정부를 좌지우지하며 자신의 야심에서 이 전쟁을 일으켰던 레오 4세의 미망인 이레네는 마침내 무슬림군의 모닥불을 보스포러스 해변가에서 보아야 할 처지가 되었다.

마지막 일전에서도 패한 이레네는 강화를 청했다. 그리하여 매년 거액의 공물을 바치는 외에 전승한 무슬림군의 개선에 길안내를 하고, 식량을 제공한다는 조건으로 강화가 성립되었다.

이슬람력 168년에는 사막을 떠도는 유목민의 일부가 반란을 일으켰다. 그들은 낙타 대상을 습격하고, 예배를 드리지 못하게 하고, 순례자들에게 모욕을 가했다. 이 폭동은 진압되었고 그들은 관대하게 취급되었다. 다음해 마흐디는 동쪽을 향해 여행하다가 도중 자기가 좋아하는 수렵을 하기 위해 머문 마산다은이라는 곳에서 급사했다. 사냥개들이 모는 암사슴을 쫓다가 그가 탄 말이 황폐한 어느 숙소에 들어가 부딪쳐 척추가 부러져 그날로 숨을 거두었다. 당시 마흐디는 43세로, 칼리프로 즉위한 지 10년 된 해였다. 그는 키가 크며 늘씬한 체격을 갖고 있었고 훌륭한 용모였다.

그의 집정 초 아부 우마이둘라가 재상으로 그를 도왔고, 후에는 야쿠브 빈 다우드가 재상이 되었다. 이 시대에 웅대한 사업이 계획되고 실행된 것은 대부분이 야쿠브의 진언을 받아들인 데 있었다. 마흐디는 야쿠브에 대한 마음의 변화가 생겨 알리 일문의 자와 음모를 꾸미고 있지 않나 의심하다가 그를 마드바그라는 국사범 감옥에 감금했다. 야쿠브는 하룬이 석방할 때까지 수년간 그곳에 유폐되었다.

하룬은 아버지인 칼리프 마흐디의 임종을 지켜보았다. 그는 죽은 아버지와의 서약에 따라 곧 형인 무사 알 하디의 칼리프 자리 즉위를 선언하고 솔선하여 충성의 맹세를 했다. 그리고 하디한테 국쇄와 예언자의 홀(笏)과 법의를 보냈다. 하디가 칼리프에 즉위한 나이는 24세로 그의 치세는 2년도 계속되지 못했다.

그는 고집이 세고 냉혹했다고 한다. 그런데 정력적이고 용감하며 문학을 좋아했다고도 한다. 하디는 동생의 충성 맹세를 고마워하지도 않고, 짧은 통치 기간 중 칼리프 계승자를 아들인 자파르로 바꾸고자 책동했다. 그는 하룬의 오른팔이라고 할 야흐야 빈 할리드 바르마크와 자기 계획에 반대되는 사람들을 투옥했다.

그리고 하디와 어머니 하이즈란 사이에도 불화가 생겼다. 아버지 마흐디의 비 하이즈란은 남편이 살아있을 때와 마찬가지로 아들이 칼리프가 되었으나 국사에 관여하고 세력 휘두르기를 원했다.

하디는 어머니의 간섭에 노하고, 어머니를 찾아다니는 대관들을 좋지 않게 여겼다. 이렇게 되어 젊은 칼리프와 그 아들을 칼리프 계승자로 하려는 일파와, 하룬과 어머니 하이즈란으로 궁정은 두 개의 당파가 생겼다. 하룬은 제멋대로인 형을 달래려 온갖 수단을 강구했다. 그런데 결국에는 야흐야의 충고에 따라 신변의 안전을 도모하여 궁전을 떠났다.

메디나 총독은 곤드레만드레 취했다는 있지도 않은 죄명을 씌우고 하산 집안한테 고통을 주었다. 이것이 원인이 되어 하산 1세의 증손 후사인을 우두머리로 하는 폭동이 일어나 여러 집안의 사람들이 다수 살해되거나 사형에 처해지거나 했다. 후사인의 사촌 이드리스는 모리타니아에 망명해, 그곳에서 베르베르인들의 신망을 얻어 그들의 협력 아래 이드리스 왕조를 열었다. 마그리브 알 아그사는 이 시기 이후 아바스조로부터 분리되었다.

바그다드로부터 하루 일정의 거리에 있는 이사바드에 머물고 있는 중에 하디는 불치병으로 쓰러졌다. 최후가 임박했음을 깨달은 그는 어머니한테 사람을 보냈다. 두 사람의 대면은 비장한 것이었다. 하디는 어머니를 향해, 자기는 때로 어머니의 기분에 맞지 않는 수단을 취하는 것이 자기의 의무라고 생각한 적이 있었으나, 결코 은혜를 잊은 것이 아니라 언제나 어머니의 애정을 가슴에 품고, 어머니를 존경하고 있었다고 말했다. 그러면서 어머니의 손을 잡고 자기 가슴에 대고 하룬을 뒤를 잇게 하고 싶다는 말을 남겼다.

그가 죽은 해는 786년이다. 그는 아버지를 닮아 키가 크고 안색은 붉었다. 자녀는 아들이 7명, 딸이 2명 있었는데, 그 중 한 딸인 움무 무사는 후에 하룬의 아들 마문과 결혼했다.

## §§ 아바스조

이슬람력 170년-197년(786년-813년)

하룬 알 라시드의 즉위-그의 사람됨-빛나는 다스림-바르마크가(家)-이프리키아의 자치 승인-아시아 사태-칼리프 자리의 계승 순위 결정-아민 및 마문의 순위-이슬람 제국의 분할-바르마크가의 몰락-아랍의 잔 다르크-비잔틴과의 전쟁-니케포루스의 배신-그 패배와 새로운 조약-비잔틴의 위약-그 결과-라시드 타계-아민의 등극-그 사람됨됨이-마문에 대한 선전-타히르가 아민을 무찌름-바그다드 포위-메카 및 메디나에서 마문의 칼리프 승인

하룬은 아버지 칼리프 마흐디의 결정에 따라 형 칼리프 하디가 서거하자 아바스조 5대 칼리프로 즉위했다. 그리고 하디의 아들 쟈푸르는 계승권 주장을 일절 단념했다. 역사상으로 하룬 라시드의 치세는 서아시아에서의 이슬람 제국 통치 중 가장 빛났던 시대로 알려진다. 아라비안나이트(천일야화) 이야기는, 밤중에 부정을 바로잡고 고생하는 빈민을 구제하기 위해 바그다드 거리를 순찰한 위대한 칼리프의 이름을 더해주고 있다. 실질적으로 이야기의 색채를 지운다 하여도 있는 그대로의 칼리프 하룬 라시드는 의심할 여지없이 이슬람 세계의 최대 지배자의 한 사람으로서 자손으로부터 칭찬받을 만하다.

종교적인 계율을 충실히 지키고, 생활하는 데도 절제하고 허식이 아닌 신앙을 갖고 자선을 행했다. 그러면서도 몸 주변에 장엄한 분위기를 풍기는 것을 좋아한 그는, 사람들의 머리에 자신의 인격을 강하게 느끼게 하고, 그 성격에서 오는 커다란 영향을 사회에 미쳤다. 선천적으로나 후천적으로도 훌륭한 군인인 그는 몸소 전쟁터에 나간 일

도 한두 번이 아니었다.

무법상태를 고치고 국민들의 생활상태를 알기 위해 영내 각 방면에 나갈 때도 많았고, 국경이나 출입 관문에도 스스로 순찰하고 정치에 관한 일에 몸을 아끼지 않았다. 상인이나 학자나 순례자들이 아무런 위험을 느끼지 않고 광대한 제국의 영토를 여행할 수 있었다는 것은 그의 정치의 우수성을 보여주는 것이다.

칼리프 하룬 알 라시드

그가 전국에 세운 이슬람 사원, 학교, 병원, 약국, 대상(隊商) 숙소, 도로, 다리, 운하 등은 국민 복지에 그가 얼마나 마음을 썼는가를 말해준다. 예술과 문학의 후원자로서의 하룬 라시드는, 그에 못지않게 총명하며 재능을 가진 아들 마문에게 한발 양보했으나 성격의 강함과 지성의 예리함에서는 누구에게도 뒤지지 않았다. 한 개인이 무한 권력을 가질 경우 있을 수 있는 결점이 없는 것은 아니었으나, 전반적인 국민의 번영과 당시의 예술과 문명을 일찍이 없었던 진보를 가져오게 한 것은 전제주의의 죄악을 갚고도 남는다.

하룬 라시드 통치의 영광과 명예는 거의 대부분이 17년간 그에게서 정치를 위탁받은 인물들의 재치와 수완에 의한 것이었다. 사푸아와 만수르 시대에는 할리드 빈 바르마크가 중요한 요직을 차지했다. 아들인 야흐야는 한때 아르메니아 주 총독으로 있은 적도 있고, 마흐디로부터 라시드의 교육이 위탁되었다. 가르친 제자가 중망(衆望)을 얻고 칼리프의 계승자가 되었을 때, 그의 스승으로 정무를 도왔다.

라시드는 칼리프에 즉위하자 야흐야를 아바스 제국의 재상으로 임명하고 절대 권력을 부여했다. 야흐야의 통치는 현명하고 착실하여 어떤 일에도 흔들림이 없고, 국민을 행복하게 하는 데 주안점이 있었다. 그의 아들 파즈르와 자파르, 무함마드도 모두 유능한 인물로 일류의 행정능력을 갖고 있었다. 파즈르는 호라산과 이집트의 총독직에 있으면서 공적이 있고 데이렘(고대 메디아 북부) 군주로 있었던 야흐야 빈 압둘라를 항복하게 했다.

자파르도 중요한 지방의 총독을 역임하면서 시리아에서 남아랍부족과 북아랍부족간의 예로부터의 다툼이 일어났을 때 양 부족간의 조정에 나서기도 했다. 후년, 나이가 들어 야흐야가 은퇴했을 때 자파르가 그 자리를 이어받아 훌륭히 직무를 다했다. 재능을 타고난 이 일가는 17년간 라시드가 다스리는 아바스 제국을 충실히 다스렸다. 그런데 그들의 급격한 몰락은 전제제도 아래의 음모의 무서움에 대한 귀중한 교훈을 주는 것이다.

앞서 말한 것처럼 아프리카 북서부 모리타니아는 아바스조로부터 떨어져나갔다. 아바스조는 아프리카 역대 총독으로 하여금 서아프리카를 회복하려고 몇 차례 시도했으나 모두 실패했다. 아프리카는 야지드 빈 하심 무하리브가 786년(이슬람력 170년)에 죽을 때까지 다스렸다. 그가 죽자 여러 문제가 생겼으나 다음해 총독으로 임명된 전임자의 동생 루 빈 하심 무하르비가 해결했다.

그는 그 지방을 수년간 훌륭히 다스리다가 죽었으며, 그의 아들에 대한 군대 내의 반란이 일어나 이를 진압하기 위해 라시드는 하르사마라는 유명한 장군을 파견했다. 질서가 회복되고 하르사마는 3년 가까이 그 자리에서 책임을 다했다.

그의 퇴직 후 라시드가 후임에 앉힌 자는 불온한 이 지방을 다스리는 데 무능력했다. 아프리카는 국가의 세입을 증가하기는커녕 본국의 부를 축내는 데도 한몫했다. 연간 10만 디나르가 아프리카 지방의 지출을 보충하기 위해 사용되었다.

이브라힘 빈 아글라브는 라시드에게 건의하여 만일 자기 집안에게 그 지방의 총독직을 영구적으로 맡게 해준다면 아프리카의 평화와 질서를 회복할 뿐만 아니라, 국고의 원조를 받지 않고 매년 바그다드에 4만 디나르를 조공하겠다고 했다. 그 지방의 특성과 통치의 곤란함을 잘 알고 있는 하르사마는 이브라힘의 제안을 승낙하도록 라시드에게 충고했다.

그래서 이브라힘은 아프리카의 총독으로 임명되고, 그 직위는 계승할 때마다 이슬람 제국의 원수의 서임(敍任)과 비준을 받는다는 조건으로 그의 집안이 세습되었다. 이후로 아프리카는 자치적인 독립국가가 되었다.

아바스조의 아시아 통치는 일정한 선에 따라 여하한 혼란없이 훌륭히 행해졌다. 788년(이슬람력 171년), 카불과 상하르의 땅이 이슬람 제국인 아바스조에 들어오고 국경은 힌두쿠시 산맥까지 이어졌다. 라시드는 소아시아 국경 지방도 일반 행정기관에서 떼어내어 아와심이라는 특명 군정장관의 지배 아래 놓았다. 시칠리아 섬의 다르수스는 다시 식민지화하여 강력한 요새로 했다.

라시드는 즉위 직후 3대 칼리프 마흐디 시대에 갖고 있다가 4대 칼리프 하디 때문에 빼앗겼던 특권을 어머니 하이주란의 손에 돌려주었다. 그녀의 궁전은 남편이 살아있을 때처럼 다시 고관들의 모임장소가 되었다. 그녀는 2년 후에 세상을 떠났다. 라시드는 국새를 야흐야 빈 할리드한테서 받아 바르마크 집안이 아닌 파즈르 빈 라비에게 맡겼다. 이제 이 재상이 당시의 역사에 두각을 나타낸다.

이슬람력 175년, 라시드는 아바스 집안을 배경으로 하는 아내 주바이다와 처남 이사 빈 자파르의 압력 때문에, 당시 불과 5세였던 아들 무함마드를 알 아민이라는 칭호로 칼리프의 계승자로 정했다. 알 아민은 순 아랍계 혈통이다. 그리고 7년 후에 페르시아계 여자에게서 태어난 다른 아들 아부달라를 알 아민의 칼리프 계승자로 하여 알 아민이 죽게 되는 경우에는 그가 즉위한다는 것이 발령되었다. 아부달라에게는 알 마문이라는 칭호가 내려졌다.

계속하여 세 번째 왕자 카심에게 알 무타민이라는 칭호로 알 마문 다음으로 계승권이 주어졌다. 세 왕자가 살아있는 동안 아바스조의 영토는 각각 나뉘어져 세 개로 나누어 가지게 되었다. 즉 서부는 아민, 동부는 마문, 메소포타미아 및 국경지방은 카심의 지배지가 될 예정이었다. 라시드는 마문의 판단력과 충성을 전폭적으로 신뢰하여 카심을 계승순위에서 제외할 수 있는 권한도 주었다. 마문은 자파르 빈 야흐야의 가르침을 받았고, 칼리프와 같이 수학한 압둘 말리크 빈 살레흐를 스승으로 했다.

이슬람력 186년, 라시드는 아민과 마문을 동반하여 순례하면서 아버지가 결정한 것을 엄숙히 지키겠다는 서약서를 두 사람의 이름으로 카바 신전에 봉납(奉納)했다. 같은 해 라시드의 왕비 주바이다도 히자즈 지방의 두 성도를 방문하였는데, 당시의 기념은 아직도 남아있다. 메카 주민이 물 부족으로 몹시 고생하고 있는 것을 본 그녀는 자신이 비용을 대어 수도를 조성하고, 그 수도의 이름은 그녀의 이름을 땄다.

할아버지의 의심 많은 성질을 약간 물려받은 라시드는 성자 세이흐 무사 알 카짐이 자기에게 반기를 들 것을 우려해, 무사를 히자즈에서 바그다드로 옮겼다. 바그다드에서 무사는 간수장 신디 이븐 샤히크의 누이동생 집에 맡겨졌다. 양심의 가책을 받은 라시드는 두 번이나 이 무고한 성자를 메디나에 돌려보내려고 생각하기도 했으나 그때마다 의혹이 양심을 가로막아 성자를 귀가하지 못하게 했다.

종교계에서 숭앙받던 성자의 건강은 나빠져 그를 지키고 있던 여인의 집에서 죽었다. 그의 뒤를 이어 메디나 성원의 이맘이 된 사람은 그의 아들 알 라다 알리인데 그도 당시의 가장 우수한 학자이며 철학자였다.

803년(이슬람력 187년)은 라시드의 다스림에 빛이 감소했을 뿐만 아니라, 그의 후년의 생활에 후회와 망은(忘恩)의 의식으로 어둡게 했음이 틀림없는 사건이 일어난 유명한 해이다. 17년간 바르마크 일가는 변치 않는 성실과 걸출한 능력으로 군주에게 충성했다. 국민들은 번영한 생활을 즐겼고, 나라는 부강해졌고, 문화생활의 꽃은 어디에서나 피었다. 그런데 거의 대중의 우상이 되다시피 한 바르마크 일가의 인기와 그들의 아낌없는 자선은 동시에 많은 적을 만들어 어떤 수단을 쓴다 하더라도 그들의 파멸을 막지 못하게 된다. 그들에게 닥쳐온 운명에 대해 여러 원인이 상상된다.

≪역사서설(歷史序說)≫의 저자 이븐 할둔은 말했다. "바르마크 집안의 몰락은 그들이 모든 권력을 수중에 넣고, 국고의 수입을 전적으로 자기들 손에서 마음대로 하여, 라시드조차 얼마 안 되는 금액도 재무담당의 관리한테서 받을 때가 적지 않았다는 사정에서 보인다. 그들의 세력은 무한했고 그들의 명성은 각 방면에 울려 퍼졌다. 문관, 무관을 막론하고, 국가요직은 모두 그들의 일문, 또는 그들의 파당에서 뽑힌 사람으로 채워졌다. 사람들은 모두 그들에게 영합하고, 그들 앞에 머리 숙이고 부탁하지 않으면 자리를 얻거나 관리직에 나갈 수가 없었다."

그들의 가장 무서운 적인 시종장관 파즈르 빈 라비는 지위관계로 여러 기회가 있었는데, 기회가 있을 때마다 바르마크 일가에 대한 악의에 찬 말로 라시드의 마음을 아프게 했다. 라시드의 귀에는 바르마크 일가가 아바스조의 전복을 기도한다는 중상이 속삭여졌다. 몇대에 걸친 충절도, 끊임없는 비방과 중상으로 선동된 맹목적인 의혹과 전제군주적인 분노의 화염 속에 없어졌다. 그리고 어느 날 밤, 재상 자파르의 사형과 늙은 야흐야와 세 아들 파르즈, 무사, 무함마드에 대한 투옥 명령이 내려졌다.

이슬람의 과격파 하와리지파는 라시드 대에도 변함없이 몇번 반란을 일으켰는데, 폭동은 그때마다 진압되었다. 그들의 반란 중에 반도의 지도자로서 나타난 젊은 처녀에 주목할 만하다. 이 반란은 그녀의 오빠인 왈리드 빈 탈리흐가 시작한 것이다. 오빠가 전사하자 여동생이 지휘하여 몇번을 라시드군에 도전했으나 정부군 지휘를 하고 있던

다마스쿠스 성새(城塞)

친척이 그녀를 설득하여 무기를 버리고 여자다운 생활로 돌아가게 했다. 이 아랍의 잔 다르크는 미모와 시인으로서의 재능이 뛰어났다.

모술 지방 주민들의 반항적 태도는 라시드로 하여금 모술의 성벽을 허물어 버렸다. 다마스쿠스에는 남아랍부족과 북아랍부족인 무드하르족과 힘야르족이 살고 있었는데, 이들의 부족 다툼에 라시드는 괴롭힘을 당했다. 라시드는 양쪽이 서로 싸워 기운이 없어질 것이라 생각하고 그대로 두었는데, 그런 기미가 없자 마침내 간섭하여 단호한 태도로 소요의 끝을 맺게 했다.

라시드 시대에서 가장 흥미로운 사건은 비잔틴 제국과의 전쟁이다. 이슬람력 181년, 비잔틴군은 칼리프 마흐디 시대에 비잔틴 황후 이레네와의 사이에 맺은 조약을 깨고 이슬람 제국령으로 쳐들어왔다. 그러나 비잔틴군은 큰 손실을 입고 격퇴되었고, 마다라와 안시라 두 도시는 항복하고 내란시대에 무슬림 통치에서 벗어났던 키프로스가 다시 정복되었고, 크레타 섬도 석권되었다.

그래서 다시 새 조약이 체결되고 비잔틴의 그리스인은 먼저 조약에서 정해진 대로 공물을 정기적으로 납부하여야 했다. 포로의 교환도 행해지고 이번의 평화가 반드시 어느 정도는 계속될 것이라 간주되었다.

그런데 다음해인 이슬람력 182년, 무자비한 이레네는 아들 콘스탄티누스 6세의 눈을 멀게 하고, 스스로 아우게스타(아랍어로 아다사)라는 칭호로 황제 자리에 올랐다. 환관 이티우스를 오른팔로 삼고 5

년간 집정했으나, 그리스인들은 그녀에게 반란을 일으키고, 그녀는 자리에서 쫓겨났다.

그리고 니케포루스라는 중신이 황제에 즉위했다. 그는 세상에서 드물 정도의 무절제한 행동을 보이면서 무슬림과 이레네 사이에 맺어진 평화를 깨려 하고 라시드한테 다음과 같은 모욕적인 서한을 보냈다. "로마 황제 니케포루스가 아랍 군주 하룬 라시드에게 글을 보낸다. 전번의 여황제는 그대를 높이고 자기를 낮추고 그대에게 많이 양보하였으나 이것은 부녀자의 나약하고 천박한 것에 따른 것이다. 지금 여기의 내 서한을 읽고 곧 전 황제로부터 얻은 것을 반환하라. 그렇게 하지 않는다면 귀하와 나 사이에 방패와 창으로 자웅을 겨룰 뿐이다."

사가(史家)들은 말했다. "이 서한을 읽고 라시드의 노여움이 얼마나 크던지 말을 하기는커녕, 얼굴을 쳐다보는 자도 없고, 궁전의 신하들은 떨며 흩어지고 대신들도 입을 다물고 상의하는 것도 삼갔다."

이에 이르러 그는 그리스인한테서 온 서한 뒷면에 이렇게 썼다. "칼리프 하룬이 로마의 개 니케포루스에게 보낸다. 귀하의 서한은 읽었다. 답장은 보낼 필요가 없다. 눈으로 봐라." 그리고 그는 자기의 말을 어기지 않았다. 그날로 군을 인솔하여 도중에 걸음을 멈추지 않고 비잔틴 제국의 한 거점인 헤라그리아에 도착했다. 오만한 비잔틴군은 이곳에서 칼리프군과 대전하여 패배를 맛보았다. "아랍인들의 전투에서의 신속함은 기만의 수단과 회오(悔悟)의 태도를 보이는 것밖에 이를 멈출 다른 길은 없었다."

니케포루스는 강화를 간청하고 조공을 늘리기로 약속하고, 해마다의 조공을 게을리하지 않겠다고 엄숙히 서약했다. 이 청은 받아들여지고, 승리한 칼리프는 라카로 귀환했다. 그런데 라시드가 라카에 도착할 무렵, 이 같은 날씨가 나쁘고 일기가 불순한 계절에 칼리프가 전쟁터로 다시 돌아온다는 것은 불가능하다고 여긴 니케포루스는 금방 조약을 파기했다. 하지만 그는 적을 잘못 보았다. 니케포루스의 배신을 안 순간, 라시드는 곧 말머리를 돌렸다.

한겨울에 다우르스 산의 눈길을 다시 넘어온 과감하고 신속한 칼리프의 진군하는 모습에 니케포루스도 혀를 내둘렀다. 정책적으로나 전술적으로도 이미 술책이 소진했다. 이 믿지 못할 그리스인은 부하 4천 명을 매장하고 겨우 도주했다.

이때에도 니케포루스는 다시 강화를 청하고 이번에도 청은 받아들여졌다. 비잔틴인의 성질을 잘 알고 있는 라시드는 싸움터인 프리지아를 떠나기에 앞서 그 이상 조약의 파기가 되지 않도록 마무리했다. 그런데도 라시드가 다른 지방으로 갔다 하면 니케포루스는 계속하여 조약을 깨뜨렸고, 그때마다 응징되었다.

이슬람력 189년, 라시드는 반항의 징조가 있는 한 주의 총독을 토벌하기 위해 페르시아의 라이(고대의 라자스)까지 군을 진격시켰다. 그리스인에게는 이는 천재일우의 기회였다. 그들은 다시 침입을 획책하였으나 당시 칼리프로부터 국경지대의 지배가 위임된 라시드의 셋째 아들 카심의 반격을 받고 물러났다.

라이에 있는 동안 라시드는 데이렘과 타바리스탄에 있는 배화교도의 영지를 접수했다. 그의 자유주의적인 사려 깊은 배려는 그들의 충성을 얻고 신뢰심을 획득했다. 여기서 그는 바그다드로 돌아왔다. 이곳에 오면 시리아 주민뿐만 아니라, 그리스인 및 북방 유목민의 움직임을 감시할 수 있었다. 싸움의 피곤을 칼리프는 그곳에서 잠시 쉬고 풀 수 있었다.

그러나 믿지 못할 그리스인은 언제까지나 그를 쉬게 놔두지 않았다. 중앙아시아에서의 폭동은 니케포루스에게 바라던 기회를 주었다. 그는 다시 칼리프령에 침입하고, 국경지방을 황폐시키면서 돌아다녔다. 라시드로서도 더 이상 이 같은 불신을 볼 수가 없었다. 마문에게 정치의 절대권을 부여하고, 자신의 대리로 라카에 남겨두고 그는 북으로 진격했다.

그리스인의 서약으로 맺어진 평화를 유지하고 조약을 지킬 성전(聖戰), 즉 지하드는 바로 이때 싸워야 할 때였다. 휘하에 13만 5천 명의 정규군이 있고, 군인 명부에 등록되지 않은 의용군도 참전했다. 그들은 소아시아 전토를 석권하고 북쪽은 비시니아에 이르고, 서쪽은 미사아와 가리아에 이르렀다. 도시는 하나하나 연달아 라시드 휘하의 여러 장군 앞에 무릎을 꿇었다.

구니에(이코니움)와 리디아의 에베수스는 야지드 빈 마흘라르에 의해 점령되고 사가리아, 데바사, 마레고비아, 니게아 등은 쉬빌라 빈 자이드가 평정했다. 정복군은 여기부터 흑해 연안의 헤라그리아 폰데이가를 포위했다.

니케포루스가 보낸 원군은 참패를 맛보고, 헤라그리아는 점령되었다. 그리스인은 다시 너그럽게 용서를 구했다. 이번에도 칼리프는 근시안적인 관대를 보이고 청을 받아들였다. 만일 그때 비잔틴 제국을 끝내고 콘스탄티노플을 무슬림의 손에 넣었다면 세계 평화와 문명에 좋았을지 모른다. 니케포루스 및 그의 일족과 비잔틴 제국의 대관들의 서약으로 새로운 조약이 체결되고, 이전보다 더 많은 공물을 바친다는 계약이 체결되었다.

그런데 이슬람력 192년, 비잔틴의 그리스인은 다시 신의를 저버리고 이슬람 영토에 침입했다. 그만큼 싸운 후의 이 같은 슬픈 결말은 종교적인 증오를 불태우지 않을 수 없게 되었다.

이 무렵 호라산에 소요가 생겨 라시드는 동부를 떠날 필요가 생겨 당연히 과할 형벌도 일시 연기하지 않을 수 없었다. 라카에는 셋째 아들 카심과 구자이마 빈 카짐이라는 장군을 그의 보좌로 남겨두었다. 피곤한 칼리프는 동부를 향해 마문과 함께 떠났다. 바그다드에는 아민을 남겨두었다.

칼리프와 동행한 마문은 산악지대를 넘고 페르시아로 들어가자 한 부대와 함께 메르비로 가는 선발로 명받고, 칼리프는 주력부대를 인솔하고 당당하게 진격했다. 두르스 부근의 사나바드라는 마을에 도착했을 때, 칼리프 라시드는 라카 출발 이래 앓고 있던 병이 급속히 악화되었다. 생의 마지막이 왔다는 것을 느낀 라시드는 부대 안에 있는 일족(카심) 모두를 불러모으고 다음과 같은 말을 남겼다.

"청년은 모두 늙고, 이 세상에 태어난 자는 다 죽는다. 난 여기서 세 개의 훈계를 내리겠다. 즉 약속을 충실히 지키고, 칼리프에 충성을 다하고, 서로 일치단결하라. 아민과 마문의 뒷바라지를 하여라. 만일 한 사람이 상대에 대하여 배반하는 일이 있으면 그 모반을 진압하고, 그 불충자에게 치욕의 낙인을 찍어라."

그 다음 그는 부대원 일동에게 다수의 유품을 나눠주었다. 이틀 후, 라시드는 23년 6개월간의 빛나는 통치 후, 생을 마감했다. 809년(이슬람력 194년)의 일이다.

역사적인 비판의 눈으로 엄밀한 평가를 가해도, 하룬 알 라시드는 언제나 세계 최고의 군주나 통치자와 비교할 수 있다. 현재의 인물을 과거의 인물과 비교하고, 지금의 논리나 문화를 천여 년 전의 그것과 비교한다는 것은 잘못이다. 라시드의 성격적인 결함, 때때로 보이는 의혹 또는 분노의 폭발은 전제제도의 필연적 소산으로 보아야 한다.

그가 무한하다 할만큼 권력을 가지면서도 그만큼 자제하고 그만한 사회번영을 촉진하는 데 힘을 기울였고, 얼마나 국민의 이해(利害)에 관심을 갖고 마음을 기울였는지는 그의 천부적인 좋은 자질을 보여주는 것이다. 그는 조금이라도 자기 임무수행을 지연시키는 일을 좋아하지 않았다. 악을 바로잡고 부정을 척결하고, 국민의 생활 상태를 알기 위해 친히 동서에 걸쳐 몇번이나 모든 영토를 여행했다. 메카와 메디나로 가는 순례단을 스스로 이끌고 가기를 아홉 번이나 했다.

이렇게 하여 지배하고 있는 국민에게 자기의 인격을 충분히 인식시키고, 무슬림의 한 사람이라는 보람을 깨닫게 했다. 그의 궁정은 당시 가장 빛이 있는 곳으로 세계 각처에서 학식이 있는 사람들이 모이고, 이들은 아낌없는 대접과 자유정신으로 대우 받았다. 예술과 과학, 철학적 연구 각 분야에 걸쳐 어디까지라도 원조가 주어졌다. 음악을 고상한 직업으로, 과학 및 문학과 같이 지위나 계급을 설정한 것은 그를 효시로 한다.

이슬람 법학의 하니파 학파가 아바스조의 대법관 아부 유수프를 우두머리로 하는 법학자들의 손으로 체계를 잡기 시작했을 때도 그의 시대였다. 아부 하니파의 이름을 붙였다고 할지라도 하니파 학파는 실제로는 라시드가 통치하던 시기에 활동하던 이 대법관의 소산이다. 아부 하니파는 유연성과 열의를 가진 법관이었다. 이는 요람시대의 생기와 신선미를 갖고 있는 때문인지, 또는 반대세력이 없어서인지 아부 유수프를 창시자로 하는 종교법 체계는 아직 후세와 같은 준엄한 맛을 띠고 있지 않았다.

이슬람으로 개종, 혹은 귀의하는 데 관한 교리의 주장도, 교리의 논의의 상대가 되는 세력의 크기에 따라 다르다. 그러면서도 도학적인 경향의 증대에도 불구하고 이 체계가 탄력적인 데가 있고 분명히 발달의 징조를 보였다. 그런데 라시드가 그들의 발언에 부여한 권위가, 군주세력이 약할 때 법학자들이 강력한 세력을 갖고 사회탄압을 누르고 진보의 길을 막은 수니파 교직정치를 형성하는 요인을 만들었다.

이같이 되어 만수르 시대에 기초가 만들어진 수니파는 여기에 상층건축을 짓기 시작한 것이다. 그런데 이것이 완성된 것은 후에 아바스조가 현세적인 세력을 잃고 종교적인 세력의 유지에 전심해야만 했을 때부터이다. 부족장 선출시 부족민의 동의가 신성한 효력이 있다 하고, 이렇게 선출된 인물이야말로 사회 종교상의 지도자, 즉 이맘(칼리프)이라고 하는 설의 주장자는 이제 분명한 명칭까지 갖게 되었다. 그들은 스스로 '아흘 앗 순나트 와알 자마트'(전통과 백성의 소리의 가족)라고 칭했다.

라시드의 할아버지 만수르는 과학적 저술을 아랍어로 번역하기 위해 설립한 번역국을 확장하고 인원수도 증가했으나, 그의 시대에는 마문 시대만큼 대규모적인 것이 아니었다. 그의 시기 전기에 걸쳐서 두각을 나타낸 사람은 그로부터 왕자들의 교육을 위탁받은 문법학자 아스마이, 기타 샤프이, 아부달라 빈 이드리스, 이사 빈 유누스, 수피안 빈 수리, 음악가 이브라힘 무스리, 의사 가브리엘 빈 바그디아시

등을 들 수 있다.

라시드 자신은 인색했으나 다른 점에서는 거의 할아버지를 본받았다고 한다. 마음이 넓은 점에서는 어느 칼리프에게도 뒤지지 않는다. 시인이기도 한 그는 특히 시인들에게 마음을 쏟았다. 교통은 그의 시대에 서방과 극동으로 열리고, 중국 황제 및 프랑스의 샤를마뉴로부터의 사절을 궁전에 맞은 것도 그가 최초였다. 샤를마뉴에게 보낸 막대한 선물에 관한 기록이 아직 남아 있다. 이를 보면 라시드 칼리프 시대에 이루어졌던 문화의 정도를 어느 정도 알 수 있다. 선물 중에는 시계도 있어 훌륭한 예술품이라고 쓰여 있다.

라시드가 죽었을 때 아민은 수도에 있었고, 마문은 지방정청 소재지인 메르비에, 카심은 기니슬린의 임지에 있었다. 왕비 주바이다는 라카에 있었다. 칼리프의 서거 소식은 체신장관(사히브 울 바리드) 하마위에가 바그다드에 전해 다음날 국새와 검, 칼리프 법의는 라시드의 임종석에 있었던 동생 사레의 손으로 아민에게 전달되었다. 아민은 지금까지 살고 있던 카수르 알 쿠르드에서 곧 카수르 알 키라파트(칼리프의 궁전)로 옮겼다.

다음날, 아민은 공식 예배 때 수좌(首座)에 앉고, 칼리프로서 설교하고 대관과 군인, 장군과 시민 대표로부터 의례의 충성맹세를 받았다. 마문도 형제인 새 칼리프에게 축사와 진상품을 보냈다. 주바이다는 라시드의 죽음 소식을 접하자 곧 라카를 출발하여 바그다드로 향했고, 안바르에서 새 칼리프의 성대한 환영을 받고 함께 칼리프 궁전에 들어가 아민이 불우하게 죽는 날까지 그곳에 머물렀다.

여기서 얼마 안 있다가 칼리프 자리를 둘러싸고 경쟁자가 된 두 형제의 성격적 차이를 살펴보는 것도 흥미가 있을 것이다. 두 사람 모두 당시에 매우 우수한 학자의 가르침 아래 신중히 자라났다. 아민은 어머니와 어머니편 숙부 이사 손에 위탁되고, 어렸을 때 페르시아인 어머니를 잃은 마문은 불우한 재상 자파르의 손에 양육되었다. 두 사람 다 동일한 교육을 받고 당시 행해졌던 교육과정인 웅변술, 수사학

(修辭學), 법학, 사학 등을 주로 교육받았다.

마문은 감수성이 풍부한 성격으로 주어진 지식을 흡수하고 동화했다면, 아민은 명랑하고 오락을 즐기는 성격으로 겉모습을 닦는 이상의 효과는 없었다. 아랍 귀공자에게 필요한 재능인 연설과 표현술은 둘 다 같을 정도이지만 마문 쪽은 법학자인 동시에 철학자였다. 그는 코란을 암송하고 코란의 주해와 해설에도 뛰어났다.

라시드는 이 두 아들의 성격상의 차이점을 알고 자기가 죽은 후 어떻게 될지 예상하고 두 아들을 위해 신중히 준비해두었다. 그는 호라산에서 인솔하였던 군 병력과 재정에 관한 것들을 마문에게 주겠다고 유언했다. 동부 여러 주를 방위하기 위해서는 이렇게 하는 것이 필요했다. 그리고 아민은 바그다드에 남겨놓은 막대한 재물을 소유했다.

아버지와 함께하였던 서약을 지킬 생각이 없었던 아민은 라시드의 죽음을 예상하고 미리 군대를 자기 쪽으로 끌어들이기 위해 밀사를 내보냈다. 자파르 바르마크의 몰락 후 사실상의 재상이 되었던 파즈르 빈 라비는 아민의 편이 되었다. 그는 라시드의 임종에 자리를 같이했던 시종장으로, 아민의 성격상의 약점을 알고 이 사람을 섬기고 같이 있게 된다면 자기가 사실상의 지배자가 될 것이라고 확신하고 있었다.

그는 라시드가 마문을 위해 군 장병들에게 맹세시켰던 서약을 저버리고, 자기와 함께 급히 수도로 돌아갈 것을 군부대의 사람들에게 설득했다. 그리고 파즈르 빈 라비가 군을 이끌고 병참을 가지고 귀환함과 더불어, 아민은 그에게 곧 재상의 지위를 주고 군 장병들에게는 2년분의 봉급을 선불했다.

이렇게 되어 파즈르 빈 라비의 불충 때문에 사람과 부의 쌍방을 빼앗긴 마문은 큰 곤경에 빠졌다. 그가 다스리는 페르시아의 여러 부족들이 동요의 징후를 보여서 더욱 힘들었다. 그러나 여러 유능한 참모들의 힘으로 그는 열심히 페르시아 지방영주들과 지배지의 주민들을 어루만지는 데 노력했다.

이 위기 때 그에게 중요한 조언자가 된 파즈르 빈 사알이라는 페르시아인도 있었고, 군인으로서 라시드에게 중용되었던 히샴과 타히르 빈 후사인(알 구자이 이하르삼)이라는 신진 무장들도 마문을 따랐다. 마문은 이런 저명인사들을 정중히 대우하고 조세도 면제해 주었다.

이 같은 각종 수단은 지방민의 신뢰를 얻고 주민들은 그를 '동향인의 아들'이라 부르고, 그의 주위에 모였다. 그러면서도 칼리프 아민에 대한 그의 태도는 의무를 중히 여기고, 충절을 다했고, 극히 신중했다.

이렇게 마문이 자기가 있는 지방 조직에 힘쓰고 있는 동안 아민은 일찍부터 자기 지배하의 지방을 파멸의 길로 재촉하고 있었다. 줄수록 더욱 요구하는 탐욕스런 병사들의 불확실한 욕심이 붙은 충절을 보기 위해 그는 사회의 부를 빼내어 낭비했다. 마술사와 광대, 점성가, 점쟁이들이 전국 각지에서 불려왔고, 특히 아름다운 무희와 노래 잘하는 여가수와, 또는 부인의 호위뿐만 아니라, 나랏일까지 하는 데 이용된 비잔틴 제국에 가득 있던 환관들의 뜻을 맞추기 위해 거액의 재정이 소비되었다.

이 시대에 아민이 주최한 주연의 무도회에 대한 기록이 있다. 진주로 휘감은 다이아몬드가 반짝이는 의복을 입은 백 명의 무희들이 감미로운 멜로디나 경쾌한 리듬에 맞춰 앞으로 가고 뒤로 물러나며 흔들면서 야자잎을 두드리고 춤추고, 몇개의 무리가 되기도 하고 흩어지기도 하는가 하면, 한데 엉켜 이상한 형태로 모이고 오가며 몸을 뒤집거나 몸을 엎드리는 모양은 바로 빛과 색의 교차였다.

티그리스 강변의 축연을 위해 호화로운 금은으로 장식된 사자나 코끼리, 독수리, 말 모양으로 장식한 다섯 척의 유람선이 새로 건조되었다. 주연으로 세월을 보내고 쾌락에 빠져 무희나 가수, 환관들에 둘러싸인 아민이 야심만 크고 능력없는 파즈르 빈 라비에게 정치를 맡기고 있는 동안 무슬림의 적들은 점점 힘을 키워 나갔다.

비잔틴 황제 니케포루스는 불가리아인과의 싸움에서 전사하고 뒤를 황태자 스타우라키우스(이스트브라그)가 계승했으나, 통치 수년 후에 죽고 그의 여동생과 결혼한 조지(주르스)의 아들 미카엘이 제위에 올랐다. 그런데 미카엘은 그의 군 장군의 한 사람인 레오 때문에 황제 자리에서 쫓겨났다. 레오는 제위에 오르자마자 무슬림과의 평화조약을 깨고 이슬람 영토에서 약탈을 시작했다.

그런데도 아민은 국민들의 호소에 귀를 기울이지 않았다. 무력 또는 자력으로 이슬람 제국의 방위를 위해 쓰지 않고 오히려 형제간에 전쟁의 단서를 열었다. 마문이 칼리프로 즉위하면 자기의 불신행위에 대한 상당한 형벌을 과할 것이라고 두려워한 파즈르 빈 라비는 아민을 사주해 마문의 칼리프 계승순위를 무효로 하려고 했으나, 처음에는 칼리프 아민은 이런 말에 흔들리지 않았다. 그렇지만 파즈르 빈 라비의 끈질긴 집념과 알리 빈 이사 빈 마한이라는 간신의 참소도 있어 드디어 아민도 숙명의 한 발자국을 내디뎠다.

마문은 바그다드에 소환되었으나 이에 응하여 영지를 떠난다면 위험하다고 여기고 따르지 않았다. 그래서 아민은 형제인 마문의 총독직을 빼앗고 이후 예배 때에도 단상에서 그의 이름을 부르는 예식을 하지 못하도록 명령했다. 라시드의 셋째 아들 카심이 라시드에게서 받은 영지의 지배권도 박탈되었다. 마문의 칼리프 계승권을 박탈함과 함께 아민은 어린 아들 무사를 나디크 빌하크라는 훌륭한 칭호로 칼리프 계승자로 정하고, 그후 둘째 아들을 두 번째 칼리프 계승자로 정했다.

마문은 이 같은 배신행위에 답하여 서부 국경에 초병 경계선을 설정했다. 그리고 바그다드에서 몰래 들어온 사람들이 마문이 다스리고 있는 페르시아 지방의 주민들과 접촉하지 못하도록 하기 위해 신체검사 없이는 누구도 입국시키지 않았다. 이렇게 형제간의 불화는 표면으로 불거졌다. 아민은 전에 카바 신전에 경건히 봉납했던 맹서문 두 장을 찢어버렸다.

아민측의 5만 대군이 알리 빈 이사 빈 마한을 장으로 하여 라이로 쳐들어왔다. 하지만 그들은 마문을 위해 라이를 지키고 있던 타히르 빈 후사인의 요격을 받고 산산이 패했다. 알리 빈 이사 빈 마한도 전사하고, 병사들은 도주하거나 타히르군에 투항했다. 싸움에 이겼다는 첩보는 간결했다.

'알리 빈 이사의 목은 내 앞에 있음. 나는 그의 반지를 끼고 있고 그의 군부대는 내 아래에 있음.'

이 보고는 불과 3일 만에 1200km의 거리에 보내졌다. 이에 이르러 선대 칼리프로부터 개인적인 선물로 마문에게 보낸 10만 디나르를 파즈르 빈 라비는 몰수하고 다른 개인적인 재산도 모두 압수했다. 이 고압적인 태도는 유약한 칼리프와 탐욕한 집정인 재상에 대한 많은 불평을 낳았다. 아민의 기생충이던 환관들은 마문의 어린아이들을 인질로 잡고, 마문이 항복하지 않는다면 아이들을 죽이자고 진언했다. 아문은 이런 진언을 물리치고 진언한 무리들을 하옥시키고 벌했다.

바그다드에서 파견된 다른 몇몇 부대도 처음의 부대와 같은 운명에 빠졌다. 타히르는 산악지대를 석권하고 가즈윈을 점령하고, 호르완에 이르러 그곳을 본부로 정했다. 그곳에서 그는 북쪽의 하르사마를, 뒤로는 아와즈로 가도록 명받았다. 이에 이르러 마문은 '아미르 알 무민'(믿는 자들의 장)이라는 칭호를 갖게 되고, 페르시아 전토는 그의 칼리프 자리를 인정했다. 파지 빈 사르에게는 티베트에서 함단, 인도양에서 카스피 해에 이르는 모든 땅의 군사 지배권이 위임되었다. 그는 군무장관(아미르 알 하르브)과 재무장관(아미르 알 기라지)을 겸임했다. 알리 빈 히샴은 군무국의 책임자가 되고, 경리국은 느아이마 빈 카짐이 장이 되고, 하산 빈 사르가 그를 보좌했다.

마문의 휘하 장군은 아와즈와 예멘, 바흐라인, 오만을 평정하고, 다음은 북쪽으로 돌려 와시드를 함락시켰다. 군부대의 신속한 행동과 동부 아라비아 항구의 함락은 다른 도시에 큰 영향을 주었다. 쿠파에서 아민이 파견했던 총독인 아바스 빈 하디도 마문의 주권을 인정했다. 뒤이어 바스라 주 총독 만수르 빈 마흐디와 메카 및 메디나 두 성의 도독(都督) 다우드 빈 이사도 투항했다. 그들은 모두 두터운 배려를 입어 관직이 원래대로 유지되었다.

타히르는 더욱 북쪽으로 향해 당시 중요한 거점이었던 마다인을 함락시키고, 바그다드 근교에 이르렀고, 하르사마는 북쪽에서 수도에 가까이 왔다. 이와 때를 같이하여 주바이르 빈 무사이브라는 장군도 도착하고, 여기서 세 장군은 바그다드를 포위했다. 타히르는 안바르 문 근처의 한 농장에 주둔했고, 하르사마는 강 부근에 있는 누르빈에 진지를 쳤다. 포위전은 수개월 간 계속되었고, 아민은 휘하의 병사나 평민 때문에 국고가 비어 마침내는 금은의 연판을 녹여 신하들에게 나눠주었다.

농성하는 동안 바그다드는 커다란 손해를 입었다. 양군 모두가 공격이나 방어에 방해가 되는 궁전이나 저택을 허물어 시내의 절반은 폐허가 되어 국민들의 고통은 참으로 비참했다. 유지들이나 지도자들은 아민으로부터 떨어져 나가기 시작했으나 아래 계급의 병사들은 그런대로 인내로 싸움을 계속했다.

그러나 마침내 아민은 쫓겨 어머니와 가족과 함께 강 서쪽에 있는 만수르가 축조한 성채에 몸을 숨겼다. 여기서도 그의 위치는 위험해져 그의 옆에 있던 소수의 측근은 그에게 시리아로 갈 것을 권했다.

그런데 아민의 마음은 마문 곁에 데려간다는 조건으로 항복한다는 안에 기울어 있었다. 마문의 성실성을 잘 알고 믿었기 때문이다. 타히르는 아민이 자신에게 몸을 맡겨야 한다고 주장했는데, 비운의 칼리프 아민은 자기가 예로부터 신뢰하지 않았고, 또한 자기에게 개인적인 원한을 갖고 있다고 생각되는 한쪽 눈만 있는 남자에게 몸을 맡기는 데 반대하고 결코 양보하려 하지 않았다. 그는 예로부터 아버지 칼리프 라시드의 충실한 장군이었던 하르사마에게 항복하겠다고 했다. 결국 일은 그대로 진행되었다.

아민은 하르사마에게 신병을 맡기고, 타히르에게는 국새와 검, 칼리프 법의를 내놓기로 했다. 이렇게 되어 두 장군은 그를 항복시킨 명예를 나누어 가졌다. 813년 9월 25일(이슬람력 198년 무하람달 23

일), 아민은 자식들에게 비장한 이별을 하고 하르사마의 배에 탔다. 장군 하르사마는 예의를 다하여 그를 맞이하고 뱃사공들에게 전속력으로 하르사마의 진영으로 배를 저어 오도록 명했다.

그런데 강변에서 경비를 서고 있던 속없는 페르시아 병사가 들어오는 작은 배에 대고 큰 돌을 던지기 시작하여, 그 중 하나가 티그리스강에 삿대로 저어가며 유람선과 나룻배로 사용되는 이 취약한 배에 맞아 물이 새어 가라앉기 시작했다. 하르사마는 선원들에 의해 구출되어 겨우 익사를 면하고, 아민과 그를 수행한 바그다드 시장은 헤엄쳐서 강둑에 도착했다. 그들은 페르시아 병사들한테 잡혀 가까운 막사에 유폐되었다. 아민은 추위에 떨었는데 시장이 그에게 윗옷을 걸쳐주었다. 그들은 잠시 동안 쉬려고 옆으로 가지런히 누웠다.

한밤중이 되어 페르시아인들이 문을 뚫고 들어와 불행한 아민을 습격했다. 그는 베개로 몸을 지키려 했으나 자객은 그를 찔러 넘어뜨렸다. 다음날 아침, 암살자들은 불운한 칼리프의 목을 바그다드 성루 성벽 높은 곳에 매달았다. 이렇게 아민은 4년 8개월의 헝클어졌던 통치를 끝으로 28세로 삶을 마쳤다.

아민의 불행한 최후를 듣고 마문의 가슴도 슬픔으로 가득 찼다. 두 사람의 불화가 이런 비참한 결과를 가져올 것이라고는 꿈에도 생각하지 못한 것이다. 그는 곧 암살자의 처벌에 착수하고, 아버지를 여읜 슬픔을 위로하고자 아민의 아들들을 자기 양자로 삼았다. 그들은 할머니 주바이다의 보호 아래에 성장하여 마문의 딸인 왕녀들과 결혼했는데, 그 중 한 사람은 젊어서 죽었다. 마문은 아민의 가족과 하인의 재산을 맡게 되었다.

## §§ 아바스조

이슬람력 198년-232년(813년-847년)

메르비에서의 마문-바그다드의 소요-바그다드에서의 마문군과 그리스인과의 싸움-합리주의-마문의 타계-그의 성격-마문 치하에서의 무슬림의 지적 발전-무타심 즉위-천도-터키인 친위대 조직-바베크 함락-그리스인의 패주-무타심의 타계-와시크 즉위-그의 성격-죽음

칼리프 마문이 곧 바그다드에 대하여 행동을 일으켰다면 이후 수년간의 소요는 피했을지도 모른다. 그런데 그는 재상 파지 빈 사르를 믿고 정치면에서 무제한에 가까울 정도로 지도권을 맡기고 자신은 궁정에 모인 사상가나 학자들과 철학적인 담소로 시간을 보내는 것에 만족했다.

파지는 완전히 자기 영향 아래 있는 군주를 메르비에 머물게 하는 것에 부심했다. 서부의 진정한 상황에 관해서는 일체 칼리프에게 알리지도 않고, 보고도 하지 않았다. 그래서 칼리프는 이라크와 시리아에서 일어난 사건을 아무것도 모르고 지냈다.

아민 사망 후 얼마 지나지 않아 우마이야가의 한 사람인 나스르라는 자가 메소포타미아에서 반기를 들고 5년 이상 동안 정부군에 대항하고 있었다. 이라크에서도 유목민들이 인근의 악당들과 작당하여 형한테서 이라크의 총독으로 임명된 하산 빈 사일을 배반했다. 칼리프 영토인 서부 여러 주의 혼란은 이슬람 초기 4대 칼리프 알리 집안의 야심있는 자손들에게도 영향을 주었다.

지금까지 비교적 세상에 잘 알려지지 않았던 다이야르의 별명을 가진 형 자파르의 자식과 알리가의 자손은 지금이야말로 권리를 회복할

시기가 왔다고 느꼈다. 쿠파에는 이븐 다바다바라고 알려져 있는 알리의 후예가 나와 주민들로 하여금 이슬람 예언자 무함마드 일가에 대한 순종서약을 강요하려 했다. 그에게는 해적 출신의 아부 살라야가 있었다.

두 사람은 협력하여 하산 빈 사일의 군을 격파하고 남이라크 전토의 군주가 되었다. 그런데 곧 이븐 다바다바는 아부 살라야에 의해 독살되고, 아부 살라야는 그 후임으로 알리가에 속하는 한 청년을 옹립했다.

이런 사건들이 티그리스 강을 끼고 일어나고 있는 동안, 아라비아 반도 히자즈 지방에서도 이슬람 인도자 자파르 앗 사디키의 아들이 칼리프로 선출되기도 했다. 이렇듯 페르시아 국경으로부터 예멘에 이르는 땅이 내란의 불길 속으로 말려들어가 약탈과 살인행위가 나라

칼리프 마문의 목욕도

안을 휩쓸었다.

그러나 이런 정보는 어느 것 하나 마문에게 들어가지 않았다. 그리고 마침내 이라크의 폭동이 가볍게 볼 수 없는 세력이 되자, 질투 많은 재상 파지도 아부 살라야의 토벌에 하르사마를 파견하지 않을 수 없었다. 반란군의 장은 패하여 죽고, 그의 칼리프로 선택된 청년은 메르비로 호송되고 후에 마문의 보호를 받게 되었다.

하르사마는 이라크에서 일어났던 반란을 진정하고 계속하여 이집트로 향하라는 명령을 받았으나, 나이든 노장군은 재상의 명을 거부하고 드디어 칼리프의 눈을 열게 했다. 그는 메르비로 급행하고 불의에 칼리프의 어전에 나왔다. 양파 간에 격한 언쟁이 있었는데 그는 군인다운 솔직함으로 이슬람 제국이 파멸의 길로 가고 있다고 설득했다.

그런데 칼리프 어전을 나와 집에 도착하자마자 그는 재상이 보낸 자객의 습격을 받아 중상을 입고 수일 후에 사망했다. 마문의 물음에 병으로 집에 누워있다고 핑계를 대었으나, 얼마 후에 칼리프는 중요한 신하를 잃었다는 사실을 알게 되었다.

하르사마의 죽음은 바그다드에 있는 여러 부대 안에 격한 폭동을 일으켜 또한 도처에서 싸움이 시작되었다. 국민은 하산 빈 사일과 형 파지에게 복종하는 것을 거부하고 하산의 후임 총독으로 만수르 빈 마흐디를 선출했다. 그는 마문이 스스로 오든지, 혹은 다른 총독을 보내라는 조건을 밝히고 일시적으로 총독직을 받아들였다.

817년(이슬람력 200년), 마문은 칼리프 자리를 예언자 무함마드 집안에 양도한다는 오랫동안 가슴에 품고 있던 계획의 실행에 들어갔다. 그 목적으로 메디나에서 예언자 무함마드의 딸과 결혼한 알리의 8대 직계인 무사 알 카짐을 맞아들였다. 그는 자신의 가족과 알리 집안에서 계승자가 될 인물을 물색했으나 칼리프에 오를 사람은 이 사람만큼 적합한 사람이 없다고 선언했다.

이슬람력 201년 라마단달 2일, 무사는 '알 라다 민 알 무함마드'(무함마드의 자손 중에 신망이 있는 자)라는 칭호로 칼리프 자리의 확정 계승자로서의 충성맹세를 받았다. 마문은 동시에 자기 집안의 색깔인 흑색을 버리고 파티마 집안의 녹색을 아바스조의 복색(服色)으로 할 것을 명했다.

알 라다가 칼리프 자리의 계승자가 되었다는 소식은 바그다드의 아바스 일족을 분노하게 만들었다. 그들은 마문의 숙부 이브라힘 빈 마흐디를 칼리프로 추대하고 하산 휘하의 관리를 바그다드에서 추방했다. 바그다드와 인근 여러 도시의 혼란은 무서울 정도였다. 정부는 거의 없는 것과 같았고, 도둑과 무뢰한은 대낮에 약탈, 폭행을 마음대로 저질렀다.

사태가 걷잡을 수 없게 되자 상류층은 몸의 안전수단을 강구해야 했다. 그들은 질서유지를 위해 자치시민위원회를 조직했다. 이 위원회는 마문이 바그다드에 올 때까지 질서를 유지하기 위해 활동을 계속했다. 남부 이라크와 히자즈 지방에서도 정세는 이에 못지않게 악화되었고, 이브라힘이나 하산 빈 사일도 전혀 손을 쓸 수가 없었다. 모든 도시에서 폭동이 일어나고 살인과 방화는 다반사였다.

마문의 아바스조는 페르시아인 재상의 이기적인 악정 아래 금방이라도 멸망할 것 같은 형세를 보였다. 이 위기를 당하여 메디나에서 올라온 알 라다는 마문 앞에 출두하여 사태의 진실을 말했다. 재상이 진실을 구태여 감추고 있고, 이브라힘을 칼리프로 선임한 것, 자기가 마문의 계승자가 된 것은 아바스 일족 간에 평판이 좋지 못하다는 것과, 그 외에 아민의 죽음 이후에 일어난 일들을 말했다.

칼리프는 망연하여 알 라다가 말한 사실을 다른 사람들도 알고 있는지 물었다. 알 라다는 몇 사람의 부족장 이름을 거명했다. 그들은 재상의 복수에 대하여 보호받는다는 다짐을 받고, 알 라다의 말이 진실이라고 했다. 파지의 잔인한 복수심 때문에 칼리프는 하르사마라는 충성스런 가신을 잃었고, 이브라힘 마흐디는 재상이 체면 차리고 말하는 것처럼 마문은 총독이고, 또한 이교도라고 하는 아바스 일족으로부터 따돌림 받고 마문과 대립하는 수니파의 칼리프로서 인정되고 있다는 것을 족장들은 말했다.

칼리프의 눈을 가린 구름은 걷혔다. 즉시 서쪽에 있는 바그다드로 가라는 호령이 내려졌고, 다음날 마문은 모든 궁정 신하를 데리고 바그다드로 출발했다. 파지는 자기 계획이 어긋났다는 것을 깨닫고 지위를 보호받고 있는 알 라다에 대해서는 위해를 가할 수 없어 아랫사람들에게 복수의 칼날을 들이댔다. 어떤 자는 채찍을 맞고, 누구는 감옥에 투옥되고, 그 중에는 수염을 뽑히는 자도 있었다.

알 라다는 다시 마문 앞에 나와 재상의 잔학행위를 고발했다. 이에 대해 칼리프는 당장 파지의 권력을 빼앗지는 못하여도 서서히 반드시 이를 행하고자 답했다. 파지를 제거하고자 하는 마문의 결의는 이 페르시아 재상이 스스로 만들어낸 여러 적이 알게 되고, 그는 메르비에서 하루 거리의 사라구스에서 목욕하는 중에 암살당했다. 그후 암살자들은 체포되고, 사주자과 함께 처벌받았다.

마문은 두스에 있는 아버지의 묘소에 잠깐 머물렀다. 그는 여기서 사실상 이슬람 제국을 구했다고 할 충실한 친구이며 조언을 했던 알 라다를 잃었다. 메카와 메디나의 이맘 자리는 알 라다의 아들 무함마드가 계승했다. 마문은 그의 죽음에 비탄하고 그의 묘 위에 영묘(靈廟)를 건립했는데 이곳이 마쉬 하드 무가다스(성스런 묘)로 알려지고 있다.

알 라다의 장례식이 끝나고 칼리프는 곧 출발하여 중요한 지점에는 일일이 들르면서 수도로 행진을 계속했다. 체재기간은 도시의 중요성에 따라 각각이었다. 그리고 나르완에 8일간 머물고 바그다드의 부족장들과 유지들, 집안사람들의 마중을 받았다. 이때까지 녹색 옷을 입었는데, 마문을 맞이하기 위하여 라카로부터 달려온 타히르와 기타 요인들의 간청에 따라 아바스가의 흑색으로 바꾸었다.

마문이 바그다드에 들어간 것은 마치 개선과도 같았다. 거리는 장식되고, 시민들은 옷을 차려입고, 거리 구석구석까지 칼리프의 환도를 기뻐하는 소리로 가득 찼다. 마문의 도착으로 소동은 일단락되고 시민의 보호를 위해 설치된 자치위원회도 해산되었다. 마문은 행정을 개혁하고 황폐한 시내를 수복하는 데 힘을 쏟았다.

어느 때 시종 아흐마드 빈 할리드와 함께 순시를 나갔는데 도중에서 아흐마드는 당시 일반의 곤궁 상태를 말했다. 이에 답하여 백성은 3계층으로 나누어지며, 압박받는 층(마즈룸)과 압박하는 층(자림), 어디에도 속하지 않는 제3계층이 있으며, 이 3계층이 모든 나쁜 일의 원인이 된다고 설득했다. 역사가들도 이는 사실이라고 인정하고 있다.

아라비아 반도에 있는 메카와 메디나 두 성도(聖都)는 알리 집안의 한 사람에게 위탁되고, 쿠파와 바스라는 칼리프의 두 명의 동생에게 맡겨지고, 친위대장의 자리는 타히르에게 주었다. 다음해 타히르는 동부의 총독직을 원해 원대로 취임했다가 2년 후에 죽을 때까지 그 직을 유지했다. 그가 죽자 아들 타히르가 뒤를 이어 총독이 되고 7년간 동부를 통치했다.

타히르의 다른 아들 아부달라는 아버지 못지않게 장군으로서의 기량을 갖고 있고 인정도 많은 사람으로, 메소포타미아 정벌 임무와 함께 시리아와 이집트의 총독직도 맡았다. 싸움이 몇번 벌어지고, 반군은 항복하여 가이산의 성은 허물어지고, 반군 대장의 신병은 조정에 보내졌는데, 마문은 예전처럼 관대하게 그를 용서했다. 메소포타미아의 질서를 회복한 후 아부달라 빈 타히르는 반란 발발중인 이집트로 진격하고 한 번의 싸움으로 반도들을 분쇄했다.

당시 스페인의 서우마이야조 군주 때문에 안달루시아에서 쫓겨난 스페인 무슬림의 무리가 가족과 함께 이집트에 와있었고, 알렉산드리아는 그들의 방종한 행동으로 소요가 끊이지 않았다. 아부달라는 그들에 대하여 무기를 버리든지 그 땅을 떠나든지 어느 하나를 선택하라고 요구했다. 크레타 섬으로 가고 싶다는 그들의 바람은 곧 허락되었다.

이들 반갑지 않은 손님의 출발에 앞서 식료품과 그 섬에 정착할 원조가 주어졌다. 그들과 이 계획에 참가한 지원자의 무리는 바닷길로 크레타 섬으로 향하여 아무런 곤란없이 상륙에 성공하여 잠깐 동안의 전투 후에 다수의 섬 주민들이 항복했다. 침입군은 정복지에 머물고 뿌리를 내렸다. 이보다 2년 전, 지아다툴라 아글라브는 시칠리아 섬을 칼리프의 세력 아래 놓았다.

818년(이슬람력 201년) 라마단달에 마문은 별명을 부란이라고 하는 하디자와 결혼했다. 그녀는 재상 하산 빈 사일의 딸로 미인인데, 메르비에 있을 때부터 약혼한 사이였다. 이 결혼식의 호화로움은 당시의 바그다드 조정의 위세를 나타내는 데 충분했다.

부란은 무슬림 사회에서 가장 출중한 여성의 한 사람이었다. 천성의 자질과 덕, 기지와 아름다움을 갖춘 그녀는 남편에 대하여도 큰 영향력을 갖고 언제나 사람들의 행복을 위해 이용했다. 그녀의 자선이 대단히 많아 바그다드에도 몇개의 병원과 부인 학교를 창립했을 정도였다. 이 왕비는 마문이 타계한 후에도 50년 가까이 살아서 아바스 제국의 전성시대뿐만 아니라, 몰락의 징후가 나타날 때까지 지켜보았다.

마문의 통치 초기에 국내의 내분이나 전쟁 때문에 혼란한 동안, 바베크라는 산적이 마제드란 골짜기에 본거지를 구축했다. 그는 구라미에의 마기아파 종교를 믿으며 윤화를 믿고 유태교나 기독교, 이슬람교가 요구하는 믿음과 도덕률을 일절 거부했다.

그리고 산채를 나와서는 가릴 것 없이 주위 지방을 황폐하게 하고, 기독교도든 이슬람교도든 묻지 않고 남자는 죽이고 여자는 강탈하여 감금하고 도리에 어긋난 일을 저질렀다. 군대를 몇번인가 보냈으나 그는 난공불락의 지형을 이용하여 수년간 어떠한 토벌 기도도 물리쳤다. 언젠가 정부군에 압박되면서 그리스인과 동맹을 맺고, 그리스인을 무슬림 영토에 침입하게 하여 위기를 모면하기도 했다.

당시 비잔틴 제국의 황제는 미카엘의 아들 테오필로스였다. 허무주의자인 산적과 연결한 이 기독교 황제는 무슬림 영토에 침입해 많은 무슬림을 살육했다. 이 같은 무법한 공격을 격퇴하기 위해 마문은 스스로 전쟁터에 나가 전투를 벌이기를 몇번 하여, 완전한 승리를 얻고 마침내 적으로 하여금 강화를 청하게 했다. 이 같은 끊임없는 전쟁은 그리스인과 아랍인간에 뿌리 깊은 적의를 만들고, 지금도 그 흔적이 서양에 증오와 악감정을 남기고 있다.

칼리프는 그리스군을 격파하고 이집트에 군을 진격시켰다. 그리고 당시 고위직에 올라간 아프신이라는 터키 장군은 상이집트의 가장 먼 알 푸아르마를 평정했다. 그곳은 남쪽에서 쫓겨간 반도들이 도망간 곳이다.

마문은 반복되는 그리스인의 공격에 대비해 그들의 전진을 막기 위해 다르수스에서 140㎞ 북방의 디아나에 진지를 설치하고 요새 구축에 착수했다. 이 요새가 완성되기 직전에 죽음이 그를 덮쳤다. 마문은 다르수스에서 얼마 멀지 않은 비단둔이라는 곳 주위에 진지를 구축했다.

어느 더운 가을날, 마문은 비단둔 강가에 동생과 함께 앉아 얼음처럼 찬 물에 발을 담갔다. 그런데 그날부터 형제는 열병에 걸렸다. 마문은 병으로 누운 채 실려가 얼마 있다가 그곳에서 죽어 아버지의 충실한 가신이었던 사람의 저택에 매장되었다.

무타심은 완전히 나아 형의 임종 자리에서 유언을 듣는 몸이 되었다. 마지막 숨을 쉬면서 마문은 칼리프 계승자인 동생에게 국민의 이익을 보호하고 압박자들한테 괴로움을 당하지 않도록 지키고, 정의를 행하고, 범죄를 벌하는 데도 법을 넘지 않도록 명했다.

마문은 786년(이슬람력 170년)에 출생했는데 이날은 아버지 하룬 라시드가 칼리프에 오른 날이다. 그는 20년 6개월 동안 집권했는데, 당당한 체격에 용모가 단정했다. 아바스조 군주들 중에서도 걸출하고, 총명과 과단성, 인자함, 판단력, 지혜, 위용을 갖추고 있었다. "아바스가 출신으로 칼리프에 오른 사람으로 그보다 우수한 현군은 하나도 없다."고 어느 사가는 말했다.

마문 칼리프 시대는 이슬람사에 있어 가장 화려했던 황금시대였다.

그의 통치 20년은 모든 사상면에서 무슬림의 지적 발달의 기념비를 남기고 있다. 그 성공은 과학이나 문학 등 특정한 부문에 한정되지 않고 이지(理智)에 관한 모든 방면에 걸쳤고, 사고의 철학과 수사학도 정밀과학 못지않게 열심히 육성되었다.

수학, 천문학, 의학 등 모두가 이슬람 문명의 극성기(極盛期)에 큰 진보를 성취했고, 그 이지의 유산은 이슬람 스페인에도, 기독교의 콘스탄티노플에도, 또한 유럽에도 전해졌다. 마문은 국민의 진정한 행복은 교육과 문화 속에 있다고 생각했다.

그는 지식의 진보를 칼리프나 국내 귀족의 개인적·우발적인 관대한 심정에 맡기는 것을 바라지 않고 참으로 학문의 존엄을 이해하고 학문의 장려와 지탱을 위해 영구적인 기금을 만들었다. 초등학교와 고등학교를 세우고 교육예산을 충분히 책정했다.

마문의 너그러움으로 국민들은 신앙이나 민족을 이유로 차별을 받지 않고 공직에 있을 수 있었고, 종교적 차별은 철폐되었다. 이슬람 초기의 공화정체가 없어지고 독재군주제가 확립된 이래 대관들은 군주의 고문에 불과했다. 마문은 지배하의 온갖 계층으로부터의 대표자들로 정규 국회를 구성했다.

그 중에는 무슬림, 유태인, 기독교도는 물론 사바교도와 조로아스터교도도 포함되어 있었다. 양심의 자유와 신앙의 자유는 무슬림 지배 아래 있는 비무슬림에게도 언제나 주어졌고, 이 정책은 때때로 변경되는 경우는 모두 지방장관 멋대로의 생각에서 나온 것이다.

그런데 마문 시대에는 타종교에 대한 태도가 특히 관대하고 모범적이었다. 그의 통치시대에 1만 2천의 기독교 교회와 수백의 유태교 예배당이나 배화교 사원이 있었다고 한다. 예루살렘과 안티오크의 주교는 기독교 교회의 수장이었다.

마문은 뛰어난 안목으로 자기가 칼리프로 있는 이슬람 내에 점점 세력을 획득하고 있는 교리의 경향을 꿰뚫어보고, 이것이 시간과 함께 굳어지고 결과적으로 사회와 국가에 어떤 영향을 미칠 것인지 예지했다. 그의 판단으로는 이런 교리를 고집한다는 것은 반역 이상으로 나쁜 일이었다. 이런 종류의 교리는 일절 정치적이고 사회 발전을 막으며 사회의 파멸을 가져오는 경향을 갖고 있다는 것이었다.

그는 절대적 교리가 인심을 구속하는 결과를 통찰했다. 그의 통치의 마지막 4년 동안 국가를 종교로부터 떼어놓고 학자들이나 법률가들이 만들기 시작한 여러 억지규정에서 사람들의 지혜를 해방하는 것에 크게 힘을 썼다.

이런 위대한 개혁사업을 행하는 데는 그만한 적당한 인물도 없었다. 역사와 법률 지식에서도 그는 당대의 학자들한테 뒤지지 않았다. 그의 코란 연구는 깊고 치밀했다. 그는 이맘 알 라다의 제자 중 한 사람으로 스승으로부터 철학과 과학에 대한 애호심을 이어받았고, 무함마드 집안의 철학자의 교리에 특징적인 자유주의를 체득했다.

이슬람 제2세기 전반에 이미 와시르 빈 아다의 국교 이슬람에 대한 반대 선언이 있었다. 와시르는 원래 이맘 자파르 사디크의 제자로 스승으로부터 인간 이성의 가치를 배웠다. 그는 후에 하산 알 바스리의 강의도 들었는데 종교적 도그마 문제에 관해서는 그와 별개의 입장을 취했다. 그의 일파는 이 같은 분리적 태도에서 무타질라 분리파라 불리고, 이 조직은 이티자르 마자하브 분리학파라 불린다.

지금까지의 교리 해석은 와시르의 눈으로 보면 인간 이성에 반할 뿐만 아니라, 코란과 아울러 예언자의 가르침에 완전히 배반되는 것과 같은 교리를 몇개 내세우고 있다는 것이다.

예를 들면 인간행위의 모든 것은 전세에서 정해져 있다고 한다면, 인간은 자유인이 아니라든가, 심판의 날에 육체적인 부활이 있다든가, 하나님은 눈을 갖고 본다든가, 하나님의 속성은 본질과 구별된다든가, 코란은 만들어진 것이 아니라 최초부터 존재하여 하나님과 함께 영원히 생명이 있다든가 하고 가르치고 있다. 이 같은 견해를 갖는다면 가변적인 원시사회의 필요에서 나타나는 온갖 일시적인 표시가 영구적인 불변의 법칙으로 되어야만 되는 것이다.

무타질라파는 인간은 선과 악을 선택할 수 있는 자유인이고, 육체적인 부활도 없으며, 하나님을 육안으로 본다는 것도 불가능하며, 이 같은 것을 생각한다는 것은 하나님 자체를 속체라고 간주하는 것이라고 주장했다. 그리고 하나님의 속성은 본질과 분리된 것이 아니고 코란은 창작물이라고 주장했다.

또한 그들은 인간행위를 규정하는 불멸의 법칙이란 없고, 인간행위를 규정하는 신의 명령은 생성발전의 결과이고, 창조자가 우주 전체에 부여한 하나의 변화 과정을 따른다고 단언했다.

마문은 무타질라파의 학설을 채용하여 이를 영내에 보급하고자 했다. 이슬람교의 안전과 모든 진보의 희망은 이 교리를 사회가 받아들이는 데서 생긴다고 생각했기 때문이다.

833년(이슬람력 217년), 바그다드 행정장관한테 전권대사를 파견하여 주요 이슬람 학자들을 소집하고, 중요한 학설에 관해 시문하고 그 답을 보고하게 했다. 바그다드의 재판관이나 학자들은 신념에서인지, 또는 정책에서인지 여하간에 칼리프의 견해에 동의한다는 뜻을 표명했다. 어디까지나 자기가 믿는 교리를 굽히지 않고 반항적인 자들도 몇몇 있었는데, 그 중에서 특히 보수적이었던 것은 아흐마드 빈 한발이었다.

이슬람교사를 통하여 가장 빛나는 시대는 마문의 통치시대였다. 인문 과학의 연구개발은 국민의 문화적 발달을 아는 가장 분명한 지수이다. 마문의 궁정에는 종교와 국적을 달리하는 세계의 각지에서 모인 과학자, 문인, 의사, 철학자들이 구름처럼 있었다. 오는 자 모두에게 민족적 차별없이 충분한 재정적 지원을 했고, 사학파나 문장가, 설화 수집가에게도 수도에 모인 학자들과 같은 후원을 아끼지 않았다.

마문 스스로가 문예의 융성을 이룩한 그 세기에 자기의 이름을 남겼다. "할아버지 만수르가 시작한 사업을 완성한 명예는 하룬 라시드의 아들 마문이다."라고 프랑스 사가는 표현했다.

마문은 학자나 예술가의 엘리트에 둘러싸여 새롭게 알렉산드리아

학파의 저작을 모으고, 콘스탄티노플의 비잔틴 황제와의 관계를 이용하여 아테네로부터 고대 그리스의 일류 철학 저술을 입수했다. 이 같은 저작류는 바그다드에 들어오자마자 실력있는 학자의 손으로 번역되어 간행되었다.

그리스어, 시리아어, 가르디아어로부터의 번역은 고스다 빈 류그가 감수하고, 고대 그리스어는 야흐야 빈 하룬, 인도의 범어(梵語)는 인도 바라문 두반이 지도했다. 독자적인 연구나 저작에 관해서도 유력한 교수들을 장으로 하는 전문부가 설치되고 특수연구부문의 촉진과 실행을 위해 자극을 주고, 저술은 큰 특전을 주고 장려되었다.

춘분·추분, 일식·월식, 혜성의 출현과 기타 우주 현상에 관한 마문 시대에 행해진 천문학적 관찰은 매우 중요한 것이었다. 지구의 크기는 홍해 연안에서 각도를 측정하는 것을 갖고 산출되었다. 이것은 유럽 사회에서 땅이 평평하다고 믿던 시대의 일이다. 아불 하산은 망원경을 발명했는데, 그는 이것을 양 끝에 굴절경이 달린 관이라고 말했다. 이 관이 개발되어 후에 말라가와 카이로 관측소에서 사용되어 큰 성공을 거두었다.

무슬림 사회에 있었던 최초의 관측소는 마문이 세운 다드모르 평원의 샤마사 관측소였다. 그후에 와시트, 아바미아나 다른 곳에도 하나하나 설립되었다. 산수와 기하학, 천문학, 광학, 역학, 의학, 철학에 대해서도 무수한 연구가 행해져 발표되었다. 의학 연구에 특히 주의를 기울여 칼리프 측근에 저명한 의사들이 많았다고 하는 것은 마문의 성격을 이해하는 데 도움이 될 것이다.

아랍에 정복된 페르시아에는 고대 페르시아의 언어나 문학이 사회 표면에서 사라졌다. 주민들조차 아랍어를 배우는 데 바빠 모국어를 배우려고 하지 않았다. 마문은 후원을 아끼지 않고 고대 학문을 부활하고 수천의 아랍 어휘가 더해져 어휘는 풍부해졌다고 하나, 페르시아어의 학습에 자극을 주었다. 근대 페르시아 시의 창시자인 시인 아바스(마르부지)는 이 시대의 전성을 구가했다.

화요일은 문학이나 철학, 과학을 논의하는 날로 정했다. 석학들은 오전에 궁정에 들어가 시종의 향응으로 조찬을 했다. 식사가 끝나면 이 회합을 위해 특별히 마련한 방으로 안내되어 앉고 회합의 의장석에는 칼리프가 앉는다. 모인 사람들은 저녁예배가 끝나면 칼리프 앞을 떠나 다시 저녁만찬을 했다.

다른 요일에는 규칙적으로 국사를 논의하고 조그만 것이라도 빠지지 않고, 어떠한 회계보고도 어김없이 검토되고, 어떠한 탄원이라도 방치되는 것은 없었다. 정부의 위급이 촉박한 경우 이외에는 결코 형벌을 과하지 않았다.

광신집단인 하와리지당의 한 사람이 두려움도 없이 칼리프 앞에 나와 융단 가장자리에 서서 칼리프에게 일반적인 인사를 하고 칼리프를 향하여 "전하가 점하고 있는 그 옥좌에 대하여 말씀해 주십시오. 전하는 모든 국민의 동의로 그 자리에 앉았습니까, 아니면 폭력에 의해서입니까?"라고 물었다. 마문은 곧 "그것은 다 아니다. 무슬림 일을 관장하는 사람이 이 지위를 나와 내 동생에게 준 것이다. 대권을 맡은 그때 나도 모든 국민의 동의가 필요하다고 느꼈으나, 다시 생각해

터키에서 만든 융단

보니 내가 통치권을 포기한다면 무슬림 사회의 안녕이 문란해지고, 거리는 도둑이 돌아다니는 곳이 되고, 사회는 혼란에 빠지고 쟁투나 소요가 일어나 무슬림은 종교적 의무인 순례도 할 수 없게 된다. 따라서 나는 국민의 보호를 위해 이 자리에 앉았다. 국민들이 일치하여 한 사람을 선택할 때는 나는 그때야말로 그 사람에게 통치권을 양도하겠다. 사람들 모두 함께 한 사람을 선택한 이상 나는 그 사람 때문에 퇴위할 것이다."라고 답했다.

그 남자는 "전하의 안녕하심과 하나님의 은혜가 있기를 기도드립니다."라는 말을 남기고 자리를 떠났다. 마문은 그 자리에 있던 한 사람에게 남자의 뒤를 따라가게 했다. 돌아온 자의 보고에 따르면 그 남자는 폭동을 일으킬 목적으로 모인 하와리지당의 광신자 무리의 수령이었는데, 그로부터 마문의 말을 전해 듣고 모두 무기를 버리고 해산했다는 것이다.

마문은 죽기 전에 동생 아부 이삭 무함마드를 알 무타심 빌라의 칭호로 칼리프 계승자로 지명하는 포고를 발했다. 마문이 군, 특히 아랍인 부대에 인망이 있던 자기 아들 아바스를 세우지 않은 이유에 대해서는 밝혀지지 않았다. 혹 아들은 외부로부터의 영향에 휩쓸리기 쉽고, 국가 지도를 위해 정해진 자기 정책을 지킬 만한 사람됨이 아니라고 생각했을지도 모른다.

아마 그는 동생 무타심의 원숙한 성격이 국가 정책을 시행하는 데 더 좋다고 여기고, 아들보다 동생을 선택했을 것으로 보인다. 군은 처음에 아바스의 선출을 요구했으나, 아바스가 임종하는 아버지의 바라는 바를 알고 숙부에 대한 충성의 맹세를 했기 때문에 군 장병들도 요구를 내세우지 않고 그의 뜻을 따랐다. 무타심은 다르수스에서 칼리프에 즉위했다.

무타심은 근시안적인 태도로 전대부터 내려오던 데아나 요새 건설 공사를 중지하고, 그곳에 놓일 예정이었던 저장품이나 식량, 주둔병을 다르수스에 되돌렸다. 이것만은 별도로 한다면 그는 신중히 형이 한 일을 본보기로 하여 노력했다. 그런데도 그의 큰 실책이라 할 터키인 등 외국인으로 조직된 상비군을 둔 것은, 후에 칼리프권의 실추를 가져오게 했다.

이 상비군은 터키 노예와 중앙아시아, 예멘, 상이집트에서 온 용병으로 편성되었다. 중앙아시아에서 온 자들은 푸에라기나라 불리고, 아프리카인과 예멘인은 마그리바(서쪽에서 온 사람)라고 불렸다. 그들은 칼리프에 직속하는 같은 종족의 장교의 지휘를 받았다. 그들은 아랍인과 페르시아인 부대로부터 완전히 분리되어 있었다.

그들은 군주를 뜻대로 폐립함에 이른다. 화려한 제복을 입은 그들은 바그다드 거리를 활보하고, 눈에 거슬리는 것은 모두 때려눕혔다. 수도 안에서는 분격의 소리가 휘몰아쳤으나 눈이 가려진 칼리프는 폭동을 두려워하고 친위대와 함께 바그다드 북서쪽 약 1백㎞에 있는 사마라로 836년 수도를 옮겼다.

그가 사마라를 선택한 것은 바그다드에 있는 옛 군단의 불온한 행동에 대처하기 위한 전략적 고려가 있었다고 생각된다. 그는 여기에 자기를 위한 궁전과 25만 명을 수용할 수 있는 막사와, 16만 마리의 말을 수용할 마구간을 지었다. 시내 도처에 터키인 대장을 위한 토지가 주어졌고, 그들의 저택은 칼리프 궁전과 장려함을 다투었다.

하나님과 그 도덕률을 믿지 않고 윤회설을 믿는 산적 바베크의 겁탈은 이즈음 온갖 방면에 미치고, 그를 토벌하는 것이 절대적으로 중요 사항이 되었다. 무타심은 이 산적을 토벌하기 위해 터키인 장군 아프신을 파견했다. 아프신은 신중한 작전을 짜고 바베크의 본거지를 함락했다. 산적 바베크의 아들을 비롯한 가족들은 항복하고 바그다드로 이송되었다.

바베크와 그의 동생은 아르메니아로 도망갔으나 아르메니아 족장에게 잡혀 아프신에게 인도되었다. 그들의 죄는 도저히 용서 못할 정도로 악질적인 것이었다. 그들은 사형에 처해졌다. 무슬림과 기독교도 쌍방을 포함하는 7천 명의 부녀자들은 아프신에 의해 구출되어 고향으로 돌아갔다.

아프신이 마젠드란에서 싸우고 있을 때 바베크와 동맹관계를 맺고 있던 비잔틴 제국은 바베크의 도움이 되고자 침입을 시도했다. 카파도키아를 침입해 도시를 약탈하고 불태우고, 남자들을 검으로 베고 부녀자들은 탈취하여 노예로 삼았다. 무타심의 출생지인 지바드라도 잿더미가 되었다. 남자들은 살해되거나 불에 달군 철사로 눈을 찔러 멀게 하고, 또는 거세되는 자도 있었다.

이 같은 만행 소식은 무타심으로 하여금 열화같이 화를 나게 하여 단호한 복수를 하겠다는 맹세를 하게 했다. 그는 군부대를 급히 집합하여 배신적이고 야만적인 그리스군을 향해 진격시켰다. 선봉대는 안시라 앞에서 테오필로스의 그리스군과 마주쳐 그리스군을 무참히 격파했다.

다음에 칼리프는 테오필로스의 출생지인 아모리움을 향해 진격했다. 50일간의 농성 후에 아모리움은 점령되고 흔적도 없이 파괴되었다. 3만 명의 남자가 살해되고, 나머지 사람들은 그리스군 사령관 바디스와 함께 바그다드로 끌려왔다.

이에 이르러 무타심은 비잔틴 제국에 최후의 일격을 가하고자 프로폰데스 및 보스포러스 해협을 향해 진격했다. 그런데 아군 진영에 위험한 계획이 있다는 것이 폭로되어 그의 발을 멈추게 했다. 터키 군벌의 세력을 질투하고 자기들이 칼리프로부터 받는 대우에 불만을 품고 있던 몇명의 아랍인 장군이 마음이 흔들리던 나이 어린 아바스와 함께 무타심 암살 계획을 세웠던 것이다.

이 계획은 우연히 발각되었으나 꽤 대규모적인 것으로 생각되어 칼리프의 예정은 전적으로 변경되었다. 아바스와 그 공모자들은 사형에 처해지고, 무타심은 아모리움 함락으로 겁에 질린 비잔틴 황제 테오필로스와 화의를 맺고 사마라로 개선했다.

839년(이슬람력 224년), 마지알이라는 이름의 타바리스탄의 마기아 귀족이 반기를 들었다. 터키인 사령관 아프신은 동부지방 총독 아부달라 빈 타히르는 마지알의 반란을 진압할 만한 힘이 없다고 여기고, 무타심으로서도 결국 자기를 아부달라 대신에 동부총독으로 임명하지 않을 수 없을 것이라고 믿고 비밀리에 마기아 귀족이 최후까지 싸우도록 사주했던 것이다.

그런데 마지알은 아부달라에게 잡혀 바그다드에 송치되었다. 그는 칼리프 면전에서 아프신의 배신행위를 폭로하고 자기가 받은 서한 등을 제시했다. 마지알은 사형에 처해지고 아프신은 집에 유폐되어 굶어죽었다. 무타심도 그후 얼마 안 되어 중병에 걸려 이슬람력 227년(842년) 제1 라비달 19일에 죽었다.

무타심은 농업을 장려하고 국내의 자원 개발에 커다란 관심을 보였다고 한다. 성격이 노하기 쉽고 다분히 냉혹했으나, 대법관 아흐마드 빈 아부 두와드의 영향이 그를 많은 잔인한 행위에서 구했다. 이 대법관의 충고는 재상의 잘못된 진언을 중화(中和)하기도 했다.

"아흐마드는 천성의 아름다운 마음을 갖고 태어난 사람이며, 하나님으로부터 바른 길이 제시되고 이 길을 걷는 실천심이 부여된 사람이었다."고 사가 마수디는 말하고 있다. 아흐마드 빈 아부 두와드는 무타질라파(분리파)의 지도자였다.

무타심의 뒤를 이어 칼리프가 된 사람은 아들 아부 자파르 하룬 와시크 일라이다. 와시크라는 위인에 대하여는 좋지 않게 평하기도 하지만 사실은 관대하고 어려움도 잘 참는 훌륭한 군주였다. 그의 통치는 견실하고 진보적이었다. 사람들에게 대접하는 것을 즐기고 사생활에 흠잡을 점이 없었다.

문학과 과학을 장려하고 상공업도 후원했다. 문학적인 경향과 함께 음악에도 조예가 깊어 가곡과 악극의 작품도 100곡에 달했다고 한다. 자비심도 많아 그의 통치 아래서는 구걸하는 거지가 한 사람도 없었다. 이 시대에 그리스인과 무슬림 사이에 대규모 포로교환이 행해졌다.

와시크는 아버지의 치명적인 실책을 고치지 않고 여전히 아랍인과 페르시아인을 희생하여 터키인의 세력을 양성했다. 터키인 아쉬나스를 술탄, 즉 칼리프를 대신하는 실질적인 책임자로 임명하고 그에게 보석이 박힌 검을 내렸다. 와시크는 민간에 합리주의적 학설, 즉 무타질라파의 교리를 펼치려고 노력했으나 이를 반대하는 보수적인 법학자들 때문에 상쇄되었다.

그로서 아바스조의 전성이 끝났다면 그의 요절은 애석하기도 하다. 그 이후 2세기간의 그들의 역사는 실력을 갖지 못하고 칼리프에 올랐다가 애석히 여기는 일 없이 묘혈을 파고들어가는 군주들의 모습을 보이는 잡다한 한 폭의 그림에 지나지 않는다. 와시크는 847년(이슬람력 232년)에 죽었다.

## §§ 아바스조

이슬람력 232년-454년(847년-1063년)

아랍의 네로 무타와킬-아바스조의 쇠퇴-문타시르-무스타인-무타즈-흑인 반란-사파르조-무타디-흑인 반란의 진정-무타지드-파티마 집안의 흥기-카르마티아 신도-그 폭행-무크타피-이집트의 칼리프령 회복-사만족-무크타디르-카히르-라디-무타키-부와이흐가-무스탁피-가즈나가(家)-무티-타이-카디르-카임-셀주크족-투그릴 베그

와시크가 죽자 대법관, 재상, 기타 대부분의 궁전 신하들은 그의 아들이 칼리프에 오르기를 원했다. 하지만 터키인 와시후는 그런 신출내기에 칼리프 왕관과 옷은 지나치게 무겁다고 반대했다. 그래서 가신 일동은 알 무타와킬 일라의 칭호를 가진 와시크의 동생 자파르를 선출했다.

그는 15년간 집정했는데, 그가 통치한 후 아바스 이슬람 제국은 쇠퇴의 길을 걷게 된다. 난행을 예사로 하고 술에 젖어 그는 정부에 파멸이 다가와도 아랑곳하지 않았다. 그런데도 그는 수니파의 교리 부활에는 대단히 열성적이었다. 그리고 무타질라파의 합리주의 교리를 엄금하고 예로부터 내려오는 교리를 엄격하게 부활하라는 명을 포고했다. 무타질라파의 합리주의자들은 공직에서 추방되고 과학 및 철학에 관한 강의는 금지되었다.

재판관 아흐마드 빈 아부 두와드와 그의 아들과 같은 무타질라파의 주요 인물은 투옥되고 재산은 몰수되었다. 무타와킬의 박해는 무타질라파에 국한되지 않았다. 비무슬림도 그의 광신적인 열정 때문에 괴로움을 받았다. 그들도 국가의 직위로부터 배척되고 다른 어려움도

겪어야 했다.

그들은 정통 칼리프 4대 알리와 그 자손에 대하여도 이유 없는 한을 품고 있었다. 말하자면 알리를 따르는 자들을 이슬람 다수파와 분리된 파, 즉 시아파로 간주하고 배척한 것이다. 와시크의 재상 이븐 자야트도 새 칼리프가 즉위 전에 충분한 경의를 표하지 않았다는 이유로 사형에 처해졌다.

이슬람 제국의 혼란한 틈을 타서 그리스인들은 다시 침입을 시작했다. 그들은 이집트에서 다미에타를 불태우고 시칠리아 섬을 폐허화하면서 2만 명의 포로를 데리고 왔는데, 그 중 1만 2천 명은 데오도라 여황제에 의해 매우 잔인한 고문으로 목숨을 빼앗겼다. 살아남은 자는 기독교도뿐이었다. 무타와킬의 행위는 점점 난폭해지고 드디어 터키인 친위대마저 시역(弑逆)의 음모를 기도하기에 이른다.

아버지의 잔학행위를 싫어한 후계자 문타시르도 이 계획을 묵인했다고 한다. 어느 날 밤 이슬람 제국의 폭군이 술에 취해 잠들어 있는 사이 주모자들은 그의 침실을 습격해 간단히 그를 처치했다.

무타와킬이 시해되자 문타시르 일라가 칼리프에 즉위했다. 그는 사람됨이 너그럽고 예리한 지성을 갖고 있었다. 마음으로부터 백성의 복지를 원하고 있었던 경건하고 공정한 군주였다고 한다. 그는 아버지가 파괴한 알리 및 후사인 묘를 재건하고 몰수한 재산도 자손들한테 돌렸고, 아버지가 비무슬림들에게 과한 금지 명령을 취소하고 불편을 모두 제거했다. 하지만 불행하게도 그는 불과 6개월의 다스림 후에 죽었다.

당시 이슬람 제국인 아바스조 운명의 사실상 결정자가 된 터키 군벌들은 또 한번 무타심의 손자를 무스타인 일라라는 칭호로 칼리프에 등극시켰는데, 그에 대하여도 전혀 권력과 권리를 갖지 못하게 했다. 문타시르가 죽은 후 혼란상태를 틈타 지방장관은 점점 봉건군주화했다. 칼리프의 지상권(至上權)은 얼마간이라도 명목적인 통치권으로 변해가고 있었다.

무타심 대에 죽은 아부달라 빈 타히르는 동부 쪽에 있는 자기 지배지를 아들 타히르에게 양도하고, 타히르는 이것을 당연한 권리처럼 인수했다. 그의 통치는 아버지 시대처럼 진보적이고 공정하며 너그러웠다. 타히르 집안은 호라산의 중심지인 니샤푸르에 근거를 두고 정무를 보았다. 타히르는 862년에 죽고, 그의 뒤를 아들 무함마드가 이었고, 873년까지 호라산을 지배했다. 타히르 일가가 보인 권력은 다른 지방의 장관들에게도 격려되어 얼마 지나지 않아 동부 전체가 아바스가의 수중에서 벗어났다.

터키 친위대의 횡포에 견디지 못한 무스타인은 바그다드에서라면 아랍인과 페르시아 장병의 지지를 얻을 것이라 기대하고, 바그다드로 피했다. 환도를 둘러싸고 실패한 터키인은 무타와킬의 둘째 아들을 알 무타즈 일라의 칭호로 칼리프로 내세우고, 군을 진격시켜 바그다드를 포위했다. 무스타인은 메디나에서 편안한 생활을 한다는 굳은 약속 아래 퇴위하는 데 인정하고, 히자즈로 가는 도중 와시드에서 무타즈 일라의 밀사한테 암살당했다.

터키인 상호간에도 내부 다툼이 있었다. 지금까지의 무대에서 주역을 맡았던 와시르와 부가 두 사람은 경쟁자 때문에 살해되고, 바비기아르가 재상직에 앉았다. 그는 허수아비 칼리프로부터 이집트 총독직을 얻고, 자기 대신의 행정장관으로 아흐마드 빈 툴룬을 임명했다. 얼마 안 있어 바비기아르가 살해되자 아흐마드 빈 툴룬은 사실상 이집트의 지배자가 되었다. 그는 능력이 있고 염직하며 공정한 통치자로 수완을 보였다.

무타즈는 3년 가까이 칼리프로 재위했다. 868년(이슬람력 255년), 군대는 봉급 지불을 요구하고 그 요구에 응할 수 없다는 것을 무타즈의 입으로 듣고, 그를 궁전으로부터 끌어내어 여러 가지 치욕을 가한 후에 퇴위를 강요했다. 여기에다 그는 감옥에 투옥되고 감옥 안에서 암살당했다. 만수르와 라시드의 후예가 이렇게까지 신변이 추락하고 만 것이다.

무타즈가 퇴위하고 터키 군벌은 와시크의 아들을 무타디 일라의 칭호로 칼리프에 즉위케 했다. 그는 성격이 강하고 덕이 있고 공정하여 자기 의무를 다하는 데 노력했다. 좋은 세월이었다면 그는 훌륭한 군주가 되었을 것이었다. 궁정에서 가수나 악사, 무용수 등과 기타 기생충 같은 존재를 몰아내고 법률에 따라 국가를 통치하고자 시도했다.

그러나 이 일은 곧 그와 터키인 사이에 알력을 낳게 했다. 그는 얼마 되지 않는 신복과 함께 터키인들에게 용감히 대항했다. 그런데도 결국 그 가신들한테도 버림받고 잡혀 학대를 받다가 후에 강제적으로 퇴위당했다. 그후 유폐된 채 있다가 곧 죽었다.

이에 이르러 당시 사마라에 살고 있던 무타와킬의 가장 나이 많은 아들이 무타미드 알라의 칭호로 칼리프에 올랐다. 그는 나약하고 침착함이 없고 오락을 좋아했다. 그러나 무와피크라는 별명을 가진 동생 아부 아흐마드는 수완가로서 대단한 군사적 재능을 가져 사실상 국내를 지배했는데, 무타미드보다 앞서 죽는 날까지 아바스조의 기둥인 실력을 보였다.

반은 무와피크의 인격으로, 또 반은 민족적인 애국심의 지지 기반이 있는 바그다드로 궁전이 옮겨졌다는 사실 때문에 이 대와 다음 대 2대 동안은 터키 군벌의 세력도 커져 이미 조각나있던 이슬람 제국도 다시 활기와 번영이 돌아오는 희망이 생겼다.

타바리스탄은 864년에 등을 돌렸다. 알리의 후예로 하산 빈 자이드라는 자가 주민을 이슬람교로 개종시키고 스스로 이 지방의 지배자가 되었다. 870년에는 병졸 하나로 몸을 일으켜 사파르 왕조의 창시자가 된 유명한 대장장이 라이스의 아들 야쿠브가 타히르 집안이 차지했던 시지스탄을 정복하고, 지금의 페르시아 전토에 점점 세력을 넓혔다.

873년에 그는 타히르의 손자 무함마드를 호라산에서 내쫓고 얼마 안 있다가 타바리스탄을 병합했다. 그의 성공은 점차로 궁지를 높여 드디어 이라크에 침입하게 되는데, 와시드 부근에서 무와피크의 요격을 받고 막대한 손실을 입고 패퇴했다. 야쿠브는 그곳에서 자기 영토로 군을 철수했다. 다음해, 그는 준디사푸르에서 급사하고 그 뒤를 동생 아무르 빈 라이스가 이었다. 그는 무타미드와 강화를 구하고 자기가 가진 땅의 자유영유권은 칼리프의 윤허장으로 공인되었다.

사파르 왕조 때문에 이슬람 제국에서 떨어진 중동 지방은 총독인 사만가 집안의 이스마일을 영주로 사실상 독립했다. 사만은 낙타 소유자로 낙타 대상의 선도자였다. 이 일족이 일어난 것은 마문의 덕택이었다.

891년에 사만의 손자 아흐마드가 푸에르가나 주 총독으로 임명되었다. 아흐마드의 뒤를 이어 총독직에 취임한 사람은 그의 아들 나스르였다. 나스르가 892년에 죽자 동생인 이스마일이 그 지방의 지배자가 되었다. 이스마일은 큰 능력과 강한 성격의 소유자였다. 그는 수단을 다하여 세력 확장에 힘썼다. 중동에 닥쳐오는 터키인의 대군을 자그사르데스 강 건너로 격퇴했다.

현명하고 관대하며 바른 정치로 국민들로부터 신뢰를 얻고 자기 왕조에 견고한 기초를 닦았다. 아무르 빈 라이스의 경우와 같이 칼리프는 그에게 그 지방의 통치권을 주고, 이를 세습으로 하여 이름뿐인 조공을 바치게 했다.

아흐마드 빈 툴룬은 이집트와 시리아를 영유했다. 아흐마드는 884년에 죽고, 그 뒤를 아들 쿠마르위에가 잇고 다마스쿠스에 거처를 잡았다. 이 같은 독립왕조가 발흥한 결과 이슬람 제국은 약해졌으나 그 지배를 받는 각 지방의 주민들에게 은혜가 없는 것도 아니었다. 그들의 군주는 예술 및 문학의 아주 좋은 후원자가 되고 상공업을 촉진시켰다.

무타즈 일라의 대에 시작한 가르디아의 흑인 반란은 가장 비참한 것이었다. 반란의 두목은 페르시아인이었는데 그는 부하들에게 매우 야만적인 허가를 내주고 가비스(외도)라는 이름을 얻었다. 국내 각지의 흑인 노예들은 그의 휘하에 모여 그는 스스로 아와즈의 주인이라 하여 수년간 그를 토벌하고자 하는 일체의 기도에 저항을 계속했다.

882년, 그는 무와피크의 공격을 받고 멸망했다. 본거지가 뒤집혀지고 부하들은 사방에 흩어지고 자신도 살해되었다. 882년, 칼리프령은 아라비아 반도, 메소포타미아, 바빌로니아, 이라크, 아제르바이잔, 아르메니아, 기타 인도양에 면하는 여러 지방에 미쳤다. 아직도 잘 지킬 만한 대제국이었다.

비잔틴군은 이슬람 제국의 여러 사건을 틈타 몇번인가 이슬람령에 침입했다. 처음에는 그들이 파죽지세로 치고 들어왔으나 시리아가 아흐마드 빈 툴룬의 수중에 들어가고, 다르수스에 있는 툴룬의 파견관의 반격을 받고 몇 차례의 전투에서 패하여 달아났다.

무와피크는 891년에 죽고 바로 그 뒤에 형 칼리프 무타미드도 타계했다. 무타미드의 뒤는 무와피크의 아들인 조카 아흐마드가 무타지드 빌라라는 칭호로 칼리프 자리를 계승했다. 이 대와 다음 대 사이에는 영토 분리는 없었다. 오히려 역으로 유리한 조건이 겹쳐서 칼리프의 권력을 강화하는 결과가 되어 분리된 여러 지방의 몇개가 다시 합치는 데도 성공했다.

무타지드는 당시 약화된 아바스가의 권력을 부활했다고 여겨져 사푸아 2세라고도 불리기도 했다. 그는 용감하고 활달한 사람으로 이지적인 시정자이며 탁월한 군인이었다. 조상인 사푸아 1세처럼 냉혹했던 그는 국민들 사이에 있는 무질서한 정신을 단련해 억제했고, 그로부터 느끼는 어려움은 일체의 알력을 일으키지 못하게 했다.

그는 비잔틴 제국과의 싸움에서 승리를 얻어 몇개의 도시를 탈환하거나 탈취하기도 했다. 메소포타미아에서 쿠르드인을 내쫓고 독립을 기도했던 모술 총독 함단의 반란도 단호하게 진압했다. 그런데 그의 최대 공적이라 할 수 있는 것은 이집트를 사실상 칼리프령으로 회복하는 데 평화적으로 이룩했다는 것이다.

아흐마드 빈 툴룬의 뒤를 이은 아들 쿠마르위에는 스스로 매년 금화 백만 개를 헌납하는 것으로 이집트 총독으로서의 인허를 얻고자 했다. 이 자발적인 행동은 그의 딸 카트르 운 나다가 무타지드에게 시집간 것으로 더욱 강화되었다.

무타지드의 통치는 활기에 차고 견실하며 그가 취한 정책 중에는 혜택이 있는 것이 많았다. 그는 길거리에 떠돌며 사람들에게 무리한 일을 강요하는 야바위꾼이나 점쟁이들, 밤이 깊으면 도둑이 되는 부랑인이나 무뢰한을 도시로부터 추방했다. 그가 무엇보다 국민으로부터 감사를 받은 것은 유언이 없는 상속에 대한 개혁이었다.

예로부터 아랍의 관습에 의하면 딸이나 자매의 자식들처럼 여성과 관련된 죽은 사람의 친척은 상속권이 주어지지 않았다. 이런 관습법이 수니파의 법률이 되고 성문법이 되었다. 따라서 남자 친족이 없으면 재산은 국가에 귀속되었다. 무타지드는 이를 폐지하고 여자 친족도 남자 다음에 상속할 것을 명했다. 무유언 상속법에 관한 개혁이다.

또한 그때까지는 태양력 원단(元旦)을 고대 페르시아 사람들처럼 성대하게 축하했다. 나이로즈 가사라 불리는 원단에 칼리프를 알현하고 헌상품을 받고 주기도 했다. 사람들은 서로 방문하고 색을 칠한 계란과 잘 빚은 과자와 단맛이 나는 음식을 선사하고, 불꽃을 쏘아 올리거나 서로 색이나 향이 있는 물을 끼얹기도 하는 놀이를 했다. 물을 서로 끼얹는 것은 때로는 추문에 가까운 결과를 낳고, 함부로 쏘아 올리는 불꽃도 위험하다고 하여 무타지드는 이 관습도 모두 금지했다.

그런데 서점에서 철학적인 책들의 판매를 금지한 것은 과연 잘한 것인지 의심스럽다. 또 그는 신년을 시리아의 호제이란(6월)으로 바꾸었다. 따라서 이를 무타지드 정월이라 부르고 있다.

아라비아 반도에서의 파티마 일가의 발흥과 공산주의적 갈마티아 교도의 출현은 이 시대의 일이다. 그들은 단기간에 아라비아 반도와 시리아, 이라크 전토에서 폭행을 자행하고 잔학한 행위를 다하고 마침내 이슬람 세계에 파멸과 비참함을 가져왔다.

애초에 갈마티아 교도는 쿠파 근방에서 나타났다. 그들의 교리는 당시 이슬람 세계의 반역자와 무뢰한들의 소굴인 바흐라인에 전하고 그곳에서 악명 높은 아부 사이드 알 자나비를 수령으로 받들고 900년(이슬람력 287년)에는 가르디아에 침입해 무타지드군에 공격을 가하여 참패시킬 정도의 실력을 갖게 되었다. 2년 후 그들은 시리아에 쳐들어가 휩쓸었다.

이슬람력 301년, 아부 사이드가 암살되어 그의 아들 아부 타히르가 일당의 수령이 되었다. 그들은 바스라를 함락하고 손이 미치는 한의 지방을 휩쓸며 다녔다. 이렇게 요격하는 정부군을 모조리 물리치면서 세력을 떨치고 있던 중, 이슬람력 317년(칼리프 무크타디르 시대), 그들은 불의에 무슬림들에게 가장 중요한 날인 하지(신도들의 종교적 의무인 순례) 순례의 날에 메카를 습격하여 카바 신전을 부수고 신전에 박힌 흑요석을 탈취했다.

견디다 못한 각 방면의 무슬림들은 이슬람의 적을 없애기 위해 단결했다. 15년 가까이 계속되었던 처참한 싸움은 잔학한 이들 일파의 전멸로 끝을 맺었다. 그러나 그들 폭동의 불행한 결과는 결코 지워지지 않았다. 아라비아 반도와 시리아 및 가르디아의 대부분은 황야로 변했다. 칼리프 정권의 힘이 어느 정도 회복하였다고 생각되는 순간, 이미 마비되고 있었다. 그리고 이슬람 제국의 숙적인 비잔틴인은 거의 저항을 받지 않고 이슬람 영토를 침략할 수 있었다.

칼리프 무타지드는 921년(이슬람력 299년) 세상을 떠나고 그의 아들 아부 무함마드 알리가 무크타피 빌라라는 칭호로 칼리프 왕관을 썼다. 무크타피는 총명하고 너그럽고 공정한 통치자라는 본을 보였다. 그는 아버지의 죽음에 임하여 라카에 있었고, 그를 위한 충성의 맹세는 염직하고 유능한 장관인 카심 빈 우바이들라 재상이 대신 받았다.

무크타피는 국민들의 환호 속에 배를 타고 티그리스 강을 내려와 바그다드에 도착했다. 도착하자마자 그의 아버지가 만든 지하 감옥을 예배당으로 개조했다. 무타지드가 궁전 건축을 위해 손에 넣었던 토지나 정원은 정당한 소유자에게 돌려주었다. 이렇게 그는 아버지에 대하여 두려움을 갖고 있었던 국민들로부터 경애심을 얻었다.

끊임없이 칼리프 정권의 무력을 위해 이라크와 히자즈, 그리고 남부 시리아에 계속되었던 갈마티아 교도의 전화(戰禍)에도 불구하고 무크타피는 이집트를 자신의 지배 아래 놓고 비잔틴인을 격퇴하고 어느 정도 보복하는 데 성공했다. 그 중에도 특히 중요한 도시의 하나인 안다리야(아다리야)를 공략하고 데살로니가도 공략했다.

무크타피는 불행하게도 칼리프에 즉위한 지 5년 만에 죽고 당시 13세의 어린 동생 자파르가 무크타디르 일라라는 칭호로 칼리프에 즉위했다. 그는 약 25년간 칼리프로 있었다. 실권을 장악한 재상들의 인덕과 수완은 이 대 초기에는 이슬람 제국의 위엄을 유지했으나 말기에는 칼리프의 사려없는 행동 때문에 급속히 몰락해갔다.

이때 아프리카에서는 파티마조의 칼리프 우베이둘라 알 마흐디가 북아프리카 전토를 정복하고, 아프리카 아글라브조의 마지막 최후의 군주인 지아다툴라 빈 아글라브를 몰아내고 이집트에서 이라크로 피하게 했다.

이슬람력 305년, 비잔틴 황제의 사절이 바그다드에 도착하여 대규모의 의례로 맞아들이고, 다음해에는 무크타디르에 큰 병원이 개설되고 연 7천 디나르가 그 유지비로 지출되었다. 무크타디르 통치 말기, 실제의 지배권은 그의 어머니 수중에 있었다. 그녀는 스스로 포고나 법령을 발하고, 금요일에는 여러 백관에 둘러싸여 탄원이나 진정을 듣기 위해 알현했다. 수니파의 한바르 일족은 무크타디르 시대에 세력을 크게 키우고, 그들의 신앙은 때때로 소요도 일으켰다.

이슬람력 320년(932년), 무크타디르가 반역한 귀족을 소탕하던 중 전사했다. 그래서 무타지드의 아들인 아부 만수르 무함마드가 알 카히르 빌라라는 칭호로 칼리프에 즉위했다. 그의 성격은 아주 잔혹하여 그를 선택한 사람들이 앞장서 그의 눈을 멀게 하였을 정도였다. 그의 대에 이집트가 다시 터키인 이크시드 밑에서 독립했다.

한편 터키 군벌은 무크타디르의 아들인 아불 아바스 무함마드를 칼리프로 앉히고 알 라디 일라로 불렀다. 그를 마지막으로 칼리프에게 남아 있던 권력과 존엄이라는 것이 완전히 없어졌다. 그가 즉위하자마자 와시드와 바스라의 총독 무함마드 빈 라이크가 최고 권력을 장악하고, 애처로운 라디로부터 자기를 위해 특별히 마련한 아미르 울 우마라라는 칭호를 받았다.

이렇게 되어 바그다드와 그 근방을 별도로 한다면 빈 껍질처럼 칼리프 수중에는 아무것도 남지 않았고, 각 주의 총독이 독자적인 권력을 장악했다. 이에 이르자 지금까지 스페인의 서우마이야조도 칼리프 칭호를 붙이기 시작했다. 무함마드 빈 라이크는 휘하의 터키 장군 바쥬감 때문에 망하고, 바쥬감은 아미르 울 우마라라는 칭호와 권리가 주어졌다.

940년(이슬람력 329년)에 라디가 사망하고 마찬가지로 무크타디르의 아들 아부 이삭 이브라힘이 알 무타키 빌라라는 칭호로 칼리프가 되었다. 그는 단지 바쥬감의 손아귀에서 노는 허수아비에 지나지 않았다. 곧 바쥬감도 살해되고, 다른 터키인 장군이 그의 직권을 계승하였는데 이 자도 이븐 라이크에게 살해되고 이븐 라이크가 아미르 울 우마라가 되었다.

이븐 라이크는 다른 터키 장군한테 습격당하고 허수아비 칼리프를 동반하고 모술로 피했다. 모술 및 티그리스의 영주 아미르 함단의 손자들은 그리스인을 막아낸 지 얼마 되지 않은 힘으로 비잔틴군의 약탈에 저항했다. 이븐 라이크도 암살되고 함단 일가의 두 공자 하산과 알리는 나시르 웃다울라 및 사흐 알 다울라라는 칭호로 칼리프의 수호자가 되었다. 두 사람은 무타키를 동반하여 당당히 바그다드에 입성하여 그를 칼리프에 복귀시켰다.

그런데 투준이라는 터키 장군을 우두머리로 하는 반란이 일어나 두 사람은 바그다드를 떠나지 않을 수 없었다. 무타키는 투준의 손에 함락되었다. 한번은 라카까지 피했으나 거짓서약에 속아 수도에 돌아갔으며, 결국 눈이 찔려 칼리프에서 물러났다. 이 대에 비잔틴군이 에데사까지 침입하여 도처에서 무슬림들을 살육했다.

투준은 무타키의 동생 아부 카심 아부달라를 알 무스탁피 빌라라는 이름으로 칼리프 자리에 앉혔다. 투준은 무스탁피 즉위 후 얼마 안 되어 죽고, 그의 가신 자파르 빈 시르자드가 뒤를 잇고, 아미르 울 우마라의 지위에 올랐다. 아미르 울 우마라라고 하는 칭호는 최고의 아미르를 표시하는 군사적 칭호인데 군사, 행정의 권한 모두를 장악했다.

카스피 해 서남쪽 구석에 있는 데이렘 땅에 이란계 시아파에 속하는 부와이흐조(945년-1055년)가 일어났다. 그들은 이라크를 압박하기 시작했다. 무스탁피는 그들의 환심과 원조를 얻기 위해 부와이흐가의 장남 아흐마드에게 '무이즈 웃다울라'(나라의 영광)라는 칭호를 주고 동생인 알리에게는 '이마드 웃다울라'(나라의 기둥), 하산에게는 '루근 앗 다울라'(나라의 초석)라는 칭호를 각각 내렸다.

무이즈 웃다울라는 얼마 안 있다가 바그다드와 칼리프를 마음대로 주물렀다. 그는 술탄이라는 직함을 받고 자기 이름을 화폐에 넣고, 이

술탄의 모습

슬람 사원에서의 예배 때 칼리프의 이름과 함께 제창하게 했다. 칼리프는 국고에서 매일 5천 디나르의 봉급을 받는 종속자에 지나지 않았다. 그는 사실상의 군주였다.

예술 및 문학의 후원자라 하더라도 무이즈 웃다울라는 천성이 잔인했다. 그는 시아파 무슬림이기 때문에 이슬람력 무하람달 10일을 카르발라 비극 기념일로 정하기도 했다. 비잔틴의 그리스인들은 도처에서 무력을 휘둘렀고, 문란해진 이슬람 제국은 이를 막을 힘도, 적의 침입을 방어할 만한 준비도 되지 않았다.

무스탁피가 자기의 권력을 뒤집어엎고자 기도하고 있지 않나 의심하고 있는 무이즈 웃다울라는 946년 1월, 그를 폐위하고 눈을 도려내고 무크타디르의 아들 아불 카심 알 파즈르를 알 무티 빌라의 칭호로 칼리프에 앉혔다. 부와이흐 일족은 거의 지위를 다투는 경쟁자도 없이 1세기 가까운 동안 권력을 장악했다.

터키인의 군사력은 사라지고 함단가는 모술에서 쫓겨나고, 메소포타미아, 이라크의 사와드, 서페르시아 전토는 그들의 지배에 복종했다. 그들 중에는 잔인한 자도 있었으나 전체적으로 그들의 통치는 국민의 번영과 문학 및 과학의 발달을 촉진시켰다.

무이즈 웃다울라는 이슬람력 356년에 죽고, 아미르 울 우마라의 지위는 그의 아들 바그디아르가 이즈 웃다울라라는 칭호로 계승했다. 칼리프 알 무티는 7년 후 중풍에 걸려 부와이흐가의 요청으로 아들 아부 바크르 압둘라 카심을 위하여 칼리프에서 물러나고, 아들이 앗타이 빌라라는 칭호로 칼리프에 올랐다. 함단 집안과 부와이흐 집안 사람들의 세력과 그들의 예술과 문학에 대한 보호와 후원은 당시 이름을 날린 여러 대가가 많은 것으로도 알 수 있다.

사학가 마수디, 철학자 아부 나스르 파라비, 시인 무타나비, ≪키타브 알 아가니≫(시와 노래의 책)의 저자 아불 파라지, 웅변가 아불 카심 앗 다누기, 기타 무티 빌라 시대에도 철학자, 과학자, 시인, 법학자들이 많이 나왔다.

타이 빌라의 칼리프 즉위는 파티마조 칼리프 알리 무이부 리딘 일라가 시리아와 히자즈 지방을 정복했을 때와 시기를 같이한다. 이슬람의 성지 메카와 메디나에서 이 파티마조 칼리프의 이름으로 예배가 진행되었다.

이즈 웃다울라는 숙부 아즈드 웃다울라 때문에 자리를 빼앗기고, 무력한 칼리프에게 부득이 직위를 내렸을 뿐만 아니라, 군주와 같은 명예의 여러 가지도 허락했다. 아즈드 웃다울라는 이슬람력 372년에 죽고, 그의 아들 삼삼 웃다울라가 뒤를 이었다. 삼삼 웃다울라도 동생 샤르흐 웃다울라한테 직위를 빼앗기고, 샤르흐 웃다울라는 약 4년간 직위를 지켰다.

이슬람력 379년(990년)에 그가 죽자 아들 아부 나스르가 계승했다. 아즈드 웃다울라와 샤르흐 웃다울라(949년-989년) 두 사람은 문학을 장려하고, 빈번한 칼리프의 교체로 쇠퇴한 바그다드의 학교를 부활했다. 그들의 보호를 받았던 과학자 중에는 이븐 앗 살람 압두르 라흐만 수피 및 유명한 천문학자이며 기하학자인 아불 와즈파의 이름을 들 수 있다.

아즈드 웃다울라는 시인이나 학자를 후원하는 한편, 그들을 사회적으로 봉사하게 계획했다. 특히 유명한 기술자에게 반디미르 강의 수로를 굴착하여 시라즈 근처까지 배가 다닐 수 있도록 공사를 명했다. 이 공사가 완성되었을 때에는 그때까지 인근 여러 지방에 커다란 해를 끼친 정기적인 범람을 막는 성과를 거두었다. 그는 바그다드에 큰 병원과 여러 개의 학교를 건립했다.

칼리프 타이 일라는 폐위되고 동생 아불 아바스 아흐마드가 알 카디르 일라라는 칭호로 칼리프에 올랐다. 타이는 동생의 궁전에 거주하고 정중한 대우를 받은 것 같다. 이것은 당시로서는 이례적인 예이다. 그는 1002년에 죽었다. 알 카디르 일라는 신심이 깊은 훌륭한 인물이나, 사물을 보는 눈은 조금 편협하고 고집이 있고, 당시의 사정도 그로 하여금 반동적인 태도를 취하게 했다.

한편 파티마조는 모든 방면에 세력을 신장하고 있었다. 파티마조의 칼리프 알 무이즈의 뒤를 이은 아지즈는 에데사, 하마, 알레포 등을 점령하여 그들의 주권은 메소포타미아에서도 인정되었다.

무타질라파도 큰 발전을 해나갔다. 그 스스로가 어느 정도의 실력을 갖춘 법학자인 칼리프 알 카디르는 일체의 권력을 빼앗기고 다만 아바스조의 종교상의 권위를 굳히는 데 전심했다. 법학 및 신학자 회의가 개최되었고, 그 자신은 이슬람의 종교적인 면에서의 수장으로 회의의 윗자리에 앉았다. 신도로서의 자격을 빼앗고 이슬람에서 내쫓는다는 파문장이 작성되어 파티마가 일문에 던져졌다.

그리고 무타질라파의 합리주의 교의를 금하고 수니파가 정통으로 절대 필요한 것으로 정통적 이슬람이 주장되었다. 또한 무타질라파는 이단이라고 선언되었다. 이 같은 행위의 결과는 종파적인 대립감과 악감정을 불태우고 이슬람 교리에 엄격성을 더하는 결과가 되었다. 이는 나중에 개혁사업을 더욱 곤란하게 하는 것이 되었다.

지금까지 중앙아시아와 호라산을 별탈없이 지배해 왔던 사만조는 이 시대에 모습을 감추고 다른 왕조가 나타났다. 그들의 지배는 874년에서 999년까지 계속되었다. 이 무렵 노예에서 몸을 일으켜 재능으로 주인인 군주를 받들고 마침내 고위직에 오른 터키인의 한 병사가 있었다.

그런데 이 알프타긴은 세자한테 잘못 보여 부하라를 피해 아프가니스탄의 산악지대에 숨어들었다. 정청(政廳)을 가즈니에 두고 여기서 그는 16년간 자기를 토벌하려고 오는 온갖 기도를 분쇄했다.

그의 권력은 양자 스벡타긴에 전해졌고, 스벡타긴은 현명하고 활기있는 시책으로 주민들의 사랑과 존경을 받았다. 그의 실력과 권위는 칼리프한테도 인정되어 그의 통치권은 합법성이 부여되었다. 바그다드로부터 그에 대하여 나사르 앗 다울라라는 칭호와 깃발, 벼슬 관복이 함께 수여되었다.

스벡타긴은 가즈니 왕조의 정당한 창립자가 되었다. 그는 힌두쿠시 산맥 너머 지금의 파키스탄 펀자브 지방까지 병력을 동원하여 보스드와 쿠즈다르 두 도시를 건설했다. 그리고 사만조의 군주 누의 믿음직한 동맹자로 중앙아시아에 침입하려는 터키군을 막았다.

그가 죽자 남겨진 두 아들 마흐무드와 이스마일 사이에 권력다툼이 일어났다. 마흐무드측에서는 동생에게 영토를 할애해도 좋다고 여겼으나, 동생측은 지배권을 한손에 장악하기를 바랐다. 마흐무드는 싸움에 이겼고, 이스마일을 매우 관대하고 정중하게 대했다.

이때 사만조의 권력은 지리멸렬되어 1000년, 가즈니조 군주가 호라산의 주인이 되었다. 칼리프는 그에게 사절을 보내 훈장을 내렸다. 술탄 마흐무드는 정치를 잘하여 아시아 역사에서도 가장 빛나는 시대를 만들었다.

그는 가즈니를 미화하고 낡은 헌집투성이의 수도를 대리석의 궁전

궁전을 장식한 프레스코 벽화

도시로 만들고 죽었다고 할 정도로 공적을 남겼다. 그는 학문과 예술의 보호에 힘쓰고 그의 궁전에는 유명한 학자나 전문가들이 모였다. 그의 대에 알 비루니, 피르다우시, 다기기 등 많은 철학자나 시인들이 이름을 남기고 있다.

술탄 마흐무드는 몇번 인도에 침입했으나 펀자브 국경 넘어 영구적인 정복을 하려 하지는 않았다. 마흐무드가 동부에서 분주하게 있는 동안 다수의 터키 유목민 집단이 키르기스 초원에서 자그사르데스 강을 넘어 중앙아시아에 정착했다.

가즈니조 술탄은 형식적인 조공과 충성의 맹세에 만족하고 터키인들이 정착한 땅을 영유하게 하는 치명적인 오류를 범했다. 술탄 마흐무드는 터키인들의 힘을 약화시키는 요량으로 족장 셀주크를 우두머리로 하는 터키의 한 부족을 호라산에 이주케 했다. 셀주크족은 이곳에서 실력과 인구를 증가하여 마침내 원래의 군주와 겨룰 수 있을 정도가 되었다.

술탄 마흐무드는 세자 마수드에게 큰 영토를 남기고 1003년에 죽었다. 새 왕은 잘못된 정책으로 왕국 심장부에 살게 된, 생각을 알 수 없는 사람들을 호라산에서 축출하고자 시도했다. 헤라트 근교에서 벌어진 전투에서 마수드는 패하고 셀주크족의 권력은 가즈니조의 파멸을 딛고 올라왔다.

한편 술탄 마수드의 영토는 아프가니스탄 본토와 펀자브뿐이었다. 그리고 그의 사후 왕위는 눈이 돌아갈 정도로 몇 사람의 왕자들이 차지했다. 가즈니 왕조는 시인이며 철학자 하킴 사나이의 친구로 보호자였던 술탄 이브라힘이 즉위할 때까지 혼란상태가 계속되었다. 그는 호라산의 셀주크족 군주와 화의를 맺고 오직 인도 방면에 세력을 확장하는 데 노력했다.

술탄 마수드의 패퇴 후 셀주크족은 투그릴 베그를 부족장으로 선출했다. 그는 그들 부족에 이름을 남긴 족장의 손자이다. 투그릴 베그는 도량이 넓은 군주로 총명하며, 생활도 간소하고, 학문에 열심이었다고 한다. 투그릴은 금방 죠르쟝, 페르시아 서부, 흐와리즘, 기타 중요한 여러 지방을 세력 아래 두었다.

그는 곧 북페르시아의 부와이흐족 눈앞에 나타났다. 그들은 수도에서 도망가거나 셀주크 족장의 주권을 할 수 없이 승인했다. 투그릴은 도시가 함락될 때마다 이슬람 사원 하나와 학교 하나를 세워 승리를 기념했다. 그의 신앙심은 적에 대한 지위를 점점 유리하게 했다.

투그릴의 권력이 페르시아에서의 부와이흐족 위에 덮치고 있는 당시, 이슬람 제국 아바스조의 나이 많은 칼리프인 카디르 빌라는 1031년(이슬람력 422년)에 숨을 거두었다. 향년 87세로 칼리프 재위 기간이 41년이다.

그의 시대에는 무타질라파의 학자이며 판사인 압둘 쥬바르, 그의 호적수인 아사리파의 아부 아삭 알 이스파라이, 시아파 법학자의 최고 권위자 아라마 쉬흐 무피드, 시인 아부 우마르 빈 파라지, 법학자 다르 구드니, 기타 이슬람 역사에 불멸의 이름을 남긴 여러 대학자가 나왔다.

칼리프 카디르 빌라가 죽고 아들 아부 자파르 아부달라가 알 카임 비아무르 일라라는 칭호로 칼리프에 즉위했다. 그는 덕이 높고 경건하고, 성실하며 학식이 있고, 믿음이 독실하고 자선심이 두텁고, 인내가 강했다고 한다. 약 24년 간 부와이흐 일족의 후견 아래 조용한 권력이 없는 칼리프의 역할을 했다.

1073년, 터키 부족장 아르스란 알 바사시리는 최고 권력을 장악하고, 부와이흐가의 말리크 이브라힘을 사실상 아미르 울 우마라, 즉 재상의 지위에서 물러나게 했다. 이에 이르러 칼리프 카임은 셀주크조 군주의 원조를 요청했다. 셀주크조의 투그릴이 바그다드로 급행했는데 이를 안 바사시리는 모술로 후퇴했다.

그런데 투그릴이 페르시아에서 일어난 반란을 진압하기 위해 바그다드를 떠나자 수도에 병사를 이끌고 들어와 아바스조 칼리프를 폐하고, 그 대신에 파티마조 칼리프인 알 무스탄시르 일라를 이슬람교의 종교상의 수장이 되게 했다. 법의와 홀, 설교단이 보내지고 이라크에 있는 모든 이슬람 사원이 예배 때 무스탄시르의 이름으로 의식이 진행되었다.

투그릴은 급히 바그다드에 돌아와 바사시리를 공격하여 죽이고, 카임은 원래 위치로 복귀했다. 감사의 뜻을 가진 칼리프는 그때까지 아바스조의 종교적 권위를 인정하고 있는 이슬람령 전토의 최고 속권을 터키 군주에게 내렸다.

서임식은 바그다드에서 행해졌다. 칼리프는 스스로 아랍인 및 페르시아인에 대한 지배권을 상징하는 두 개의 왕관을 투그릴의 머리에 씌우고, 이슬람령 7개국을 상징하는 일곱 장의 법의를 내렸다. 예식 진행관은 동쪽과 서쪽 양국의 술탄으로 투그릴의 이름을 불렀다.

## §§ 아바스조

이슬람력 455년-503년(1063년-1110년)

카임 비암 일라의 칼리프 시대-투그릴 베그-비잔틴인과의 싸움-투그릴 베그의 타계-알프 아르슬란의 술탄 즉위-비잔틴인의 침입-마라즈 카르드의 전투-비잔틴군의 패퇴-디오게네스 로마누스, 포로가 되다-평화조약-디오게네스 로마누스, 신하 때문에 눈이 찔리고 시해되다-알프 아르슬란의 타계-말리크 샤의 술탄 즉위-칼리프 카임의 타계-무크타디 비아무르 일라의 칼리프 즉위-말리크 샤의 빛나는 정치-암살파의 발흥-니잠 울물크의 암살-말리크 샤의 타계-남겨진 자들의 싸움-칼리프 무크타디의 타계-무스타디르 빌라의 즉위-십자군의 개시-안티오크 농성-그 함락-무슬림 학살-예루살렘 학살-트리폴리 약탈

투그릴을 우두머리로 하는 셀주크족은 아시아에서 우세한 부족이 되었다. 이 부족은 터키 민족 또는 스키타이인의 한 분파로 그 이름은 그들이 중앙아시아로부터 호라산에 올 때까지 족장의 이름에서 나왔다. 터키인과 몽골인은 동일 계통에 속한다고 하지만, 몽골인이 아시아 극동지방의 거의 미개상태의 유목생활을 계속하는데 반하여, 서쪽의 터키족은 아랍인 문화에 접촉하여 커다란 영향을 받았다.

그 중에서도 가장 진보적인 셀주크족은 열정을 갖고 이슬람교를 믿고, 이슬람의 열렬한 전사가 되었다. 아랍인이 평화적인 예술을 키우고 있는 동안, 그들은 이슬람의 신장에 혼을 쏟았다. 11세기 후반의 그들의 역사는 가장 빛나는 시대이다.

비잔틴 제국의 그리스인은 칼리프 정권의 약화에 틈타 아시아에 세

력을 넓히려고 했다. 종래의 배신적인 공격은 몇대째 용감한 황제 아래 정복 기도까지 발전했다. 10세기 말경 비잔틴 제국의 영토는 남쪽은 안티오크에서 동쪽은 아르메니아 국경까지 달했다. 1060년, 투그릴은 비잔틴 제국에 선전포고하고 카파도키아와 프리기아에서 적을 몰아냈다.

그런데 이 두 지방을 끝까지 정복한 것은 그의 뒤를 이은 조카인 알프 아르슬란의 시대이다. 그는 숙부가 아들 없이 죽었을 때, 곧 셀주크족의 최고위에 서고, 칼리프한테 술탄 칭호와 지위를 받았다. 알프 아르슬란은 현명한 지도자로, 생활은 깨끗하고 신앙심이 깊고 인정 많고 결코 비난받을 만한 행위에 빠지지 않고 용감했다고 한다.

조지아와 아르메니아의 최후 평정을 끝내고 아제르바이잔의 고이까지 왔을 무렵, 유도시아 여황제의 은총으로 작은 관리에서 황제로까지 출세한 디오게네스 로마누스가 바그다드를 공격하려고 했다. 그는 아시아 지역 전체를 비잔틴 제국의 세력 아래에 두고자 하는 결의를 갖고 20만 대군을 인솔하여 소아시아에 침입하였다는 소식을 전해 받았다.

정복이나 약탈을 하려고 콘스탄티노플에서 장비가 잘된 이만한 대군을 파견한 일은 일찍이 없었다. 비잔틴군이 전진함에 따라 무슬림도 밀려나, 마침내 현재의 예루살렘과 반사이의 중간에 있는 마라즈카르드의 요새까지 후퇴했다. 이곳에서 무슬림들은 술탄과 함께 결전을 시도하고 아시아에서 비잔틴 세력을 거의 격멸했다.

무슬림들은 수에서 열세였으나 장시간의 결사적인 전투 끝에 비잔틴군에 결정적인 패배를 안겨주었다. 황제는 귀족들과 같이 체포되고, 술탄의 진지에 호송되어 지위에 알맞은 정중한 대우를 받았다.

몇 차례 협의를 계속하다가 결국 술탄과 비잔틴의 로마누스 사이에 평화조약이 체결되고, 이 조약에 따라 로마누스는 알프 아르슬란의 왕자들에게 자기 딸들을 시집보내고, 배상금으로 황금 백만 매와 공물로 연간 황금 36만 매를 지불하며, 전쟁 포로들을 모두 반환하는 데 동의했다.

이렇게 되어 비잔틴 황제와 귀족들은 함께 그들의 적진을 떠나 술탄이 붙여준 호위병을 동반하고 콘스탄티노플을 향했으나, 도중에 배은한 가신 때문에 황제 자리에서 폐위되었다는 것을 알았다. 술탄은 무력으로 그를 도우려고 준비했으나, 원조의 손이 미치기 전에 로마누스는 그리스인한테 잡혀 눈이 찔려 눈이 먼 후 시해되었다.

마라즈 카르드 전투 이후 소아시아는 속령으로써 사촌의 한 사람인 쿠르토미츠슈의 아들 술라이만에게 주고, 그는 그곳을 술탄으로부터 받은 땅으로 다스렸다.

술라이만은 현명한 지배자이며 용감한 무인이었다. 그의 통치는 관대하고 공정했다. 북쪽은 헬레스폰드 해협에서, 서쪽은 지중해까지 영토를 확장하여 비잔틴 군주들로부터 공물을 받았다. 그리고 비시니아의 니게아에 수도를 정하고 십자군 전쟁 때까지 있었으나, 십자군에 의해 이곳이 함락되자 수도를 이코니움으로 옮겼다. 근동아시아가 몽골인한테 짓밟힐 때까지 그의 자손들이 이곳을 영지로 했다. 그들은 일반적으로 룸 왕조라 일컬어지고 있는데, 그 실력과 문화를 보이는 여러 기념비가 남아있다.

알프 아르슬란은 그로부터 사형이 선고된 한 반역자 때문에 입은 상처로 인해 죽었다. 그는 통치 기간 내내 니잠 울물크라는 별명을 가진 영민하고 걸출한 구와자 하산을 재상으로 삼아 문무 방면의 절대권을 맡겼다. 알프 아르슬란의 뒤를 이은 사람은 아들 말리크 샤로 칼리프한테서 쟈랄르 앗 다울라라는 칭호로 술탄 자리를 받았다.

한편 칼리프 카임은 1075년(이슬람력 468년)에 죽고, 손자 아불 카심 아부달라가 무크타디 비아무르 일라라는 칭호로 아바스조 27대 칼리프로 즉위했다. 무크타디는 즉위 당시 불과 19세였으나 이미 강한 성품의 한 부분을 보이고 있었다. 그는 경건하고 덕과 결단력이 있고, 아바스 집안의 명군(名君)의 한 사람으로 평가된다. 그런데 이때의 이슬람 세계의 관심은 칼리프의 궁정과 칼리프에 모이지 않고 서아시아의 지배자인 술탄에 집중되었다.

말리크 샤 통치 당시 몇번인가 반란의 화를 입었는데, 그 중에는 술탄 자신의 동생을 우두머리로 하는 것도 있었다. 술탄의 성격은 두스에서 일어난 한 사건에도 잘 나타나고 있다. 쉬이흐 알리 알 라다의 묘소에서 장례행사를 마친 후 말리크 샤는 재상을 향하여 "만일 동생이 무슬림을 지배하는 인간으로서 자기보다 우수하다면 동생을 세워주십시오."라고 하나님께 기도했다고 말했다.

총명하고 고결하고 공정한 말리크 샤의 통치력은 통치가로서는 거의 다른 이와 비교되지 않을 정도였다. 그는 구와자 하산(니잠 울물크)을 재상으로 임명하고 모든 것을 관장하는 절대권을 주었다. 니잠 울물크는 이슬람권이 낳은 가장 유능한 장관으로 정치를 집행하는 자이다.

그의 통치행정에 관한 저작은 천재의 능력을 보여주는 불멸의 기념비이다. 동쪽은 중국 국경에서 서쪽은 지중해에 이르고, 북쪽은 중앙아시아에서 남쪽은 예멘에 이르는 광대한 술탄령에 평화가 감돌았다. 그는 광대한 영토를 열두 번이나 횡단했고, 스스로 각 주의 상태와 요구를 조사했다. 라시드와 마문처럼 상업과 순례의 교통로 요지마다 상인과 여행자의 보호를 위해 휴게소와 경비초소도 설치했다.

말리크 샤의 통치는 규모가 크고 국민의 번영이라는 점에서 로마와 아랍의 지배 최성기에 필적한다. 상공업은 번영하고, 예술과 문학은 충분히 후원되고, 페르시아어도 장려되었다. 영내의 여러 도시에 학교와 병원, 사원이 건설되고, 교통을 편리하게 하고, 토양을 풍요롭게 하기 위해 운하가 준설되고 도로가 놓였다. 당시에 있은 달력의 개정은 전 세계에 커다란 의의를 갖는다. 이 일은 유명한 시인이며 천문학자인 우마르 하얌을 책임자로 하는 과학자위원회가 맡았다.

술탄 술라이만은 셀주크족의 영토를 갈리아 국경까지 확대하고 여러 섬들을 평정했다. 콘스탄티누스 두가스가 퇴위했을 때 비잔틴 제국의 황제에 오른 니케포루스보다 니아데스와 그의 아들 알렉시우스

컴네누스 두 사람은 말리크 샤를 받들고 공물을 바쳤다.

이슬람력 467년, 술라이만은 그리스인을 안티오크에서 몰아내고 술탄의 이름으로 안티오크를 재정복했다. 그러나 이 정복은 그로부터 7년 후 시칠리아 섬의 상실로 상쇄되었다. 1061년, 이 섬은 무슬림간의 내부적인 혼란을 틈타 약진한 노르만인에 의해 침략되었다. 전투는 언제나 격렬하게 계속되었다. 30년이 넘는 장기 전쟁 끝에 노르만 백작 로자는 이 섬을 장악했다.

말리크 샤의 통치 말기에 이슬람의 무정부주의자인 암살파는 옛날 바베크 일당이 틀어박혀 있던 마젠드란의 험준한 산악에 모습을 나타냈다. 이들의 종교적 결사는 셀주크조에 한몫해 보겠다는 야망을 품고 독과 비수를 갖고 합법적인 권력을 타도하고자 한 하산 사바가 창립한 것이다.

그는 이집트의 파티마조에서 동부 대사로 임명되고, 이스마일파의 교리로의 개종을 다루는 권한이 부여되었다. 그때까지 이스마일파에는 두령과 일반 회원밖에 없었다. 즉 비밀강령 전부를 알고 신입회원

셀주크의 터키 전사(戰士)

을 가입시킬 수 있는 다이(선전원)와, 점차 교리와 주의가 전달되고 비밀결사의 일반회원이 되는 라피그(동료)였다.

하산은 자기의 계획을 안전하고 또 활발하게 수행하기 위해서는, 상급자 수중에서 맹목적이고 광신적으로 춤추며 결과는 생각하지 않고 명령에 복종하며 앞잡이가 되는 제3계급이 필요하다는 것을 알았다. 이 앞잡이를 푸에다이(신자)라 불렀다.

이 살인결사의 총두령은 '우리들의 주인', 즉 '사이드나'라 불리고, 푸에다이는 그 호위로 죽이라 하면 죽이는 명령의 집행자이기도 했다. 총두령 바로 아래에는 '다이 알 카비르', 즉 상급 전도사가 있고, 세력범위인 3개 주 자발과 쿠디스탄과 시리아에 각각 한 명의 다이 알 카비르가 있었다. 그 아래에 선전원으로 활약하고 새로운 회원을 끌어들이는 조장, 즉 다이가 있었다.

믿음의 벗, 또는 회원(라피그)은 몇 단계의 비밀강령을 전수받음으로써 출세하게 되어 있었다. 맨 아래는 순교자(푸에다이)이다. 라피그는 일반신자를 가르쳤다. 강령을 통하지 않은 명령을 받은 자는 계율의 엄격한 준수가 요구되고, 일반신자로부터는 맹목적인 복종이 요구되었다. 두령급은 두뇌를 갖고 활동하며 명령의 집행은 푸에다이 손에서 행해졌다. 이 무정부주의자들은 무라히다, 즉 사교도라는 이름이 붙여졌다.

1091년(이슬람력 483년), 하산 사바는 반은 무력으로, 반은 모략으로 마젠드란 산중에 있는 난공불락의 아라무트 성을 점령하고 여기서부터 입헌사회에 대한 공격을 개시했다. 말리크 샤는 이들에 대하여 두 번에 걸쳐 원정군을 파견했으나 이 증오스런 결사를 뿌리 뽑기 전에 죽었다.

1091년, 알 물크는 하산 사바의 밀사의 한 사람한테 암살당했다. 그에게는 세 명의 아들이 있었는데, 모두 후에 말리크 샤의 후계자들의 재상이 되었다. 위대한 재상의 사후, 술탄은 바그다드로 돌아왔다. 말리크 샤는 약 20년을 다스린 뒤 39세의 나이로 타계했다.

셀주크조의 웅대함은 말리크 샤의 죽음과 함께 사라졌다. 가둔 알 잘라리에(영광부인)라는 별명을 가진 아내 두르간의 청으로 어린 아들 마흐무드가 나시르 앗 드니아 와딘이라는 칭호로 칼리프로부터 술탄 직위가 내려졌다. 그런데 이 어린 술탄은 큰형 바르갸르그에게 직위를 내주어야 했고, 이 형이 최고 권력을 장악하고 르근 앗딘이라는 칭호를 받았다. 곧 말리크 샤의 둘째 아들 무함마드도 경쟁자의 위치에 올라섰다.

이라크와 호라산의 영토를 둘러싸고 바르갸르그와 무함마드 형제간의 다툼은 하산 사바의 야심의 실행을 용이하게 하고, 국내의 불화가 피비린내 나는 온상이 되어 살인과 선동의 독버섯을 자라나게 했다.

하산 사바의 암살파는 북페르시아와 이라크, 시리아의 산악지대에 있는 견고한 요새 몇개를 수중에 넣고, 그 흉한 칼날을 갖고 이슬람의 일류 인물들을 차차 헤집었다. 무크타디는 1094년(이슬람력 487년)에 죽고 그 뒤를 아들 아불 아바스 아흐마드 알 무스타지르 빌라라는 칭호로 계승했다. 당시 그는 불과 16세였다.

그는 인정이 두텁고 덕이 있고 관대하며 태도가 훌륭하고 좋은 일에 전심했다. 그가 만일 좋은 세월에 태어났다면 역사에 남을 어느 정도의 족적은 남겼을 것이다. 중요한 역할을 하는 데, 그가 자유롭게 할 수 있는 힘이 너무나 부족했다.

기독교 역사에서 성전이라 불리는 야만적인 광신의 폭풍우가 서아시아에서 맹위를 떨친 것은 이 시대였다. 기독교는 3세기 동안 십자군 원정이라는 것으로 이슬람 세계에 덤벼들었고, 마침내 실패로 인한 권태가 생겨 미신 자체의 힘으로 전복되었다. 유럽은 인력과 경제력을 잃고 전멸하지는 않았지만 사회적 파산의 위태로움에 직면했다. "수백만의 사람이 전투와 기아, 질병으로 쓰러졌다."라고 어느 기독교 사가는 말했다.

이슬람 제국이 수립된 이래 기독교도는 더할 나위없는 관대한 대접을 받았다. 그들은 신앙을 보호받고 시민으로서의 권리나 특권을 갖는 것이 허용되었다. 그들은 이슬람 제국의 어디든 자유롭게 이동하고, 외국에 있는 같은 종교 계통의 사람들과 연락을 가지며, 무슬림들과 동일한 조건으로 토지나 재산을 갖는 것이 허용되었다. 공직도 그들에게 무슬림과 같은 조건으로 주어졌다.

기독교의 수도원이나 교회는 도처에 있고, 멀리 있는 나라에서 오는 기독교 순례자들은 아무런 어려움없이 팔레스타인에 들어가는 것이 허용되었다. 사실 성지 순례는 아랍의 정복 결과 억압되기는커녕 오히려 촉진되었고, 무슬림들은 기독교도가 스스로 믿는 성지에서조차 자칫하면 분열하고 승리했다는 것을 그 경쟁 각 파 사이에 질서를 유지하는 것으로 만족했다.

이슬람이나 기독교 쌍방의 신자들로부터 성지라고 간주되는 예루살렘에는 총주교와 그 아래에 있는 성직자들을 위해 특별 지구를 설치하였고 무슬림들의 출입을 금했다. 969년에 팔레스타인과 시리아가 파티마조의 지배 아래 옮겨졌을 때는 주권의 변화가 기독교도들에게

예루살렘의 성

는 행운이었고, 이집트 군주들은 기독교도의 상업을 장려하고 기독교도들을 보호했다. 그런데 여하한 관대한 태도를 보여도 무슬림이 예루살렘에 있는 것을 좋아하지 않는 광신자들의 마음은 누그러지지 않았다.

10세기 말경에는 천년의 복년(福年)이 가까워온다고 믿어지고 있었다. 아랍세계에서 무수한 군중이 성지에 모이고 11세기에는 놀랄만한 수에 달했다. 이즈음 팔레스타인은 셀주크조 군주, 또는 시리아에 있는 영주와 어느 정도 관계를 갖는 터키계 올독가의 수중에 있었다. 타국인 수가 불어나고 그 광적인 열정이 점점 흘러들어온다는 것에 터키인들도 참을 수가 없었다.

그리고 기독교 순례자들은 때때로 학대받고 도난당했다는 이야기가 과장되어 유럽인들의 적의를 정점에 달하게 했다. 기독교 교황 우르바누스 2세는 1095년 3월, 플라센티아 회의를 소집하고 같은 해 11월에 또 클레르몽 회의를 열었다. 이 회의에서 교황은 기독교 분묘를 차지한 모독자들에게 십자군을 일으키고 종군하는 자에게는 속죄를, 전사자들에는 천국을 약속했다.

십자군의 중요한 동기는 종교적 열정이었으나 여기에는 새로운 왕국을 세운다든가 돈을 벌 수 있다는 욕망 같은 것도 다른 동기와 섞였다. "오리엔탈 미주(美酒)의 꿈같은 향기와, 그리스 여인들의 요염한 자태가 관능을 자극한 것이다." 탐욕과 야심, 색욕은 여기서 신앙과 함께 종교적 폭발을 선동한 것이다.

십자군 병사로 동원하기 위해 전염병과 같은 열광을 선동하는 온갖 수단이 동원되었다. 십자군 병사는 십자가를 메고 있는 동안에 부채가 면제되고, 세금을 내지 않아도 되며, 여기에다 몸은 교회의 보호 아래 있었다. 이런 물질적인 이익 외에도 고행이 허용되고, 어떤 죄도 사해져서 영원한 행복이 보장되었다. 전쟁에서 죽은 자는 반드시 순교자로 보수를 받을 것이라고 누구나 믿었다.

몹시 구차한 자라는 별명을 갖고 있는 워르다(고쉬)가 인솔하는 제

1진은 기독교 불가리아인 때문에 저지당하고 살해당했다. 은자 비다는 여러 민족, 여러 나라 말을 사용하는 남녀 4만으로 구성된 제2진을 인솔해 가면서 마레비에 도착했다. 그들은 도읍을 습격하고 7천 명에 달하는 주민을 살육하고 온갖 악행과 도에 어긋나는 일을 다하여 선발대의 복수를 했다. 헝가리와 불가리아는 비다의 대군 앞에 사막으로 변했다.

비잔틴의 알렉시우스는 그들이 성안에 들어오는 것을 허락하지 않고 배로 보스포러스 해협을 건너게 했다. 아시아에 들어선 그들은 다시 무법행위를 하기 시작했다. 그들은 어머니 품에 안겨있는 어린아이들을 죽이는 등 이러한 폭행을 니게아 성벽 아래에서까지도 계속했다.

술탄은 1만 5천 명을 인솔하여 그들을 맞이해 싸웠다. 그들의 대장 레지날드는 몇명의 동료와 함께 이슬람교로 개종했다. 그리고 다른 사람은 모두 섬멸되었다. 특히 우둔한 야만적인 인간쓰레기로 이루어진 제3진은 독일의 기독교 성직자 고데샤르에게 인솔되었다. "그들은 그들의 신앙과 야만적인 약탈이나 음행, 술 취해 주정 부리는 것을 한데 섞어 면허를 가진 것처럼 행세했다. 그들이 술에 푹 빠진 방탕하고 난잡한 모습에 눈을 가려야 했다."라고 사가는 말했다.

콘스탄티노플과 예루살렘을 잊고 약탈과 폭행, 살인은 그들이 지나는 길 어디에서나 행해졌다. 헝가리인들은 무기를 잡고 그들에게 저항했고, 벨그르드의 평원은 십자군의 뼈로 덮이고, 도망쳐 이를 말한 사람은 고데샤르 휘하의 두세 명에 지나지 않았다.

네 번째의 파도는 영국과 프랑스, 플랜더스, 로렌에서 송출되었다. 이들도 앞을 못 보는 자들이었다. 터키인은 멀리 떨어져 있었기 때문에 그들은 유태인 살육에 들어갔다. 수천 명의 유태인이 고로뉴와 기타 라인 강 강변도시에서 학살되고 약탈당했다. 이 극악한 대군은 변함없이 살육과 약탈을 계속하면서 남쪽으로 달려갔다. 그런데 그들은 멤스부르크에서 헝가리군한테 격멸당했다.

다음해 유럽의 봉건군주들에 의해 좀더 조직적인 공격이 행해졌다. 그들이 동쪽으로 향한 길에서도 같은 참혹한 해를 입었다. 뷔용 영주 고트프레의 지휘 아래 십자군은 콘스탄티노플에 도착했다. 비잔틴 황제 알렉시우스는 꽤 잽싸게 서둘러 십자군의 콘스탄티노플 공격을 회피하고, 이 반갑지 않은 방문객들을 배에 태우고 보스포러스 해협의 건너 연안에 보냈다. 70만의 십자군은 1097년 5월, 니게아 벌판에 집결했다. 이 수는 셀주크조가 얼마만큼의 군대를 보내어도 충분히 전장에서 몰아내는 데 충분한 대군이었다.

술탄의 수도 니게아는 포위되고 황폐의 위험에 노출되었다. 그런데 비잔틴의 알렉시우스는 셀주크조 군주에 대해 도시를 내주라고 권했다. 그의 깃발이 성벽 위에 펄럭이는 것을 보고 광신자들의 대군은 노하여 날뛰었다.

여하간에 니게아는 구해졌다. 그리고 십자군은 니게아에서 안티오크로 향했다. 살육과 약탈, 폭행은 아시아로 가는 그들의 발자취였다. 안티오크의 농성은 9개월 동안 계속되었다. 양식이 떨어지고 양군은 고생했는데, 십자군 병사들은 인육까지 먹는 데 이르렀다.

구원의 기도는 셀주크조의 장군 게르포가의 무능력과 그가 동행한 귀족이나 고관들을 중히 여기지 않았다는 데서 실패로 돌아갔다. 안티오크는 마침내 함락되었다. 베이루지라는 아르메니아인 배반자가 밤을 틈타 밧줄을 내리고 이 밧줄을 잡고 십자군은 성벽을 넘었다. 몇개의 망루가 점령되고 위병들이 살해되고 성문이 열렸다. 십자군 병사들은 '하나님의 마음과 함께'라고 외치면서 성안에 돌입하여 무서운 학살을 자행했다.

노인의 존엄도, 연소자의 가련함도, 여성의 아름다움도 모두 유럽 야만인 앞에는 용서가 없었다. 집도 몸을 감추는 장소가 되지 못하고, 이슬람 사원을 볼 때마다 잔인한 도수를 더했다. 대리석 궁전에서 보잘것없는 집에 이르기까지 사람이 사는 집은 폐허로 변했다. 좁은 통로나 큰 광장도 마찬가지로 사람들의 피가 흘러내렸다. 안티오크에서 학살된 사람은 1만 명이 넘었다.

무슬림들을 살육한 후 침입자들은 극단적인 포학한 행동을 감히 자행했다. 그들은 안티오크에서 시리아에서 가장 인구가 많은 대도시의 하나인 마라트 운 노만을 향해 가 이를 점령했다. 여기서 그들은 10만의 무고한 사람들을 학살했다. 여기서 레몽은 포로들을 처형했다.

기운이 있는 자나 미인은 안티오크의 노예시장에서 팔기 위해 남겨두었지만, 노인이나 아이들은 잔학의 제단의 희생으로 바쳐졌다. 마라에서도 인육을 먹는 일이 일어났고, 기독교도 진지에서는 인육이 공공연히 팔렸다고 말해지고 있다. 마라에서 십자군은 예루살렘으로 진격하여 점령했다.

이때의 학살을 사가는 이렇게 말했다. "어떤 자는 성루에서 몸을 던져 죽음을 면했다. 다른 자들은 궁전이나 망루, 특히 사원 속에 숨었으나 이런 장소도 기독교도의 수색에서 몸을 숨길 수가 없었다. 무슬림들이 잠시 동안 몸을 숨기고 있던 우마르 사원에 십자군 보병과 기병은 다짜고짜 쳐들어왔다. 무서운 혼란 속에 죽어가는 자의 신음소리와 외침 이외에는 아무것도 들리지 않았다. 사원 안의 피는 무릎까지 적셨다. 예루살렘에서 7만 명 이상의 사람들이 살해된 것이다. 특히 증오의 대상이 되고 있는 유태인에게는 그 이상의 불행이 앞을 가로막고 있었다. 그들은 유태교 사원에 피신해 있는 유태교 신자들을 향해 불을 지르고 모두 불태워 죽였다."

뷔용 후작 고트프레는 예루살렘 왕으로 임명되었다. 1년 후 그의 뒤를 이은 볼드윈은 레바논의 게자라를 포위했다. 무슬림들은 저항을 시도한 후 수비병들의 명예를 존중하는 조건으로 항복한다는 제안을 하여 받아들여졌다. 그래서 성문이 열렸는데 프랑크인은 한 번 성 안에 들어오면 성을 연다는 조약을 무시하고, 무기를 소지하지 않고 몸을 보호할 아무것도 없는 시민들을 사정없이 살육했다. 트리폴리와 다이아, 시든은 다 이와 비슷한 운명을 맞았다.

당시 레바논 해안의 여러 도시들은 번영의 정점에 서있었다. 특히 트리폴리는 아름다웠다. 이 도시의 교외와 주위의 촌락은 바람에 파도치는 듯한 곡물과, 미소 짓는 포도원과 풍요로운 사탕수수밭과 귤, 대추야자, 기타 과수원으로 덮여있었다.

거리 자체도 웅대하고 인구도 많았으며 집은 4~6층의 고층으로, 점포는 궁전과 같은 외관을 나타내고, 시장에는 호화로운 상품이나 식료품이 쌓여있었다. 광장과 가로에는 분수가 물을 뿜고 있었다. 사마르칸트의 종이 못지않은 좋은 종이를 생산하는 제지공장도 있었다. 사원은 장려한 대리석 건축물로 장식도 훌륭했다.

1109년, 단그리드를 장으로 하는 십자군이 비다 함대의 엄호를 받고 이 도시를 공격했다. 주민들은 살해되고 도서관과 학교, 공장은 불타 잿더미가 되었다. 이처럼 팔레스타인과 시리아의 일부는 프랑크인의 손에 떨어지고, 그들은 이 새 영토에 본국처럼 봉건제도를 실시했다. 무슬림 주민들은 농노의 신분으로 떨어지고 사법적인 재판 대신 전쟁, 또는 고문에 의한 재판이 행해졌다. 당시 유럽에서 행해지던 것처럼 줄줄이 묶인 노예가 거리에서 팔렸다.

몇년 후에 예루살렘을 방문한 아미르 웃사마는 이 가련한 사람들을 많이 사서 원래의 신분으로 돌아가게 했다. 그는 그 당시를 이렇게 말했다. "예루살렘 성전을 지키는 성전 기사들은 어느 정도 품격을 몸에 지닌 것 같은데, 새로 예루살렘에 온 기사들은 예절을 모르는 야만인 같았다."

한편 십자군 병사들 사이에 있는 도덕적 이완은 그들의 품성의 열등과 타락이 조금도 옛날 상태와 변하지 않았다는 것을 나타내고 있음을 밝혔다.

## §§ 아바스조

이슬람력 492년-569년(1099년-1174년)

칼리프 무스타지르-술탄 바르갸르그-숙부 투투쉬와 형 무함마드의 전쟁-바르갸르그의 타계-무함마드의 술탄 자리 계승-십자군의 진격-술탄 무함마드의 타계-칼리프 무스타지르의 서거-칼리프 무스타르시드의 즉위-동부 술탄 산자르-이라크와 시리아의 술탄 이마드 앗딘 장기의 흥륭-마흐무드의 타계-술탄 마스우드의 계승-무스타르시드의 암살-칼리프 라시드의 선임-마스우드에 의한 칼리프 폐위-무크타피의 칼리프 즉위-장기의 대십자군 전쟁과 승리-장기의 죽음-누르 앗딘마흐무드의 즉위-십자군에 대한 승리-무크타피의 서거와 칼리프 무스타르시드의 즉위-시르쿠의 이집트 파견-이집트 병합-살라딘의 흥기-무스타르시드의 서거-칼리프 무스타디 즉위-누르 앗딘마흐무드의 타계

계획적인지 또는 우연인지 여하간에 기독교는 서아시아를 습격할 기회로 더할 나위없는 기회를 잡은 것이다. 셀주크조는 봉건주의적인 체제를 갖추었다. 알프 아르슬란은 소아시아(흑해와 아라비아 반도 사이)를 사촌형 술라이만에게 주었다. 말리크 샤는 시리아를 동생 투투쉬에게 주었다. 이 두 사람은 모두 술탄의 종주권을 인정했다.

그런데 이 두 공국(公國) 외에 메소포타미아와 시리아와 팔레스타인은 술탄에게 군사적 봉사만을 유일의 임무로 하는 몇 사람의 봉건 영주간에 나누어졌다. 니잠 울물크의 천재적 재능과 말리크 샤의 인격이 모든 영토에 침투하고 있어 각 부족장이나 여러 영주들은 자진하여 술탄에게 복종했다. 그러나 두 사람이 숨을 거두는 순간부터 알

력은 사방에서 일어나고, 평화와 통일 대신에 전쟁과 불화가 생겼다.

먼저 마흐무드 편을 드는 어머니 두르칸과 바르갸르그간에 싸움이 일어났다. 그러나 곧 마흐무드는 죽고, 바르갸르그가 셀주크조의 종주로 인정되고 칼리프 무크타디로부터 술탄의 칭호가 내려졌다. 그런데 이번에는 최고 권력을 바라고 있는 숙부 투투쉬 사이에 싸움이 일어났다. 투투쉬는 싸움에서 패하여 죽었으나 한 번 혼란된 국내에는 평화가 찾아오지 않고, 바르갸르그와 동생 무함마드는 7년간에 걸친 정쟁을 계속해야만 했다.

십자군의 재앙을 피한 피난민 무리들은 속속 바그다드에 몰려들었다. 이슬람의 단식기인 라마단달이었다. 간신히 학살이나 강탈을 면하고 도망해 온 불행한 사람들이 얘기하는 공포의 소식은 바그다드 시내를 슬픔의 밑바닥에 빠지게 했다. 단식행사는 잊은 채 사람들은 이슬람 중앙사원에 모여 눈물로 지새웠다.

칼리프 무스타지르 일라는 세 명의 중신을 급파하여 호르완에 대진하고 있는 바르갸르그와 무함마드를 설득하여 싸움을 그치고 공동의 적에 맞서도록 권했다. 이 요청은 보람이 없었다. 형제는 바르갸르그의 재상이 암살된 것을 계기로 다시 유혈의 쟁투를 벌였다. 술탄들간의 불화는 프랑크인들로 하여금 이슬람 여러 나라에 바탕을 굳히게 했다고 사가는 한탄하며 덧붙였다.

1104년(이슬람력 498년)에 바르갸르그가 죽자 무함마드가 술탄 자리를 잇고 14년간 그 자리를 지켰다. 그는 용맹하고 덕도 있으며 공정하고 사람들한테 잘 대했다고 한다.

그런데 국내의 정치정세는 공동의 적에 대하여 통일적인 행동을 취하는 데 전혀 불리했다. 시리아와 메소포타미아에 영지를 가진 영주들은 서로의 질투 때문에 분열해 있었다. 알레포 영주(투투쉬의 아들 리즈완)는 배반자이고, 다른 파들은 술탄의 명령에 복종한다 할지라도 국가적인 큰일을 하는 것보다 개인적인 야심의 달성을 더 중요하게 여겼다.

당시 시리아 해안과 팔레스타인을 거느리고 있던 카이로의 파티마조 칼리프령의 심한 혼란은 적의 공격을 받고 있는 도시의 원조를 불가능하게 했다. 파티마조의 칼리프 무스타리는 완전히 무능력자이고, 정부를 수중에 장악하고 있는 장군은 국내에서 군사력을 조직하고 활발한 행동을 취하기는커녕 카이로에서 어슬렁거리고 있거나, 그렇지 않으면 경쟁자에 대한 모략에 매일을 보내고 있었다.

한 번인가 두 번인가 술탄 무함마드 시대에 침입자에 대항하기 위해 여러 영주들이 서로의 의견 차이는 뒤로 미루고 손을 잡은 적이 있었다. 1113년 초, 예루살렘 왕 볼드윈은 다마스쿠스령에 침입했다. 이를 혼자힘으로 막을 수 없었던 다마스쿠스 영주 투그타긴은 모술 영주 무두드의 원조를 구했다.

1113년 7월, 모술과 다마스쿠스, 신쟈르, 마리딘의 여러 영주의 연합군은 팔레스타인으로 진군했다. 테베리아스 호 부근의 전투에서 십자군은 큰 손실을 입고 이 호수와 요르단 강에서 많은 병사들이 익사했다.

1119년 6월, 그들은 다시 알 바라드의 전투에서 무슬림군인 마르딘군의 일가지에게 패했다. 이집트인들도 해안전투에서 몇번이나 승리를 거두었다. 하지만 십자군의 배후에는 전 유럽이 있었다. 기독교 전체 지방에서 보내는 원군, 테베리아스 호의 전투 후 무두드가 무정부주의자의 칼에 쓰러지고, 또 여러 영주간의 분열 등 이런 것들이 그들로 하여금 대세를 회복하는 힘이 되었다.

십자군은 이렇게 세력을 신장하며 차차로 도시를 점령하고 국토를 황량하게 하고 주민들을 살육하거나 노예로 삼았다. 술탄 무함마드는 1118년(이슬람력 511년)에 타계하고, 그 다음해 칼리프 무스타지르도 세상을 떠났다. 그는 칼리프 자리에 있기를 25년에 이른다. 그의 뒤는 아들 아부 만수르 알 파즈르가 무스타르시드 빌라라는 칭호로 계승했다.

술탄 무함마드의 죽음은 무슬림과 기독교도의 운명에도 영향을 미치지 않을 수 없었다. 그 다음에 군주 지위에 오른 사람은 동생 산자르로 그가 다스리던 영토는 아들 마흐무드가 상속했다. 술탄 마흐무드 시대에 프랑크인들의 압박에 견뎠을 뿐만 아니라, 그들을 조금씩 점령지에서 내쫓은 최초의 무슬림 전사가 출현했다. 기독교 사가들이 산긴이라고 부르는 이마드 앗딘 장기는 술탄 말리크 샤 휘하의 유력한 영주 카심 앗 다울라의 아들로, 훌륭한 주군의 사후에 온 고난 시대의 역사에서 중요한 역할을 다했다.

그의 아버지 카심 앗 다울라는 불과 14세의 아들 장기를 남기고 죽었다. 장기는 어린 나이로 영지를 상속했을 때, 가신이나 속령의 군주들은 그를 돌봐주고 지위를 지켜주었다. 한편 그 자신도 쉽게 타인에 의해 움직여지지 않는 의지의 강함과 훌륭한 성격을 가졌고, 우수한 행정적·군사적 능력의 편린을 보였다.

1122년(이슬람력 516년), 장기는 마흐무드로부터 와시트 시를 영지로 받고 바스라의 수호직(샤나)을 받았다. 4년 후, 모술과 상부 메소포타미아의 통치권은 아타베그(대영주)의 칭호와 함께 그에게 주어져 그 지위는 칼리프로부터 인정되었다. 이마드 앗딘 장기는 이렇게 되어 오랫동안 계속된 모술 공국의 창시자가 되었다.

무슬림 사가 이븐 우라시르는 당시 무슬림간의 무력상태와 다신교도들의 강력함을 극히 명료하게 말하고 있다.

"그들의 군세는 다수이고 그들의 폭행과 타락행위는 날이 갈수록 심해지고, 그들은 처벌을 두려워하지 않고 악행을 있는 대로 다했다. 그들의 영토는 상부 이집트의 마리데인에서 이집트 국경의 아리쉬까지 이르고, 하란과 라카는 말 못할 굴욕을 당하고, 그들의 약탈행위는 니시빈의 성문까지 계속되었다. 그들은 라바 경유의 사막길을 남겨두고 다마스쿠스로 가는 통로를 모두 차단했다. 그리고 여러 도시에 무제한의 공물을 과하고, 알레포에서 그 수입의 절반을 취했다. 그들은 신의 유일성을 믿는 사람도, 이를 부정하는 사람도 모두 용서하지 않았다."

장기는 정치 개혁과 군대의 재조직에 발벗고 나섰다. 그리고 곧 프랑크인을 메소포타미아에서 몰아내는 데 넉넉한 군대를 이끌고 전장에 설 수 있게 되었다. 멘피지와 부자의 정복은 그를 넓은 모술 지방의 실질적인 지배자로 만들었다.

1128년, 십자군의 타락한 행위로 몹시 고통받고 있던 알레포 주민의 초청에 응하여 그는 알레포를 점령했다. 하마 시도 알레포의 선례를 따랐다. 다음해, 장기는 십자군을 알 아사리브의 성벽 아래에서 섬멸하고 완강한 저항을 물리치고 그곳을 점령했다.

'그들 중에서 가장 악질적인' 에데사 백작 조슬랭과의 단기간 휴전으로 장기는 술탄 마흐무드가 죽은 후에 불가피하게 발발한 내란 진정에 손을 댈 수 있었다.

마흐무드의 뒤는 동생 마스우드가 계승했는데, 또 한 사람의 셀주크 자아라는 동생이 계승권을 다투었다. 잠시 싸움을 하다가 두 사람은 화해하고 숙부인 산자르를 향하여 군을 진격시켰는데 다마지르에서 벌어진 싸움에서 패했다. 산자르는 두 사람을 정중하게 대하고 그들이 가진 영토도 그대로 두었다. 얼마 후 싸움은 칼리프 무스타르시드와 마스우드 사이에서 일어났다.

무스타르시드는 마스우드의 진지에 잡혀 있었는데, 무정부주의자 자객의 칼에 맞아 암살당했다. 무스타르시드의 뒤는 그의 아들 아부 자파르 만수르가 라시드 일라의 칭호로 계승했다. 그러나 라시드가 칼리프로 있은 것은 몇 개월에 지나지 않는다. 그와 술탄 마스우드간의 의견 차이는 그로 하여금 바그다드를 떠나지 않을 수 없게 하였다. 그래서 마스우드는 법학자와 재판관을 소집하여 그의 폐위 수속을 밟게 했다.

라시드가 폐위되자 무스타지르의 아들 아부 압달라가 알 무크타피 리아무르 일라라는 칭호로 칼리프에 선임되었다. 그런데 셀주크조의 권위가 실추함에 따라 이라크와 가르디아에서 무크타피의 세력은 비례적으로 증대하고, 마침내 그는 국내 여러 주의 속권 회복에 성공한 것이다.

아타베그 장기는 언제까지나 동부 문제에 구애되지 않았다. 그의 대사업은 시리아에 있었다. 십자군은 다시 움직이기 시작했다. 유럽으로부터 다수의 원군을 맞이했고, 여기에 비잔틴 황제 요하네스 고므네스도 자기 지휘 아래 넣은 그리스인 부대까지 합한 십자군은 부자를 점령하고, 남자 주민들은 모두 죽이고 부녀자들은 잡아 가두었다. 그리고 하마에서 하루 거리인 샤이자르(게자리아)를 향하여 진군했다.

우사마를 낳은 샤이자르 성은 거의 난공불락이라고도 할 수 있었다. 바위 위에 세워져 가까이 갈 수 있는 길이란 산중턱에 있는 말 한 마리가 통과할 수 있는 길뿐이었다. 이 좁은 길은 먼저 오론데스 강의 급류를 넘어, 여기서 바위를 뚫고 마지막으로 깊은 도랑에 나무다리가 놓여 있었다. 다리가 끊긴다면 누구라도 성에 가까이 갈 수가 없었다.

이슬람력 5세기 초부터 기나아의 아랍부족인 문기즈족에 속한 부족이 이 성채와 그 주위 지방의 세습영주로 있었다. 이곳이 하마에 가깝고, 십자군 작전중심지에도 가까운 곳이라는 위치는 프랑크인이나 무슬림들에게도 이 땅이 중요한 곳으로 여겨지게 되었다. 그래서 장기는 당시 샤이자르 영주 아부 아사기르 술탄의 요청을 받자 곧 이 지방의 구원에 나섰다.

아타베그 장기가 가까이 왔다는 것을 알고 프랑크인은 그 포위를 풀고 후퇴하고, 그리스인은 본국으로 철수했다. 장기는 기회를 놓치지 않고 전장을 확대했다. 트리폴리 백작의 영토 내에 있는 아르가 요새는 공격을 받아 폐허가 되고, 바르베크는 점령되고, 살라딘의 아버지 나짐 웃딘 아이유브의 지휘 아래 놓였다. 그렇지만 다마스쿠스가 독립군주의 영지로 있는 한 아타베그 장기가 십자군을 시리아로부터 몰아내는 것은 불가능했다.

이슬람력 534년, 장기는 바린(몽 페란) 근교에서 십자군을 무찌르고 바린을 점령했다. 그곳은 십자군이 점거하고 있는 성채 중 가장 강한 쪽에 속하고, 십자군이 하마와 알레포의 중간 여러 곳을 약탈 원정하는 중심지였다. 그런데 아타베그 장기의 최대 정복사업은 이슬람력 539년에 그들의 영웅이고 악마였던 조슬랭 2세가 차지하고 있는 에데사(로하)를 점령한 것이다.

사실 그것은 정복 중의 정복이었다. 로하, 즉 에데사는 기독교도로서 본다면 가장 존중하는 도시의 하나였다. 에데사는 사교(司教) 관구의 하나였기 때문이다. 그 최고는 예루살렘이고, 그 다음 순으로는 안티오크, 로마, 콘스탄티노플로 하였다. 그곳은 사실 메소포타미아의 눈이었다. 그 위치는 그들로 하여금 주위의 여러 지방을 평정할 가능성을 열게 하였다. 그들은 진로에 따라 여러 강력한 요새를 갖고 있었다.

장기는 로하에 들어왔을 때 주민에게 생명과 재산의 안전을 보장한다고 했으나, 주민은 그의 제안을 물리쳐 로하는 공략되었다. 그로서는 예루살렘과 안티오크에서 자행된 온갖 악행에 대한 보복으로써 무서운 형벌을 줄 수도 있었으나 인정이 있어 분노를 참았다. 전장에서 싸웠던 남자나 십자군을 사주한 신부나 목사를 제외하면 한 사람도 살해된 자는 없었다. 승리자의 손에 안겨진 아이들은 다 해방되고 그들의 동산, 부동산은 그들에게 반환되었다.

아타베그 장기는 강력한 주둔부대를 남기고 더욱더 승리의 길을 진군했다. 그리고 십자군이 차지했던 성을 차차로 평정했다. 이마드 앗딘 장기는 할라드 자비일의 전투에 종사하고 있는 동안, 누군가 적의 사주를 받은 노예 때문에 자는 중에 살해되었다. 이렇게 당시 최고의 영웅 한 사람은 사라졌다.

공정하고 관대하며 총명하였던 영주 장기는 백성들에게 아버지와 같았다. 그가 메소포타미아에서 통치권을 얻었을 때 이 지방이나 시리아에도 대부분이 아직도 미개한 곳이 많았다. 농민이나 도회지 사람들도 파탄에 직면해 있었고, 프랑크인의 약탈 때문에 상업은 끊겨 있었다. 장기는 농업을 부활시키고 이 지방의 번영을 되찾기 위해 많은 노력을 다했다.

경작자들은 무리를 지어 땅으로 돌아왔고, 폐허가 된 도시는 재건되고, 무질서와 도둑행위는 엄중히 금지되었다. 유럽의 약탈 살인자 프랑크인들을 해안 지방으로 몰아냄과 더불어 상업도 다시 살아났다. 그는 부인들의 안전을 지키는 데 각별히 마음을 쓰고, 여자들에 대한 모욕이나 폭행에는 특히 중한 형벌을 과했다.

그의 자선행위는 유명하다. 금요일마다 백 디나르를 희사하여 어려운 사람에게 나누어주고, 다른 요일에는 신뢰할 수 있는 가신을 통하여 비밀리에 많은 돈을 나눠주었다. 그는 친구로서도 충실하고, 주인으로서도 마음씨가 깊었고, 진영에서는 군기에 엄격했다.

그는 학자들의 좋은 벗이었고 알 자와드, 즉 자비심이라는 별명을 가진 그의 재상 자말 웃딘은 학문 후원에 관한 일도, 나랏일도 그를 열심히 도왔다. 자말 웃딘은 말하자면 영내의 총감독(무쉬리프)역과 원로원 의장의 직을 갖고 있었다. 장기는 자신은 비단이불보다 말안장 쪽이 더 편안하고, 어떤 굉장한 음악보다 전쟁의 나팔소리가 듣기 좋다고 말했다.

아타베그 장기에게는 네 명의 아들이 있었는데 맏아들 사이흐 앗딘 가지는 모술 영토를 계승하고, 둘째 아들 누르 앗딘 마흐무드는 병권을 물려받고 영지로서는 알레포의 지배권이 주어졌다. 다른 두 아들은 쿠트브 앗딘 무두드와 누스라트 앗딘 아미르 미란이다. 사이흐 앗딘과 누르 앗딘은 모두 아버지의 부대에서 단련되었다.

누르 앗딘은 단순한 무인이 아니라 법률가이며 학자였고, 학문과 예술의 훌륭한 후원자였다. 그는 영내 각지에 학교와 병원을 세우고, 궁정에 모이는 학자나 전문가들을 보호했다. 다르 알 아들이라고 불리는 정규의 법원을 만든 것도 그가 최초였다.

"진정한 왕들의 송덕은 관을 닫은 후에 적의 입에서 듣게 된다."라고 사가는 말했다. 다이아 추기경 윌리엄은 그를 기독교의 명예와 신앙의 최대의 박해자라고 논하지만, 동시에 그는 훌륭한 통치자이고 정력이 넘치며 현명하고 그 민족의 전통에 따른 신앙심이 깊었다는 것은 인정하지 않을 수 없다. 국민의 번영은 그의 생애의 유일한 대상이고 목표였고, 그의 신하들은 그의 공정과 인자함, 온화함을 칭찬했다.

누르 앗딘이 알레포 영주로 즉위하여 얼마 안 되었을 때, 에데사의 기독교도들은 조슬랭 휘하의 프랑크군 대군을 뒷받침으로 주둔군에 대하여 반란을 일으키고 군인과 무슬림 시민들을 학살했다. 누르 앗딘은 곧 이 중요도시에 쳐들어가 이때만은 정당한 노여움을 품은 군주의 위엄이 충분히 발휘되었다. 조슬랭 휘하의 병사와 이에 협력한 배반자들을 참수에 처했다. 십자군과 반역적인 연락을 유지했던 주모자인 아르메니아인들은 축출되고 성벽은 헐렸다.

에데사의 두 번째 함락은 유럽에 커다란 충격을 주었고, 구레르부와 교황 바르나르는 무슬림에 대한 새로운 십자군의 필요를 강조했다. 1147년, 독일의 콘라드 3세와 프랑스의 루이 7세는 프랑크족 몰락의 운명을 지탱하기 위해 '성전(聖戰)'에 들어갔다.

당시의 역사가 알리는 바로는 그들은 시리아와 팔레스타인에 있는 기독교도들을 구원하기 위해 연합군의 깃발 아래 90만 이상의 대군을 인솔하고 출발했다. 루이 7세는 후에 영국의 헨리 2세와 결혼한 아내인 기엔 공주와 동행했는데, 이것이 예가 되어 이 불운한 원정에도 많은 여인들이 동행했다. 창과 방패로 보호받은 다수의 부인부대는 독일군 사이에 말을 나란히 했다.

프랑스인이라고 하여도 성의 혼합이라는 점에서는 독일인 못지않고 당연히 도덕은 대단히 문란해졌다. 이 두 부대의 운명은 주지하는 바이다. 두 명의 군주는 시리아로 진군하는 도중 참패를 맛보았다. 콘라드군의 대부분은 라오데오게아 근교에서 섬멸되고, 한편 해안선을 따라 진군하던 루이군은 현재 바아바다그라 불려지고 있는 가드므스 고지에서 셀주크군에 압도되어 패주했다.

기엔 공주의 숙부인 보아구데에 후작 레이몬드가 점거하고 있던 안

십자군의 출범

티오크에 루이 7세가 도착했을 때는 이미 군세는 4분의 3을 잃었을 때였다. 당시 도덕적으로 타락한 도시의 성벽 안에는 툴루즈 백작부인, 프로아 백작부인, 루시 백작부인 모리에, 뷔용 공작부인 드르게리 등이 그녀들의 집안과 자기들의 아름다움을 자랑하고 있었다.

그런데 그 중의 여왕은 기엔 공주 엘리나였다. 안티오크에서 십자군 전사들이 그칠 줄 모르는 방탕함에 젖어있는 동안 레이몬드의 연회는 신분이나 지위 고하를 가리지 않고 즐기는 데까지 타락했고, 왕비 엘리나는 자유분방한 생활로 누구에게나 추문을 일으켰다.

안티오크에서 충분한 휴양을 취한 후에 그들 연합군은 다마스쿠스로 진격하고, 그곳에서 수개월 간 진을 쳤다. 그러나 사이흐 웃딘 가지와 누르 앗딘마흐무드가 여기에 구원군을 투입한 결과, 십자군은 포위를 풀고 황급히 팔레스타인으로 후퇴하지 않을 수 없었다. 이에 이르러 콘라드와 루이는 유럽으로 철수하고 제2차 십자군은 이렇게 종말을 고했다.

누르 앗딘마흐무드는 유럽인 정복사의 첫 장을 열었다. 그는 시리아 국경지대에서도 가장 견고한 요새에 속하는 알 아레이마 성을 정복하고 수개월 후에 안티오크 근교 자그라에서 유럽인에게 큰 패배를 맛보게 했다.

아네브 성 아래에서의 전투에서 안티오크 영주 보아구데에 후작 레이몬드가 전사하고, 그의 군대는 많은 부상자를 내고 패퇴했다. 그가 죽은 후 보헤몬드라는 나이 어린 아들이 어머니의 후견을 받았다. 그런데 이 부인은 재혼했는데, 두 번째 남편의 운명도 레이몬드에 못지않게 비참했다. 그는 유럽인들이 다시 패배를 맛본 작은 전투에서 누르 앗딘에게 잡혔다.

1149년(이슬람력 544년), 누르 앗딘 마흐무드는 하루거리밖에 안 되는 아바미아스(아퓌아미에) 요새를 함락했으나 2년 후에 조슬랭 2세와의 전투에서 패했다. 그러나 이 실패는 조슬랭의 항복으로 보상된다. 조슬랭은 무슬림을 대하는 데 성공자로 간주되고 있다.

이븐 우라시르는 말했다. "조슬랭은 프랑크인 중에서도 특히 완강하고 사리에 어두운 악마였고, 무슬림에 대한 증오라는 점에서도 누구보다 더했다. 프랑크인은 그의 용기와 지혜를 이슬람에 대한 그의 적의와 무슬림에 대한 그의 완미함을 알고 있어 원정에 착수할 때는 반드시 그에게 지휘권을 위탁했다."

이 같은 무서운 강한 적의 항복은 누르 앗딘의 일을 쉽게 만들었고, 그는 얼마 되지 않는 동안에 아인 다부, 나르 알 자즈, 부지 앗 라사스 등과 같은 십자군에 속하는 많은 도시와 요새를 평정했다. 또한 프랑크인에게 마찬가지로 비참한 결과로 끝난 둘루크 전투는 안티오크령의 대부분을 귀순하게 했다.

술탄 마스우드는 이슬람력 547년(1152년)에 죽고, 그 뒤를 형 술탄 마흐무드의 아들 말리크 샤가 술탄 자리에 올랐다. 그는 이 왕조의 술탄으로 인정된 마지막 인물이다. 그러나 충성이라는 면에서는 결코 확실하다고 말 못할 독립적인 군주가 다마스쿠스를 차지하고 있는 한 누르 앗딘도 아버지처럼 십자군을 대하는 작전에서 여러 가지 어려운 곤란을 겪었다.

한편 해안선에 있는 아스가론의 점령에 용기를 얻은 십자군측에서도 시리아의 수도를 정복하겠다는 계획에 다시 착수했다. 이 같은 위기를 맞아 다마스쿠스 주민들은 누르 앗딘에게 구원을 요청하고, 그는 곧 그 요청에 응했다.

다마스쿠스의 영주는 영지로 에데사를 또한 편입받고, 다마스쿠스 군주로서 장기의 아들이 시민의 환호 속에 도착했다. 이 평화적이면서도 중요한 정복은 그로 하여금 '알 말리크 알 아딜'(공정한 왕)이라는 칭호를 얻게 되었고, 그는 그 이름에 합당한 군주였다. 누르 앗딘과 십자군 사이에 잠시 동안 평화가 계속되었고, 그 사이에 그는 고대에 지어진 많은 기념비적인 건축물을 파괴한 시리아를 덮친 지진의 피해를 회복할 수가 있었다.

칼리프 무크타피는 1160년(이슬람력 555년)에 죽고, 그의 아들 아불 무잣파르 유수프가 알 무스탄지드 빌라라는 칭호로 칼리프 자리를 계승했다. 그로부터 6년 후, 누르 앗딘은 프랑크인이나 무슬림에게나 매우 중요한 역사적인 이집트 원정군을 파견했다.

이집트의 파티마조는 당시 몰락에 직면하고 있었다. 파티마조의 마지막 칼리프였던 알 이지드 리딘 일라는 소문난 허약자로 국가의 권력은 모두 재상 샤웰 아사데이의 손에 있었다. 샤웰은 한 당파에 쫓겨 다마스쿠스 영주한테 가서 몸을 맡기고, 대가로 십자군 토벌을 하는 데 이집트군이 협력하고, 영토의 분할과 거액의 공납금을 약속하고 조력을 구했다.

누르 앗딘은 잠시 주저했으나 결국 그의 청을 받아들여 살라딘의 숙부인 아사드 앗딘 시르쿠를 장으로 하는 호위병을 붙여 그를 이집트에 돌려보냈다. 그런데 이 배반자는 권력을 회복하자마자 십자군과 손잡고 시르쿠에게 이집트 철수를 요구했다. 시르쿠 휘하의 얼마 안 되는 군세는 비르비즈에서 연합군에 대항하여 완강하게 저항했으나 결국에는 이집트에서 철수해야 했다.

이슬람력 559년(1163년) 라마단달에 누르 앗딘은 프랑크인과 그리스인 연합군의 공격을 받았다. 하림 성 밖에서 행해진 이 전투는 십자군 전쟁사에서도 특히 격렬한 싸움이었다. 프랑크인은 패배했고, 안티오크 영주 레몽, 트리폴리 영주 레이몬드, 조슬랭 3세, 그리스인 장군 가라말라 등 영주 대부분이 포로가 되었다. 빛나는 이 승리의 결실로 누르 앗딘은 하림, 파네아스, 알 무나이데라 등을 점령했다.

1167년(이슬람력 562년), 시르쿠가 다시 이집트를 공격하자 샤웰은 유럽의 프랑크인 원군을 끌어들였다. 당시 예루살렘의 왕인 아마우리는 자신을 위해 이집트를 영유하고자 하여 샤웰의 구원에 군사를 보냈다. 시르쿠의 행군과 요격, 그리고 연합군에 대한 바아바인에서 얻은 결정적 승리는 그의 최고도의 군사능력을 보인 것이다.

이븐 우라시르도 감격하여 불과 천 명의 기병으로 이집트군과 연해 지방의 프랑크군을 무찌른 이 싸움과 같은 경이적인 일은 전에 보지 못했던 미증유의 승리라고 말하고 있다.

이 빛나는 성공이 있은 후에 아사드 앗딘 시르쿠는 알렉산드리아를 점령하고 스스로 여기에 거처를 정했다. 그후에 이집트인과 프랑크인 측과 누르 앗딘의 총사령관 사이에 평화조약이 체결되고, 아모오리는 이집트에서 부하들을 철수시키고 이집트 문제에 일체 간섭하지 않겠다고 동의했다. 그리고 시르쿠는 금 5만 매를 받고 알렉산드리아에서 물러나고, 시리아로 철수하게 되었다.

그런데 프랑크인은 샤웰과의 밀약에 의해 카이로에 주재관을 두고, 몇개의 도시를 손에 넣고 1년에 금 10만 매의 헌상금을 받는 권리를 획득했다. 이것은 그것만으로도 시르쿠와의 평화조약에 위반하는 것이었다.

그런데 카이로와 다른 지방을 점령하고 있던 십자군 병사들의 눈에 거슬리는 행위와 횡포가 도에 넘친 결과, 알 아디드는 스스로 누르 앗딘의 구원을 요청하게 되었다. 이에 응하여 누르 앗딘은 시르쿠에게 프랑크인을 압도하는 대군을 주고 파견했다. 시르쿠가 가까이 다가오자 십자군은 온갖 전리품을 가지고 급히 물러갔다.

1169년 1월, 시르쿠는 다시 카이로에 입성하여 백성들로부터, 또한 파티마조 칼리프로부터 구세주로 환영받았다. 샤웰은 격노한 군주에 의해 사형에 처해지고, 시르쿠는 그 후임으로서 재상 겸 대장군에 임명되었다. 2개월 후에 시르쿠가 죽은 후에 그의 조카인 유명한 살라딘 유수프가 알 말리크 안 나시르라는 칭호로 직위를 계승했다.

알 아디드의 재상으로 있으면서도 살라딘은 자기를 언제나 알 아미르 알 이스파사랄르(총사령관)라고 불러주는 누르 앗딘의 한 팔이라고 여겼다. 살라딘은 도량의 관대함과 공정한 처사로 사람들의 마음을 붙잡았다. 알 아디드가 죽을 때가 가까워 오고 있을 때, 엄격한 하나피 교도인 살라딘은 조용히 이집트에서 아바스조 칼리프의 종교적인 권위를 지키고 있었다.

1170년 칼리프 무스탄지드가 타계한 후, 그의 아들 아부 무함마드 하산이 알 무스타디 비아무르 일라라는 칭호로 칼리프 자리를 계승했다. 무스탄지드는 이븐 우라시르의 말에 의하면 신하를 대하는 태도는 그가 최상이었다고 한다. 그는 정의로써 지배하고, 너그러움으로 백성들을 대했다. 영토 내에 있는 억압적이고 비합법적인 과세를 폐지하고, 단호하게 질서와 평화를 유지했다.

이슬람력 565년(1170년), 장기의 셋째 아들인 쿠트브 앗딘 무두드가 죽고, 아타베그 자리는 아들 사이흐 웃딘 가지 2세가 계승했다. 그의 시대에 모술 정세는 혼란에 빠졌다. 누르 앗딘은 조카의 영토에 달려가 국내의 질서를 바로잡고 사이흐 앗딘을 모술 영주로 복귀시켰으나 군의 통수권은 자신이 장악했다.

이슬람력 567년 무하람달에 파티마조의 마지막 칼리프가 죽고, 이집트는 다시 바그다드 칼리프의 교권에 들어갔다. 살라딘은 이집트의 사실상의 군주로, 누르 앗딘이 죽을 때까지 총독으로 통치했는데 이후는 독립한 군주가 되었다. 당시 그는 35세 정도였다.

살라딘의 아버지인 나짐 웃딘 아이유브 빈 샤디이는 형 시르쿠처럼 장기와 누르 앗딘마흐무드의 신임이 두터운 신하였다. 살라딘도 숙부와 함께 이집트로 가서 이 군주 밑에서 여러 관직을 맡았다. 전기작가들은 그가 기사도적이고 공정관대하며 고상한 정신을 가진 군주였다고 전한다. 마음이 매우 곱고 생활은 건전하고 국민의 복지 증진에 힘썼다고 한다.

1174년(이슬람력 569년), 살라딘은 군주의 허가를 얻어 동생 두으란 샤를 예멘 평정에 파견했는데, 이 사업은 훌륭히 수행되었다. 그리고 곧 누르 앗딘이 죽어 살라딘은 독립주권을 이집트 전토와 누비아 일부와 히자즈, 예멘에 확립할 수가 있었다. 누르 앗딘의 사후에는 이스마일(알 말리크 우스 살레)이라는 11세밖에 되지 않은 어린 아들 혼자 남았다.

## §§ 아바스조

이슬람력 576년-589년(1181년-1193년)

칼리프 나시르-다마스쿠스 영주 말리크 살레 이스마일-살라딘, 다마스쿠스에 초청되다-살라딘과 말리크 살레의 싸움-시리아의 지배자 살라딘, 술탄 칭호를 받다-말리크 살레의 죽음-살라딘의 권력-예루살렘 왕국-십자군의 휴전조약 파기-테베리아스 호의 전투-십자군 패퇴-앗가, 나브르스, 예리코 등의 정복-예루살렘 농성-그 함락-살라딘의 인간미-제3차 십자군-앗가의 포위와 영웅적 방어-십자군 패배-프레데릭 바르바로사의 죽음-영국 왕과 프랑스 왕의 도착-앗가 함락-리처드의 잔인함-살라딘의 아스가론 파괴-리처드의 강화-살라딘의 죽음-그의 사람됨

살라딘은 자기의 뒷받침이었던 주군이 죽었다는 소식을 접하고 곧 말리크 살레한테 조문사를 보내고 앞으로 열성을 다하겠다는 성의를 표했다. 그는 종주권의 상징으로 가장 중요한 예배 때의 이름 부름과, 화폐에 누르 앗딘의 후계자의 이름을 넣었다.

그런데 말리크 살레의 어린 나이는 아버지의 가신들의 야망을 북돋우고, 각자 어린 왕을 희생으로 자기 몸을 불리기 시작했다. 그들의 거짓됨과 책모는 드디어 살라딘으로 하여금 그들의 불신행위를 경고하는 단호한 통고를 하게 했다. 이 통고에서 그는 만일 사태가 수습되지 않으면 스스로 다마스쿠스에 가 주군을 후견할 작정이라고 말했다.

이 통보를 접한 대관 중의 한 사람이 다마스쿠스를 프랑크인의 공격에 내던진 채 알레포의 말리크 살레한테 급히 갔다. 십자군은 이

살라딘

좋은 기회를 놓치지 않고 그곳을 포위했고, 거액의 배상금을 지불한다는 조건으로 겨우 포위를 풀었다.

이에 노한 살라딘은 다마스쿠스에 몇 사람의 초청을 받은 것을 계기로 7백 명의 기병을 이끌고 다마스쿠스로 급히 가 그곳을 점령했다. 그는 다마스쿠스에 있는 동안 궁전에 들어가지 않고 아버지 나짐 웃딘이 살던 집에 있었다.

그는 여기서 어린 아타베그에게 경의를 다한 서간을 보내, 신하로서 복종하겠다는 것을 밝히고, 시리아로 온 것은 주군의 보호를 위한 것이라고 전했다. 그를 적으로 간주하는 사람들이 쓴 회답서는 감사하기는커녕 망은과 불충을 책하는 말뿐이었다.

살라딘은 노하여 말리크 살레를 알현할 목적으로 군을 이끌고 갔다. 그런데 전에 대관 중의 한 사람으로 알레포에 왔던 굼쉬다긴의 중상을 믿은 어린 영주는 그를 좋은 눈으로 보지 않았다. 살라딘이 북쪽의 이 도시에 가까이 오자 불과 12세인 누르 앗딘의 아들은 시장에 말을 타고 가 자기 아버지로부터 받은 은혜를 말하면서, 자기에게 협력하여 성밖에 다가온 불충한 자를 토벌할 것을 요구했다.

알레포 시민들은 무기를 들고 살라딘을 공격했다. 살라딘이 말했다. "내가 무력 사용을 원치 않는 것은 하나님이 아신다. 그러나 그렇게 하여야 한다면 그들 좋을 대로 해보자." 알레포군은 재기할 수 없을 정도로 패하여 흩어져 성안으로 도망갔다. 위험을 안 굼쉬다긴은 암살자를 보냈으나 실패했다.

말리크 살레의 후견역은 십자군과 모술의 영주 아타베그 사이흐 웃딘 가지 2세에게 구원을 요청했다. 십자군은 에데사를 포위했으나 누르 앗딘의 아들과 우호적인 관계를 갖고자 하여 온 살라딘이 가까이 옴에 따라 퇴각했다.

살라딘은 어린 주군에게 존경을 담은 편지를 보내고, 말리크 살레가 윤허하는 영주로서 다마스쿠스와 이집트를 영유하는 조건으로 하마와 에데사, 그리고 바르베크를 회복하겠다고 제의했다. 그러나 그의 제안은 거절되었다. 성밖의 싸움에서 말리크 살레의 군은 다시 패배하고 알레포는 포위당했다.

굼쉬다긴과 사이흐 웃딘 가지 2세는 화의를 청하지 않을 수 없었다. 아직 어린 누르 앗딘의 딸을 살라딘의 본진에 보내고 그의 연민을 자아내 유리한 조건을 얻고자 했다. 살라딘은 소녀를 정중히 접대하고 선물을 산더미처럼 주고, 소녀가 요구하는 대로 알레포 영내에 있는 점령한 곳을 모두 되돌려주었다.

조약에 따라 다마스쿠스는 확실히 살라딘의 손에 넘어왔다. 이후 말리크 살레의 이름은 시리아와 히자즈, 이집트의 금요예배 때의 쿠트바(설교의식)에서 제외되었다. 그리고 합법적인 권위의 원천인 칼리프는 술탄의 칭호를 수여함으로써 살라딘이 독립 군주라는 것을 윤허했다.

이슬람력 579년, 말리크 살레는 사촌 이즈 앗딘에게 영토를 넘겨주고 불과 19세로 죽었다. 이즈 앗딘은 사이흐 웃딘의 뒤를 이어 모술의 아타베그 자리에 있었는데 동생 이마드 앗딘의 신자르의 땅과 알레포 영토를 교환했다. 얼마 안 되어 이마드 앗딘은 살라딘을 종주로 받들고 얼마간의 봉토(封土)를 받는 대신에 알레포를 이집트의 군주인 살라딘에게 인도했다. 모술도 이 예에 따라 아타베그는 티그리스 강과 유프라테스 강 중간에 있는 연안 지방의 영유가 인정되었다.

1182년이 저물 무렵, 살라딘의 주권은 이코니움의 술탄과 아르메니아 영주를 포함하는 모든 서아시아의 군주들로부터 인정되었다. 그는 어떤 화급한 경우에도 그들에게 전쟁터의 협력을 요구할 수 있는 위치에 선 것이다.

예루살렘의 프랑크인 왕국은 자기들의 인적·물적 자원의 공급이 유럽 각지에서 충당되기 때문에, 명예를 바라는 기사나 재보(財寶)를 찾는 모험가, '이교도'와의 싸움에 넋이 팔린 광신자, 사법의 손을 피하는 범죄자 등 온갖 부류의 자들이 시리아 해안으로 모여들었다.

예루살렘의 프랑크 왕 아마우리는 이즈음에 죽고, 왕위는 아들 볼드윈 4세에게 넘어갔고, 이 불행한 청년은 불치의 병을 앓다가 나라의 정치에 관여하지 못할 가련한 존재가 되었다.

누이 시빌라는 몽필라 후작한테 시집가 같은 이름의 볼드윈이라는 아들을 낳았다. 그녀는 몽필라 후작이 죽자 규이 드 르시니안에게 재가했다. 이 사람을 볼드윈의 섭정으로 임명했으나 그도 곧 섭정직이 박탈되고, 트리폴리 백작 레이몬드가 섭정이 되었다. 동시에 그는 다섯 살밖에 되지 않은 조카 볼드윈에 의해 그 자리에서 물러났다.

이 어린 왕은 얼마 안 있어 죽었는데 냉혹한 어머니의 손에 죽었든지, 또는 어머니의 묵인 아래 살해당하였든지 두 가지로 상상된다. 여하간에 시빌라는 그의 사후 예루살렘의 여왕이 되고, 스스로 왕관을 남편 머리 위에 올려놓았다. 1187년, 이렇게 팔레스타인의 왕위는 시빌라와 규이 드 르시니안이 차지하는 바가 되었다.

볼드윈 4세 시대에 술탄과 프랑크인 사이에 휴전조약이 체결되었다. 무슬림이 조약의 신의를 중히 여기는 데 비해, 기독교도는 새로운 전쟁의 봉화를 올렸다고 하는 데 주목할 가치가 있다고 사가들은 말했다.

보아구데에 후작 레이몬드의 과부 콘스탄스와 결혼한 샤틸롱 후작 레날드는 오랫동안 누르 앗딘한테 포로로 잡혀있었다. 그는 말리크 살레에 의해 석방되었다. 석방되자 토룬 후작 험프리의 과부와 결혼하고 카라크와 몬드리알의 봉토를 얻었다.

1186년, 레날드는 기독교도와 무슬림 사이에 체결된 휴전조약을 무시하고, 자기의 성 옆을 지나가는 돈이 있음직한 대상을 습격하여 많은 사람을 죽이고 물건을 약탈했다. 노한 술탄 살라딘은 예루살렘 왕에게 배상을 요구했으나 거절되자 이를 스스로 응징하고자 했다. 카라크를 포위하고, 알 말리크 알 아프달이란 별명을 가진 아들 알리를 장으로 하는 작은 부대를 프랑크인 정찰을 위해 갈릴레이 방면으로 파견했다.

그런데 그들은 카라크의 포위와 알 말리크 알 아프달의 전진을 알자 곧 군을 모아 그를 요격하고자 했다. 술탄측에서도 왕자의 구원을 서둘렀다. 양군의 병력은 서로 비슷했다. 프랑크인은 사프리아, 즉 세프오기스 평야에 집결하였는데 살라딘은 교묘한 전술로 히틴 산에 가까운 테베리아스 호 부근의 산중에 있는 협곡으로 그들을 들어오도록 했다.

프랑크인이 테베리아스 호를 향하여 산의 토사가 무너져 내리는 것처럼 언덕을 내려오는 데 대하여, 술탄의 무슬림군은 호수 전면에 진을 치고 십자군과 호수 사이를 차단했다. 양군이 서로 대치한 것은 7월 2일 목요일 저녁이었다. 술탄은 다음날의 결정적인 작전을 세우느라 밤을 지새웠다. 다음날 아침, 즉 이슬람력 583년 제2 라비달 25일 금요일에 있은 전투는 규이 드 르시니안의 왕국에 치명적인 타격을 가했다.

격렬한 전투는 비참한 패배로 끝났다. 1만 명의 십자군이 전장에서 쓰러지고 주요 장군들은 전사하거나 포로로 잡혔다. 포로 가운데는 규이 드 르시니안의 동생 죠프레, 샤틸롱 후작 레날드가 있었는데 전쟁의 원인을 제공한 자였다.

그리고 토룬 후작 험프리의 아들 쥬바이르 백작 휴, 테베리아스 후작의 아들, 기타 연합군의 장군들이 있었다. 간신히 도망간 사람은 트리폴리 백작 레이몬드, 테베리아스 후작, 시든 후작 레노, 안티오크 공작의 아들과 이베린 후작 바리안뿐이다. 술탄의 적이 패전에서 추스를 여유를 주지 않고 언제까지나 히틴의 전과를 확대하고자 했다.

테베리아스 성은 점령되고, 트리폴리 백작 레이몬드의 아내는 술탄에게 잡혔으나 예의를 지켜 남편 곁으로 되돌려 보내졌고, 범해진 부인도 없으며 다친 아이들도 없었다.

얼마 있지 않아 살라딘의 모습은 프톨레마이스의 성벽 아래에 나타났다. 2년간 기독교도의 특히 강력한 군대로 저항을 계속했던 이 성은 불과 2일 만에 살라딘의 수중에 들어왔다. 나프르스, 예리코, 라믈라, 게잘리아, 아르스프, 다이아, 자파, 베이루트 등등 많은 도시들은 아무런 저항도 하지 않고 성문을 열었다. 해안가에 십자군의 손에 남은 도시는 트리폴리와 아스가론뿐이었다. 아스가론은 잠시 농성했다가 항복하고 관대한 조건이 주어졌다.

다음으로 술탄은 예루살렘에 눈을 돌렸다. 예루살렘은 많은 인구와 그 외에 6만의 병사를 성안에 주둔시키고 있었다. 시에 가까이 가서 그는 주요 시민을 불러모으고 다음과 같이 설득했다.

“나는 여러분이 아는 것처럼 예루살렘이 성지라는 것을 안다. 이 땅을 피로 물들이고 싶지는 않다. 여러분들이 이 보루를 버리면 나도 여러분들에게 나의 재산 일부와 여러분들이 밭갈이할 수 있는 땅을 주겠다.”

이 같은 너그러운 제의에도 십자군은 전과 다름없는 광신적인 태도로 거절했다. 그들의 거절에 화가 난 살라딘은 고트프레 드 뷔용 휘하의 병사들이 범한 살인행위의 복수를 반드시 이 도시에 하겠다고 마음먹었다. 얼마간 포위가 계속된 후 십자군측은 용기를 잃고 “인류 공동의 아버지의 이름으로”하며 용서를 청했다. 술탄의 마음의 너그러움은 형벌을 주었으면 하는 욕망을 억제했다.

예루살렘에 거주하는 그리스인과 시리아인 기독교도는 자기들의 공민권을 조금도 잃지 않고 술탄의 영내에 거주하는 것이 허용되고, 술탄의 신하로서 팔레스타인에 살기를 원하는 프랑크인이나 라틴인도 원하는 대로 허락되었다. 예루살렘 성안의 전투원은 모두 40일 이내에 부녀자를 데리고 술탄군 병사의 호위 아래 퇴거하고, 다이아나 트리폴리 등으로 떠날 수 있었다.

그들의 몸값은 남자 1명이 10시리아 디나르, 여자가 5디나르, 어린 애가 1디나르로 정해졌다. 몸값이 없을 경우에는 인질로 잡혔다. 그러나 이것은 명목상의 규정에 지나지 않았다. 술탄 자신이 1만 명의 몸값을 지불했고, 동생인 사이흐 웃딘은 7천 명을 석방했다.

살라딘의 인정의 두터움은 이웃 기독교 나라 군주의 잔인성과는 놀라운 대조를 이루고 있었다. "예루살렘을 떠난 기독교도들 대부분은 안티오크로 갔으나, 레몽은 그 뒷바라지를 거부했을 뿐만 아니라, 학대까지 했다. 그들은 할 수 없이 무슬림들이 사는 지방까지 갔으며 친절하게 맞아들여졌다."고 사가들은 말했다.

그리고 이들은 예루살렘에서 나오는 난민을 대하는 기독교도들의 몰인정한 처사를 기록했다. 동부의 같은 민족에게 떠밀린 그들의 처참한 모습은 시리아에서 보였고, 슬픔과 배고픔으로 죽어가는 자가 많았다. 트리폴리는 그들 앞에 성문을 잠그고, 절망에 빠진 한 부인은 자기들에게 구원의 손을 뻗기를 거절한 기독교도를 저주하고 영아를 바다에 던졌다고 한다.

술탄은 피정복자의 감정을 존중하는 데서 십자군 병사들이 모두 떠날 때까지 시내에 들어가는 것을 삼갔다. 1187년(이슬람력 583년 라자브달 27일 금요일), 그는 승리의 축사를 하고자 찾아온 영내의 여러 제후들을 이끌고 예루살렘에 입성했다. 전쟁으로 생긴 황폐는 모두 수복되고, 프랑크인 때문에 파괴된 사원이나 학교는 수리되거나 재건되었다. 예루살렘 지방에 대한 정치는 십자군의 횡포와는 전혀 다른 관대하고 현명한 방법이었다.

살라딘은 예루살렘에서 다이아에 군을 진격시켰다. 여기는 그의 인정으로 석방된 십자군 병사들의 입성이 허락되었기 때문이었다. 이들과 주둔병들은 완강한 저항을 시도하고자 진지를 정비했다. 그들의 지휘관은 몽필라 후작 콘라드로 수완과 기략이 뛰어난 자였다. 그는 자기가 바다 건너에 있는 군주의 지휘를 받고 있다고 공언하고, 다이아 시를 열고 넘기라는 술탄의 명에 따를 것을 거절했다.

살라딘은 다이아 포위에 시간을 허비하지 않고 일시적으로 군을 다른 데로 돌려 북부 해안선을 따라 진격하여, 라오데게아, 자바라, 사이푼, 베가스, 보자이르, 데르베르사그, 기타 프랑크인들이 영유하고 있는 강력한 도시들을 차차로 공략했다. 그는 규이 드 르시니안이 곧 유럽으로 간다는 엄숙한 서약을 믿고 신변을 석방해주었다.

그런데도 이 기독교 기사는 자기가 자유롭게 되자마자 서약을 깨고 십자군의 패잔 병력과 서부에서 새로 도착한 군으로 대군을 편성하여 프톨레마이스를 포위했다. 이제 세 대륙의 관심은 이후 2년간 이 지점에 집중하게 되었다.

예루살렘의 함락은 기독교 세계에 큰 충격을 주고, 성직자들은 사람들의 열을 부추기고, 유럽의 여러 왕과 영주들로 하여금 다시 원정군을 일으키기 위해 온갖 노력을 다하게 했다. 그들의 노력은 완전한 성공이었다. 원군은 다이아 쪽이나 앗가 전선에 모여들고, 기독교 세계의 세 명의 주요 군주인 독일의 프레데릭 황제, 프랑스 필립 왕, 그리고 영국의 사자왕 리처드도 계획에 참가했다.

이 시기에 만약 살라딘이 예전처럼 슬기로운 민첩함과 안목이 있고, 이집트와 시리아 함대와 합동하여 아프리카 해안을 엄중히 봉쇄했다면 팔레스타인 십자군을 분쇄하고, 그후에 유럽으로부터 온 강력한 원군의 상륙을 저해했을 것이다. 아프리카의 안전이 해군의 침입을 받아들이지 않는다는 것에 있고, 어떠한 육상의 승리를 했다 할지라도 해상으로부터의 침입에 대한 보증은 되지 않는다는 것을 그는 생각하지 못했다.

이 같은 형편으로 비자인이나 제노바인, 베네치아인들은 매일같이 식료품이나 군수품과 함께 많은 보충 병력을 십자군에 가져왔다. 살라딘과 영국 왕 리처드 두 사람의 인격이 그대로 나타난 이 역사적인 공방전에 관한 기술이 이븐 우라시르와 이븐 사다드의 저술에 있다.

"살라딘이 한 도시, 또는 한 성을 취했을 경우 반드시 인명을 구조하고, 프랑크인은 전 재산과 부녀자들을 데리고 다이아로 급히 갔다. 이렇게 적의 대군은 이 지점에 집결하고 여기에다가 끊임없이 원군을 받아들였다.", "유럽인들의 광신을 북돋우기 위한 온갖 수단이 취해졌다."라고 이 사가들은 말했다.

살라딘이 그렇게 친절히 대우한 예루살렘의 총주교는 아랍인한테 상처 입은 구세주 같은 얼굴을 하고, 유럽 여러 도시를 역방하고 기독교도들의 노여움을 부채질했다. 그리하여 그는 팔레스타인의 프랑크인의 구원을 위해 대군을 모았다. 여자들조차 전쟁에 나가기 위한 응소자 명부에 이름을 연명했다.

재산이라고는 집 한 채밖에 없는 과부의 외아들인 젊은 기독교도 포로는 이 역사가를 향해 어머니가 집을 팔고, 전쟁 준비물을 마련해 주고, 무슬림과의 싸움에 내보냈다고 당시의 일을 말했다. "프랑크인은 사방에서 육로로 전력을 다하여 왔다."

전군이 다이아에 집결하자 그들은 시든을 공격하려고 했지만 결국은 앗가를 탈환하기로 결정했다. 그래서 대군이 해안선을 따라 선박들과 병행하면서 앗가를 향해 진군했다. 바다는 물자와 식량, 원군을 여러 나라로부터 날랐다는 점에서 그들에게 커다란 원군이었다. 그들은 1188년(이슬람력 585년 라자브달 15일), 앗가 앞에 도착하여 곧 그곳을 포위했다.

프랑크인의 동정을 보고받은 살라딘은 곧 군사 작전회의를 개최했다. 그 자신의 의도는 적을 요격하는 데 있었으나, 결국은 앗가 전면의 평야에서 전투할 것을 권고하는 참모들의 의견에 따랐다. 살라딘이 목적지에 도착했을 때, 십자군은 벌써 앗가 주위에 진을 치고 군의 양익(兩翼)은 바다에 이르러, 완전히 그곳을 포위하여 육지에서 오는 모든 연락을 차단하고 있었다.

만일 살라딘이 자기 의견대로 행동하고 프랑크인이 앗가 전면에 진지를 구축하기 이전에 공격했다면 앗가를 구할 수도 있었는데, 사가의 말을 빌리면 "하나님은 무엇을 바라고 계실 때는 무엇이든지 조치하신다."

술탄은 십자군과 상대하여 진을 치고 가이산 언덕 위에 본부를 두었다. 그 우익은 아야지아 산에 이르고 좌익은 베르스 강에 달했다. 얼마 안 있어 모술, 데이알, 바그르, 신자르, 하란에서 도착한 얼마간의 원군도 군에 증원되었다. 이렇게 무슬림군이 육지로부터 병력을 보충하고 있는 동안, 프랑크군은 바다로부터 속속 원군이 도착했다.

이슬람력 585년(1189년) 샤반달 초, 살라딘은 십자군을 향해 공격을 개시했다. 그의 조카 다기 앗딘은 장렬한 돌격을 감행하고 그들을 진지로부터 쫓아버리고 앗가와 연락을 회복했다. 이때 무슬림들이 이 싸움을 밤까지 계속했다면 목적을 달성했을지도 모른다. 그런데 프랑크 진지의 절반을 점령했을 때, 그들은 다음날 전투를 재개할 작정으로 군사를 거두어들였다. 여기서 살라딘은 주둔병을 교체하고 앗가의 식량을 보충했다.

샤반달 6일, 전투는 프랑크군측에서 먼저 걸어왔다. 프랑크군은 모두 배후로부터 나와 무슬림군에 맹렬한 공격을 가했으나 결국 막대한 손해를 입은 채 격퇴되고 참호 후방으로 퇴각했다.

당시 살라딘의 병력은 전토에 분산되어 있었다. 1진은 안티오크의 영주 레몽을 감시하고, 2진은 트리폴리의 전면 에데사에 주둔하여 국경을 방어하고, 3진은 다이아를 감시하고, 4진은 바다로부터 프랑크군의 침입에 대비해 다미에타, 알렉산드리아 등을 점령하고 있었다. 따라서 원군을 추가한다 해도 술탄의 병력은 수적으로 십자군보다 불리했다. 그래서 십자군측에서는 무슬림측이 그 이상 보충이 안 될 때 분쇄하고자 공격을 가하여 부분적인 성공을 거두기는 하였지만 결국 참패로 끝났다.

이 전투에서 십자군의 전사자는 1만 명에 달했다. 전장의 흔적을 없애고 청결을 유지하려고 시체를 바다 속에 던진 살라딘의 노력에도 불구하고, 버려져 있는 무수한 시체에서 나오는 장기(瘴氣)의 축축한 독기는 대기를 오염시키고 역병을 발생시켰다. 술탄 자신도 감염되어

의사들이나 군 참모들의 진언으로 진지는 철수되고 살라딘은 군과 함께 알 가르바 근교로 이동했다. 살라딘은 그해 겨울을 알 가르바에서 지냈다.

무슬림군이 돌아가자 프랑크인은 평정을 찾고 다시 앗가를 포위하기 시작했다. 그러면서 살라딘의 공격에 대비하기 위해 군부대 주위에 깊은 수로를 파고, 패할 경우 도망할 수 있도록 높은 벽을 쌓았다.

다음해 1190년 봄, 살라딘은 다시 앗가 평원으로 내려와 전과 같은 진형을 취했다. 십자군은 시내의 성벽을 공격하기 위해 커다란 목마를 만들어 그 속에 무장한 여러 병사를 가득 채웠다. 농성군은 다마스쿠스 출신 공학자의 지휘로 기름과 그리스 화약을 꽉 다진 수류탄을 던지고, 이동 목마에 불을 지르게 했다. 목마는 모두 불탔다.

이즈음 무슬림군은 메소포타미아 방면에서 약간의 부대가 증원되었다. 이집트 함대도 앗가 주둔군의 식량과 군수품을 싣고 도착했다. 해전에서 프랑크 함대는 패하고, 이집트 함대는 항구에 들어왔다. 그런데 무슬림군 진영은 독일 황제(말리크 알 아르만) 프레데릭 바르바로사가 대군을 인솔하고 팔레스타인을 향해 진군한다는 소식이 알려지자 크게 동요했다.

독일 황제는 자기 군의 측면에 달라붙은 우지 터키인 때문에 도중에 꽤 고통을 받았지만, 그래도 이스데프안의 아들 라흔이 영유하는 상부 시리아에 들어갈 수가 있었다. 술탄은 구원 요청을 동맹국에 보냈으나 모두 미온적인 태도밖에 보이지 않았다. 그리하여 살라딘은 혼자 힘으로 유럽 연합군에 대항해야 했다.

그런데도 독일 황제는 어쨌든 목표에 도달하지 못할 운명이었다. 그는 세르시아 가까이의 사라르 강에서 익사했다. 그런데 그의 부하들간에 불화가 일어났다. 그리고 대부분은 본국으로 돌아가고 얼마 되지 않은 인원만이 그의 남은 아들을 받들어 안티오크에 도착하고, 한걸음 더 나아가 팔레스타인으로 향했다. 그들은 결국 바닷길로 고국으로 향했으나, 도중에 난파하여 모두 익사했다.

이슬람력 586년 제2 쥬마디달 20일, 프랑크인은 보루를 나와 공격했으나 다시 대패하여 전장은 사상자로 뒤덮였다. 십자군은 싸울 의지를 잃었다.

그로부터 이틀 뒤, 바다 넘어 상파뉴 백작 앙리의 지휘 아래 강력한 원군이 도착했다. 이 청년은 영국 왕의 배다른 여동생의 아들로 프랑스 왕과도 혈연이 있었다. 그는 별다른 고생없이 앗가 근교에 군대를 상륙시키고 이미 그곳에 주둔하고 있던 십자군과 연락을 취했다. 그는 진영을 공고히 하여 요새로 하고 병력을 집중하여 술탄 공격의 의도를 표명했다.

이에 대하여 살라딘은 부대 전개의 여지를 넓히고, 앗가 전면에서 나오는 축축한 장기의 독기를 피하기 위해 알 가르바까지 군을 후퇴시켰다. 술탄군의 퇴각은 십자군으로 하여금 포위의 압력을 더욱 강화하게 했으나, 성을 지키던 무슬림군은 영웅적인 인내를 보이며 격렬한 공격을 견뎌냈다. 성을 지키던 장군 가라구쉬와 후삼 앗딘이 끊임없이 병사들의 용기를 고무했다.

두 사람은 조금도 주의를 게을리하지 않고 어디에라도 나타나 전력을 다하여 수단을 가리지 않고 프랑크인을 위협하고, 또는 그들의 공격을 무찌를 기회를 결코 놓치지 않았다. 그들은 성을 둘러싸고 공격하고 십자군의 병기를 불사르고, 몇번의 출격으로 적을 진지 구석으로 몰아넣었다.

앙리 백작은 이에 이르러 포위하고 공격하는 전법을 바꾸어 봉쇄전으로 전환했다. 술탄은 베이루트에서 바다로 식량을 수송하여 성을 지키는 군사들을 구원했다.

프랑크인은 '위대한 로마의 임금, 그들의 (종교적 우두머리) 두령으로 그 말씀은 그들 사이에서 마치 무슬림 사이에 예언자 무함마드의 명령과 같은 권위를 갖는' 교황(아랍어로는 바바)에게 한 글을 올렸다. 그리고 그의 명 아래 원군은 각지에서 도착했다.

이 원군이 앙리 백작의 군과 합류하니 그는 술탄에게 도전하고자 보루에서 출격했고, 술탄은 배열이 잘 된 군을 이끌고 그들을 맞받아 쳤다. 술탄의 아들 알리, 기즈르, 가지는 중앙에서 지휘하고, 동생 사이흐 웃딘은 이집트군과 함께 우익을 맡고, 하마와 신자르의 두 영주는 다른 영주들과 같이 좌익을 맡았다.

불행하게도 살라딘은 그날 지병 때문에 몸이 좋지 않아 전장을 멀리 바라볼 수 있는 위치에 있는 언덕 위에 세워진 작은 천막에서 전투 상황을 볼 뿐이었다. 전투는 오랫동안 계속되고, 드디어 프랑크인은 많은 손실을 입고 방위 진지까지 격퇴되었다. 이날 살라딘의 몸상태가 좋았다면 이 싸움은 결정적인 것이 되었음에 틀림없다.

이에 이르러 프랑크인은 기아로 고통받기 시작했고, 겨울이 되어 십자군들은 그리스에 근접한 여러 섬에 몸 숨길 곳을 찾기 위해 선박을 송치하지 않을 수 없었다. 아흐마드 알 마쉬두브의 아들 사이흐 웃딘 알리는 시내의 지휘관으로 임명되었으나, 안타깝게도 술탄의 명령에도 불구하고 피로한 성의 병사를 바꾸지 않고 성안의 식량 보충 기회도 이용하지 못하고 말았다.

봄이 되자 프랑크군의 군함이 다수 돌아와, 다시 앗가 성의 병사와의 연락을 차단했다. 서장(書狀)을 갖고 바다를 헤엄쳐온 사자가 술탄의 본부에 도달하는 데 지나지 않는 상태였다. 이슬람력 587년 제1 라비달 12일, 진을 구축하고 있는 프랑크군한테 새로운 원군이 도착했다. 영토는 그리 크지 않지만 그들 군주 중에 집안과 혈통이 가장 좋은 프랑스 왕 필립이 대군을 인솔하고 상륙했다.

당시 샤흐라암에 진지를 구축했던 살라딘은 이슬람 각지의 영주에 원군을 청했는데, 그 원군이 도착하기 전에 십자군 쪽에서는 배 20척분의 전사와 군수품을 휴대한 영국 왕의 도착으로 힘이 크게 증가했다. 이제 십자군은 압도적인 병력을 갖게 되었고, 한편 무슬림에게 주는 손해는 증가되었다. 즉 영국 왕은 당시 그 용기와 계략, 원기, 지구력으로 유명한 인물이었다.

살라딘은 영국 왕의 도착 정보를 듣고 식량을 가득 실은 배 한 척을 베이루트에서 앗가로 가도록 명했다. 이 배는 항구에 닿기 전에 십자군의 공격을 받고 정예부대 대장의 한 사람인 야쿠브 알 하르비는 배가 적의 수중에 떨어질 것을 알고 배 안에 들어가 구멍을 내고 배를 침몰시켰다. 배는 식량과 함께 침몰했다.

이런 가운데 앗가를 에워싼 공방전은 격렬하게 전개되었다. 한때 성의 병사들은 완강한 저항을 계속하여 모든 공격을 물리쳤다. 하지만 여러 영주들이 약속한 원군은 아직 도착하지 않았고, 몇번 전투를 되풀이하여도 술탄은 십자군의 포위를 풀 수가 없었다. 전쟁과 전염병으로 힘을 잃은 방위군은 이미 2년간 계속되고 있는 전쟁에 위기가 오고 있다는 것을 느끼기 시작했다.

진퇴양난에 빠진 성의 장수 마쉬두브는 몸소 프랑스 왕 필립 오귀스투스한테 가서 "우리들은 4년간 이 도시의 주인이었다. 우리들이 앗가를 점령했을 때 주민들이 재산과 가족을 데리고 어디든지 갈 완전한 자유를 주었다. 우리들은 지금 이 성을 인도한다는 제의를 하고, 우리들이 과거 기독교도들에게 준 것과 같은 동일 조건을 요구한다." 라고 제의했다.

프랑스 왕은 무슬림들이 테베리아스 호 전투 이래 십자군으로부터 빼앗은 도시와 예루살렘을 반환하지 않는 한, 앗가의 주민이나 성의 병사 한 사람도 용서할 수 없다고 거절했다. 무슬림 장군은 끝까지 싸워 폐허 속에 뼈를 묻을 각오를 하고 성으로 돌아왔다.

잠시 동안 절망적인 전투가 계속되었으나 기아 때문에 무슬림 방위군은 연이어 쓰러지고, 한편 술탄군도 원군의 부족 때문에 움직이지 못했다. 마침내 '성안의 무슬림들은 프랑크인에 의해 한 사람의 생명도 잃지 않으며, 무슬림측은 1천6백 명의 포로와 함께 성 십자가의 목편(木片)을 반환하고, 금 20만 매를 십자군의 장령들에게 준다'는 굳은 조건으로 항복했다. 이 배상금 지불이 얼마간 지체되자 영국의 사자왕은 성에서 방위병을 끌어내 냉혹하게도 무슬림 형제 앞에서 살육했다.

프톨레마이스(앗가)의 점령에는 6만 명의 십자군 전사의 죽음이 있었다. 어느 기독교 계통의 사가는 이같이 말했다. "마침내 프톨레마이스에서의 승리는 시리아 도착 이래 그때까지 알지 못하였던 안식을 맛보았다. 평화의 아늑함, 풍부한 식량, 키프로스 섬의 포도주, 술, 부근 섬에서 오는 여인들, 이런 것들이 한때 그들로 하여금 사업(전쟁)의 목적을 잊게 했다."

그들은 충분한 휴식을 취하고 리처드의 지휘 아래 아스가론을 향하여 진군했다. 살라딘도 이와 병행하여 군을 나가게 하고 약 300㎞ 사이에서 싸움이 열두 번이나 전개되었다. 아르수크의 전투에서 살라딘은 휘하의 용감한 전사 8천 명을 잃었다.

자기 군의 병력이 팔레스타인 최고의 도시를 십자군에게서 지키는데 불충분하다는 것을 안 그는 아스가론에 급히 가 주민을 퇴거시키고 시가를 불태워버렸다. 리처드가 도착했을 때는 커다란 요새도시가 사람이 살 수 없는 폐허가 되어 있었다. 게다가 불굴의 의지와 끝없는 정력을 가진 남자가 그의 앞을 가로막고 있었다.

살라딘의 성격에 압도되어 리처드는 평화를 원하는 마음을 갖게 되었다. 그 자신도 무의미하고 고생도 많고 인명을 낭비하는 이 싸움에 지쳐 고국으로 돌아가고 싶은 마음이었다. 그래서 그는 술탄의 동생 사이흐 웃딘(알 말리크 알 아딜)과의 회담을 바라는 사자를 보냈다.

쌍방은 훈훼리(토룬 후작 험프리) 아들의 통역으로 회견했다. 리처드는 평화를 바라는 마음을 설명하고 자기측의 조건을 말했으나 이것은 결국 불가능한 것이었고, 회견으로는 어떠한 결과도 얻어내지 못했다.

한편 리처드의 행위에 마음이 상한 몽필라 후작은 시돈과 베이루트를 얻는다는 조건으로, 자기만의 휴전을 체결하기 위한 사자를 술탄에게 보냈다. 술탄은 상대측에서 먼저 조약의 임무를 실행한다는 조건으로 승인했다.

영국 왕으로부터는 '그의 형제이고 친우'인 알 말리크 알 아딜과 술탄 앞으로 서간과 평화 제안을 휴대한 새로운 사자가 도착했다. 이때 제출된 유일한 조건이란 십자군이 해안지방에 점령한 도시의 보유를 인정하고, 예루살렘은 성 십자가의 목편과 함께 그들한테 반환한다는 것이었다.

술탄은 예루살렘의 반환 요구를 단호히 거절하고 그의 희망대로 휴전이 성립된다면 성 십자가의 목편은 기꺼이 돌려보내겠다는 뜻을 표명했다. 영국 왕은 다시 말리크 알 아딜에게 제의하여 술탄과 그의 참모한테 조건을 승인까지 얻었다.

조건은 시칠리 왕의 미망인인 리처드의 누이와 말리크 알 아딜을 결혼시키는 것과, 리처드는 결혼 지참금으로 해안지방에 갖고 있는 여러 도시를 주고 술탄은 자기 동생에게 정복한 도시를 주고, 예루살렘은 양 종교의 신자들에게 해방되는 중립도시로 새로운 부부의 영지가 되는 것 등이었다. 기타는 포로의 전반적인 교환과 성 십자가의 목편을 기독교도들에게 반환하고, 성 기사단과 수도 기사단의 특권을 보호하는 것이었다.

술탄은 이 제안을 보고 이것이야말로 오랫동안 격렬한 싸움을 계속하였던 양 종교간에 평화를 가져올 수단이라 생각하고 곧 이를 승인했다. 만일 리처드에 배속된 신부들이 이 조약의 체결을 인정했다면 아마도 이것은 현재 기독교와 이슬람교를 가로지르는 깊은 못에 다리를 놓는 결과가 되었을지 모른다.

신부와 성직자들은 기독교도의 공주가 사이흐 웃딘과 같은 용감한 무슬림 기사와 결혼한다는 의견에 반대의 외침을 높이고, 리처드를 파문하겠다고 위협하고, 전 시칠리 왕비의 종교적인 공포와 미신을 이용했다. 그들의 위협에 놀란 리처드는 '그의 형제이고 친우'인 사이흐 웃딘한테 사자를 보내 개종을 요구했다. 물론 이 제안은 거절되었다.

그 사이에 몽필라 후작으로부터 새로운 사자가 도착했다. 이에 영국 왕은 자기에게 거추장스러운 좋지 않은 동맹자를 제거하기 위해 마시아드의 암살파의 두령과 손을 잡았다. 몽필라 후작 콘라드는 두 명의 암살자에게 습격을 받아 이슬람력 588년 제2 라비달 16일에 죽었다.

리처드 자신이 지휘하는 예루살렘 원정군은 실패한 군사작전이었다. 이는 리처드로 하여금 팔레스타인을 떠날 생각을 더욱 굳혔다. 그는 사자에게 새로운 제안을 맡기고 술탄한테 가도록 했다. 이번 제안은 먼저의 제안을 다 취소하고 다음과 같은 서간을 보냈다.

"나는 전하의 애정과 우정을 원한다. 여기의 국토를 지배하고자 하는 욕망을 갖고 있지 않다. 전하도 나와 마찬가지로 이 이상 전하의 백성을 상실하는 것을 원하지 않을 것이다. 나는 누이동생의 아들 앙리 백작에게 내가 갖고 있던 국토를 주었다. 지금 나는 백작을 전하에게 위탁하고자 한다. 그는 전하에게 복종하고, 전하의 동부 원정에도 추종할 것이다. 내가 바라는 것은 교회(예루살렘)이다."

술탄은 국토에 평화가 찾아오고, 군인들에게 휴양을 줄 필요를 느끼고 있던 막료들의 진언에 따라 호의적인 답서를 보냈다. 험프리 백작의 아들을 동반한 그 사자는 영국 왕이 보낸 선물을 가지고 다시 술탄의 진영에 도착했다. 그리고 예루살렘에 대한 모든 주장을 확실히 포기했는데, 아스가론과 다룸, 가자 세 도시를 현재 상태대로 평화롭게 내줄 것을 요구했다. 술탄은 안티오크 영주와는 별개의 협의를 하고 조약을 맺는다는 것과, 리처드에게는 아스가론 대신에 릳다를 줄 작정이며 다른 도시는 줄 수 없다고 회답했다.

그런데 얼마 안 있어 십자군이 베이루트를 향해 진격중이라는 것을 안 살라딘은 본진에서 나와 다시 전장으로 향했다. 야파는 공략되었으나 그 성채만은 리처드에 의해 파괴를 면했다. 영국 왕은 또 말리크 알 아딜이 파견하는 사절과 회담을 열고 싶다는 제의를 했다. 회담대표가 도착하자 영국 왕 리처드는 열심히 술탄에 대해 말했다.

그리고 그는 대표에게 "하나님의 이름으로" 평화조약을 체결할 것을 술탄에게 간원하도록 부탁했다. 이에 대한 답으로 술탄은 리처드에게 다이아에서 가자리아에 이르는 해안지방의 제공을 내놓았다. 리처드는 아스가론과 야파를 요구했다. 살라딘은 야파를 주는 데는 동의했으나 아스가론은 무조건 거절했다.

그러자 영국 왕은 아스가론에 대한 요구를 하지 않고 양자 사이에 평화조약이 체결되었다. 여기서 드디어 무슬림과 기독교도 사이에 평화가 왔다는 성명을 내고, 양자의 영토는 같이 휴식과 안녕을 누리며, 어느 국민도 상대방의 영토에 적의를 품지 않고 공포를 느끼지 않고 왕복할 수 있으리라고 한 포고서가 발포되었다.

이날 군중은 이 소식을 듣기 위해 모이고, 양편의 국민은 더없는 기쁨을 맛보았다. 원군으로서 먼 나라에서 온 십자군들은 귀국허가를 받고 본국으로 향했다. 그 말로가 어찌 되었는지는 영국사를 배우는 이는 알 것이다.

많은 인명이 손실되고 동부에서나 서부에서도 수많은 집이 파괴된 제3차 십자군은 이렇게 끝을 맺었다. 독일은 불명예스럽게도 황제 한 사람을 잃었다. 그리고 프랑스와 영국은 기사도의 꽃을 잃고 그들이 얻은 것은 앗가 점령뿐이었다.

리처드가 출발한 후 살라딘은 잠시 예루살렘에서 휴식을 취하고, 다음에 해안 요새의 상태를 돌보고 수리하기 위해 기병 한 부대의 호위로 해안 지방의 순찰에 나섰다. 예루살렘에는 술탄의 대신의 한 사람의 진언에 따라 병원과 학교를 신설했다. 그리고 이슬람력 589년 사파르달 27일, 살라딘이 죽을 때까지 그곳에서 가족과 함께 있었다.

그가 타계한 날은 이슬람과 무슬림에게는 정통 칼리프 2대 우마르와 4대 칼리프 알리를 잃은 이후의 최대의 불행한 날이었다. "궁전도, 전 영토도, 전 이슬람 세계도 슬픔에 잠기고, 예루살렘 전체가 비탄에 빠지고, 그의 관이 나갈 때 슬피 우는 소리가 뒤따랐다."라고 무슬림 사가는 말했다.

이슬람이 낳은 위대한 기사적인 군주의 한 사람이 세상을 떠났다. 그는 죽음에 앞서 빈민들에게 종교의 여하를 묻지 않고 많은 돈을 나누어 주었다. 살라딘의 죽음을 바그다드에 알린 사자는 쇠사슬 갑옷과 말과 얼마 되지 않은 금액만이 그가 남긴 전 재산이라고 했다. 그의 성격을 당시의 사람들은 이렇게 말했다. "그는 우아하고 인자하며 겸양심이 있고, 친해지기 쉽고 인내심과 너그러움이 있었다."

그는 학자나 덕이 있는 사람을 벗으로 하고 자유로이 교제하고 잘 대우했다. 그리고 후하게 대우했다. 조금이라도 재능이 있는 자는 누구라도 찾아오면 보살핌을 받고 궁정을 떠났다. 그는 모든 영토를 학교와 병원으로 가득 채웠다.

아이유브조 3대에 걸친 군주를 섬긴 재상으로 알 카지 울 파질도 학문과 예술을 보호한 점에서는 주군에 뒤지지 않았다. 살라딘의 막료에는 가라아그시 후삼 앗딘 마쉬두브 등 무인뿐만 아니라, 술탄의 국무장관 겸 카디(재판관) 겸 서기장인 이마드 앗딘 등이 본직인 법복을 군복으로 갈아입는 일도 적지 않았다고 한다. 법학자 알 하갈리 등 많은 걸출한 사람들이 있었다.

## §§ 아바스조

이슬람력 589년-661년(1193년-1268년)

살라딘의 후계자-알 말리크 알 아딜의 대두-제4차 십자군-알 말리크 알 아딜의 자식들-동부에서의 이슬람 세계의 총관(總觀)-칼리프 자리-칼리프 아즈 자히르-칼리프 무스탄시르-칼리프 무스타심-몽골인의 침입-바그다드 함락-이슬람 문화의 전멸

불행하게도 살라딘은 계승문제에 아무런 준비도 없었다. 죽음에 대비하지 않은 것이 아이유브조의 멸망을 초래했고, 세 명의 왕자를 군주로 하는 독립한 세 왕국이 출현하게 되었다. 알리 알 말리크 알 아프달은 시리아와 팔레스타인을 얻고, 나라의 수도인 다마스쿠스를 영유한다는 것은 그들 다른 형제보다 우위에 서게 했다. 오스만 알 말리크 알 아지즈는 아버지가 살아있을 때부터 이집트를 지배했고 그곳의 군주가 되었다.

그리고 카디 알 말리크 앗 자히르는 알레포령을 얻었다. 카라크와 샤베크의 영주로는 군대에서 가장 인기있는 살라딘의 동생 알 말리크 알 아딜로 메소포타미아 일부와 유프라테스 강 연안의 몇몇 도시를 차지했다. 시르쿠의 자손은 에데사에 의거하고, 기타 중요한 영지는 각각 그 일문의 다른 자식들이 영유했다. 예멘은 살라딘의 한 동생이 지배했다.

살라딘의 자식들이 단결했다면 아마 무슬림 제국은 분열하여도 그들의 권력을 자손에게 전할 수 있었을 것이다. 그런데 그들의 불화와 무능력은 살라딘의 동생 알 아딜이 형의 영토를 빼앗는 데 도움을 주었다. 아프달과 아지즈간에 일어난 싸움은 아프달을 다마스쿠스로부

터 추방하고, 이 도시를 아딜의 것으로 만들었고, 아프달은 사르가드로 만족하는 결과가 되었다.

어린아이 한 명을 남기고 아지즈가 죽었을 때, 아프달은 그 후견인이 될 것을 부탁받았다. 이것이 아프달과 아딜 사이에 불화를 조성했고, 살라딘의 동생 아딜은 아프달과 조카인 만수르 두 명을 이집트에서 쫓아냈다. 그들은 메소포타미아에 얼마간의 영지를 받고 그곳에 대대로 거주하게 되었다.

아딜은 이슬람력 596년 제2 라비달 16일에 카이로를 수도로 정했다. 그후 얼마 안 있어 시리아와 동부 메소포타미아, 기라드, 아르메니아를 영유하고 이슬람력 612년에 예멘 지방의 영주가 되어 손자 유수프를 자기 대리로 통치케 했다.

사이흐 웃딘(알 말리크 알 아딜)은 광범위한 지식과 선견지명을 갖고, 언제나 훌륭한 의도로 사업을 일으키고, 덕행이 높고 일에는 과단성 있는 군주였다. 형처럼 그도 학술의 보호자였다. 이렇게 아딜은 시리아와 상부 메소포타미아, 이집트, 아라비아 반도의 최고 군주가 되었고, 위대한 형에 못지않은 광대한 판도를 가졌다. 금요예배 근행 때 쿠트바 설교는 어느 예배당에서나 그의 이름을 부르며 행해졌다. 화폐에도 그의 이름이 찍혀 있었다.

살라딘의 사후 2년이 되어 로마 교황은 십자군을 다시 일으켰다. 하지만 살라딘과 리처드의 싸움으로 거인들의 전쟁은 이미 종말을 고한 것이다. 이후 이슬람교와 기독교의 쟁투는 비교적 미약한 돌발적인 것이었다. 무슬림 진영에 만연한 분열의 형세에도 불구하고 이 시기에도 프랑크인의 공세는 전처럼 실패로 끝났다.

당시 시리아에 있던 기독교 여러 영주들은 모두 엄숙히 서약한 살라딘과의 조약을 전적으로 파기하고, 십자군 대군은 페니키아에 상륙하여 베이루트를 점령했다. 그들은 시리아의 한 작은 성을 공격했으나 실패했다.

살라딘의 자식들은 각각의 영지를 소유하고 있었는데, 알 말리크 알 아딜은 이슬람 세계에서 가장 경험 많은 전사로 프랑크군을 요격하고자 그의 영지를 출발했다. 그가 야파를 공략했을 때, 십자군은 데이프닌을 포위했다. 이 공방전은 십자군의 비참한 실패로 끝났다. 그들은 강화를 청하지 않을 수가 없었고, 3년간의 휴전조약이 체결되었다.

3년이 지난 후 자기의 허영심과 탐욕을 만족시키는 데만 마음이 있었던 이노센트 3세는, 새로운 십자군을 제창하여 기독교 여러 영주에게 종군해줄 것을 요구했다. 영국 왕 리처드는 로마 교황의 권고에 얼굴을 돌리지 않았다.

그는 로마 교황이 보낸 사자에 대하여 노여운 기색으로 "당신은 나에게 세 명의 딸과 긍지와 욕심과 비뚤어진 마음을 버리라고 충고하는가! 나는 이것을 가장 적당한 사람들에게 주겠다. 나는 나의 긍지를 수도 기사단에게, 나의 욕심은 시드파의 성직자들에게, 나의 비뚤어진 마음은 높은 성직자들에게!"라고 말했다고 한다.

그러나 다른 유럽 영주들은 그만큼 현명하지 못했다. 새롭게 동방침략을 위해 대군이 편성되었다. 그런데 이슬람 세계에 행운이었던 것은 그들이 시리아를 향해 진격하지 않고 창끝을 콘스탄티노플로 돌렸다는 것이다. 아랍인 사가 이븐 우라시르의 이 십자군에 관한 기술은 유럽인 사가가 말하는 것과 거의 일치하고 있다.

그는 간단히 정권 찬탈자가 형을 눈멀게 하고 투옥시키고, 젊은 왕자가 팔레스타인 침략을 위해 모인 군에 도망갔다는 것과, 그들이 왕자의 부탁을 듣고 맹인인 비잔틴 폐제(廢帝)의 조력에 세력을 돌렸다는 것을 말하고 있다.

그리고 이븐 우라시르는 여러 장의 훌륭한 묘사로 콘스탄티노플의 항복과 큰불에 이어, 십자군 병사들이 기독교 도시에서 범한 악행을 여러 가지 보이고 있다.

"콘스탄티노플의 4분의 1은 잿더미가 되었다.", "큰불은 배우자나 자식을 갖지 않은 오직 한 분이신 하나님을 예배하는 이슬람 사원과 유태교 공회당을 보고 흥분하여 뭐가 뭔지 모르는 몇 사람의 프랑크인 순례자의 어리석음에서 일어났다.", "그들이 택한 논쟁의 수단은 검으로 이교도를 습격하고, 불로 그 집을 불태우는 것이었다. 헌데 이교도와 그 근처의 기독교도들은 자기들의 생명과 재산을 지키려 하고, 고루한 순례자들이 방화한 불은 가장 바르고 신성한 여러 건축물들을 불태워버렸다. 8일 낮밤 사이에 큰불은 항구에서 프로퐁데스까지의 시내 건물이 밀집하고 인구가 많은 지역의 전방까지 넓게 불탔다."

십자군이 콘스탄티노플을 함락했을 때, 십자군 병사들은 마주친 그리스인을 모조리 베었다. "여자와 아이들이 놀라 떨고 거의 반죽음이 되고, 신에게 호소하면서 이쪽저쪽으로 당황하여 뛰어다니는 광경은 보기에도 무서웠다."

이 순례자들이 저지른 악행은 교황 이노센트 3세조차도 큰 한탄을 했다고 한다. 십자군은 연민의 정이란 조금치도 없었다. 그들은 며칠 동안 콘스탄티노플의 성벽 내외에서 폭행과 약탈을 일삼았다. "마을과 교회, 농가를 모두 엉망으로 만들고 약탈했다. 정신을 잃은 것 같은 사람의 무리는 길을 덮고, 두려움에 쫓겨 절망의 외침을 토하면서 마구 돌아다녔다."

자기 딸이 겨우 위난을 면했다고 하는 비잔틴 역사가 니게다스는 십자군의 폭행은 터키인보다 더했다고 비난하고 있다. 그는 살라딘 휘하 병사의 예를 들어 그들이 예루살렘을 점령했을 때, 부인이나 처녀의 정조를 더럽히지 않고 기독교도에게 불이나 검이나 굶주림이나 빈궁의 고통을 주지 않았다고 말하고 있다.

보석이나 진주를 약탈한 다음 그들은 성찬의 잔을 술잔으로 했다. 그들이 내기하면서 술잔을 들고 있는 테이블 위에는 예수나 성자들의 그림이 흩어져 있었고, 기독교도가 숭배하고 있는 가장 중요한 것들이 그들의 신발 아래에 밟혀져 있었다. 성 소피아 사원에서는 성전의 큰 장막이 그 금색의 가장자리 깃털을 떼기 위해 찢겨지고, 예술과 부의 결정이라 할 제단은 조각나 분쇄되어 약탈자들한테 나누어졌다.

그들의 나귀와 말에는 문이나 예배단에서 떼어낸 은 세공물이나 금 조각이 산같이 실렸다. 말이 무거운 짐을 견디지 못하여 무릎을 꿇으면 성미 급한 그들은 창끝으로 찔러 성소에 피가 뿌려졌다.

1216년에서 1217년에 걸쳐 이노센트 3세는 제6차 십자군을 권유했다. "여자나 아이들이나 노인이나 눈먼 사람이나 절름발이나 문둥이도 모두가 성전 종군 명부에 이름을 연명했다. 헝가리 왕, 오스트리아와 바와리아 두 영주, 기타 남부 독일의 모든 군주가 무슬림들이 사는 동방 침략을 목적으로 병력을 합했다."

독일인을 주로 하는 25만의 대군은 우선 시리아에 상륙하고 해안지방을 거칠게 휩쓴 후에 이집트로 눈을 돌렸다. 나일 강 동쪽 하구에 이르러 그들은 다미에타를 포위했다.

알 말리크 알 아딜은 북부 시리아에서 이집트로 급히 갔으나 도중 다마스쿠스 근교에서 급사했다. 약 20년간에 걸친 그의 통치는 그다지 불명예스런 것이 아니었다. 그는 몇번 프랑크인을 무찌르고, 육지에서 해상에서 그들의 공세를 격파했다. 그의 영토는 자식들한테 나누어졌다.

농성 18개월로 다미에타는 십자군한테 떨어졌다. 그들은 초기의 십자군 병사들이 처음 예루살렘의 성벽에 뛰어오르던 것처럼 광기어린 무자비한 감정을 불태우며 시내로 돌입했다. 다미에타는 거대한 납골당으로 변해 있었다. 농성 초기에 7만 이상의 인구가 있었던 이곳에 불과 3천 명의 사람만 남아있었다.

그 처참한 광경도 십자군 병사의 마음을 약하게 하거나 동정을 자아내지 못했다. 그들은 기아에 신음하고 있는 생존자를 인정사정없이 죽였다. 여기서 그들은 카이로를 향하여 진격했다.

카밀 빈 말리크 아딜은 형제의 원군을 얻었으나 자기로서는 도저히 십자군의 압도적인 대군에 대항할 수 없다고 느꼈다. 그래서 그는 십자군이 다미에타를 포기한다는 조건으로 살라딘의 정복지를 모두 반환하겠다는 제안을 했다. 이집트 정복은 확실하다고 믿고 있던 십자군은 카밀의 제의를 거부했다.

당시 나일 강은 마침 범람이 시작될 계절로 이슬람군은 제방을 무너뜨리고 불의에 성안을 물바다가 되게 했다. 십자군은 이제 완전히 기지로부터 떨어졌다. 병참(兵站) 식량을 운반하던 호송선도 기습을 받았다. 기아는 그들의 진영에도 밀어 닥쳤다.

이와 동시에 이슬람군은 끊임없이 공격을 계속했다. 이렇게 되어 프랑크군은 정전을 요청하지 않을 수 없는 지경에 이르렀다. 인질이 교환되고 십자군이 해안으로 무사히 철수하며, 순례하는데 어느 정도의 묵허와 성 십자가의 잔존물의 반환 조건으로 다미에타를 돌려준다는 데 동의한다는 조약이 체결되었다.

십자군이 떠나자마자 형제간에 싸움이 일어나고, 알 말리크 알 무아잠은 이 무렵 교황의 희망에 반하여 자력으로 십자군을 준비하던 독일 황제 프레데릭 2세와 협상을 개시하고 있던 카밀을 제외할 목적으로 아라 앗딘 흐와리즘 샤의 아들인 야심가 자라르 앗딘과 동맹관계를 맺었다.

알 말리크 알 무아잠은 다마스쿠스령을 영지로 하고 그곳을 아들 알 말리크 안 나시르 다우드에게 남기고 1227년에 죽었다. 이에 카밀과 아쉬라프는 다마스쿠스를 손에 넣고 그 대신에 나시르에게는 하란과 에데사와 라카를 주기로 했다. 그 결과 다마스쿠스는 그한테서 떨어지고 나시르는 숙부들의 동의로 주어진 세 개의 도시에 만족해야 했다.

1229년, 프레데릭 2세(아랍어로 안베르르)가 시리아에 도착했다. 그와 카밀 사이에 몇번인가 서간도 교환되었다. 드디어 양자간에 10년 6개월간 유효한 조약이 성립되고, 이에 따라 프레데릭은 예루살렘, 베들레헴, 나사렛과 기타 야파에서 앗가로 가는 길가에 있는 모든 도시의 평화적 탈환에 성공했다. 무슬림에게 남겨진 유일한 권리란 인도된 도시에서의 자유신앙권이었다. 예루살렘에서는 우마르 사원의 유지가 인정되었다.

하지만 이 조약은 무슬림이나 기독교도에게도 승인받지 못했다. 무슬림에게는 살라딘이 얻은 것의 거의 전부를 잃어버리는 것이었고, 기독교도들에게는 무슬림들의 신앙의 자유가 허용되기 때문에 슬퍼할 조약이었다. 그리고 프레데릭은 교황으로부터의 공격에서 자기 영토를 방위하기 위해 유럽으로 돌아갔다.

카밀은 1238년 3월에 죽었다. 그의 중신들은 성격이 약하고 쾌락적인 청년인 그의 아들 아부 바크르 알 말리크 알 아딜을 술탄 자리에 앉혔다. 그는 동생 아이유브 알 말리크 앗 살레 때문에 퇴위당했는데, 당시 이집트 귀족사회를 구성하고 있던 맘루크(노예) 출신의 기병들을 다루는 데 아이유브가 적합했다.

이슬람력 637년(1239년-1240년), 하란의 영주 아부 나스르 다우드는 기독교도의 손에서 예루살렘을 탈환하고 성벽을 파괴했다. 이 시기 서아시아의 이슬람권은 혼란상태로, 평화와 안식을 향수하는 것처럼 보이는 것은 칼리프의 영지뿐이었다.

이슬람 문화를 쇠락시킨 비극적 원인을 이해하기 위해서는 잠시 과거로 소급해 보는 것도 좋다. 아바스조 31대 칼리프 알 무크타피(1136-1160년 재위)와 32대 무스탄지드(1160-1170년 재위) 시대에 칼리프는 하메소포타미아와 파르즈, 아와즈, 삼각주 지방의 속권을 회복하는 데 성공했다. 그들의 교권은 칼리프 와시크 사후 가장 강력했다.

33대 무스타이는 이슬람력 575년에 죽고 그 뒤를 아들 아흐마드 아부 알 아바스(1180-1226년 재위)가 안 나시르 리딘 일라라는 칭호로 칼리프 자리를 계승했다. 그가 칼리프로 있은 47년이라는 긴 통치기간은 영광으로 가득했다고 한다. 그는 강력한 군대를 가져 이웃의 여러 영주로부터 두려움과 존경을 받았다. 그의 영토에서는 마음놓고 안식할 수 있고, 가는 곳마다 평화와 안온함이 있었다.

그의 죽음에 임하여 아들 아부 나스르 무함마드가 앗 자히르 비아무르 일라라는 칭호로 칼리프에 등극했다. 이븐 우라시르는 그가 공정하고 온후하고 인자한 군자였다고 했다. 그는 1년의 칼리프 재위로 타계했다. 알 무스탄시르 일라라는 칭호로 칼리프에 즉위한 아들 아부 자파르 만수르는 칼리프의 권위를 잘 간직했다. 그는 용감한 기사도적인 인물로 총명하고 경건한 군주였다. 그는 티그리스 강 동남쪽에 학생의 생활과 교육에 필요한 학교를 세우고, 영토를 이방인으로부터 방위하기 위해 강력한 군대를 조직했다.

푸에르가나의 동부지방에서 멀리 떨어진 아무르에 이르는 광대한 몽골 초원에 중국의 몽골이라고 알려진 한 부족에서 나온 유목민 무리가 살고 있었다. 이 유목민들이 보인 소름끼치는 광경의 거의 유일한 목격자였던 아부드 앗 라티이프는 그들에 대하여 다음과 같이 말하고 있다.

"그들의 여자는 남자와 같이 싸운다. 주된 무기는 활과 화살이고 아무 육류라도 손에 넣으면 먹고, 부녀자들도 살해하고 학살에는 용서가 없었다. 강은 사다리로 건너고, 그렇지 못할 경우 말갈기나 꼬리를 붙들고 건너기를 잘하고, 피곤을 모르며 죽음을 두려워하지 않고, 타인에 대해서는 조금도 정이 없었다."

12세기 말, 이 야만적인 무수한 몽골인들이 단결하여 신의 채찍이라 할 칭기즈칸(成吉思汗)의 휘하에 모였다. 그는 1155년에 태어나 1189년에 부족의 총두령 칸(可汗)이라 불렸고, 이때부터 몽골인은 남방과 서방으로 진군을 개시하고, 1219년에 중국과 몽골 전토를 점령했다.

이 시기에 이슬람 세계는 몇 신왕조의 지배 아래 있었다. 페르시아 지방에 있었던 터키계 셀주크조는 이미 멸망했다. 약 반세기에 걸쳐 훌륭한 정치를 했던 술탄 산자르는 싸움에서 패하여 오구즈라는 반란 터키의 한 부족의 수중에 왕비 두르간 가둔과 함께 잡혀있었다. 이 약탈자는 뜻하지 않은 승리를 얻고 메르비와 니샤푸르에 왔으나 이 파괴 작업을 끝낸 것은 몽골인이었다.

산자르는 오구즈족에게 4년간 잡혀 있었으나 아내가 죽자 적의 손을 피해 겨우 니샤푸르에 도착했다. 그러나 수도는 폐허가 되고 나라는 망해 있었다. 그는 상심을 품고 있다가 얼마 안 있다가 죽고, 그의 뒤를 조카 투그릴이 왕위에 올랐으나 암살되었고, 셀주크 왕국은 휘하의 귀족이 영유하게 된다.

1150년경, 동부 아프가니스탄에 새로운 왕조가 일어나고, 마침내 가즈니조를 멸하고 그 지위를 빼앗았다. 알라 웃딘 제한수즈는 이 고르 왕조의 창시자로 이슬람력 550년, 가즈니를 약탈하고 스벡타긴가의 후예를 라호르까지 후퇴시켰다. 그들은 얼마 있지 않아 인도의 군주가 되었다. 알라 웃딘 후사인이 품은 서쪽으로의 야망은 당시 전성을 구가하던 산자르 때문에 억제되었다. 이에 그는 인도 방면에 정력의 탈출구를 가져야 했다.

1156년 알라 웃딘의 사후 그의 아들이 계승했으나 그도 곧 죽었다. 왕위는 여기서 그의 사촌 기야드 웃딘한테 옮겨졌다. 이슬람력 569년(1174년), 가즈니는 마침내 고르 왕국에 병합되었다. 이슬람력 571년, 기야드 웃딘의 동생으로 동부에서 그를 위해 총사령관으로 활약하던 시하브 웃딘은 무르단을 정복했다. 가즈니조의 마지막 군주 쿠수라우 말리크는 책모로 잡히고 사형되었다.

이슬람력 589년, 시하브는 사라스와디 강변의 나라인에서 인도 연합군을 타파했다. 이 한 번의 승리로 무슬림은 힌두스탄의 사실상 지배자가 되었다. 이슬람력 599년, 시하브 웃딘은 형 기야드 웃딘의 뒤를 이었다. 그가 이슬람력 602년에 자식도 없이 암살되자 종복(從僕)인 쿠트브 웃딘이 힌두스탄을 얻었다. 그리고 가즈니 왕국은 역시 노예였던 이르두즈의 것이 되었다.

쿠트브 웃딘 뒤에 아들 아부 알 무자파르 아라무가 이었으나 불과 1년의 통치로 의제(義弟) 알탐쉬(샴스 앗딘) 때문에 자리에서 쫓겨나 힌두스탄의 25년간의 지배가 끝났다.

그는 바그다드의 칼리프로부터 대망의 서임 사령을 받은 최초의 인도 이슬람 군주였다. 이 왕국은 자손들의 손으로 1252년까지 유지되었다. 이슬람 인도의 섭정여왕으로 유명한 알탐쉬의 딸 라지아는 아버지의 희망에 따라 이슬람력 634년에 왕위에 등극하여 동양 최초로 베일을 벗은 여왕으로 받들었다.

라지아의 통치 초반에는 위험과 곤란이 있었다. 이것은 주로 신하로서의 서약을 주저한 강경한 지방 지배자들에 의한 것이었다. 그러나 모든 판도는 조용해지고 라지아의 위세는 '다이바르에서 라구나우디에 이르는 지역'에 떨쳤다. 그러나 그녀의 최후는 불행했다. 그녀는 반란을 진정시키려다가 포로로 잡혀 힌두인 때문에 암살되었다.

흐와리즘령은 술탄 말리크 샤로부터 그의 시종 누쉬다긴에게 봉지(封地)로 주어졌다. 그의 뒤는 아들 쿠트브 앗딘 무함마드가 계승하고 산자르로부터 흐와리즘 샤의 칭호가 내려졌다. 그 후계 아지즈는 군주한테 등을 돌리고 독립을 요구하고 산자르 통치 말경 사실상의 독립군주가 되었다.

아지즈의 손자는 이라크 아잠을 자기 영토에 덧붙이고, 산자르의 조카로 셀주크조의 마지막 군주인 투그릴이 살해되자 칼리프로부터 페르시아와 흐와리즘과 호라산의 주권을 받았다. 다기쉬의 뒤를 이은 사람은 아들 알라 앗딘 무함마드이다. 발크와 헤라트의 정복으로 그는 호라산의 정복을 완료하고 마젠드란, 게르만, 가즈니를 자기 영토에 덧붙이고 최후로 여기에 카라 길자이족의 지배자가 내보내어 지배하고 있던 트랜스옥시아나도 병합했다.

1214년, 그는 칼리프에 대해 군을 동원했으나 진군중 함단 부근의 아사다바드 산상에서 맞은 폭풍우 때문에 차단되었다. 여기서 그는 다시 그의 도성 흐와리즘으로 되돌아갔다. 그로부터 4년 후 몽골인 진출에 압도당하게 되는데, 이는 주로 그 자신의 잔인하고 야만적인 어리석은 행동 때문이었다.

그는 몽골인 침입 당시 자기 집안이 지배하고 있던 모술의 지배자 지위를 잃었다. 하지만 아타베그(대영주)는 마스우드라는 충실한 종복 바드르 딘 루르에게 맡겼다. 마스우드는 1218년에 죽고, 바드르 딘은 이에 모술의 아타베그가 되었다. 몽골인이 침입한 것은 그가 이 땅을 영유한 지 37년째 되던 해였다.

말리크 앗 살레 아이유브가 이슬람력 638년에 이집트 군주가 된 것은 앞에서 말한 바이다. 그는 점점 시리아 방면으로 권력을 신장하고 그 당시 이 지방에 세력을 떨치던 아이유브가(家)의 여러 영주에게 자기의 종주권을 인정하게 했다. 말리크 앗 살레 아이유브가 자기 영토에 평화와 질서를 간직하고자 노력하고 있는 시기에 몽골인한테 쫓긴 무함마드 흐와리즘 샤의 군대는 시리아에 침입하고, 그 지방을 혼란에 휘말리게 했다.

그들은 처음에 한 군주를 섬기고 나중에는 다른 군주를 받들었으나, 마침내 시리아의 여러 군주에 대한 신종관계를 내던지고 살육과 약탈을 자행했다. 그러나 몇번의 전투 끝에 마침내 이슬람력 644년, 그들은 섬멸되었다.

말리크 앗 살레가 시리아에서 분주하게 있는 동안 프랑크인은 제8차 십자군을 일으켰다. 십자군은 프랑스 왕 루이 9세를 총수(總帥)로 받들었다. 루이 9세는 무슬림이 철수한 후 다미에타에 상륙하고, 이슬람 사원을 교회로 변하게 하고 그곳에 근거를 구축했다. 다미에타를 점령하자 십자군은 전과 같은 생활에 빠졌다. 귀족들은 서로 호화로운 주연을 다투어 열고, 평민들은 가장 저열한 악행을 자행했다. "부도덕한 것도 이미 예사처럼 되었고, 왕의 힘으로도 열등하고 유해한 경향을 막을 수가 없었다."

유럽 사가는 말했다. "도박열은 병사들을 완전히 사로잡았다. 재산을 잃으면 그들은 말이나 무기까지도 도박에 걸었다. 예수의 깃발 아래 십자군 전사는 온갖 좋지 못한 품행을 다 보였다. 가장 기피해야 할 악덕의 영향이 모든 계층에 침투했다. 사치와 쾌락을 추구하는 한없는 욕망을 만족시키기 위해 온갖 종류의 난폭한 수단을 취했다. 십자군 대장들은 부대나 시내에 식량을 공급하는 상인들을 약탈하고 거액의 납품을 명했는데, 이것이 궁핍을 가져오는 큰 원인이 되었다. 더욱 욕심이 많은 자는 원정까지 하면서 대상을 위협하고, 거리와 벌판을 휩쓸고, 무슬림 부녀자들을 찾아내 다미에타로 끌고 갔다. 병졸들은 부녀자들에게 형용할 수 없는 야만적인 폭행을 가했다."

말리크 앗 살레 아이유브는 프랑크인이 아직 다미에타에 있는 동안 10년을 통치하고 죽었다. 그는 과묵하고 품행이 바르고 용감했으며 위엄을 구비했다고 한다. 그는 무엇을 하든지 장군들이나 원로들과 의논했다. 맘루크(노예) 바흐르 부대는 그가 창설한 것이다.

아이유브가 죽은 후 그의 아들 알 말리크 알 무아잠(두으란 샤)은 아버지가 죽었을 때 국경에 있어 임종을 지키지 못했다. 아이유브의 아내 샤자르는 수단과 용기가 있는 여성으로 궁정의 유력한 신하들이 알 말리크 알 무아잠에게 충성의 맹세를 할 때까지 죽음을 감추고 있었다. 아이유브가 죽자 프랑크인들은 이집트를 점령하고자 했으나 다수의 사상자를 내고 패퇴했고, 루이 9세는 주요 귀족들과 함께 무슬림 손에 잡혔다.

알 말리크 알 무아잠은 맘루크 군벌의 반대파 부르지파의 군을 총애했기 때문에 바흐르 맘루크 부대에 의해 암살되었다. 그리고 그들은 아이유브의 아내 샤자르를 왕위에 앉혔다. 금요일 집단 예배 때 그녀의 이름이 제창되고, 화폐에는 그녀의 칭호로 알 말리가트 알 무슬리민(무슬림의 여왕)이라 새겨졌다.

군 총사령관으로 그녀를 보좌한 사람은 자슈니기르의 무이즈 앗딘 아이바크였다. 얼마 안 있어 그는 여왕을 폐하고 사실상의 군주가 되었다. 그러나 중신들은 이에 만족하지 않고 혈통있는 후예가 술탄으로 왕위에 오르는 것을 바라고, 알 말리크 카밀의 증손인 무사라는 청년을 선정했다. 이 청년은 알 말리크 알 아쉬라프라는 칭호로 술탄이 되고 아이바크와 협력했다.

당시 안 나시르 유수프는 다마스쿠스와 알레포의 군주로 거의 시리아 전토를 차지하고 있었다. 여기서 칼리프의 중개로 안 나시르 유수프와 아이바크 사이에 화의가 성립되고, 이에 따라 요르단 강까지의 지방은 이집트인한테 위탁되었다. 다음해 아이바크는 정권을 빼앗고, 알 말리크 알 아쉬라프를 예멘에 있는 친척한테 보냈다. 이 청년은 이집트에서 그의 이름이 금요일 예배 쿠트바 때 불려진 마지막 아이유브조 군주였다.

바흐르 맘루크 부대는 아이바크의 박해를 받고 시리아로 피했고, 안 나시르와 아이바크 사이에는 다시 전쟁이 발발했다. 이때도 칼리프의 중재로 화의가 성립되고, 이로써 다마스쿠스의 영주 안 나시르는 이집트 국경의 알 아쉬린까지 영토를 확장했다.

그로부터 2년 후, 이집트의 아이바크는 암살되고 그의 아들 누르 앗딘 알리가 알 말리크 알 만수르라는 칭호로 왕위에 올랐다. 아이바크의 사후 칼리프는 알 말리크 안 나시르 유수프에게 오랫동안 바라고 있던 칼리프 자리의 윤허장과 의관(衣冠)을 받았다. 그는 유프라테스 강에서 이집트 국경에 이르는 시리아의 군주였으나, 영내에는 그가 강력할 때까지 아이유브조에 소속한 소영주들이 몇명 있었다.

에데사는 몽골인 침구(侵寇) 당시, 시르쿠의 손자 알 말리크 알 아쉬라프 무사의 영토였다. 그는 1248년경 나시르한테 그의 영지를 탈취당하고 델 바스르 지방을 영지로 받았다. 그리고 아쉬라프는 몽골인의 원조로 원래의 위치를 회복하고 시리아에서 몽골의 앞잡이가 되었다.

하마는 살라딘의 조카인 다기 앗딘 우마르의 후예가 영유하고 있었다. 살라딘으로부터 하마의 영주로 임명되었다. 그의 아들 무함마드 알 말리크 알 만수르 1세는 십자군 전쟁에서 꽤 공명을 세우고 학자의 보호에도 소문이 나있었다. 손자 만수르 2세는 몽골인이 시리아에 침입했을 무렵 하마를 영유하고 있었다. 카라크와 슈베그는 살라딘의 동생 아딜(사이흐 웃딘 아부 바크르)의 자손의 소유 영토였다.

증손 말리크 알 무기즈 다기 앗딘 우마르는 몽골인이 침입했을 때 이 지방의 지배자였다. 아이유브가는 시리아에 있는 영토 외에 메소포타미아에서도 살라딘의 영토가 아직 조금 남아 있었다. 이것이 마야파리긴령이다. 이곳은 알 아딜의 또 다른 파한테서 나온 왕조의 영토였다. 몽골인 훌라구 칸이 침입할 때 이곳은 그 5대째의 군주인 말리크 카밀의 지배 아래 있었다. 그는 몽골군한테 살해되었다. 이상은 몽골인 침입 당시의 이슬람 제국의 상태이다.

1218년, 칭기즈칸의 영토는 흐와리즘 왕 무함마드의 영토와 서로 접하고 있었다. 무장한 유목민 수백만을 껴안고 있는 몽골 왕과, 엉뚱하고 거만한 트랜스옥시아나의 터키 군주 사이에 일어났던 사건의 교섭 결과는 후자측에서 저지른 잔인한 행위로 불과 수년 사이에 서아시아를 거대한 납골당으로 만들었고, 이 만행의 선풍은 이슬람 세계

몽골군의 공격

에 휘몰아치는 결과가 되었다.

사건의 전말은 이렇다. 몽골에서 온 상인의 한 무리가 간첩이라는 구실 아래 국경도시 흐와리즘 지방장관 때문에 사령에 처해졌고 물자도 빼앗겼다. 몽골인은 당사자인 범인 흐와리즘 지방장관의 인도를 요구했으나, 흐와리즘 군주는 몽골측의 사자를 사형에 처하여 이에 답했다. 인간적으로나 국제적인 의례로나 배반되는 행위를 듣고 몽골인은 수백만을 헤아리는 군사를 이끌고 초원에서 나와 푸에르가나를 습격했다. 이 폭풍우가 닥친 해는 이슬람력 615년(1219년)이다.

몽골인이 침입했을 때 트랜스옥시아나, 호라산, 페르시아 평원은 그때까지 몇번 전쟁터가 되었으나 국토는 매우 번영하고 인구는 조밀하고, 문학과 예술 기타 온갖 종류의 공예가 번성하며 장려되고 후원되었다. 이곳의 여러 도시는 많은 인구로 번영과 문화의 소산인 훌륭하고 아름다운 건축물로 가득했다. 헤라트와 발크에는 각각 1백만의 인구가 살고 있었고, 부카라와 사마르칸트도 이를 능가했다.

흐와리즘 샤의 군세는 거의 급류에 밀려 떠내려가는 형세와 다름이 없었다. 소도시는 별도로 하여도 문화와 상업의 대중심지에서 일어난 사실만 나열하여도 충분할 것이다. 고쟌드는 폐허가 되었고 주민들은 학살되었다. 부카라는 잿더미가 되었다. 이 학술 중심지에 일어난 약탈에 관해 기록한 이븐 우라시르의 설명은 이 애처로운 주민들에 대한 몽골인들의 잔인한 행위를 잘 나타내고 있다.

소그드 강의 계곡을 따라 내려온 몽골군은 당시 트랜스옥시아나의 수도뿐만 아니라, 세계의 가장 주요한 상업 중심지인 사마르칸트에 도착했다. 이 도시는 주위 3마일에 12개의 성문이 있는 성벽에 둘러싸이고, 여러 곳에 성채가 있었다. 그 성의 병사는 11만 명이고, 이 중 6만 명은 터키인 또는 헝가리인이고 5만이 타지크인 또는 페르시아인이었다.

북트랜스옥시아나를 석권한 몽골군은 이제 숙명의 이 도시를 습격하고 거대한 군세가 이 시를 포위했다. 그곳 사람으로 취급될 것이라고 생각한 터키 용병들은 가족과 재산을 가지고 도망갔으나 잡히면 처형되었다. 이에 이르러 무슬림의 종교지도자와 귀족들은 시에서 나와 항복했다. 그들의 귀순에도 불구하고 시내는 약탈되고 다수의 시민들이 살육되었다.

3만 명의 직공들은 칭기즈칸한테서 그의 자식들의 노예로 정해졌고, 군사 근무나 수송 등을 위해 이에 필적하는 인원이 별도로 할당되었다. 1백만의 인구 중 살아서 사마르칸트의 멸망에 관해 말할 수 있었던 사람은 5만에 지나지 않았다.

부카라와 사마르칸트의 운명에 깜짝 놀란 발크 시민들은 칭기즈칸에게 공물을 바치고 귀순하겠다고 했으나, 그는 자기 배후에 발크를 남겨두는 것에 대해 꺼림칙한 마음이 있었다. 그래서 인구를 조사한다는 구실로 시민들을 성밖으로 나가게 하여 살육하고 시내도 불태웠다.

1220년 5월, 몽골 대군은 격렬한 전투 끝에 우르간지를 점령하고 여기서도 대량학살을 감행했다. 다음에 그들은 옥수스 강 제방을 무너뜨리고 그곳을 폐허로 변하게 했다. 넷사에서도 7만 명 이상이 희생되었다. 타히르조와 셀주크조의 수도였던 니샤푸르는 1221년 4월, 공격을 받고 파괴되었다.

시가는 거의 파괴되고 그 뒤에 보리가 심어졌다. 죽음을 면한 4백 명의 직공은 북쪽으로 보내졌다. 니샤푸르와 그 주변의 학살에서 170만 명이 희생되었다고 어느 사가는 전한다. 헤라트와 그 근교에서 그들은 1주간에 걸쳐 살육과 방화를 자행하고 160만 명이 살해되었다고 한다.

그곳은 거의 사람이 살지 않는 땅이 되었고, 인근은 사막으로 변했다. 라이와 디나와르, 함단은 약탈되었고 주민들의 대부분이 살해되었다. 여기서 몽골인은 이때 칼리프의 영지였던 이라크에 군을 진격시켰으나, 칼리프 무스탄시르의 군세에 격퇴되었다.

이렇게 이슬람 제국이 휩쓸려 거칠어지고 국민들이 망해가고 있는 동안, 이 같은 비참한 운명을 만들어낸 당사자인 흐와리즘 왕 무함마드는 여기저기 추적당했다. 다수의 적에 쫓기게 되자 그의 영웅정신도 대항할 수가 없었다. 그는 추적되고 몽골인한테 잡혀 남자들은 모두 참수당했다. 무함마드는 카스피 해의 고도로 피했다가 세상에서 버려져 늑막염으로 죽었다. 참으로 그가 이슬람 세계에 들어오게 한 재앙의 슬픈 보상이었다.

무함마드의 아들로 살아남았던 왕자 자라르 앗딘은 몽골인의 무자비한 추적을 받으면서 흐와리즘과 헤라트와 가즈니 쪽으로 퇴각하고, 새로운 군세를 모아 연속 두 번에 걸친 전투에서 몽골인에게 꽤 손상을 입혔다. 칭기즈칸 자신도 가즈니를 지나 바미안과 카불 건너까지 쉴새없이 자라르 앗딘을 추격하여 맹공세를 가했다.

자라르 앗딘은 이에 용기를 갖고 싸웠다. 그는 몽골인을 향해 몇번 돌진했으나 마침내 구석으로 몰리게 되었다. 그는 말에 올라탄 채로 30척 높이의 제방에서 인더스 강으로 뛰어들어 무사히 건너편 제방에 닿을 수가 있었다. 여기에 당시 인도를 지배하고 있던 술탄 부르방의 군세가 나타났으므로 칭기즈칸은 인더스 강을 건너는 것을 포기하고 병사를 서쪽으로 되돌렸다.

트랜스옥시아나와 호라산에서는 수세기에 걸친 문화가 뿌리째 뽑혀, 사람들은 전대의 웅대함도, 장래의 일도 다 잃어버릴 정도의 야만의 늪에 던져졌다. 중국과 인도의 물산이 서아시아나 유럽에 수송되는 중앙아시아의 길은 모두 황폐해졌다. 풍요로움으로 알려진 지역도 무엇 하나 생산하지 못하고 방치되고 결국 아깝게도 썩어갔다.

이슬람 시대에 그렇게 유명하였던 학술이나 공예는 영원히 사라졌다. 도시는 폐허가 되었고, 농민은 죽거나 강제적으로 몽골군에 편입되거나 했고, 장인 직공들은 야만적인 정복자의 본국을 장식하거나 미화하기 위하여 많은 수가 멀리 동쪽으로 보내졌다.

몽골인 침략은 중앙아시아의 시적이고 목가적인 생활에 종지부를 찍었다. 페르시아와 서방은 차차 그 불운에서 다시 섰다 하여도 부카라와 사마르칸트는 두번 다시 이전처럼 두뇌활동을 회복하지 못하고, 이후 그들의 두뇌적 활동의 성과는 궤변과 신비주의에 한정되게 된다. 중앙아시아와 페르시아를 사막화한 뒤에 칭기즈칸은 초원으로 철수하고 곧 그곳에서 생애를 마쳤다.

자라르 앗딘은 세습재산의 약간은 되찾을 수가 있었다. 그런데 아직 군대를 조직할 여유를 갖기 전에 몽골인들은 그를 다시 추격하기 시작했다. 그는 쿠르데스탄에 있는 산속으로 도피하지 않을 수 없었고, 여기서 주민 한 사람의 기만으로 살해되었다.

칼리프.무스탄시르는 1242년, 아바스조와 무슬림 문명이 가장 위태한 처지에 처했을 때 죽었다. 그의 뒤를 아들 아부 아메드 아부달라가 계승하여 37대 칼리프로 알 무스타심 빌라라는 칭호로 즉위했다. 허약하고 우유부단하며 놀기도 좋아하는 그는 형편없는 군주였다. 그의 통치기간 동안 국내에서는 소란과 무질서, 해외에서는 재난의 부단한 기록이었고, 드디어 그의 일가의 멸망을 불러들였다.

언제나 바그다드에서 문제의 씨가 된 이슬람 법학파 한바리파와 하나피파의 다툼, 카라크 서쪽 근교에 살고 있던 이슬람 종파인 시아파와 수니파의 싸움, 그리고 무엇보다 부유층과 귀족에 대한 하층민과 부랑자들의 쟁투가 무스타심의 일생을 곤궁으로 가득 채웠다. 여기에다 그는 아버지가 조직한 군대를 해산하고 상업과 농업에 돌아가게 해 그 질서에 박차를 가했다.

시아파와 수니파 사이에 일어난 폭동은 마침내 그로 하여금 아들인 아부 바크르와 궁정 상서에 대해 카라크 근처를 파괴하고 시아파를 노예의 지위로 떨어뜨리라고 명했다. 재상 무와이드 웃딘 무함마드 빈 알 카미는 시아파였기 때문에 이 일을 몹시 슬퍼하여 마침내 몽골인을 바그다드에 끌어들였다고 한다.

아랍인 사가 이븐 할둔과 아불 퓌다, 마그리쉬, 수유디 모두 이 재상을 배반자라 하고 있다. 라시드 앗딘만이 그를 왕조의 위급 존망을 구하고자 하면서도, 용기없는 칼리프의 어리석고 결단성 없는 성격

때문에 공을 이루지 못한 충신이라고 했다.

페르시아에서 몽골군 서부 정복군 총수 훌라구는 암살파를 일소하고, 그들의 여러 성채를 함락하고 다부리즈에 진입했다. 여기서 몇명의 사절을 보내 다음과 같은 취지를 무스타심에게 전했다. "우리가 르도바르 공격중 폐하께 원군 요청의 대사를 파견했으나 대답이 없었습니다. 이에 우리는 폐하가 종래의 태도를 고치고 어리석음을 깨닫기를 바랍니다. 그러지 못한다면 폐하의 제국과 재보는 곧 상실될 수밖에 없습니다."

길을 잘못 든 칼리프는 군사가 없고 내부적인 싸움 때문에 지리멸렬한 도시와 신뢰할 수 없는 막료들에 휩싸여, 앞으로 닥칠 폭풍에 아무 준비없이 굴하지도 않고 거만한 회답을 했고, 시민들은 떠나는 몽골인 사자에게 모욕을 주었다. 이 일은 이교도인 몽골인을 열화와 같이 화나게 했다.

훌라구는 성 주위를 완전히 포위할 수 있는 병력을 이끌고 아바스조 수도에 들어왔다. 칼리프군은 침입군이 바그다드 근교에 들어오기 전에 어느 정도의 저항을 시도했다. 그러나 의견이 분열된 장군들은 산산이 격파되거나 무의미한 인명만 잃었다. 그리고 몽골인들은 바그다드 봉쇄작전을 취했다. 성밖의 고지나, 성이 내려다보이는 대하고루(大廈高樓)에는 모두 투석기가 설치되었고, 여기서 큰 돌이나 기름 화염을 퍼붓고, 성벽을 파괴하고 가옥에 불을 질렀다.

40일 농성 후, 우유부단한 칼리프는 몽골인과 회담을 개시했다. 하지만 성을 열겠다는 통고는 아무 소용이 없었다. 훌라구는 무스타심의 중신들을 자기 진영 본부에 불러놓고 조그만 구실로 모두 살해했다. 이렇게 되자 무스타심의 입장은 절망적이었다. 마침내 그는 항복으로 자기와 국민의 생명을 구할 결의를 하지 않을 수 없었다.

동생과 두 명의 아들을 데리고 카디(법관), 세이흐(각계 원로), 이맘(종교지도자), 기타 귀인들 약 3천 명을 동반하고 몽골군 진영으로 갔는데, 인견이 허락된 것은 겨우 세 명의 가족과 수행종자 세 명뿐이었다.

몽골군 장군은 온화한 말과 친절한 접대 뒤에 비겁한 계획을 숨기고 있었다. 그는 칼리프에게 무장한 시민들이 무장을 버리고 전체가 사열을 받을 수 있도록 집합시키고, 성안에 몽골 사자가 들어갈 수 있도록 요구했다. 그리하여 칼리프의 명으로 성에서 무장해제한 성의 병사들이 나왔으나 곧 체포되었다.

다음날 아침, 훌라구는 성안에서 약탈과 순종하지 않는 주민들의 살상을 허락했다. 바그다드의 파멸은 차마 눈 뜨고 볼 수 없을 지경이었다. 코란을 손에 들고 살려 달라고 집밖으로 나온 부녀자들은 그들의 발 아래 밟혀죽었다. 지금까지 한번도 밖에 나와 본 적이 없는 여자가 사람들 앞에 끌려나와 눈 뜨고 보지 못할 만행의 희생이 되었다.

역대의 칼리프가 적지 않은 노력을 기울여 수집한 문학과 예술품들이 고대 페르시아 문화의 나머지와 함께 불과 서너 시간 사이에 없어

이슬람의 회화

졌다. 3일간 시가는 피가 흐르고 티그리스 강물도 꽤 먼 데까지 붉게 물들었다. 약탈과 학살, 능욕의 공포가 6주간 계속되었다.

궁전도 사원도 기념비적 건물도 전화에 불탔다. 병원의 환자나 학교의 학생, 교수도 검의 이슬로 사라졌다. 학술원에 있던 위인이나 학자들의 불멸의 작품이 재로 변했다. 5세기에 걸쳐 축적된 인류의 재보와 무슬림들의 정화가 완전히 사라졌다.

4일에 걸친 학살이 끝난 후, 무스타심은 아들과 일문의 주요 인물들과 함께 학살되었다. 학술의 도시이며 미술의 고을이며 이슬람 세계의 안목이었던 바그다드는 없어졌다. 겁탈 이전의 인구가 2백만이 넘었는데, 이븐 할둔의 말에 의하면 6주간의 학살에 160만의 시민들이 목숨을 잃었다고 한다.

바그다드의 멸망과 함께 서아시아에도 밤의 장막이 쳐졌다. 아랍과 페르시아 사가들은 13세기 중엽에 이슬람 세계를 석권한 이교도 몽골족이 가져온 황폐를 비장한 글로 기술하고 있다. 사실 광인이 아닌 한 무섭기만 한 인명의 상실과, 지적 재보의 파괴와, 몽골인이 범한 피비린내 나는 폭행을 앞에 두고 한 방울의 눈물도 흘리지 않는다는 것은 있을 수 없을 것이었다.

이븐 우라시르는 말했다. "몽골인의 침구(侵寇)는 세계 전체, 특히 무슬림에게는 최대의 참사이고 가장 무서운 일이었다. 이 같은 일은 후세에도 보이지 않을 것이다. 하나님이 세계를 창조하였을 때부터 현재에 이르기까지 이만한 고난에 직면했을 때가 있었을까? 사실 인류 사상 이와 비할 것이 없다. 이것이 진실이다."

압둘 라티프는 몽골인 침입에 대해 "다른 어떤 불행도 이에 비하면 사소한 일이라고 말할 불행"이라고 했다. 칭기즈칸에게 종사하고 있던 ≪자한 구샤≫의 저자인 주와이니는 "세계를 압도하여 지난 이 혁명은 학문과 학자를 감소시키고, 특히 학문의 초점이고 학자들의 집합지인 호라산에서 유명한 학원은 검의 희생이 되었다. 이렇게 과학과 학문과 미덕의 기근 시대가 왔다."라고 말했다.

바그다드를 파괴한 후 몽골 대군은 유프라테스 강을 건너 메소포타미아에 들어가 도처에서 황폐와 학살의 흔적을 남겼다. 에데사와 하란, 나시빈의 주민은 그들의 칼 아래 쓰러졌다. 알레포에서도 5만 명의 시민들이 살해되고 1만 명의 부녀자들이 노예로 팔렸다.

하란은 시내를 황폐시키지 않는다는 약속을 받고 항복했는데, 야만적인 몽골군은 젖먹이 유아까지 포함하여 주민들을 죽였다. 이처럼 몽골인이 가는 곳마다 파괴하고, 무슬림 내부의 분열도 가세하여 쉽게 서쪽으로 나아가 마침내 팔레스타인의 나사렛 산기슭에 있는 아인잘루트라는 도읍에서 후에 이집트의 통치자가 된 술탄 바이바르스의 요격을 받고 큰 손상을 입고 패주했다.

바이바르스는 몽골군을 알레포 저편까지 추격해 시리아와 메소포타미아에서 증오할 그들의 모습을 없앴다. 당시 아이바크(이집트 권력자의 칭호)의 적자는 사이흐 앗딘 쿠투즈라는 장군 때문에 왕위에서 쫓겨나고, 그가 군주가 되었다. 쿠투즈는 아인잘루트 전투 후 얼마 뒤에 암살되어, 바이바르스는 알 말리크 앗 자히르라는 칭호로 아이바크에 즉위했다.

이슬람 수니파 사회는 칼리프 무스타심의 죽음으로 종교적 교권의 1인자가 없음을 절감하고 있었다. 바이바르스도 칼리프제도 부활의 필요성을 느끼고 몽골군의 학살을 면한 아바스가의 후예 아흐마드(아불 카심)를 카이로에 영접했다. 그가 카이로 근교에 도착하자 술탄은 재판관들과 기타 대관들을 인솔하고 그를 맞이했다.

그리고 대법관 앞에서 형식적으로 가계의 증명을 받고, 알 무스탄시르 일라라는 칭호로 정식으로 칼리프로 인정되었다. 먼저 신하로서 충성을 다하겠다는 충성의 맹세를 술탄이 했고, 다음으로 대법관 다지 앗딘과 주요 원로들, 그리고 마지막으로 귀족들이 그 지위순에 따라 서약했다.

이 일은 이슬람력 660년 라자브달 13일(1261년 5월 12일)의 일로 새 칼리프의 이름은 화폐에 새겨지고 금요일 예배 때 불려졌다. 그

다음 금요일(라자브달 17일)에 그는 검은색 옷을 입고 행렬을 지어 사원에 들어갔고 칼리프로서 설교를 했다. 의식을 마친 후 이슬람 칼리프에 즉위한 그는 이슬람 정통파 수니파에서 볼 때의 정당한 권위를 위해 특히 의미를 갖는 의관을 술탄에게 내렸다.

이렇게 아바스조 칼리프는 무인 술탄의 후견 아래 카이로에서 부활되었다. 이후 이것은 순전히 종교상의 지위가 되었다. 16세기에 터키 정복자 술탄 세림이 마지막 칼리프로부터 칼리프를 양위받았다. 이때 이래 오스만 투르크의 군주는 칼리프의 칭호를 사용했고, 이는 제1차 세계대전 후까지 계속되었다. 수니파 대중으로부터는 이슬람의 1인자로 인정되었다.

## §§ 아바스조 개관

칼리프 자리-명목뿐인 선출-충성의 맹세와 신성-정부와 정치기구-정책-행정-지방관-행정구획-재상 집정-국무 각부-재판제도-농업-공업 -나라의 세입-육군-전술-해군

우마이야조 메카 총독 하자즈의 시대 이래 우마르 2세 치하의 얼마 되지 않는 기간을 제외하고는, 우마이야조는 시리아 아랍인이 높은 자리를 독점해 왔고, 그들은 봉급이 높고 명예가 있는 지위에는 일절 다른 사람들을 근접하지 못하도록 배타적인 정책을 취했다. 권력에 따른 이 이기적인 정책은 종속민족이 자기들의 실력을 알지 못하고 있을 때는 통했다.

그런데 우마이야조로부터 국가 권력을 탈취한 반대세력의 혁명이 성공하면서 그들의 독점은 깨졌다. 아바스조 이후 비아랍인도 아바스조의 일반 백성으로서, 그리고 무슬림으로서의 정당한 지위를 얻고 최고의 직책을 맡는 것이 허용되어 아랍인과 같은 대우를 받았다. 이만한 큰 개혁을 할 수 있었던 것은 아바스조, 즉 이슬람 제국의 혁명에 있다.

평등과 우애라는 점에서 지금의 민주주의의 발효였다. 아바스조 칼리프의 끈질긴 생명력과, 권력을 상실한 후에도 종교적인 교권의 지속성은 주로 이 점에 의한 것이다. 이슬람교도로 국민 전체간의 민족 평등이라는 기본 원칙의 적용을 아바스조 칼리프가 군주로 5세기 동안 계속했고, 외부로부터 몽골인의 공세 직전까지 멸망하지 않는 조직을 수립하게끔 된 것이다.

칼리프는 단지 속계의 군주만이 아니다. 교계와 사회의 종교상의 우두머리이고 신권정치의 사실상의 대표자이다. 칼리프가 무인 정치

의 괴뢰였던 시기에도 칼리프에 대해서는 그만큼의 결과가 표시되고, 그들의 신변이 후광으로 싸여있었다는 것은 칼리프를 하나님이 선택한 이맘, 또는 수니파의 지도자로 되는 제도를 창시한 만수르의 천재성을 보여주고 있다.

우마이야조처럼 당시의 칼리프는 살아있을 때 계승자를 지명했다. 지명이 되면 재판관, 장군, 기타 문무백관을 포함하는 인사들로부터 그 후계자에 대하여 신하로서 복종한다는 서약이 요구된다. 이를 비아드(서약 맹세)라 하고 서약하는 사람은 양손을 칼리프 후계자의 손에 놓고 충성을 맹세한다. 이슬람 제국의 고관이나 귀족은 직접 후계자에 대해 서약하고, 하급자들은 대개 대리인이 서약을 받는다.

칼리프 자리의 확실성을 굳히기 위해서는 비아드는 당시의 군주가 타계했을 때도 되풀이되었다. 스페인 사가는 코르도바에서 이 같은 기회에 관찰한 의식을 생생하게 설명하고 있는데, 이것은 세부에 이르기까지 대부분이 바그다드 궁전의 의례를 모방한 것이다. 칼리프는 다지라고 하는 황금으로 된 덮개인 천개(天蓋) 아래에 있는 옥좌에 앉고, 이에 계속되는 각 방에는 의식에 참가할 자격이 있는 공직자나 궁정의 신하들이 서있다.

의식은 칼리프가의 사람이 옥좌 옆에 가까이 가고 즉위문을 읽는 것으로 시작된다. 다음에 그들로부터 "어떤 제재나 구속도 감수한다."는 신하로서 종사하겠다는 서약을 받는다. 그들 뒤로는 대관들과 그 자제, 시종 등이 맹세를 한다. 이것이 끝나면 칼리프 형제나 귀족들은 옥좌 양쪽에 있는 원형 속에 서고, 식장의 한구석에 서있던 궁내성 장관이 들어오는 사람들마다 일일이 정식으로 서임한다.

선출된 칼리프에 대한 복종의 서약은 신성한 효력을 갖고, 지금과 같은 다른 환경에서는 거의 이해가 어려운 삼엄한 맛을 칼리프의 인격에 부여한다. 삼엄함은 그 인정된 칼리프에게 메카와 메디나의 이슬람 성원에서 드리는 예배와 기도로 더욱 고양된다. 이는 '백성의 소리는 하나님의 소리이다'라는 말씀이 새삼 표명되는 것이다.

비아드에 담겨있는 신성한 종교적 의미의 효력은 다음과 같은 사상에 근거하고 있다. 무슬림의 전반적인 행위를 규정하는 규율이나 명령은 신의 말씀이다. 이는 실질적으로 '이지마 알 움마트'이며 백성이 일치하여, 혹은 거의 일치하여 무슬림들의 종교적 지도자인 수령을 선택할 때 그 교권에 신의 재결을 부여하는 것이다. 칼리프는 정당한 정치의 원천이며, 흐르는 물길이고 그만이 정치, 재판, 또는 사제의 대리자를 임명하는 권리를 갖고 있다.

칼리프가 이미 세속적인 위세를 잃었다 하여도 가즈니조의 왕 마흐무드와 같은 정복자나 족장들이 자기들의 권력을 정식으로 승인해줄 것을 요구했다는 것은 칼리프 선출의 신성이라는 개념이 있기 때문이다. 칼리프의 승인은 그들의 권력을 정당화하고 그들에게 그 국토의 합법적인 통치권을 주고, 이에 반항하는 봉기는 모두 폭동이며 부정하고 불의한 것으로 하기 때문이다.

이 서임은 형식이 갖춰진 윤허장을 부여하고 이와 함께 위계(타쉬리프)를 표시하는 복장을 주는 것으로 효력을 발하고, 때로는 보석이 박힌 두건(터번)과 칼, 기를 내렸다.

아바스조 칼리프 아래에 있었던 정치기구는 후에 분열되어 발생한 여러 국가가 전부 또는 수정을 가하여 채용한 것이며, 원래는 제2대 칼리프 만수르가 창시한 것이다. 우마이야조 시대, 칼리프의 통치는 순전한 독재정치이고 사막의 아랍인이나 종교에 종사하는 교직자들이 코란 또는 시의 구절로 군주의 기분을 바꾸는 정도의 언론 자유가 인정되었다.

아바스조 초기의 5대 칼리프 시대까지도 정치는 다소간에 독재적이었고, 여러 부서의 장관이나 일문의 사람들은 권위를 갖지 못하는 고문에 지나지 않았다. 칼리프는 일체의 권리의 근원이고, 국가 통치에 관한 법령은 모두 그에게서 나왔다. 재상은 실질적으로 칼리프의 대리인으로 칼리프의 이름으로 온갖 권위를 행사했다.

그는 여러 기관의 장을 임면(任免)하는 힘을 갖고, 과세나 세입의 수지를 감독하고 국가의 통신을 장악하고, 군주의 수탁자로서 행동하며 문무의 집행권을 갖고, 여기에 칼리프의 자문에 응하고 보좌하는 일반적인 임무도 갖고 있었다. 이것은 아바스조 초기, 재상은 권력을 칼리프에게서 얻고, 칼리프의 위임을 실행하는 의미가 되었다.

그런데 언젠가 그 사이에 이 같은 임무는 한 사람이 수행하는 데 과중해져 여러 부문의 일을 집행하기 위해 집정하는 재상 아래에 여러 보좌관을 둘 필요가 있었다. 7대 칼리프 마문 시대에 한 사람의 의지에 따른 정치는 입헌주의에 자리를 양도했다. 칼리프에 직접 속하는 각계를 대표하는 일정의 국가심의원이라는 것이 그의 시대에 처음 설립되었다. 백성의 대표자는 의견 표명에 완전한 자유를 가지며, 논의에 간섭을 전혀 받지 않았다. 나중에 칼리프가 종교적 세력에 근거한 영향력을 갖지 않게 되자, 칼리프의 심의원은 종교 종사자나 법률가의 회의기구가 되었다.

부와이흐가나 사만조, 셀주크조, 아이유브가는 모두 다소나마 국민들의 대표자가 있는 참여기관이 있었다. 살라딘의 참여기관은 그 자신 또는 재상을 의장으로 하여 시무수행을 위해 정기적으로 회의를 열고 술탄의 출정 때는 수행도 했다.

불운한 6대 칼리프 아민을 제외하고 아바스조 초기 8대에 걸친 군주들은 훌륭한 능력을 갖고 있었고, 어떤 지방의 주 총독을 오래 유임시키지 않는 것이 부동의 정책이었다. 어느 주의 수도에도 그날그날 그 주에서 일어나는 사건을 바그다드 조정에 보고하는 특명파견관이 주재하고 있었다. 당시에는 체신부 장관(사히브 울 바리드)이 칼리프의 공식 대변인 역할을 하기도 했다.

이 같은 공식 대변인이나 특명파견관 외에도 국내 전토에 비밀경찰 또는 비밀 정보기관의 큰 조직이 있어 그 조직이 국민의 모든 상태를 엄중히 감시했고, 그들의 활동은 외국까지 뻗어있었다. 3대 칼리프 마흐디, 5대 라시드, 7대 마문, 그리고 37대 무스타심 시대에는 비잔티움이나 기타 다른 곳에도 첩자가 들어가 있어 비잔틴 황제의 일거수

일투족을 칼리프에게 보고했다.

터키계 근위대가 권세를 누리고 부와이흐 일족이 궁전을 누르고 있을 때, 칼리프가 체포되거나 보호되고 있었던 시대에는 이런 제도도 두절되거나 폐지되었다고 생각된다. 하지만 일부의 권리가 회복되자 그들은 다시 정보를 얻기 위해 그전의 기구를 부활시켰다.

34대 칼리프 안 나시르 리딘 일라 같은 칼리프는 자기 영토나 이웃 나라에서 일어나는 사건을 모두 알았기 때문에 국민들은 그가 '천사들을 쓰고 있다'고 믿었다. 지금과 마찬가지로 비공식적인 첩자를 사용할 때가 많았다. 첩자는 모든 계층, 특히 상인이나 행상하는 사람들 중에서 모집되고 아무리 작은 일이라도 칼리프에게 보고했다.

아바스조 초기의 커다란 목표는 이슬람 제국, 즉 아바스조 영내의 평정이었다. 이를 달성하기 위해서는 침략적인 기도나 외국에 대한 정복계획이 포기되었다. 상부 이집트와 데이렘, 카불로의 진주(進駐)는 그 지방에 거주하는 토착 여러 부족의 폭동 때문이었으나, 비잔틴 제국과 때때로 전쟁이 일어난 것은 언제나 상대측의 침략이나 조약 위반 때문이었다.

행정은 조금 개방된 현대의 제도에 유사한 일정한 방침에 의하여 행해졌다. 모든 공직은 무슬림이나 유태인이나 기독교도들에게도, 그리고 인도인에게도 같이 주어졌다. 우마이야조와 아바스조의 정치적인 차이점은 아바스조 칼리프 시대에 생겼고, 후에 모든 이슬람 국가가 모방한 그 복잡한 정치기구만큼 현저한 것이 아니다.

지방행정은 앞선 아랍제국이 우마이야조처럼 칼리프가 임명한 주의 총독에 의해 행해졌고 그 권력과 사법권은 꽤 축소되었다. 만수르는 결코 한 총독을 한 주에 오래 두지 않았다. 그 자리에서 물러나면 그 사람은 상세한 보고가 요구되고, 조금이라도 신의를 어긴 흔적이 있으면 재산이 몰수되었다.

만수르 시대에 총독직은 결코 헛된 자리는 아니었다. 만수르 후에 다른 칼리프 시대가 되었어도 독자적인 활동의 권한은 전처럼 제한되었지만 지위는 향상되었다. 총독들은 위임된 주의 공무원들의 장에 지나지 않으며, 군주인 칼리프의 기분 여하에 따라 파면도 될 수 있었다.

사법권은 주 재판관에 위임되고, 그것을 각지에 주재하는 하급판사들이 이를 도왔다. 몇주의 총독들은 자기가 맡고 있는 영지를 잘 다스려 국가를 도왔을 경우, 힘을 다한 공적이나 여럿보다 뛰어난 충성으로 특권을 얻었다.

리비아 사막 건너 서아프리카는 시칠리아 섬과 함께 하나의 행정구역으로 하고, 제1대 사푸아 시대에는 압둘 라흐만 빈 하비브가 지배하고 이집트는 충신 아부 아윤에게 위탁되었다. 메소포타미아와 아제르바이잔과 아르메니아를 한 주로, 메카와 메디나와 예마마를 한 주로, 예멘과 쿠파, 그 가까이 있는 사와드를 한 주로, 삼각주 지대인 바스라와 바흐라인과 오만을 한 주로, 페르시아와 호라산과 트랜스옥시아나를 한 주로, 신드와 펀자브를 한 주로, 마지막으로 페니키아 해안을 포함하는 시리아를 한 주로 했다.

사푸아는 후에 팔레스타인을 시리아로부터 분리하고 이를 아와심이라는 명칭으로 한 주로 했다. 이 주의 총독이 아바스가의 집안 인사가 되었을 때, 반드시 그의 고문 겸 부관으로 고위 무관 한 명이 소속되었다. 아와심 총독은 사실상 변경의 요새인 국경과 산악의 감시를 명받고 있었다.

7대 칼리프 라시드가 건설하여 요새화한 시리아의 다르수스는 이 중요한 주의 수도가 되었다. 할아버지처럼 라시드도 훌륭한 도시 건설자였다. 만수르는 아시리아를 재건했는데 라시드는 다르수스, 아다나, 마라쉬, 기타 다수의 도시를 건설하고 이를 엄중한 요새로 만들고, 이슬람 제국의 정규병으로 굳어졌다.

칼리프 밑에서 집정하는 재상과 장관(와지르)이 실제로 그 직을 행하게 된 것은 아바스조가 권력을 장악하면서부터이다. 칼리프가 실권이 상실됨과 더불어 집정직은 우월한 지위를 잃고 그 지위는 아미르 울 우마라, 즉 총수로 바뀌었다. 후에 부와이흐가는 그 일족의 중신에게 이 칭호를 부여하고, 칼리프에게는 라이스 우르 루아사라고 하는 한 명의 궁전 고관이 있을 뿐이었다. 셀주크조 술탄 시대에 칼리프가 다시 속권을 장악했을 때, 칼리프는 재상을 임명했다.

술탄의 칭호는 최초의 터키 친위대장인 아쉬나에게 9대 칼리프 와시크가 부여한 것으로, 아쉬나는 보석이 박힌 관과 이중의 허리띠로 몸을 장식했다. 이것은 부와이흐 일족이 권력을 장악할 때까지 중간에 단절되었고, 그 이후는 부와이흐 일가에게 주어졌다. 서임식은 매우 성대한 의식이 있었다.

칭호를 받는 사람은 먼저 왕의를 걸치고 머리에는 보석이 박힌 왕관을 쓰고, 목에는 목걸이, 팔에는 팔찌를, 허리에는 검을 찼다. 그리고 문무 양권의 장악을 나타내는 '하나는 귀족에게 관습으로 되어 있는 은으로 장식되고, 또 다른 하나는 칼리프가 칼리프 계승자에게 주는 것과 같은 금으로 장식되어 있는' 두 개의 기를 칼리프가 손수 내렸다. 다음은 모인 사람들 앞에서 사령장이 낭독되고, 서임된 술탄이 칼리프 손에 입을 맞추었다.

하지만 술탄의 칭호는 부와이흐 일문 사람에게만 한정된 것은 아니었다. 가즈니조의 지배자 마흐무드, 투그릴, 아르스란, 말리크 샤, 살라딘 등과 같은 유력한 정복자에게도 부여되었다. 사실 이 칭호는 한번 불려지거나 받게 되면 그 일가의 세습으로 되었다. 단지 상속할 때마다 형식적인 서임식이 행해지고, 거의 당연한 것으로 언제나 같은 의관이 부여되었다.

나중에 다른 칭호 말리크(왕)가 생겼는데 이때에도 술탄의 칭호와 겸하고 때로는 따로 여럿에게 수여된 적도 있었는데, 그래도 이 자격을 인정하는 사령으로 수여되었다. 이 명예를 얻은 최초의 군주는 장기의 아들 누르 앗딘 마흐무드로, 그는 칼리프로부터 알 말리크 울 아딜(공정한 왕)이라는 칭호를 얻었다.

아바스조의 집정하는 재상의 지위에 관해서는 이슬람 법제학자와 정치경제학자는 두 개의 집정직을 인정하고 있다. 대집정직과 소집정직이다. 제1급에 속하는 대집정(바자라트 앗타피즈)은 군주로부터 전권이 위임되고, 국사에 관계된 모든 일에 절대적이고 구속받지 않는 재단권(裁斷權)을 갖고 있었다. 즉 재상급이다. 그는 어떤 조치를 취하여도 이는 사후에 칼리프에 보고할 수 있었다.

사푸아나 만수르나 마흐디 등 초기 아바스조 시대에는 이 같은 집정은 없었고, 라시드 시대의 자파르 바르미기, 마문 시대의 파지 빈 사르만이 전권이 위임되었다. 제2급의 집정이 소집정(위자라트 앗탄피즈), 즉 장관급이다.

그들은 그다지 폭넓은 권력은 갖고 있지 않았다. 그들은 자기의 의견에 따라 행동할 수 없었고 군주의 명령을 실행하는 권한만 있었다. 그들은 행정과 과세, 각 주의 지방문제, 그 외에 필요한 여러 가지 문제와 요구를 숙지하는 것을 요했다. 무슬림이 아닌 자에 대한 임명은 정통파로부터 동의를 받기 어려웠으나 그래도 이 직위에 취임할 자격이 있었다고 되어있다.

집정직(장관직) 임명의 양식도 흥미가 없다고 할 수 없다. 칼리프한테 선택된 인물은 무탈리아(공식 통고)에 접하고 궁전에 소환된다. 후주라(칼리프 궁정) 입구에 도착하면 궁정장관의 안내로 칼리프 어전에 안내된다. 경례를 한 후에 칼리프로부터 말을 듣고 칼리프 손에 입 맞추고 별실로 안내되어 규정의 의관(타쉬리프)을 입는다. 다음에 문까지 오면 훌륭한 마구가 달린 말이 끌려나온다.

여기서 여러 백관과 궁정 소속 중신이나 칼리프의 시종 등을 선두로 영상부(디완) 집무실까지 말을 타고 간다. 집무실에 도착하면 위엄을 갖추고 말에서 내려 들어가 자리에 앉으면 취임사령이 낭독된다.

칼리프의 조정은 앗 디완 알 아지즈, 즉 대집정부라 불렀다. 재상은 이 집정부의 수석으로 알 와지르 앗 디완 알 아지즈라 불렸다. 아바스조의 행정기구는 효과적인 업무 추진과 분담, 세부 감독에서도 현대제도와 맞먹었다.

당시 국무 담당 부서는 다음과 같다. 디완 알 하라지(중앙세무국), 디완 울 디아(궁정부), 디완 알 아짐마(회계감사원), 디완 울 준드(병무청), 디완 울 마왈리 알 기르만(보호민 및 노예부-이슬람으로 개종한 자와 칼리프의 노예 호적이 있어 이에 따라 생활비가 지급되었음), 디완 울 바리드(체신부), 디완 우즈 지맘 안 나파가트(국고지출청), 디완 우르 라사일(문서기록청), 디완 웃 투키아(청원국), 디완 안 나즈르 필 마자림(청원 조사청), 디완 우시 쉬르타(군사 정무국), 디완 알 아다(연금청)가 있고, 마지막 기관은 정규군의 봉급 지불도 담당했다. 비무슬림의 이권 보호는 전문 관청에 위임되었고 그 장관은 카티브 울 진바제라고 불렀다.

이상과 같은 주요 각 부서 외에 행정, 입법, 사법에 속하는 소관청이 있었다. 그 중에서 디완 울 무카티아트(파견관 임명국)와 디완 울 아크리하(운하 수도 관계공사청)가 특히 중요한 관청이었다. 이만한 관청이 있으면서도 칼리프의 조정에서는 비잔틴 제국보다 관료주의나 관리기질은 덜하고, 정부는 각각의 공동체에 대하여 비간섭주의를 견지했다. 각 마을은 각자 자기 문제를 취급하고, 정부는 말썽이 생겼을 경우나 조세가 체납되었을 때 간섭하는 데 지나지 않았다.

그런데 농업에 관해서만은 어떤 일에도 엄중한 감시를 했다. 그리고 수확과 국가 세입의 기초인 운하, 기타 관개공사의 마무리나 수리를 감독했다. 라시드 시대에 이슬람 제국 아바스조의 대법관인 아부 유수프는 칼리프 앞으로 쓴 서간 중에 농업 촉진을 위해 공적 예산을 풀어 새 운하를 건설하고, 현재의 운하를 준설하고 유지해야 할 국가적 의무를 강조하고, 유지비와 물의 배급은 국가와 수급자가 분담해야 한다고 논했다. 또한 유능한 수상 경찰의 필요와 큰 강, 특히 티그리스, 유프라테스 양 강에서 온갖 항해 장애물 제거도 논했다.

행정 개혁의 가장 유효한 시설의 하나는 칼리프 마흐디가 큰 중심도시에 디완 알 아짐마(회계감사원)를 설립한 것이다. 우마이야조처럼 중앙세무국(디완 알 하라지)은 국가의 중요한 관청이었다. 그 임무는 아바스 이슬람 제국의 가장 부유한 주인 이라크 전토의 조세를 모으고 다른 주의 증세 회계를 기록하는 것이었다. 현물 납부하는 주의 징세도 그 임무에 포함되었다.

디완 우트 라사일(문서기록청)도 중요한 부서의 하나였다. 국가의 장관으로도 간주될 이 부서 장관의 임무는 칼리프 칙령이나 사령, 윤허, 면허장 등 정치적 통신 일반의 초안을 만들고, 군주나 집정관의 허가를 얻은 후에 칼리프의 문장(紋章)이 있는 인새로 붉게 봉납하여 봉인하는 것이었다. 장관은 공문서의 교열과 정정을 하고, 그것을 스스로 봉했다.

또한 칼리프가 국민의 소원(訴願)을 듣는 일반 알현에 입회하고, 고소인이 제출하는 종이에 칼리프가 받았다는 것을 기입했다. 때로는 원본을 국고의 문고에 넣고 사본을 주기도 했다. 이 관청에서 수행하는 일의 성질은 언제나 우아한 문서 작성을 위하여 실무 고위직은 당연히 상류층에 속하는 교양있는 사람 중에서 선택되었다.

다음으로 중요한 관청은 디완 웃 투키아(청원국)였다. 우마이야조 시대에 국새국으로 불렸던 이 관청은 군주에게 상신(上申)된 상신서의 답장을 쓰는 것이었다. 이것은 기록된 공문서로 표기되고 날인되었다. 이를 보내기 전에 표면에 당시의 칼리프 말이나 코란의 한 구절이 적혀지는 것이 일반적이었다.

각 주의 중심지에는 체신국장이 있어 체신 업무의 감독을 맡았다. 이것은 공적인 정기 수송을 감독할 뿐만 아니라, 칼리프에게 일체의 중요한 일들의 통보를 계속했다. 체신국장은 사실상 중앙정부 직속의 비밀감사로 그 주의 상태와 행정 활동, 농민과 농업 상태, 지방당국의 태도, 금화와 은화의 주조 상황과 주조량 등에 대해 정기적으로 비밀 보고를 보냈다.

또 군대의 점호나 봉급 지불에도 그의 입회가 없으면 되지 않았다. 개인 우편은 정부편으로 송부되었는데, 수취인에게 잘 전달되었는지, 개인이 어느 정도 비용을 지불해야 했는지는 분명치 않다.

페르시아에서는 말과 당나귀가 역전(驛傳) 제도로 행해지고, 시리아와 아라비아 반도에서는 낙타가 수송수단에 사용되었다. 아바스 제국 전체의 국토에 930개 역이 있었는데, 낙타와 말은 일반인도 적당한 요금만 지불하면 사용할 수 있기 때문에 각 역의 인계는 대단한 수에 올랐을 것이다. 많은 수행원을 인솔한 주 총독이 임지로 가는데도 역전제도가 이용되고, 군의 수송도 같은 방법으로 행해졌다.

공용에 사용되는 역마(驛馬)에는 구별표가 부착되어 있어 개인 소유의 것과 섞이지 않게 했다. 말을 사육하는 비용과 새로운 말을 사는 구입비와 이에 종사하는 인원의 봉급이 이라크에서만도 15만 4천 디나르였다. 체신국장은 역장과 기타 관리의 보고를 칼리프에게 제출하고 때로는 그 개요를 작성해야 했다. 또한 각 지방 도시의 체신국 관리의 임명, 관리감독, 봉급 지불을 관장했다. 정부는 각 역의 명칭과 역 사이의 거리를 기입한 원본을 갖고 있었다.

전서구(傳書鳩) 사용은 무스타심 시대에 바베크 함락 소식을 바그다드에 알렸다 한다. 그 이래 비둘기는 정기 수송에 사용되었다. 칼리프 리딘 일라의 치세에 비둘기가 대량으로 사용되었다 하며, 누르 앗딘마흐무드 같은 사람은 각 중요 역에 군용 전서구를 상비로 두었다고 한다.

또 다른 별도 기관은 군과 관계있는 부서로 디완 울 아르즈(군사감독국)가 있었다. 병기창은 무쉬리프 우스 사나트 빌 마크잔이라는 전문관리의 통제 아래 있었다. 각 관청은 라이스, 또는 사드르라고 불리는 상관이 있고, 실제의 통제감독은 무쉬리프 혹은 나질이라는 감사가 집행했다.

농업과 관개공사의 감사는 무쉬리프 울 아크리바라 불렸으며, 현물 징세의 감사는 무쉬리프 울 이카마트 일 마크자니아, 국고 감사는 무쉬리프 빌 마크잔, 파견관 임명국 감사는 나질 앗 디완 무카티아트라고 불렸다. 이러한 기관 이외에도 총지배관이 있어 정기적으로 여러 관서를 감찰하고 군주에게 상세히 보고하는 것을 임무로 했다. 이 임무를 맡은 사람을 무쉬리프 울 뭄리카트라고 했다.

각 고관의 서열은 다음과 같았다고 한다. 첫째가 재상이고 다음은 하지브(시종장), 각 부 장관, 대법관, 친위대장, 여러 명의 궁정관이었다. 하지브는 외국 사절이나 여러 귀족을 칼리프의 어전에 안내하는 역할로 큰 힘을 가졌다.

각 도시는 도시 자체에 쉬르타라고 하는 특별경찰이 있었다. 이 특별경찰은 시민의 생명과 재산의 보호가 임무였으며, 경찰의 각 대는 대장 인솔 아래 야간순찰을 했다. 쉬르타는 군인과 같은 계급을 갖고 봉급도 충분히 지불되어 일에 충실했다. 바그다드의 경찰청장의 직급은 거의 총독에 맞먹는 지위였다. 마문 시대에는 타히르 장군이 후에 호라산의 총독직을 바라고, 그 전까지 잠시 동안 바그다드 경찰청장 직에 있었다.

시 경찰은 무타시브라는 감찰관 아래에 있었다. 이 직은 칼리프 마흐디가 창설한 것으로 후에도 이슬람 여러 국가에 존재했다. 무타시브는 시장의 감독인 동시에 사회의 감찰관이었다. 매일 부하들을 이끌고 시내를 순찰하고 경찰령이 잘 행사되고 있는지 시설을 조사하고 상인들의 계량기를 살피고 범죄를 다스렸다. 사기죄는 미수라도 벌을 받았다.

아부 하산 알 마와르디는 사법행정권의 범위와 한계를 말한 후에, 경찰은 사법상의 결정과 행정권 행사의 중간에 위치한다고 말했다. 그는 "경찰의 임무는 법으로 정해진 한계 안에서만 의무인 것을 강조하고, 금지한 것이 만연했을 때에는 이를 예방하는 데 있다."

상인들 간에 상행위를 감독하고 사기를 방지하기 위해 책임있는 기업조합이 구성되었다. 이 조합은 상인 공동단체의 성격을 가지고 각 단체의 대표자로 조직되어 있었다. 상인들 중 가장 명망있는 자가 장이 되었다. 조합장은 라이스 우트 투자르라고 불렸다. 상회의 대표자는 아민이라 했다.

상업 중심지에는 반드시 상인조합 뿐만 아니라, 대부분의 중요도시에는 그곳의 명사와 때로는 총독 또는 군주로부터 지명된 의원으로 구성된 시의회(디완 앗 쉬라)가 있고 선임된 자를 장으로 했다. 자치가 특히 권장되고 보호와 격려를 받았다.

≪역대 칼리프 치하의 문화≫를 쓴 사가는 이렇게 쓰고 있다. "다행히 이슬람 세계는 절대적인 관료주의란 전혀 존재하지 않았다. 행정은 될 수 있는 대로 간단하게 하여 거의 자치단체에 맡겨졌다. 최고 권력이 구하는 것은 조세를 정확히 내는 것이었다." 이외에도 관개공사의 지속 또한 중요한 일이었다. 이 같은 불간섭주의의 실례를 들어보면 다음과 같다.

페르시아령에 있는 각 도시는 자치적으로 문제를 처리하고 도시 단위로 조세를 징수하고 일정한 금액을 국가에 납부했다. 인접 도시와의 사이에 생긴 논쟁이나 새로운 세금으로 문제가 있을 경우에는 총독과 상의했다. 이 같이 하여 다수의 준독립령을 형성했다. 발크는 그 도시의 속령까지 합하면 직경 60㎞를 넘었고 주위에 쌓아올린 흙더미로 지켜졌다.

소그드, 사마르칸트, 부카라, 흐와리즘, 함단 등 다른 도시들도 비슷한 면적을 갖고 있었다. 이들 도시는 국민문화 향상에 큰 영향력을 가졌다. 중앙정부는 대개 그곳 토지의 귀족한테서 선출된 행정관(총독) 직책, 판사, 기타 고급관리를 지명하는 데 지나지 않았다. 이 같은 자유도시에서 행정관 직은 때로는 칼리프 집안한테 주어질 정도로 중요시되었다.

역대 칼리프가 낙타대상 숙소나 휴게소를 세우고 바그다드에서 메카나 기타 중요 중심지로 가는 통로에 저수지를 만들고 순례자나 대상이 악천후를 만나면 그곳에 머물고, 목마르면 물을 마실 수 있게 했다. 유목민의 약탈이나 습격을 막기 위해 군을 인솔하고, 순례자들과 동행하는 것을 임무로 하는 순례자 보호단장(아미르 울 하지)이라는 직도 두었다. 유목민의 지배와 통제는 유목민 부족장한테 위탁되었고, 이 부족장을 아미르 울 아랍이라 부르고, 그들의 행동에 책임을

지게 했다.

사법권의 집행은 매우 중요한 일로 간주되었다. 무슬림이 아닌 자의 시민권에 관한 문제는 모두 그들 자신의 종교관계의 윗사람, 또는 족장의 결정에 맡겨지고 무슬림에 대해서는 카디(재판관)가 이를 행했다. 각 도시에는 각각 한 명의 재판관이 있었고, 대도시에는 몇명의 나이브 카디(재판관 대리)가 있었다.

바그다드의 대법관은 카지 울 쿠자트라고 했는데, 실질적으로 이슬람 제국의 법무장관이었다. 카디의 법무를 돕는 지금의 공증인과 비슷한 공무원도 있어 이를 아들이라고 했다. 형사 사법권은 사히브 울 마자림이라는 장관에게 맡겨졌다. 최고재판소에는 앗 디완 안 나즈르 필 마자림(청원 조사청)이 있었다. 이 기관은 군주 자신이 장이 되고 군주 부재시에는 중신의 한 사람이 재판장을 맡았다. 대법관과 시종장, 주요 기관의 장관, 무푸티(법해석 자문)들이 법률고문이었다. 이 법원의 개설은 피고가 고위직에 재직하거나 정무에 종사하고 있을 경

카디에게 하소연하는 모습

우 카디의 판결을 집행하는 것이 곤란한 경우에 대비한 것이었다. 이 법정에서는 누구 하나 불복하는 자가 없고, 그 준엄함을 피할 만한 권력을 쥔 자도 없었다.

티그리스 강과 유프라테스 강 사이에 있는 지방은 가장 풍요로운 곳으로 중앙정부의 직접 지배를 받았기 때문에, 이 지방의 농업 발달에 특히 주의가 기울여졌다. 운하망이 토양을 풍요롭게 하고 복잡한 배수공사가 소택(沼澤) 지역의 물을 말렸다. 3대 마흐디는 와시트 지구에 운하를 팠고 이에 따라 넓은 지역이 농경지가 되었다. 만수르의 숙부뻘인 살람이 만든 이사 운하는 유프라테스 강의 안바르에서 바그다드에 이르고, 그곳의 서부에서 티그리스 강으로 들어가고 모든 수로의 항행도 자유로웠다.

티그리스 강의 본줄기에서 갈라지는 여러 지류를 갖고 있던 두자일 운하는 바그다드 북부에 이르는 지방 관개에 이용되었다. 티그리스 강 동쪽 지대도 또한 농업상의 편리를 얻었다. 이는 일정한 지방에 한하지 않고 전 국토에서 농업과 원예를 촉진하는 것이 종교적인 의무로 간주되었기 때문이다.

당시 이라크와 남부 페르시아에는 사가들의 말을 빌린다면 마치 농원과 같은 모습을 띠고 있었다고 한다. 특히 바그다드와 쿠파 사이에는 번창한 거리와 풍요로운 마을, 아름다운 저택이 늘어서 있었다.

이슬람 제국의 광물자원도 세밀하게 조사해서 이용했다. 호라산의 철광과 게르만의 납이나 은 광산은 유능한 감독자의 지휘 아래 작업을 계속했다. 자석과 대리석은 디부리스에서 산출되었다. 암염(巖鹽)과 유황은 북페르시아에서, 역청과 석유는 조지아에서 나왔다. 각종의 공업은 보호와 장려를 받았고 바스라의 유리, 비누공업은 세계적으로 유명했다.

제8대 칼리프 무타심 시대에는 칼리프가 바그다드, 사마라, 기타 큰 도시에 새로운 공장을 설립했고 공업은 박차가 가해졌다. 그는 각지에 제지공장을 세웠고 그곳 직공들은 제지술이 뛰어나 이집트로부터

초빙되었다.

금실로 금박을 박는 국립공장은 페르시아에 있는 주요 도시에 있었고 명주, 비단, 융단 등의 공업제품은 우수한 품질로 높은 수준을 유지했다. 실로 무슬림의 공업적 진보는 페르시아, 이라크, 시리아 등 무수한 직물공장에서 산출되는 정교한 직물류에 나타났다. 쿠파는 지금도 서남아시아에서 사용되는 쿳프이에라는 순견사와 반견사의 두건으로 알려져 있다.

쿠디스탄도 섬유제품의 제조로 유명했다. 도스다르의 아름다운 비단, 고르그프의 멋있는 융단, 수스의 견직은 전 세계의 수요대상이었다. 수산기르드는 광택이 있고 무거운 금박, 낙타, 직물과 융단의 국립공장이 있었다. 여기에서는 술탄용의 방적 견사(거즈)제 자수 커튼이나 명주실이나 양모 원료도 생산했고, 시라즈의 무늬 모직물보다 우수하다고 평가되는 방적 견사제의 훌륭한 직물도 생산했다. 호라산의 부유한 여러 도시는 금실로 금박한 천이나 융단, 깔개 직물, 족자용 직물, 이불, 각종 모직물 등의 생산이 번창했다.

융단 천장과 깔개

이슬람 제국의 각 도시는 금속, 유리, 양모, 마(麻) 등 독자적인 공업을 갖고 있었다. 시리아는 유리 공업으로 유명했고, 이슬람력 2세기부터 이미 색깔이 있는 유리나 에나멜 유리를 생산했다. 사원이나 궁전에는 희고 푸른 에나멜 문자가 써진 유리등이 걸려있었고, 갖가지 모양의 그릇과 실용품, 호화로운 상품을 주문받았다.

국내는 원료 생산에서도 역시 풍요로웠다. 보리, 밀, 쌀, 대추야자, 각종 과일, 목화도 나라 전체에서 대량으로 재배되었다. 과일 재배도 과학적으로 연구되어 눈부신 생산을 했다. 아와즈와 파르스는 사탕수수 재배와 설탕 생산으로 유명했다. 이곳에 있었던 무수한 설탕공장의 생산품은 아시아뿐만 아니라, 유럽에도 공급되었다.

준디사푸르는 당시 세계적으로 알려진 공학을 전문으로 하는 학교 소재지로 그 시대의 저명한 물리학자들 대부분이 태어난 곳이다. 이 학교가 상공업 발전에 자극이 되었다는 것을 생각할 수 있다. 순수한 설탕을 만드는 정당(精糖) 지식은 준디사푸르에서 생겨났고, 영리적으로는 쿠디스탄에서 처음 이용되었으며, 그곳에서 기타 여러 기술과 함께 전해졌다.

수출품은 보리, 밀, 쌀, 과일, 설탕, 유리, 금속제품, 비단, 양모, 마로 만든 여러 제품, 온갖 종류의 기름, 장미수, 백합수, 대추야자 꽃으로 만든 향료 등이었다. 수입품은 인도나 섬나라에서 들여온 조미료나 약재, 백단(白檀), 대나무, 흑단, 상아(象牙), 보석류 등이었다.

이슬람 제국 아바스조의 수입은 (1)토지세, (2)10분의 1세 또는 소득세(우쉬르, 자가트, 사다가트), (3)광산 및 목장의 5분의 1세, (4)비무슬림에 대한 과세(병역면제세), (5)관세, (6)소금 생산 및 어업세, (7)점포소유자의 공유지세(거리나 광장에서 점포를 내고 영업하는 노점상에 대한 과세), (8)공장에 대한 과세, (9)수송 및 사치품에 대한 과세, (10)수입세 등이 있었다.

아바스조 칼리프들이 큰 관심을 기울인 대상은 농부들이었다. 그들의 부담을 경감하기 위해 최대한의 노력을 기울였다. 칼리프 만수르는 밀과 보리를 현금으로 세를 지불하는 것을 폐지하고, 무카심(수확의 일정비율을 현물로 지불하는 것)을 시행했다. 비중이 적은 농산물이나 대추야자, 과일나무에 대해서는 현금징세의 오래된 제도가 사용되었다.

그런데 이것은 징세자의 가렴주구를 나타내는 결과가 되었고, 칼리프 마흐디 때 아버지가 창시한 규정 범위를 확대하고 어떤 경우에도 조세는 실제 생산액과의 비율에 따라 징수할 것을 명했다. 토지가 비옥하고 힘이 들지 않는 경우에는 경작자인 농부는 정부에 수확의 반을 납부했다. 토지의 관개가 곤란하고 비용이 드는 경우에는 3분의 1, 더욱 힘든 경우에는 4분의 1, 또는 5분의 1로 했다.

포도원이나 야자대추 숲이나 과수원 등에 대한 과세는 수확을 화폐로 환산하여 그 액수의 반이나 3분의 1로 세액을 산출했다. 이 과세제도는 땅의 측량에 따라 구제(무하시브)에 대한 산액 비율제도(무카심)라고 불렸다. 이슬람력 204년(819년-820년), 칼리프 마문은 다시 토지세를 감면했는데 이에 의하면 가장 기름진 땅에서도 생산량 대비 조세의 비율은 수확의 반에 미치지 못하는 5분의 2였다.

바빌로니아와 가르디아, 이라크, 메소포타미아, 페르시아에는 정복 당시 체결된 조약에 따라 영구적인 토지세를 정한 지주나 자작농이 많았다. 그들은 징수되는 세에 아무런 변경을 할 수 없어서 따라서 번잡함이 없었다. 같은 특전을 갖고 있었던 곳은 북페르시아와 호라산의 촌락이었다.

토지세의 징수에는 세 가지 방법이 있었는데, 첫째는 현금 또는 현물 또는 쌍방의 정액을 정하는 측지법인 무하시바이고, 둘째는 현물세로 생산에 응하여 징수하는 방법인 무카심, 셋째는 정부와 개인간에 특허나 협약에 따른 일정한 약정에 의한 무카디에이다. 세 번째에는 칼리프나 술탄의 사유령이 포함되었다. 어떤 가혹한 정치라도 면세가 가끔 있었다.

시리아의 병합과 때를 같이하여 무슬림군은 비잔틴군의 파괴적 침략에 대비하여 새롭게 생긴 영토의 북부 국경의 방위에 착수해야 했다. 이 사업은 정통 칼리프 시대의 칼리프 우마르 시대부터 시작되어 우마이야조 시대의 전 기간에 걸쳐 계속되었는데, 조직적으로 행하게 된 것은 이슬람 제국 제2대 칼리프 만수르가 즉위하면서부터였다.

다르수스, 아다나, 마즈시시아, 게르마니아, 마라디아 등 길의 교차점이나 규모가 큰 부대가 지나는 유일한 통로가 되는 고갯길 가장자리에 있는 등 전술적으로 중요한 지점은 강력한 주둔군이 점거했다.

이슬람력 133년(750년), 마라디아는 비잔틴군에게 점령되었다. 이슬람력 139년에 만수르는 이 땅을 되찾고 재건하여 4천 명의 병력을 주둔시키고 특별수당을 지급했다. 만수르는 시리아의 하다드, 지바드라(비잔틴 제국의 자베드론), 라오데시아, 프리지아, 카파도키아 등의 지점에 성채를 구축했다.

5대 라시드는 마라쉬를 요새화했고, 시드누스 강변의 옛 도읍 다르수스를 폐허에서 부흥시키고 그곳에 강력한 부대를 두었다. 라시드의 아내 주바이다는 이스간데른을 부흥시켰다. 칼리프 라시드는 기니스린 군관구에 속하고 있던 변경을 안티오크, 멘비지, 그리스(시로즈) 등을 포함하는 독립한 한 주로 하여 이를 군사적으로 조직하고, 군부대를 모든 중요 지점에 주둔시켜 새로운 요새와 성채를 많이 축조했다. 그 지방에 주둔하는 군인은 특별수당도 받았다.

그리고 무기와 장비, 기마에 필요한 장비를 잘 간직하는 것이 요구되었다. 병사와 그 가족에게는 농경용 토지가 주어질 때도 적지 않았다. 이 제도는 마문과 무타심 시대에도 답습되었다. 그리스인의 끊임없는 내습 때문에 황폐하여 사람이 살지 않는 지역을 부흥시키고, 무슬림 인구를 증대하기 위해 먼 지방으로부터 이 국경에 여러 부족을 그대로 이주시키기도 했다.

국경에 있는 여러 마을과 도시들의 싸움은 수세기에 걸쳐 사투가 계속되었는데, 양국의 세력의 추이를 여실히 보여주고 있다. 세계 어디에도 시리아와 소아시아의 국경지방처럼 피를 부르고 쟁탈전의 표적이 된 곳은 없을 것이다. 우마이야조 시대에 훌륭한 군주를 받들고 있던 아랍인은 시칠리아 섬과 카파도키아 섬의 오지까지 위세를 떨쳤다. 야지드 2세와 그후의 나약한 군주 시대에 비잔틴군이 잃은 땅을 회복했다.

그러나 아바스조가 권력을 장악하자 이슬람 제국은 다시 새로 힘을 얻고 곧 국경지방을 탈환했다. 비잔틴의 침입과 조약 위반은 역대 칼리프로 하여금 여름마다 대군을 동원하지 않을 수 없게 했다. 때로는 단순한 정기 동원훈련이었고, 때로는 이러한 군 이동이 전투까지 가기도 했다. 요새의 초계조직은 시리아와 시리아 국경에만 그치지 않았다. 트랜스옥시아나와 조지아, 아르메니아에서도 동일한 방식이 취해지고 모든 방위지점에 요새가 구축되었다.

전시근무 때 군대는 정부로부터 봉급을 지불받는 정규병과, 의무감에서 종군하고 전장에 있는 동안 수당을 받는 의용병, 두 종류의 병사로 이루어져 있었다. 그들이 집에서 떨어져 있는 동안 가족은 현물 또는 현금의 부조를 받았다. 정규병과는 여러 가지였다. 보병(하르비에)은 창, 쌍날칼을 꽂은 창, 검, 방패로 무장하고 활을 쏘는 궁시병(弓矢兵 : 라미에)은 활과 화살, 검, 방패를 가졌다. 보병은 투구를 쓰고 갑옷을 입었다. 각 군단에는 특제의 화약탄을 적을 향해 퍼붓는 나프다 포병의 한 부대가 딸려 있었다.

그리고 검과 방패 외에 삽을 휴대하는 공병부대도 종군했다. 포병은 불타고 있는 적진 가운데에도 용감히 들어갈 수 있는 방화복을 입었다고 한다. 한 군단은 보통 1만 명의 병사로 구성되어 있었고, 아미르(장군)의 지휘를 받았다. 1천 명의 대대의 장은 카이다, 1백 명의 중대의 장은 나키브, 10명의 십인대의 장은 아리프라고 불렸다.

군은 군단 또는 병과에 따라 다른 제복을 입었다. 칼리프 무타와킬 시대에는 정규병은 담갈색 상의에 페르시아식으로 검을 허리에 찼다. 근위병은 외인병을 주체로 하는 특수군단이었다. 그들은 봉급도 많았고 화려한 제복을 입었다. 무타심은 친위대에 금색의 띠를 두르고 허리에 칼을 차게 했다. 근위병 외에 궁병(宮兵)이라고 부르는 얼마간 떨어지는 부대가 있었다. 후에 이 정예부대를 잔달이라 불렀다.

시종무관은 아바스조 시대에는 알 기르만 알 파잘리아(측근 소년)라 불렸다. 이들은 궁정에서 교육을 받고 충분한 군사교육을 받으면서 성장하여 시종무관이 되었다. 그리고 각각 다른 병영에서 반은 군사적이고, 반은 전통적인 일정한 규율 아래에서 생활했다.

군대작전에는 선발된 기술자들이 수행했다. 각 요새와 각 도시에는 반드시 이런 기술사관이 주둔했다. 기술자 단장은 아미르 알 만자니키라 했다. 그들은 대개 정규군에 첫발을 내딛고 후에 전문부대에 자리를 얻어 임지에 부임했다. 이런 기술자 중에서 특히 우수한 야쿠브 빈 사비르 알 만자니키가 있었다. 그는 다른 사람들처럼 처음에는 정규군에 근무하고 바그다드 주둔군의 기술대장이 되었다. 그는 학문과 군사 양방면에서 인정받았고 검으로도 붓으로도 명성을 얻었다. 그는 ≪움다드 알 마사리크≫라는 공학에 관한 저작을 내놓았다.

이 저작에 대해 이븐 할둔은 다음과 같이 말했다. "이 책은 전쟁에 관한 일체를 언급하고 있다. 전투대형, 요새 공격, 축성, 승마술, 공학, 거점의 봉쇄, 성 공격술, 마술 훈련, 군마, 각종 무기의 용법, 군용기계의 제조, 백병전, 각종 기병 등에 대해 논하고 있다."

전투 때 전장에는 완전한 장비를 갖춘 야전병원과 의무부대가 있었다. 병원에는 낙타가 나르는 들것의 부상자 운반구도 있었다. 라시드와 마문의 야전병원은 천막이나 재료, 약재를 나르기 위한 낙타와 당나귀가 다수 필요했다. 후년에 셀주크조 술탄 마흐무드 시대가 되어서도 군병원의 설비는 낙타 40두의 짐이었다고 한다.

무기고와 조병창은 각 중요 병참지에 설치되었다. 그리고 지위가 높고 경험이 풍부한 관리가 때때로 사열했다. 기병은 우마이야조 시대와 같은 장비로 검과 도끼, 창으로 무장하고 거의 쇠사슬 갑옷을 입고 철모를 썼다. 각 군단에는 한 부대의 마상(馬上) 사수가 속해 있었다. 고대로부터 마상 사술의 명성을 얻고 있던 호라산인이나 북페르시아인이었다.

앞서 말한 대로 신체가 건장한 아랍인은 모두 군에 복무해야 했다. 대개의 경우 예비병은 기꺼이 군무에 복무했고, 사기에도 도움이 되었으나 그래도 병력이 부족할 때는 때로 병사를 징집했다.

무슬림의 무력 쇠퇴는 칼리프 무크타디르(908년-921년 재위) 시대부터 시작되었고, 주로 병사의 봉급 지불 제도의 개정에서 일어났다. 이후 군인은 봉급을 직접 국고에서 받을 수 없었고, 총독이나 군관구 지휘관에게 군인 봉급 지불 목적으로 봉지(封地)가 주어져 거기에서 지불하게 되었다.

이 같은 개정은 국고 고갈의 원인이 되었다. 수입을 전혀 납부하지 않는 총독도 있었다. 지금까지 납부한 것에 비교하면 참으로 조금씩 중앙에 납부하면 되었다. 사치하고 방만한 궁정으로서는 세입으로 국고를 충당한다는 것은 불가능했다. 그래서 무크타디르는 각 주를 귀족들에게 봉지로 주고 그곳의 모든 수입을 자신이 모으고, 이것으로 행정비를 내고, 군대의 봉급을 주고, 바그다드 궁정에 매년 일정액을 차출하는 것을 조건으로 했다. 이를 이크타라고 한다. 변종된 봉건제도로 봐야 할 이 난폭한 정책은 이슬람 제국 아바스조의 급속한 분열이라는 당연한 결과를 가져왔다.

부와이흐조에서는 봉급 대신에 칼을 가진 무인들에게 토지를 주었다. 이런 봉지는 모든 조세가 면제되고, 생산물은 토지를 받은 관리나 무인의 차지가 되었다. 이 결과 문화는 퇴보하고 부유했던 생산적인 지방도 곧 곤궁해지고 인구도 감소했다. 아랍인들은 외국인에게 점점 토지의 소유권을 빼앗겼다.

십자군 전쟁이 시작되기 직전의 서아시아 사회는 정치적·사회적 상태가 유럽과 비슷했다. 서아시아는 유럽의 교황과 같은 종교적 수장으로 칼리프를 인정하는 많은 작은 국가와 봉건 공국으로 분열되어 있었다. 연대없이 이해관계에 따라 때때로 서로 다투고, 여러 영주들은 이기적인 경쟁심과 야심 때문에 칼리프를 받드는 이슬람 제국의 힘을 약화시켰다.

셀주크조에서 무인(武人)적인 봉건제도가 더욱 발달했다. 지배자 일문의 사람들과 여러 중신들은 한 도시, 또는 한 지역의 소유권을 얻고 절대적인 권력으로 지배하고 봉건군주(사히브 알 마가르)로서 모든 기능을 갖게 되었다. 영주는 술탄에게 매년 공물을 바치고 전시에는 자비로 양성하고 있는 일정한 수의 병졸을 인솔하고 술탄의 깃발 아래 전장으로 향했다.

이라크만에도 이 같은 이크타(봉건 영토)는 40개가 넘었다. 이 같은 무인 봉건제도는 이미 당시 서아시아 전체의 정복지배민족이 된 몽골인과 터키의 승리의 깃발이 나부끼는 곳에서는 반드시 시행되고, 이집트와 서아프리카, 인도까지 이 제도가 들어갔다.

이슬람을 믿는 비아랍인 모두에게 정치적인 여러 권리와 시민권에 있어서 순수 아랍인과 동등하게 취급했다는 민주적 원칙은 국민들이 충성하도록 하는 데 도움이 되었다. 또 피정복민족을 지배민족에 붙이는 방법도 같은 효과를 가졌다. 왈라(보호민) 제도였다. 페르시아인도, 베르베르인도, 슬라브인도, 이슬람교를 믿기만 하면 어디에서든지 아랍의 보호민이 되었고, 왈라 원칙에 따라 직접 보호자와의 관계가 생겼다. 이는 후세의 칼리프들이 반드시 자기 전투력을 아라비아 반도의 무력을 가진 부족한테만 의존하지 않아도 되게 했다.

여러 인종의 사람들이 후한 봉급에 이끌려 칼리프 휘하에 모였다. 그러나 병사를 모집한다는 면에서는 큰 문을 열었으나 동시에 예로부터 내려오는 군인정신을 없앴다. 이 같은 용병은 신뢰할 수가 없고 군주의 힘이 약해졌을 때는 군 가운데에 그들이 있다는 분해 작용이 특히 눈에 띄게 되었다.

만수르 시대에는 세 종류의 병사가 있었다. (1)북아랍부족, (2)남아랍부족, (3)페르시아인 등이다. 여기에 제8대 칼리프 무타심은 터키인과 아프리카인으로 구성된 네 번째 군단을 덧붙였다.

고대로부터 전장으로 가는 행군에는 (1)총지휘관이 있는 중군(칼부), (2)우익(마이사레), (3)좌익(마이마네), (4)선봉(다리에), (5)후군(사게)의 다섯 부대의 군사로 편성되었다. 행군중에는 번쩍이는 갑옷에 철모를 쓰고 검은 타조의 깃털이 달린 큰 창을 든 경기병으로 된 선봉대가 언제나 주력부대의 몇㎞ 앞에서 진군하며 적의 동향과 지형을 정찰하는 척후 활동을 했다. 군 지휘관들은 척후 활동으로 자기만의 지도를 작성하든가 또는 본부에서 지도가 지급되었다.

아랍인 군대가 꼬리를 물고 종대를 이루어 연연히 적지를 가로질러 가는 모양은 압도적인 장관임에 틀림없었다. 선두에는 중기병(重騎兵)이 있고 양익에는 사수(射手) 부대가 기병에 뒤떨어지지 않는 속도로 진군한다. 그 뒤로는 보병이 밀집 진형으로 정연하게 움직이고 그 가운데를 긴 낙타의 줄이 군량이나 천막, 탄약을 운반하고, 부상병을 위한 들것이나 투석기, 사출기(射出機) 같은 병기가 낙타나 말, 당나귀에 실려 뒤를 따른다. 칼리프나 그 가족이 군과 같이 있을 때의 군의 이동 광경은 참으로 당당했다. 친위병의 화려한 제복이나, 문장에 금으로 수를 놓은 칼리프의 깃발이라든가, 성장한 장성들은 그야말로 한 폭의 그림이라 할 수 있었다.

선봉대는 야영지에 도착하면 곧 호를 팠다. 아랍인들은 어떤 장소에 숙영하더라도 기습에 대비하기 위해 최선을 다했다. 본대가 도착하면 보통의 거리처럼 길과 광장을 마련하고 정연하게 천막을 세웠다. 혼란이나 무질서없이 양식이 분배되고, 곧 모닥불이 피워지고 물을 끓이고, 간단한 저녁식사 후 카디 알 아스갈(군법무관)의 지도 아래 이샤(저녁 예배)를 드린다. 전쟁이나 모험 이야기를 듣거나 피리나 류트를 연주하면서 오래된 옛 시의 낭독을 듣노라면 별이 뜨면서 정적과 휴식이 야영하는 사람들 머리 위로 찾아왔다.

아랍인 군대의 가장 오래된 군대 진형은 횡렬 대형이고, 각 군은 공격이나 방어에도 밀집하여 한 줄 또는 두 줄을 이루었다. 우마이야조의 마르완 2세(744-750년 재위) 시대에는 전투대형도 발달하여 공격도 방어도 밀집 진형으로 했다. 이것은 자하브 강 전투에서도 양군이 함께 채용한 전투법이었다.

이븐 우라시르가 말하고 있는 이에 다음가는 전투는 아부 무슬림이 아부달라 빈 알리를 격파한 나시빈의 싸움이었다. 이때 호라산 출신 장군의 전술적 탁월함과 그의 군부대 지휘는 무슬림의 군사적 발달을 보여준다. 그는 고지에 자리 잡고 전투를 지켜보며 전황을 검토하고, 각 부대에서 들어오는 보고를 받고 명령을 하달하고 약점을 보완하는 등 여러 조치를 취했다.

방어 진형으로는 보병으로 모난 진을 치고 긴 창을 쥐고, 한쪽 무릎을 꿇고 방패를 전면에 세워 언제든지 적을 맞이하여 창으로 찌를 수 있는 태세를 갖추었다. 보병의 뒤에는 사수가 있었고 그 후방과 양 날개에는 기병이 진을 쳤다. 적이 가까이 오면 사수는 화살을 비 오듯 퍼붓고, 보병은 움직이지 않고 정위치에서 창을 사용했다. 동시에 기병은 그 중간을 누비며 나가 몰려오는 적에게 대항했다.

무슬림군의 승리는 이렇게 얻은 것이 적지 않았다. 적이 물러가려고 하는 순간 주력 또는 예비군의 전진으로 승리를 확실하게 했다. 추격은 반드시 기병과 말을 탄 사수가 했다. 공격에도 같은 형태의 진형과 전술을 취했다.

무슬림들이 이웃 여러 나라보다 우수했던 점은 군사조직뿐만 아니라, 그 행동이 신속했다는 점도 있었다. 그리스인은 군수품이나 짐을

이슬람 기병대

당나귀나 말이 끄는 수레에 싣고 운반했는데, 아랍인들은 대부분 낙타를 사용했다. 따라서 행군도, 식량, 탄약 등의 수송도 놀라울 정도로 빠르게 진행되었다. 사실 아랍인은 낙타로 시리아를 정복했다. 장거리를 가야 할 때는 보병도 말이나 낙타의 준비가 있었다. 단거리 행군에는 말 한 마리에 두 사람이 탔다.

무슬림들의 전술에 대해 적이 볼 때 재미있는 기술이 있다. 15대 칼리프 무타미드, 16대 칼리프 무타디드, 17대 칼리프 무크타피, 18대 칼리프 무크타디르와 같은 이슬람 제국이 이미 그 웅대함과 강력함을 잃었을 때, 같은 시대를 산 비잔틴 황제 레오 6세는 자신이 혐오하고 있는 '야만인들'을 칭찬하며 말했다.

"그들의 전투대형은 거의가 장방형으로 공격하기 힘들어 수비하는데 아주 좋은 형태이다. 이 대형은 진군중에도 전투중에도 굳게 지켜지고, 무슬림들은 진형을 단호하게 지키기 위해 서둘러 공격하지 않고 이미 시작된 전투의 종결을 서두르지 않았다. 그들은 일반적으로 적의 공격을 기다리는 편이었고, 최초의 공격을 격퇴했다고 느끼자마자 곧 전력을 기울여 추격했다. 이러한 방법은 육지나 해상에서도 사용되었다. 먼저 창을 던지고 활을 적진에 쏘고 방패를 밀착하고 밀집대형으로 공격을 개시하는 것이다. 무슬림들은 전쟁에 임하여 신중한 태도를 가지고, 멋진 포진은 어느 국민보다 우수했다."

그들은 징병제도로 강제로 군에 들어온 것이 아니라 자유의사로 전쟁에 나왔다. 부자들은 국가를 위해 참전하고, 가난한 자들은 전리품 획득을 목적으로 전쟁에 나섰다. 나라는 그들에게 무기를 주고 온 국민은 그들에게 무기를 주기 위해 열심히 헌금했다.

폰 크롬웰은 그의 저서 ≪칼리프 시대의 문화≫에서 "황제는 자기들이 야만인이라고 부르는 무슬림들이 문화면에서도 퇴폐한 비잔틴인보다 훨씬 앞서 있고, 당시에도 진보한 문명을 나타내고 있었다는 것을 확실히 생각하지 않았다."라고 말하고 있다.

그리고 그는 이에 덧붙여 말했다. "비잔틴인이 타인에게 부여한 야만인이라는 이름이 자기들에게 더 적합했다는 것이 많은 사실로 증명되고 있다. 레오 6세의 말에서도 그들이 무슬림에게, 특히 기병에게 독화살을 쏘았다는 것, 그리고 무슬림들은 자기 목숨보다 말을 더 사랑했기 때문에 말이 독화살로 죽는 것보다 오히려 퇴각하는 것을 택했다는 사실을 알 수 있다. 적의 마을을 약탈하고 불태우는 것은 비잔틴군에게는 상습적인 일이지만 아랍인은 이를 엄하게 단속했다. 전리품에 대해서는 비잔틴군은 아무런 규정도 없었지만, 무슬림들은 종교적인 계율로 엄한 규정을 정했다. 그리스인에 비해 아랍인이 도덕적으로 훌륭하다 함은 앞서 말한 무슬림들의 자유의사에 의한 병역근무를 생각해봐도 분명하다."

장군 휘하에 경기병(輕騎兵)만 있을 경우 목책(木柵)을 이용하는 경우도 흔했다. 목책을 구축하여 최초의 돌격이 실패했을 경우 대개 또 한 번 대형을 정비하고, 공격하기 위해 방어 진지의 배후까지 후퇴했다.

산악전에서도 무슬림들은 매우 능란했다. 바베크 전투에서 터키계 장군 아프신의 작전은 신중한 계획 아래 잘 수행되었다. 반도들은 성벽과 석루(石樓)의 이용을 알고 있어 산꼭대기에서 공격군에게 큰 돌을 던졌다. 아프신은 사수로 하여금 고지를 휩쓸게 하고 투석기로 돌을 사출하고 그 다음에 군대로 그곳을 점령하고, 점점 적진의 중심으로 들어갔다.

무슬림들이 성을 공격하는 무기는 여러 개의 화살을 한꺼번에 쏘는 노포(弩砲)와 사출기, 성벽을 찔러 파괴하는 장비였다. 그들은 이 같은 파괴무기를 아주 강력한 것으로 만들고 성벽을 향해 일직선으로 날아가 떨어지는 바위 덩어리는 성벽을 잘 뚫었다. 13세기 중반부터 아랍인들은 화약을 사용하게 되었고, 아인잘루트에서 몽골군을 무찌른 술탄 바이바르스는 화약부대를 갖고 있을 정도였다.

시리아와 이집트 정복과 동시에 긴 해안선이 무슬림의 손에 들어왔고, 항구의 방어와 적군 요격을 위한 해군을 창설하고 유지하는 일도 큰 문제였다. 따라서 함대에 근무할 인원 배치와 장비에 대단한 주의를 기울였다. 함대 승무원으로 처음에는 용감한 항해술로 잘 알려진 페니키아 여러 도시로부터 사람들을 데려와서 근무하게 했으나 후에는 시리아, 이집트, 소아시아의 해안 지방에서 징집했다.

정통 칼리프 제3대 오스만 시대(이슬람력 28년)에 키프로스 섬은 함대와 같이 상륙한 무슬림부대에 점령당했다. 그리고 이슬람력 34년에 6백 척의 배로 리비아 해안을 공격한 비잔틴군을 이집트 총독이 2백 척의 배로 이를 격멸했다. 무슬림군은 이 전투에서 적을 태연히 맞이했으나 배와 배로 싸우면 이길 수 없다고 여기고, 사람들끼리의 백병전으로 싸우는 것을 택했다. 쇠갈고리를 적의 배에 걸치고 이것을 잡아당겨 창이나 검을 손에 들고 그리스인을 습격했다. 격전은 빛나는 성과로 막을 내렸다. 비잔틴함대는 분쇄되고, 지휘를 맡았던 동로마 귀족은 겨우 몸을 피하여 달아났다.

이때부터 무슬림의 해군 전술은 해상작전은 피하고, 될 수 있는 대로 빨리 적에게 다가가는 것이 중심이 되었다. 배는 시리아와 이집트의 거의 모든 해안과 페르시아 만 바스라에 있는 조선소에서 건조되었다. 아랍군의 배는 비잔틴군의 배보다 컸으나 항해 속도는 그다지 빠르지 않았다.

상선들도 활발히 활동했고 해상무역은 보호되고 장려되었다. 거의 모든 항구에는 가샤브라는 등대가 있었다. 함대는 전쟁을 위하여 정부가 제조한 선박만으로 편성된 것이 아니라 국가가 명령을 발했을 때는 각 주, 또는 각 항구가 일정수의 선박을 건조해야만 했다.

이집트에서 파티마조 통치 아래 이 명령은 특히 강화되었다. 살라딘도 이 방법을 답습했다. 스페인의 칼리프 함대도 이와 비슷하게 영토 안의 모든 항구에서 배가 모아졌다. 각 전함에는 이를 지휘하는 함장(카이드 혹은 무카티마)이 있고, 싸움에 임하는 수병들을 통솔하고 훈련과 장비를 감독했다. 라이스라 불리는 차장은 항해술에만 전념했다. 함대 총사령관은 아미르 알 바르라고 불렸다.

## §§ 아바스조 개관(계속)

바그다드-그 구조-건축-칼리프 궁전-사회생활-복장-부인-그 지위-음악-문학-철학-과학예술-합리주의-이콴 우스 사파(청교도)

바그다드는 앞에서 말한 것처럼 위대한 문화의 조직중심지였다.

'이라크의 서울, 이라크의 안목, 아바스 제국의 수도, 미와 문화와 예술의 중심지였다.'

야쿠드의 지리학 백과사전에 바그다드의 만수르 지역은 튼튼한 성벽과 깊은 호에 둘러싸인 거대한 철제 문을 가진 네 개의 성문으로 되어 있고, 외부로 통하는 원형도시로서 계획된 것으로 쓰여 있다. 각 문에는 금색의 둥근 지붕이 있고 창을 높이 든 기사들도 그대로 통과할 수 있는 높이였다. 성내에는 도시의 중심으로부터 꽤 먼 거리에 내벽이 있고, 그 가운데는 황금의 문(바브 알 자하브)을 가진 쿠르드 황궁이 당당히 세워져 있다.

칼리프 궁전에서 조금 가까운 구내에 중앙사원과 칼리프 집안이나 귀족의 저택과 병기창과 국고, 기타 관서가 줄지어 서있다. 내부에서만 하나의 도시를 형성하고 있는 이 안쪽 벽 지구는 메디나트 울 만수르라 불렀다. 실제로 마디에의 완성 후는 이 시는 티그리스 강 양쪽 기슭에 반경 24킬로미터의 거대한 반원을 형성했다.

공원과 정원, 저택에는 아름다운 산책길이 있고, 물자가 풍부한 시장과 아름다운 사원, 목욕탕이 있는 많은 거리는 강기슭을 따라 먼 데까지 뻗어 있었다. 그 번영시대에는 바그다드 및 근교 인구는 2백만 이상에 달했다고 하며 마디에는 서쪽의 시가보다도 웅대했다.

칼리프의 궁전(카스르 울 힐라파트)은 '한 번 도는 데 몇 시간을 필요로 하며' 대공원 중앙에 솟아 있고, 국내에는 동물원과 새 기르는 곳 외에 다른 동물 수렵을 위해 야수를 기르는 울타리가 쳐져 있었다. 궁전 부지는 이 정원 내에는 풀이나 식목의 꽃으로 장식되고 연못이나 분수 주위에는 깎아 세운 조각상 등이 서있었다. 그 옆에는 다히르 집안이나 기타 대귀족의 저택이 서있었다.

넓이 40척이 될까 말까한 대도로는 강기슭을 둘러싸면서 시내를 횡단하고, 모든 시를 몇 개의 지구로 나누어 각 지구는 시민의 청결 위생 환경을 책임지는 감독관의 지배하에 있었다. 가로의 모퉁이에는 질서를 유지하기 위한 경비초소가 있었다. 중요한 가로나 지구는 '마무니에'라고 불리워졌다. 그것은 꽤 넓고 운하로부터 알 아자브 문까지 달했다.

서쪽 시로 통하는 여러 문 가운데에 특히 중요한 것은 (1)바브 웃 슈마시나 (2)바브 알 가즈(견사문) (3)바스라 문 (4)바브 앗 다이르 (5)바브 웃 슈샴(시리아 문) (6)바브 알 부스탄(정원문) (7)바브 앗 다크 (8)시라즈 문 (9)카이주란 문 (10)바브 앗 시비안 (11)바브 앗 디딘 (12)바브 알 아자지가 있다.

마디에 쪽에는 다섯 개가 있었다. 그 이름은 (1)바브 알 가라베 (2)바브 수꾸 앗 다마르 (3)바브 안 누비 (4)바브 알 아마(서민문) (5)바브 알 마라디브(계단문)로 전해지고 있는데, 그 중에도 누비아 문에는 외국대사가 입맞춤하게 되어 있는 마루집이 있었다.

북쪽과 남쪽의 수문에도 성문처럼 아침저녁으로 강 양쪽 감시탑에 주재하는 병사들이 교대하여 지키고 있었다. 각 집에는 시내에 교차하는 무수한 물길이 있어 언제나 충분한 물이 공급되었다. 가로나 정원, 공원에는 언제나 물이 뿌려져 청소되었고 성내는 티 하나도 없이 깨끗했다. 카스르 울 쿠르드의 넓은 방(아이완) 위에는 '바그다드의 왕관, 수도의 상징, 아바스가의 기념탑'이 있는 높이 80척의 녹색의 둥근 지붕이 솟아있었다. 이 둥근 지붕 위에는 손에 창을 든 기사의 상이 있었다.

무라파라고 불리는 궁전 앞의 대광장은 관병식이나 사열, 연무(演武)나 경주에 사용되고, 야간에는 광장이나 가로에도 불을 밝힌 등화가 있었다. 칼리프 만수르는 높은 단 위에 서거나 또는 왕좌에 앉은 채 무장군대를 열병했다. 칼리프 라시드나 마문과 무타심은 언제나 말을 타고 이를 행했으며 연무에 참가하는 일은 거의 없었다. 경마는 항상 아랍사람들이 가장 좋아하는 것으로 바그다드에서나 다마스쿠스 시기에도 변하지 않았다. 라시드가 유행시킨 페르시아의 폴로 경기가 무라파에서 행해졌다.

마디에 쪽에도 커다란 광장(마이단)이 있고 강 왼쪽에는 병영을 가진 군대가 매일 그곳에서 훈련을 했다. 각 성문에 있는 기다란 넓이의 단은 세상이야기나 오락 또는 수도에 흘러들어오는 여행자나 지방사람들의 행렬을 보는 시민의 쉴 곳으로 제공되었다. 시내의 여러 나라 사람들에게는 각각 자신의 정부에 대하여 이해를 대표하는 단장한 사람이 있고, 외국인은 이 사람에게 상담하거나 조력을 구할 수가 있었다. 이 단장은 같은 나라 사람들의 품행에 대해서도 책임을 가졌다고 한다.

바그다드는 참으로 궁전의 도시로, 칠먹이나 모르타르로 만들어진 것이 아니라 모두가 대리석 건축이었다. 건축물의 구조나 형식은 다마스쿠스의 것과 다름이 없었으나 대개는 몇 층짜리 건물이었고, 페르시아풍의 영향이 그 장식에도 나타난다. 궁전이나 저택은 금으로 호화롭게 장식되고 아름다운 비단과 견사의 막이 쳐져 있었다. 각 방은 호화로운 디완(객실)과 고귀한 탁자로 테이블이라든가 변화된 중국 꽃병과 금은 장식물로 밝게 장식되었다.

황궁에는 보석의 상안(象眼)이 빛나고 끝이 어딘지 모르는 넓은 방에는 그 장식에 따라 각각 그 이름이 새겨져 있었다. 어떤 방의 특색은 순금의 나무나 금의 가지에 새가 앉아있고 그것에 보석이 둘러 박혀 있었다. 그리고 멋있는 상들리에나 사방의 벽과 천장의 보석의 상안이나 금색 장식의 화려한 천국의 칸은 거의 동화의 나라와 같았다.

강 양쪽에는 수십 리에 걸쳐 궁전과 정원, 높은 귀족의 저택이 아울러 서있고, 대리석 계단은 불에 비춰지고, 강 위의 풍경은 수면의 일광처럼 비춰졌으며 작은 기에 덮여 있고, 쾌락을 즐기는 바그다드 사람들을 시내의 한쪽에서 다른 쪽으로 나르는 주라크라고 불리는 곤돌라를 무수히 띄워 살아있는 색채를 더했다.

강가 연안 수십 리에 걸친 선착장 일대에는 정박중인 함대가 있고 중국의 배에서부터 고대 아시리아의 뗏목에 이르는 온갖 종류의 커다란 상선(商船)은 찬연하게 수면에 떠있었다. 그중에서도 칼리프의 전함이 더욱 눈에 띄며 그 사이에 경비선이 붙어 있었다.

중앙사원은 장대한 건축물로 아름다움과 그 구상의 웅대함과 마무리가 잘 자리 잡혀 있는데 그것은 다마스쿠스의 왈리드 대사원을 능가하는 것이라고는 할 수 없어도 그것에 필적하는 것이었다. 마스지트 알 쟈마 외에 시내 각 지구에는 그곳만의 예배당이 있고, 제국의 모든 도시에는 반드시 멋있는 건축과 그 도시의 중앙사원이라고 하는 것이 있었다.

수도나 지방도시에도 설비가 훌륭한 학교와 병원, 남녀의 요양소가 많이 있었다. 각 학교에는 각각 교장이 있었고 국립병원에는 병원장(다비르)이라고 하는 특별히 우수한 의사의 감독하에 있었다. 무크타프 시대에는 유명한 아부 바크르 알 라지(유럽 과학계에서 말하는 레지즈)가 이 책임있는 자리에 있었다. 각 요양소에는 한 명의 법률사가 속해 있었다고 하며, 그 직무가 어떠한 것인지는 확연히 나타나 있지 않다.

아바스 군주를 둘러싸고 있는 장려하고 화려하고 아름다움은 다마스쿠스의 보이는 것보다도 훨씬 대규모적인 것이었다. 칼리프가 궁문으로 나설 때에는 호화로운 제복을 입은 친위대가 뒤따랐다. 친위대가 바로 칼을 뽑아들고 활을 당기고 창을 옆에 끼고 행진하는 것과 같은 것은 하디 시대부터였다고 한다. 라시드나 마문은 한 사람이나 두 사람의 수행원을 데리고 말 또는 도보로 시내를 걷는 일도 적지 않았다.

칼리프가 금요일이나 축제일에 중앙 모스크에 참석할 때의 행사는 매우 훌륭했다. 군대는 기를 펄럭이며 북을 두드리고 나팔을 불면서 선두에 나갔고, 다음으로는 훌륭한 장비를 한 말에 탄 칼리프 집안의 여러 사람들이 뒤따르고, 그 뒤로 칼리프가 흰 말을 타고 중신들이 뒤따랐다. 칼리프는 무릎 아래 길이의 흑색 또는 보라색 바지를 입고, 허리에는 비단 허리띠 또는 보석을 박은 띠를 하고, 사치스러운 흑색 외투를 어깨에 두르고, 카란수에(페르시아풍의 모자로 끝이 뾰족한 모자)를 썼다.

카란수에는 대개 값이 나가는 다이아몬드가 유일한 장식품이었다. 예언자의 인새와 지팡이는 행렬에 빠질 수 없는 것이었다. 일반적으로 보석을 상안한 황금의 목걸이를 목에 두르고 신에는 보석을 군데군데 박은 단추가 있었다. 몸에 착 달라붙은 반바지(가바)는 무릎 아래에 내려오고 위에는 가볍게 열은 상의, 그 아래에는 수를 놓은 카프탄이 보였다. 소매는 무스타인이 연 채로 바람에 나부끼는 모습을 유행시킬 때까지는 단추를 채웠다.

중신들의 본보기가 되고 나중에는 각 시대 각 지방의 무슬림 군주가 모방하는 데 이르게 된 칼리프의 초청회는 참으로 규모가 웅대했다. 우마이야조처럼 초청회에는 공개(아므)의 것과 특별(가스)의 두 종류가 있었다. 통상 세 칸의 큰 거실에는 모든 계급의 신하와 문관이 모여 있었다. 문에는 대부분 자수를 한 커튼이 쳐져 있었고, 그것은 궁신 한 사람이 들어올 때마다 입구에 있는 하지브(시종장)의 사동의 손에 의해 올려졌다.

칼리프가 왕좌에 앉고 그 주위에는 호화로운 제복을 입고 칼을 든 백 명의 병사들이 서고, 고관과 여러 명의 중신이 좌우에 있었다. 마지막에 손님이 커튼을 올리고 시종장은 한 사람 한 사람 앞에 나와 그 사람의 이름을 불렀다. 그리고 자신도 경례를 하고 실내에 있는 사람들의 옆자리에 앉았다.

황족이나 중신, 학자, 저명인사 등이 행하는 개인 초청연회는 다소라도 형식적인 면에서 간략하고 호위병이나 무장병 없이 행해졌다. 그런 경우에도 칼리프의 후계자가 다음 자리에 앉고 조정 중신들이 '집안과 현재의 지위의 높이에 따라' 옥좌의 좌우에 앉았다. 이러한 집회에 칼리프는 출석자들과 의식에 구애 받지 않고, 의사나 천문학자는 과학상의 새로운 발견을 설명하고, 시인은 자신이 지은 시를 낭독하고, 여행가는 신기한 견문담을 널리 알렸다.

라마단에는 칼리프는 어떤 때에는 궁전에서, 대개는 재상의 관저에서 대관들을 연회에 초청하는 것이 보통이었다. 이 초청연은 다바크라 불리고 이 자리에는 온 사람들이 직위의 순서대로 앉았다.

이슬람 단식월(라마단)이 끝나고 이들 후뚜르 연회에는 칼리프가 시내의 명사들을 초대했다. 회장의 최상석에는 옥좌가 설치되었고 여기에는 대개 누군가 칼리프를 대리하여 출석하는 중신이 착석했다. 칼리프 자신이 출석할 경우에는 재상 또는 누군가 칼리프 집안의 한 사람이 배석했다.

중신 및 귀족의 복장은 물론 칼리프의 복장을 따른 것이지만 신학 또는 법률학의 학자들은 터번을 쓰고 그 위에 예언자에게 붙여지고 있다는 것을 흉내내어 다이라산이라는 베 조각을 걸쳤다. 때로는 다이라산은 어깨에 걸치는 것도 있었다. 대개 일반사람들은 카란수에만을 쓰고 있었다. 두꺼운 흑색 모자 안에는 흰색 비단으로 만든 가벼운 모자를 하나 쓰고, 비공식집회에서나 실내에서 검은 모자를 벗을 때에는 이것을 벗지 않았다. 집안의 개인 방에서는 이것을 보라색의 실내모로 바꾸어 쓸 때도 있다.

넉넉한 바지와 셔츠(가쓰미)와 하의, 조끼와 카프스탄과 외투(아바 또는 줏바)와 머리에 두르는 카란수에만이 아바스조 시대의 신사 복장으로 일반적이었다. 양말은 긴 것과 짧은 것이 없고 돈 많은 사람들이 신었던 것 같다. 이것은 견사나 양모나 가죽으로 만들어졌고 모자지라고 불렸다.

우마이야조 때와 같이 남자는 여행이나 승마나 군사 일에 있어서는 실내에서 사용되는 것과 다른 복장을 했다. 밤에 입는 잠옷은 꾸마쉬 온 나옴이라고 불렸다. 평민들의 일상복은 이자르(반바지), 셔츠와 조끼와 긴 조끼로서 허리에는 허리띠, 즉 가마르분드(미자르)를 두르고 양 어깨에는 리다를 걸쳤다. 남자는 긴 장화나 단화를 신었고 장화는 특히 병사들이 많이 신었다.

부인의 복장은 우마이야조 이래 많이 변했다. 상류 또는 부잣집 자녀는 머리장식으로 보석이 박힌 둥근 지붕형의 모자를 썼다. 이 모자 아래쪽에는 보석을 상감하고 황금 테두리가 있었다. 발찌와 팔찌가 유행했으며, 외래의 미용법은 알려지지 않았다. 뺨이나 입술에 붉은색을 칠하는 것은 확실히 페르시아 사람을 흉내 내고, 페르시아 사람들 사이에 그전부터 유행하고 있었다. 아랍 여자는 키가 크고 늘씬하게 균형이 잡히며, 살결이 희고 큰 눈에 검은 눈동자를 갖고 있어야 아름답다고 했다.

아바스조 초기에는 부인의 지위도 우마이야조와는 조금도 다름이 없었다. 사실 절대적인 별거와 양성격리 풍조가 보통이었던 것은 카디르 일라 시대였다. 그는 이슬람세계의 진보를 방해하는 것으로 다른 군주보다도 더했다고 할 수도 있다. 만수르 시대에는 두 명의 왕녀(그의 사촌자매)가 메르완과 다투어 맹세했던 말을 실행하기 위해 갑옷을 입고 비잔틴 제국과의 전쟁에 나왔다는 말도 있다.

라시드 시대에도 아랍 여자들은 말을 타고 출정하여 군대를 지휘하였다는 사실이 있다. 칼리프 무크타디르의 어머니는 스스로 고등법원의 재판장이 되어 소원(訴願)을 듣고 중신이나 외부 사신을 알현했다. 지위가 높고 교양있는 부인들의 주거지에 있어서의 집회나 강연회는 무타와킬의 시대에 언제나 행해졌다. 라시드와 마문 시대에는 부인이 교양과 기지에 있어서도 당당히 남자들에게 맞섰고, 시의 낭독에 참가하였고, 그 우아함과 재질에 있어서도 사회에 생생한 색채를 더했다고 한다.

칼리프 라시드의 비 주바이다는 재능이 풍부한 부인으로 시인으로서도 훌륭했다. 그녀는 라시드에게 시로 쓴 편지를 보냈는데 그녀의 아들 아민이 죽은 후 그녀가 마문에게 보낸 편지 같은 것은 그 재능과 감정의 높음을 잘 보여주고 있다.

제8대 칼리프 무타와킬 시대에 유명했던 여시인 췌지르는 한때 왕궁에서도 살았던 것 같다. 그녀는 무타와킬의 곁을 떠나 결혼해 바그다드에 살았다. 그 시의 가치는 당시 최고의 남자시인들에게 뒤떨어지지 않았다고 한다. 살라딘(1169-1193년 재위) 시대에는 아불 파라지의 딸 타케가 유명한데 역사를 논했다. 그녀는 시인으로서 뛰어났다고 한다.

아미르 오사마가 쓴 것으로는 아랍인 사이에서 부인이 얼마나 높은 지위였는지를 확실히 나타내고 있다. 11세기경 서남아시아의 사회조직이 거의 붕괴에 임한 대혼란의 가운데에서도 부인들은 아직 특히 기사적(騎射的)이고 칭찬 받는 보호 대상이었다. 결혼은 엄숙한 행위로 가정이 신성시되고 자녀, 특히 남자의 출생은 하늘의 베풂으로 간주되었다. 아들이나 딸의 훈육은 어머니 몫이고, 아들들은 교육자의 손에 맡겨질 때까지 어머니 손에 양육되었다. 딸들은 덕이 높은 마음이 깨끗한 부인, 장래의 어머니가 될 교육을 받았다.

음악은 당시 이슬람 법률가에 의해 금지되어 있는데도 불구하고 상류 사람들은 남녀 모두 음악을 즐겼다. 경건한 여성이었던 올라이예 공주는 당시 가장 우수한 음악가의 한 사람으로 칼리프 와시크의 공주였다. 그녀는 음악을 참으로 잘 이해하고 작곡에서도 음악론(기타브 알아가니)의 저자로 매우 칭찬받고 있다. 그녀의 오빠 이브라힘도 역시 재능이 있어 칼리프 와시크는 작곡가로서도 연주가로서도 우수했다. 칼리프의 딸을 비롯한 상류부인들은 음악 콘서트를 때때로 개최했고, 오케스트라는 백 명 정도의 음악가들로 구성되어 지휘봉과 박자를 취하는 지휘자가 지휘했다.

의자라든가 높은 좌석은 이미 우마이야조 시대부터 있었으나 아바스조가 되어 디완, 즉 방의 세 곳에 놓여 있는 긴 의자는 어느 집에서나 볼 수 있다. 사람들은 디완 옆에 테이블을 놓고 식사를 했다. 테이블은 목재로 흑단이나 거북이등으로 상안되었다. 와시크는 전체가 금으로 된 테이블을 갖고 있었다. 그 외의 테이블에는 하나하나의 은 또는 도자기(평민은 동을 빛낸) 접시와 함께 커다란 은이나 동을 입힌 둥근 쟁반이 놓였고 그 위에 흰 천을 덮었다.

접시 위에는 반드시 넓게 퍼진 빵과자가 있었다. 잔자르(페르시아말로 장가르)라고 불리는 두 갈고리의 포크도 큰 집에서는 보통 사용했다. 각각의 사람들에게 냅킨을 한 장씩 주고, 식사가 끝나면 하인들이 손으로 주전자를 받쳐 양손에 물을 뿌려주었다.

부잣집에서 일반적으로 마시는 음료수는 뚜껑이 있는 유리잔에 내놓은 셔벗인데, 이것은 물에 설탕을 타 단맛을 내고 장미 또는 앵두 등의 마른 것을 넣은 것이다. 대추야자나 건포도로 만드는 나비즈라든가 바르, 즉 꿀물은 흔히 마셨다. 그런데 술 마시는 것은 아직 알려지지 않았고 다만 집정(재상) 집의 연회 등에서는 법관이나 법학자들이 취할 때까지 마셨다는 말이 있다.

실내경기 중에는 장기가 널리 애용되었다. 그것은 라시드에 의해 서남아시아에 소개되고 무슬림들 사이에 곧 보급되어 골패나 주사위 종류를 거의 몰아냈다. 주된 실내경기는 궁술, 그리고 후에 총포의 사술(射術), 폴로(체칸), 홋개(슬라이잔), 창던지기(제리드), 경마, 레슬링, 도보 또는 기마의 검술 등이었다.

경기나 시합은 수도나 기타 대도시에서 정기적으로 개최되고 도전을 받거나 하거나 했다. 라켓 경기로 테니스는 남녀가 함께 했으며, 부인은 사격도 했다. 최초의 사교댄스는 고용인 계급에 한정된 것도 아니고, 젊은 귀부인 등이 오락으로서 하는 것도 보통이었다. 전문가가 대량으로 유입된 결과 곧 국민을 타락하게 했다.

수렵은 군주 및 장군들이 좋아하는 놀이였다. 아주 적은 예를 제외하면 아바스조 칼리프는 모두 이 활발한 운동을 매우 좋아했다. 그리고 32대 칼리프 무스탄지드(1160-1170년 재위) 시대에 이르러서까지 정기적인 수렵회가 있었다고 한다. 살라딘은 대개 아들들을 데리고 수렵에 나섰으며, 어느 때에는 수렵을 좋아하는 것이 화가 되어 위험하게 십자군의 손에 잡힐 뻔한 적도 있었다. 겨울마다 서남아시아에 찾아오는 조류 외에 사자나 표범이나 호랑이, 각종 사슴 등 사냥감이 많았다. 매사냥도 매우 좋아하는 놀이였다.

사회적인 회합이나 강연회는 때때로 높은 관리들의 저택에서 열렸고, 여러 종류의 학문에 재능이 있는 사람들이 모여 토론했다. 그런데 문학클럽이 생긴 것은 마문 시대부터였고 여기서 학자들이 모여 철학적인 문제들을 논의했다. 그런데 이것을 억압하기 위해 몇 번이나 여러 가지 수단이 취해졌고 특히 18대 무타와킬과 19대 무그지드 시대에는 이것이 성했는데, 클럽은 바그다드 멸망의 날까지 그대로 융성을 계속했다고 한다.

서적상은 당시 사회에서 중요한 지위를 차지했고 그들의 점포는 학생이나 학자들의 집합소가 되었다. 그곳은 말하자면 중립 지대로서 무타질라파(분리파)나 법률학의 아샤리파도 숙명과 하나님의 모습과 부활 등에 대하여 같이 논의했다. 서적상은 지식의 전파자일 뿐만 아니라 책의 저자를 겸할 때가 많았다. 필사기술은 크게 발달하고 훌륭한 책은 평균 1디나르로 꽤 비쌌다.

이 조그만 지면으로는 한 민족이 5세기 동안 성취한 지적 발달을 충분히 이해하는 데는 불가능하다. 그것도 이 개관은 아랍인이 세계의 진보발달에 기여하는 공덕을 한마디로 그치는 데는 어렵다.

아랍인은 항해용 컴퍼스를 발명하고 지식을 추구하고 상업을 좇아 세계 각지를 항해했다. 그들은 아프리카나 멀리 남쪽의 인도 제도, 인도 해안, 말레이 반도에서도 식민지를 만들었다. 중국조차도 무슬림 이민이나 상인에게 금단의 문호를 개방했고, 바스라는 인도 및 중국과의 무역을 하는 활기있는 항구가 되었다.

아랍인의 상업활동은 바다에만 한정되지 않았다. 큰 대상로가 한쪽은 북아프리카의 여러 나라에 둘러갔고, 또 한쪽은 남쪽 사막을 횡단하여 아프리카 대륙의 중심까지 통했다. 이 북방무역은 지중해의 무수한 항구로부터 스페인이나 시실리 섬이나 이탈리아나 프랑스까지 달했다. 트라브존은 비잔티움의 활발한 무역연결점이었다. 그 외에도 페르시아 만에 이어진 중앙아시아 및 북인도에 통하는 길이 있었고, 바그다드에서 시작하여 카스피 해에 이르는 제3의 길은 멀리 북방제국과 배를 가지고 연락을 가졌다.

이것은 현재 러시아와 스웨덴에서도 아바스조의 화폐가 발견되는 것으로, 옛날의 무슬림들 사이에 활발하게 상거래가 이루어졌다는 사실을 증명하는 것이다. 아랍인은 아소레스 군도를 발견했으나 멀리 아메리카까지 갔다고 생각되는 점도 있다. 구대륙의 한계 내에서 그들은 모든 방면에서 인류의 산업에 미증유의 거의 비할 수 없는 자극을 주었다.

아랍의 예언자는 노동을 의무라고 설득했다. 그는 산업적인 노력에 경건한 감을 주었다. 그는 상업 및 농업을 하나님이 보는 견지에서 칭찬되어야 할 것으로 권장했다. 이렇게 이런 가르침에서부터 당연한 결과가 생겼다. 상인이나 무역업자 및 산업계급 일반은 존경하는 마음으로 대우되었고, 행정관과 장군, 학자들도 자기들의 직업명으로 불려지는 것을 자랑스럽게 생각했다.

이 오랜 기간에 이름을 날린 많은 문학자나 학자는 인간 탐구의 모든 부문에서 마음을 쏟았다. 그들은 문장, 문학, 웅변술, 어학, 지리학, 전설학, 여행 등에 대해서 책을 썼다. 그들은 사전이나 전기를 산처럼 쌓고, 사상에 넘쳐나는 역사나 아름다운 시를 가지고 세계의 부에 기여했다. 그들은 과학상의 발견으로써 인지의 총계를 크게 더했고, 철학상의 논의로써 사상의 움직임에 자극을 주었다.

아랍인이 8세기부터 13세기에 걸쳐 두뇌를 기울인 분야의 넓이를 생각할 때 이미 몇 번 인용한 것과 같은 사려 깊은 사가의 평가는 과장이라고도 말할 수 없다.

"이 기간에 존재한 방대한 문헌, 각종 천재의 소산, 귀중한 발명 등은 모두 놀라운 지적 활동으로써 실증되는 것이다. 아랍인이 모든 점에 있어서 당시의 세계를 이끌었다는 의견은 긍정할 만하다. 그들은 한쪽 손으로써 우리들에게 예측할 수 없을 정도의 세계사의 자료와 여행사와 인명사전이라고 하는 귀중한 착상을 부여했고, 지금 한손으로써 비할 수 없는 산업과 구상과 사업과 위대한 건축과 중요한 기술적 발견을 주운 것이다."

여기에서 논하는 시대를 통하여 자연과학은 크게 개발되었고 화학, 식물학, 지질학, 박물학 등등은 특히 유명한 사람들의 관심을 모았고 그 연구 대상이 되었다. 쿠파의 아부 무사 자파르(기독교 사가가 말하는 게베르)는 근대화학의 아버지이다. 그의 일은 다른 사람들에 의해 인계되었고 그들의 발상과 근면, 학문의 깊이와 관찰의 예리함은 현대연구자를 놀라게 하는 데 충분하다.

의학과 외과 의술은 최고도로 발달했다. 아랍 사람들은 화학약제를 발명했고 현재 약국이라고 불리는 시설을 창설했다. 그들은 각 도시에 다르 아샤파(치료소) 또는 마리스탄(비마리스탄, 즉 병원의 생략)으로 불리는 공립병원이 있어 국비로 이를 유지했다.

식물학 및 약초학의 연구를 위한 식물원은 바그다드와 기타 도시에 있었고, 각 학생의 연구용으로 제공되었으며, 그곳에서 훌륭한 과학자들에 의해 수업이 행해졌다. 9세기 초 과학 및 예술을 급격히 발달시킨 이들의 학문의 고향은 지리학 및 여행에 관한 다수의 저작을 낳게 했다. 무슬림 빈 후마이르, 자파르 빈 아흐메드, 알 마르바지, 이븐 후즈란, 이븐 쿠르다베, 자이하니, 마수디, 알 이스타크리, 이븐 하우칼, 알 비루니, 야쿠드, 알 바크리, 알 무크다시 및 이드리시는 아랍인 지리학자로서 특히 유명하다.

알 비루니는 인도를 여행하고 인도인 사이에서 살며 그들의 언어, 그들의 과학, 그들의 철학과 문학, 그들의 풍습 습관, 그들의 종교, 그들의 특수한 미신, 인도의 지리학적인 자연상태 등을 연구했다. 그리고 그 소견을 모아 호머나 플라톤 등 기타 그리스의 문사철학자로부터 풍부하게 인용한 하나의 저작을 합쳐 내놓았다. 인도에 관한 대저작 중에도 그는 천문학, 수학, 수리지리학, 연대학, 물리학, 과학 등에 대해서도 썼다.

비루니보다 조금 늦게 활동한 문학자와 예언자로는 나시르 쿠스루가 있다. 그는 자그사르데스 강변의 구바디얀이라는 마을에서 태어나 메르브에서 살았다. 1046년에 그곳을 출발하여 리샤푸르, 곰, 타브리즈, 기라트타브리즈, 즉 기라트 마이야파리딘, 알레포 등을 거쳐 시리아에 이르러 아이야, 시든, 베이루트, 예루살렘 등을 방문하고, 다음으로 이집트에 넘어가 이집트에서 두 성도(聖都) 메카와 메디나에 이르러 그곳에서 알 아사를 지나 바스라에 가고 바로크에 돌아왔다. 그의 저서 《샤파르나메》는 여러 나라 언어를 통하여 가장 흥미있는 여행지의 하나이다.

고고학과 인종학은 역사에 포함되어 있고 많은 훌륭한 사람들이 이 매력있는 학과의 연구에 종사했다. 이슬람력 279년(892년)에 죽은 발라자리는 바그다드에서 태어나 그곳에서 살았고 연구를 계속했다. 그의 《정복사》는 훌륭한 문체로 쓰여졌고, 역사정신에 뛰어난 전진을 보였다.

이슬람력 3세기 끝에서 4세기 초에 걸쳐 명성이 있던 함다니는 세계에서 유명한 남부아랍사를 써보내고, 그 민족 및 무수한 폐허에 관하여 흥미있는 서술을 시도하고 그 기록을 증명함과 함께 예멘 토속학 및 지리학을 논했다. 그러나 이 시대에 걸쳐 무슬림의 지적 활동을 가장 잘 나타내는 것은 마수디와 타바리와 이븐 우라시르의 획기적인 저작이다. 그 후배들도 마찬가지로 이슬람교 역사가인 동시에 박식한 학자이며 수학자였고 지리학자들이었다.

마수디는 바그다드 출신이었는데 북부 아랍의 부름을 받고 소년시대에 이슬람세계의 대부분을 여행하고 견문했다. 그는 먼저 인도에 가서 무르단과 만수라를 방문하고 또한 페르시아와 게르만을 여행하고 다시 인도에 돌아와, 잠깐 캄보디아에서 데칸 지방에 살고 세이렌을 거쳐 그곳에서 배로 마다가스카르에 가고 또한 오만에 이르러 아마 인도차이나 반도에서 중국까지 간 것 같다.

그는 멀리 중앙아시아 오지까지 여행하고 카스피 해까지 갔다. 여행의 끝머리에는 티베리아스와 안티오크에 잠시 살고, 후에 아스라에 이동하여 그곳에서 처음으로 《무르지 우즈 자하브(황금목장)》라고 하는 대저작을 발표했다. 그후 카이로로 옮겨 그곳에서 《기타브아단비》를 저작하고, 또한 《미라드 아자만(시대의 거울)》이라고 하는 큰 저작을 내놓았는데 거의 일실되었다.

《무르지 우즈 자하브》 가운데는 인생에서의 모든 면을 체험하고 여러 곳에서의 지방을 보고 독자를 즐겁게 하는 동시에 사랑할 수 있는 유쾌한 임무를 택하여 그의 인생의 풍부한 경험을 썼다. 권위자의 이름을 인용하는 것으로써 독자로 하여금 어렵지 않게 훌륭하고 진귀한 것이 있는 것에 치중할 수 있게 했고, 인간의 생활을 간결하게 묘사했다.

아랍의 리뷔라는 별명을 가진 티브리 또는 타바리(아부 자파르 무하마드 이븐 자라르)는 922년에 바그다드에서 죽었는데, 이슬람력 302년(914년)까지 저술을 계속했다. 후에 알 마킨, 즉 엘만에게 이어졌으며, 12세기 말까지 계속되었다.

이주우 딘 즉 '종교의 빛'이란 별명을 가진 이븐 우라시르는 이라크의 자지라 바니 우마르에서 태어나 주로 모술 근교에서 거주했다. 그곳의 그의 집 '아름다운 집'은 당서의 대부분의 저명학자나 박사들의 집합소였다. 알미르라고 알려져 있는 그의 세계사는 1231년으로 끝마쳤는데 이것은 현대의 유럽의 일류작품과도 비교할 수가 있을 것이다. 또 그는 모술의 역대 아타베그(영주)의 역사를 썼다.

아랍인이 정밀과학의 각 분야에서 성취한 대사업에 대해서는 간단히 말하는 것으로 충분할 것이다. 마샤 알라 및 아흐마스 빈 무하마드 알나반디는 아랍인 천문학자로서 가장 오래되고 만수르 시대의 사람이었다. 마문 시대에는 샌드 빈 나리, 에흐야 빈 아비 만수르, 할리드 빈 압둘 말리크 등의 저명한 천문학자들이 두각을 나타냈다. 춘분과 추분, 일식과 혜성의 출현과 기타 여러 가지의 천체현상에 관한 그의 관찰은 인류의 지혜에 도움 주는 바가 컸다.

무하마드 빈 무사 알 그와리스미는 마문의 명령 아래 시단다, 즉 인도표(印度表)를 번역하고 주석 및 소감을 붙였다. 알 킨디는 많은 문제 즉 산술, 기하, 철학, 기상학, 광학, 의학 등에 대해서도 2백 가지가 넘는 저작을 남겼다. 아부 마슈르(중세 유럽인이 잘못 전하여 알브마샤르라고 불리는 사람)는 천체현상을 전문으로 연구했다. 그리고 아부 마슈르의 표는 현재에 이르기까지 천문학의 지식의 기초가 되고 있다. 무사 빈 샤키르는 라시드 시대의 대광학자였다. 마문과 무타심과 와시크 시대에 이름을 날린 그의 아들들은 천문학을 전문과목으로 하여 태양, 기타 성체(星體)의 운동에 대해서도 경탄할 만한 발견을 거듭했다.

즉 그들은 지구의 크기를 확실히 산출하고 황도(黃道)가 타원형이라는 것, 태음황위(太陰黃緯)의 변화, 춘분과 추분의 경과 등을 밝혔다. 아불 하산은 망원경을 발명했는데 이것에 대해 그 자신은 '양쪽 끝에 굴절렌즈를 낀 관'이라 하고 있다. 안 나제리와 무하마드 빈 이사 아부 압달라는 무사 빈 샤키르의 자식들의 대사업을 계승했다. 알 바타니(중세 유럽의 소위 알바테뉴스) 역시 유명한 대천문학자였다. 라틴어로 번역된 그의 천문학상의 여러 표는 몇 세기 동안 유럽에서도 천문학의 기본이 되었다.

부와이흐가(家) 전성기에는 다수의 천문학자, 물리학자, 수학자가 있었는데 여기에 말할 필요가 있는 것은 알 고히와 아불 스파 두 사람이다. 알 고히는 유성운동을 분석했다. 하지 및 추분에 관한 그의 발견은 매우 중요한 것이다. 아불 스파는 939년 코라산의 부스잔에서 태어났다. 그는 959년 이라크를 거처로 정하고 그곳에서 주로 수학과 천문학을 연구했다. 그는 삼각법과 천문관찰에 처음으로 탄젠트와 코탄젠트를 사용했다.

대천문학자였으며 대수학자였던 이븐 유누스는 1009년에 죽었는데 그의 여러 발견에 뒤를 이은 것은 1040년 카이로에서 죽은 이븐 안나브디와 유럽에서 알하젠이라고 불리우는 습기차(濕氣差)의 발견으로 유명한 하산 빈 할셈이다.

그는 11세기 말에 가장 명성이 높았고 천문학자, 과학자로서도 저명했다. 스페인에서 태어나 주로 이집트에서 살았고 유럽에서 과학에 관한 저작으로서도 가장 잘 알려져 있고 그 중 하나는 번역되었다. 이븐 툴룬 시대의 이븐 샤시르와 오히려 시인으로서 유명한 우마르 가이얌도 수학자, 천문학자로도 뛰어났다.

형이상학과 철학도 정밀과학에 못지않게 열심히 탐구되었다. 알디와 알라지, 아부 아리 이븐 시나(아비센나)는 아랍인 철학자 중에서도 가장 유명하다. 알 킨디 야쿠브 빈 이샤크는 일반적으로 아랍민족의 철학자라 불려지고, 유럽에서는 알겐디우스로 알려져 있는데 그는 보편론자였다. 아랍인으로부터 제2의 아리스토텔레스라고 불리는 아부 나스르 파라비(알 파라비스)는 아비센나의 스승이며 선구자였다. 이븐 시나는 의심할 필요없이 세계가 낳은 최대의 사상가이자 물리학자의 한 사람이다.

아랍어와 페르시아어로 시를 쓴 당시의 무수한 시인들 중에는 누구를 선택하여야 할지 꽤 고심된다. 아랍어로 시를 지은 사람들의 이름은 이스바하니와 이븐 리칸의 명저 가운데 보일 정도이다. 여기에 나오는 이름은 무슬림의 두뇌의 풍부함을 나타내기 위해 무작위로 고른 것이다.

아부 나와스는 아민 시대에 이름을 날렸고, 이슬람 이전의 대시인 이므룰 까이스에 필적한다고 하고 있다. 우도비와 아부 다맘 하비브는 그의 뒤에 나타났다. 후자에 대하여 이븐 할리칸은 다음과 같이 논하고 있다. "그는 문체의 청순함과 시의 내용과 주제를 취급함에 있어 훌륭한 점은 다른 동시대의 사람들을 거의 능가하고 있다."

알 부타리는 9세기 사람으로 아부 탐맘과 함께 하마사를 저술했다. 그러나 알 무타나비의 명성이야말로 선인의 대부분을 덮는 것이다. 그는 모술의 함단가(家) 군주 사이흐 웃다울라의 보호를 받고 있었다. 안 나미도 재능있는 시인이었다. 그는 1008년 알레포에서 세상을 떠났다.

페르시아 시인들 중에서 가장 저명한 사람은 술탄 마흐무드 시대의 다키기와 피르다우시, 술탄 마수르 시대의 운수리, 술탄 산자르 시대의 안와리, 몽골인에게 살해당한 약종상(藥種商) 파리드 웃딘 아타르, 이코니움의 술탄 알 아딘 시대의 자라르 아딘 및 가즈나조(朝)의 술탄 이브라힘 시대의 사나이이다. 바그다드 사람으로 안 나딤이라 불렸던 아불 파라지 무하마드 빈 이사크는 사전을 생각한 최초의 인간이었다. 그의 저서 《기타브 알피프리스트》는 학문의 모든 부분을 취급하고 있다. 이것은 이미 존재하지 않는 많은 저자나 작품의 이름을 들고 아랍인의 문학생산력을 증명하고 있다. 이븐 할리칸의 대작은 최초의 다양한 자료를 포함한 인명백과사전이라고 할 수 있다.

사이흐 앗 다울라는 유명한 《기타브 알 아가니》의 저자 아불 하라지 알 빈 후사인 알 이스바하니에게는 커다란 후원자였다. 이 저작은 그 제목에서 생각되는 것처럼 단순한 노래책이 아니었다. 이것은 인용되고 있는 노래의 저자 전부의 전기적 주석이 기재되고, 그 문장구성을 논하고 역사나 과학까지도 논하고 있다.

아랍어의 서체는 이슬람교가 선포되기 전에 쿠라이시 부족 사이에서 생겼다고 말해지고 있다. 이것을 최초로 고안한 것은 히라에 가까운 안바르의 주민 무라미르 빈 마라사라고 하는 사람이다. 이것이 안바르에서 히라로 전해지고, 아부 수피안의 아버지 하르부가 문디르의 도시에 가기 전 도중에서 이것을 알고 메카 시민들에게 전파한 것이다. 그 이래 이 문자는 급속히 쿠라이시 부족 간에 확대되었다.

예멘의 힘야르족은 별도로 서체, 아마 음표문자(音標文字)를 가지고 있었던 것 같다. 이븐 할리칸은 말하고 있다. "힘야르인은 알 무스나드라는 서체를 갖고 있었는데 이 문자는 한 개씩 독립되어 있어 계속해서 쓸 수가 없었다. 그들은 평민에게 이것을 배우는 것을 금하고 있었고, 누구도 허가없이 이것을 사용하지는 않았다. 여기에 이슬람교가 전해졌는데, 모든 예멘이 읽고 쓰기를 할 수 있는 사람은 한 사람도 없었다고 한다."

우마이야조 말기에는 옛 쿠파 문자가 여러 가지로 갈라졌고 그 중 가장 널리 행해진 것은 나스크 자와 나스키라고 불리는 문자였다. 10세기 말부터 11세기 초(이슬람력 4세기 및 5세기)에 걸쳐 이 나스크는 아랍 서도(書道)의 두 사람의 대가, 즉 이븐 바와브라고 불리는 아부 하산과 아부 탈리브 알 무바라크에 의해 고쳐졌다. 살라딘 시대에는 수르수라고 불리는 커다랗고 둥근 서체가 있었다고 하는데, 이것은 나시크로 발달하였고 페르시아의 나스 탈리크에 가까웠다고 생각된다.

당연히 상상되는 것처럼 이 기간에 이슬람의 종파는 수를 더했다. 그러나 국교는 하나비파, 즉 당시 아샤리파 등으로 말해지고 있던 일파이다. 그러나 이 하나비파는 함바르파에 의해 압도되었다. 함바르파는 조금 까다로운 종파로서 바그다드의 하층민 사이에 꽤 권위를 가지고 있었다. 샤파비파도 학자들 사이에는 퍼져 있었다. 시리아의 여러 도시와 페니키아 해안 도시에서 시아파의 신봉자가 다수 있었고, 함바르파의 완고한 독단주의에 대하여 확실히 어느 정도의 파괴적인 영향을 미치고 있었다.

이슬람력 4세기(10세기 무렵)의 종교철학사에 있어서 특히 현저한 점은 합리주의 운동의 이상한 부활이다. 이것은 확실히 마수디나 자마크샤디와 같은 당시의 사상가나 알 킨디나 알 파라비와 같은 철학자의 힘이었을 것이다. 무타질라파(분리파 또는 합리파)는 신앙과 이론, 종교와 철학을 조화시키고자 상궤를 지키는 것에 만족하지 못하는 사람들을 끌어들였다. 이렇게 하여 무타질라파의 견해를 취하는 자가 많이 있었다.

그러나 이러한 것이 있어도 일반의 경향은 퇴보적이고 동시대의 말경에는 앞날은 거의 반동적으로도 보이고 있었다. 지식 보급을 위해 최초의 단체가 태어난 것은 이러한 위기에 있어서였다. 신학자의 완미한 형식주의, 부자의 자기도취적인 쾌락주의, 빈자의 무지한 광신주의, 이러한 것은 이슬람교 개혁에 깊은 관심을 가진 소수의 사상가들로 하여금 국민 사이에 기반을 두는 이슬람교도의 무지와 완미한 타락의 길을 저해하는 결사를 결성시키는 데 이르렀다. 그들은 스스로 '청교도 동맹(이콴 우스 사파)'이라 불렀다.

이 청교도 단체는 바스라에서 설립되었다. 이 동맹에는 맑은 마음과 훌륭한 도덕을 가진 사람이 아니면 결코 입회가 허용되지 않았다. 회원은 회장인 리파의 아들 자이드의 저택에서 비밀리에 회합하고 옳은 견해와 넓은 정신을 가지고 철학적, 윤리학적 문제를 논했다. 그들은 칼리프령의 도시에서 그 과학적인 이론에 따라 활동할 의지와 소질을 가진 사람이 있는 곳이라면 어디에라도 지부를 형성했다. 그들의 이론 체계는 최고의 가장 바른 미를 가진 절충적인 것으로 사회정치문제에 대한 그들의 견해는 매우 실제적이고 대단히 인간적이었다.

이 활동의 결과로 그들은 대부분 논문형식으로서 당시의 지식의 총괄을 세계에 제시했다. 이러한 논문들은 일괄하여 《청교도논집》으로 알려지고 있다. 이러한 논문, 즉 리살라는 인간의 모든 연구제목-즉 천문학을 포함한 수학, 자연지리학, 음악, 역학(力學), 화학을 포함한 물리학, 기상학, 지질학, 생물학, 생리학, 동물학, 식물학, 논리학, 문장학, 심리학, 윤리학, 기타 미래에 관한 학설 등-에 걸쳐 있었다. 이것은 사실상 당시 존재하였던 모든 과학과 철학의 대중적 백과사전을 형성한 것이다.

이렇게 하여 아비센나라고 하는 새로운 별이 지평선에 모습을 나타냈을 때에는 이미 사회학이나 유사한 학문영역에서는 그의 진보적인 사상을 받아들일 만한 여건이 마련되어 있었다. 그리고 11세기 초에 이슬람세계에 있어서의 르네상스의 미래는 바로 희망이 비치고 있었다. 그러나 곧 서방 십자군과 죽음의 전쟁을 하게 이르러 일체의 정력은 하나의 제목, 즉 자기보존이라는 문제에 향하게 되었다.

그리고 장기와 누르 앗딘과 살라딘의 공적으로 겨우 프랑크 사람의 공세의 위기를 면하게 된 때에는 이미 동양의 모든 문화 문명을 궤멸하고자 하는 저 몽골의 물결이 가까이 다가온 것이다.

## §§ 스페인에서의 무슬림

이슬람력 138년-300년(756년-912년)

압둘 라흐만 1세(앗 다킬)-히샴-하캄-압둘 라흐만 2세(알 아샤드)-무함마드-문디르-아부달라

압둘 라흐만의 스페인 상륙-마사라의 싸움-귀족 반란-프랑크인의 모략-샤를마뉴의 침략-론스페르 전투-압둘 라흐만의 서거-그의 사람됨-히샴 1세의 즉위-그의 사람됨-공정하고 너그러운 다스림-프랑크인 및 기독교 여러 민족과의 전쟁-말리크 학설 수입-히샴의 서거-하캄 1세의 즉위-그의 사람됨-부하들 사이에서 신망이 없음-코르도바의 난-그 진압-반도들 축출-톨레도-하캄의 서거-압둘 라흐만 2세의 즉위-그의 전성기-기독교 여러 민족의 침입과 항복-노르만인의 출현-코르도바에서의 기독교도의 선동-압둘 라흐만 2세의 서거-무함마드의 즉위-그의 사람됨-기독교도 반란의 진압-노르만인의 재침입-그들의 패퇴-무함마드의 서거-아부달라의 계승-혼란한 정치-사바오, 피에드몬, 리그리아, 스위스 등에 무슬림 진출

이라크에 있는 자하브 강 왼쪽 연안 쿠샤프에서 우마이야조 마지막 칼리프와 아바스가의 싸움이 있은 6년 후에, 서쪽에 새로운 우마이야조가 출현했다. 서우마이야조이다. 아바스조 초대 칼리프 사푸아의 복수를 피한 20세의 청년 압둘 라흐만 1세(756년-788년 재위)가 건국한 것이다.

그는 불운한 우마이야조 일문인 히샴의 손자이다. 그가 근동의 시리아에서 북아프리카의 모리타니아로 도망할 때의 위험한 모험이나 친절한 베르베르인과 함께 있었던 5년간의 방랑 이야기는 전율의 정

서로 가득한 한 편의 이야기다. 베르베르인들과 사는 동안 그는 그 전에 조상의 것이었던 해협 건너의 아름다운 땅에 동경의 눈을 돌리지 않을 수 없었다.

그곳에서 군주가 되기 위한 운동을 해보고자 결심한 그는 한 사람의 충실한 밀사 바드르를 스페인에 있는 우마이야가 일족들한테 보내 권력을 쟁취하기 위한 뒷받침을 얻고자 했다. 그의 취지는 열광적으로 받아들여지고, 그 자신이 모습을 나타내도록 바라는 초대도 왔다.

755년 9월, 이 불행한 집안의 젊은 공자는 스페인 해안 알무니에갈(알 무나가브)이라는 지점에 상륙했다. 지배계급의 북아랍계 부족으로부터 최근까지 학대받고 있던 예멘계 사람들은 그의 깃발 아래 모였고, 그는 곧 스페인에 있는 코르도바의 유수프 총독과 싸움터에서 맞대결하는 실력을 갖게 되었다.

유수프는 아바스조 칼리프에게 형식적으로 신종(臣從)하고 있다 할지라도 사실상 독립 군주로서 반도를 지배하고 있었다. 결국 압둘 라흐만에게 왕위를 주게 되는 싸움은 마사라에서 벌어지고, 유수프는 큰 손실을 입고 항복하지 않을 수 없었다.

그리고 759년(이슬람력 141년)에 모반했으나 실패하고 목숨도 잃었다. 압둘 라흐만은 이에 이르러 야심의 최고 목표에 도달하게 되었다. 한 나라의 주인이 되었고, 자기의 수완과 용기를 갖고 획득한 것을 안온하게 즐길 수만은 없었다.

일반적인 풍습으로 지배받기를 싫어하는 아랍인 귀족들은 독재정치라는 것을 혐오했다. 그들이 싫어하는 감정은 베르베르인들도 같았다. 공화주의적 성향을 가진 두 민족은 무슬림들이 차지한 스페인을 여럿으로 갈라진 준과두정치의 소국가의 연방으로 하고 싶어했다. 서로 싸우고 싶을 때는 멋대로 싸우고, 북방 기독교 침략자의 위협이 커져가고 있을 경우에는 이에 대항하여 단결하고자 원하고 있었다.

이러한 감정으로 인해 질서와 단결, 통일을 이룩하려는 압둘 라흐만의 노력은 끊임없이 그에게 반항하는 귀족에 의해 방해를 받고 있었다. 아랍인 반도들도 레온이나 카탈루냐, 나바르 지방의 기독교도와 마찬가지로 프랑스 왕 페팽의 원조를 받고 있었고, 그가 죽은 후에도 그의 아들 샤를마뉴의 후원을 받았다. 할 수 있는 모든 수단을 다하여 여러 주의 무슬림 총독들이 코르도바의 군주로부터 독립하려는 기도를 돕는다는 것은 2대에 걸친 국왕의 공통된 정책이었다.

그들의 반란은 압둘 라흐만의 비길 데 없는 정력 앞에 무너졌다. 자기의 왕국을 지키고 평화와 질서 유지를 위해 싸워야 했던 그는 인정미나 솔직함이라는 점에서는 사람들의 마음에 약간의 씁쓸한 뒷맛을 남기는 정책을 취했는데, 그가 처한 환경이 이런 것에 적응되었기 때문이다. 그것은 봉건적인 장원제도와 중앙집권적인 군주제도의 싸움이었다.

압둘 라흐만에게 도움이 된 일은 아랍인 족장들에게는 단결심이 없다는 점이었다. 그들은 군주를 타도하기 위해서는 귀족 전체의 연합이 필요하다는 것을 막연히 느끼고 있었지만 실제로 어떻게 해야 할지를 몰랐다. 수년간에 우마이야 왕가는 앞길을 막는 적을 모두 소탕했다. 반란은 진압되고, 아랍인 귀족들은 분쇄되고, 아미르(군주)의 권위는 이 땅에서 최고로 높아졌다.

압둘 라흐만의 권력은 용병을 토대로 하고 있었다. 그는 이미 인기있는 군주가 아니었고, 도착했을 때처럼 젊은 영웅도 아니었다. 호위 없이는 코르도바의 거리를 지날 수가 없었다. 압둘 라흐만이 제멋대로의 아랍 귀족을 상대하고 있는 동안, 스페인의 무슬림들은 이웃 기독교도들에게 심한 약탈을 받고 있었다.

도시는 불태워지고 밭은 엉망이 되고 사람들은 살해되거나 끌려가 비참한 노예 신분으로 팔렸다. 이런 무정부상태와 혼란으로 무슬림들은 북방 영토의 대부분을 상실했다. 기독교 영주 알폰소의 아들 프르에라는 루고, 오포르토, 사라만가, 카스티야, 자모라, 세고비아 등을 빼앗았다.

777년, 무기를 든 압둘 라흐만에게 반항한 반도의 한 사람이 프랑스의 샤를마뉴에게 원군을 요청하고 피레네 산맥을 넘어 숨었다. 자기의 권위를 신장하는 데 좋은 기회라 여긴 프랑크 황제는 이 사건이 자기가 스페인의 소유주가 될 좋은 기회라 생각했다.

그는 대군을 모아 피레네 산맥을 넘어 앞을 가로막는 모든 것을 석권하고 무슬림 영주 후사인 빈 야흐야 알 안사리가 지키는 사라고사 성으로 들어갔다. 여기서 그는 무서운 반격을 받았고, 또 배반을 두려워하여 반군 장군의 신병을 붙잡고 자기 나라로 철수했다. 이후에 샤를마뉴와 압둘 라흐만 사이에 화의가 성립되었다.

이제 우마이야 왕가의 권위는 선택한 땅에서 확고한 것이 되었다. 압둘 라흐만의 통치는 비록 한 집안에서 음모나 배반이 있었다 할지라도 전체적으로 보면 성공이었다. 그는 33년의 칼리프 자리를 지키고 790년(이슬람력 173년)에 세상을 떠났다. 가혹하고 잔인한 수단으로 자기의 권위에 도전하는 자를 대했다 할지라도, 그는 원래 온순한 성격으로 미술과 문학을 좋아했다.

이븐 우라시르의 말에 의하면 그는 큰 키로 날씬했고, 날카로운 독수리를 닮은 얼굴에 학식과 교양이 있고 시를 이해했으며, 권태를 모르는 정력을 가졌으며, 이성과 완력이 뛰어나고 일에 열심이었다고 한다. 근면과 행정적인 수완이라는 점에서는 아바스 초기 칼리프 만수르에 필적했다. 그는 코르도바에 크고 훌륭한 건축물이나 공원을 만들고, 중앙사원 건립에 착수하였으나 살아있는 동안에는 완성하지 못했다.

압둘 라흐만의 뒤는 아들 히샴이 이었다. 그는 공정하고 인자하고 관대한 군주로 '참으로 신앙이 돈독한 군주의 전형적인 사람이었다.' 그는 간단한 복장을 하고 코르도바의 시가를 순찰하고, 서민들에 섞여 그들의 불평이나 원통함을 알고자 때때로 환자나 빈민의 침대 옆에 서기도 하고, 가난한 자의 집을 찾아가 쓰다듬으며 위로하면서 걱정이나 고생 이야기를 들었다.

때로는 밤에 비가 올 때나 눈이 올 때도 베풀기 위해 외출하고, 손수 가난한 환자에게 음식을 가져다주기도 했다. 그의 자비심은 한이 없고, 날씨가 좋지 않은데도 사원에 와 공물을 바치려는 신심이 깊은 신자들에게는 돈을 나눠주었다. 즉 그는 박해를 받거나 가난에 찌들어 좌절한 자에게는 보호자가 되었다.

이와 함께 그의 통치는 확실하고 활발했다. 무법한 일에는 강한 힘으로 억제하고, 여하한 불법행위에 대하여도 벌하지 않고 그냥 지나가는 적은 없었다. 백성들은 이 유덕한 군주 아래 번영했다. 그는 앗삼의 큰 다리를 보수하고, 부왕이 착수한 중앙사원을 완공하고, 영토 안의 여러 도시를 아름답고 화려한 공공 건축물로 가득 채웠다.

그런데 그의 통치의 견실함도, 그의 성격의 온순함도 고관들의 반역을 누를 수 없었다. 즉위 후 얼마 되지 않아 그의 친형제들의 모반

이슬람 신학교의 유적

을 정리해야 했고, 이를 평정하고 항복시킨 다음 술라이만의 아들 마트루가 배반하여 스페인에 프랑스 왕 샤를마뉴를 끌어들인 것을 평정하기 위해 에프로 강을 향하여 군을 진격시켰다. 그리고 배반한 장군을 처벌하고, 사라고사와 바르셀로나는 우마이야조 군주의 주권을 인정하게 되었다.

자국 내의 평화를 회복한 히샴은 북쪽으로 눈을 돌릴 수가 있었다. 국경에 있는 기독교도의 여러 부족이 저지른 소요와 폭행은 끊임없이 저질러지고 화를 낳아, 이를 진압한다는 것은 절대적으로 필요한 일이었다. 그들은 가는 곳마다 불을 지르고 학살하고 약탈했다. 불행하게도 이슬람군은 빈번한 내우(內憂) 때문에 힘이 약해지고 적들은 외부로부터 원조를 받고 있었다.

히샴은 프랑크인들에게 본때를 보일 필요가 있다고 생각했다. 유럽의 군주들은 언제나 무슬림이 있는 스페인에 대해 배신적인 정책을 취하고, 지난날 오랫동안에 걸쳐 반도 내에서 온갖 곤란을 야기하고 있었다. 히샴은 이에 맞서 두 방면에 군사를 파견했다.

한쪽 방면의 군사는 카탈루냐를 통과하여 프랑스에 침입하여 세르다뉴를 석권하고, 나르본느(알 부나)와 기타 여러 곳을 탈환했다. 오르비에나 강변의 비르데뉴라는 곳에서는 샤를마뉴의 아들을 위하여 세프데마니아를 지키고 있던 툴루즈 영주에게 뼈아픈 패배를 맛보게 했다. 다른 한 군사도 이에 못지않은 전과를 거두고 족장 베르므다를 받드는 가르시아 부족을 파하여 큰 손실을 입혔고, 화의를 청하지 않을 수 없게 했다.

히샴은 메디나 출신 학자로 수니 법학파 네 파 중의 한 파의 창립자인 이맘 말리크를 깊이 존경하고, 말리크파의 이론을 이베리아 반도에 수입하는 데 전력을 다했다. 이때 이후 말리크파는 사실상 안달루시아의 국교를 뒷받침했다. 신학자와 법률가의 기능을 겸비하고 신앙이 깊은 국왕으로부터 큰 배려를 입은 수니파의 푸아기(법률해석가)는 국민들한테 뿐만 아니라, 국가에서도 큰 세력과 권위를 획득한 것이다.

히샴은 796년(이슬람력 180년)에 타계하고 알 문타시르(승리의 왕)라는 별명을 가진 그의 아들 하캄(796년-822년 재위)이 계승했다. 이븐 우라시르는 하캄이 총명하고 용감한 훌륭한 인물이라고 하며, 안달루시아에서 신변의 호화롭고 장려함을 자랑한 최초의 군주라고 말하고 있다. 그럼에도 불구하고 그가 다스리는 국내에서는 내란이 속출했다.

그는 성격상 성자들이 희망하고 있는 은둔자 생활에 적합하지 않았다. 그의 성격은 쾌활하고 자세한 것에 구애되지 않고, 생활의 즐거움을 맛보는 데 있었다. 수렵을 좋아하고 법률가나 신학자들과 자리를 같이하는 데 만족하지 않았으며, 시인이나 음악가나 과학자들에게 둘러싸여 있기를 즐겼다. 이런 것들로 인해 이슬람 법률학자들 사이에서 인기가 없어졌다.

또한 그들의 불만족에는 다른 이유도 있었다. 아버지 히샴은 관대하였으나 아마도 그들의 의견과는 다른 정책 때문에 푸아기들은 서로 뭉쳐 하나의 세력을 형성했다. 이에 비하여 하캄은 결코 그들을 존경으로 대한다든지, 합법적인 결정을 인정하는 데에는 인색하지 않았다 할지라도, 국사에 관계된 일에는 일체 그들의 간섭을 용납하지 않았다.

권력을 장악할 수 있을 것이라는 희망이 불안해지자 이슬람 법학자라는 긍지를 갖고 있던 그들은, 무슨 일이 있으면 선동하기를 서슴지 않았다. 그들은 법단(法壇) 위에서 그를 하나님을 믿지 않고 모독하는 사람으로 논란하고, 그의 영혼의 구제를 기도했다. 이렇게 그들은 스페인에 있는 무슬림들에 대한 자기들의 영향력을 이용하여 어리석은 감정에 불을 붙이려고 했다.

이베리아 반도 인구의 대부분은 이슬람교 개종자로 구성되었다. 코르도바, 세비야, 톨레도, 마드리드 등의 주요 도시에서는 개종자들은 최고의 가문에 속한 사람들이었다. 아랍인이나 베르베르인이나 스페인인 사이의 결혼은 특히 북부 여러 주에서는 무슬림이든 기독교도든 물을 것 없이 이루어졌다.

그들의 결혼에서 태어난 사람을 '무왈라드'라 불렀다. 순수한 아랍인들은 개종한 자들(빌라디윤)과 무왈라드를 비하하여 다루고, 우마이야조 시대 페르시아인을 대하듯 그들을 국가의 중요한 직책에서 배제하고자 했다. 그 결과는 오히려 자기들이 쌍방으로부터 미움을 받게 되었다.

무슬림인 스페인인들은 차차 아랍인 지배에 반항하고 반란을 일으켰다. 이슬람 법률가나 학자(푸아기)들은 이 같은 민족적 악감정을 달래지 못하고, 오히려 그들 스스로가 유격대가 되어 그들의 군주에 대한 반역적 태도를 사주하기도 했다.

이 같은 해악이 안달루시아 내부에서 싹이 터 자라고 있는 동안, 하캄의 숙부로 전에 반란을 도모했다가 용서 받은 술라이만과 아부달라 두 사람은 다시 군사반란을 일으켰다. 아부달라는 아헌에 있는 야심과 모략이 가득한 군주 샤를마뉴에게 도움을 요청하여, 그의 도움으로 톨레도를 손에 넣고, 술라이만은 발렌시아 영유권을 차지했다. 동시에 샤를마뉴의 아들 루이와 샤를은 북부 여러 지방에 침입했고, 가르시아 영주 알폰소는 아라곤에 쳐들어왔다.

이 같은 위기에서 하캄은 대단한 정력을 보였다. 톨레도를 감시할 군 일부를 남기고, 그는 가르시아인을 격파하고, 그들의 땅을 황폐하게 한 다음 프랑크인에게 창을 돌려 에프로 강 건너 피레네 산 너머까지 쫓아버렸다. 이 승리 후 그는 톨레도에 칼을 겨누어, 술라이만은 전사하고 아부달라의 항복은 받아들여졌다.

그런데 하캄이 이런 활동을 하고 있는 동안 프랑크인들은 바르셀로나를 점령했다. 이 중요한 도시를 잃은 원인은 바르셀로나 시장으로 임명된 자의 배반 때문이었다. 그는 샤를마뉴로부터 독립군주로서 바르셀로나를 영유하는 것이 허용될지 모른다는 희망을 갖고 프랑크인을 끌어들였다.

이렇게 되어 샤를마뉴는 스페인에 굳건한 발판을 얻었다. 그가 차지한 땅은 두 개의 지방으로 바르셀로나를 중심지로 하는 카탈루냐를 포함한 셉트마니아 지방과 나바르 및 아라곤의 프랑크인의 두 개의 도시를 포함하는 가스고니 지방으로 나뉘어졌다. 그런데 809년, 가스고니 지방은 다시 하캄의 수중에 들어갔다. 805년에 코르도바에 반란이 일어났지만 관대한 조치를 받았다.

그러나 다음해 국왕이 메리다 시민의 폭동을 진압하고 있는 동안 코르도바인은 다시 봉기했다. 하캄은 급히 수도로 돌아와 이번에는 엄중히 반도들을 벌했는데 이것이 더욱 그의 인기를 떨어지게 했다. 807년, 샤를마뉴의 아들 루드비치 때문에 도르도사에 포위되었으나, 하캄의 아들 압둘 라흐만 2세의 도움으로 구조되었다. 811년, 그의 편에서 프랑크인을 향해 원정을 일으켜 대단한 성공을 거두었다.

톨레도인들은 톨레도가 일찍이 스페인의 수도였다는 것을 잊지 않고 있었다. 과거의 영광에 관한 기억은 그들의 마음을 쓰라리게 하였고, 이는 더욱 아랍인에 대한 적개심을 증가시켰다. 자기들의 부와 인구수와 자원을 자랑하는 그들은 군주의 명에 따르거나 마음에 맞지 않는 사람을 지배자로 받아들이려고 하지 않았다.

그런데 그들의 반란(809년)은 모두 진압되었다. 다라비라를 지키고 있던 하캄 휘하의 장군 아무르우스 빈 유수프는 무왈라드였으나 그를 질서 회복을 위해 파견했다. 그는 주민 중 유력자 몇 사람의 손을 빌어 사람들을 설득하고 왕의 주권을 인정했다.

그로부터 10년이 지나 그들은 다시 반기를 들었다. 그들의 무법한 행동에 괴로움을 당한 하캄은 유화적인 수단을 쓰는 것이 실패라 생각하고, 당시 북방 변경지방의 사령관이었던 아무르우스를 다시 한 번 그곳의 행정관으로 임명했다. 아무르우스는 국왕에 대하여 적의를 가진 사람으로 간주되어 있어 그의 임명은 톨레도인들을 기쁘게 했다.

그들은 시내에 성채 모양의 집을 짓는 것까지 허락해 주었다. 여기까지 잘한 그는 어느 날 세력 있는 시민들을 성에 초청하여 이들을 모두 주살했다. 이렇게 폭력과 계략으로 우두머리를 잃은 결과, 모반의 기미가 있는 그곳도 이후 7년 동안은 굴종적인 태도를 지속했다.

814년(이슬람력 198년), 코르도바의 동요는 극에 달했다. 어느 날, 이슬람 사원에서 한 사람의 평민이 군주에 대하여 정면으로 매도하고 위협하는 무례를 감히 행했다. 당연히 그에게 가해진 형벌은 코르도바 근교의 시에르다라는 곳에 커다란 폭동을 야기했다. 폭도들은 왕궁을 포위하고 위험은 극에 달했으나, 하캄은 사람들의 분노를 앞에 두고 전과 같은 정력과 마음의 평정을 잃지 않았다.

그리고 반도들은 격퇴되고 수령급은 그 자리에서 사형에 처해졌고, 남은 무리는 쫓아냈다. 어떤 자는 해협을 건너 모로코의 페스에 거처를 정했고, 다수는 알렉산드리아로 도망가 크레타 섬으로 향하여 그곳을 정복하고, 나중에 그리스인이 되찾을 때까지 영유했다. 816년, 샤를마뉴의 계승자와 하캄 사이에 화의가 성립되었으나 이것도 오래 가지 못했다.

모로코의 코란 학교

하캄은 822년(이슬람력 206년), 26년을 다스린 후 타계하고, 아들 압둘 라흐만 2세가 뒤를 이었다. 아랍 사가들은 그에 대해 이렇게 말한다. "그의 통치는 평화와 빛나는 다스림이었다. 국민들은 번영하고 국가의 수입은 막대했다."

그는 미술과 문학에 마음을 쏟았고, 학식과 재능이 있는 사람들과 자리를 같이하기를 좋아했다. 그의 바람으로 바그다드에서 코르도바로 온 지르야브 같은 음악가는 곧 궁정과 시민들의 사랑을 받게 되었다. 후에 스페인과 아랍인의 민족적 특징까지 된 음악에 대한 애호심은 이때부터 국민들한테 싹이 튼 것이다.

궁정의 장려함과 웅대함으로 본다면 그 이전의 누구보다 압둘 라흐만 2세는 한수 위였다. 후에 유럽의 기사계급이 모방하고자 했던 우수한 교양이나 세련된 기사도와, 아랍식의 치밀한 태도는 이때부터 비롯된다.

압둘 라흐만 2세가 즉위한 지 얼마 되지 않아 레온 지방의 기독교도 영주 알폰소 2세는 아라곤의 메디나 살림 지구에 침입했다. 그리고 다른 기독교계의 여러 부족들도 이 예에 따라 무슬림령에 공격해 들어왔다. 이를 응징하기 위해 강력한 군대가 파견되었고, 침입군은 완전히 타파되고 성채는 허물어져 레온까지도 함락되었다.

그들이 항복 때 정한 공물 이외에 그 이상의 중한 과료가 과해지고, 무슬림 포로의 석방과 앞으로도 순종할 것을 서약하게 했다. 프랑크인은 이 사건으로 이득을 얻고자 군을 인솔하고 무슬림 세력 아래 있던 카탈루냐 여러 지방으로 쳐들어왔으나, 그들은 참패를 맛보고 국경에서 축출되었다.

북방의 노르만(아랍이 말하는 마쥬이)이 스페인 해안에 나타난 것도 이 시대의 일이었다. 바다로부터 그들이 갈 수 있는 범위의 여러 곳을 약탈했지만 코르도바의 왕이 파견한 함대나 군대가 가까이 오면 도망쳐버렸다. 프랑스의 루이 르 데보네르에게 사주된 메리다의 기독교도들도 때때로 무장봉기했으나 언제나 별일없이 진압되었다.

톨레도의 유태인이나 기독교도들이 가세한 새로운 반란이 일어났으나 837년에 철저하게 분쇄되었다. 압둘 라흐만 2세의 통치 말기인 9세기 중반 코르도바의 기독교도들 중 광신적인 일파가 위험한 태도를 취하고 반란을 일으키려 했다.

기독교사회의 대부분, 그리고 수도와 국내에서 지능이 깨어있는 시민들은 무슬림의 통치에 불만이 있을 리 없었다. 오히려 그들이 자기들의 운명에 크게 만족해야 할 입장이었다. 신앙에 관해서는 박해를 받거나 번거로운 괴로움도 없었고, 자기들의 종교를 믿는 자유를 무제한으로 갖고 있었으며, 자기들의 법률을 지키는 것도 허용되었다.

그들의 다수는 군에 근무하고 있었다. 보수가 많은 문무(文武) 고위직은 지배계급과 같이 그들에게 부여되었다. 그들은 주로 외교관계에 종사했다. 부유한 무슬림 고관들이 자기 관할구역 지배에 기독교도의 수완을 이용했다. 이슬람 문학의 찬란함에 마음을 빼앗긴 지식인 계급과 특히 이에 취미를 가진 사람은 정복자인 아랍의 언어로 논하거나 글을 썼다. 그들은 아랍어와 함께 아랍의 풍습을 받아들였다.

아랍화된 기독교도들은 그들의 반항적인 동포들로부터 신앙이 없는 자라고 혐오감을 일으켰으며, 기독교 성직자들은 그들에게 불평의 불길을 부채질하고 비뚤어진 종파의 악감정을 강하게 했다. 현대의 기독교 사가는 말했다. "그들은 무슬림에 대해 본능적인 혐오감을 갖고 무함마드와 그의 가르침에 대해 전혀 다른 잘못된 견해를 품고 있었다. 그들은 집의 입구에서도 찾아볼 수 있는 해결의 원천을 찾으려는 것조차 거부하고, 메카의 예언자에 관해서 언급되고 있는 어리석은 꾸민 이야기를 믿고 되풀이하는 데 만족하고 있었다."

그들이 혐오한 것은 아랍민족의 종교만이 아니었다. 그들은 지배민족의 솔직한 명랑성과 세련된 태도에 강한 반감을 가지고 있었다. 이런 여러 요인으로 야기된 증오는 지금도 도시의 부랑자나 무뢰한이 외국인이나 외래자에게 나타내는 것처럼 사소한 무례한 태도로 인하여 더욱 깊어졌다.

압둘 라흐만 2세 시대에 기독교도들의 종교적 불평은 격앙되어 나타났다. 산악지대에서는 떼를 지어 다니며 살인과 약탈을 일삼았고, 산적이 되었다. 수도에서는 순교자가 되기도 했고, 예배시간에 이슬람 사원에 난입하여 저주의 말을 되풀이하기도 했다. 젊은 남녀들이 믿는 종교에 간섭하고, 또 자녀들을 가정에서 유괴하는 일도 적지 않았다. 아랍에 나타난 예언자에 대한 비방은 폭동이나 유혈의 참사를 야기할 가능성이 있는 것으로 이슬람을 국법으로 하는 나라에서는 큰

죄였다.

법정에서도 그들은 주저하지 않았다. 그래서 그들에게는 사형이 선고되었다. 판결 언도 관계로 국가 자문 법원에 출두했을 때, 그들은 법관으로부터 상식과 인정으로라도 말을 번복하도록 권고를 받았다. 그러나 그들은 이에 응하기는커녕 그곳에서도 같은 죄를 되풀이했다. 그리하여 결국 법은 집행되었다.

사태의 중대함에 놀란 압둘 라흐만 2세는 국내의 종교 관계자 회의를 소집했으나 자신이 그 회의에 출석할 수 없어, 자문관의 한 사람인 우수한 기독교도를 대리로 출석하게 했다. 기독교 성직자들은 예언자 무함마드에 대한 공공연한 저주는 일절 금한다는 결의를 통과시켰고, 선동자들에게 엄한 조치를 취하기도 했다.

852년에 압둘 라흐만 2세는 타계했다. 그의 뒤는 아들 무함마드(852년-856년 재위)가 계승했다. 공정이라는 점에서 그는 아버지가 보여준 모범에 어긋나지 않았다. 그는 안달루시아 정부를 재조직하고 국가 통치를 위해 규정과 직을 마무리한 최초의 군주였다. 그는 관대한 정책으로 평민의 생활여건을 개선했다.

압둘 라흐만 2세의 타계 직후, 톨레도인들은 레온 영주가 보낸 군대의 힘을 빌려 다시 배반했다. 무함마드는 몸소 톨레도인과 레온 영주가 보낸 연합군을 향해 군을 진격시키고 와디 살리디 부근에서 적과 만났다. 반군은 수를 믿고 습격해왔으나 복병에 부딪쳐 문자 그대로 섬멸되었다.

그후 톨레도인은 조건부로 항복했으나 이 조건에 따르면 자치권은 대부분 남겨져 있었다. 이에 이르러 코르도바의 배반자나 선동자는 노여워할 때, 노한 군주의 무서움이 무엇인지 충분히 맛보았다고 할 것이다. 수도 안에서 폭동을 근절하기 위해 억압적인 수단이 취해졌고, 반란을 사주하거나 국경 밖의 적과 내통하는 광신자들은 사형에 처해졌다.

프랑크인은 예전처럼 내란을 틈타 북부 여러 도읍에 침입했다. 따라서 무함마드 1세는 언제나 그 방면에 군을 분할하여 주둔시켜야 했다. 852년(이슬람력 245년), 프로방스를 거칠게 휩쓸었던 노르만인들은 다시 스페인 해안에 나타나 크게 약탈을 감행했다. 이들은 스페인 함대에 추격되어 격전 후에 여러 척의 배를 잃고 쫓겨났다.

가르시아와 레온, 나바르의 여러 기독교 영주에 대하여 정기적으로 응징하는 원정군이 파견되었다. 861년, 바스공(나바르)이 석권되고 중심지 판부루나가 점령되었다. 이로부터 4년이 지난 후에 레온 군주는 화의를 청하여 왔고, 이것이 무조건 항복으로 인정되었다.

무함마드 통치 말기에 왕국 각처에 더욱 중대한 소동이 일어났다. 아라곤에서는 스페인 비시고드 집안의 후예인 어느 무슬림 스페인인이 스스로 사라고사와 투데라의 영주이며 국왕이라 칭하고 나타났다. 서부에서는 미리다의 주민 이븐 마르완이라는 자가 레온 영주(알폰소 3세)의 힘을 빌려 반기를 들었다. 얼마 되지 않아 보파스토르에서 더 심각한 반란이 일어났다.

특히 게릴라 전술에 적합한 론다와 말라가 사이의 산악지대는 언제나 산적이나 부랑인의 소굴이었다. 군주 무함마드의 군대에서 도망친 우마르 빈 하프슨이 무수한 부랑자들을 모아 독립국가를 수립하기도 했다. 이 같은 반도의 실례는 다른 곳에 모방하는 자를 생기게 했고, 국경의 기독교 여러 영주나 프랑스 왕에 사주된 반란은 각처에서 발발했다.

아랍왕국이 이 같은 내우외환의 환경에서 무너지지 않았다는 것은 놀라운 일이다. 그러한 시련을 잘 견디고 넘겼다는 것은 이 지배민족이 비상한 생명력이 있고, 군주의 수완도 보통이 아니었다고 말할 수 있다. 스스로 싸움터에 나서기에는 나이가 많았던 국왕은 세자 문디르로 하여금 이런 상황을 진압하게 했다. 문디르는 먼저 북쪽을 향해 진격했다. 그리고 사라고사와 보파스토르, 레리다를 평정했다. 당시 가장 용감한 인물이라 여겼던 압둘 와히드 루다도 체포했고, 아라곤의 일부를 차지했던 무사 빈 이스마일도 항복했다.

885년(이슬람력 271년), 문디르는 이븐 마르완을 토벌하고 그의 사병을 타파하여 본거지를 파괴했다. 그러나 사라고사와 보파스토르 산적과 동맹을 맺었던 무사의 손자 무함마드를 수령으로 하는 아라곤의 반도들에게 다시 빼앗겼고, 사라고사의 본격적인 공방전 끝에 겨우 회복할 수 있었다. 무사의 손자 무함마드와 우마르 빈 하프슨은 산으로 도망갔다.

그들은 정부군이 철수했다 하면 곧 나타났다. 886년, 문디르는 다시 우마르 빈 하프슨과 싸움을 시작했다. 반도들이 도망갔던 알하마가 포위되어 반도들은 절체절명의 곤경에 빠졌다. 이 시기에 세자에게 나이 많은 왕의 서거 소식이 전해졌다. 문디르는 포위를 풀고 왕위 계승권을 지키기 위해 코르도바로 달려갔다. 우마르는 이 틈을 타 불신행위와 폭력으로 꽤 많은 성을 차지하게 되었다. 서거한 왕 무함

이슬람군의 나팔수와 기수(旗手)

마드는 학문을 장려하고 과학을 사랑했다. 그는 분별이 있고 총명하여 국가를 통치하는 여러 원칙을 숙지하고 있었다.

그의 뒤를 이은 문디르도 정력이 있고 사려가 깊고 용기가 탁월했다. 만일 그가 오래 살았다면 왕국의 완전한 질서를 회복하였을 것이 분명했다. 그는 앞을 가로막는 일에 용감히 맞서 몸소 반도들을 향해 군을 진격시켰다.

아르기나드를 점령했고 우마르의 본거지인 보파스토르는 포위되었다. 궁지에 몰린 반도들의 지휘관은 귀순하여 사면을 받고 풀려났으나 금방 다시 뒤돌아섰다. 문디르는 다시 전쟁터에 나섰다가 보파스토르 근교의 싸움에서 전사했다. 그의 재위기간은 불과 2년이었는데, 국토는 번영하고 국민들의 부와 생활이 개선되었다.

문디르의 뒤는 동생 아부달라(888년-912년 재위)가 계승했다. 당시 안달루시아는 소요로 가득했고 사방에 반란이 일어났으며, 이런 상황은 그의 통치가 끝날 때까지 계속되었다. 아부달라는 매우 불행한 상황에서 왕위에 올랐다. 오랫동안 민족적 반감 때문에 기반까지 흔들리고 있는 안달루시아의 이슬람 왕국은 파탄의 늪에 빠진 것처럼 보였다.

코르도바의 군주는 스페인 산적뿐만 아니라, 이런 전반적인 혼란 가운데 독립할 좋은 기회를 얻었다고 여기는 아랍계 귀족들을 적으로 돌리지 않을 수 없었다. 폭동과 반란이 도처에서 발생했다. 아랍인과 세비야 및 에르빌라 양 지구의 빌라디운(스페인에서 태어난 무슬림) 사이에 맹렬한 격전이 있었다. 다수의 베르베르인 부족장들은 각기 성채에 틀어박혀 왕권에 반항했다. 멘데사와 메디나, 바니, 살림(시디나 지방), 로르가, 사라고사는 아랍인 여러 영주들이 차지하는 곳이 되었다.

고트 왕녀 살라의 후예인 이브라힘 이븐 하자즈는 하자즈 집안으로 살라로부터 세비야 지방에 꽤 많은 영토를 갖고 있었는데, 마침내 세비야 전토를 차지하게 되었다. 그는 여기에 국가를 수립하고 정치를 착실히 하여 나라를 일으켜 코르도바 국왕에 못지않은 세력을 갖게 되었다.

약탈이나 공안을 해치는 행위는 엄중히 단속했다. 상공업 및 예술을 장려하고, 동란 때문에 생겨난 피해를 복구하기 위하여 온힘을 쏟았다. 알가르베, 파하, 산에스테반, 하엔, 무르시아 등의 많은 토지가 무슬림 스페인인들이 영유하는 곳이 되었다. 바다호스는 이븐 마르완의 영지에 속했는데, 아라곤에서는 로페스의 아들 무함마드가 독립군주로서 정청(政廳)을 열고 있었다.

우마르 빈 하프슨은 이런 내적인 우환을 틈타 세력을 확장하려고 했다. 그는 코르도바조차 영유하기를 바라고 있었다. 지금까지 고식적인 정책에만 매달리던 술탄도 마침내 거의 상실될 위기를 맞이하여 조상 전래의 왕위를 걸고 싸우고자 결심했다. 그의 휘하 장군 우베이둘라는 포레이 부근에서 우마르 빈 하프슨의 군대를 물리쳤다.

이 일이 국왕의 운명의 전기(轉機)가 되어 우베이둘라의 승리는 왕가를 구한 것이다. 포레이, 에사하, 아르기도나, 에르빌라, 하엔은 곧 그의 권위에 굴복했다. 그후, 충성스러운 영상 바드르의 제안에 따른 인간미가 있는 정책은 이븐 하자즈의 자발적 항복을 가져왔고 그의 아들을 인질로 코르도바에 보냈다.

아부달라는 빈틈없는 대우로 이 청년을 아버지에게 되돌려 보냈고, 이븐 하자즈의 진심어린 충성을 얻을 수 있었다. 술탄이 이 유력한 사람과 화해했다는 것은 새로운 시대의 여명이었다. 불평을 품고 있는 지방에서도 왕권은 점점 되찾아졌다. 알헤시라스로부터 니부라에 이르는 지역은 한 차례의 교전도 없이 귀순하고, 기타 다수의 중요한 지방이 이 예에 따랐다. 아라곤의 카시족조차 원래대로 신하로 되돌아오려는 기색을 보였다. 이때 나이든 왕은 25년간에 걸친 힘들고 고단했던 통치 끝에 68세로 세상을 떠났다.

## §§ 스페인에서의 무슬림

이슬람력 300년-366년(912년-976년)

압둘 라흐만 3세(안 나시르)-하캄 2세(알 무스탄시르)

압둘 라흐만 3세의 즉위-폭동의 진압-북방 기독교 여러 씨족과의 전쟁-그 응징-아미르 알 무민의 칭호-가르시아인의 재침입-슬라브인의 국무장관 등용-알 한다크 전투-휴전-에프로 강 제방까지 후퇴-아프리카에서의 전쟁-산초가 신하에게 쫓기다-가르시아인과의 전쟁-산초가 압둘 라흐만 3세의 원조를 청하다-리오, 가스, 데이리, 나빌의 칼리프령 존속-압둘 라흐만 3세의 서거-그의 사람됨-그의 어진 정치-가르시아인과 나빌인에 대한 성공-아프리카 원정-하캄의 학술 애호심-코르도바의 장려함과 그 규모-앗 자라-기사도

아부달라의 뒤는 손자 압둘 라흐만 3세(912년-929년 재위)가 계승했다. 여러 사람들로부터 충성의 맹세를 받았을 때 그는 22세의 젊은 나이였다. 그보다 나이도 위이고 경험이 많은 숙부나 친척들도 경하스런 일이라고 환영했다. 그들은 모두 위인이 싹트는 것을 보았고, 혼란한 서우마이야조를 구하는 구세주로 받아들였다고 아랍 사가들은 말했다.

그는 아버지의 고식적인 정책을 버리고 반역하는 반도들에게 용감하고 당당한 태도를 취했다. 어정쩡한 중간적인 방책을 무시하고 스페인인이나 베르베르인, 아랍인 반도들에게 자기가 바라는 것은 공물이 아니라 너희들의 성과 도시라고 선언했다. 항복한다면 깨끗이 용서하겠지만 그렇지 않으면 본때를 보이기 위해 형벌을 과하겠다고 했다.

913년 4월, 압둘 라흐만 3세는 몸소 군 진영에 모습을 나타냈다. 늠름한 청년 왕의 솔직하고 기사적인 태도는 명예뿐만 아니라, 고생이나 위험까지 병사들과 같이할 마음임을 보여주어 병사들 사이에 대단한 열광을 불러일으키고, 사기에 큰 영향을 주었다.

중요 도시의 대부분은 자발적으로 항복했다. 3개월도 채 안 되는 군사작전 수행에서 그는 에르빌라와 하엔 지방을 평정했다. 견고한 성채도 함락되고 모든 지방의 산적들이 소탕되고 치안은 회복되었다. 시에라네바다 산맥의 준험한 곳에서도 그는 평지처럼 성공을 거두고, 지금까지 국내를 괴롭혔던 도적들의 우두머리는 항복하거나 형을 받았다.

아버지의 사후 세비야 공국을 상속한 이브라힘 이븐 하자즈의 아들 무함마드는 압둘 라흐만 3세의 휘하에 들어와 진력했다. 세비야인은 처음에는 반항했으나 곧 농성을 풀고 성을 열었다. 국왕은 세르니아의 반도들에 대해 군을 진격시켜 차차로 그 지도자들을 귀순시켰다. 국왕한테는 최대의 강적인 기독교도 스페인인들도 그의 단호한 태도와 관대함을 알고 무기를 버리기 시작했다. 정부의 명예라고도 하지만 정부는 항복한 기독교도에 대하여 더할 나위없는 공정한 조치를 취했다.

우마르 빈 하프슨은 917년에 사망하고, 세르니아에서의 전쟁은 그가 없어도 끝나지 않았다. 왕은 10년간 이 산악지대에 대군을 주둔시켜야 했다. 928년에 보파스토르가 함락되고 다른 성들도 잇달아 파괴되고, 마침내 세르니아 지방은 진정되었다. 이와 함께 서부 지방의 반도들도 귀순했다.

이제 남쪽 지방에 대한 걱정이 없어진 국왕은 전군을 이끌고 동부와 북부로 향하여 반도 진압에 나섰다. 바다호스는 1년 이상 농성을 계속하다 마침내 무너졌다. 레온의 기독교 영주에 사주된 톨레도는 다시 반란을 일으켰으나 왕은 이 고집불통에 앞뒤가 분명치 않은 도시에 학자를 사절로 보내 귀순을 종용했다. 레온인들의 원군을 믿은 반도들은 오만한 대답을 보냈다.

무력 이외의 것으로는 톨레도 사람들을 설득할 수 없다는 것을 안 왕은, 그의 독특한 격렬함으로 신속히 행동했다. 2년간 포위하면서 공격한 끝에 톨레도는 무조건 항복했다. 마침내 내란의 타다 남은 불은 꺼지고 반란은 흔적도 없이 분쇄되고, 왕은 조상이 남긴 영토의 군더더기가 없는 군주가 되었다.

이렇게 왕국의 평정에 노력하는 한편, 안달루시아에 대하여 노골적인 계획을 품은 두 방면의 적과 무장충돌을 하지 않을 수가 없었다. 한쪽은 북방 기독교도이고, 다른 한쪽은 아프리카의 파티마조였다.

8세기 중엽, 스페인에 5년간 닥쳤던 기근은 이베리아 반도 정복 후 살고 있던 아랍인 다수를 아프리카로 이주하게 했다. 가르시아 사람들은 이런 이주를 틈타 반란을 일으키고, 남아있던 무슬림들을 다수 학살하고 알폰소를 영주로 하여 국왕으로 선출했다. 이로부터 몇년 동안 그 지방을 점유하고 있었던 베르베르인들도 자기들의 인구 부족으로 아스도르가, 레온, 자라모, 사마란가, 사만가스, 세고비아, 미란다 등의 중요 도시에서 철수했다.

그런데도 알폰소는 버려진 국토로 들어가지 않고 원래의 산악지대로 되돌아갔다. 그의 후계자는 아랍왕국을 줄어들게 한 내란을 틈타 레온을 수도로 정했다. 그리고 안달루시아가 국왕에 대한 반란 때문에 동요하고 있는 9세기 중엽에 국경을 두로 강까지 밀고 올라가 네 곳의 견고한 요새를 구축했다.

여기서 그들은 이슬람 영토에 쳐들어가 무방비의 무슬림들을 무기로 괴롭혔다. 물물교환이 아니면 매매도 할 수 없을 정도의 가난하고 야만적인 그들은 안달루시아의 풍요한 부에 동경의 눈을 돌리고 혼란한 왕국을 더할 나위없는 좋은 먹잇감으로 간주했다. 광신적이고 잔인하고 냉혹한 그들은 사람을 살린다는 것을 몰랐다. 무슬림들이 기독교도들에게 보인 관용은 그런 말조차 알지 못했다.

이 같은 민족이 정복 계획을 실행한다면 무슬림들의 운명이 어찌되었을지는 상상이 어렵지 않다. 그들은 나날이 아랍민족 사이에 발달해가는 문화를 혐오했다. 따라서 압둘 라흐만 3세의 긴급한 임무는 왕국뿐만 아니라, 그들로부터 문명을 구제하는 것이었다.

압둘 라흐만 3세는 무기를 북방 야만인들에게 돌릴 생각은 없었다. 그는 될 수 있는 대로 평화를 유지하고 싶었고, 상대방이 그에게 전쟁을 강요했다. 914년, 레온은 군주 오르도뇨 2세를 받들고 메리다 지방에 침입하여 이 지방을 전화(戰火)로 황폐하게 만들었다. 그들은 아란주를 점령하고 주민들을 살육한 후 부녀자들을 노예로 끌고 갔다. 전리품을 산처럼 쌓고 무수한 포로들을 몰고 가면서 그들은 두로 강을 다시 넘었다.

당시 아프리카의 파티마조와 싸우던 압둘 라흐만 3세는 재상 아부 압둘의 아들 아흐마드를 사령관으로 하는 응징의 원정군을 파견하는 것으로 만족했다. 아흐마드는 적에게 엄벌을 가하였으나 산에스테반 가까이에서 공격을 받고 큰 손해를 입었다. 이에 용기를 얻은 레온 영주 오르도뇨와 그의 동맹자 나빌의 영주 산초는 두데라와 베르데라 근방을 휩쓸었다.

압둘 라흐만 3세는 이에 이르러 어떤 위험이라도 무릅쓰고 기독교도들에게 잊을 수 없는 뼈아픈 교훈을 주겠다고 결심했다. 918년 7월, 하지브 바드르를 장으로 하는 군대가 파견되어 산속에 숨어있는 침입군을 발견하고 공격을 가하여 패퇴하게 했다.

레온인들을 아직 응징하지 못했다고 여긴 압둘 라흐만 3세는 920년 6월, 몸소 싸움터에 나섰다. 오르도뇨 2세는 싸움에서 패배하고 오스마, 산에스테반, 그르니아 등 여러 도시가 점령되었다. 레온군을 감시하기 위하여 얼마간의 병사를 남기고 왕은 나빌에 눈을 돌렸다.

나빌의 영주 산초는 선봉부대의 지휘관이었던 두데라 주 장관 무함마드 빈 로우베에 의해 참패당했다. 자력으로 정부군에 저항하는 것이 전혀 불가능하게 된 산초는 형인 레온 영주에게 원조를 요청하고, 연합군을 이루어 무슬림군이 피레네 산맥의 협소한 길을 빠져나오는 곳에서 치려고 산속에 진을 구축했다. 그들은 무슬림군 머리 위에 돌을 던지고 포를 쏘고 바위를 던지려는 계획을 세웠다.

왕은 위험하다고 여겨 산길이 넓고 평평한 계곡이 있는 지형의 준케라라는 곳에 와 정지를 명하고 천막을 치도록 명령했다. 여기서 중대한 오류를 범한 기독교도의 군대는 산에 매복하지 않고 평원으로 내려와 감히 무슬림군의 도전에 응했다. 그들은 계획에 없는 엉터리 같은 행위의 대상(代償)으로 참패를 맛보았다.

무슬림군은 밤이 되어 어둠에 싸여 상대의 모습이 보이지 않을 때까지 추격했다. 승자의 손에 레온의 기독교도군의 대장들은 다수 체포되었는데, 그 중에는 갑옷을 입은 신부 두 명도 있었다. 이 같은 대승리 후 왕은 나빌 사람들의 저항을 전혀 받지 않고 나빌을 한쪽 끝에서 다른 한쪽 끝까지 횡단했다. 사탑이나 요새를 파괴하고 그는 9월 24일, 수도로 개선했다.

921년, 오르도노와 산초는 다시 싸움터에 나타났다. 그들은 갑자기 나헤라와 비그에라를 습격하고 그곳에 사는 무슬림들을 학살했다. 여론은 이 무법한 폭행에 복수할 것을 재촉하였음에 틀림없다. 국왕 자신도 나라 안에서 북방의 야만적인 기독교부족이 끊임없이 행한 살육이나 약탈에 열화같이 노하고 있었다.

봄이 되자마자 왕은 곧 싸움터로 밀고 나갔다. 7월 10일, 왕은 나빌에 들어갔는데 그의 이름을 듣고 두려움에 떤 적은 그가 가까이 오면 성채를 버리고 도망갔다. 산초는 몇번이나 왕에게 저항을 시도했으나 그때마다 격파되었다. 왕의 군사는 별다른 노력없이 산초의 본거지인 판바르나에 도착했다.

징벌로 산초의 성채와 집, 기타 건축물이 헐렸다. 바스크의 부족장들도 이쯤 되니 얼마동안 꼼짝하지 못하고 나쁜 일을 저지를 수가 없었다. 레온 방면에서도 국왕은 이에 못지않은 성과를 얻었는데, 925년에 오르도노의 형제들 사이에서 내란이 생겨 이 때문에 평정사업은 일단 쉬워졌다. 레온인들이 서로 마음대로 싸우게 두고, 그는 자국 내의 반란 진압에 전심하여, 앞서 언급한 것처럼 929년까지 왕국 전토를 일소하는 데 성공했다.

지금까지 서우마이야조는 아미르나 술탄이라는 칭호에 만족하고 있었다. 즉 그들은 칼리프라든가 아미르 알 무민이라는 칭호는 아라비아 반도의 두 성도(聖都)의 관리자에게 주어지는 것이라고 인정했고, 아바스 집안이 실지로 메카 및 메디나를 영유하여 두 성도에서의 예배 때 아바스조 군주의 이름이 불리는 한 이런 칭호를 사용하는 것을 삼가고 있었다.

이 시기에 아바스조 칼리프의 위상은 쇠잔하고 미약하기 그지없었다. 당시 아바스조 칼리프 라디는 부와이흐가(家)의 수중에 있는 수인(囚人)이라고는 할 수 없지만, 한 사람의 연금수령자에 지나지 않았다. 그리고 메카와 메디나는 파티마가의 알 무이즈가 차지하고 있었다.

당연히 코르도바 군주는 지금까지 표시했던 존경은 아무 소용이 없다고 생각하고, 스스로 칼리프나 아미르 알 무민이라는 칭호를 사용할 권리가 있다고 생각했다. 그래서 스페인 무슬림의 모든 사회계층을 대표하는 국민들이 참가한 자리에서 압둘 라흐만 3세는 안 나시르 리딘 일라라는 칭호로 칼리프 자리에 앉는 자리를 마련했다.

933년, 라미르 2세는 형 알폰소 4세와 그 측근 여러 사람의 눈을 도려내고 레온 군주의 자리를 빼앗았다. 그는 무슬림들에 대한 심한 증오를 갖고 있어, 권력을 잡자마자 무슬림 영토에 침입하기 시작했다. 압둘 라흐만 3세는 곧 그를 향해 군부대를 진격시키고 상대를 전투에 끌어들이려고 애썼다.

그런데 라미르는 오스마 성안에 숨어있는 것이 현명하다고 여겼다. 칼리프는 성 전면에 한 부대를 남겨놓고 북부를 향하여 진군을 계속했다. 가르시아인과 레온인은 이때 나빌인의 협력을 얻었다. 산초는 이미 죽었고, 당시 나빌은 아들 가르시아가 영유하고, 무슬림에 대하여는 라미르에 뒤지지 않는 증오심을 품고 있는 어머니 도으다(세으다)가 섭정을 맡고 있었다.

칼리프는 카스티야와 아르봐 사이를 석권하고 가르시아 사람들의 성채와 사탑을 파괴했다. 라미르는 카스티야의 중심지인 부르고스의 멸망을 막을 힘도 없었다. 이때 기독교 여러 부족은 사라고사 총독 무함마드 빈 히샴의 모반이라는 아주 좋은 기회를 얻고 자기편으로 끌어들였다. 그는 무엇인가 오해하여 자기 군주에 대하여 분개하고 반기를 들었다.

이렇게 되어 스페인 북부 전토는 잇달아 압둘 라흐만 3세에게 반항하고 위험은 매우 중대했으나, 그는 언제나 변함없는 정력으로 이를 상대했다. 사라고사는 금세 맹렬한 공격을 받았으며 반도의 우두머리는 체포되었다. 그런데 그는 용서를 받고 다시 원래의 지위에 임명되었다. 그러나 기독교 부족측은 그처럼 관대한 취급을 받지 못하고 바스크 사람의 국토는 다시 석권되고, 그들은 공금(貢金)을 바치도록 명받았다.

도으다는 몇번이나 배반한 다음 결국 용서를 청하고, 나빌의 종주로서 분명히 칼리프를 인정했다. 라미르는 몇번인가 싸움에 지고 마침내 평야에서 칼리프와 싸울 용기를 잃고 전에 있었던 산속에 몸을 숨겼다. 레온 영주국과 프랑스의 속령인 카탈루냐 일부를 제외하고는 스페인 전토는 코르도바의 이슬람 군주 휘하에 들어가게 되었다.

아랍인 귀족과 같이 있기를 바라며 무슨 일이 생기지 않을까 하는 자들을 싫어한 압둘 라흐만 3세는 권력의 많은 부분을 다른 사람의 손에 맡겼다. 다른 사람이라 함은 어릴 때 베니스인이나 제노바인, 피사인 상인들이 각 나라에서 스페인으로 데려와 무슬림들에게 판 여러 국적-독일인, 프랑스인, 이탈리아인, 스칸디나비아인, 러시아인 등-의 노예였다. 그들은 이슬람교를 믿는 것과 동시에 아랍어와 문화, 생활양식을 배웠다. 아랍인 가족의 한 사람으로 대우받고 비밀스런 일을 맡는 경우도 적지 않았다.

칼리프 안 나시르는 주위에 이런 사람을 여럿 두었는데, 인종적으로는 주로 이스가라비, 즉 슬라브인들이 많았다. 문관과 무관의 중요한 직책을 부여하고, 사막의 영웅을 조상으로 하는 명문의 사람들로 하여금 이들에게 예의를 다하게 했다. 이렇게 되니 슬라브인 부대는 그가 가장 신뢰하는 군대였다. 이 같은 은총은 아랍인 귀족들의 마음을 점점 이탈시켰다.

939년, 가르시아와 바스크에서 폭동이 일어나 이를 응징할 새로운 원정군의 조직이 필요하게 되었다. 이때 칼리프는 치명적인 오류를 범했다. 총지휘권을 나지드라는 슬라브인 장군에게 부여한 것이다. 아랍인 장교들은 분노하여 위급할 때 슬라브인들을 내버려두겠다고 마음속으로 맹세했다.

칼리프의 일방적인 슬라브인들에 대한 은총주의나 아랍인의 질투로 야기된 무슬림들의 재앙과 액운이 무슬림군이 자므라로 진격할 때 나타났다. 그들은 도랑에 가로막히고 무리하게 공격했다. 성벽의 틈새로 돌입하였고, 전우의 시체를 넘어 도랑을 건너 기독교도를 습격하여 적은 견디지 못하고 성안으로 들어갔다. 자므라 성벽 안에서 행한 이 전투를 알 한다크(도랑) 전투라 한다.

기독교 사가에 의하면 무슬림 사가의 기술과는 전혀 다르다. 그는 사라만가로부터 멀지 않은 알 한다크 가까이에서 무슬림군이 적의 공격을 받고 한 무리가 되어 싸움터를 빠져나갔다고 한다. 양익이 무방비상태여서 레온군과 나바르군이 칼리프군 중앙에 돌입하고, 슬라브인 부대와 마주쳤는데 슬라브군은 거의 섬멸되었다고 한다.

자므라 성안에서 입은 손상도 칼리프의 용기와 정력을 잃게 하지 않았다. 그는 다른 한쪽의 군을 동원하여 가르시아군과 바스크군에 무서운 보복을 가했다. 940년 11월, 그는 바다호스의 영주 라미르에게 섬멸적인 타격을 가하고 불과 칼로 그 땅을 겁탈했다. 이 같은 원정은 기독교 여러 부족의 투지를 완전히 꺾을 때까지 수년간에 걸쳐 행해졌다.

955년, 광신자 라미르의 뒤를 이은 오르도노 3세는 화의를 요청하고 쌍방은 명예를 중히 여기는 조건으로 화의가 성립되었다. 가르시아 영주는 칼리프의 종주권을 인정하고 안달루시아 기독교도와 기타 외국권력과 통하는 것을 끝내고, 일정기간 내에 코르도바 국경의 주된 요새를 허물고 이슬람 영토에 일절 침입하지 않겠다는 것이었다.

칼리프측에서는 나빌과 레온의 독립을 존중하고 종래처럼 예의와 약속의 공물에 만족한다는 것에 동의했다. 이 조약에 따라 이슬람 국경은 에프로 강까지 후퇴했다. 이후 국경은 훌륭한 방위선을 형성하고, 이 큰 강을 따라 지중해 연안의 도르다에서 아흐라바의 요새를 지나 대서양 연안의 레리다에 이르게 되었다.

이렇게 국경의 여러 부족과 싸움을 하는 한편, 압둘 라흐만 3세는 아프리카에서도 전쟁을 벌였다. 파티마조의 위협에 대항하여 모리타니아에서 마흐디(시아파의 한 파로 파티마조의 국교) 세력의 확장을 막기 위해 917년 이래 서아프리카의 무슬림 소국에 원조를 계속했다. 그는 이미 반군의 우두머리 우마르 빈 하프슨과 마흐디 세력이 연결되어 공격계획을 세우고 있다고 믿고 있었다.

기선을 제압하기 위해 칼리프 안 나시르는 서아프리카를 점령하고자 했다. 처음에는 잘나갔으나 알 무이즈가 파티마조의 칼리프로 즉위하고, 마침 기독교 여러 부족과의 전투가 한창이던 스페인의 칼리프군은 아프리카로부터 축출당했다. 스페인 칼리프의 손에 남은 것은 모리타니아의 열쇠라 할 세으다뿐이었다.

오르도뇨 3세와의 사이에 화의가 성립되면서 불사신의 칼리프는 이번이야말로 방해받지 않고 아프리카로 향할 수 있다고 느꼈다. 그런데 오르도뇨의 죽음은 그로 하여금 예정의 파티마조령 침입을 포기하지 않을 수 없게 했다. 가르시아와 레온의 영유권을 계승한 산초는 형이 체결한 조약에 얽매이지 않았다.

그리하여 칼리프는 아프리카 원정을 위해 준비했던 군대를 산초 무리의 반복되는 만행을 응징하는 데 보내지 않을 수 없었다. 톨레도주 총독인 장군 아흐마드 빈 일라는 이 전쟁의 사령관으로 임명되고,

7월 가르시아인과 레온인에 대한 대승리를 얻었다.

얼마 가지 않아 산초는 그의 신하와 카스티야 영주 페르디난드 곤잘레스의 내통 때문에 영토에서 쫓겨났다. 산초가 팡페르나에 있는 조모 도으다 곁으로 도망가자 레온 사람들은 그의 사촌 오르도노를 영주로 옹립했다. 자력으로는 손자에게 힘이 되지 못한 도으다는 칼리프에게 원조를 요청했다. 도으다와 산초는 코르도바에 가 성대한 환영을 받았다.

두 사람의 소원은 받아들여져 칼리프의 무슬림군 한 부대는 산초를 따라 그의 영지로 향했다. 찬탈자는 싸움에 져 산악지대로 도망가 959년 4월에 산초의 권력은 회복되었다. 이처럼 레온과 카스티야, 가르시아, 나빌은 코르도바의 속령이 되었다. 그러나 이 위대한 칼리프가 승리의 기쁨을 맛본 것은 불과 2년에 지나지 않았고, 961년 10월에 그는 73세로 반세기에 걸친 다스림 후 타계했다.

압둘 라흐만 안 나시르는 스페인을 지배한 서우마이야조 군주 가운데 가장 수완과 재능이 뛰어난 군주였다. 그가 스페인의 서우마이야조 왕국을 계승하였을 때 왕국은 혼란상태였고, 각 분파로 갈라져 여러 부족에 속하는 다수 봉건영주 사이에 나뉘어 있었다.

무정부상태와 내란의 좋은 먹이가 되어 북방 기독교 여러 부족들로부터 끊임없는 공격을 받고 있었다. 헤아릴 수 없을 정도의 방해를 받으면서도 안 나시르는 안달루시아를 구하고, 지금까지와 비교가 안 되는 강대한 나라를 만들었다. 나라 전체를 질서와 번영으로 가득 차게 했다.

경찰조직이 잘 되어 있어 타국인이나 상인들은 조금도 위험에 노출되지 않고 어떤 외진 곳에서도 여행할 수가 있었다. 시장에 가면 물건 가격이 저렴하고, 농민들이 입은 옷이 훌륭하고, 사회 일반의 가난한 계층도 말을 타는 습관은 백성 전체가 행복했음을 나타낸다.

곡식이 잘 자란 밭과, 손질이 잘된 채소밭과, 먹음직한 과일이 있는 과수원은 그의 너그러운 인자한 정치 아래 얼마만큼 농업이 장려되었는지를 말해준다. 농업용수 공사는 완벽하여 어떤 불모의 땅도 옥토로 만들 수 있는 과학적 관개법은 여행자로 하여금 감탄을 자아내게 한다.

칼리프 안 나시르가 장려한 것은 농업만이 아니었다. 상업과 공업, 예술과 과학도 장려하고 발달시켰다. 코르도바, 아르메니아, 세비야, 기타 여러 도시는 주민들을 부유하게 하고, 스페인의 부를 증가시키는 무수한 특수 산업을 갖고 있었다. 상업은 관세만으로도 국가 수입의 큰 부분을 차지할 정도로 증가했고, 세입은 안 나시르의 시대에는 1200만 디나르를 상회했다.

안 나시르의 군사력은 강했다. 당당한 해군은 그로 하여금 파티마조와 지중해의 패권을 다투게 했고, 무수한 훈련이 잘된 육군은 사가의 말을 빌면 아마도 세계 일류의 군대였고, 그로 인해 북방 기독교도에 대하여 우세를 유지했다. 유럽에 있는 큰 나라의 군주들은 그에게 동맹을 구하고, 콘스탄티노플 황제를 비롯한 여러 국가에서 그한테 사절을 보냈다.

이 빛나는 통치자를 연구하는 학자들을 찬탄케 한 것은 그 사업보다 이를 성취한 사람에 있었다. 무엇 하나도 빼놓지 않는 그의 지성의 파악력은 극히 자세한 일에나 장대한 계획에도 훌륭히 나타나고 있다. 이 총명한 사람은 권력을 집중시키고 국민의 통일과 왕권의 통일에 기초를 두고, 동맹국과의 사이에 일종의 정치적 평형을 만들었으며, 그의 큰 그릇은 온갖 종교를 갖는 사람들을 자기의 고문으로 임명했다. "중세의 군주라기보다 현대의 국왕이다."라고 사가는 말했다.

압둘 라흐만 3세의 뒤는 아들 하캄이 알 무스탄시르 빌라라는 칭호로 칼리프 자리를 계승했다. 하캄은 부왕이 타계하기 수년 전부터 국정에서 큰 역할을 다했다. 그가 공명정대하다는 소문은 벌써 먼 데까지도 자자했다. 레온과 나빌의 두 속령 영주는 그렇게도 잘 해준 안 나시르의 죽음을 애도하는 기색도 없이 오히려 좋은 기회라 여기고 조약의 준수를 끝내고 무슬림의 종주권을 폐기하고자 했다.

하캄이 평화를 사랑하는 학자적 성격이라고 알려져 있기 때문에 조약의 조건 실행을 주장하지 않을 것이고, 비록 전쟁이 나더라도 아버지만큼 강하게 나오지 않으리라고 생각한 산초와 가르시아는 배반에 가까운 교활한 태도를 취하고, 온갖 간책을 다 써서 국경 요새의 파괴를 연기했다. 동시에 카스티야 영주 페르디난드 곤잘레스도 이때 다시 침투를 개시했다.

그러나 이들 영주들도 곧 새 칼리프의 성격을 보게 되었다. 얼마동안 싸움이 계속되는 동안 이 학자가 무인이 될 수 있다는 것, 학문 못지않게 싸움을 할 수 있다는 것이 알려졌다. 곤잘레스에 대한 최초의 원정은 하캄 스스로가 지휘했는데, 기독교 반군 장군들은 참패하여 국경을 넘어 도주해야 했다.

카스티야 영주를 토벌하는 원정에서 돌아온 하캄은 지난날 압둘 라흐만 칼리프의 원조로 산초의 손에 의해 추방되었던 오르도뇨의 방문을 받았다. 오르도뇨는 후한 대접을 받고 앞으로 무슬림과 함께 평화를 간직하고, 그의 아들 가르시아를 인질로 보내어 결코 반군의 우두머리 곤잘레스에게 편들지 않겠다는 조약이 조인되었다.

그래서 가리브 장군을 사령관으로 하는 군대가 그에게 주어졌고, 레온과 가르시아에서 산초를 내쫓고 오르도뇨를 영주로 임명하는 명령이 내려졌다. 아직 기반이 굳어지지 않았던 산초는 이런 움직임에 놀라 칼리프의 용서를 청하고, 조약 즉시 실행을 굳게 맹세하기 위해 자국 내의 주된 성직자 및 귀족으로 구성된 사절단을 코르도바에 급파했다.

몇 개월 후 오르도뇨가 죽자 산초는 다시 배반할 마음을 가지고, 나빌 영주 및 카스티야와 카탈루냐의 두 영주의 힘을 믿고 아예 조약의 준수를 거부했다. 이에 이르자 기독교의 여러 부족에 선전포고를 하지 않을 수 없었다.

칼리프 하캄은 먼저 카스티야에 군부대를 진격시키고 산 에스테반드 고르마스(샹드 에스데이반)를 공략하고, 곤잘레스로 하여금 화의를 요청하게 했으나 화의가 성립되자마자 다시 파기되었다. 그는 메디나 세리(메디아 살림)에서 진격하여 산초령 안에 있는 아디엔자라는 곳에서 가르시아의 대군과 부딪쳤다. 가르시아군은 참패하고 가르시아는 석권되었다.

또한 그는 사라고사 주 총독 무함마드 다지비의 아들 야흐야와 손잡고 조약을 파기한 바스크령으로 진입했다. 나빌 영주도 싸움에 져 그가 영유하고 있던 여러 주요 도시가 공략되었다. 바스크령 내의 가르하라가 가리브의 수중에 떨어졌다는 것은 이 정복전에서 가장 중요한 사실이다.

하캄은 바스크 지방의 방위시설을 새로 고치고 그곳에 군대를 주둔시켰다. 그 외에 나빌, 가르시아, 아라봐, 카스티야의 중요 지점에도 군 진지가 설치되었다. 요컨대 싸움을 좋아하지 않았고 자기의 희망과는 달리 군사작전을 진행했는데, 얼마 안 가서 영내의 적으로 하여금 화의를 청하지 않을 수 없게 했다.

레온 영주 산초는 966년, 항복했다. 몇번이나 참패를 맛본 카탈루냐, 프레르, 미론의 영주들도 산초의 예에 따라 강화조약의 갱신을 구했다. 약탈자 무리가 많이 나오는 이슬람 국경 부근의 성채는 모두 무장해제하고, 만일 약탈자가 무슬림에게 싸움을 걸 때는 원조하지 않고 다른 기독교 부족 및 기독교 국민이 무슬림들에게 대항하기 위해 동맹 맺는 것을 막아야 한다고 약조했다.

바스크 군주 가르시아는 휘하의 여러 영주와 성직자 일단을 사절로 보내고 화의를 청했다. 그들은 가리브가 완전히 나빌을 격파할 때까지 잠시 동안 기다리게 하고, 하캄은 동일 조건으로 그들의 원하는 바를 듣게 되었다.

그 무렵 가르시아에 접한 곳에 영토를 갖고 있는 바라갓쉬(로드리고 비라스게스)의 아들 르즈리그라는 영주의 어머니가 아들을 위해 화의를 요청하기 위해 하캄의 궁정을 방문했다. 칼리프 하캄은 예의를 다하여 그녀를 맞이하면서 많은 선물을 주고 그녀의 소망을 들었다. 970년, 반도의 우두머리 카스티야 영주의 죽음은 마침내 이 지방에 평온함을 가져다주었다.

그로부터 2년 뒤, 파티마조의 침구(侵寇)의 물결을 막기 위해 북아프리카의 서부 모리타니아로 하캄은 원정군을 파견했다. 장군 가리브는 훌륭하게 서아프리카에서 서우마이야조의 패권을 회복했다. 제네다, 마구라와, 마구나사의 베르베르인들은 카이로의 칼리프에 대한 신종(臣從)관계를 포기하고, 그들의 사원에서 예배할 때는 하캄의 이름으로 하게 되었다.

오랫동안 페스에 살고 있던 알리 가문의 귀족들은 스페인에 넘어와 정중하게 맞아들여졌다. 이드리스 집안은 리프 지방으로 가고 그곳에서 다시 코르도바로 옮겼다. 후에 이들 중 얼마는 알렉산드리아로 갔다.

≪역사서설(歷史序說)≫을 쓴 이븐 할둔은 하캄이 문학과 과학을 사랑하고 학자들에 대해 대단한 보호를 해주었다고 말했다. 하캄은 열렬한 서적수집가로 그보다 앞선 여러 왕도 문화인으로서 서고에는 진서(珍書), 귀서(貴書)를 많이 모았는데도, 하캄만큼 열성을 보인 사람은 없다고 했다. 왕실 문고의 관리는 전문사서에게 위탁되었고 그 목록만도 44권에 달했다.

하캄은 스페인을 각국의 문학작품이 언제나 거래되도록 하는 큰 시장으로 변하게 했다. 그리고 흥미있는 귀중한 작품을 찾으려고 세계 각지에 사람을 보냈고, 좋은 책을 찾는 데 돈을 아끼지 않았다. 새로운 작품 발표는 충분한 보조금으로 장려되고, 초판을 얻기 위하여 모든 수단이 강구되었다. 아부 파라지(이스파하니)는 그의 대작이 아직 이라크 내에 나타나기 전에 책 하나가 하캄에게 바쳐진 사례로 그는 1천 디나르를 받기도 했다. 궁전에 서적의 필사와 장정, 제본을 하기 위한 별도의 방들이 마련되었다.

하캄은 단지 책을 모으는 서적수집가로서만 열성을 갖고 있었던 것이 아니라 그 자신도 학문에 열심인 연구자이기도 했다. 서고에서 책을 읽었을 뿐만 아니라, 저자 및 작품에 관해서 많은 서평을 썼다. 그는 철학자를 보호하고 장려하여 그들이 사리에 어둡고 완강한 자들의 박해를 받을 걱정없이 연구를 계속하는 데 도움을 주었다. 학문과 과학의 모든 부문은 이 진보적인 군주 아래 크게 융성했다.

당시 기독교 중세 유럽에서는 교회 성직자를 제외하고 최상류에 속하는 사람들조차 문맹이었는데, 스페인에서는 거의 모든 사람이 읽고 쓸 줄 알았다. 교육부문에서 빈곤한 서민들을 위해 수도에 27개의 학교를 설립하고, 형편이 어려운 학생들은 무료로 수업을 받을 수 있게 하고, 교과서도 국가에서 지급했다. 또한 코르도바 대학을 세계에서 가장 유명한 학교의 하나로 만들어 카이로의 아즈하르 대학, 바그다드의 니자미야 대학에 필적하게 했다.

이렇게 덕있고 여러 방면에 좋은 일을 행한 칼리프 하캄은 976년 10월에 서거하였고, 그를 마지막으로 스페인에서의 우마이야조의 전성기는 끝났다. 서우마이야조의 수도 코르도바는 시에라모로네 산맥 기슭의 풍요로운 평원에 자리잡고, 과달키비르 강 오른쪽 연안에 반원 극장과 같은 형상을 하고 있었다. 이 도시는 역대 아랍인 총독의 손에 의해 장려한 수많은 건축물로 장식되었는데, 지금의 우리로서도 상상할 수 없는 웅대한 규모나 조직적인 미화는 압둘 라흐만 2세 앗다기르 시대에 이르러서였다.

그가 칼리프에 즉위하여 맨 먼저 한 일에는 부근 산에서 시내로 맑은 물을 공급하는 수도공사가 포함되어 있었다. 그후의 군주들도 계속하여 그 수를 늘리고 납으로 만든 관으로 물을 끌어들여 시내와 교외에 공급했다. 저수지나 물통은 잘 조각된 그리스 대리석이나 도금한 유기 등으로 만들어졌다. 무슬림은 물을 온갖 형태로 이용하고, 어떤 형태의 외관을 가진 저택이라도 반드시 정원이 있고, 그곳에는 물이 흐르고 분수가 있었다.

940년에 압둘 라흐만 3세가 새로 대수도를 만들고 전대의 공사에 색채를 더했다. 과학적으로 설계된 아치 위에 수도관을 설치하고 부근의 산에서 나오는 물은 수도관을 통해 시내의 상수도에 공급되었다. 시내에 급수되고 남은 물은 강에 유입되었다. 당시 유럽의 나라들이 본딴 유명한 루사파 정원은 압둘 라흐만 1세가 축조한 것이다. 여기에는 세계 각지에서 모아온 여러 희귀한 나무들이 있었다.

그리고 잘 지어진 궁전이 정원의 경치를 빛나게 하고 있는데, 그는 자기 혼자만의 즐거움과 취미 때문인지, 건축에 만족하지 않았는지 국내 모든 지방의 사원이나 욕장(浴場)에 다리나 성채를 축조하기도 했다.

## §§ 스페인에서의 무슬림

이슬람력 366년-428년(976년-1037년)

히샴 2세-마흐디-압둘 라흐만 4세-무함마드 2세-히샴 3세
히샴 2세의 즉위-하지브 알 만수르-그의 모략-국내의 모든 권력 장악-기독교 여러 씨족에 대한 승리-그의 죽음-아들 알 무자파르의 계승과 선정-알 무자파르의 죽음-하지브 압둘 라흐만-마흐디의 찬탈-히샴 2세 폐위-술라이만의 마흐디 토벌-코르도바의 혼란

하캄의 사후, 불과 11세의 아들 히샴이 혼자 남았다. 칼리프 하캄은 살아있을 때 모든 수단을 다해 이 소년의 평화적인 즉위를 확실하게 하고자 노력했다. 죽기 수개월 전에 그는 중신과 귀족 회의를 소집하고, 늦게 얻은 아들에게 칼리프 자리를 양위한다는 유언장에 전원의 서명을 받고 히샴에게 충성을 맹세케 했다.

임종 때 그는 아들의 후견을 시종장관 하지브 마샤프와 국무장관 무함마드 빈 아비 아미르에게 위탁했다. 재주가 있는 모후(母后) 수브의 감독과 이 같은 총신(寵臣)들의 협력이 있다면 어린 아들도 훌륭히 나라를 다스릴 수 있다고 믿었다. 그리하여 히샴은 알 무와히드 일라라는 칭호로 칼리프에 즉위했다.

그런데 서거한 칼리프 하캄은 무함마드 빈 아비 아미르의 충성심과 야망이 무엇인지에 대하여 잘못 알았다. 얼마 되지 않아 그는 자기 권력에 맞서는 하지브 마샤프와 기타 귀족들을 멸했다. 그는 지도자적인 지방 주 총독과 중신들을 사형에 처하고 국내의 지도자적인 인물이 다 사라졌을 때, 일체의 권력을 손에 넣고 나이 어린 칼리프를 궁전에 연금하다시피 했다. 관리들은 공식적인 종교의식 이외에는 칼

리프에게 가까이 다가가는 것이 허용되지 않았고, 의식의 경우에도 고개만 숙이고 지나가는 것이 고작이었다.

재상으로 집정하게 된 무함마드 빈 아비 아미르는 하지브 알 만수르라 칭하고, 자히르라고 이름붙인 장대한 궁전을 자신을 위해 세웠다. 그의 이름은 화폐에 새겨지고, 일체의 법률은 그의 인새가 찍혀야 발포되고, 사원에서 행하는 예배 때 칼리프의 이름과 함께 그의 이름이 불려졌다. 경계심이나 질투심을 품은 경쟁자를 제외하고, 그의 눈은 군대에 돌려졌고, 아랍인을 제외하고 군대에는 그가 믿는 베르베르인을 끌어들이는 것으로 개편되었다.

이븐 할둔의 말을 빌리면 그는 52번의 전투에 나가 언제나 승리를 거두었다고 한다. 그의 군의 한 부대가 섬멸되었다든가 그의 깃발이 내려졌던 일은 한 번도 없었다. 가르시아인과 바스크인은 하캄 사후 곧 무슬림을 배반하고 다시 침입하여 노략질을 일삼았다. 연속적으로 승리를 거두었던 하지브 알 만수르는 레온과 나빌을 조공을 바치는 나라로 하고, 두 나라의 수도에는 군대를 주둔시켰다.

다음으로 그는 카탈루냐에 칼을 돌려 바르셀로나를 공격하고 프랑스인 영주들을 추방시켰다. 그리하여 서우마이야조의 국경은 다시 피레네 산맥을 넘어서게 되었다. 서아프리카의 모리타니아에서도 그의 작전은 이에 못지않은 성공을 거두고, 서아프리카 대부분은 휘하 장군의 손에 의해 귀순되었다.

991년, 하지브(시종장)의 직위는 집안이 세습하는 것으로 계획되었다. 만수르는 될 수 있으면 은인의 아들을 칼리프 자리에서 제거하고 스스로 현실뿐만 아니라, 명목상으로도 군주가 되고 싶어했지만, 그로서도 정통성을 갖는 집안의 피를 존중하는 국민을 두려워하였던 것이다.

귀족으로서는 왕조가 바뀌는 것이 유리하다고 했을지 모르지만 주로 스페인 태생의 국민들은 그렇게 생각하지 않았다. 종교적인 감정과 우마이야조를 사랑하는 국민의 마음은 생활의 일부였다.

만수르는 이 나라에 그때까지 없었던 영광과 번영을 가져오게 한 사람이었지만, 국민들은 그가 언제까지나 칼리프를 꼭두각시로 앉혀 두는 것을 미워하고 있었다. 이런 감정을 알고 있었지만 언젠가는 변화가 생길 것이라 생각한 그는 자기 아들 압둘 말리크를 형식적으로 칼리프의 명령으로 재상인 하지브의 계승자로 발표하는 것으로 만족했다. 996년에 그는 사이드(주공) 및 말리크 가림(너그러운 왕)이라는 칭호를 사용하게 되었다.

어느 면에서는 뛰어났던 만수르는 1002년에 죽고, 메디나 살림(메디나세리)에 매장되었다. 안달루시아의 지배자로는 이 사람만큼 기독교도들한테 두려움을 준 자는 없었다. 병사의 행복과 훈련을 위한 그의 배려는 끊임이 없었다. 그의 군사적 능력과 조직적 재능은 그를 무인의 우상이 되게 했다.

정치적 계념(繫念)에서 자유사상가나 철학자에 대하여 어느 정도 좁은 도량을 보여야 했다고 하여도, 법학자의 감수성을 상하지 않고 그렇게 할 수 있는 경우에는 그들을 보호하는 데 주저하지 않았다. 그의 통치 기간을 통하여 군사면에서의 명예와 아울러, 문학과 미술의 취미와 산업을 보살피는 마음도 표시되고 있다.

이슬람 스페인은 그의 지배 아래에 있었던 만큼 번영한 적이 없다고 어느 사가는 말했다. 그는 학문을 장려하고 호의를 다하여 학자를 보호했다. 그가 권력을 장악하기 위해 사용한 수단은 비난받아야 마땅하다고 해도, 권력을 얻은 후에 이를 훌륭히 행사했다는 것은 부정할 수 없다. 그의 사람됨은 너그럽고 공정했으며 자기 말에 충실했다고 한다.

만수르의 뒤를 이어 하지브 자리에 앉은 사람은 아들 압둘 말리크였다. 그는 나랏일을 아버지가 욕되지 않게 잘 처리했다. 기독교 부족들에 대해 몇번인가 승리를 거두기도 했다. 그의 선정 아래 스페인은 점점 융성해졌다.

그런데도 그의 가문 아미르 집안은 사람들한테서 사랑을 받지 못했다. 만일 그들이 군주를 받들고 지배하는 데 만족했다면 그들은 재상으로 집정하여 그 지위는 어떤 일이 있다 하여도 얼마동안은 계속했을 것이나, 그들의 만족할 줄 모르는 야심은 모든 한계를 뛰어넘었다. 그들은 칼리프 뒤에 숨은 권력의 실재뿐만 아니라, 칼리프 자리 그 자체를 탐냈다. 이렇게 되어 그들은 우마이야가의 여러 공자를 비롯한 우마이야가 모두를 적으로 돌렸고, 이슬람 법학자들과 국민들과 완전히 떨어져 있었다.

동시에 압둘 라흐만 1세 즉위 이래 이베리아 반도에 가져왔던 변화는 혁명이란 혼란한 변화로 바뀌어갔다. 장점과 단점을 그대로 전한 예로부터의 아랍인 사회는 소실되었다. 압둘 라흐만 3세와 위대한 하지브의 목표였던 여러 민족의 통일은 오래 전부터 내려오는 귀족계급을 희생하여 이루어졌고, 귀족계급은 망하고 쇠퇴하여 소멸의 길을 걷고, 역사적인 이름은 점차 사람들의 기억에서 사라졌다. 보호적인 관계에 서우마이야가와 연결되어 있던 궁정귀족들은 무슨 수를 써서라도 이 타격에 견뎌 부와 세력을 흠집내지 않고 유지하고자 했다.

당시 가장 유력한 세력은 하지브 알 만수르 밑에서 입신출세한 베르베르인과 슬라브인이었다. 물질적인 발달은 하나의 사회적 요소, 즉 부유한 중류계급을 흥하게 했고, 상인, 무역업자, 근로계급은 이제 전반적으로 국내 경제에서 중요한 역할을 담당하게 되었다. 하지만 이 사실은 또한 새로운 혼란을 낳았고, 부의 증대와 신흥계급의 발흥에 따라 계층간에 충돌이 일어났다.

당시의 역사를 비추어 볼 때 오늘의 정치인이 맛보는 곤란을 그곳에서 볼 수 있다. 문관과 무관의 상호 혐오, 고용주에 대한 노동자들의 증오, 사회 상류층에 대한 평민층의 질시, 이런 것들이 당시에도 존재하고 있었다. 수도에서의 사회 정세는 어떤 작은 문제도 반드시 부자와 가난한 자 사이에 무서운 투쟁을 야기할 정도였다.

코르도바는 조금만 찔러도 많은 약탈을 약속하는 것과 같은 폭동이나 반란에 언제나 참가할 수 있는 노동자로 채워진 거대한 공장과 같은 곳이었다. 그러나 부유층은 아미르 일족을 미워하는 데 몰두하여 이런 위험을 망각하고 있었다.

압둘 말리크가 한창 일할 나이에 죽은 결과, 일부 사람이 두려워하고 모든 사람들이 바라던 비극적 결과가 나타났다. 아미르 집안은 몰락했으나 마치 눈 먼 삼손처럼 그들은 자기들의 몸과 함께 서우마이야조의 모든 조직을 파괴한 것이다.

말리크의 뒤는 산촐이라고 불리는 동생 압두르 라흐만이 계승했다. 그는 너무나 품행이 좋지 않아 사람들로부터 혐오되어 왔으나, 스스로 칼리프가 되고자 하는 야심을 갖고 있었다. 그는 히샴 2세에 다가서서 자신을 칼리프 계승자로 발표하게 했다.

그의 낯뜨거운 행동은 코르도바인의 불만을 절정으로 이끌었다. 그리고 산촐이 북부에 군을 인솔하고 원정하려 수도를 떠났을까 말까 했을 때, 이미 코르도바에는 무함마드라고 하는 칼리프 일문의 공자가 이끄는 반란이 발발했다. 아미르의 궁전(아즈 자히르)은 약탈되고 잿더미로 변했다.

히샴은 무함마드 때문에 퇴위하고, 무함마드는 마흐디의 칭호를 사용하게 되었다. 그는 즉위하자마자 산촐의 공권 상실을 선언했다. 수도의 소동은 지방에도 전해져 중류층, 의사, 마구사(馬具師), 가축도살자 등과 같은 소위 국민을 대표하는 자들의 대군이 마흐디의 깃발 아래 모였다.

그런데 마흐디는 자기도 어찌할 수 없는 것을 만들었고, 이것이 실제로 스페인에서의 서우마이야조의 멸망을 가져왔다. 부하들로부터 버림받은 산촐은 체포되고 참수형에 처해졌다. 베르베르인들은 이 칼리프를 떠나 새로운 인물을 칼리프로 받들려 했다. 이 사람도 우마이야가의 사람으로 술라이만이라고 불렸다.

이렇게 되어 코르도바는 무서운 소요의 도가니로 변하고, 양파 모두 무도한 짓을 감히 행했다. 사납게 날뛰는 군인들을 달래기 위해 마흐디는 히샴 2세를 들추어내고 칼리프 자리에 복위시켰다. 이에 대하여 술라이만은 카스티야와 레온의 기독교도에게 원조를 청하고, 한편 마흐디는 카탈루냐 사람들에게 구원을 요청했다.

이렇게 압둘 말리크의 사후 불과 수개월이 지나 무슬림들은 가르시아인과 토착민들을 규율을 가르치기는커녕 그들의 힘을 빌리게 되었는데, 이를 얻기 위해서는 압둘 라흐만 1세와 하지브 알 만수르가 정복한 땅을 반환해야 했다. 2백 개가 넘는 성채나 도시는 기독교도의 손에 넘겨졌다. 코르도바는 술라이만측과 마흐디측에 의해 엇갈려 점령되고 탈환되는 등 점령도시로서의 취급을 받았다. 압둘 라흐만 3세의 장려한 궁전도 약탈되고 부분적으로는 파괴되었다.

마침내 마흐디는 살해되고 애처로운 히샴의 신병을 장악하고 있었으나, 이 칼리프가 사형에 처해졌는지 메카로 도망가는 것이 허락되었는지 그 마지막은 모른다. 그렇지만 무스타인 일라라는 칭호를 참칭한 이 찬탈자도 언제까지나 불의의 과실을 즐길 수가 없었다. 곧 반란은 그의 몰락과 죽음을 가져왔다.

다음에 칼리프에 오른 사람은 이드리스가의 한 사람이었다. 얼마 안 되어 이 칼리프가 암살됨에 따라 동생 카심이 최고 자리에 올랐다. 카심의 정치는 온건하고 공정했으나 그도 얼마 되지 않아 베르베르인에게 버림받았다.

그리고 조카와 벌인 쟁투는 그가 코르도바를 떠나는 몽진(蒙塵)으로 끝났다. 이에 이르러 코르도바인들은 또 다른 한 사람의 우마이야가 공자를 칼리프에 앉혔으나 오래가지 못했다. 잇달아 우마이야가에서 또 한두 사람을 세웠다. 이름만의 군주인 이 불행한 최후의 칼리프로서 스페인의 우마이야조는 끝났다. 코르도바인들은 잠시 동안 알리 빈 하무드의 아들 야흐야에게 예속되어 있다가, 야흐야가 1035년 암살됨에 따라 코르도바는 공화국을 수립하고, 40년 후에 세비야 왕에 의해 평정될 때까지 존속했다.

## §§ 스페인에서의 무슬림

이슬람력 428년-871년(1037년-1466년)

스페인 무슬림 소왕국 국왕들-소왕국들의 상호적 분할-기독교도들의 점진적 권력 신장-무라비트 왕조-유수프 빈 타스핀-자라가 전투-유수프 빈 타스핀의 서거-무라비트 왕국의 붕괴-무와히딘조-압둘 무민-아부 유수프 야쿠브(알 만수르)-아르고스 전투-야쿠브의 서거-무함마드 안 나시르의 서거-알 아가브의 참사-무와히딘 제국의 붕괴-아마르가(家)의 발흥-그라나다 왕국

서우마이야조 수도 코르도바에서의 정치적 혼란은 지방 주 총독이나 지방 호족들에게 독립을 선언할 좋은 기회를 주었다. 말라가, 알헤시라스 및 그 부근 지방은 하무드족이 점령하고 칼리프의 별칭인 아미르 알 무민이라고 참칭했다. 그들은 1057년 그라나다 국왕한테 쫓겨날 때까지 이 지방의 지배를 계속했다.

그라나다는 베르베르인 부족장 자위한테 떨어졌다. 베르베르 부족은 이 왕국을 1090년까지 이 지방에서 영유했다. 세비야의 서부 여러 군(알 가르비 포함)은 아바드 일문이 점하는 곳이 되었다. 이 일가의 창립자는 세비야의 대법관이었던 이븐 아바드라고 불리는 아불 카심 무함마드였다. 아바드가의 최후 군주는 유수프 빈 타스핀에 의해 아프리카로 추방된 무함마드였다.

톨레도는 방탕으로 소문난 준눈가(家)의 수중에 있었다. 준눈가 최후의 주인 카디르는 1085년 그곳을 알폰소 6세에게 문을 열어주었다. 압둘 라흐만 3세 휘하의 장군을 조상으로 하는 후으드가는 1118년까지 사라고사를 영유하고 있었으나, 마침내 라미르를 받드는 기독교도

들 때문에 공락(攻落)되었다.

바다호스와 발렌시아, 아르메니아, 무르시아도 각각 독립한 군주에 의해 지배되었다. 데니아 및 지중해 여러 섬은 아불 쥬시(군인의 아버지)라고 불리는 무자히드 빈 아부달라 알 아미리의 수중에 있었다. 그는 싸움에서 패한 적이 없는 전사였으며 노련한 항해사이기도 했다. 언제라도 바다에 나갈 수 있는 상당한 대함대를 갖고 있었으며, 그 함대로 프랑스 및 이탈리아 해안을 습격했다. 그가 살아있는 동안 바흐르 웃 샤므(샤므 해)의 바다 위를 지나간 기독교도의 배는 한 척도 없었다.

이상과 같은 소국왕들을 한데 묶어서 물루크 웃 타와이프라고 부르는데, 모두 학문과 예술에 대해서는 너그러운 보호자였다. 사실상 어느 군주나 문학 장려에는 다른 군주에 지지 않으려고 노력했다. 그들 중에는 문학자 또는 시인으로 이름을 날린 사람도 많았다.

그리고 "마치 목걸이 줄이 끊어져 줄에 꿰인 진주가 흩어지는 것처럼, 이 소국왕들이 스페인을 우마이야가조의 피보호자들과 나눠 가졌을 때, 그 분배로 과학과 문학은 세(勢)를 잃었다기보다 오히려 융성했다."라고 말한 아랍 사가의 말은 실로 정확한 것이다.

만일 그들이 서로 동맹했거나 어떠한 연대적인 이해관계를 가졌더라면, 당시 세차게 격함을 더하는 기독교도 스페인인의 공격을 막는 견고한 방위선을 간직했을지 모른다. 그러나 그들 상호간의 알력과 질투는 파멸의 길로 빠트리는 것이었다. 어떤 자는 무슬림이면서 무슬림 경쟁자에 대항하기 위하여 기독교도와 연결하는 일까지도 감행했다.

1055년에 카스티야와 레온 왕인 페르디난드 1세가 분열상태에 있는 무슬림들을 대거 습격하여 많은 중요 지점에서 무슬림들을 쫓아버렸다. 세비야 왕 무타지드는 레온한테 공물을 바치는 것에 동의하여 간신히 몸을 보전했다. 그리고 그는 아들 무타미드에게 왕국을 넘기고 1069년에 죽었다. 무타미드는 1075년 코르도바를 점령하고, 그후 곧 과달키비르 강에 이르는 모든 톨레도 지방을 평정했다.

1065년, 페르디난드 1세가 죽자 왕자 알폰소 6세가 카스티야 왕위에 올랐다. 야심가로 거친 성격의 그는 자기 형제를 자신의 땅에서 내쫓고 스스로 레온과 카스티야, 나빌의 최고군주가 되어 황제라고 참칭했다. 그런데도 아랍의 여러 영주로부터 받는 공물로 만족하지 못한 그는 이베리아 전 반도를 자기의 직접 지배 아래 놓고자 결심했다. 유럽 각지로부터 모인 정병(精兵)으로 구성된 우수한 군대를 가진 그는 신이든 악마든 천사든 간에 싸우겠다고 호언했다.

1085년, 준눈 군주 가데이르는 중요한 도시 톨레도를 그에게 내주었다. 그래서 그의 잘난 척하는 마음은 멈출 줄을 몰랐다. 그라나다, 바다호스, 세비야와 기타 아직 무슬림 손에 있던 얼마간의 도시들은 자기들한테 닥쳐올 위험을 물리칠 원조를 사방에 요청했다. 하지만 반도 내부는 공동의 적에 대한 전국적인 동맹은 전연 바랄 수가 없었다. 그래서 그들은 눈을 해외로 돌렸다.

스페인에 있는 이슬람 제국이 사분오열로 나뉘는 한편, 서아프리카에 새로운 국가가 생겼다. 무라삿미라고 하는 사하라 사막의 베르베르인은 얼마 전에 이슬람으로 개종했다. 마르부드(성자)라고 불리는 종교지도자를 받들고 그들은 대규모의 정복을 행하여, 그 나라는 세네간비아에서 알제리까지 달했다. 그 왕들은 알 무라비트라 불렸고, 그 말이 전파되어 알 모라비데[木蘭皮]조가 되었다.

그보다 조금 이전의 바그다드 칼리프들은 아미르 알 무슬림(무슬림의 총수)이라는 명예로운 칭호가 수여된 유수프 빈 타스핀이 그들의 정치적 지배자였다. 스페인의 여러 무슬림 왕들은 종교봉사자를 통하여 그에게 구원을 요청했다. 요청에 응하여 유수프는 1086년 10월 스페인으로 넘어왔다.

그는 세비야 부근에서 무타미드와 기타 안달루시아 여러 영주들의 군세와 합하였고, 연합군은 바다호스로 진격했다. 기독교도 알폰소 왕은 바다호스 남쪽에 있는 자라가에서 연합군과 마주쳤다. 무슬림군은 모두 2만에 달했는데 알폰소 휘하의 군대는 정병 6만을 넘었다. 무서운 격전은 1086년 10월 23일 금요일에 벌어졌다.

아랍 사가의 말로는 알폰소는 3백 기(騎)를 이끌고 전장을 빠져나왔고, 나머지는 전사했거나 중상을 입었거나 싸움터에서 쓰러졌다고 한다. 자라가의 승리는 한때 기독교 왕국의 힘을 빼앗았다. 유수프 빈 타스핀은 이때 스페인에 그리 오랫동안 머무르지 않았으나, 다음해 스페인에 넘어와 왕이라 불리는 영주들을 영토로부터 추방하여 그 땅을 무라비트 제국에 병합했다.

무라비트 왕가의 세력을 뻗치는 데 크게 협력한 푸아기(이슬람 법학자)들은 동 왕가의 아래에서 큰 세력을 얻었다. 그런데 그들은 소견이 좁고 '학문과 종교의 부활'에 관한 이맘 알 가잘리의 유명한 저작까지 출판을 금지시킬 정도였다.

유수프가 살아있는 동안 기독교도들은 언제나 그의 무력을 두려워했다. 그는 1106년에 죽고 아불 하산이라 불리는 왕자가 왕위를 계승했다. "그는 위대한 아버지의 길을 지켰지만, 그의 아버지에는 미치지 못했다."라고 사가는 말했다.

그는 기독교 여러 부족을 몇번 무찌르고 다라비라, 마드리드, 과다하라(와디 알 히자라) 및 기타 여러 성채와 도시를 빼앗고, 그의 휘하 장군 시르 이븐 아부 바르크도 산다림(샨데림)과 바다호스, 오보르도(포르투갈), 에브오라(데보라), 리스본(아리쉬부나) 등을 탈환했다.

그러나 이 같은 전과는 피레네 산맥을 넘어온 아라곤인과 카탈루냐인, 프랑크인의 연합군 때문에 빼앗긴 사라고사, 가르다유드, 기타 타호 강 건너 강둑의 상실로 상쇄되었다. 이렇듯 무라비트 왕가가 안달루시아에서 일을 펼치고 있는 동안, 아프리카에는 그들의 지배에 매우 좋지 않은 결과를 가져온 새로운 사정이 생기고 있었다.

이슬람력 514년, 서아프리카 페스의 주민으로 이븐 두마르드라는 별명을 가진 무함마드라는 사람이 모리타니아를 가로지르는 큰 산맥 가운데 사는 베르베르인 가운데 나타났다. 그는 청년시대에 동쪽 아랍국을 여행하고 알 가잘리나 아부 바크르 앗 다루둔(도르도사 사람) 등 많은 스승으로부터 철학과 공학을 배웠다. 고향에 돌아와 사회 전반에 퍼져있는 도덕의 이완과, 서민들의 종교종사자들에 대한 과도한 존경에 불만을 느낀 그는, 아틀라스 산에 사는 사람들에게 개혁을 설득하고, 자기야말로 예언자가 예언한 마흐디(인도자)라고 선언했다. 그의 주위에는 곧 많은 신도들이 모였다.

이븐 두마르드는 자기 심복으로 부유한 상인의 아들인 압둘 무민을 택했다. 신자나 제자들은 자기들 스스로 유일신도(알 무와히딘)라고 불렀다. 유일신도들의 교세는 점점 커져, 얼마 지나지 않아 그는 주로 무라비트 제국을 잠식하여 하나의 제국을 형성했다. 그래도 알리 빈 타스핀이 살아있는 동안은 저지되었지만, 그가 1143년에 죽자 뒤를 이은 왕자 타스핀은 유일신도와 싸울 힘을 전혀 갖고 있지 않았다.

타스핀이 1145년에 시해되고 모로코 제국은 압둘 무민의 수중으로 옮겨졌다. 무라비트 왕조와 무와히딘 왕조의 싸움은 스페인의 기독교도에게 무슬림 영토에 침입하여 노략질하게 하고, 무슬림에 대한 아주 무서운 잔학한 절호의 기회를 준 것이다.

조부 알폰소 6세와 마찬가지로 황제를 칭한 알폰소 7세는 코르도바와 세비야, 카르모나의 성 아래까지 군을 진격시켜 헤레스 시가를 약탈하고 불 지르고 과디스(와디애시)까지 공격해 왔다. 그로부터 5년 후 그는 하엔자, 바에자, 우베다, 안두하르의 기름진 지방을 황폐하게 만들었다. 이때에도 안달루시아 무슬림은 해협 건너편 형제의 구원을 요청했다.

1147년(이슬람력 541년), 압둘 무민은 원군으로 육군과 해군을 파견했다. 그의 휘하의 군대는 기독교도들을 격퇴하고 여러 주에서 독립 주권을 부르짖던 무라비트의 지방장관들을 평정하고 안달루시아의 거의 전부를 그의 지배 아래 두었다.

그로부터 4년 후, 그는 자신의 제국을 몇개의 주로 나누고 주 총독을 임명했다. 이슬람력 554년, 프랑크인으로부터 마디에를 탈취하고 아미르 알 무민(신도의 총수)이라 칭했다. 중요 도시의 정복으로 그는 바르가 사막에서 서쪽은 대서양에 이르는 북아프리카 전토의 주인이 되었다.

압둘 무민은 33년이 넘는 통치 후에 1163년에 죽었다. 그는 파란 눈을 가진 훌륭한 인물로 엄격하고 용감하며 총명했다. 그는 학문과 예술을 사랑하고 학자들을 비호하여, 그의 제국 전체, 특히 스페인에서 학문과 예술이 성했다. 모로코에도 무수한 크고 작은 학교를 설립했다.

그가 죽자 맏아들 무함마드를 칼리프에 앉히려고 했으나 무능력과 나태로 인해 중신들이 그를 물리치고, 후임으로 동생 아부 야쿠브 유수프를 선택했다. 그는 인정이 두텁고 너그러운 성격을 갖고 있어 국민의 행복과 번영을 약속하는 인물이었다. 그는 스페인에도 몇번 건너가 많은 도시를 재정복했는데, 그 중에는 다라고나와 산다렘도 포함되어 있었다.

유수프는 1184년에 죽고, 아들 야쿠브가 뒤를 이어 국사를 맡았다. 이 유명한 군주 밑에서 무와히딘 제국은 영광의 정점에 달했다. 그는 총명한 군주로 알려졌다.

카스티야 왕 알폰소 9세와의 싸움은 유리하게 전개되었고 5년간의 휴전조약은 종결을 맺는다. 그런데 기한이 지날 무렵 피레네 산맥을 넘어온 의용병 대군과 합한 카스티야군은 안달루시아에 침입하고, 눈에 띄는 모든 것을 약탈하고 살육하는 끔찍한 광경을 연출했으며, 그 결과 모든 것이 황폐하게 되었다.

이 소식에 접한 야쿠브는 아프리카에서 바다를 넘어와 밀어닥쳤다. 프랑크쪽에서도 기독교 영토의 모든 벽지에서까지 병사를 모집하여 바다호스 가까이의 아라르고스(알 아르그)라는 곳에서 무와히딘조 군주를 요격했다. 기독교도 군대는 참패하여 전사자가 14만 6천 명, 포로가 3만 명에 달했다고 한다.

기독교도의 잔군은 가라드라바까지 후퇴하여 그곳에 진을 쳤으나 여기도 빼앗기고 말았다. 알폰소는 톨레도로 도망가 그곳에서 대군을 모으고, 무와히딘 군주에게 저항을 시도했으나 다시 패했다. 가라드라바, 과달라하라, 마드리드, 에스세로나, 사라만가와 기타 이미 그의 수중에 있던 스페인령 및 포르투갈의 여러 도시는 다시 정복되었다.

1196년 11월, 야쿠브는 톨레도를 포위하고 절대의 궁지로 몰아넣었다. 이때 알폰소의 어머니는 딸을 동반하여 성을 나와 눈물을 흘리면서 정복자에게 성을 보존할 유예를 원했다. 가엾게 여긴 야쿠브는 그 요청을 들어주었고, 정중히 다루어 보석 등 귀중한 선물을 주어 성으로 되돌려 보냈다.

야쿠브는 아라곤인에 포위되어 있던 마드리드를 구하러 갔는데, 그가 가까이 온다는 것을 알고 적은 겁을 먹고 도망가, 다시 세비야로 군을 돌렸다. 그곳에서 한 해 동안 머물며 정전을 청하여 온 기독교도 여러 영주의 사절과 협상했다. 그는 안달루시아를 통치하기 위한 여러 조치를 취했다.

1197년 말경, 아프리카 영토로 돌아온 야쿠브는 1199년 죽을 때까지 나라를 떠나지 않았다. 야쿠브는 살라딘과 같은 시대 사람으로 아시아의 살라딘은 십자군과의 전쟁에서 조력을 구했고, 아미르 오사마의 조카를 대사로 하여 그한테 파견한 관계였다.

야쿠브는 예술과 문학의 보호자로서도 대단히 중요한 인물이었다. 그 스스로가 학자였기에 학자들을 보호하고, 자신도 덕을 존중하였고 경건하였기에 종교와 의례를 중히 여겼다. 그 휘하의 군대는 훈련이 잘 되고 엄격한 통제 아래 있었다. 그의 통치는 견실하고 공정했다.

영토 안에 병원이나 요양소를 설치하고, 병자나 장애인에게 수당을 주고 빈곤한 자를 돌보았다. 유명한 의사 아벤조아르(이븐 주르)와 아벤파세(이븐 파자)는 당시 사람이었다. 철학자이며 과학자인 아베로스(이븐 루시드)도 당시 사람으로 코르도바의 판사직에 있었다.

아바스조의 라시드와 마문, 스페인 서우마이야조의 군주와 마찬가지로 그도 국토의 관개(灌漑)나 상인과 여행자의 편리와 안전에 주의를 기울였고, 나라 안의 여러 도시에도 훌륭한 건축물을 세웠다. 지금 지라르다라고 불리고 있는 세비야의 유명한 천문대는 아라르고스 전쟁 후에 그가 건설한 것이다.

야쿠브 알 만수르의 뒤는 아들 무함마드가 잇고, 압둘 라흐만 3세와 같은 칭호인 안 나시르 리딘 일라라고 칭했다. 안 나시르는 성격이나 수완에서도 아버지와 달랐다. 쾌락을 즐겼고 능력이 별로 없는 그는 무와히딘 제국의 멸망과 함께 스페인에서의 무슬림 세력의 쇠망의 주요인이 되었다.

야쿠브 알 만수르의 서거는 안달루시아에 대한 기독교도의 공격이 다시 개시되는 신호의 봉화가 되었다. 카스티야 왕 알폰소 9세는 재차 세비야와 코르도바 주변 땅에 군대를 출동시켜 전화로 이 지방을 황폐케 했다. 국민에게 가해진 잔학행위에 보복하고자 안 나시르는 해협을 넘어왔다.

학자의 모습

세비야에 도착하자마자 그는 가라드라바(가라트 라바) 주의 총독 유수프 빈 가데스를 알폰소에게 땅을 내준 책임을 물어 사형에 처했다. 안달루시아의 무슬림들에게 많은 존경을 받았던 이 관리의 처형은 국민들 사이에 커다란 불만을 불러일으켰을 뿐만 아니라, 그들로 하여금 전장에서도 명령을 준수하지 않게 했다.

안 나시르의 전쟁 준비가 갖춰졌다는 소식은 기독교 제국에 파문을 일으켰다. 십자군의 이름으로 팔레스타인과 시리아에서 거칠게 누볐던 모험자의 무리는 살라딘의 상승군 때문에 중동에서 쫓겨나 스페인에 흘러들어왔다. 교황 이노센트 3세는 십자군을 제창하고 로마 교황의 원조를 바라고 로마에 와있던 추기경 로드리게스는 도처에서 무슬림에 대한 성전을 유세했다.

카스티야와 아라곤, 포르투갈, 레온, 나빌의 여러 군주들은 프랑스와 이탈리아, 독일에서 온 십자군의 대군에 합하여 무와히딘군을 향해 군을 진격시켰다. 양군은 아랍인이 말하는 알 아가브, 즉 스페인의 라스 나비스 데 도로사라고 부르는 곳에서 마주쳤다. 격전 한 차례로 안달루시아의 무슬림 부대는 전장에서 도망가거나 적에게 투항했다. 아프리카인은 힘을 다했으나 결국 압도되어 전멸했다.

안 나시르는 주위로부터 무리하게 설득되어 패전의 전쟁터를 떠났다. 그는 세비야에서 모로코로 가 그곳에서 1214년에 죽었는데 굴욕과 슬픔이 너무 컸기 때문이라고 한다.

안 나시르의 뒤를 이어 무와히딘의 왕위를 계승한 자는 아들 유수프로 알 무탄시르 일라라고 불렸다. 그는 불과 16세여서 당연히 권력은 무와히딘의 세이흐(이슬람 유지) 손에 들어갔다. 1223년, 그가 죽자 시드 아부 무함마드 압둘 와히드가 등극했다. 그의 시대에 스페인의 무와히딘파의 여러 영주와 지방장관은 사실상 독립했다. 다음해 압둘 와히드가 암살되어 무와히딘파는 알 만수르의 아들 아부 무함마드를 알 아딜이라는 칭호로 왕으로 선택했다.

1227년에 알 아딜에게 반항하는 폭동이 일어나 그는 반도에게 시해되었다. 이렇게 되어 세비야의 총독이던 동생 이드리스가 알 마문이라는 칭호로 왕을 참칭했으나, 무르지아와 동부 안달루시아 대부분은 이븐 후드를 수령으로 하고 그를 떠났다.

1228년 마문은 카스티야 왕한테 빌린 기독교 병사 다수를 인솔하고 아프리카로 넘어왔다. 그의 출발은 세비야에서의 반란의 횃불이 되었고, 반도들은 무와히딘파의 지배를 뿌리치고, 이븐 후드는 안달루시아 영토 대부분의 군주가 되었다. 무와히딘파는 격앙된 군중 때문에 쫓겨나든지 살해되었다. 하지만 무와히딘조의 붕괴 무렵에 일어난 스페인의 아랍인은 이븐 후드만이 아니었다.

자이얀(아비 쟈밀)은 발렌시아에서 왕위를 참칭하고, 또 이븐 울 아마르로 알려진 무함마드 빈 유수프는 아르호나의 성에 깃발을 펄럭였다. 주권을 엿보던 자 중에는 이븐 울 아마르가 가장 성공하여 이후 2세기 반에 걸쳐 당당히 아랍인의 문명중심지가 된 왕국을 건설할 수 있었다.

그의 조상은 나스르 부족이라는 이름으로 오랫동안 스페인에 정착하고, 서우마이야조로 칼리프 시대 군대 안에서 요직을 갖고 있었다. 일반적으로 세이흐로 불린 당시 나스르 부족장으로 그의 인격과 수완으로 일족간에는 큰 세력을 갖고 있었다. 무와히딘파의 세력이 약해지고 사태가 급하게 되어 여러 영주들이 적에게 성을 내주기 시작하자 이븐 아마르도 술탄의 칭호를 썼다.

이븐 울 아마르의 후손 시대에 궁정에 있었던 유명한 역사가 이븐 할둔은 이 주목할 만한 모험가의 눈부신 흥륭에 대하여 말했다. "안달루시아의 모든 영토는 이제 내란의 절호한 무대가 되어 카스티야인인 무슬림 여러 영주의 분열과 혼란을 이용하는 것을 잊지 않았다."

그들은 무슬림을 서로 싸우게 해 차차로 멸망케 했다. 이븐 아마르의 통치 초기에는 이븐 후드에 대항하는 힘을 얻기 위해 카스티야 왕과 동맹을 맺었다. 이븐 후드측에서도 또한 이븐 울 아마르에게 대항하려고 기독교도들에게 30개의 성을 주었다.

1236년, 카스티야인은 코르도바를 함락하였고, 발렌시아도 2년 후에 그들의 수중에 떨어졌다. 이렇게 싸움은 계속되었다. 1239년에 아시라, 1246년에 무르지아를 취하였고, 마침내 자이얀을 튀니스에서 쫓아냈다. 1248년, 15개월에 걸친 공방전 끝에 세비야는 그들에게 항복했다.

이렇듯 카스티야인이 경쟁자를 타도하고 있는 동안 이븐 울 아마르는 헤레스, 하엔, 그라나다, 말라가, 아르메니아 공략에 힘썼고, 고도의 모략과 수완을 발휘하여 이 조그만 왕국에서 자기의 권력을 굳혔다. 이 소왕국은 이후 200년간 피레네 산맥 한쪽에서 차차로 십자군의 원조를 얻은 기독교 스페인 및 포르투갈의 연합세력에 대항해야만 했다.

말라가의 가장 오래된 이슬람 사원

그런데 그것은 처음부터 문제가 되지 않는 싸움이었고, 종래에는 이븐 울 아마르의 왕국의 붕괴는 시간문제였다. 그러나 이 쟁투는 최후까지 영웅적으로 계속되었다. 전에 이븐 울 아마르는 그라나다 정복 후 그라나다를 정청 소재지로 정하고 알 가리브 일라라는 칭호를 사용했다. 그는 이 땅에 유명한 알 람브라(알 하므라)라는 궁전을 짓고, 이를 자손의 손으로 더욱 확장하여 충실하게 했다.

이븐 울 아마르의 정책의 주안점은 모리타니아의 마린조와 긴밀한 친선을 유지하는 것이었다. 이런 이유로 그의 영내의 사원에서 예배를 거행할 때 그의 이름과 함께 그들의 이름도 불려졌다. 1261년(이슬람력 660년)에 그전에 동맹관계에 있던 기독교 카스티야 왕과의 사이에 전쟁이 발발하여 카스티야 왕은 그라나다에 침입했다가 격퇴되었다.

이븐 울 아마르는 1272년에 죽고 왕자 아부 압달라 무함마드가 계승했다. 1274년 그라나다는 카스티야인의 침략을 받았는데, 무함마드는 마린조 군주의 원군을 얻어 이를 무찔렀다. 이 전투에서 카스티야군의 사령관은 전사했다.

그로부터 11년 후에 다시 카스티야인과 무슬림간에 전쟁이 일어났고, 13세기 말까지 계속되었으나 그 전쟁도 결국 무함마드한테 유리하게 끝났다. 그는 1302년 30여년간의 빛나는 통치를 뒤로하고 타계하였고, 같은 이름의 왕자가 왕위를 이었다.

새 왕은 밝은 지혜와 수완으로 1307년까지 통치를 계속했으나 그 해에 동생 나스르의 모반으로 퇴위 당했다. 나스르도 또한 불행한 군주였다. 왕위에 등극하여 얼마 안 있다가 카스티야와 아라곤의 두 왕으로부터 공격을 받고 매년 공물을 상납하는 데 동의하고 겨우 난을 면했다.

1314년에 왕조 창립자 이븐 울 아마르의 동생 이스마일의 손자인 이스마일에게 왕위를 양보하지 않을 수 없었다. 1316년, 카스티야군은 그한테서 몇개의 성을 빼앗았으나 그에 대해 3년 후에 에르빌라에서 역사적인 패배를 맛보게 하는 것으로 되갚았다.

1319년, 그라나다를 철저하게 칠 목적으로 카스티야 왕은 왕자 베드로를 장으로 하는 대군을 파견했다. 왕자에게는 25명의 여러 영주가 따르고, 그 중에는 영국인 부대를 인솔하고 카스티야군에 가세한 영국 귀족도 있었다. 이 여러 영주들은 베드로와 함께 전투중에 거의 전사했다.

1325년, 이스마일이 암살되어 왕자 아부 압달라 무함마드가 왕위에 올랐다. 그는 용감하고 훌륭한 군주였다. 1333년에 그동안 카스티야인이 점령했던 지브롤터를 탈환했다. 그런데 요새공사에서 돌아오는 도중 술탄 무함마드는 바위 뒤에 숨어있던 자객의 습격을 받고 쓰러졌다. 그의 뒤를 이은 사람은 동생 아불 하자즈 유수프인데 그는 나스르조의 술탄 중에서 특히 총명한 군주의 한 사람이었다. 그의 공정 관대한 통치하에 나라는 번영했고, 국민들은 풍족한 생활을 했다. 그도 조상처럼 문학과 과학의 열성적인 보호자였다. 안달루시아의 무슬림한테 불행한 일은 그의 시정이 오래가지 못한 것이다. 유수프는 1354년 궁정 안의 사원에서 예배 근행 중에 한 광인의 칼에 맞아 죽었다.

왕위는 같은 무함마드라는 이름을 가진 왕자가 계승하여 알 가니일라라는 칭호로 등극했다. 알 가니는 교양있는 학자풍의 군주로 학문과 예술을 장려했다. 나스르조 역사를 기록했던 리싼 앗딘(종교의 혀)이라는 별명을 가진 유명한 사학자 이븐 알 가디프가 그 시대의 사람이다.

알 가니가 한때 수도를 떠나있는 동안 아버지가 다른 동생 이스마일 때문에 왕위에서 물러났다. 그래서 그는 아프리카의 페스로 가 주거를 마련했다. 하지만 이스마일의 불의의 권력은 오래 가지 못하고 얼마 안 있어 아부 사이드를 수령으로 하는 반란으로 살해되었다. 아부 사이드도 2년 후에 카스티야 왕에게 몸을 의탁하는 신세가 되었고, 그의 재산이 재앙이 되어 살해되었다.

아부 사이드가 죽자 알 가니는 그라나다에 돌아왔고 국민들은 환호로 그를 맞았다. 그의 수완과 재략으로 카스티아인과의 평화가 유지되어 나라가 부강해졌고, 번영이 한걸음 더 나아갔다. 그의 통치는 아무런 장애를 받지 않았다. 그라나다에서 미술과 공업은 옛날의 활기를 되찾고, 상업은 레반드 지방과 극동의 온갖 재보(財寶)가 들어왔고, 국토는 무수한 새로운 관개공사로 풍요를 더했다.

알 가니는 1391년에 세상을 떠나고, 온 나라가 비탄에 잠긴 가운데 왕자 아부 압달라 유수프가 왕위를 계승했다. 이 군주의 통치는 그다지 행운이 뒤따르지 않았다. 그는 카스티아인과 친교를 계속하려고 생각했는데, 여론이 들끓어 그로 하여금 싸움을 시작하게 하고, 그 싸움도 종시 유리하게 전개되지 않았다. 그러나 그라나다인의 전쟁열은 오래 계속되지도 않았다. 그런데도 유수프는 유리한 조건으로 카스티아의 청년왕 헨리 3세와 화의를 맺게 되었다.

유수프 2세도 같은 유수프라고 이름 지은 재능과 덕이 있는 맏아들을 계승자로 지명했다. 그러나 1396년 그가 죽자 왕위는 둘째 아들 무함마드가 차지하게 되어 맏아들은 사로프로 성에 유폐되었다. 1405년에 카스티아 국경 방위군이 그라나다 영토를 침입했다. 카스티아왕을 응징하고자 무함마드는 몸소 전투에 나섰다. 전투 결과 피해는 엇비슷했다.

무함마드 6세가 죽고 유수프가 다시 군주가 되었다. 유수프가 먼저 생각한 일은 카스티아와 휴전조약의 연기였다. 양국간에 2년 후에 새로운 전쟁이 벌어졌으나 유야무야로 끝나고, 평화조약에 따라 휴전협정이 체결되었고 유수프가 죽을 때까지 깨지지 않았다.

이 시기에 카스티아는 헨리 3세의 어린 아들이 왕위에 있어, 어머니 왕후가 섭정이 되었다. 그녀는 무슬림 군주를 매우 높이 평가하고 양자 관계는 돈독했다. 그들은 해마다 많은 선물을 주고받으며 호의에 찬 교제를 계속했다.

정부에서 괴로움을 받고 있던 카스티아와 아라곤의 기사들은 때때로 유수프에게 숨을 곳을 제공해주기를 바랐다. 그들은 언제나 중재를 필요로 하고 있던 명예문제를 해결하기 위해 그라나다에 오는 자도 많았고, 이것이 다툼이 되었을 때 그는 싸움을 중지시키고 타협하게끔 중간에 서는 일도 적지 않았다.

무슬림 왕인 그의 착한 마음과 공정하고 인자한 덕있는 통치는 타국민 사이에서도 자국민에게 있었던 것과 마찬가지로 그의 인기를 높였다. 그의 통치를 통하여 카스티야인과 무슬림간에 존재한 조화는, 무슬림으로 하여금 부분적으로 그들의 손실을 보충케 했으며, 오랫동안 잊었던 평화의 혜택을 맛보게 했다.

이 선량한 군주의 통치는 15년 만에 끝나고, 타계하여 전 국민의 마음을 슬프게 했다. 이로써 그라나다의 행복한 시대는 끝났다. 그의 뒤는 알 아이사브(왼손잡이)라는 별명을 가진 왕자 무함마드가 계승했다. 거만하고 성미가 까다로운 그는 금방 그라나다 사람들 사이에서 인기가 떨어졌다.

그는 그라나다에서 꽤 인기있는 무술 시범회나 기타 사회적인 행사를 중지시키고, 오락을 좋아하는 국민들에게 즐겁지 않은 규정을 만들었다. 그러자 사람들은 폭동을 일으키고 그를 수도에서 쫓아냈다.

그라나다 침략을 나타낸 부조(浮彫)

한번 수도에 돌아왔으나 다시 쫓겨나는 신세가 되었고, 그의 뒤는 카스티야 왕 존 2세의 후원을 받는 일족의 공자 유수프가 차지하게 되었다. 그러나 유수프는 몇 개월 뒤에 죽고 무함마드 7세는 다시 왕국을 회복했다.

1433년, 카스티야군이 그라나다에 침입했고, 아르기다나 성 밑에서 막대한 손상을 입으면서도 과디스(와디애시) 지방과 그라나다 본토의 대부분을 황폐하게 하면서 휩쓸었다. 1444년에 무함마드는 마침내 조카 이븐 알 아나프 때문에 왕위에서 물러났다.

아나프의 선물과 뇌물에 눈이 먼 국민들은 그를 왕으로 맞이했다. 그런데 다수의 귀족들은 전에 카스티야에 가 존 2세 아래에 몸을 유지했던 이븐 알 아나프의 사촌으로 별명이 이븐 이스마일인 사드를 따라갔다. 카스티야 대군과 불평 귀족을 동반한 이븐 이스마일은 그라나다에 침입했고, 이로부터 5년간 무슬림은 잔학하고 격렬한 내란의 소용돌이에 휩쓸렸다.

이븐 알 아나프는 마침내 1454년에 패배하고, 이븐 이스마일이 아마르가의 왕위에 올랐다. 그가 먼저 마음을 써야 할 일은 화의(和議)를 새롭게 하기 위해 카스티야 왕 헨리 4세에게 사절과 공물을 보내는 것이었다. 그런데 카스티야 왕은 그 요청을 거절하고 그라나다에 침입했다.

약탈전은 몇년간 계속되었고, 무슬림들은 기독교 스페인인의 폭행 아래에서 신음하여야 했다. 집은 잿더미로 변했고 밭이나 농원은 더할 나위없이 거칠어졌다. 궁전 저택과 토양을 윤택하게 하던 관개공사는 손댈 수 없을 정도로 망가졌다.

이런 싸움 와중에서 일은 모두 기독교도측에 유리하고, 무슬림에게는 승리조차도 아무런 결실을 맺지 못하고, 카스티야의 인구중심지는 저멀리 있고, 이제 그라나다 왕국은 바다와 에르빌라 산맥과 알브하라스(알 부샤라트) 산줄기 사이에 닫혀졌다.

이 같은 재앙은 이븐 이스마일의 용기를 잃게 했다. 그는 만일 이 전쟁이 더이상 계속된다면 왕국이 완전히 파멸할 것이라 생각하고, 평화를 얻기 위해 어떠한 희생이라도 감수하겠다고 마음먹었다. 헨리 4세를 종주(宗主)로 받들고, 스스로 매년 황금 1만 2천 매의 공물을 바칠 것을 약속하는 조약을 그라나다 교외에서 양국 왕이 직접회견으로 조인했다. 이렇게 찾아온 평화는 1466년, 이스마일이 죽을 때까지 계속되었다.

## §§ 스페인에서의 무슬림

이슬람력 871년-1016년(1466년-1610년)

최후의 투쟁-그라나다 농성-항복-페르디난도와 이사벨라의 배신-스페인 무슬림의 박해-마지막 추방-스페인의 손실

이븐 이스마일의 뒤는 아불 하산이라는 별명을 가진 큰아들 알리가 계승했다. 용감하고 재능이 있는 그가 만일 통일된 국민의 지지를 받았다면 아마도 조상에 못지않은 명예를 드날리고, 왕국을 완전히 간직하였음에 틀림없었을 것이나, 당파로 이리저리 갈라진 국민을 갖고서는 그의 앞에 있는 사업은 더욱 절망적이었다. 파멸은 불과 같은 외골수의 성격과 왕자의 반역으로 더욱 빨라졌다.

1469년, 페르디난도와 이사벨라의 결혼은 카스티야와 아라곤, 레온의 기독교 세력을 한데 뭉치게 했다. 모두 광신자들이었고 이교도를 불태우거나 죽이는 것을 신성한 임무라 믿고, 다함께 스페인에서의 문명의 마지막 잔존물(殘存物)에 쐐기를 박으려고 마음먹었던 그들은, 자기 영내의 분쟁의 결과로 자기들한테서 말이 나온 아불 하산간에 체결된 휴전 협정의 기한이 끝나는 날을 안달복달하면서 기다리고 있었다.

그런데 아버지가 약속한 공물을 거부한 그라나다 왕의 오만은 몹시 그들을 자극했다. 그들이 바라던 기회는 아불 하산 자신이 제공했다. 협정의 기한이 끝나자마자 그는 무턱대고 폭풍우가 부는 날에 자하라 시를 습격하는 데서 전쟁의 단서가 되었다.

자하라 시의 점령은 아불 하산과 그의 왕국에 야만과 광신의 사태를 가져오는 결과가 되었다. 이는 종래 북스페인에 국내적인 혼란이

페르디난도와 이사벨라의 입성(入城)

있었기에 그라나다에 야만과 광신의 사태가 닥치지 않았던 것이다. 무슬림 중에 사려가 깊은 사람은 왕의 성급함이 나라에 재앙을 불러오는 길잡이라 생각했다.

즉 왕이 주최한 연회석상에서 한 나이든 푸아기(법학자)는 그런 흉조에 관해 이렇게 말했다. "슬프다. 우리들의 손으로 파괴된 자하라의 성벽은 오히려 우리들의 머리 위에 떨어질 것이다. 스페인에서의 이슬람 시대도 이에 얼마 남지 않았다."

아불 하산 군에 공고하게 다져진 자하라를 탈환하는 것은 곤란하다고 여긴 카스티야군은 수도에서 약 40㎞ 떨어진 그라나다령 침입로의 요충지 알 하마의 성을 밤에 습격했다. 영웅적인 방어전에도 불구하고 이 도시는 그들 손에 들어갔고 사람의 도살장이 되었다. 이슬람 중앙사원에 피난해 들어온 여자나 아이들도 카스티야인에 의해 살육되었다. 이렇게 알하마는 함락되었다. 어제는 번영한 도시, 오늘은 거대한 무덤, 어제는 행복하게 사람들이 산책하던 아름답고 깨끗한 거리가 오늘은 살해된 시체들의 산으로 파묻힌 것이다.

알하마의 함락은 그라나다의 운명에 어두운 그림자를 던지고, 그라나다의 시민이나 도처에 있는 무슬림들한테서 슬픈 한탄의 소리를 내게 했다. 사람들은 이런 재앙은 우리 스스로 자초한 것이라고 어리석었던 행동을 저주했다.

아불 하산은 두 번에 걸쳐 빼앗긴 도시의 탈환을 시도했는데, 첫 번째는 실패하고 두 번째는 거의 성공하고서도 수도에 있는 아들 아부 아부달라 무함마드의 모반이 일어났다는 소식에 예봉이 꺾였다. 일부다처제의 해가 스페인 무슬림들의 운명이 걸린 이 중대한 위기에 나타난 것이다.

아불 하산에게는 숙부의 딸 아예샤와 가문이 좋은 기독교도 스페인인 귀부인 두 명의 아내가 있었다. 그는 둘째 부인인 스페인인 부인과 아이들한테 빠져들었다. 스페인인 경쟁자가 가진 세력에 질투를 품은 아예샤는 자기 아들 보압딜을 사주하여 아버지를 배반케 했다. 어머니에게 매수된 성에 있는 병사들과 시민 일부는 이 청년을 왕으로 모셨다.

아불 하산은 그라나다로 급히 돌아오고 시내는 양파간의 아수라장으로 변했다. 부자간에 단기간의 휴전조약이 성립되었고, 늙은 왕은 카스티야인에 포위되어 있던 로하(로샤)를 구해내고 가네트를 점령할 수 있었다. 하지만 이 같은 승리는 아무런 소용이 없었다. 다시 아버지를 배반한 아들은 그 사이에 알 람브라 성을 함락하고, 사실상 그라나다 전역의 주인이 되었다.

이에 이르러 아불 하산은 앗 자가르라는 별명을 가진 동생 아부 아부달라 무함마드가 지방장관으로 있는 말라가로 피했다. 그의 세력 아래에 남아있는 것은 과디스와 바에사(바스다)뿐이었다.

페르디난도와 이사벨라는 로하 앞에서 진군이 저지된 것에 앙심을 품고 복수의 마음을 불태우며 강력한 부대를 말라가 지방에 파견했다. '만일 거둬들인 곡물을 불태우고 감람나무나 포도를 베어버리고, 잘 사는 마을을 파괴하고 가축을 훔치며, 저항하지 않는 사람을 죽이는 것을 성공이라 말한다면' 처음은 대성공을 거두었다고 할 것이다.

이렇듯 기분에 들뜬 카스티야인은 아하르기아(아슈 샤르기아) 산속에서 앗 자가르와 그의 휘하 장군 리즈완의 공격을 받고 꽤 큰 손해를 입고 패퇴했다. 무슬림군의 형세는 반드시 절망적이지는 않았지만 배반자인 보압딜이 야기한 새로운 사태의 추이에 따라 되어가는 형편이 전혀 달라져버렸다.

들뜬 그라나다인의 화제의 중심이 되었던 숙부 앗 자가르의 성공에 뒤질세라 불운한 보압딜은 카스티야인의 도시 루세나를 공격했는데, 일패도지(一敗塗地)하고 몸을 적의 손에 맡기게 되었다. 그리고 아불 하산은 용장 앗 자가르 때문에 왕위에서 물러나고, 재산을 가지고 가족과 함께 이로라로 은퇴하였다가 그곳을 떠나 알 무르갈에 갔다가 얼마 안 있다가 죽었다.

보압딜을 잡았다는 것은 페르디난도와 이사벨라측에서 본다면 지금 하고 있는 전쟁에는 하늘의 도움이었다. 즉 그들은 그라나다에 불화를 조장하여 병력을 분열시키고, 결국에는 그 불운한 왕국을 멸망시키는 데 그를 더없는 도구라고 여겼다. 우유부단하고 담이 크지 않은 그가, 날카롭고 노회(老獪)한 페르디난도의 손에 걸린 것은 풍전등화와 같았다. 그는 곧 그들의 충실한 머슴이 되겠다고 승낙했다.

'이것으로 완전히 상대를 마음대로 조종할 수 있다고 느끼자마자' 그들은 그에게 군자금이나 기타 필요한 물품을 충분히 주어 그라나다에 돌려보냈다. 호위로 따라온 카스티야인과 이전부터 아예샤에게 매수되었던 몇 사람의 그라나다 사람 힘으로 그는 알바에진 근교를 점령하여 그라나다는 다시 파멸적인 내란의 소용돌이에 휘말렸다.

앗 자가르는 보압딜에게 함께 내정에 힘쓰고 공동의 적에게 대항하자고 제의했으나, 이 무능한 청년은 일체의 제의를 거부했다. 카스티야인은 앗 자가르와 보압딜 사이의 이 같은 자살적 싸움을 틈타 아로라, 가수르, 포네라, 론다 등 중요한 여러 도시들을 차차로 함락했다. 종래 여러 번 성 밑까지 다가가면서도 얻지 못했던 로하도 1486년에 1년 만에 점령되었다.

보압딜은 무슬림이 있는 이 도시들이 함락되었을 때 축사를 보낸 비열한 사람이었다. 이 여러 도시가 항복하였을 때 주민의 안전과 보호를 엄숙히 서약했음에도 불구하고 한번 점령하면 여태까지 성인인 양 얼굴을 내세웠던 페르디난도는 자기의 서약을 깨는 것을 서슴치 않았다.

그래서 사람들은 노예가 되거나 고향에서 쫓겨났다. 앗 자가르의 수중에 남은 것은 바에자, 아르메니아, 부에라, 페스가르, 기타 소수의 도시에 지나지 않았다. 비열한 페르디난도는 보압딜과 밀약을 맺고 그가 앗 자가르한테서 뺏은 영토를 모두 주겠다고 약속했고, 애처로운 배반자는 만일 카스티야인의 도움이 없으면 종래 몇번 페르디난도를 격파한 적이 있는 앗 자가르 때문에 그라나다에서 쫓겨날지 모른다는 두려움으로 상대의 약속을 전폭적으로 신뢰했던 것이다.

페르디난도가 전력을 다하여 바에자를 공격할 수 있었던 것은 이런 이유에서였다. 사지에 몰린 앗 자가르는 당시 서로 싸우고 있던 아프리카의 무슬림 군주들에게 원군을 요청했다. 이 구원 요청은 전혀 소용이 없었지만 그래도 무슬림들은 완강히 방위전을 계속하여 앗 자가르는 성벽에서 몇번인가 카스티야인을 물리치기도 했다.

그런데 페르디난도의 전술은 마침내 바에자 주민을 기아로 몰아넣어 항복하지 않을 수 없었다. 늘 그런 것처럼 항복의 조건은 곧 파기되고 주민들은 용서없이 집에서 쫓겨나고, 물건이나 가축은 이 경건하다고 하는 기독교 왕 부부가 강탈하게 되었다. 알브하라스(알 부샤라트) 지방 여러 도시의 지방장관들은 차차로 매수되어 항복했다.

그때까지 감연히 국민의 자유를 위해 싸웠던 앗 자가르도 마침내 페르디난도와 이사벨라에게 무릎을 꿇어야 했다. 그는 국왕의 칭호와 함께 안다라하 지방을 나누어 받았지만 이 얼마 되지 않는 땅도 언제까지나 보유하는 것이 허용되지 않고 1년 뒤에 아프리카로 유배되었다.

이제 무슬림의 수중에는 그라나다와 그곳에 직접 붙은 속령 이외에는 아무것도 남지 않았다. 앗 자가르의 몰락으로 눈을 뜬 보압딜은 그제야 자기의 후원자인 기독교도들의 진정한 의도를 깨달았다. 그들은 앗 자가르를 제거하자마자 보압딜이 있는 그라나다를 내줄 것을 요구했다.

그의 거절은 페르디난도에게 전쟁으로 그라나다의 옥토를 황폐케 할 구실을 주었다. 그는 부에가 지방을 망막한 황야로 만들고 코르도바로 돌아갔다. 이제 싸움은 필사적이 되었다. 기사(騎士) 중에서도 특히 용기가 있는 무사 빈 아비르 가잔은 직언으로 담이 작은 보압딜에게 약간의 생기를 불어넣고, 그를 장으로 한 무슬림들은 한번 적국으로 공격할 결심을 하고 전투를 벌였는데, 사실 얼마간의 국경의 몇몇 요지를 공략할 수가 있었다.

그러나 봄이 다시 돌아옴과 함께 페르디난도는 다시 4만의 보병과 1만의 기병으로 된 대병력을 인솔하고 그라나다 평야에 공격해 들어와, 또다시 국토를 휩쓸고 망쳤다. 곡물과 과일나무는 베어 넘어지고, 집은 잿더미가 되고, 몸을 지킬 수 있는 것이 아무것도 없는 주민들은 살해되거나 강간당하거나 괴롭힘을 받고 고문을 받다가 죽었다.

스페인에서의 문명의 마지막 거점 주위에 둘러싸인 포위망은 점점 좁혀지고, 평야에서 살던 국민은 수도의 성벽 안으로 들어왔다. "10년간 그들은 침입자와 한치의 땅을 갖고 싸우고, 발 디딜 곳이 있으면 단호하게 적에게 항거했다. 그런데 지금 그들에게는 수도 이외의 다른 곳에는 한치의 땅도 없고, 다만 성안에 갇혀 한숨만 쉴 뿐이다."

방위 체제는 잘 갖춰져 있어 얼마동안은 잘 방위되었다. 또 수도와 알브하라스 사이의 연락은 끊기지 않았고 시에라네바다 지구(자발 쉬라이르)로부터 단절되지 않았으며, 식량이 농성군에게 전달되었고, 한

편으로는 무사 스스로가 인솔하는 용감한 출격은 적을 움직이지 못하게 못박았다.

매일 카스티야군의 진지 앞에서 행해진 1대1의 싸움은 거의 무슬림 기사가 적을 쓰러뜨렸다. 이 같은 싸움에서 중요한 기사 몇명을 잃은 결과, 페르디난도는 공위(攻圍) 전법을 봉쇄 전술로 바꾸고 기아(饑餓) 전술로 무슬림을 항복시키고자 했다.

"성벽 밖은 한조각의 땅덩어리도 남기지 않고 적에게 점령되어, 개미가 기어다닐 틈조차 없게 되었고, 농성군은 곡식 한톨이라도 취하거나 인근 지역으로부터 물자를 공급받을 수 없었다. 양식은 날이 갈수록 결핍되었고, 사파르(이슬람력 2월)달에는 사람들의 고통은 견딜 수 없을 정도가 되었다."라고 무슬림 사가는 말했다.

둘러싸인 공격선을 돌파하려는 결사적인 시도도 그라나다 성의 병사들이 굶주렸다는 약점 때문에 성공하지 못했다. 곤궁의 밑바닥에 내몰린 농성군은 마침내 성을 내주고 항복하기로 결심했다. "기아는 용기만 갖고 해낼 수 없는 일을 해냈다." 항복의 조건을 다루기 위해 카스티야군 진영에 사절이 왕래하고 장기간에 걸친 교섭 후에 다음과 같은 조항이 정해졌다.

'무슬림이 2개월 사이에 수륙(水陸) 어디로부터라도 구원을 받지 못할 경우에는 그라나다를 기독교도측에 인도해야 하고, 국왕과 군의 장성, 집정관들, 가장들은 모든 국민과 함께 카스티야 군주에게 신(臣)으로서 섬기겠다는 서약을 할 것, 보압딜은 알브하라스에 얼마간의 영토를 받을 것, 무슬림들은 누구를 막론하고 완전히 신병이 보장되며 자유를 누리는 것과 함께 재산과 무기, 말의 충분한 무제한의 소유 사용권을 유지할 것, 종교의 자유와 간섭 없는 집행이 허용될 것, 사원이나 종교시설은 그대로 남겨두고 무앗딘(예배시간을 알리는 자)의 예배소집은 방해받지 않을 것, 풍속과 습관, 언어, 복장을 그대로 간직할 것, 법은 같은 인종 출신의 법관에 의해 집행하고 무슬림과 기독교도간의 문제는 합의제로 결정할 것, 종래 납부하였던 이상의 세금을 과하지 않을 것, 기독교도가 무리하게 무슬림의 집에 들어가거나 무슬림을 모욕하는 행위를 하는 것을 금지할 것, 무슬림 포로를 모두 석방하고 아프리카로 건너가기 원하는 무슬림 모두 일정기간 내에 출발하는 것이 허용되고, 선박 운임 이외에는 아무것도 지불하지 않고 카스티야국 선박으로 수송되어야 하며, 이 기간이 지난 후에도 운임 이외에 휴대하여 가져가는 재산의 10분의 1의 금액을 지불할 경우에는 출발을 방해받지 않을 것, 타인의 범죄로 인해 박해받고 처벌되지 않을 것, 이슬람교로 개종한 기독교도들이 다시 기독교로 돌아가는 것을 강요받지 않을 것, 기독교도가 되려는 무슬림에게는 지금 하려고 하는 일에 관해 수일간 생각할 여유를 주고, 그후 희망하는 개종에 관해서 이슬람교나 기독교도 재판관의 질문에 답해야 하며, 이런 문답 후에 이슬람으로 돌아가는 것을 거부하는 경우에는 자기가 원하는 대로 할 것을 허용할 것, 무슬림은 기독교 병사로부터 다른 데서 자거나 또는 의지에 반하여 집을 옮기는 것이 강요되거나 의무가 없으며, 기독교도와 섞여 여행 혹은 거주하고자 하는 무슬림은 반드시 생명과 재산을 완전히 보증할 것, 그리고 유태인처럼 휘장 또는 명료한 표시를 하지 않아도 될 것' 등이었다.

무슬림쪽에서는 무사 한 명이 항복에 결사반대했다. 그는 사람들에게 카스티야인의 터무니없는 약속을 믿지 말 것을 경고하고 포위를 뚫기 위해 한번만 다시 최선을 다할 것을 요청했다.

"죽음은 굴종의 고통과 치욕보다 즐거움이다. 여러분은 카스티야인이 약속을 충실히 지키리라 믿는가. 여러분은 속고 있다. 적은 우리의 피에 굶주리고 있다. 죽음은 적이 우리에게 준비하고 있는 것-모욕, 폭행, 굴욕, 방종, 그리고 우리들의 가정을 약탈하고 아내와 딸을 능욕하며 성스런 사원을 모독하고-한마디로 말하면 온갖 압박과 부정, 고루한 것에 비하면 아무것도 아니다. 이미 우리들을 불태우고 뼈로 만들 장작을 마련하고 있다."라고 그는 설득했다.

그런데도 그의 말은 아무 소용이 없었다. 이에 이 용감한 기사는 회의에 모인 같은 나라 사람에게 노여움의 눈을 돌린 다음에 말을 타고 에르빌라 성문을 나가 두번 다시 돌아오지 않았다.

'그는 말을 타고 달리다가 곧 열 몇명의 기독교도 기사단을 만나 그들의 도전에 응하여 말을 탄 채 여러 명을 쓰러뜨리고, 말에서 내려서는 피곤하여 싸울 수 없을 때까지 싸우다가, 결국에는 있는 힘을 다하여 헤니르 강에 몸을 던져 갑옷의 무게를 추로 하여 강물에 가라앉았다.'

이집트나 터키계 술탄들에게 원군을 요청하는 사자들이 파견되었으나, 아무런 소식이 없는 가운데 유예기간이 지나고 1492년 1월 3일 카스티야인은 그라나다를 점령했다. 이는 '그라나다 사원 첨탑의 초승달이 십자가로 바뀌는 끔찍한 순간'이었다. 기독교도 스페인인이 그라나다를 점령함으로써 이베리아 반도의 지적 생활과 공업적 활동은 사멸했다.

보압딜은 가족과 함께 자기의 거주지로 정한 알브하라스로 길을 재촉했다. 파드우르 산이 이어지는 곳에 도착했을 때 그는 오랫동안 그라나다쪽을 바라보고 아쉬움의 눈물을 흘렸다. 지금까지 그의 불운의 원인이었던 어머니는 그에게 돌아서서, "그래, 남자답게 방위도 못한 주제에 지금 이를 잃었다고 계집애처럼 울기는 왜 울어."라고 말을 걸었다.

보압딜은 안다하라에서 잠시 살았으나 그가 스페인에 머물고 있는 것이 카스티야조에 위험하다고 여긴 페르디난도는 그를 곧 아프리카로 추방했다. 그는 페스에 가 자리잡고 살다가 1538년에 죽었다.

경건하다는 페르디난도나 성녀 같다는 이사벨라는 무슬림과 맺은 항복조약을 끝까지 지킬 의향이 없었고, 무슬림들은 곧 유태인의 운명을 보고 자기들 최후의 영웅의 불길한 경고를 다시금 상기하게 되었다. 유태인들은 무슬림의 관대한 지배 아래 번영했고, 그들의 재산은 탐욕에 찬 카스티야 왕의 목표가 되었다.

1492년, 진실성이 없는 정책을 종교의 가면을 쓰고 상대를 속이기 위해서는 무엇이든 약속하는 페르디난도는, 그들에게 믿고 있는 종교를 버리든지 국토를 떠나든지 하나를 선택하라는 명령을 내렸다. 그들은 불에 지져지고 괴롭힘을 당하거나 유배되었다.

유태인에 대한 명령과 때를 같이하여 무슬림과 맺은 조약도 파기되기 시작했다. 무슬림은 온갖 굴욕과 해를 입고 그들의 종교와 법률은 금지되고, 많은 사람들이 강제로 기독교 세례를 받게 되었다. 카스티야인의 배신행위는 무슬림 국민 사이에 격렬한 분격을 일으켰고, 알바에진인들이 일어섰으나 이는 학정을 더욱 심하게 할 뿐이었다.

1498년에 히메네스가 전국적인 박해를 시작했다. 그들은 일정기간 내에 우상 숭배의 종교를 믿든지, 사형에 처해지든지 한쪽을 택할 것을 명했다. 굴복한 자도 있었으나 대부분은 신앙을 지키고 알브하라스 산속에 은신했으나, 그곳도 박해자의 공격을 받았다. 남자만 죽이는 것으로는 성에 차지 않은 카스티야군은 부녀자들이 도망쳐 들어간 이슬람 사원을 화약으로 폭파했다.

소수의 병력으로 무슬림은 용감하게 방어진을 펴서 싸웠고 1501년에는 자발 바란사에서 승리하여 모로코와 터키, 이집트로 가는 길을 열었다. 그러나 그들의 재산과 가축은 기독교 군주에게 압수되어 떠날 수가 없었다. 뒤에 남은 자도 많았으나 그들은 칼이 들이대어져 기독교 신앙을 가지겠다고 맹세해야 했다.

겉으로는 기독교도였으나 그들의 마음은 결코 그렇지 않았고, 안으로는 하나님을 믿고 정한 시간에 세정(洗淨)하고 예배를 드렸다. 아이가 세례를 받으면 기독교 성직자가 눈을 돌릴 때 곧 그 성수를 씻어버렸다. 기독교식의 결혼식을 했더라도 집에 가서 이슬람식으로 결혼식을 다시 했다.

그라나다 성을 내줄 때의 서약을 존중하는 공정한 정부였다면 이런 겉으로 비치지 않는 내적인 불만을 갖게끔 한 위험은 범하지 않았을 것인데, 스페인 군주는 무어인(북부 아프리카 출신 무슬림)에 대하여 현명하고 정직한 태도를 취하지 않고 시간이 지남에 따라 점점 잔인한 잘못된 방식을 쓰게 되었다.

이런 명목상의 기독교도들은 특히 엄중한 감시를 받았고 조금이라도 이슬람으로 되돌아가는 듯한 낌새가 있으면 애처롭게도 당국의 조사를 받아야 했다. 이교도 힐문의 불길은 그라나다, 코르도바, 세비야에서도 점화되어 매일 그 불길이 수많은 남녀를 불태웠다. 폭동을 방지하기 위해 예리한 도구는 아주 작은 주머니칼도 소지하는 것이 금지되고, 일찍이 스페인을 정복했던 불운한 후예는 묵묵히 자기 몸에 오는 책고와 폭압을 견뎠다.

1568년이 되자 그들의 생활은 도저히 참을 수 없는 형편이 되었다. 희생자로부터 재산과 권리를 빼앗고, 그들이 전에 지배했던 땅에서 한심스런 노동만 하게 하던 기독교도들은 무슬림들의 추억, 즉 그들이 빛나는 존재였던 기억조차 없애려고 했다.

이 시기에 왕위에 오른 사람이 광신자인 필립 2세이다. 마찬가지로 미욱하고 사납고 광신적인 그라나다 추기경은 왕에게 아랍인의 언어와 풍속과 관습을 버리고 스페인어로 말하고, 스페인인처럼 행동하고, 스페인식 이름으로 개명하도록 명했다. 국민의 전면적인 민족성의 박탈은 어떤 민족도 견딜 수가 없는데 하물며 알 만수르가나 아벤세라지가 사람들이 참고 있을 리가 없었다.

궁지에 몰린 그들은 무리를 지어 일어섰다. 싸움은 절망적이었다. 3년간의 전투 끝에 반란은 유명한 오스트리아의 공작 돈 후안에 의해 대대적인 폭압과 학살로 분쇄되었다. 많은 사람들이 여자와 아이들 눈앞에서 살해되고 알브하라스의 마을과 계곡은 시체가 산처럼 쌓였다. 동굴로 도망간 불쌍한 사람들은 불 지른 연기에 질식해서 죽었다.

그런데도 발렌시아와 무르지아에는 무어인들이 다수 살아남았다. 1601년 필립 3세는 아버지가 착수한 사업을 완수하고, 50만이 넘는 무저항의 무슬림을 강제적으로 아프리카로 보내고 돈도 물건도 없이 강가에 버리고 떠났다. 20만 아래로 내려가지 않는다는 오지의 주민들은 일찍이 부강했던 국민의 불운한 잔존물로서 용서없이 국경 건너 프랑스로 쫓아내어, 스페인의 잔인함과 도중의 온갖 고생을 겪고 살아남은 자는 프랑스에서 이슬람국으로 배를 타고 건너왔다. 그라나다 멸망에서부터 필립 3세 시대에 이르는 동안 이베리아 반도에서 3백만이 넘는 무슬림이 쫓겨났다.

이렇게 되어 스페인 땅에서 용감하고 천재적이며 이지적인 한 민족이 사라졌다. 전에 있었던 그들이 일으킨 산업이야말로 고트인(스페인 원주민)의 나태했던 자랑 아래 아무것도 태어나지 못했던 이 반도에 다시 생명을 가져오게 했었다. 그들이야말로 안달루시아를 꽃밭으로 바꾸고, 주위가 모두 어둠에 잠겨있을 때 지식의 횃불을 높이 들었다. 그들이야말로 문화를 펼치고 문명에 자극을 주고 기사도를 확립했으며 실질적으로 근대 유럽을 낳게 한 것이다.

무슬림을 추방한 후 수세기간 스페인은 물론, 다른 어떤 나라도 무슬림이 다스리는 영토의 문화에 미치지 못했다. 페르디난도와 이사벨라, 샤를 5세 제국의 하루아침에 꽃피고 하룻밤에 시드는 영화는 결코 그만한 지속적인 우위를 가질 수가 없었다.

## §§ 스페인에서의 무슬림 개관

그라나다 왕국-그라나다 시(市) 알 람브라-알 헤네랄리페-그라나다의 예술과 학문-복장-아랍인 통치시대의 스페인의 장관-통치-관청-경제상태-공업-농업-미술-학문-여성의 지위-여성 학자-취미와 오락

그라나다 왕국은 스페인에서 이베리아 반도의 동남쪽에 자리했다. 그 전성기에도 동서 420㎞, 남북 150㎞를 넘지 않았다. 그런데도 그 작은 땅에 대제국의 모든 자연적 조건이 갖춰져 있었다. 넓은 계곡은 광물자원이 풍부했고, 산이나 들판을 품에 안고, 억세고 끈질긴 사람들은 국가에 농부나 병사를 공급했다. 초원은 풍부한 물로 촉촉해서 풀이 잘 자랐고, 해안에는 지중해의 중요 시장이라 할 편리한 항구가 여럿 있었다. 도시가 30개, 방위시설을 갖춘 도읍이 80개, 성벽으로 둘러싸인 마을은 수천에 달했다.

지금 부에가 데 그라나다로 불리는 치열한 옛 싸움터였던 그라나다의 평원(고다드)은 면적이 180㎢에 이른다. 세니르 강(헤니르 강), 두로 강, 가까운 자발 쉬라이르(시에라네바다) 산맥으로부터 발원하는 세 강에 의해 관개되고, 사방에는 과수원, 화원, 삼림, 궁전, 저택, 별장, 포도밭이 있는 평원의 초지는 세상에 드물게 보는 화려한 풍경이었다. 정원 주위에는 언제나 녹색으로 덮인 초원이 있었다.

아랍인은 그 치밀한 경작능력을 그라나다의 부에가에 쏟아부었다. 그들은 헤니르 강과 두로 강의 물을 샛강으로 갈라 흐르게 하고, 기술과 노력을 다하여 1년 내내 순차적으로 곡물과 과일을 수확했다. 또 기후적으로 전혀 반대인 농산물도 교묘히 재배했다.

대량의 견사와 마(痲)는 아르메니아나 말라가의 항구에서 당시 번

창하고 있던 이탈리아 여러 도시로 수출되었다. 공산품은 각양각색으로 다양했고, 도시들은 각기 특화된 산업으로 정평이 나있었다. 아마르조 왕국의 여러 항구는 유럽과 지중해 연안지방, 아프리카에서 온 선박으로 법석이었고, 수도는 눈부신 상업 활동의 중심지로 여러 나라 사람들의 공동 도시가 되었다.

그라나다 시민은 정직함과 성실성으로 세계에 소문나 존경을 받았고, 그들의 구두약속은 기독교 스페인인의 증서보다 확실한 것으로 간주되었다. 섬유제품이나 귀금속 외에도 다량의 원료, 특히 아마(亞麻)와 명주가 수출되었다. 플로렌스의 생산품 원료의 대부분은 아르메니아와 말라가 두 항구에서 매입한 것이었다.

아랍인이 가르나다라고 부르는 그라나다는 목축지 속에 망루처럼 서있었다. 지금도 그렇지만 반은 부에가 지방의 가운데, 반은 산의 경사면에 위치하고, 인구가 많은 시중의 거리는 산 위에 가득 있었다. 굽이치는 두로 강은 도시 가운데를 관통하여 흐르고, 시내의 무수한 저택이나 시장, 공장에 물을 공급하면서 구부러져 아래의 평원으로 내려갔다.

나스르가 시대에 그라나다는 견고한 성벽으로 둘러싸이고 20개의 성문이 있고, 좌우에는 1300개의 성루가 있고 성은 중앙에 있었다. 집에는 정원이 있고 오렌지, 레몬, 시트론, 월계수 등 향기 나는 나무나 화초가 심어졌으며 집집마다 수도가 놓여있었다.

15세기 중엽 그라나다의 인구는 40만에 달했다. 이븐 울 아마르는 성의 반대쪽 언덕 정상에 알 람브라 시를 건설하고, 성안에 4만 명을 수용할 능력을 가지게 했다. 알 람브라 궁은 훌륭한 아라베스크 모양의 채색이나 모자이크 세공, 128개의 형태가 좋은 기둥이 줄지어 서 있었다.

알 람브라의 반대편 험한 산중턱에는 유명한 알 헤네랄리페의 이궁(離宮)이 있어 알 람브라(붉은)와 마찬가지로 성벽 안쪽에 있었다.

정원은 원형극장 모양의 계단이 있고, 산 정상에서 내려오는 실개

천이 몇단이 되는 폭포가 되었다가, 마침내는 숲의 풀속에서 보이지 않게 되었다.

아라베스크

그라나다의 군주들은 학문과 예술을 보호하고 화려한 사회사업을 했다는 점에서 코르도바의 칼리프들에 뒤지지 않았다. 그리고 그들의 자유로운 진보적인 통치 아래 그라나다는 우수한 학자, 유명한 시인, 훌륭한 군인 등 모든 면에서 본보기가 되는 인물들의 조국이고 발상지였다.

그라나다의 여성들도 이에 못지않아 문학으로는 유명한 나준, 자이나브, 하무다, 하프사, 알 가라이에, 사피아, 마리아 등의 이름은 조국 그라나다의 이름에 불멸의 빛을 더했다. 그라나다의 아랍인 국왕이 힘주어 장려한 것은 문학뿐만이 아니었다. 역사, 지리, 철학, 천문학, 자연과학, 정밀과학, 의학, 음악 등에도 한결같이 정성을 기울였다.

각 학교의 관리는 유명한 학자들 중에서 뽑힌 교장들에게 위임되었다. 13세기 중반 그라나다 대학의 총장에 시라지 앗딘 알 하캄이 되었다. 이 인사 처리에는 전혀 종교적인 차별대우가 없었고 유태인이나 기독교도 학자들도 때때로 총장직에 임명되었다. 아랍인 의견에 의하면 참된 학식은 학자의 종교상의 의견보다 더 큰 가치가 있다는 것이었다.

축제나 정기적인 집회에 일반인을 초청하는 것은 스페인의 아랍대학에서는 관례였다. 어느 학교에나 교문 위에는 다음과 같은 말이 적혀 있었다. "세상을 지탱하는 네 가지는 현명한 사람의 학식, 위대한 사람의 공정함, 착한 사람의 기도, 용감한 사람의 무용이다."

코르도바의 함락 후, 기사계급은 그라나다를 고향으로 하고 그곳에서 최고의 발달을 보였다. 칼리프가 있는 수도에서처럼 여성은 우선

적인 지위를 차지하고, 남성들 사이에서도 자유롭게 섞이고 파티나 무술시합장, 그밖에 그라나다에서 행해지는 사람들을 즐겁게 하는 구경거리가 있는 곳에 모습을 나타냈다.

그라나다 무슬림의 장점이라 할 기사도 정신과 의협심의 대부분은 확실히 여성들의 품위있는 영향에 의한 것이었다. 아랍기사가 시합에 나가거나 전쟁에 출전할 때는 반드시 창에 찔린 심장이나 선박을 비추는 별, 애인 이름의 이니셜 등을 팔에 장식했다. 기사들은 당당히 애인 앞에서 무술로 내기를 걸고 싸우고, 애인과 함께 풍치가 있는 잔부라 춤을 추는 일도 적지 않았다.

부인들은 눈이 아름답고 대부분 보통 키의 아담한 체구에 기지가 있고 말솜씨가 있었다고 한다. 여자들의 복장은 아주 얇은 모시나 비단, 목면의 비싼 옷에 허리띠를 두르고 두건을 썼다.

머리에 쓰는 두건은 전쟁에 나가는 무사들은 오래 전부터 쓰지 않았다. 발렌시아와 무르지아, 동부 여러 주에서는 일반적으로 법조계 재판관에서부터 종교계 종사자까지 두건 사용을 중지하고 모자를 썼다. 코르도바나 세비야와 같은 서부 지방에서는 재판관이나 푸아기(법률 해석가)는 대개 두건을 머리에 둘렀으나 크기가 작은 것이었다. 스페인 무슬림들은 동쪽의 무슬림들이 큰 두건을 두른 것을 보면 웃었다고 한다.

왕이나 영주, 귀족, 무인들도 일반 국민과 더불어 인접 여러 나라에서 유행하는 프랑스 유행을 좇고 그들과 같은 복장을 했다. 아랍 기사들은 활이나 언월도(偃月刀)로 가볍게 무장하는 대신에, 무거운 갑옷을 입고 프랑크인과 같은 큰 활과 창, 방패를 사용했다.

스페인 무슬림은 몸과 의복에 대해서나 가옥 내부에서도 세계에서 가장 청결한 국민이라고 한다. 사실 그들의 청결은 아주 극단적이어서 매일 먹는 음식물을 사는 대신에 비누를 사는 데 마지막 한푼을 소비하고, 더러운 옷을 입고 다른 사람 앞에 나오는 것보다 차라리 식사를 하지 않고 나오는 것은 하류층 사람들 사이에도 드문 일이 아니었다.

술탄은 정부의 최고 수뇌였다. 실제 행정에 관한 일은 재상(와지르) 칭호를 가진 대리가 했다. 각 관청의 부서에는 각각 별도의 장관직이 마련되어 있었다. 주된 관청은 재정, 외무, 사법 또는 소원 처리, 군대의 관리와 봉급 지불의 감독국이 있었다.

추밀(樞密) 고문관에게도 와지르라는 칭호가 주어졌는데, 국무를 처리하는 장관은 보통 칼리프의 고문관과 구별하기 위해 와지르 주위자라다인이라고 불렀다. 고문원 의장은 하지브라고 했는데, 내무장관이었다. 하지브는 군주에 직속하고 군주의 위임을 받아 대개 수상의 직위를 점했다. 장관들은 모두 한 방에 같이 있었는데 수상의 자리는 다른 자리보다 한 단 높았다. 추밀 고문관도 장관들처럼 칼리프와 동석할 특권을 갖고 있었다.

국무관계 장관, 즉 카티브 앗 다울라도 몇명인가 있고, 그 중에서 체신장관(기다바트 앗 라사일)의 지위가 가장 높았다. 비무슬림의 생명과 재산의 보호를 맡은 직은 가티브 앗 지맘이라는 직책이었다. 국가의 회계감독은 사히브 알 아쉬가르라는 관리의 책임이었다. 이는 사실상 재정장관으로 세입을 수납하고 조세를 과하고 지출을 통제하며 관리의 부패를 감시했다.

그라나다 왕국에서는 회계와 술탄의 사비, 기타 금전상의 문제를 취급하는 직은 와킬이라 불리는 사람이 관리했다. 그라나다에는 국무장관급의 직책이 없고 체신국은 수상의 지배에 속하고, 공훈문서나 국서의 봉함(封緘)은 국왕 스스로 했다. 아마르조와 아프리카의 마린조에서는 사히브 알 아쉬가르는 단순한 세입 수납관리였다. 스페인에서의 법관직은 매우 존중되었고 대법관은 카디 알 구다드라 부르지 않고 카디 알 자마에트(국민의 판사)라 했다.

경찰 총수는 스페인 동쪽에서는 사히브 앗 쉬르타라 했고, 코르도바의 칼리프 밑에서는 매우 큰 권한이 주어졌다. 나중에는 이것도 단순한 경찰부장으로 되었다. 도시의 시장(市長)은 사히브 알 마다나라 불렸고, 법관의 감독을 받았다. 무타시브는 상인이 사용하는 도량형을 검사하고, 시장(市場)을 감독하고, 범죄를 예방하고, 소매상인 등의 사기를 관리했다.

밤 경비는 알 바와분(문지기)이라 불렸다. 마지막 순번이 끝날 무렵 시내 검문소의 일각대문을 닫는 것이 임무였다. 이 경비는 밤에 언제나 무장하고 등불을 가지고 큰 개를 끌고 다녔다.

해군장관은 아미르 알 마라 불렸다. 압둘 라흐만 안 나시르와 그후 군주 시대에는 이 직책은 가이드 알 아사디르(함대사령관)로 불렸다. 서우마이야조와 무와히딘조에서 해군은 꽤 출중한 실력을 갖고, 그 해상세력은 전 기독교국의 힘을 합한 것보다 우세했다. 당시의 사가 이븐 할둔이 지적한 것처럼 이슬람 제국 몰락의 주원인이 된 것은 이런 우위의 상실이었다.

당시 아랍인 통치 아래 스페인만큼 농업의 융성을 보인 곳은 다른 곳에는 존재하지 않았다. 아랍인의 농업을 향상시키고, 한 부분의 과학으로서 근면과 수련의 지식을 아주 잘 이용하여 스페인 국토의 부를 놀라울 정도로 개발했다. 일정한 곡물에는 일정한 토질이 적합하다는 것과, 특정한 나무나 풀에는 각종 비료를 주는 방법을 알고 있었고, 그들은 어떠한 불모지도 기름진 땅으로 만들었다.

쌀이나 사탕수수, 목화, 사프란 등과 현재 이베리아 반도의 특산으로 생산되는 여러 종류의 과일 재배는 이 지방에서 차차 유럽 각지에 수출된 것이다. 모든 종류의 토양이 이에 가장 적합한 곡식이나 재배에 사용되었다. 쌀은 알브페라 부근에서 다량 수확되었다. 사탕수수와 목화는 오리바와 간디아에서 재배되었다. 헤레스와 그라나다, 말라가는 포도로 덮이고, 세비야 주변과 안달루시아 대부분은 감람나무가 심어졌다.

그들은 기구를 사용하여 지면을 다졌으며, 관개공사는 잘 진행되어 모든 국토가 물을 공급하는 수로나 운하로 덮여 있었다. 철과 강철도 대량으로 생산되었는데 강철은 매우 상품으로 그라나다의 칼은 스페인의 어느 곳에서 만들어진 것보다 귀중하게 여겨졌다.

명주와 목면의 생산은 아랍인에 의해 스페인에 소개된 것으로 모직물도 대단히 양질이었다. 염색은 특히 우수했고 남색(藍色)으로 조금 검게 물들이는 것은 그들의 발명이라고 일컬어진다.

알 람브라의 궁전에는 아직도 훌륭한 화병이 놓여있고, 장대한 건축물의 장식으로 사람의 눈에 띄는 광택이 있는 기와는 그들의 도기(陶器) 제작이 진보했다는 것을 보여준다.

수출품에는 금, 은, 동, 선철(銑鐵), 무쇠, 자철석(磁鐵石), 백철석(白鐵石), 활석, 수은, 유황, 안티몬 등의 광물, 생사(生絲), 견사(絹紗), 양모제품 등의 직물, 설탕, 생강, 몰약, 사프란 등의 각종 향신료와 약재, 감람석(橄欖石), 호박(琥珀), 수정, 안달루시아에서 채취되는 산호, 카탈루냐 해안에서 채취되는 진주, 말라가와 베하 광산에서 나오는 루비, 갈다헤나 부근에서 나오는 자수정 등의 보석이 있었다.

가죽 다지기, 염색, 장식의 기술도 유명했는데 이것은 무어인(북아프리카 무슬림) 추방 이후 거의 사라졌다. 스페인에서 페스, 페스에서 영국으로 넘어가 지금도 영국에서는 모로코 가죽, 또는 코르도바의 가죽으로 알려져 있다.

스페인의 아랍인은 조각과 회화에서도 인근의 기독교도보다 나았다. 코르도바의 칼리프 궁전, 특히 앗 자히라 궁전은 조상(彫像)과 회화로 잘 장식되어 있었다. 아직도 알 람브라에 남아있는 사자 조각상과 역사화는 그라나다의 조각과 회화를 보여준다.

장미 향수병

아무리 작은 읍이라도 초등, 고등학교가 없는 곳이 없었고 주요 도시마다 독립한 대학이 있었다. 코르도바, 세비야, 말라가, 사라고사, 리스본, 하엔, 사라만가 등의 대학은 특히 인정받고 있었다.

스페인이 낳은 다수의 역사학자 중에는 여러

걸출한 사가들이 있었다. 이븐 하야, 이븐 알 압바, 이븐 부쉬그와르, 이븐 앗 사이드, 이븐 알 카티브 등이다.

그라나다의 학식있고 교양있는 여성들의 이름을 거론하는 것도 흥미가 있을 것이다. 시인 아불 하산의 딸 핫사나 앗 다미미에와 움 알 우라는 같은 과다라하라 출신으로 이슬람력 6세기경에 활약했다. 예언자의 후예로 앗 샤리프라 불렸던 아마드 알 아지즈와 아르메니아주 베헤나 출신 알 그사니에는 이슬람력 5세기 사람이다. 이 여성들은 당시 학자들 중에서 높은 지위를 차지하고 있었다.

발렌시아에 살았던 알 아르지에는 문장가와 웅변가로 유명했다. 그녀는 1105년에 데니아에서 죽었다. 미모와 재능, 기품, 재산으로 알려진 하프사 알 라그니에는 무와히딘 시대의 여자였다. 함둔의 딸 하프사도 과다라하라 출신으로 11세기 학자 시인으로 가장 저명한 여성이었다. 와디애시 출신인 자이나브 무라비에는 하지브 알 무자파르 시대 사람으로 하지브가와 친숙한 사이였다.

아부 알 안사리의 딸 마리암은 세비야 출신의 학식있는 훌륭한 부인으로 웅변술과 시, 문학을 가르쳤는데, 그녀의 경건함과 훌륭한 품격, 여러 가지 미덕, 자상한 성격 등으로 여성들의 흠모를 받으며 많은 제자들을 길러냈다. 그녀는 이슬람력 2세기에 죽었다.

재판관 이븐 아디에의 딸 엄무 알 히나는 시인이며 법학자였다. 코르도바 태생으로 알 무스탁피의 딸 왈라디의 친구였던 바하도 미모와 시, 문장으로 알려졌다. 마지막 세비야 왕 무타미드의 왕비 이디마드 알 라미기에와 그의 딸 부시나도 당시 학자들 사이에서 높은 위치를 차지하고 있었다.

유명한 학자로 이븐 우사이그(대장장이의 아들)라는 별명의 이븐 바자로 알려진 아부 바크르 무함마드 빈 야흐야는 사라고사 출신이었다. 혈통적으로 다지브 사람인 그는 걸출한 의사, 철학자, 수학자, 천문학자였다. 그는 학식과 과학적 두뇌에 더하여 음악에도 매우 숙달했다. 1138년(이슬람력 533년) 페스에서 사망했다.

이븐 투파일은 스페인의 아랍학자 중에서도 가장 우수한 철학자의 한 사람이었다. 와디애시(과디스)에서 태어나 의사, 수학자, 철학자, 시인으로 알려졌는데, 무와히딘조의 2대째 군주 아부 야쿠브 유수프한테 매우 높이 평가되었다. 그는 1185년(이슬람력 581년)에 모로코에서 사망했는데, 유수프의 세자 야쿠브 알 만수르도 장례식에 참석했다. 이븐 투파일의 명저(名著) ≪하이이 이븐 야크잔≫은 아마도 자연종교에 관한 최초의 저작이라 할 것이다.

이븐 주르는 세비야 출신으로 집안 모두가 학자 또는 의사, 장관직에 있은 보기 드문 혜택받은 가정에 속해 있었다. 집안 식구들의 다수는 국가 최고직에 있었고, 군주의 은총을 받고 크게 권세를 휘둘렀다. 이븐 주르는 군주 알 만수르의 주치의가 되었다가 1199년(이슬람력 595년)에 세상을 떠났다.

이븐 루시드(아베로스)는 1126년(이슬람력 520년)에 태어났다. 그의 할아버지와 아버지는 무라비트조에서 안달루시아의 대법관을 지냈다. 그는 아부 마르완과 이븐 주르, 이븐 투파일과 친교가 있었고, 이븐 투파일한테서 아부 야쿠브 유수프를 소개받았다. 나중에 세비야의 카디(재판관)가 되었고, 1182년에는 코르도바에서 같은 자리에 임명되었다. 1198년에 세상을 떠났다.

## §§ 아프리카에서의 무슬림

이슬람력 169년-567년(785년-1171년)

이드리스조-아글라브 수장국-시칠리아 섬 침략-아글라브 수장국의 몰락-파티마조의 발흥-이집트 정복-카이로 건설-시리아, 히자즈, 예멘 정복-파티마조의 쇠퇴-카이로-이스마일파의 수도원

### 이드리스조

아바스조 3대 칼리프인 마흐디 시대까지 아프리카의 모든 영토는 아바스조의 종주권을 인정하고 있었다. 4대 시대에 하산 1세의 후예 이드리스는 이슬람력 172년(788년) 서모리타니아로 망명하고, 그곳에서 그를 수장으로 맞이했던 베르베르 부족의 협력을 얻어 강력한 국가를 건설했는데 이것이 이드리스조이다. 이드리스조는 오랫동안 북아프리카에서 번영을 계속했다.

이드리스는 페스에 도시를 건설했고, 이곳을 수도로 하여 진보적인 시책 아래 그곳은 얼마 지나지 않아 유명한 문화와 학술의 도시가 되었다. 그는 아바스조로부터 온 자객에게 독살되어 국왕의 자리는 같은 이름을 가진 어린 왕자가 어머니와 집정 가리브의 보좌 아래 계승했다.

이드리스 2세는 위대한 무인의 수완을 발휘하여 남쪽을 향하여 대규모의 정복을 행했다. 당시 아바스조의 지배권은 서부에서는 수스 알 악사부터 시르부즈에 이르는 데까지 허물어졌다고 이븐 할둔은 말했다. 이슬람력 213년, 그가 죽자 아들 무함마드가 지배자가 되었다. 각 주의 총독을 집안사람에게 맡게 한 그의 정책은 성공했고, 한 가지 예외를 제외하고는 그가 총독으로 임명한 형제들은 마지막까지 모

두 충절을 지켰다.

무함마드는 이슬람력 221년 타계하고, 당시 불과 9세인 왕자 알리가 왕위를 계승했다. 알리의 즉위는 전 국민으로부터 받아들여졌고, 정치는 부왕의 충실한 신하였던 사람들의 손에 의해 훌륭히 행해졌다. 그는 불과 22세에 후사도 없이 죽고 동생인 야흐야 빈 무함마드가 왕위에 올랐다.

야흐야는 긴 통치 기간 동안 사방에 세력을 뻗치고 이드리스조는 번영의 도수를 더했다. 그는 페스를 수도로 하여 충실하게 세력을 확대하여 국민이 사방에서 모여들었다. 야흐야는 이슬람력 261년 타계하고, 같은 이름을 가진 왕자가 왕위를 계승했다. 그의 압박 정치는 폭동을 야기하고, 이로 인해 쫓겨나게 되어 스페인으로 피했다가 궁핍한 처지에서 죽었다.

야흐야 2세의 폐위와 더불어 사촌 알리 빈 우마르가 수도의 주인이 되었다. 그도 오랫동안 수도 페스를 유지할 수가 없었고, 이슬람의 과격 종파인 하와리지파의 폭동 때문에 스페인으로 망명하지 않을 수 없었다. 알리의 몽진(蒙塵)과 함께 페스인들은 이드리스 2세의 손자 야흐야를 왕으로 옹립했다.

야흐야는 학자이면서 법률가이며 역사에도 정통했다. 잠깐 동안에 예전의 이드리스 영토 전부를 차지할 수 있었지만, 992년(이슬람력 309년)에 파티마가의 미그나사 지방 행정장관 때문에 이드리스 영토에서 쫓겨나 그의 지배는 곧 끝을 맞았다. 야흐야 3세의 몰락으로 이드리스 일가의 여럿은 각각 지방 여러 주를 차지하고 왕이라 불렸다.

스페인 우마이야조의 압둘 라흐만 3세(안 나시르)는 아프리카에 원정군을 파견하고 모리타니아 대부분을 병합하여 이드리스 일문의 사람들을 코르도바로 데리고 갔다. 그리고 서부 모로코도 스페인의 칼리프 손에 떨어지고, 동부는 파티마조의 세력 아래 놓였다.

### 아글라브 수장국

810년(이슬람력 184년)에 아바스조 7대 칼리프 라시드가 아프리카를 독립령(아미르령)으로 한 것은 이미 말한 바이다.

아글라브조의 제1대 군주는 이브라힘 빈 아글라브(801년-811년 재위)로 정치적인 재능이 뛰어나고 정력적인 성격을 갖고 있었다. 그는 카이로완 가까이에 새로운 도시를 만들어 아밧시에라 부르고 정청의 소재지로 삼았다. 그는 12년 이상 통치한 후에 왕위를 태자 아글라브에게 계승시켰다.

그의 시대에는 전쟁도 없었고 아무런 문제도 일어나지 않았다. 아미르령 국민은 행복하게 살고 부도 증가했다. 그는 816년(이슬람력 201년)에 서거하고 동생 지아다툴라가 아미르 수장의 자리를 계승했다. 그는 재능이 있고 야심에 찬 군주로 미술과 학술을 보호했으나, 오만하고 앞뒤를 가리지 않는 성격으로 이것이 큰 반란을 일으키는 원인이 되었다. 오랫동안의 쟁투 끝에 반도들은 패배하고 823년경 국내는 다시 평화를 회복했다.

### 시칠리아 섬 침략

아랍인은 훨씬 전부터 시칠리아 섬의 남부에 식민지를 갖고 있었다. 이 섬의 본격적인 평정은 아글라브조 군주의 밑에서 이루어졌다. 827년(이슬람력 212년), 아랍은 카이로완의 판사 아사드 빈 프라드를 장으로 하여 대군을 시칠리아 섬에 파견했다.

아랍 사가 이븐 우라시르는 이렇게 말했다. “콘스탄티노플에 있던 비잔틴 제국의 황제 구스둔뒤니에는 이슬람력 212년, 콘스탄티누스라는 귀족을 시칠리아 총독으로 파견했다. 콘스탄티누스는 휘미라는 이름을 가진 용감한 로마군 장군을 함대사령관으로 임명했는데, 그는 아프리카에 침입하여 무슬림에게 큰 손실을 입혔다.”

그리하여 콘스탄티누스는 황제로부터 휘미를 투옥하고 고문하라는 명을 받았다. 이 소식을 들은 휘미는 무기를 잡고 콘스탄티누스를 카다니아로 쫓아내고 스스로 시칠리아 왕이라 칭했다. 얼마 있다가 휘미와 휘하의 장군 바라다 사이에서 전쟁이 일어나 바라다는 팔레르모 총독 미카엘의 원조를 받았다. 휘미는 바라다에게 패했고, 바라다는 자립하여 시라큐스(사라고사)를 차지하게 되었다.

이에 이르러 휘미는 지아다툴라 아글라브에게 원군을 요청하고 시칠리아 섬의 주권을 양보하겠다는 제안을 했다. 이 제안에 움직인 지아다툴라는 시칠리아 섬에 군대를 파견하기로 했다. 이슬람군은 827년, 마주라에 상륙했다.

휘미의 원수이며 경쟁자인 바라다는 마주라에서 전투에 져 이슬람군에 쫓겨 카라브리아(갈리아)로 도망갔다가 곧 그곳에서 죽었다. 이슬람군은 섬 안의 여러 요새를 점령했으나 이슬람군 진지에 발생한 전염병 때문에 시라큐스의 포위를 풀었다.

그러나 민네오와 지르진디오 등 두 지점을 확보하고 그곳에 강력한 주둔군을 두었다. 휘미는 주민들의 공격을 받아 전사했다. 아글라브 군주가 파견한 이슬람군 사령관 아사드 빈 푸라드는 전염병으로 죽고 후임에 주바일 빈 구스가 지휘를 하게 되었다. 그 사이 콘스탄티노플로부터 다수의 원군을 받은 비잔틴군은 침입한 이슬람군을 이 섬에서 몰아내는 데 전력을 다했다. 이슬람군은 민네오에서 포위되어 궁지에 몰렸다.

그런데 다행히 원군은 스페인과 아프리카에서 도착하여 비잔틴군은 시라큐스까지 후퇴하며 다시금 이슬람군이 공세를 취하게 되었다. 832년(이슬람력 216년) 팔레르모는 관대한 조건으로 항복했다. 팔레르모의 점령은 모든 섬 점령의 단초가 되었다. 그 지방의 대부분은 아랍인의 지배에 복종했고, 조직적인 통치가 행해지게 된 것은 지아둘의 근친 아불 아글라브 이브라힘 빈 아글라브가 시칠리아 섬의 문무장관으로 도착한 후였다. 그 아래로 에도나 산(불의 산) 인근 여러 마을도 귀순했다.

지아다툴라는 837년 사망하고 동생인 아부 이가르 아글라브가 승계했다. 이 군주의 다스림은 순조로워 통치가 잘 진행되었다. 시칠리아 섬에는 원군이 착착 도착하여 그 방면의 정복사업도 순조롭게 진행되었다.

이즈음 무슬림은 남부 이탈리아에 상륙하고 카라브리아 해안의 요충지를 함락했다. 아글라브는 불과 2년 7개월을 다스린 후에 타계했다. 이때가 841년(이슬람력 226년)이다. 아들 아불 아바스 무함마드가 계승했는데, 그는 위대한 건설자이며 총명한 통치자였다.

843년, 시칠리아 부총독 파즈르 빈 자파르 함다니는 메시나 부근의 해안에서 원정군을 상륙시켰다. 나폴리(니빌)로부터의 원군을 맞이하며 메시나는 2년간 이슬람군의 공격을 막았지만 드디어 항복했다.

847년에 렌티시는 함락되고 본토(알드 알 쿠브라) 깊숙이까지 군을 진격시켰다. 250개의 도시가 공격대상이 되었고, 또는 헌금을 명받았고 아랍의 한 함대는 테베르 강을 거슬러 올라가 판디와 로마 주변을 휩쓸었으며 카라브리아와 칸파니아는 석권되었다.

848년에 라구자가 항복했다. 다음해에 그들은 다시 로마를 공격했는데, 모진 불의의 돌풍이 로마 교황 레오 4세를 구했다. 이슬람 함대는 험한 해안과 해안의 바위와 작은 섬 사이에 가라앉아 버렸고, 총독 이븐 압달라는 851년(이슬람력 236년) 팔레르모에서 죽었다.

무슬림 이민자들은 파주르의 아들 아바스를 총독으로 선출하고 아글라브 군주의 재가를 얻었다. 아바스는 자기 본토와 시칠리아 섬에서 꾸준히 정복사업을 계속했다. 853년부터 854년에 거쳐 카타니아와 가르다부두로 등 여러 곳을 평정했다.

시칠리아 총독 아바스는 862년(이슬람력 247년)에 죽고 이맘들은 후임에 그의 아들 아부달라를 선출했다. 이 선거는 아글라브의 군주 아부 이브라힘의 승인을 받았다. 그런데 곧 그도 경질되고 구파자 빈 스프얀이 후임에 임명되었다.

864년, 무슬림들은 중요한 그라나다를 점령하고 이후 수년간 그때까지 계속하여 저항하고 있던 시라큐스와 압바, 사다스, 카스티야, 느오브오를 평정했다. 868년(이슬람력 254년) 구파자의 아들 무함마드는 다시 가에다를 포위하고 로마로부터 공금을 차출했다. 구파자는 869년에 죽고 총독직은 그의 아들이 계승했다. 그의 재직기간 중 마르타 섬도 아흐마드 빈 우마르 휘하의 함대가 점령했다. 구파자의 아들 무함마드는 이슬람력 257년에 자기 성에서 암살당했다.

### 아글라브 수장국의 몰락

시칠리아 섬에 관한 역사적 맥락을 알기 위해서는 이프리키야 수장국의 역사도 알아야 한다. 아불 아바스 무함마드는 856년에 사망했다. 그의 뒤는 아들 아부 이브라힘 아흐마드가 계승했다. 그의 통치 아래 수장국 영내는 평화로워 아무런 문제도 일어나지 않았다.

그는 자기 영토의 국민들을 잘 대우하여 국민들은 행복했고 번영했다. 적의 침입으로부터 국토를 방위하기 위하여 돌이나 벽돌, 회반죽으로 굳힌 1만 개의 요새와 초소를 설치했다. 아부 이브라힘 아흐마드는 863년 죽고, 동생 아부 무함마드 지아드 알라가 즉위하여 18개월 만에 죽었다.

다음에 즉위한 사람은 동생 아부 압달라 무함마드이다. 그는 학식이 있고 총명하고 많은 미덕을 갖추고 있었다. 그의 시대에 비잔틴군은 시칠리아 섬에서 예전에 빼앗겼던 땅을 얼마간 회복했는데, 무함마드는 그들을 저지하기 위해 다수의 요새와 초소를 구축했다. 아프리카 본토에서도 어느 정도의 정복을 했다고 한다. 아부 압달라 무함마드는 884년(이슬람력 261년)에 죽고 동생 이브라힘이 수장의 자리를 계승했다.

그의 통치 초기에는 신하에 대하여 공정하고 관대했던 것으로 알려졌으나, 말기에는 자기 자식까지 죽게 할 정도로 사나운 살인광이 되었다. 그의 악행의 여러 가지가 바그다드에 있는 칼리프의 노여움을 사 이브라힘을 지배적인 지위에서 제거하라는 고압적인 명령이 내려졌다.

그리고 당시 시칠리아 섬에 있던 공자 아불 아바스 아부달라에게 칼리프로부터 이프리키야의 통치가 위임되었다. 이브라힘은 은자의 옷을 입고 자기가 투옥한 많은 죄수들을 석방하고, 비잔틴과 싸우려고 시칠리아 섬으로 건너갔다. 얼마 있지 않아 그는 그곳에서 죽었다.

아불 아바스 아부달라는 마음이 착하고 바른 군주로 여러 가지 문제를 잘 처리했다. 그러나 그는 아들 아부 무드하르 지아달라에게 사주된 측근의 노예에게 암살되었다. 이 불효자는 이프리키야를 지배했던 이 일가의 최후의 군주였다.

아버지를 살해하기 위해 이용한 노예들을 사형에 처한 그는 방탕으로 몸을 망치고 술친구나 광대들을 벗하여, 시칠리아 수장국이 멸망해가는 대로 그냥 두었다. 곧 북아프리카에 혁명이 일어나 정세가 일변했다.

### 파티마조의 발흥

시아파 6대 이맘 자파르의 사후, 시아파에 분열이 생겼다. 서거한 6대 이맘 자파르가 자기보다 먼저 죽은 큰아들 이스마일의 사후, 후계자로 정했던 무사(알 카짐)의 이맘 계승은 대다수한테서 인정되었으나, 한편으로 알 마그툰(복면한 자)이란 별명이 붙은 이스마일의 아들 무함마드를 이맘으로 옹립하려는 자들도 있었다. 이것이 이스마일파이다.

그들은 마니교(페르시아의 철학 중 하나)의 밀교적인 요소를 자기들의 교리와 결부시켰다. 그중에는 철저하게 마니파적인 견해를 갖고, 언어 속에 숨은 의미를 겉으로 보이는 것보다 중요하다고 여기고, 무슬림 다수파와는 의견을 달리하고, '신앙에 따른 옳음과 그름'을 믿고 사람들이 생각하는 옳음과 그름을 믿지 않았다.

이스마일파 중의 한 극단적인 파는 밀교파(바타니아)로 불렸다. 그들의 신비주의적인 교설이나 주장은 당연히 아바스조의 의혹을 샀고, 언제나 엄중한 감시를 받았으며 때로는 박해를 받기도 했다.

무함마드 알 마그툰의 뒤를 이어 이스마일파의 이맘이 된 사람은 알 뭇사다크라는 별명이 붙은 그의 아들 자파르였다. 자파르가 타계하고 아들인 알 하비브라는 칭호가 붙은 무함마드가 이맘이 되었다. 그는 대단한 수완을 가진 야심에 찬 사람으로, 성격이 아바스 초기 칼리프 사푸아와 만수르의 아버지 무함마드의 성격을 닮았다.

그는 홈스에 가까운 살라미에라는 곳에 살면서 사방으로 전도사를 파견하고, 신자들을 모으고 이스마일파의 교리를 전파하고자 했다. 이렇게 하여 하나의 교파의 교리는 금새 예멘, 예마마, 바흐라인, 신드, 인도, 이집트, 북아프리카로 퍼졌다. 열렬하고 한결같은 전도사 중에 아부 압달라 후사인이 있었다. 그는 무타시브라고도 불렸으나 후에는 시아의 이름 아래 유명하게 되었다.

901년(이슬람력 288년), 아부 압달라는 아프리카에 넘어가 훌륭한 설법과 인격의 힘으로, 곧 유력한 키타마족으로 하여금 알 바이트(예언자의 집)의 시아파 이맘 사상을 받아들이고 이맘 사상을 믿게 했다. 그는 자신의 인격과 경건한 태도, 금욕주의로 고루한 베르베르인 사이에서 큰 세력을 얻었다.

당시 아프리카의 군주는 이브라힘 빈 무함마드로 이슬람 시아파 운동을 탄압했다. 그러나 아부 압달라는 장애를 뛰어넘고, 전도활동을 활발히 했다. 그리고 무능한 아글라브가의 지아다툴라가 즉위한 결과 그의 전도는 탄탄한 것이 되었다.

아글라브가가 라카에서 쾌락으로 세월을 보내고 있는 동안, 아부 압달라의 세력이 국내에 퍼졌고 한 파의 전도사는 주민을 향해 마흐디(인도자)를 선언하기도 했다. 지아다툴라는 이들 시아파 토벌에 2개의 부대를 파견하였으나 참패했고, 지아다툴라는 트리폴리로 도망갔다가 다시 아시아로 망명했다.

아부 압달라는 이슬람력 296년에 아글라브 수장국의 수도로 들어왔다. 전국 도시의 보안질서를 유지하기 위해 곧 지방장관이 파견되었다. 아부 압달라가 취한 현명하고 인자한 정책은 여론을 조용하게 만들었고, 정복을 행한 당사자를 마음으로 받들고 환영하는 마음씨를 국민들에게 심어주는 효과가 있었다.

무함마드 알 하비브는 이슬람력 3세기 말, 이맘 자리를 우베이둘라에게 물려주고 세상을 떠났다. "너는 마흐디이다. 내가 죽으면 너는 먼 나라로 가서 그곳에서 심한 시련을 맞이해야 한다." 그러나 우바이드 알라는 살라마에 안온하게 있었다.

그러던 중 아프리카의 키타마족을 완전히 전도한 시아파는 마흐디에게 사자를 보내 아프리카에 와서 시아파 운동의 선두에 설 것을 간청했다. 우바이드 알라는 자기 아들 아불 카심과 시아파 형제 아불 아바스, 두세 명의 충실한 신자들을 데리고 모두 상인으로 변장하여 출발했다.

마흐디와의 연락관계는 아부 압달라가 엄중히 비밀에 부쳤지만, 바그다드의 아바스가는 우바이드 알라의 도주를 눈치챘다. 칼리프 무크타피는 도망자의 인상착의를 그린 수배전단을 전국에 유포하고 비슷한 사람은 모두 체포하여 투옥할 것을 명했다. 아불 아바스는 트리폴리에서 마흐디 일행과 헤어져 카이로완으로 향했다. 그곳에서 그는 정체가 탄로나 지하감옥에 투옥되었다.

우바이드 알라는 아이들과 함께 수색의 손을 피하여 이슬람력 296년, 당시 미드랄족의 도읍이었던 대아틀라스 산맥 남쪽 기슭에 있던 아름다운 도시 시지르마세에 도착했다. 그곳에서 그들은 행운을 잃어버렸다. 당시 시지르마세는 에리사 빈 미드랄이라고 불리는 베르베르인 귀족의 지배 아래 있었는데, 그는 그들을 극진히 대접했다가 지아다툴라로부터 서간을 받자마자 곧 일동을 투옥했다.

시아파는 대군을 이끌고 출발했다. 동생 아불 아바스를 카이로완에 있는 감옥에서 구출한 시아파는 군을 돌려 에리사에게 싸움을 걸어 이겨 그를 없앴다. 그리고 나서 아부 압달라는 마흐디가 유폐된 감옥으로 급히 가서 마흐디와 그의 가족들을 구출하여 그들을 말에 태우고 키타마족이 모여있는 곳에 가서 "당신들의 주군이다."라고 외치면서 본진으로 돌아왔다. 그들은 시지르마세에 40일간 있다가 라카로 가 카이로완 주민들로부터 주군으로 받들겠다는 맹세를 받았다.

마흐디의 지배권이 아프리카에 확립되고, 통치를 위해 관리들이 각 주에 파견되고 부흥을 위한 노력이 기울여졌다. 통치를 행하는 정력을 본 아불 아바스는 마흐디를 명목상의 군주로 두고 자기가 통치하기를 원하여 적의를 품었다.

그는 키타마족의 유력자들과 함께 파티마조의 군주를 실각시킬 음모를 꾸몄다. 지금까지 충실하였던 아부 압달라조차도 아불 아바스의 옹졸한 계획에 말려들었다. 마흐디는 이들을 무마하기 위해 전력을 다했으나 그의 노력은 아무런 효과도 얻지 못했다. 그리고 자기를 암살하려는 계획이 있다는 것을 안 마흐디는 그들을 사형에 처하기로 결의를 굳히고 형을 자기 거처에서 집행했다.

우바이드 알라는 정복사업을 계속하여 리비아 사막에서부터 서모리타니아에 이르는 대부분의 지역을 세력 아래 두는 데 성공했다. 규율을 간직하고 방만함을 막으려는 그의 노력에도 불구하고 군의 대부분을 차지하는 베르베르인은 전쟁중에도 여러 악행을 거듭하여 저질렀다. 이것이 원인이 되어 다음 세대에 무서운 내란이 일어나게 되었다.

마흐디는 조정에 대하여 언제 반역이 일어나더라도 끄떡없는 요새도시를 가져야 한다고 느꼈다. 그래서 그는 난공불락의 지점을 택하기 위해 튀니스에서 출발하여 모든 해안을 시찰하고, 드디어 바다쪽으로 돌출한 가늘고 긴 땅을 택했다. 그 땅에 마디에 시의 건설이 915년에 시작되어 5년에 걸쳐 완성되었다.

철문이 있는 견고한 성벽으로 주위를 둘러싸고, 성안에는 장대한 대리석 궁전이 있고, 큰 물탱크가 건설되었고 지하 창고에는 양식이 가득 차 있었다. 마디에 시를 본 우바이드 알라(마흐디)는 "파팀가의 운명은 이로써 안심이다."라고 말했다.

우바이드 알라의 정치는 건실하고 활기에 찼다. 이슬람 정통파인 수니파에서도 우바이드 알라의 정치는 백성을 위하여 정의와 인자함을 행하고, 사람들은 모두 그를 따랐다고 인정하고 있다. 921년(이슬람력 309년), 그는 이드리스조를 복속시켰으나 이집트 정복에는 실패했다.

24년간에 걸친 훌륭한 통치 후에 우베이둘라 알 마흐디는 944년에 죽고, 아들 아불 카심 무함마드 니자르가 알 카임 빈 아무르 일라라는 칭호로 즉위했다. 카임은 훌륭한 무사로 작전의 대부분을 스스로 지휘했다.

또 지중해의 패권을 획득하기 위하여 파티마조의 군주로는 처음으로 강력한 함대를 창설했다. 이드리스가가 회복한 페스 지방을 제외하고는 모리타니아에서 주권을 확립한 후에 그는 유럽 대륙으로 눈을 돌렸다.

파티마조의 여러 항구는 리그리아 해안, 피사 등지에서 오는 이탈리아 해적에게 괴롭힘을 당했다. 카임은 그 보복으로 남부 이탈리아의 가에타까지 석권하고 그의 함대는 제노바를 점령했다. 제노바는 꽤 오랫동안 무슬림들이 영유했다. 론바르디 일부도 귀순시켰다. 만일 그의 힘과 군사적 기술력의 일체를 경주했던 내란이 없었다면 카임은 이탈리아를 평정하고도 남았을 것이다.

불행하게도 야만적인 베르베르인이 멋대로 놀아나는 데 대한 오랫동안의 국민의 불만은 전도가 가장 유망한 순간에 폭발하여 성난 불처럼 타올랐다. 이 반란은 하와리지당원(수니파의 한 파로 극단적인 파)인 아부 야지드 마흐라드를 수령으로 하여 일어났다.

그는 학교 선생이었는데 설교로써 아으레 산의 베르베르인 사이에 다수의 신자를 갖고 있었다. 하와리지파의 신도로서는 드물게 보는 정치적 견식을 갖고, 스페인 서우마이야조 칼리프 안 나시르를 끌어들여 이교도를 쫓아내고 파티마조의 영토를 빼앗고자 했다.

945년(이슬람력 333년), 신자들로부터 쉐이흐 알 무슬림이라는 칭호를 받은 아부 야지드는 베르베르인 대군을 이끌고 산을 내려왔다. 싸울 때마다 파티마조의 군대는 패배하여 성으로 둘러싸인 시가들은 차차로 무너지고, 무서운 잔학행위가 광신자들의 손에 의해 자행되었다.

얼마 지나지 않아 마흐디의 예감은 사실로 변했다. 파티마조 영토의 대부분은 하와리지파 선생의 손에 들어가고, 카임의 주권은 마디에 시내와 해안가 약간의 요새도시만 남았다. 아부 야지드는 수도를 무력으로 점령하려 했다. 그는 결사적인 공격을 네 번이나 되풀이했으나 매번 막대한 손해를 입고 격퇴되었다. 포위하여 공격하는 작전을 봉쇄전으로 바꾸어 그대로 두고 수사에 진격하여 그곳을 약취했다.

아부 야지드가 수사를 포위하고 있는 동안 카임은 타계했다. 파티마조의 칼리프는 알 만수르 빈 아무르 일라라는 칭호로 아들 아부드 타히르 이스마일이 계승했다. 이 칼리프는 드물게 보는 정력과 결단성을 가진 청년이었다. 그는 한발 한발 광신자의 대군을 물리쳤다. 항복한 자들은 곧 용서를 받고 안전이 보장되었다.

아부 야지드는 자발 쉬라트로 피했다. 그곳은 횡단하는 데 11일이 걸리는 초열의 사막에 솟아있는 험준한 바위산이었다. 만수르는 끝까지 그를 추적하여 드디어 키타마 산속의 성채에서 하와리지파의 광신자들과 함께 있던 아부 야지드를 체포할 수 있었다.

이 성 부근에서 벌어진 전투는 장기간에 걸친 비참한 것이었다. 아부 야지드는 공격군을 돌파하여 혈로를 뚫고자 했으나 사로잡혀 참수에 처해졌다. 이로써 사실상 아프리카 전토가 파티마조의 지배 아래 들어간 것이다. 그때까지 아랍인들에 의해 주권이 인정되었던 시칠리아 섬이나 카라브리아도 마침내 아랍의 통제에 복종한 것이다.

951년(이슬람력 339년), 만수르는 아불 카심 하산 빈 알리를 시칠리아 섬과 그 속령의 총독으로 임명했다. 그 직위는 오랫동안 하산가에 이어졌다. 카라브리아에 침입한 프랑크인은 이탈리아의 해안에서 행한 해전에서 패배했다. 그러나 모리타니아는 만수르의 손을 떠났다. 아부 야지드의 반란으로 스페인 우마이야조 칼리프 안 나시르는 이드리스조의 모든 영토를 점령할 수 있었다.

파티마조의 칼리프 만수르가 952년(이슬람력 341년)에 죽고 그의 아들 아부 타밈 아흐마드가 알 무이즈 리딘 일라라는 이름으로 파티마조의 칼리프로 즉위했다. 알 무이즈는 총명하고 정력이 넘치는 군주이자 훌륭한 학자로서, 과학 및 철학에 정통하고 학문과 예술의 관대한 보호자로 알려졌다. 그는 의심할 여지없이 아바스조의 초기 칼리프 마문과 비교되는 서쪽의 파티마조의 마문이었다.

그의 치하에서 북아프리카는 고도로 문명이 발달하고 사회가 번영했다. 백성들은 만족하며 삶을 즐겼고 국내적인 불화나 혼란은 단호하게 막았다. 통치는 계통이 선 기초 위에 이루어졌고 일을 처리하는데 적합하도록 모든 규정을 정했다. 행정단위로서의 주(州)는 여러 구로 분할하여 각 구마다 질서를 유지하기 위한 다수의 민병과 정규병을 부하로 가진 유능한 관리에게 맡겼다. 육해군을 개편하여 조직하였고 상공업을 권장하여 발전시켰다.

그는 원래 성격이 인정이 있고 훌륭한 능력과 수완을 겸비하여 아버지나 할아버지대에 심하게 대립하였던 부족장들을 정중하고 친절하게 대하여 그를 따르게 했다.

휘하의 총수 조하르는 당시 스페인 북방에서 기독교도의 반란을 진압하고자 했던 성마야조의 안 나시르의 손에서 모리타니아를 탈환하고, 산하자의 지방관 지리 빈 마나드는 오란과 브기아 두 지방의 불평당을 분쇄했다. 이렇게 무이즈의 권력은 아프리카와 마그리브에서 확고하게 되고 영토는 크게 확장되었다.

955년(이슬람력 344년)에 서우마이야조 안달루시아 함대가 마그리브로 가는 무이즈의 사자를 태운 선박을 나포했다. 이 같은 굴욕에 분격한 파티마조 칼리프는 스페인에 군을 진격시켜 아르메니아 해안을 공격하여 휩쓸 것을 시칠리아 총독 하산 빈 알리에게 명했다. 스페인의 안 나시르 휘하의 여러 장군들은 아프리카의 수사와 마르시기즈르를 거칠게 공략하는 것으로 이에 답했다.

이후 이슬람권의 양 군주는 서로 다투어 공격하는 것으로 힘을 낭비했다. 크레타 섬은 마문 시대에 코르도바에서 흘러들어온 무슬림들에 의해 정복되었다. 그들은 그후 그곳을 점유하고 문명과 미술, 산업을 소개하고 번영과 행복을 가져왔다.

961년(이슬람력 350년), 비잔틴 제국은 전력을 다하여 크레타 섬을 탈환하려고 했다. 7백 척의 함대가 압도적인 대군을 상륙시키고 공격하여 무슬림은 중과부적으로 패배하고 떠났다. 그리스인들이 저지른 잔학행위는 말로 다할 수 없는 비참함이었다. 남자들은 몸에 콜타르를 칠해 산채로 불태웠고, 어머니 품에 안긴 젖먹이한테도 아무런 연민의 정을 보이지 않았고, 여자들에게는 무참한 폭행을 가했다.

크레타 섬의 상실로 시칠리아 섬에 있는 비잔틴 세력이 어느 정도 줄어들었다. 그러나 그들은 시칠리아 섬에 여러 개의 근거지를 두고 계속 무슬림을 괴롭혔다. 총독 아흐마드 빈 하산은 단호하게 이 같은 도시의 정복을 행했다. 그리스인 구원 때문에 온 군대는 육상에서 크게 패하고 배로 도망가지 않을 수 없었다. 배는 닻을 버리고 도주하려 했으나 쫓아간 무슬림들에 의해 파괴되어 바다 속에 매장되었다.

962년(이슬람력 351년), 섬 전체가 귀순했다. 시칠리아 섬은 파티마조가 세운 총독 치하에서 전성기를 누렸고, 이슬람 사원과 초등, 고등학교들이 이곳저곳에 세워지고 학문과 예술은 보호되고 백성도 번영했다. 팔레르모의 의과대학은 바그다드나 코르도바 대학에 못지않았다.

### 이집트 정복과 시리아, 히자즈, 예멘 정복

967년(이슬람력 356년), 이집트에 큰 동란이 발발하여 그 지방의 귀족들은 파티마조 칼리프 무이즈에게 국토를 점령하고 평화와 질서를 가져오기를 간원했다. 이 요청에 답하여 무이즈는 총수 조하르에게 장비를 갖춘 훈련 잘된 군대를 주고 출발하게 했다.

파티마조의 장군은 아무런 저항없이 푸스다드로 들어가 이슬람력 358년(969년)` 샤반달에 사원에서 칼리프 무이즈의 이름으로 금요예배 쿠트바(설교)를 했다. 970년(이슬람력 359년), 예배를 알리는 예배 시간 소집(아잔) 말씀 중에 "선행은 빨리"라는 말을 넣게 했다.

또한 조하르는 알 카히라(현재의 카이로)를 파티마조의 정치의 시작으로 이 도시를 세웠다. 카이로는 무이즈와 그 이후의 군주의 수도가 되었다. 그는 또한 아라비아 반도의 히자즈와 중동의 시리아도 귀순시켰다. 메카와 메디나 두 성도에서의 예배는 알 무이즈의 이름으로 행해졌다.

조하르는 부근의 무슬림으로부터 공물을 받고 있던 갈마티아(시아파의 한 파이나 파티마조의 칼리프를 이맘으로 인정하지 않음) 교도들과 전투를 치르고 그들을 격파했다. 그때까지 아프리카에 머물고 있던 조하르의 간원으로 무이즈는 드디어 이집트로 가기로 결심했다.

천도에 앞서 그는 조상 전래의 판도를 상세히 시찰했다. 그리고 충신 야쿠브 빈 킬리를 '사이흐 앗다라(나라의 검)'라는 칭호로 아프리카 총독으로 임명하고, 아흐마드를 시칠리아 총독으로 하는 등 북아프리카의 안전을 현명한 통치를 위해 수배해 놓았다.

그는 973년(이슬람력 362년) 사파르달에 카이로로 들어갔다. 다음 달 이슬람의 큰 행사인 단식의 달 라마단 15일에 황금 옥좌에 앉아 이집트와 시리아, 히자즈에서 온 사절들로부터 충성의 맹서를 받았다.

조하르한테 크게 패하고도 갈마티아 교도들의 후안무치한 행동은 멈추지 않았다. 그들은 그때까지 다마스쿠스로부터 공물을 받았는데 파티마조의 다마스쿠스 지방관이 그 지불을 거부한 결과로 그들의 대군을 초래하게 되었다. 지방관은 싸움에 져 살해되고, 다마스쿠스는 그들의 수중에 들어갔다.

그 다음에 그들은 이집트에 침입했으나 아인 샴스(헬리오폴리스)에서 무이즈에게 요격되어 커다란 손실을 입고 패주했다. 파티마조가 갈마티아 교도를 상대로 싸우는 동안 이흐디긴이라는 부와이흐가의 무이즈 웃다울라의 가신인 터키인이 다마스쿠스와 그 주변 지방의 군주가 되었다.

파티마조의 알 아지즈 빈 일라는 975년(이슬람력 365년) 제5대 칼리프로 즉위했다. 그는 마음이 넓고 용감하며 총명하고 인정이 두터워, 사람을 벌줄 수 있는 힘을 가졌다 하더라도 용서할 때가 많았다고 한다. 그는 야쿠브 빈 킬리나 아버지가 임명한 사람들을 그 직위에 그대로 있게 했다.

그때까지 팔레스타인과 페니키아 해안 방면에서 세력을 뻗치려고 하였던 이흐디긴은 싸움에 패해 포로가 되었다. 아지즈는 그를 잘 대우하여 이흐디긴은 파티마조의 신하로서 죽을 때까지 충절을 다했다고 한다.

칼리프 아지즈 시대에 파티마조는 시리아 전토와 메소포타미아 일부의 정복에 성공하고, 금요일의 쿠트바는 히자즈와 예멘뿐만 아니라 모술, 알레포, 하마, 샤이자르 등 다른 도시에서도 그의 이름으로 행해졌다.

당시 파티마조의 영토는 유프라테스 강에서 대서양에 이르고 아라비아 반도의 대부분을 포함하고 있었다. 파티마조의 수립에 협력한 키타마족은 파티마조의 큰 신뢰를 얻은 장병들을 공급하고 있었는데 그 세력도 당연히 컸다. 아지즈는 터키인과 페르시아인의 군대를 조직했는데 이는 베르베르인에 대해 균형을 이루려고 한 것이다.

### 파티마조의 쇠퇴

아지즈는 997년(이슬람력 386년), 시리아로 가는 도중 빌바이스에서 죽고 여기서 파티마조의 영화는 끝을 맺었다. 임종할 때 그는 11세 된 아들 만수르를 대법관 무함마드 빈 안노만과 아민 앗 다울라(호국공) 아부 무함마드 하산 빈 안마르에게 위탁하여 두 사람의 보좌를 받고 어린 황태자가 총명한 군주가 되기를 원했다.

만수르는 알 하킴 빈 아무르라는 칭호로 칼리프가 되었지만 곧 바르자완이라는 책사에 의해 좌지우지되었다. 무절제한 이 남자는 하산 빈 안마르의 반대를 받았고, 양자의 다툼은 시리아나 이집트에서도 커다란 혼란을 야기했다. 그런데 얼마 되지 않아 하킴 스스로가 묘한 일을 하기 시작했다. 때때로 기묘한 모순 가득한 명령을 내리거나, 법을 위반한 사람은 아주 작은 잘못이라도 사형에 처했다.

얼마 안 되어 정신이 착란한 그는 살인광까지 되어 아무런 이유없이 많은 훌륭한 사람을 사형에 처했다. 그러나 마음이 차분할 때에는 자유롭고 너그러운 학술의 보호자로서, 시리아와 이집트에 무수한 사원과 학교, 천문대를 세웠다.

25년간 하킴은 이처럼 광인 같은 상태에서 조상 전래의 칼리프 자리에 있었는데 죽음의 운명이 그에게 닥쳐왔다. 그는 고독을 좋아해서 밤에 혼자 다니는 습관을 가졌다. 때때로 카이로 교외에 있는 무카담 고개에 있는 한 집에 가서 기도하거나 별을 바라보곤 했다.

1021년(이슬람력 411년) 어느 날 밤, 언제나처럼 두 명의 시종을 데리고 그곳에 갔는데 시종들은 언덕 기슭에서 돌아갔다. 이때의 무카담행에서 그는 돌아오지 않았다. 너무나 오랜 부재가 계속되어 불안을 느낀 사람들은 곧 수색대를 조직하여 부근을 수색했다. 고개 정상에 그가 타고 다니던 말의 앞발이 검으로 베어 넘어져 있고, 그곳에서 얼마 떨어지지 않은 연못에서 칼리프의 옷이 단추가 채워진 채 비수에 찔려있는 것이 발견되었다. 그러나 시체는 어디에서도 발견되지 않았다. 여하간에 그가 암살된 것은 틀림이 없었다.

하킴은 사실상 한 종파의 창립자로 그 일파에서 중심적인 지위를 차지하고 신의 화신으로 간주되었다. 그 신도나 제자들은 그가 일시 이 세상에서 모습을 감추었다 하더라도 일정한 기간이 지나면 모습을 나타낼 것이라 믿고, 또는 그들의 표현을 빈다면 마음이 일어났을 때 부활한다고 믿고 있었다. 이 종파는 지금도 레바논 산에 있는 두르즈파 사람들 사이에 남아있다.

하킴이 죽고 그의 아들 아부 하심 알리는 아즈 자히르 리 이자즈 딘 일라라는 칭호로 16세에 칼리프로 즉위했다. 처음 4년간은 숙모 싯드 알 무르크가 섭정직에 있었다. 숙모의 사후에 중신 미자드와 나피르의 손에 의해 통치가 이루어졌다. 이 시대에 시리아 대부분이 파티마조의 치하에서 떠나 살레 빈 미르다스라는 지방호족이 알레포와 주변지역의 영주가 되었다.

아즈 자히르는 즉위 16년 만에 31세로 죽고, 아들 아부 타마드가 알 무스탄시르 빌라라는 칼리프 칭호 아래 불과 나이 7세로 즉위했다. 정권은 몇명의 음모가들 것이 되고, 그들의 악정 아래 파티마조는 금방 힘과 부를 잃어버렸다.

1047년, 메카와 메디나 두 성도는 파티마조 칼리프에 대한 복종을 거부했다. 5년 후에는 샤르프 앗 다울라(나라의 영광)라는 칭호를 가진 아프리카의 총독 알 무이즈 빈 바디스가 파티마조와 결별하고, 무스탄시르라는 이름 아래 금요예배의 쿠트바를 하는 것도 멈추었다. 아바스조 군주 알 카임을 칼리프로 인정한다는 것이었다.

그러나 알 카임에 대한 터키 부족장 아르스란 알 바사시리의 배반과 카임의 바그다드 몽진은 무스탄시르에게 유리한 사태를 낳게 하여 만 1년 동안 이라크와 그 속령에서 무스탄시르의 이름으로 쿠트바가 행해졌다. 그러나 터키계 셀주크족의 투그릴은 곧 서아시아에서 아바스조의 최고 교권을 회복하고, 투그릴의 후계자 알프 아르스란 밑에서 셀주크족은 파티마조의 세력을 알 아리쉬 한쪽으로 내몰았다.

이에 덧붙여 국민에게 불행을 가져다준 것은 7년간 계속된 기근이었다. 통치는 무력화되고 국토의 대부분은 거칠어지거나 폐허가 되었다. 이 같은 곤경의 절정에서 무스탄시르는 앗가 주 총독 바드르 울 자말리에 의지하고, 그에게 절대적인 전권을 주었다. 바드르 울 자말리는 파티마 군주에게는 제2의 요셉이었다.

그는 파티마조의 영내에서 질서를 회복하고, 국민을 구제하고, 이집트 전토에서 군주의 권위를 회복했다. 다마스쿠스 회복은 실패했으나 페니키아 해안 여러 도시의 탈환은 성공했다. 바드르 울 자말리는 1094년에 죽고, 1개월 후에 많은 고생을 겪은 불행한 칼리프 무스탄시르도 그 뒤를 따랐다.

무스탄시르는 맏아들 니자르를 후계자로 지명해두었으나 바드르 울 자말리의 아들 아흐잘의 반대로 칼리프가 되지 못했다. 아흐잘은 아버지의 직위를 이어받고 있었는데 그는 니자르의 동생 아불 카심 아흐마드를 알 무스타리 일라라는 칭호로 칼리프로 즉위시켰다. 두 사람은 싸움에 지고 아흐잘에 의해 체포되었다. 지방관은 대중 앞에서 사형에 처해졌다. 니자르의 운명은 알려진 바가 없다.

다마스쿠스의 셀주크조 군주가 영유하였던 예루살렘은 1096년 알 아흐잘이 탈환했으나, 그도 그곳을 오랫동안 차지하지 못했다. 얼마 안 가 십자군의 폭풍우가 불어 시리아와 팔레스타인을 휩쓸고, 셀주크조도 파티마조를 쓸어버렸다.

무스타리는 1101년(이슬람력 480년 사파르달)에 죽고, 파티마조의 실질적인 실력자인 아흐잘은 죽은 칼리프의 어린 아들 아부 알리 알 만수르를 알 아미르 빈 아흐캄 일라라는 칭호로 칼리프에 오르게 했다. 아흐잘은 아미르가 성년이 될 때까지 절대권을 쥐고 제국을 지배하였는데, 그의 통치는 대체적으로 순조롭게 훌륭히 행해졌다고 한다.

이집트군은 아흐잘의 아들 샤리프 알 마리의 지휘 아래 십자군에 대하여 어느 정도 승리를 거두었으나, 예전에 바드르 울 자말리가 탈환하였던 페니키아 해안의 여러 도시는 점점 십자군의 수중에 들어갔다.

아미르는 성년이 되었는데, 품성이 좋지 않은 청년으로 비열하고 용렬한 쾌락에 빠져들고 오만하고 예의를 모르는 폭군이었다. 전권을 가진 집정의 후견을 좋지 않게 생각한 그는 집정을 모살했다. 같은 운명이 9년 후에 그에게 닥쳤다. 어느 섬의 정원으로 가는 도중 전부터 그를 살해하고자 기도하였던 여러 명의 파다인(순교파 신자)의 습격을 받고 아미르는 칼에 찔려 죽었다.

칼리프 아미르가 죽었을 때 그의 부인은 마침 임신중이어서 사촌인 아불 마문 아부드 알 마지드가 아이가 태어날 때까지 알 하피즈 리딘 일라라는 칭호로 정치를 하게 되었다. 그런데 태어난 아이는 여자아이여서 하피즈는 파티마조의 칼리프 겸 이맘이라고 스스로 칭했다.

국민들이 그에게 신하로서 따르겠다는 맹세를 한 지 얼마 되지 않아 그는 알 아흐잘의 아들로, 대단한 수완과 큰 야망을 가진 집정 아부 알리 아흐마드에 의해 폐위되고 갇히는 몸이 되었다. 집정 아흐마드는 시아파 12이맘파(시아파의 다수파)의 신봉자로, 반은 이집트 군주가 되고자 하는 자기 계획을 한발 더 나아가, 반은 종교적 편견으로 옛 사마라에서 몸을 감추었다는 최후의 어린 이맘 이름을 화폐에 넣고 예배 때에도 이름을 부르게 했다. 이 상태는 잠시 계속되었으나 하피즈는 옥중에서 집정의 암살을 계획했다.

1131년(이슬람력 526년) 무하람달에 집정은 집밖에 있는 대정원에서 습격되어 암살당했다. 아부 알리 아흐마드가 죽자 하피즈는 다시 칼리프에 복위했으나 그의 복위는 국가에 아무런 도움이 되지 않았다. 성격적으로 강인함을 가지지 못한 그는 선견지명은 있어도 나쁜 일에 능한 무서운 인물인 집정 아미르 알 주시 야니스 알 하피즈의 손아귀에서 춤추는 괴뢰에 지나지 않았다. 야니스는 1131년 하피즈가 뒤에서 조종하여 암살되었다고 전해진다.

하피즈는 비람이라는 아르메니아 사람을 집정으로 임명했으나, 또 다른 대신의 한 사람인 리즈완과의 경쟁으로 나라를 소용돌이 속으로 빠지게 했다. 비람이 하피즈 때문에 투옥되고 리즈완이 집정이 되었다. 그도 주군에 대하여 반기를 들었다가 싸움중에 목숨을 잃었다.

이러한 중신들의 행위를 본 하피즈는 이후 모든 권력을 자기 수중에 넣고 집정을 두지 않겠다고 결심했다. 이 같은 결의를 그는 죽을 때까지 버리지 않았다고 한다. 하피즈는 1149년에 죽었는데 그의 임종 때 수도는 국내적인 불화의 검은 구름으로 덮여있었다.

하피즈의 뒤는 아들 아부 만수르 이스마일이 앗 자피르 빈 아무르 일라라는 칭호로 계승했다. 온갖 종류의 쾌락에 빠져들고 쓸모없는 총애받는 신하들과 나날을 보내던 그는 국가에 아무런 힘이 되지 않았다. 그리고 모든 권력은 알 말리크 아딜이라 불리는 집정 아부 하

사마라의 대모스크 광탑(光塔 : 미나레)

산 알리 빈 살라르의 손에 장악되었다. 이븐 우스 살라르는 1153년 자신의 의붓아들인 아바스에 의해 암살되고, 아바스가 집정이 되었다.

당시 이집트 칼리프가 점하고 있던 지위를 이븐 우라시르는 이렇게 기술했다. "이집트의 집정직은 실력을 행사할 수 있는 사람의 것이었다. 칼리프는 권력을 갖지 못했고, 집정은 제왕 같았으며, 알 아흐잘 이래 (이집트에서는) 전쟁과 살인과 같은 종류(의 범죄)에 의하지 않고는 집정직을 가진 자는 한 사람도 없었다. 칼리프의 권위는 거의 자기 궁전의 외부에는 미치지 못했다."

우사마의 저작에는 그가 예루살렘 왕국에서 본 몰락의 징후와 같은 것이 감지되었다고 기록되어 있다. 여러 당파의 폭행에 짓밟힌 전쟁터 같은 카이로에서는 반란, 경쟁, 음모, 대항 음모, 무정부상태 등이 판치고, 가까운 장래에 붕괴될 것이라고 예고하고 있었다. 그래도 이 때까지만 하여도 명맥을 유지하고 있었지만 이븐 앗 살라르의 암살을 계기로 이집트에서 일어난 알력은, 십자군이 이 중요한 도시를 약취하는 좋은 기회를 준 것이다.

1158년(이슬람력 549년) 무하람달에 칼리프 자피르는 아바스의 아들 나스르에게 암살되었다. 자기들 부자한테 쏠리는 의혹을 피하기 위해 이 믿지 못할 잔인한 집정은 칼리프 자피르의 동생 지브라일과 유수프를 암살죄로 사형에 처했다. 그들은 억울하게 죽은 것이다.

나스르는 다음에 자피르의 어린 아들 아불 카심 이사를 알 푸아즈 빈 나스르 일라라는 칭호로 칼리프로 세우고, 파티마조가 다스리는 나라를 자기가 절대군주로서 지배하고자 했다. 그렇지만 천벌이 내리는 날도 머지않았다. 자피르의 자매가 곧 진실을 알았던 것이다. 자매는 자기들의 머리털을 잘라 이집트 총독 타라이 빈 라지크한테 밀서로 봉하여 보내고 자피르에 대한 복수의 조력을 구했다.

타라이는 다수의 병사와 대부대의 아랍 유목민들 모두에게 상복을 입히고 카이로를 향해 출발하게 했다. 아바스와 나스르는 군대에 버림받고 전 재산을 가지고 시리아로 도망갔다. 두 사람의 뒤를 아미르 웃사마를 비롯하여 많은 부하가 따라갔다. 자피르 자매는 아스가론에 있는 십자군 앞으로 서간을 보내어 아바스 부자를 잡아준다면 거액의 돈을 주겠다고 제의했다. 보수 약속에 눈이 먼 프랑크인들은 성을 나와 도망자들을 매복했다.

그리하여 행해진 전투에서 아바스는 많은 부하와 함께 죽고, 나스르는 잡히는 몸이 되었다. 프랑크인은 나스르를 철 우리에 가두어 카이로로 보냈고, 카이로에서는 그를 잔혹하게 고문한 후 책형에 처했다. 이렇게 타라이는 알 말리크 앗 살레라는 칭호로 집정직에 취임하여 어린 칼리프를 보좌했다.

알 하피즈는 성년이 되기 전에 죽었다. 집정은 많은 유능한 사람들 중에서 자피르의 동생인 어린 유수프를 칼리프의 존귀한 자리에 앉혔다. 이 어린 칼리프의 이름은 아부 무함마드 아부달라 알리였고, 알 아지드 리딘 일라라는 칭호로 즉위했다. 앗 살레는 변함없이 절대권력을 흔들고 점점 포악해졌다. 앗 살레는 이븐 할둔의 말을 빌린다면 궁전 내의 음모로 알 바드인파(중세 시아 이스마일파) 교도에 의해 1161년에 암살당했다.

앗 살레의 아들 라자크가 알 말리크 아딜이라는 칭호로 집정이 되었으나 샤웰 아스 사디에게 지위를 빼앗겼고, 사디도 역시 고대 하라의 문디르 집안 출신 지르가므라는 아랍인에 의해 추방되었다. 지르가므는 아바스조의 하지브에 필적하는 사히브 알바브(칼리프의 시종관)라는 자리를 차지했다. 사일은 다마스쿠스에 있는 누르 앗딘마흐무드 곁으로 피했다가 장기의 아들의 원군과 함께 권토중래했다. 지르가므는 시리아인과의 싸움에서 전사하고, 사일은 집정직으로 다시 돌아갔다.

카이로의 위치는 969년 5월 14일(이슬람력 359년 제2 쥬마디달 24일)에 조하르가 정한 것으로, 성벽은 알 무이즈가 입성하기 전에 완성되었다. 웅대한 건축물이 여러 곳에 세워졌고 이 '승리의 도시'에 걸맞는 당당한 외관을 자랑했다. 시는 성벽으로 둘러싸였고 성벽에는 많은 문이 있었다. 시내에는 무수한 도로가 중앙으로 연결되고, 성벽 아래로 가는 길은 하라트라 불렸고, 성벽 안에서 끝나는 가로는 아크다트라고 불렸다.

12동으로 된 칼리프 궁전은 카이로 동부에 있었고, 알 가수르 앗 가비르 앗 사르키(동쪽의 큰 궁전)라고 불렸다. 궁전으로 통하는 문이 10개 있었고, 궁전은 5백 명의 경비병과 같은 수의 말을 가진 기사들로 이루어진 정예군에 의해 경비되었다. 1만 2천 명의 일꾼은 궁전에 거주하는 사람들의 뒷바라지를 했다.

지하도에 가면 또다른 대궁전에 이른다. 이 궁전은 나일 강 옆에 있었으며 가수르 가비르(서쪽 궁전) 또는 가수르 바흐르라고 불렸다. 이외에도 칼리프의 이궁이나 별장은 시내와 시외에도 있어 당시의 미술가 손에 의해 호화롭게 장식되었다. 중신들의 집도 규모의 대소는 달라도 화려함에서는 군주의 궁전에 못지않았다. 부유한 시민들의 집도 아름다운 정원으로 둘러싸였다. 이 같은 정원의 수나 가옥의 웅대함은 15세기부터 16세기까지 카이로를 방문하는 여행자들의 눈을 놀라게 했다고 한다.

또한 무수한 사원과 학교, 병원, 대상(隊商) 숙소가 시내를 화려하게 했으며, 시내 네 곳에 있는 중앙사원은 특히 장려했다. 잘 지어진 공중욕장은 시내 도처에서 눈에 띄었다. 여자 욕탕은 장식으로 남자 욕탕과 쉽게 구별되었다. 2만 개의 점포를 포함하는 시장은 참으로 훌륭하여 세계의 산물을 매매했다.

야외 오락으로는 매사냥과 보통 사냥개를 데리고 가서 하는 영양과 사슴 사냥이 부자들의 주된 취미였다. 강기슭에서는 농부들이 곧잘 하마 사냥도 했다.

파티마조의 전반적 행정기구는 바그다드의 아바스조, 또는 페르시아의 원형을 따랐다. 이집트인 알 가르가샨디(1418년 사망)는 관직을 가지고자 하는 사람의 참고서적으로 파티마조의 군사, 행정제도를 다음과 같이 요약하고 있다.

"군대는 대개 (1)최고위의 장성과 칼을 갖고 칼리프를 호위하는 장교로 이루어진 아미르, (2)대장과 환관으로 된 친위대 장교, (3)칼리프, 대신 또는 출신지의 이름을 딴 하푸지야, 쥬시아, 수다니아로 불리는 출신지별로 편제된 부대의 세 종류가 있다. 대신(와지르)들도 몇 개의 서열이 있고, 최고위에는 군부와 군관계 행정을 감독하는 '검을 가진 사람'과 외국사신을 안내하는 '문 앞의 귀족'으로 불리는 시종장들과 '붓을 가진 사람'에는 카디(재판관), 무타시브(시장감독관), 국고(바이트 알 말)를 관리하는 재무관리자들이 포함되어 있다."

초기 파티마조는 학술과 과학의 대후원자였다. 그들은 학교와 공립도서관에는 서적이나 과학적 기구가 잘 구비된 과학연구소(다르 알 히크마)를 설립하고 다수의 교수와 과학자들을 망라했다. 다르 알 히크마의 설립 목적은 시아파 교리를 펼치는 데 있었는데, 1005년에 설립되었다. 이 연구소는 왕궁에 부속되어 있고 그 안에는 도서관과 교실이 있었다.

이곳의 교과과정은 이슬람을 주제로 한 것 외에 천문학과 의학이 포함되어 있었다. 1119년, 이 연구소는 시아파의 이단 교육을 이유로 하여 폐쇄되었다. 다르 알 히크마는 정치적인 분자로서의 창립자인 파티마조와 함께 없어진 것이다.

파티마조 제6대 칼리프 하킴은 개인적으로 점성술에 흥미를 갖고 카이로의 무카담 언덕에 천문대를 세우고 동틀 무렵 그곳에 잘 갔다. 같은 시대의 역사가 이븐 함마드는 알 하킴이 두 개의 탑에 세운 천체관측의

천문 관측기

비슷한 동제 기구를 보았고, 12궁의 하나는 길이가 약 70m였다는 보고를 받고 있다.

알 하킴의 궁전은 이집트가 낳은 위대한 천문학자인 알리 이븐 유누스(1009년 사망)와 무슬림으로 중요한 물리학자이며 광학자인 아부 알리 알 하산(라틴 이름으로 알하젠)에 의하여 개발되었다. 후원자의 이름이 명기된 이븐 유누스의 천문표(지주)는 혼천의(渾天儀)와 방위의(方位儀)를 사용한 직접관측으로 그 시대에 적용했던 천문표를 정정하고 있다.

965년경 알 바스라에서 태어난 이븐 알 하이삼(1039년 사망)은 하킴의 명령으로 나일 강의 범람을 조정하려다 실패하자, 미친 척하고 몸을 감추고 끝까지 나타나지 않았다. 그의 주목되는 저서로는 광학 관계의 시각론(視覺論)인 ≪광학의 서(書)≫이다. 원본은 상실되었으나 1572년에 라틴어로 번역되어 출판되었다. 이 책은 중세의 광학 발달에 영향을 끼쳤다.

이븐 알 하이삼은 그의 저서에서 눈이 사각의 대상에 시선을 보낸다는 유클리드와 프톨레마이오스의 이론에 반대하고, 투사와 반사각의 실험결과를 제시하고 있다. 알 하킴 시대에 이집트에서 쓰여진 또 하나의 중요한 저서로는 안마르 이븐 알리 알 마시르의 ≪안과각서≫가 있다.

파티마조 시대에는 학문이나 문학의 육성에는 불리했으나, 제1급의 중요성을 갖는 미술품과 건축에 특색을 보였다. 카이로를 수도로 했을 때의 최초의 두 명의 칼리프와 아르메니아 출신의 두 명의 대신(와지르) 아래서 향수한 번영은 미술 분야에 반영되었다.

현존하는 가장 오래된 건축물은 972년에 조하르가 건축한 아즈하르 모스크이다. 이 건축물은 나중에 수복되었으나 중심부가 되는 낡은 부분은 최초의 형태를 보존하고 있다. 아라베스크(당초무늬) 부분은 이븐 툴룬 사원 양식을 본따 벽돌로 지어졌고, 첨탑의 아치가 있고 전체적으로는 이란형의 영향을 나타내고 있다. 그리고 미나렛[광탑(光塔)]은 중후한 사각형이다.

다음으로 오래된 사원은 알 하킴의 사원으로 그의 아버지 시대인 990년에 착공하여 1012년에 완성되었다. 이 사원은 아즈하르 사원 양식을 그대로 따랐고, 예배 때 메카의 방향을 표시하는 '미흐라브'는 벽면 중앙에 홈을 파서 아치형으로 사원 건물의 주추가 되는 낭하와 접하는 벽에 있으며, 그 위에 팔각형 몸통으로 만든 벽돌로 만든 둥근 천장이 있다. 파티마조의 건축물의 장려한 증거를 보이는 당당한 문들 중, '바브 즈웰라', '바브 알 나스르', '바브 알 푸투흐' 세 개가 현존하고 있다. 이들 거대한 카이로의 문은 파티마조 이집트가 남긴 가장 오래된 유적이다.

이븐 툴룬 모스크

## §§ 맘루크조

이슬람 역사에서 맘루크조는 가장 주목할 가치가 있고 유례를 찾아볼 수 없는 중세의 이슬람 왕조이다. 이름이 나타내는 것처럼 다양한 종족과 국적 사람들로 이루어진 노예(맘루크)들이 이방의 땅에서 군사적 과두정치를 형성한 왕조였다. 이들 노예 출신의 술탄들은 시리아와 이집트 영지에서 십자군의 잔당을 일소했다. 그들은 모든 역사의 흐름과 서아시아와 이집트의 문화를 바꾸었을지 모른다.

그들은 훌라구가 이끄는 용맹한 몽골인 무리와 티무르의 진격을 영구히 저지했다. 그들의 저지로 이집트는 시리아와 알 아르크에 엄습한 황폐를 면하고, 아라비아 반도 이외에서 땅을 가질 수가 없을 뻔했던 무슬림에게 문화와 정치제도의 연속성을 유지시켰다. 거의 2세기하고 4분의 3세기 동안 맘루크조는 세계에서 가장 격동하는 지역의 하나를 지배하고 그 사이 다른 인종과 섞이는 것을 막았다.

대개 교양없고 살벌함에도 불구하고 맘루크조가 보인 깊은 이해가 낳은 미술과 건축은 어느 개명한 왕조에 비하더라도 자랑할 만하며, 카이로를 현재에도 이슬람 세계의 명소 중의 하나로 만들었다. 그리고 마지막 1517년, 맘루크조가 오스만 제국의 셀림에게 타도되었을 때, 아랍의 칼리프 정권의 폐허 위에 번영했던 이 마지막 지방 왕조는 없어졌다. 그리고 아랍인 자신의 것이 아닌 새로운 오스만 제국 칼리프 정권 수립의 길이 열렸다.

맘루크조의 기초는 아이유브조의 샤리프(1249년 사망)의 미망인이었던 원래 터키계, 또는 아르메니아계의 노예였던 샤자르 웃 두르에 의해 구축되었다. 이전 알 무스타심의 노예의 시녀로 하렘의 여성이었던 샤자르는 알 샤리프의 정무를 돕고 그의 아들을 낳으면서 자유신분이 되었다.

바그다드를 공격하는 티무르

그녀가 정권을 장악했을 때 남편인 칼리프는 이집트의 아미르(귀족)들에게 '혹시 당신들을 지배하는 남자가 없다면 그와 비슷한 남자를 보내겠다'라는 통렬한 편지를 부쳤다. 이 여성은 술탄(지배자)으로 북아프리카와 서아시아에서 한 나라를 지배했던 단 한 사람의 무슬림 여성으로, 일찍이 클레오파트라와 제노비아를 낳은 땅에서 80일간 단독 군주 역할을 했다. 그녀는 화폐에 자기 이름을 새기고 금요일 예배 때 자기 이름을 부르게 했다.

그리고 아미르들은 그녀의 협력자로 군사령관(아타베그 알 아스카리)인 무이즈 앗딘 아이바크를 술탄으로 선택했을 때, 그녀는 아이바크와 결혼했다. 술탄이 된 초기 수년간 아이바크는 시리아에 있는 본가를 정복하고 나이 어린 공동의 국왕 알 아쉬라프를 폐하고, 루이 9세와 싸워 무훈을 세우고 자기 진영의 장군을 죽이는 등 일에 쫓기고 있었다.

한편 그녀는 새로 결혼한 남편과 권력을 나눠 가졌을 뿐 아니라 그를 복종하게 만들었다. 그녀는 남편 아이바크가 다른 여자와 결혼하려는 계획을 알고 카이로의 왕궁에서 그가 목욕하는 동안 살해했다. 그후 얼마 있지 않아 그녀 자신도 아이바크의 처음 아내의 여자노예들 손에 의해 타살되고 시체는 탑에서 던져졌다.

맘루크조는 바흐리 맘루크와 부르지 맘루크로 나뉜다. 아이바크

(1250년-1257년 재위)는 초대 맘루크조의 술탄이다. 바흐리(원래의 의미는 바다지만 나일 강도 이렇게 부른다) 맘루크조는 140년(1250년-1390년)간 30번이나 군주가 바뀌었다. 아이유브조 술탄 살리흐는 투르크계의 노예부대를 카이로에 가까운 섬 로다에 주둔시키고 친위부대로 만들었는데, 이것이 제1기 맘루크조의 중심이 되었다.

바흐리 맘루크조에는 부르지 맘루크조에 비해 걸출한 군주가 많았다. 바흐리조의 맘루크는 주로 투르크계와 몽골계 사람이었다. 외국인 노예를 친위대로 쓰는 정책은 아이유브조가 바그다드 칼리프의 선례에 따른 것인데 그 결과 같은 운명을 맞이했다. 어제의 노예는 오늘의 사령관이 되고 내일의 술탄이 된다.

바흐리 맘루크조는 사쟈르 알 드투르를 제외하고는 바흐리 맘루크조가 24대였고, 부르지 맘루크조가 23명이었다. 바흐리조와 부르지조에서 술탄의 아들을 제쳐놓고 노예가 뒤를 이은 경우가 몇번 있었다. 다수의 술탄이 젊은 나이에 비명에 죽었다. 맘루크조 술탄의 평균 통치기간은 6년도 채 되지 않았다.

새 왕조가 직면한 첫 과제는 나라를 통일하고 국경지대의 수호를 튼튼히 하는 것이었다. 아이바크는 그의 치세 대부분을 시리아, 팔레스타인, 이집트에 있는 싸움터에서 보냈다. 알 무자파르 사이흐 앗딘 쿠투즈(1259년-1260년 재위)는 섭정(나이브 알 살타나) 지위에 있는 동안 알 카라크, 아이유브조 술탄의 공격을 격퇴하고, 그후 아이바크의 어린 아들이며 자기 스스로가 보호자인 알 만수르 알리를 폐하고 군주 자리를 빼앗았다.

아이유브조의 이집트 침략을 격퇴한 쿠투즈는 숨쉴 틈도 없이 훌라구의 몽골군에 맞서야 했다. 쿠투즈는 몽골의 사자를 죽였는데 그 결착은 1260년에 아인잘루트에서 났다.

이 싸움에서 바이바르스가 싸움의 진두에 서고 장군으로서 혁혁한 무훈을 세웠으나, 쿠투즈는 마지막까지 싸움을 스스로 지휘했다. 몽골군은 사령관 키트부카와 다른 지휘관들의 시체를 싸움터였던 전장에

버려두고 패주했다. 이집트는 이웃 나라를 휩쓴 무서운 황폐를 면했고 그 영지는 이제 맘루크조가 지배하는 곳이 되었다.

바이바르스는 자기의 군공(軍功)이 인정되어 봉토가 주어질 것이라고 기대했는데, 술탄 쿠투즈는 그의 기대를 저버렸다. 바이바르스는 시리아를 거쳐 오는 도중 쿠투즈와 함께 수렵을 나갔다. 수렵 도중 한패인 공모자가 술탄에게 말을 걸고 쿠투즈의 손에 입맞춤하는 사이, 바이바르스는 쿠투즈의 목을 찔러 살해했다. 살해된 술탄 뒤를 이은 사람은 그를 죽인 바이바르스였다.

맘루크조 술탄 중에서 가장 걸출한 알 말리크 알 자히르(전승의 왕) 루큰 알딘(신앙의 기둥) 바이바르스 알 분두크다리(1260년-1277년 재위)는 투르크인 노예 출신이었다. 아이유브조의 군주 앗 살리흐가 그를 다마스쿠스 노예시장에서 8백 디르함에 샀다. 앗 살리흐는 우선 그를 자기 친위대의 소대장으로 임명했고, 이를 시작으로 그는 혼자힘으로 최고위직까지 올랐다.

그는 키가 크고 피부가 거무스름하고 힘센 소리를 냈으며, 용감하고 정력적인 남자로 뛰어난 지도자 소질을 지니고 있었다. 그는 처음 보는 위대한 맘루크이며, 맘루크 국가의 진정한 건설자였다. 그가 아

훌라구

인잘루트 전투에서 몽골군한테서 승리를 거둔 것은 그의 최초의 승리였다.

그의 명성을 높인 것은 주로 십자군에 대한 수많은 싸움이었다. 그 싸움들은 프랑크인의 중추를 때림으로써 후계자인 칼라운과 알 아쉬라프가 최종적인 승리를 거머쥘 수 있는 바탕을 만든 것이다. 북부 시리아를 향한 최후의 원정의 하나의 과정으로 암살자 교단의 세력을 분쇄했다. 그 사이에 맘루크의 장군들은 맘루크조 술탄의 영지를 서쪽으로는 베르베르족의 지배지까지, 남쪽으로는 누비아까지 펼쳤다. 그리하여 그 영지는 영구적으로 한 사람의 이집트의 술탄에 복속하게 되었다.

바이바르스는 단순한 군사 지도자 이상의 인물이었다. 그는 육군을 개편하고 해군을 재건하고, 시리아의 요새를 보강했을 뿐만 아니라, 운하를 파고 항만을 개축하고 카이로-다마스쿠스 사이를 불과 4일 만에 연락하는 역전 체신사업을 발전시켰다. 각 역참(驛站)에는 중계용 말이 대기하고 있었다.

보통우편 외에도 맘루크조는 비둘기를 이용하는 우편도 잘 발전시켰다. 전서구(傳書鳩)는 그전의 파티마조 시대에 시작하여 독립기록부에도 기록되어 있었다. 바이바르스는 공공사업도 강화하고 이슬람 사원을 대학으로 고쳐 세우고 종교, 자선 목적의 기부재산을 설정했다. 그를 기념하는 건축물 중에 대사원(1269년 건립)과 그의 이름을 딴 학원 등이 남아있다. 이 대사원은 나폴레옹이 이집트 침공 때 성채로 사용했고, 또 나중에는 영국 점령군의 군량 공급 본부가 되기도 했다.

현재 다마스쿠스에 있는 자힐리야 도서관의 돔 아래에는 바이바르스가 매장되어 있다. 바이바르스는 이슬람 법학파의 대표로 4명의 재판관(카디) 중 한 명이었고, 이집트의 마하마르(순례의 성스런 가마)를 계통적이고 항구적인 것으로 조직한 최초의 술탄이었다. 종교상으로는 이슬람 다수파인 수니파의 신도로 독실한 무슬림이었고, 성전에 나서 헌신하여 이슬람에 영광을 가져왔고, 그의 이름을 아바스조의 7대 칼리프 하룬에 필적하게 했다.

바이바르스의 치세의 특징은 몽골과 유럽의 세력과 많은 동맹을 맺은 것이다. 그는 술탄이 되어 곧 볼가 강 계곡에 있는 킵차크[흠찰(欽察), 바이바르스의 출생지] 몽골족의 가장 높은 한 족장과 제휴했다. 모두 페르시아의 일한조와 적대관계였다는 것이 이런 정책을 취한 이유였다.

이집트 사절단이 동로마제국의 콘스탄티노플을 경유했을 무렵에 라틴-기독교를 적으로 하는 미카엘 8세 팔라이올로고스 황제는 십자군이 콘스탄티노플을 점령했을 때 파괴한 낡은 이슬람 사원을 복구하는 것을 허가했다. 바이바르스는 황제의 요청에 따라 동로마교회의 신도들을 위해 메르크(국왕)파 사교를 콘스탄티노플에 파견했다. 그는 시칠리아 섬의 국왕으로 루이 9세의 동생 앙쥬의 샤를과 아라곤의 제임스, 세비야의 알폰소와 상업조약을 맺었다.

바이바르스의 치세중에 인상적인 사건은 이름만 있고 직무상 권위가 조금도 없는 아바스조 칼리프의 새로운 칼리프 가계를 만든 것이다. 이런 일에 대한 술탄 바이바르스의 목적은 술탄으로서 스스로의 왕위에 정통성을 부여하고, 그의 궁정을 무슬림의 눈에 최고로 보이게 하고, 또 파티마조 이래 특히 이집트에서 위세를 떨치던 시아파의 음모를 저지하는 데 있었다.

이러한 목적으로 그는 1261년 6월(이슬람력 659년) 바그다드의 살육에서 벗어난 후예 아흐마드를 다마스쿠스로부터 카이로에 받아들여 성대한 의식을 치르고, 칼리프 알 무스탄시르라는 이름으로 칼리프에 즉위케 했다. 바그다드 파괴 후 몽골 대군은 메소포타미아에 들어가 도처에서 주민들을 살육하고 부녀자들을 노예로 팔았다.

이때 바이바르스는 팔레스타인 나사렛 산기슭 아인잘루트라는 곳에서 이들을 물리친 바 있다. 술탄 바이바르스는 이 허수아비 칼리프로부터 이집트, 시리아, 히자즈, 예멘, 유프라테스 지방의 통치권을 받는 서임을 받았다.

이렇게 아바스조 칼리프 자리는 무인 술탄의 후견 아래 카이로에서 부활했다. 이후 이것은 단지 종교상의 직위가 되었다. 16세기에 이르러 투르크계 정복자 술탄 셀림은 최후의 칼리프로부터 그 직위를 물려받았다.

바이바르스 이후 맘루크 중에 눈에 띄는 인물은 알 딘 칼라운(1279-1290년 재위)이다. 그는 바이바르스처럼 킵차크 출신의 노예였으며 이집트에 끌려와 팔렸다. 그의 별명 알 알푸이는 1천 디나르를 의미하고 있어 그의 가격이 높았다는 것과, 맘루크조 술탄들이 비천한 출신을 수치로 여기지 않았다는 것을 보여준다.

칼라운은 자기가 후견하고 있던 바이바르스의 아들을 폐하고 1279년 지배권을 손에 넣었다. 칼라운은 그의 혈통이 4대 동안 계속된 유일한 맘루크였다. 마지막 바흐리 술탄 알 살라흐 알 하지는 그의 증손이다.

칼라운이 즉위하자마자 페르시아에 있던 몽골인의 일[이리(伊梨)]한국(汗國)이 그가 다스리는 시리아령을 위협하기 시작했다. 그 중에서도 훌라구의 아들로 후계자였던 아바카(1265-1281년 재위)나 아바카의 아들 아르군(1284-1291년 재위)은 기독교를 애호하고, 시리아에서 이집트인을 내쫓기 위해 새로 십자군을 파견해 달라고 로마 교황과 유럽 궁정에게 요청하는 교섭을 시작하기도 했다.

그러나 이 계획은 실현되지 못했다. 아바카의 군대는 수적으로도 우세했고 아르메니아인, 프랑크인, 조지아인 등의 증원군을 받았으나 1280년(이슬람력 679년)에 힘스에서 결정적으로 패배했고, 그후에 몽골계 왕조도 이슬람으로 개종했다.

술탄 칼라운은 킵차크한국, 비잔틴 제국, 제노바 공국, 프랑스, 카스티야, 시칠리아 왕들과 기존의 우호관계를 강화했다. 세이론 국왕조차 카이로에서는 누구도 읽을 수 없는 편지를 가진 사절을 그의 궁전에 파견하기도 했다.

치세 말에 칼라운은 기독교도 국민들을 정부의 모든 직책에서 배제하는 명령을 내리기도 했다. 그는 카이로에 이슬람 사원에 부속하는 병원과 묘당(廟堂, 묘와 예배소)을 세웠다. 이 묘당의 훌륭한 아랍식 벽장식과 아름다운 대리석 모자이크는 현재에도 볼 수 있다. 그리고 병원(알 마리스탄 알 만수르)은 현존하는 이슬람 병원의 가장 오래된 기념물이며 그가 세운 건축물 중에서도 더욱 유명하다.

격심한 간헐적인 발작성의 복통인 산통(疝痛)으로 다마스쿠스의 누리병원에 입원했을 때, 암시를 받고 회복하면 카이로에 이와 비슷한 병원을 세우겠다고 맹세했다. 병원 본래의 건물뿐만 아니라 학교와 사원이 딸린 이 건물은 1284년에 완성되었다. 이 병원에는 열병, 눈병, 설사 등 여러 종류의 병을 앓고 있는 환자를 격리하는 특별 병실과 실험실, 약국, 욕실, 주방 등도 갖추었다.

이 병원에는 매년 막대한 기부금이 들어왔고 수입도 연간 1백만 디르함이었다고 한다. 술탄은 병을 고쳐주는 사람이라는 생각이 사람들의 뇌리에 새겨졌다. 그의 시대 이후 그의 묘당에 보존되어 있는 술탄의 옷들은 병을 고치는 데 효력이 있다고 믿어지고 있다.

칼라운의 후임 알 말리크 알 아쉬라프(가장 고귀한) 알 하릴리(1290-1293년 재위)의 유일한 공적은 1291년의 앗가 정복이다. 앗가 공략은 프랑크인의 손에 남겨져 있던 몇몇 항구의 함락을 빠르게 했다. 1302년(이슬람력 701년), 시리아 북부 해안 앞바다에 있는 작은 섬 알와드(아드라스)에 마지막 거점을 구축했던 템플 기사단은 알 아쉬라프의 동생이며 후계자인 알 말리크 알 나시르 무함마드에 의해 쫓겨났다.

알 나시르는 1293-1294년, 1298-1308년, 1309-1340년 세 번 술탄에 오른 독특한 경력을 갖고 있다. 그는 9세 때 처음으로 즉위했는데, 그의 치세는 맘루크조 가운데 가장 길었고, 무슬림 역사상 가장 긴 치세 중의 하나이다. 그의 치세중에 몽골인의 마지막 큰 공격이 일한국 제7대 가잔 휘하에서 행해졌다. 그런데 그의 통치시대에 이슬람이 일한국의 국교로 인정되었다.

규모가 몽골군의 3분의 1밖에 안 되는 이집트군은 아르메니아인과 조지아인의 증원군을 포함한 10만 대군을 힘스 동쪽에서 격파했다. 1299년 12월, 몽골군은 승리의 진격을 계속하여 1300년에 다마스쿠스를 점령했다. 다마스쿠스는 간신히 약탈을 면했으나 북부 시리아의 다른 지역은 또다시 약탈, 강탈의 슬픈 경험을 하게 되었다.

그해 3월에 몽골군은 시리아의 성곽을 차지하지 못하고 시리아의 수도에서 철수했고, 이에 이집트군이 다시 시리아 전토를 점령했다. 3년 후에 가잔이 다시 출격해 왔으나 다마스쿠스 남쪽 마르즈 앗 사파르에서 저지당했다. 이렇게 하여 맘루크조는 이슬람 확장 이래 이집트가 싸워야 했던 가장 무서운 적을 네 번씩이나 격파한 것이다. 감히 다시 싸우겠다는 가잔의 후계자도 없었다.

몽골군이 다마스쿠스로부터 패주한 지 얼마 지나지 않아 술탄 알

맘루크조의 기사

나시르는 수개월 전 퇴각중인 이집트군을 1만 2천 명의 사수로 습격한 레바논의 두르즈교도(시리아에서 생긴 종파로 시아파 이스마일파에서 발생)에게 엄한 보복을 했다. 또한 기스라완에 있는 시아파를 포함한 다른 종파에게도 공격을 가했다. 북레바논에 있는 마론파(동방기독교의 한 파)는 거의 전멸당했다.

1302년에 앞선 몇년 전, 수년간 알 나시르는 아르메니아인 거주지를 공격했다. 기독교도와 유태인에 대해 우마르 2세와 알 무타와킬 시대에 행해졌고 그후에 사라졌던 신분적 제한을 부활시켰다. 알 나시르의 오랫동안의 통치는 전쟁보다도 평화적인 영역에서 행해진 것으로 유명하다.

술탄 자신은 키가 작고 한쪽 발이 불편했으나, 미(美)에 대한 취미를 갖고 지칠 줄 모르는 사치와 물쓰듯하는 돈으로 주위를 장식했다. 외국여행에서 카이로로 돌아올 때 그는 약 2천4백m에 달하는 융단이나 고가의 직물을 깔고 그 위로 왔다. 메카 성지 순례시에는 여행 도중의 농장에서 40필의 낙타로 운반한 신선한 채소가 아라비아 사막을 통과하는 동안 그의 식탁을 장식했다.

아들 혼례의 연회장에는 1만 8천 개의 사탕이 소비되고, 2만 마리의 동물이 도살되고, 3천 개의 큰 촛불이 왕궁을 밝혔다. 그의 유명한 알 가수르 알 아글라브(일곱 색깔의 궁전)는 다마스쿠스의 궁전을 모델로 하여 세운 것이다.

알 나시르의 낭비는 개인적인 취미에 끝나지 않았다. 다수의 훌륭한 공공건물-그 중의 다수는 강제노역에 의한 것이었지만-이 그의 통치시대를 맘루크조 문화의 전성기라고 일컬어지게 했다. 그는 10만 명을 동원하여 나일 강과 알렉산드리아를 연결하는 운하를 굴착하고, 나일 강에서 카이로 성곽까지 수도를 부설했고(1311년), 국내에 30여 개의 사원을 세우고 학교도 세웠다. 카이로 성안의 그의 사원(1318년 건립)은 앗가의 대회당의 폐허에서 가져온 자재로 장식했다.

1304년에 건립되고 그의 이름을 딴 학교는 현재에도 카이로에 있다. 그가 세운 학교와 사원은 이슬람 건축술이 낳은 최고 걸작의 견본이다. 그의 치세중 작은 미술품도 전에 보지 못했던 고도의 수준으로 발달을 보였다. 그 견본은 카이로의 아랍박물관과 국립도서관에 소장되어 있는 브론즈나 유기 제품, 유약을 칠한 램프, 호화롭게 장정한 코란 등이다.

알 나시르 통치시대의 낭비는 주민에게 과도한 세부담을 과하고, 맘루크조 붕괴 원인이 되었다. 알 나시르는 영지에 만연한 비참한 상태를 줄이기 위하여 얼마간의 경제조치를 취했다. 그는 유럽 및 동양과의 무역을 장려하고 새로운 농지 조사를 명하고 소금, 닭고기, 사탕수수, 선박, 노예, 말에 대한 과세를 폐지하고 비싸게 가격을 매긴 빵집을 벌했다. 그러나 그 효과는 일시적인 것이었다.

그의 통치 후에 내전, 기근, 전염병 등이 거듭하여 주민들의 비참함을 더했다. 1348-1349년에 걸쳐 유럽을 황폐화시킨 흑사병이 이집트에서 거의 7년 동안 만연했고, 다른 어떤 전염병보다 더 많은 사람이 죽었다.

알 나시르의 뒤를 이은 12명의 자손들은 1340-1382년의 42년간 번잡하게 바뀌었으나, 술탄인 그들은 장식품이고 중신(아미르)들이 실권을 쥐고 마음대로 술탄을 폐하거나 죽였다. 이들 술탄 중 누구도 이렇다 할 업적을 남기지 못했다. 유일한 저명한 기념물은 1362년에 완성한 사원으로 알 나시르의 아들 술탄 알 하산이 세운 것이다. 이 사원은 십자형 설계로 가장 훌륭한 것으로 간주된다.

알 나시르의 증손으로 마지막 바흐리 맘루크조의 군주 알 살리흐 하지 이븐 샤반(1389-1390년 재위)은 어렸는데, 2년 동안의 재위기간 중 새로운 계통인 부르지 맘루크조의 건설자인 체르케스인 바르쿠크로 인해 맘루크조는 중단되었다.

### 맘루크조의 지적, 예술 활동

맘루크조 이집트 역사는 시리아로부터 프랑크인 지배의 흔적을 일소한 후에 몽골과 세계 열강 사이에서 존속하는 데 성공했다. 자부심을 갖고 승리를 자랑하는 지배자 밑에서 그 문이 열렸다. 그런데 맘루크조의 끝무렵 이집트와 그 속령 시리아는 군사 과두제, 지배계급의 내분, 화폐의 개악(改惡), 무거운 세금, 생활과 재산상의 위험, 때때로 발생하는 전염병의 만연, 기근, 빈번한 반란 등으로 황폐의 극에 달했다.

특히 나일 강 계곡에서는 시대에 뒤떨어진 낡은 미신이나 마술이 판을 치고 있고, 반동적인 이슬람이 활개치면서 과학적 진보를 가로막았다.

이 같은 상태에서 고차원적인 지적 활동은 기대할 수도 없었다. 사실 이슬람 세계는 13세기 초까지 8세기 이래 유지해오던 지적인 주도권을 잃었다. 부나 권력의 축적에서 생긴 의욕이나 정신력의 이완이 수세대에 걸쳐 계속되었고, 이로 인한 정신적 피로가 도처에 나타났다.

시리아와 이집트의 맘루크조 왕국의 의학은 다른 나라를 앞섰다. 칼라운이 세운 훌륭한 설비를 갖춘 병원은 의학이 보여주는 이집트의 관심의 지표라 할 것이다. 다마스쿠스에서 공부하고 그곳에서 죽은 의학교 교장 아부 알 하산 알리 이븐 알 나피스(1289년 사망)는 ≪의학규범 해설의 주석≫에서 폐의 혈액순환의 발견자로 알려져 있는 스페인의 세르베토스보다 2세기 전에 폐의 혈액순환의 명확한 개념 파악에 공헌했다.

수의학 방면을 본다면 당시 맘루크조 궁전에 근무했던 마구간 관리인 아부 바크르 이븐 알 문디르 알 바이타르(1340년 사망)의 논문 <말에 관한 학문과 말에 대한 의술의 완성>이 칼라운의 아들 알 나시르에게 헌정되었다. 이 논문은 수의학에 관한 중요한 논문 중의 하나이다. 사막에 사는 베두인족의 낙타와 말에 대한 광범위한 경험적 지식과 수의요법이 체계화되어 바이타르(수의학)가 되었다.

무슬림이 일찍부터 발달시킨 학문 분야의 하나인 안과학은 12-13

아라비아어판 생물학서(왼쪽은 라틴어 역)

세기에 걸쳐 시리아와 이집트에서 과학적인 방법으로 실시되었다. 다른 나라보다 훨씬 앞서 실시된 것이다. 12세기 카이로에 거주하던 유태계 이집트 안과의사 아부 알 푸아다일 이븐 알 나기드(1181년 사망)가 이 부문에서 가장 중요한 저술인 ≪실험이 끝난 요법(무자트라바트)≫을 썼다.

시리아에서도 이 시기에 써진 학술적 가치가 있는 저작이 두 가지 있다. 1256년 알레포의 할리파 이븐 아비 알 마하신이 저술한 ≪안약 총설(알 가피 알 그훌라)≫과 1296년 하마에서 개업하고 있던 살라흐 앗딘 이븐 유수프가 저술한 ≪눈빛과 요양법 개요(누르 알 우윤 와 자미 알 프눈)≫이다.

할리파는 외과의사로서 자신의 의술에 대단한 자신감을 가졌고, 한쪽 눈만 있는 환자의 백내장 수술도 서슴지 않았다. 맘루크조 시리아 지방의 의학자들이 활약한 것은 내륙지방이었고 해안지대에서는 활동하지 못했다. 프랑크인의 재침을 우려한 칼라운과 그의 후계자들에 의해 해안지대가 파괴되었기 때문이다.

이슬람 세계가 낳은 가장 유명한 의학사가(醫學史家)는 맘루크조 초기 다마스쿠스에서 활약한 아부 알 아바스조 아흐마드 아비 우사비아(1203-1270년)로 의사였으며, 다마스쿠스에 있는 안과의사의 아들이었다. 다마스쿠스와 카이로에서 공부했고 유명한 이븐 바이타르 문하에서 식물의 생태연구를 했고, 과학자이며 의사인 아부드 알 라드이프 알 바그다디와 서한을 주고받았다. 그의 걸작은 아랍과 그리스 의사들의 전기 약 4백 편을 정성스럽게 수집한 것으로 ≪각계 의사들의 정보원(우윤 알 안바 피 타바카트 알 아티바)≫이다.

이들 중 약간은 의사이면서 동시에 철학자, 천문학자, 물리학자, 수학자이기도 했다. 이 책은 아랍 무슬림의 과학 일반의 역사를 알기 위한 귀중한 문헌이다. 그리고 아랍어 문헌으로는 거의 유일한 것이며 이에 가장 가까운 것은 개요만 남아있는 알 기흐티의 ≪철학자와 의학자의 이야기를 학자들에게 들려주는 것(아흐바르 알 울라마 빈 아흐바르 알 후가마)≫이다.

알리 유수프 알 기흐티는 1172년 상부 이집트에서 태어났고, 대부분의 생애를 알레포에서 보냈고 그곳에서 1248년에 죽을 때까지 아이유브조의 재상을 지냈다.

맘루크조에서 사회과학 분야에서의 중요한 공헌은 전기부문이다. 이슬람이 낳은 가장 저명한 전기작가는 이 시기에 다마스쿠스에서 문명을 날린 샴스 알 딘(신앙의 태양)으로, 그는 야흐야 이븐 알 바르마크의 자손으로 1211년에 알베라에서 태어났다. 그는 알레포와 다마스쿠스에서 교육을 받고, 1261년 시리아의 수석재판관(카디)으로 임명되었으며 다마스쿠스에서 살았다. 그는 이 지위가 중단된 적도 있었지만 죽을 때까지 7년간 유지했다.

그의 저작 ≪유명인들의 사망록과 지도적 동시대인의 기록≫은 역사상 가장 저명한 무슬림의 전기 865편을 수록한 것으로 아랍어로 쓴 최초의 민족전기 사전이다. 저자는 정확한 이름의 기록, 날짜의 확인,

가계의 조사, 중요한 사건들의 간단한 줄거리, 시나 일화를 동원하여 설명하는 데 노력을 기울였다. 그 성과는 지금까지 쓴 가장 훌륭한 일반적 전기라고 평가되고 있다.

일반적인 역사분야에서도 맘루크조에는 꽤 많은 역사에 대한 저작물이 나왔다. 아부 알 푸이다, 이븐 타그리브, 알 마그리즈는 맘루크조의 역사가였다. 저명한 이븐 할둔(1406년 사망)은 술탄 바르쿠크 치하에서 교수와 재판관을 겸했고, 술탄 파라지 곁에서는 다마스쿠스에 쳐들어온 티무르와 평화협상을 하는 사절단장을 맡기도 했다. 그는 이러한 다양한 경력과 문학 활동으로 스페인과 알 마그레브를 연결하고 있다.

역사가로 지리학자인 아부 알 푸이다(1273-1332년)는 살라딘의 형제의 자손으로 술탄 알 나시르 밑에서 하마의 총독을 지냈다. 그는 자신의 저작 ≪인류사 개설(무흐타사르 타리흐 알 바샤르)≫에서 이븐 아시르의 광범위한 저작을 요약하고, 또한 그의 시대까지의 이야기를 보충하고 있다.

아부 알 마하신 이븐 다그리 비르디(1411-1469년)는 맘루크 궁전의 고관으로 있는 아버지와 투르크인 노예 어머니 사이에서 태어났다. 그는 몇명의 술탄과 친밀한 관계를 가졌다. 그의 주된 작품은 ≪이집트와 카이로의 관계가 있는 빛나는 별들(알 누줌 앗 자히라…)≫로, 이것은 아랍 정복으로부터 1453년까지의 이집트사이다.

자라르 앗딘 알 슈이디(1445-1505년)는 역사저서를 많이 남겼다. 그런데 그의 저서는 독창성이 별로 없으나, 그가 15세기의 걸출한 문학자임에는 의심할 여지가 없다. 그의 붓은 무슬림 학문의 전 분야, 즉 코란, 하디스(예언자 언행록), 법학, 철학, 역사, 문헌학, 수사학 등에 걸치고 있다. 약 560권의 그의 저서의 제목은 현재까지 전해 내려오고 있다.

이들 가운데에는 예언자가 바지를 벗었는지 아닌지, 터번의 앞쪽이 있는지, 그의 양친은 천국에 있는지 지옥에 있는지 등에 대하여 논하고 있다. 그는 글씨를 잘 쓴 사람으로 그가 필사한 고본(稿本)을 자기가 저자라고 칭했다 함은 거의 확실하다. 잘 알려져 있는 그의 저서는 코란 주석서 ≪코란학의 확증(알 이드간 피 울룸 알 꾸란)≫, 문헌학에 관한 ≪언어학상의 꽃(알 무즈히르 피 울룸 알 루가)≫, 이집트사인 ≪이집트와 카이로의 역사에 대한 강의 정리(프스느 알 무하다라…)≫이다.

맘루크조의 가장 걸출한 역사가는 다기 앗딘 아흐마드 알 마크리지(1364-1442년)라는 것은 의심의 여지가 없다. 카이로에서 발바크 출신의 조상을 선조로 하여 출생한 알 마크리지는 카이로와 다마스쿠스에서 차석 재판관과 교수 등 여러 직업에 종사했다. 그의 이름을 높인 것은 이집트의 지세, 역사, 고대의 관습을 취급한 저서 ≪신주거지와 유적기술의 예로 본 교훈과 훈계(알 마와이즈와 아티바르…)≫이다. 그와 같은 시대 사람인 알 자하위가 그의 저서는 자기 저서의 전면적인 표절이라고 했던 말은 충분한 근거가 있는데, 그 시대에는 보통 있을 수 있는 일이었다.

맘루크조의 백과전서를 쓰고 편집한 두 명의 이집트 저술가는 ≪문예에 관한 여러 관련 학문과 아랍의 간직해야 할 책(니하야트 알 아랍…)≫을 쓴 아흐마드(1332년 사망)와, 정부 관리들을 위한 안내서로 쓴 저서 ≪문장인에 있는 장님의 여명(스브흐 알 아샤)≫을 쓴 아흐마드 알 가르가샨디(1418년 사망)인데, 후자는 주로 이집트와 시리아의 역사적·지리적 사실을 풍부히 담고 있다.

이외에 이 시기의 저자는 주로 이슬람과 언어학에 몰두했다. 예외적인 저술로 중요성이 높은 것은 나즈드 출신인 아흐마드 이븐 마지드가 저작한 ≪이론적이고 실용적인 항해술의 개설≫이다. 그는 1448년에 아프리카에서 인도까지 바스코 다 가마의 뱃길 안내를 했다고 전해진다.

신학 분야에서는 순수한 원리적이고 보수적인 다기 앗딘 아흐마드 이븐 타이미야(1263년-1328년)를 거명하지 않을 수가 없다. 그는 하란에서 출생하고 다마스쿠스에서 활동했다. 코란, 하디스, 사회관습 이외의 어떤 권위에도 굴하지 않고 혁신, 성자 숭배, 서원(誓願), 사원 순례를 소리 높여 비난했다.

그는 이븐 한바르의 신봉자인데 그의 교의(敎義)는 나중에 아라비아 반도의 나즈드의 와하브파에 채용되었다. 하디스학 분야에서 이름을 높인 사람은 카이로의 수석재판관 이븐 하자르 알 아수카라니(1372-1449년)인데, 그는 9세 때 코란을 암기했다고 한다.

시 분야에서 거명할 가치가 있는 사람은 베르베르 출신의 샤라프앗딘 무함마드 알 부시리(1213-1296년)이다. 그는 예언자가 자기에게 망토를 던져주었다는 환각으로 뇌졸중에서 기적적으로 회복한 것을 기념하는 유명한 장시 ≪예언자의 망토(알 부르다)≫를 썼다. 아랍 장시로 알 부르다만큼 유명한 것은 없다. 이 시에 관해 아랍어, 터키어, 페르시아어, 베르베르어의 주석이 90가지 이상 쓰여졌다. 그리고 페르시아어, 터키어, 프랑스어, 영어, 이탈리아어로 번역되었다. 그 시구는 지금까지 주문(呪文)으로 읊어지고, 두르즈교도들은 죽은 자의 매장 때 이를 암송하고 있다.

사람들이 모인 찻집에서 한 이야기꾼이 옛이야기를 들려주어 많은 청중을 즐겁게 한다. 설화 문학의 한 형태이다. 안타르와 바이바르스의 두 개의 로망스가 맘루크조의 현재형을 취하여 당시를 상기시킨다. 오락, 기마시합, 궁술, 체조, 승마의 열렬한 애호자였던 맘루크조는 특히 십자군 시대의 공훈을 미화한 전설로 영웅의 이상형을 부여하고 있다.

≪아라비안나이트≫에 나타나는 기사(파리스)는 그 이전의 아바스조 시대의 것보다 이 시대에 활약한 맘루크 기사를 그리고 있다. 마찬가지로 그것의 민속이나 습관은 설화작가가 맘루크조의 카이로와 자기 주변의 사회에서 본 것을 끄집어낸 것이다.

13세기 후기에 현저한 발달을 보인 그림자놀이 극문학의 견본은 무함마드 이븐 다니야르 알푸자이 알 마우시리(1310년경 사망)가 쓴

건물을 장식한 아라비아 문자

≪그림자놀이극을 아는 상상력의 환상≫에도 보인다. 저자는 아마도 유태인이나 기독교도에서 이슬람교도로 개종한 의사로, 바이바르스 시대에 활약했다. 그의 작품은 현존하는 유일한 중세 이슬람 극시의 견본이다.

9세기 말엽, 무슬림 이야기 작가들은 그 이야기의 내용에 민족적 요소를 담았고, 또 극적 효과를 내고자 노력하기 시작했다. 12세기까지 그들은 인형극을 발달시켰다.

철혈정권인 맘루크조의 가장 즐거운 재미는 건축과 미술 분야에서의 뛰어난 생산성으로, 그 규모와 질은 이집트 역사상 고대 이집트의 파라오 시대부터 맘루크조 이후까지 견줄 데가 없을 정도였다. 알 나시르, 알 하산이 건축한 카이로완의 사원, 학교, 묘(廟) 등에서 볼 수 있는 이슬람 건축술은 그것들이 가진 가장 화려한 표현에 도달한 것이다.

부르지 맘루크조에는 바르쿠크, 가이드 바이 알 가리의 건축물이 마찬가지로 주목받을 만하다. 조금이라도 중요성을 갖는 건물은 그 이후 무슬림 지역에는 나타나지 않는다. 아이유브조 양식이 기원인 맘루크조 양식의 건축형태와 기술은 13세기경에 시리아와 메소포타미아로부터 새로운 영향을 받았다. 이는 몽골 침략에 직면하여 모술, 바그다드, 다마스쿠스에서 피난온 무슬림 예술가나 직공들이 이집트로 왔기 때문이다.

모자이크 타일

십자군 전쟁이 끝나고 석조건물이 있는 북방지역으로 가는 교통장애가 없어지면서 사원의 미나렛 건축에 벽돌을 사용하지 않고 돌로 이를 대신했다. 예배당과 학교를 겸하는 사원의 십자형 설계는 완벽한 발달을 보였다. 돔 지붕은 경쾌함, 외형의 아름다움, 장식의 풍부함 등을 겸비하여 건설되었다.

모자이크와 아라베스크 장식이 특징으로, 이 시기에는 이슬람 장식으로 잘 알려진 기하학적인 아라베스크와 쿠파 문자의 명(銘), 종유석 모양의 궁륭의 발달이 주목할 만하다. 이집트와 시리아에서는 이슬람 전체를 통하여 동물의 형태는 스페인이나 페르시아와 비교하여 그다지 널리 사용되지 않았다.

응용미술의 거의 모든 부문이 건축물, 특히 종교적인 것과 밀접한 관계를 갖고 있었다. 사원의 문은 화려한 다마스쿠스제 청동 세공으로 표면을 덮었고, 청동 샹들리에는 정교하고 치밀한 아라베스크 무늬로 주조되었으며, 창문 유리는 아라베스크 무늬와 코란 구절을 아랍어로 아로새긴 스테인드글라스였다. 내벽은 모자이크 타일로, 코란을 보관하는 상자는 금으로 장식되어 있었고, 설교단과 낭독대 목조부의 아름다움은 이슬람 문화의 전성기를 방불케 했다.

## 맘루크조 지배의 종말

투르크계의 바흐리 맘루크조와는 달리 부르지 맘루크조 군주들은 두 명을 제외하고는 모두 체르케스인이었다. 두 명은 그리스인 프슈가담(1461년-1467년 재위)과 딤 르브가(1461년 재위)였다. 부르지조는 바흐리조 이상으로 세습의 원칙을 거부했다. 술탄은 실권이 군사과두제 지배자들의 수중에 있는 동료 중의 수위(首位)에 지나지 않았다. 이들의 통치기간은 통틀어 134년(1382년-1517년)인데, 스물세 명의 부르지조 술탄들 중 아홉 명이 모두 124년을 지배했다. 1421년 1년 동안 각기 다른 술탄으로 교체되었다. 가이드 바이(1468년-1495년 재위)의 통치가 가장 길었고, 어느 면으로는 중요하고 또한 성공도 했다.

부르지 맘루크조는 한마디로 혼란의 시대였다. 권력 탈취를 위해 선임자로부터 음모, 암살이 계속된 시대였다. 시리아와 이집트 역사상 가장 암흑시대였다. 몇명의 술탄은 신의가 없고 잔학하고 무능력자이거나 변절자였다. 대부분의 술탄은 문맹, 무학이었다. 술탄 바르쿠크가 전체 술탄 중에 무슬림 부모를 가진 유일한 사람이었다.

바르쿠크가 체르케스 상인에게서 산 주정뱅이 알 무아야드 사이흐(1412년-1421년 재위)는 난폭하여 심한 폭행을 일삼았다. 바르쿠크의 노예에서 출세한 바르스바이(1422년-1438년 재위)는 아랍어를 알지 못했다. 그는 자기의 불치병을 고치지 못한다고 두 명의 의사를 죽이기도 했다. 역시 바르쿠크의 노예였던 이나르(1453년-1460년 재위)는 글을 읽지도 쓰지도 못했다. 그는 코란의 제1장을 틀리지 않고 독송한 적이 없다고 하며, 공식문서에 서명할 때는 서기가 쓴 위에 서명했다고 한다. 술탄뿐만 아니라 과두 지배자들은 모두 크든 작든 부패해 있었다.

맘루크조의 아미르(유력자)와 노예들의 대부분은 바르쿠크, 파라즈, 사이흐, 바르스바이 등 술탄 출신 친위대 소속에 따라 서로 다른 당파를 만들고, 또한 이들은 일반적으로 서로 반목했다. 각 당파가 힘을 합치는 동기는 오직 부와 세력을 장악하려고 할 때뿐이었다.

맘루크조의 열악한 경제사정은 술탄들의 이기적인 정책으로 더욱 나빠졌다. 바르스바이는 꽤 수요가 있는 후추를 포함한 향신료를 인도에서 수입하는 것을 금지했고, 값이 오르기 전에 그 재고를 매점하여 이것을 아랫사람들에게 팔아 큰 이익을 얻었다. 그는 설탕 제조도 독점하고 더 큰 이윤을 얻기 위해 일정기간 사탕수수의 재배를 금지하기까지 했다.

그의 통치 때 전염병이 주기적으로 이집트와 인근 여러 나라에서 유행하여 병을 고치는 약으로 설탕의 수요가 많았다. 흑사병만큼 맹위를 떨치지는 않았으나 3개월간 수도 카이로에서 30만 명의 희생자를 냈다고 한다. 그는 전염병이 국민의 죄에 대한 벌이라 생각하고 여성의 외출을 금지하고 세를 중과했다.

가렴주구는 무슬림뿐만 아니라 비무슬림에게도 가해졌다. 비무슬림은 공직 진출이 금지되었고 특정 복장을 입도록 강요당했다. 맘루크조 술탄들이 전쟁, 궁정의 낭비, 거대한 토목공사를 충당할 자금을 조달할 유일한 방법은 국민을 희생시켜 재산을 불린 공무원을 쥐어짜는 것이었다.

삼각주 지대와 동부 사막의 유목민들이 좁은 나일 강 계곡 농업지대에 정착한 농민들을 약탈하고 농지를 황폐시켰다. 메뚜기 떼가 주기적으로 습격하여 농업경제를 더욱 어지럽게 했다. 기근은 이집트에서 만성적이었고 전염병이 유행하거나 나일 강의 낮은 수위로 가뭄이 든 해는 사정이 더욱 나빴다. 파라즈와 사이흐 대에는 기아가 더욱 광범위하게 퍼졌다. 맘루크조 시대에 시리아와 이집트의 인구는 3분의 2로 감소했다고 추정된다.

맘루크조 말에는 여러 국제적 요인이 빈곤과 참상을 한층 더 심하게 했다. 1498년 포르투갈의 항해자 바스코 다 가마가 희망봉을 우회하는 항로를 발견했다. 이는 시리아와 이집트의 역사에 매우 중요한 사건이었다.

홍해와 지중해에 있던 유럽 함대가 무슬림 선박에 대해 빈번히 공격했고, 향신료와 인도나 아랍의 열대산물을 실은 배가 차차 시리아나 이집트의 항구를 경유하지 않게 되었다. 국가소득의 주요 원천 중 하나가 사라진 것이다. 맘루크조는 해상권을 수호하기 위해 필사적으로 저항했지만 소용이 없었고 동서 교통요지의 특권을 상실했다. 그런데 맘루크조의 마지막 숨통을 끊은 것은 유럽세력이 아니라 같은 무슬림인 오스만 제국이었다.

## §§ 이슬람 시대의 근대화와 오스만 투르크 제국

### 이슬람 고전시대의 종언과 오스만 투르크의 등장

예언자 무함마드의 활약에서 아바스조 멸망의 1258년까지의 약 6세기는 이슬람의 고전시대라 할 수 있다. 예언자 무함마드가 메카에서 메디나로 이주한 622년을 이슬람 역사의 시작의 해로 하고 있는 것은 아주 시사적이다. 본질적으로 종교였던 이슬람은 메디나로의 천도라는 무함마드의 정치적 결단과 행동으로 처음으로 하나의 역사적 존재로서 세계사에 첫발자국을 내디뎠다.

생명력이 넘치는 강렬한 종교 이슬람은 그 가르침에 따르는 자와 따르지 않는 자를 매우 엄하게 구별함으로써 아랍에게 민족적 통합의 원리로 작용했다. 예언자의 사후 이슬람으로 민족적 통합을 이룩한 아랍은 동쪽으로는 중앙아시아에서, 서쪽으로는 피레네 산맥에 이르는 광대한 지역을 정복하고 여기에 대제국을 건설했다.

정치적으로 이슬람 세계를 지탱한 것은 632년에 시작한 칼리프 제도였고, 이슬람 국가 구성법은 현실적으로 대단히 차이가 있음에도 불구하고 무슬림들이 스스로 한 명의 대표자 칼리프를 선정한다는 이념 위에 만들어졌다. 6세기 동안의 이슬람 고전시대인 무인정치시대에 부와이흐조와 셀주크조 등의 무인정치 동안 여하한 정치적 권력을 행사하지 못했다 하여도 아바스조 칼리프는 다수파 수니 무슬림의 통합의 상징으로 계속되었다. 몽골군의 바그다드 공략에 의한 칼리프 제도의 소멸은 이슬람 역사에서 고전시대의 종말을 고하는 것이라고 할 수 있다.

1258년에서 나폴레옹의 이집트 점령의 해인 1798년까지의 5세기 동안은 이슬람의 중세이다. 이슬람 중세의 시작을 특징짓는 것은 군사적 지배체제의 확립이다. 군사적 지배체제는 술탄 정치로 이는 이미 부와이흐조의 무인정치에서 시작되었고, 칼리프 제도의 소멸 후 이슬람 세계는 여러 술탄이 분할 통치하는 곳이 되었다.

이처럼 정치적 통일은 상실되었으나 이슬람 세계 그 자체의 통일성은 결코 없어지지 않았다. 이것은 술탄이 이슬람법 샤리아의 시행을 칼리프의 제일 중요한 직책으로 해서이다. 뿐만 아니라 술탄은 이슬람법 지배의 영역 확대를 자기 사명으로 간주하고, 때를 같이하여 활발해지기 시작한 신비주의 교단의 활약과 상호 호응하여 새로운 민족과 문화를 찾으면서 이슬람 세계를 확대, 심화시켰다. 이런 의미에서 중세 이슬람의 황금시대는 아랍이 아닌 이방인 왕조 오스만 투르크조가 현출시킨 것이다.

15세기 유럽에서는 동쪽 끝과 서쪽 끝에서 완전히 대조적인 역사가 진행되었다. 서쪽에서는 기독교의 레콘키스타(국토회복운동) 저항이 최후의 승리를 거두었다. 마침내 1492년 이베리아 반도 최후의 이슬람 왕조인 그라나다의 나스르조 무함마드 11세는 성문 열쇠를 아라곤 왕국의 페르난도에게 넘겨주고 지브롤터 해협을 건너 모로코로 사라졌다.

메흐메트 2세

한편 동쪽 끝에서는 이보다 40년 전인 1453년 오스만 제국 술탄 메흐메트 2세가 콘스탄티노플을 함락시키고 1천년에 걸친 비잔틴 제국 역사를 막을 내리게 했다. 메흐메트 2세는 콘스탄티노플을 정복하고 도시 이름을 이스탄불이라 바꾸고, 옛 비잔틴 수도에 군림하며 흑해 연안과 발칸 반도로 영토를 확장했다.

13세기 말 소아시아 서부에서 일어난 오스만조는 소아시아 대부분을 정복하고, 돌연 발칸 반도로 진로를 돌려 마치 비잔틴 제국의 계승을 지향하는 것처럼 그 궁정제도, 군제도, 관제도, 통치제도를 계승했고, 비잔틴 제국의 옛 수도에 자리 잡았다.

그런데 세기가 바뀌어 16세기가 되면서 이 같은 오스만조의 성격에 중대한 변화가 나타나기 시작했다. 그 계기가 된 것은 메흐메트 2세의 손자 셀림 1세가 정복의 방향을 동방의 이슬람 여러 국가로 돌린 것이다. 그는 이란 사파비조의 이스마일 1세를 무너뜨리고 이라크 북부와 쿠르디스탄을 빼앗은 후 맘루크조를 멸망시키고 시리아와 이집트를 병합했다.

아이유브조의 뒤를 이어 맘루크조는 메카와 메디나 두 성도를 포함하고 있는 아라비아 반도의 히자즈 지방에 종주권을 행사하고 있었고, 따라서 히자즈 지방의 종주권도 맘루크조를 멸망시킨 오스만조의 손에 넘겨졌다. 오스만 제국은 그 영토의 확장으로 비잔틴 제국의 후계자가 되었을 뿐만 아니라, 맘루크조의 세력을 타도하여 아랍인의 칼리프령을 계승한 여러 나라의 후계자가 되었다.

셀림 1세의 뒤를 이은 것은 아들 술레이만 1세(1520-1566년 재위)로 그의 오랜 치세 중에 오스만조는 최성기를 맞이했다. 술레이만 1세는 1529년 비엔나를 포위 공격하여 유럽 여러 나라의 간담을 서늘하게 했다. 1538년의 프레비자 해전에서 스페인, 베네치아, 제노바의 연합함대를 격파하고 지중해의 제해권을 장악했다. 그 사이에 이라크 남부와 아라비아 반도의 남부, 동부 및 북아프리카도 정복했다. 그 결과 오스만조의 판도는 이란을 제외한 서아시아에서 북아프리카에 미치고 헝가리, 루마니아, 베사라비아 이남의 유럽을 지배하고 오스만조의 국위는 절정에 달했다.

그때까지 비잔틴 제국 계승국가로서의 성격이 강했던 오스만조는 이슬람 발상의 땅 히자즈에 대한 종주권을 행사하여 아시아와 북아프리카에서의 다수의 무슬림을 지배하는 것을 계기로 차차 아랍을 대신하여 이슬람 제국 계승국가로서의 성격을 나타냈다. 오스만 제국은

술레이만 1세

근세에 있어서의 최대의 이슬람 국가이며, 모든 시대를 통틀어 가장 오랜 기간을 지속한 이슬람 국가였다.

모두 오스만의 직계자손의 남자들인 36명의 술탄이 1300년에서 1922년까지 지배했다. 술탄은 절대전제군주였는데 이슬람 다수파 수니파 이슬람의 보호자로 자부하고 이슬람법 시행을 가장 중요한 직책으로 여겼다.

룸 셀주크조 말기 14세기 초 투르크계 여러 약소 군주국의 병립과 비잔틴 제국의 내분과 쇠퇴를 틈타 오스만족이 극소세력에서 급속한 성장을 이룩하고, 왕조를 만들고 그것도 영속적인 국가를 만드는 과정은 참으로 놀랍다. 투르크계 오스만족은 몽골족 서점(西漸)에 대항하지 못하고 호라산 방면에서 소아시아에 들어온 가이우족에 속한다. 이 부족은 오구즈족의 한 분파이고 오구즈의 적류(嫡流)로서 다른 부족보다 우세한 지위를 갖고 훈련이 잘 된 유목병을 갖고 있었다.

그러나 1300년 이전의 오스만족의 역사는 전승으로 되어있어 분명치 않은 데가 많다. 오스만조의 왕가와 중앙아시아의 오구즈 칸을 연결하는 계보 종류는 거의 신뢰성이 없다. 이 왕조의 창건자 오스만 베이(1258-1326년)의 아버지에 해당하는 가이우족의 족장 에르투룰 베이는 룸 술탄 알라 앗딘 게구비트 1세에게 봉사하여 용맹과 전공으로 국경 수비의 책임자가 되었다. 또한 서부 아나톨리아를 관류하는 사가리아 강의 지류 가라수에 도달하는 소유트라는 작은 도시와 이에 인접하는 지역을 받았다.

이 지역은 원래 비잔틴령으로 주변은 데그흐르라고 불리는 봉건영주에게 둘러싸인 지대였다. 1281년경 에르투룰 베이의 타계 후 새로운 족장으로 선출된 사람이 오스만 베이였다. 이 족장이야말로 새로운 국가를 탄생시키고 초대 군주가 된 인물이다.

1280년대에 주변지역으로 확장하여 1291년경부터 에스기 슈빌, 가라쟈 하사르, 이내교르, 피레지기, 야루 히사르 등을 장악하면서 건국 활동이 시작된다. 터키 사가에 의하면 오스만 베이가 건국한 해는 1299년이라 한다. 오스만 베이는 1308년에 이르러 처음으로 마르모라 해 한 모퉁이에 도착할 수 있었다.

건국 초 오스만조는 비잔틴 소유의 아나톨리아에서 가장 중요한 도시 부르사를 손에 넣는 것이 최대의 염원이었다. 부르사 지구의 지에기르그에 요새를 구축하고 조카 아구 데무르를 성주로 임명했다.

1326년 이 요새에서 부르사 공략의 전투를 시작했으나 함락을 보지 못하고 죽었다. 오스만 베이가 남긴 미완성의 건국 일을 맡은 사람은 그의 후계자 오르한 베이(1326년-1359년 재위)이다. 부르사는 거의 저항없이 점령되고 이때부터 이곳은 오스만 군주가 있는 곳이 되었다.

오르한 베이의 치세는 소군주국의 규모에서 대국가로 발전하는 과도기적 건설기에 해당된다. 정치적으로나 경제적으로 볼 때 자주성을 확립한 시대이다. 코니아 주재 몽골 총독이 1327년에 자멸한 것은 이를 뒷받침한다. 오르한 베이의 임무는 새로운 국가의 영속성을 보장하기 위한 행정 관리 방식이나 여러 법령을 만드는 것이었다.

이 군주는 족장권과 왕위 계승권을 포기한 형 알아 앗딘 바사를 행정관리면의 장관으로 임명했다. 오스만 국가 역사상 중요한 역할을 다하는 대재상 직은 이렇게 해서 생겨났다. 그리고 큰아들 술레이만 바사(1316년-1359년)를 군사관계의 장관으로 임명하여 그 방면의 정비에 힘쓰게 했다. 그때까지 오스만 군단은 비정규 유목병력이었으나 병종으로서의 한계를 알고 정규군단의 편성에 착수했다.

그리고 새롭게 아구지에(아스페르) 화폐가 주조되었다. 이 시대의 오스만 왕조는 흑해와 가라스이 베이리크(지금의 바르게수이르) 지구를 침식할 필요가 있었다.

오스만조는 발칸에 정착하고자 하는 의향을 갖고 있었다. 그 기회는 비잔틴 제국의 내분에서 찾았다. 오르한 베이는 칸타쿠제노스를 지지하여 바레오로가스가에 맞섰다. 그러나 비잔틴이 오스만의 병력을 이용한 것이 오히려 비잔틴 제국의 부유함을 알리는 것과 같은 것이었다.

1354년 오르한 베이는 다르다넬스를 넘어 유럽 쪽의 칼리폴리스에 병력을 투입했다. 이것은 유럽에 대하여 전략상의 문호를 연 것을 의미한다. 아직 충분히 강력하다고는 말할 수 없지만 오스만조는 국가로서의 위용을 갖추었다.

오르한 베이의 뒤를 이은 제3대 무라트 1세(1359-1389년)의 치세는 오스만조가 국가로서 드디어 세계국가로 약진하는 준비단계에 들어간 양상을 보였고, 지금까지 돌아보지 않았던 신흥국가가 겨우 유럽인의 시야에 들어왔다. 오르한 베이의 치세가 인내가 강한 대기기라 한다면 무라트 1세의 치세는 유럽 동남쪽에 진출하는 실행기였다.

칼리폴리스로부터 서북으로 올라가 트라키아, 마케도니아, 불가리아의 중요 부분을 석권하기 위해서는 이 방면의 정세 분석이 필요했다. 당시 발칸 반도에서는 그리스인, 세르비아인, 불가리아인 등이 꽤 심각하게 대립하고 있었다. 그리고 이 방면에서는 봉건영주에 대하여 때때로 농노 폭동이 일어나기도 했다.

이 시기에 비잔틴 황제와 로마 교황 사이는 종교상의 대립과정에서 잘 어울리지 못했다. 베네치아와의 통상관계의 이해득실로 적의가 불탔다. 1360-1361년, 무라트 1세는 동부 트라키아에 군을 진격시키고 점차 말타 계곡에 이르는 지배권을 확대한 것은 이 같은 상황을 이용한 것이었다. 공격 목표는 비잔틴의 두 번째 대도시 에디르네(아나톨리아노플)를 얻는 것이었다.

에디르네 다음은 필립보폴리스였다. 투르크 세력의 확대에 대해 국경선을 지키기 위해 세르비아인은 불가리아인, 왈라키아인, 마자르인의 응원을 요구하고 일어섰다. 1366년 제1차 말타 전투는 이렇게 일어났는데 오스만측의 야습에 패하여 승리는 무라트 1세에게 돌아갔다. 그 결과 1366년에 소아시아의 부르사에서 에디르네로 천도가 이루어졌다.

이제 발칸의 여러 나라는 이기적 태도야말로 자기 왕국이나 다른 군주국을 송두리째 흔든다는 위험을 느끼고 지금까지 없던 단결이 요구되었다. 반오스만 세력으로는 불가리아 왕 시만과 서부 세르비아 왕 라자르가 있었다. 무라트 1세는 각개격파를 시도했다. 먼저 1371년 시만에 대하여 소피아에서 가까운 사마고호에서 이를 격파하고 오스만국의 종신(從臣)국으로 했다.

오스만 군단의 당면의 강적은 라자르였다. 오스만 군단은 꽤 우세하고, 군단에는 세르비아와 보스니아의 병력 외에 시만의 나머지 병력이 가세했다. 여기서 1389년 발칸의 여러 민족의 운명이 걸린 유명한 제1차 코소보 전투가 시작되었다.

이 싸움은 오스만 군단에는 고전이었으나 지금까지 이상의 중요한 승리를 거두었다. 정복된 지역의 봉건영주들은 무라트 1세의 배신(陪臣)이 되고, 개종한 영주는 수이바히(봉건기사)로서 오스만의 군사적 봉건계층에 속했다.

제1차 코소보 전투에서 무라트 1세가 죽었다. 세르비아의 귀족 미로쉬 고비로비치가 진중에서 그를 찔러 죽인 것이다. 그러나 이것은 오스만 국가의 정치적이고 군사적인 예정표를 조금도 변화시키지 못했다. 무라트 1세의 유업은 바야지트 1세(1389-1402년)로 인계되었다.

오스만 군주는 무라트 1세 시대에서 베이의 칭호를 없애고 술탄으로 칭하게 되었는데, 바야지트 1세는 당당하게 술탄이라는 칭호를 썼다. 이 술탄의 염원은 헝가리를 정복하고 이탈리아를 지배하는 것이

바야지트 1세

었다. 이를 위하여 전 발칸을 그에게 종속시킬 필요가 있었다. 술탄은 비잔틴에 간섭하여 견제하고, 세르비아와 보스니아를 반자립 형태로 오스만의 종속 아래 놓았다.

도나우 강 북쪽에는 헝가리 왕 지기스문트(1387년-1437년 재위)가 자리 잡고 있었다. 이 왕은 남슬라브의 반투르크 세력의 지도적 인물이었다. 크로아티아나 기타 도나우 강변의 봉건영주는 누구나 헝가리 왕에 복속하고 있었다. 투르크인의 추방을 위해 폴란드인, 왈라키아인, 몰다비아인들은 이 왕 아래 결집했다. 지기스문트는 가톨릭교도였기 때문에 서유럽의 원조를 기대할 수 있었다.

여기에 투르크에 대한 십자군 원정이 행해지고 부르고뉴 공작 장상 페르, 그의 아들 프시코 원수 등이 가세했다. 투르크가 중부 유럽까지 침입하는 것을 극도로 두려워한 서유럽측의 최후의 큰 노력이라 할 대오스만 십자군은 니코폴리스까지 진격했다. 1396년 9월이었다.

오스만측은 좋은 기회를 잡았다. 성능이 좋은 무기와 예니체리를 포함하는 오스만 군단은 투지만만하게 요격했다. 졸렬한 지휘와 혈기만 있는 서유럽측은 전체가 무너졌다. 지기스문트는 수많은 병사를 포로로 남겨둔 채 몸만 도망쳤다. 이 싸움은 이슬람 세계에 반향이 커서 소아시아에 잔존하던 군소 군주들의 통합이 쉬워졌다.

오스만의 영유는 유프라테스 강 상류까지 미쳤다. 비잔틴은 바야지트 1세에게 수도 공격의 구실을 주지 않도록 양보하는 한편, 마누엘 2세는 구원을 청하기 위해 서유럽으로 갔다. 에게 해에 있는 제노바 소국의 여러 섬은 키프로스 섬이나 로도스 섬과 동맹을 맺고 예봉을 피하고자 했다.

그러나 역사의 장난이라고 할지, 오스만 세력의 전진을 막는 견제 세력은 오히려 동방 아나톨리아의 뒤에서 나타났다. 그것은 다름 아닌 사마르칸트의 티무르(1336년-1405년)의 서진활동이었다. 여기서 이슬람 세계의 양 거두는 한편에 발칸, 다른 한편에는 중앙아시아 정복의 성과를 배경으로 하여 극적인 충돌을 펼쳤다.

바야지트 1세는 티무르 때문에 추방된 투르크멘계(系)의 카라 코윤루[Kara Koyunlu]족의 흑양조(黑羊朝) 부족장 카라 유수프(1390년-1419년 재위)를 후하게 대하고, 비호하여 재기를 약속했다. 북이란, 아제르바이잔, 가르디아, 파르스, 이라크로 서진하는 티무르 군단은 바야지트 1세에게는 새 영토를 위협받는 것을 의미했다. 카라 유수프의 비호는 자기 방위를 위한 조치이기도 했다.

1401년 티무르 군단은 시우아스를 공략했다. 당시에 마침 맘루크 군단이 배후를 위협하는 위험이 있어 시리아를 공격한 다음에 다시 에르지잔과 카이세리까지 진격했다. 바야지트는 비잔틴 포위를 진행 중에 있었으나, 티무르군이 온다는 소식을 듣고 이를 요격하기 위해 예니체리와 세르비아군을 합한 군단 약 2만 명을 인솔하고 소아시아로 귀환했다.

티무르는 원래의 중앙아시아의 병력에 독립을 상실한 소아시아의 군소 영주들의 병력을 합한 군단 약 20만에, 인도 코끼리 군단을 합하여 대치했다.

1402년 7월, 앙카라 북동부 교외에서 세기의 대결전이 일어났다. 바야지트는 예니체리의 엄호 아래 아침부터 저녁까지 싸웠으나 작전 실수가 있었다. 바야지트 휘하의 옛 군소 군주의 베이리크 병력은 옛 군주가 티무르측에 있는 것을 보고 술탄을 배반하고 오스만 군단을 습격했다. 왼쪽에 있는 세르비아군이 필사적으로 분전했음에도 불구하고 전황이 불리하여 바야지트도 퇴각하지 않을 수가 없었고, 도중에 낙마하여 아들 한 명과 함께 포로가 되었다.

그후 탈주를 기도했으나 성공하지 못하고 절망 끝에 8개월 만에 죽었다. 여기서 오스만조는 일시 중단되었다. 티무르는 구 베이리크 소군주 중 일곱 군주국을 재건하고 떠났다. 오스만조는 처음의 자리에 되돌아와 모두 다시 시작했다. 비잔틴의 명맥은 반세기 연기되었다.

오스만조의 중단까지 몰고간 티무르는 원나라를 타도한 중국 명나라에 보복하고, 또한 북원(北元) 잔존세력을 원조하여 무슬림을 냉대한 신앙상의 노여움에서 영락제(永樂帝)와 싸움을 벌이려고 했다. 그리하여 동방으로 군의 방향을 돌렸으나 많은 나이로 인하여 1405년 오도라르에서 사망했다.

한편 동남유럽의 정세도 오스만조에 유리하게 작용하여 국가 재건에 필요한 시간을 벌 수가 있었다. 오스만조는 예상 외의 활력을 보이며 금방 일어났다. 바야지트의 뒤를 이은 아들 메흐메트 지에레비는 지도자로서 손색이 없었다.

그는 동부 아나톨리아에 근거를 두고 유럽 영토에 의지하여 술탄 자리를 넘보는 형제와 싸우고, 비잔틴의 마누엘 2세와 동맹을 맺고 1413년에 통일 오스만 국가를 재건했다. 메흐메트 지에레비는 오스만 왕가의 대표자로서 정식으로 메흐메트 1세라는 이름을 썼다. 메흐메트 1세는 오스만 국가를 일단 안정시킬 수 있었다.

그의 뒤를 이은 사람은 젊은 무라트 2세(1421년-1451년)였다. 비잔틴과의 관계도 일변했다. 마누엘 2세는 무라트 2세를 견제하기 위해 오스만 계보에서 왕통의 분열을 도모했다. 1422년, 무라트 2세가 콘스탄티노플을 포위한 것은 이 같은 사정에서 시작했는데 공략은 실패했다.

마누엘 2세는 1425년 많은 나이로 세상을 떠나고, 영토는 여러 자식들에게 나누어졌다. 그 중에 예안네스 8세(1425-1448년)가 수도의 왕위를 차지했으나 그의 영지는 수도 주변과 에게 해의 몇몇 섬에 지나지 않았다. 무라트 2세는 이 같은 상황을 틈타 1430년 마케도니아의 가장 중요한 지점 데살로니가를 탈환했다. 그런데 무라트 2세의 목표는 발칸 북방 헝가리 방면에 오스만 세력을 확대하는 것이었다.

무라트 2세를 반격하기 위해 1443년 새로운 십자군의 결성이 로마 교황 유지니오스 4세(1431년-1447년)의 제창으로 이루어졌다. 헝가리인, 폴란드인, 왈라키아인이 일어섰다. 이 새로운 항쟁에는 폴란드 왕 겸 헝가리 왕인 브와디스와프 3세와 헝가리의 국민적 영웅으로 알려진 트란실바니아의 군정관 휴냐디(1386년-1456년)가 군을 지휘했다. 그는 오스만 군단에게는 강적으로 세르비아의 옛 수도 니시 근방과 다른 지점에서 무라트 2세의 군에게 손상을 입혔다. 술탄은 양보하여 다음해, 유효기간 10년의 강화조약을 체결했다.

휴냐디군의 승리는 무라트 2세의 약체화를 가져왔고, 침입자를 유럽에서 추방하는 호기로 여겨졌다. 헝가리는 대오스만 강화조약을 일방적으로 파기했다. 이 일은 로마 교황이 파견한 율리아누스 게자리니 추기경의 권고에 기인한 것이다. 구실은 투르크측의 조약 불이행이었다. 추기경의 견해는 소아시아에서도 반오스만적인 기세가 고양되고, 제노바와 베네치아의 함대가 다르다넬스 해협을 장악하고 있는 것에 힘을 얻었다.

휴냐디와 브와디스와프 3세가 인솔하는 헝가리와 폴란드 연합군은 트란실바니아를 지나 흑해와 도나우 강 어귀에 가까운 바르나를 향하여 진격했다. 도중에서 왈라키아인의 부대도 가세했다. 하지만 세르비아 왕 게오르규 프랑코비치는 술탄과의 강화조약을 파기하는 것을 좋게 생각하지 않고 되어가는 형세를 지켜보고 움직이지 않았다.

가라만 지역의 분쟁을 해결하기 위해 소아시아에 있던 무라트 2세는 교묘히 제노바와 베네치아를 매수하여 해협을 건너와 바르나로 전진했다. 이 싸움에서 브와디스와프 3세는 전사하고 휴냐디는 간신히 몸만 빠져나왔다. 1444년 11월의 일이다.

휴냐디는 바르나의 패전을 잊을 수가 없었다. 발칸의 해방과 비잔틴 구원의 바람은 더욱 높아졌다. 로마 교황 니콜라스 5세(1447년-1455년)의 도움으로 대규모의 보복전을 계획했다. 무라트 2세는 헝가리측이 세력을 되찾기 전에 휴냐디를 옛 전쟁터 코소보로 유도하여 쳐부수었다. 1448년 10월의 일로, 이 제2차 코소보 전투로 서로의 입장이 바뀌었다. 1450년에 오스만 술탄과 헝가리 왕 사이에 휴전 협정이 체결되었다. 이 협정으로 남슬라브에 대한 헝가리의 패권은 끝났다.

제2차 코소보 전투의 패배로 비잔틴 제국은 풍전등화의 신세였다. 끊임없이 되풀이되는 권력쟁탈전과 이와 수반된 국내분쟁으로 국력은 약화되었고 재정은 난맥상을 드러냈고, 군사력은 무력화되었다. 상업은 쇠퇴하고 그 영토는 수도와 가까운 교외의 소도시 얼마와 몇몇 요새기지뿐이었다. 비잔틴 황제는 온갖 희생을 무릅쓰고 서유럽측에 원조를 청하였으나 구원의 손길은 오지 않았다. 1448년 갑자기 예안네스 8세가 죽고 후계자로 모레아에서 콘스탄티누스 드라가제스 11세(1449년-1453년 재위)가 수도로 들어왔다.

투르크측에서도 나이든 무라트 2세에 대신하여 젊은 메흐메트 2세(1451년-1481년)가 술탄으로 즉위했다. 그는 정력적이고 격한 기질의 무인 정치가인 동시에 학문과 예술에도 깊은 관심을 가진 전제군주로 5개 국어에 능통했다. 그의 최대 목표는 콘스탄티노플의 공략이었으며 그것은 하나의 집념이었다.

1452년 가을에 바야지트 1세가 구축한 보스포러스 해협의 가장 좁고 물살이 빠른 아나돌루 히사르 맞은편에 루멜리 히사르의 견고한 성채를 구축했다. 이 성채의 탑에서는 해협의 수역을 모두 조망할 수 있었다.

비잔틴측에서는 루멜리 히사르 구축에 대하여 몇번이나 항의했으나, 술탄은 듣지 않았고 오히려 공략 준비를 서둘렀다. 콘스탄티누스 11세의 운명은 강공을 앞두고 겨우 수비체계를 정비하는 것이 고작이었다. 비잔틴이 얻은 구원은 죠반니 론고 규스데아니가 인솔하는 4백명의 제노바군과 서유럽으로부터의 4천 명의 원군뿐이었다. 다만 비잔틴 함대만이 정예였다.

메흐메트 2세가 인솔하는 오스만 군단은 1453년 4월 6일을 기하여 육지와 바다 두 곳에서 공격을 시작했다. 병력은 7만에서 25만 사이로 여러 추정이 있다. 대도시의 수비가 견고하고 규스데아니군이 무장이 잘 되고 투지도 왕성하고 작전도 잘 전개하여, 공격하는 측에서도 고생했다. 그래서 오스만측은 신식 거포를 만들어 성벽의 공격에 파괴력을 발휘했다.

한편 비잔틴 함정은 금각만(金角灣)으로 물러나 피하고, 만 입구를 쇠사슬로 봉쇄하여 오스만 함정의 침입을 막았다. 술탄은 기습작전을 생각했다. 그것은 오스만 함정의 일부를 보스포러스 해협의 입구에 가까운 도푸 하네의 강어귀에서 육지로 올려, 가라다 지구의 배후지

루멜리 히사르

다구수임의 구릉을 넘어 방어력이 약한 금각만 안의 가이숨 바사 지점으로 옮기고 상대가 생각지도 못했던 곳을 공격하는 것이다. 전황은 더욱 격화되었다.

5월 말, 오스만측은 총공격을 시작했다. 수비하는 기독교군도, 공격하는 무슬림군도 신앙과 명예를 걸고 용감히 싸웠다. 처참한 싸움이었다. 그리고 방어측의 규스데아니가 중상을 입음에 따라 전쟁의 상황은 빠르게 바뀌었다. 그의 죽음은 손실이었다. 대망의 기적은 일어나지 않았다.

예니체리를 선두로 하는 오스만 군단은 지금의 도프카프(성 로미노스) 문 가까이에서 성안으로 밀어닥쳤다. 만사가 여의치 못한 콘스탄티누스 황제는 시가전에 나가 영웅적으로 싸웠으나 난투중에 힘이 다하여 전사했다. 이 같은 몇개의 에피소드를 간직하면서 비잔틴 제국은 영원히 지상에서 사라졌다. 전투는 급속히 끝났고 메흐메트 2세는 백마를 타고 입성했다.

성 소피아 성당은 이슬람 사원으로 변하고, 술탄은 '알라흐 아크바르(하나님은 위대하시다)'를 외치고 예언자를 찬양했다. 콘스탄티노플(이후 이스탄불)의 점령은 오스만조 역사상 획기적인 대사건이며, 오스만 술탄으로 하여금 비잔틴의 옥좌에 앉게 하고 아시아와 유럽의 영유를 가능케 했다. 비잔틴 제국의 그리스정교회의 등불과 비잔틴 문화를 아시아로 옮기고 이슬람과 비잔틴 양쪽의 문화적 영향이 이탈리아의 르네상스를 추진하는 것이 되었다.

15세기 후반 이후 약 1세기간은 오스만 제국의 완성기에 해당되고 갖가지 중대한 일이 일어났다. 이 시대에 오스만 제국은 동방국가에서 서방국가로 그 위치를 옮겼다. 메흐메트 2세는 파스레우스(비잔틴 황제)의 위용과 이슬람 대왕조로서의 권위를 갖고 군림해야 할 취지를 엄숙히 선언했다.

술탄은 먼저 수도를 황폐에서 복구하고, 정치와 경제상의 번영을 되찾고자 주민을 유치하는데 애썼다. 이를 위해 종교적인 관용을 보이고 그리스정교회의 보호자라는 것을 보였다. 또 신앙과 재산의 보장을 약속하고 그리스인, 유태인, 투르크인의 이민 영입을 장려했다. 구 비잔틴계의 학자들도 우대했다. 오스만조의 새로운 수도는 아시아와 유럽 대륙의 접합점이 되었고, 도시 전체의 이슬람화가 행해졌다.

예를 들면 성 소피아 성당을 포함한 12개의 기독교 사원은 대모스크로 개축되어 면모를 일신했다. 파티히 자미라고 불리는 새로운 모스크나 대학(학교)이 건립되고, 세속적인 것으로는 성벽의 수리, 증축, 항만시설, 지붕이 있는 시장 등이 건설되었다. 이궁(離宮)으로 이름이 잘 알려진 지니리 교수이크(현존)도 건조되었다.

술탄은 1458년 비잔틴 제국의 분신인 모레아(펠로폰네소스 반도)에 내분이 생긴 것을 계기로 이탈리아 방면에서의 간섭을 막고, 또 이오니아 해 방면에 천연적인 좋은 항구를 얻겠다는 의도하에 군을 진격시켜 마케도니아 방면에서 남하하여 아테네, 고린도 등의 요지를 함락하고 모레아 군주 데스포드한테서 항복을 받았다. 모레아는 정식으로 오스만 영토에 편입되었다.

다음으로 술탄이 정복을 시도한 것은 흑해에 면한 소아시아의 동북부에 있는 트레비존드였다. 이 나라도 비잔틴 제국의 속국의 하나였다. 트레비존드는 지역적으로 동부 아나톨리아나 카프카스의 군소국과 관계가 깊고, 특히 오스만 제국의 강적 투르크멘계의 아크 코윤루족의 백양조(白羊朝) 부족장 우준 하산(1453년-1478년 재위)과는 인척관계가 있고 그의 지지와 원조를 받고 있었다.

1461년 술탄은 육지와 해로로 군을 진격시켜 시노프, 트레비존드 두 항구를 함락했다. 소아시아에 마지막까지 남아있던 카라만 영주국의 병합도 정복사업의 하나로 1471년에 코니아를 점령했다. 1473년 여름, 우준 하산의 병력을 타파하고 소아시아 통일의 대사업이 마침내 이루어졌다.

발칸 방면에서는 헝가리의 영웅 야노슈 휴냐디는 이미 죽고, 또 알바니아에서도 이스칸다르 베이가 죽어 민족 저항이 약해졌다. 1470년대에 들어서 보스니아, 알바니아, 왈라키아, 트란실바니아에 대한 지배는 확고한 것이 되었다. 술탄은 크림에 있던 제노바의 통상권을 빼앗고, 겸하여 크림 반도에 투르크의 종주권을 인정하기 위해 아흐메드 게디크 파샤 제독을 파견하여 1471년 그 목적을 달성했다.

1477년에서 1479년에 걸쳐 이 제독에게 명하여 이탈리아 반도 남단 오도런두를 급습하게 했고, 메스이흐 파샤로 하여금 로도스를 공격하게 했으나 성공하지 못했다.

메흐메트 2세 시대에 정밀과학 분야의 학문이 신장되었고 코스모그라피(우주박물지)적인 대저술이 존중되었다. 그리고 사마르칸트에서 발달한 천문학, 수학이 도입되고 이 부문의 학문이 기여한 바가 컸다. 이 시대에 여류시인을 포함하여 저명한 시인들이 활약했는데 메흐메트 2세 자신도 시에 대한 재능이 뛰어나 아우니라는 필명으로 시집 77편을 저작했다.

메흐메트 2세의 서거와 함께 오스만조에도 후계자 문제로 권력 내부에 분쟁이 생겼다. 그에게는 아들이 둘 있었는데 한 아들은 술탄 바야지트 2세(1481년-1512년 재위)이고, 다른 아들은 박명한 왕자 켐(켐수이드, 1459년-1495년)이다. 원래 바야지트 2세는 아버지보다 덜 호전적이고 그만한 정력도 갖고 있지 않았다.

그러나 켐은 재기와 패기가 넘쳤고 자신이야말로 아버지 술탄의 후계자에 합당하다고 생각했다. 그래서 오스만 제국의 분할 지배를 바라고 목적 달성을 위해 1481년 바야지트 2세에 대항하여 군사를 일으켰다.

그는 부르사를 점령하고 금요예배 때 자신의 이름을 부르게 하고, 화폐를 만들어 자립의지를 표명했다. 바야지트 2세는 켐을 불법자로 여기고 곧 아흐메드 게디크 파샤에게 토벌을 명했다. 무운이 없어 켐은 이에니 지에히르에게 패하고 이집트 카이로로 망명했다. 이집트의 부르지 맘루크조 술탄이 그의 재기를 지지하여 1482년 소아시아로 귀환할 수 있었으나, 다시 기르기아에서 패하고 성 요하네스[요한] 기사단을 의지하여 로도스 섬에 망명했다.

기사단장 피에르 뷰트손은 눈치가 빠른 외교관으로, 망명자를 오스만 술탄에게 팔아넘기는 것에 양심의 가책을 느끼지 않았기 때문에 비밀리에 이스탄불 정부와 그의 신병을 팔아넘기는 교섭에 들어갔다. 그러나 이 일은 잘 진행되지 않았고 이에 켐은 프랑스를 경유하여 헝가리로 갈 의사가 있음을 기회로 남프랑스로 옮겼다.

켐은 니스, 르손, 사나즈 등의 성채를 전전하며 갇혀 지내는 생활하기를 7년에 이르렀다. 당시 프랑스 왕, 로마 교황, 나폴리 왕 등은 그를 외교상의 카드로 이용하고자 했다. 그런데 켐이 로마에 보내졌을 때 교황 이노켄도스 8세가 세상을 떠나 보르자가에서 새 교황 알렉산드르 6세(1492년-1503년)가 선출되었다. 이 불운한 투르크 왕자는 새 교황에 의해 나폴리로 옮겨져 1495년에 그곳에서 죽었다고 한다.

1512년 바야지트 2세가 이에니 지에히르의 군사 쿠데타로 퇴위하고 셀림 1세(1512년-1520년 재위)가 즉위했다. 그는 전제지배에 능했으며 시인이기도 했는데, 짧은 치세중 그의 일족과 대재상 이하 그의 분노에 의해 처형된 자가 적지 않아 야부즈(냉혹한 자)라는 별명을 얻었다.

셀림 1세

그의 대에 이란에서 사파비조(1502년-1736년)가 일어나, 이슬람 소수파 시아파의 교리를 국교로 하여 메소포타미아와 호라산에 세력을 확대하고 영향력이 소아시아에도 침투하여 술탄을 불쾌하게 했다. 게다가 사파비조가 조종하는 시아파 교도가 공공연히 소아시아에서 반란을 일으키자 1513년 지하드(성전)를 선언하고 이란에 침입했다. 이 전쟁의 배후에는 이란이 이집트나 헝가리와 연결되는 것을 경계하는 세력이 있었다.

오스만군은 레자호의 북쪽 자르드란에서 샤 이스마일(1502년-1524년 재위)의 이란군을 격파하고 타브리즈를 점령했다.

셀림 1세가 이란으로부터 쿠르데스탄을 빼앗자 북시리아에서 투르크와 이집트는 직접 경계를 맞닿게 되었다. 북시리아에 이집트의 맘루크조가 강력한 부대를 배치하여 오스만조로 하여금 압박감을 느끼게 했다. 1516년 셀림 1세는 코니아를 경유하여 알레포에서 시리아로 들어가 트리폴리, 사파드, 타브리즈, 가자를 함락하고 그해 말에 카이로에 들어가 맘루크조를 멸망시켰다. 이집트는 완전히 오스만의 속주로 만들었다.

그러나 셀림 1세는 내정에 관한 한 종래의 시스템에 손을 대지 않았다. 이집트 농민은 오스만 제국과 구 지배층인 맘루크조 귀족의 이중지배를 받아야 했다. 이집트가 가진 비옥한 땅과 농민층으로부터의 수탈, 중개무역으로 얻는 이익은 맘루크조 귀족의 재기를 촉진하게 된다. 이집트는 오스만 제국의 보고였다.

셀림 1세는 이집트 정복의 부수효과로 그 명맥을 잇고 있던 아바스조 마지막 칼리프 알 무타와킬로부터 양보 형태로 수니 이슬람교도의 정신적 수장으로서의 칼리프 칭호를 물려받았다. 아바스조 칼리프의 자손은 몽골의 훌라구 칸에게 멸망당한 후 카이로에 영입되었다.

맘루크조는 정권을 정당화하기 위해 망명자를 비호한 것이다. 아랍이나 예언자 무함마드와 아무런 혈연관계가 없는 투르크족 군주에게 칼리프 칭호가 주어진 것은 술탄이라는 세속적인 최고 권력자와 기능이 결부되었다는 것을 의미했다.

이슬람력 10세기에 오스만조 제10대 술탄으로 술레이만 1세(1520년-1566년 재위)가 즉위하고, 46년에 걸친 긴 치세기간 동안 오스만 제국은 전무후무한 번영기에 들어갔다. 그가 벌인 큰 사업을 보면 같은 시대의 아시아와 유럽의 대군주, 예를 들면 신성 로마 황제 칼 5세, 프랑스 왕 프랑수아 1세, 영국 왕 헨리 8세, 로마 교황 레오 10세,

이란의 샤 이스마일, 인도의 무굴 황제 아크바르보다 뛰어난 군주였다.

정력적이고 도량이 크며 강인하고 모습이 단정하여 투르크인에게서는 '입법자', 서양인에게서는 '장대한 자'라는 별명을 얻었다. '입법자'라 함은 지배하는 광대한 지역과 36개 종족으로 구성된 국민에게 가장 좋은 통치체제를 갖추기 위해 기본법전인 ≪미에르데가 엘 에부하르(여러 바다의 접합점)≫를 편찬시킨 데서 얻은 별명이다. 이 시대에 오스만 제국의 행정조직과 통치기구가 만들어지고 강화되어 오스만조의 생명이 현저히 연장되었다.

술레이만 1세의 치세는 13회에 걸친 원정과 이오니아 해 방면의 해전으로 특징지어진다. 13회 중 10회는 유럽에 대한 것이었고, 3회는 아시아에 대한 것이었다. 헝가리에 5회, 오스트리아에 3회, 사파비조 이란에 4회, 성 요하네스 기사단이 은신한 로도스 섬에 1회, 트란실바니아 지배권을 둘러싸고 몰다비아에 1회였다.

술레이만 1세가 전력을 경주한 것은 합스부르크 왕가에 대해서였다. 칼 5세의 합스부르크 왕가가 유럽에서 지배권을 확립하려는 계획을 좌절시키고, 프랑스의 발루아 오를레앙 왕가를 지지하여 유럽에 세력균형을 만들어냈고, 유럽에 대한 유력한 발언자가 되었다.

또한 로마 교황의 교권에 대항하여 합스부르크 왕조의 가톨릭에 대항하기 위해 발흥기의 개신교(프로테스탄트)에 지지를 보내 루터파의 간접 원조자가 되었다. 이런 의미에서 16세기 유럽 역사는 오스만 제국을 빼고는 도저히 이해할 수 없고, 술레이만 1세의 강한 개성과 발언이 유럽 각국에 큰 영향을 주었다는 역사 서술도 무시할 수 없다.

한편 아시아 방면에서는 이란 사파비조의 공세에 대해 카스피 해에서 중앙아시아 무슬림의 뒷받침이 되었고 홍해, 아랍 해, 인도양 방면에서 포르투갈의 강력한 해상활동에 대항하는 유일한 실력자로 행동했다는 것도 특기할 만하다.

13회의 원정사업은 각기 연계되고 있다. 로도스 섬 공략을 살펴보면, 소아시아 연안 가까이 에게 해 입구를 가로지르는 로도스 섬은 섬 전체가 견고한 성채로 오스만측의 에게 해와 지중해에서의 활동을 방해하는 기독교도의 최전선 기지였다. 투르크는 때때로 이 섬에 공격을 시도했으나 성공하지 못했다.

술탄은 치세 초기 이 섬을 차지하려고 우선 항복 권고장을 보내고 1522년 7월, 정예부대를 보내 요새화된 이 섬을 공격하기 시작했다. 성 요하네스 기사단장 피에르 드 리라단 등이 완강히 저항하며 독일과 프랑스, 로마 교황에게 구원을 청했다.

하지만 구원병이 올 기미가 없고 약 6개월의 포위 공격을 받은 뒤에 힘에 겨워 투르크에 항복했다. 항복 조건은 놀랄 만큼 관대하여 생명과 재산이 보장되고 오히려 불행을 위로하는 모습도 있었다. 성 요하네스 기사단은 섬에서의 퇴거가 명해졌고, 마르다 섬으로 옮겨갔다. 로도스 섬 함락은 기독교 진영에는 이루 말할 수 없는 손실이었다.

술탄은 헝가리의 카를 5세를 견제하고 프랑스의 프랑수아 1세를 측면에서 도울 목적으로 1526년 베오그라드에서 북상했다. 지금까지 역대의 오스만 술탄은 중유럽, 서유럽과 장기간에 걸쳐 항쟁하여 헝가리에는 몇번의 원정을 되풀이했는데, 이번에는 헝가리를 완전히 장악할 작정이었다. 먼저 7월 말에 페트로와 라딘을 공략했다. 다음에는 북서부에 해당하는 모하치에 진격했다.

당시 헝가리 왕은 젊은 로요수 1세로 경험도 없고, 거기에다 부다페스트 궁전에는 공론(空論)으로 허송세월하는 정치가들로 둘러싸여 있었다. 재정이 바닥을 보이고 합스부르크 왕가로부터의 원조도 기대할 수 없었다. 그러나 술탄이 도나우 강을 따라 북상하고 있다는 소식에 머뭇거릴 수 없었다. 방위전을 전개하기 위해 헝가리군은 모하치까지 남하했다.

당시에 날씨가 좋지 않았는데 지형의 이점도 유리하게 활용하지 못하고 투르크군의 포격을 받고 로요수는 패하여 죽었다. 모하치 전투에서의 패배와 로요수의 죽음은 헝가리에 혼란을 일으켰다. 오스만군이 부다페스트 성문에 도착했다. 2개월 동안의 전투 끝에 헝가리 전토 대부분이 투르크에 귀속되었고 이 상황은 1686년까지 지속되었다. 헝가리는 술탄 직속의 중부 헝가리, 간접 지배의 트란실바니아, 합스부르크 왕가의 영향력이 강한 서부 헝가리의 셋으로 나뉘었다.

이후 술탄은 카를 5세를 직접적인 공격대상으로 삼았다. 1529년 5월, 술레이만은 유럽의 심장부라 할 비엔나의 주인공이 되기 위해 이스탄불을 출발했다. 도중에 트란실바니아 군주 사보야이 야노슈의 원병을 더해 병력 2만 5천 명과 포 4백 문, 하천용 선박을 준비하여 도나우 강을 거슬러 올라갔다.

이때도 모하치 공략의 경우처럼 악천후로 호우와 험한 도로가 진격을 방해하여 9월 말에 겨우 비엔나 성벽 앞에 도착했는데, 상대는 투르크군이 나타나기 전에 방위 준비를 갖출 여유가 있었다. 카를 5세는 당시 비엔나에 있지 않았고 동생 페르디난드가 린트까지 퇴각하여 원군을 보내는 데 주력했다.

비엔나는 사르무의 니토라스 백작에게 위임되었다. 방어진은 1만 6천 명의 병력과 72문의 포에 지나지 않는 약체였으나 교묘한 전법으로 방어했고, 일반 시민들도 영웅적으로 활약했다. 모든 점에서 비엔나는 그 전의 비잔틴이 아니었다. 차가운 가을비는 풍토에 익숙하지 않은 동방인을 매우 피로하게 만들어 술탄은 천막을 접고 일단 철수하기로 했다.

포위는 성공하지 못했으나 비엔나 포위라는 중대한 위기는 서구사회에 적지 않은 영향을 주었다. 지금까지 프로테스탄트를 탄압하고 있던 합스부르크 왕가가 루터파의 여섯 소군주와 14개 도시를 한데 묶어 '슈바이에르 의결'을 공식적으로 인정했기 때문이다. 이 같은 의미에서 투르크는 프로테스탄트의 동매자라는 역할을 연출했다.

동방으로 눈을 돌리면 1534년, 술레이만 1세는 재상 이브라힘 아에게 명하여 메소포타미아를 침략했다. 이란 군주 샤 드흐마수프(1524

년-1576년 재위)는 즉위 당시 오스만 제국의 위협에 대처하고자 오스트리아와 헝가리에 공수동맹을 제의했다. 술레이만은 묵인할 수 없었다. 더욱이 술탄이 서방에 정력을 쏟고 있는 동안 샤 드흐마수프가 동부 아나톨리아의 반란을 선동하는 데 이르자 방치할 수가 없었다.

술탄의 명을 받고 이브라힘 아는 모술과 바그다드를 공략하여 병합했다. 메소포타미아는 이후 17세기의 20년간의 매우 짧은 기간을 제외하고는 20세기의 10년대까지 오스만 제국에 귀속되었다. 이때 아랍 세계는 모두 투르크의 범위에 들어갔다. 술탄은 이제 흔들림 없는 칼리프로서 자타가 인정했다.

프랑스의 프랑수아 1세는 이보다 전인 1525년에 이탈리아에 침입했을 때, 파베아에서 합스부르크의 카를 5세에 의해 잡혔던 적이 있어 보복하겠다는 원념이 있어 합스부르크 세력을 동부 국경 쪽에서 교착시키고자 투르크에 접근했다. 1526년의 술레이만의 헝가리 공략은 프랑수아 1세의 부추김에 넘어간 결과라 할 수 있다.

1529년의 비엔나 포위를 보고 강대한 오스만군을 두려워한 프랑수아 1세는 오스만 제국과의 연대를 잠시 중단했으나 1535년에 다시 한층 더 깊은 연결을 가졌다. 베네치아, 스페인 등 지중해 방면의 정세가 그렇게 만든 것이다. 오스만 제국측에서는 프랑스와의 동맹관계를 그다지 중시하지 않았다.

1535년 이스탄불 주재 프랑스 대사 푸오레에게 술탄의 칙령에 근거하여 카피툴레이션 특전이 부여되었다. 카피툴레이션이란 이슬람법에 따라 비무슬림 외국인을 보호할 필요에 의해 주어진 법적 특권이다. 이에 따라 프랑스는 투르크 해역에서의 통상과 교역의 자유, 면세, 가옥소유권의 취득, 자국법에 의한 영사재판권이 인정되었다. 이 법적 특권은 순차적으로 서구 여러 나라에 허용되었다. 후세에 이 특전은 투르크를 괴롭히는 치외법권이 되는 경과를 거쳤다.

술레이만 1세는 해양 모험가로 용명을 날린 하즈르 라이스를 특별히 기용하여 나폴리 연안에서 북아프리카 연안에 이르는 여러 곳을 공략하여 튀니지, 알제리 방면에서 몇몇 중요 항구를 장악했다. 그는 카프단 파샤(대제독)로 임명되었고, 1538년에 카를 5세가 신임하는 안드레아 제독이 인솔한 스페인, 베네치아, 로마 교황의 연합함대를 이오니아 해(아드리아 해) 입구의 프레베자에서 대해전을 치르고 격파했다. 그 결과 크레타 섬과 말타 섬을 제외한 지중해 전체가 투르크의 호수가 되었다.

오스만 함대는 프랑수아 1세를 후원하고 스페인을 견제할 목적으로 마르세이유와 투론에 입항했다. 투르크 함대의 활약은 지중해뿐만이 아니었다. 페리 레이스 제독이 인솔한 별동대는 수에즈 지협을 점령하고 홍해의 제해권을 장악하여 아데이나 알 예멘의 취득을 가능케 했다. 페르시아 만, 아랍해, 인도양에서 활동하는 포르투갈에 대항할 수 있었던 것은 페리 레이스의 작전행동 확대의 결과였다.

46년에 걸쳐 오스만 제국을 최고의 국가로 만든 술탄 술레이만은 이미 고령이었다. 그는 1566년에 트란실바니아 병합과 조공을 거부하는 서부 헝가리 왕 막시밀리안 2세(1564-1576년 재위)를 응징할 목적으로 서북쪽으로 갔다. 파라돈 호 동남쪽에 있는 시게르바트 성채에서 수비를 굳히고 있던 헝가리 귀족 주리니 백작을 포위하고 있던 중, 9월에 술탄은 서거하여 최후의 원정이 되었다.

뒤를 이은 사람은 셀림 2세(1566-1574년 재위)였다. 그는 술주정이 있었고 아버지 술레이만 1세에 미치지 못했으나, 오스만 제국이 이 때문에 곧 외부에 대하여 쇠함을 보이지는 않았다. 아직도 술레이만 시대의 유능한 관리가 남아있었고, 더욱이 노련하고 탁월한 견해가 풍부한 재상 소콜루 메흐메트 파샤가 집정을 계속했기 때문이다.

파샤의 집정기는 1566년에서 1578년에 걸친 약 12년간이었다. 먼저 시정 처음에 서부 국경의 현상 유지와 조공 지불을 조건으로 1568년 합스부르크 왕가의 막시밀리안 2세와 강화조약을 성립시켜 사태를 수습했다.

발흥기에 있었던 모스크바 군주국은 사파비조 이란과 연계하여 이즈음 협력 체계를 구축하여 중앙아시아 아스트란을 통과하는 내륙 아시아 통상로의 이윤을 주지 않으려고 했다. 투르크 재상 소콜루는 모스크바와 이란의 연계를 단절하고, 또한 통상로를 지키기 위하여 1569년 아스트란을 점령할 의도로 크림 반도 경유로 볼가 강 하구에 예니체리를 포함하는 오스만 군단을 파견했다.

돈 강과 볼가 강을 연결하는 운하 굴착을 입안하고 흑해, 아조흐해를 잇는 웅대한 계획을 추진했으나, 이 지역의 자연조건이 계획 달성을 저지했다. 동시에 오스만군은 처음으로 모스크바 군주국의 병력과 접촉하게 되었다.

1570년에서 1571년에 키프로스 섬에 대한 정복이 시작되었다. 셀림 2세가 섬의 특산물, 특히 질 좋은 술을 마음에 두고 섬의 할양을 베네치아에 요구했으나 거부되었기 때문에 일어난 싸움이었다. 이 기획에는 소콜루보다 오히려 라라 무스타파 파샤가 마음을 두었고, 1570년에 피아레 파샤 함대의 엄호 아래 오스만군은 니고스이아를 포위하고 약 7주간에 걸쳐서 함락했다.

다음해, 3개월의 포위 후에 푸아고스다 성채를 손에 넣었다. 소콜루는 섬의 주민들을 안심시키기 위해 신앙의 자유를 인정하고, 농노를 폐지하는 등 건설적인 행정을 지시했다. 투르크인이 이 섬에 정착한 것은 이때부터이며, 잔류한 군부대의 자손이 현재 이 섬에 거주하는 투르크인이다. 이 섬을 잃은 것은 베네치아인을 낙담시켰고 기독교 국가측을 당황하게 했다.

레판토는 코린토 만 입구에 있는 만으로 그리스어로는 나브팍토스이고, 투르크인은 에네바흐투라고 불렀다. 오스만 함대는 2개월밖에 키프로스에 주둔하지 못했다. 지중해에서 강력함을 자랑하는 오스만 해군에 대항할 목적으로 로마 교황 피오 3세(1566년-1572년 재위)와 스페인의 펠리페 2세(1566년-1594년 재위)는 오스트리아의 지지를 얻고, 1571년 9월 말, 시칠리아 섬과 이탈리아 본토 사이에 있는 메시나 해협에 함대를 집합시켰다.

여기에 베네치아인과 제노바인, 성 요하네스 기사단을 합한 연합함대는 스페인 왕자 돈 후안(1547년-1578년) 아래 오스만 수역에 집결했다. 돈 후안은 카를 5세의 서자로 펠리페 2세의 이복동생이었다. 한편 오스만 해군은 약간 열세였으나 뛰엣진인 자데 알리 파샤와 페르데우 파샤가 인솔하여 레판토 만에 집결했다.

10월 초, 레판토 만 입구에서 양 함대가 만나 싸움이 개시되어 배의 현문이 서로 접하는 접전으로 배 위에서 백병전이 세 시간에 걸쳐 전개되었다. 이때 오스만측은 제독이 해전 경험이 별로 없었고 전술적으로 내부가 통일되지 않아 형세가 좋지 않았으므로 기독교측이 승리했다.

그러나 오스만은 소콜루의 노력으로 얼마 가지 않아 서유럽에 필적하는 해군력을 재건했다. 이 때문에 베네치아는 항전 의지를 잃고 프랑스를 중개로 하여 키프로스 섬을 정식으로 투르크에 양도하고 거액의 조공과 달마티아 방면의 현상 유지를 약속하여 소콜루와 단독 강화조약을 1573년에 맺었다.

1574년 셀림 2세의 서거 후 무라트 3세의 치세에 있어서도 소콜루는 오스만 제국의 번영을 지속하게 한 위대한 재상으로 실질적으로 지배를 계속했다. 1578년에 샤 드흐마수프 서거 후의 내전과 혼란을 틈타 이란에 군을 파견하여 구르지아, 아제르바이잔, 기타 이란의 속주를 병합하고 다게스탄을 지배 아래 두었다.

그러나 이 해에 노련한 대재상이 자객의 손에 쓰러짐에 따라 오스만 제국의 번영은 종지부를 찍었다. 한마디로 말하면 오스만 제국의 발전에 직접 기여한 무인형의 술탄은 술레이만 1세에서 끝이었고, 셀림 2세부터는 전혀 다른 유형의 술탄이 군림하게 되었다. 전처럼 싸움터에서 군을 지휘하고 국정의 모든 일을 몸소 다스리는 경향이 없어지고, 술탄은 궁전 깊이 앉아 정치를 재상에게 맡기고 쾌락에 탐닉했다.

오스만 제국을 중근동에서 동남 유럽에 걸쳐 최대국가가 되게 한 위대한 술탄도 한갓 인간이었다. 오스만조 술탄도 전에 서아시아의 왕후들이 그러했던 것처럼 '하렘'의 영향에서 벗어날 수 없었다. 하렘이란 아랍어의 '하람'으로 원래 금지된 신성한 장소를 의미하고, 메카, 메디나의 신성한 구역 등이었으나, 전해져 외래자, 특히 남자 출입금지 장소로, 더 나아가 술탄이 총애하는 왕비나 빈(嬪)과 이에 봉사하는 시녀들이 사는 격리된 방들을 의미하게 되었다.

오스만조가 설립하여 몇대 동안 역대 군주는 유서 깊은 왕후를 맞아들여 정식결혼을 행했다. 그러나 남슬라브의 정복이 진행됨에 따라 기독교국 군주로 오스만조와 혼인을 맺는 자가 없어지고 왕비 자리는 언제나 공석이었다. 오스만조는 혈통이 끊어지지 않게 하기 위해 하렘이 필요했다. 하렘은 이제 커다란 궁정세력이 되었다.

술레이만 1세 시대의 하렘 중심은 술타나 록셀라나 휴렘(하세기 휴렘)으로 셀림 2세의 생모가 되는 여성이었다. 소콜루 메흐메트 파샤의 집정기에 하렘의 중심은 술타나 바리데 누르나 술타나 사피에 등이었다. 재상 소콜루가 찔려죽은 흑막도 하렘에 있다.

오스만 제국은 동방민족에서 나왔음에도 불구하고 서방으로 향하는 자세를 취하고, 특히 메흐메트 2세 이후는 동방세계와 연이 없는 방향으로 향했다. 술탄은 궁정 깊숙이 박혀 유락(遊樂)에 빠지고 내치, 외교에 하렘의 영향이 강해지고 부패정치가 시작되었다. 오스만 제국의 각 지역은 치안이 문란해졌다. 이 같은 상황 아래서 오스만 제국은 남슬라브의 여러 지역을 잃지 않은 것이 오히려 이상한 일이었다. 번영은 기울어지고 국력은 정체기에 들어갔다.

그런대로 이 정체기를 지탱한 사람이 결단력과 실행력이 있는 쾨프륄뤼 재상의 집안이었다. 메흐메트 쾨프륄뤼는 법과 풍기를 바로잡고 국권을 회복하는 데 적합한 냉엄한 위정자였다. 그는 술탄 메흐메트 4세의 생모 두르한 히디자에 의해 천거되어 1656년 재상에 취임한 이래 1702년경까지 약간의 간격을 두고 집안 대대로 재상이 되고, 오스만 제국의 활력을 일신하여 오스만조의 역사상 쾨프륄뤼 시대라고도 불린다. 대외적으로도 오래간만에 공세적인 정신이 충만한 점에서도 소콜루 집정 이래의 일이다.

쾨프륄뤼 재상가 중에서도 메흐메트 쾨프륄뤼(1656년-1661년), 그의 아들 아흐메트 쾨프륄뤼(1661년-1671년)가 뛰어났다. 메흐메트 쾨프륄뤼는 노령에도 불구하고 훌륭한 정치수완과 강한 의지력으로 오직(汚職)의 숙정(肅正), 군율의 강화, 지중해 제해권의 재확보, 소아시아 반도의 진압 등을 했다.

투르크 사가들은 아흐메트 쾨프륄뤼는 소콜루를 제외한 가장 걸출한 재상이라 하고, 기독교 사가들은 이 나라의 최고의 정치가라 꼽고 있으나 아버지의 준엄, 가혹하다고도 할 행정개혁의 뒤를 이어 온건하고 공정하며 개명(開明)하고 관용적인 태도로 정치를 했다고 한다. 또 뇌물의 엄금, 과세부담의 경감, 기독교도 예속민(레아야)을 취급하는 개선책을 내놓았다.

1660년대는 유럽에서 정치국면의 전환기였다. 특히 프랑스에서는 마자랭이 죽고 야심찬 루이 14세가 정치방향을 결정하고 있었다. 이 야심가는 정책의 일환으로 수에즈 지협(地峽)이나 홍해 방면에서 프랑스의 권익을 증대하려 했다. 크레타 섬에 박혀 투르크에 저항하는 베네치아인을 힘껏 도운 것도, 트란실바니아의 민족주의를 고취하여 반오스만 세력의 강화와 독립운동의 확대를 도모한 것도 이런 정책수행의 도구였다.

투르크와 프랑스의 동맹관계에 틈이 벌어졌다. 아흐메트 쾨프륄뤼는 프랑스와 오스트리아의 관계를 금가게 하기 위해 1663년 베오그라드 부다페스트 경유로 지금의 체코령 내의 노이 회이제르까지 진격하고, 다음해 8월에 도나우 강 지류가 있는 잔그드 고트하르트에서 몬테그규리 백작(1609년-1681년)이 인솔하는 오스트리아 헝가리군과, 이를 엄호하기 위해 달려온 프랑스의 고리니 백작이 인솔하는 구원군과 싸웠다.

서전에서 승리할 것같이 보였던 오스만 제국군은 차차 불리해져 마침내 패배를 맛보았다. 이 일은 어떠한 재능을 가져도 오스만의 군사력이 술레이만 1세 시대로 되돌아가는 것이 불가능하다는 것을 보이는 것이었다. 그런데 아흐메트 쾨프륄뤼가 투르크측에 매우 유리한 조건으로 합스부르크 왕조와 강화조약을 체결한 것은 외교상의 승리였다.

아흐메트 쾨프륄뤼는 죽기 전에 동생 자데 무스타파 쾨프륄뤼를 후임으로 추천했는데, 메흐메트 4세(1643년-1687년 재위)는 사위 카라 무스타파(1634년-1683년)를 재상으로 임명했다. 그는 매우 유능하고 풍부한 경험의 소유자였지만 야심적이라는 데 문제가 있었다. 그는 비엔나 성안을 말을 타고 달리고 라인 강변까지 진격해 루이 14세와 대결하겠다는 몽상에 사로잡혀 있었다. 카라 무스타파는 술레이만 1세가 전력을 다해서도 이룩하지 못한 비엔나 공략에 운명을 걸었다.

1683년 레오폴트 1세(1658년-1705년 재위)의 전제지배에 반항한 반합스부르크적인 데게이 이렘 반란이 발발했다. 카라 무스타파는 이 반란에 오스트리아 침입의 구실을 찾고 병력을 동원하여 비엔나를 포위했다. 레오폴트 1세는 린트 경유로 바이에른에 몽진(蒙塵)하고 폴란드 왕 얀 3세(소피에스키)에게 조력을 구했다. 얀 3세가 비엔나에 도착하는 데까지 8주간이 소요되기 때문에 카라 무스타파가 맹공을 퍼붓는다면 비엔나는 함락될지 모른다는 위기감이 있었다.

마침내 카라 무스타파와 얀 3세의 대결은 1683년 9월에 행해졌다. 오스만 군부대는 노력한 보람도 없이 패하여 동방으로 물러가고, 다시 중부 유럽에 모습을 나타내지 않았다. 비엔나의 파국은 카라 무스타파를 실각시키고 술탄의 폐위를 유치하는 반란이 되었다.

다시 쾨프륄뤼 집안이 등장했다. 자데 무스타파 쾨프륄뤼는 긴급회의에서 천거되어 사태 수습을 맡았다. 이 재상은 집안의 명성을 간직하기에 족한 인물로 '기독교도를 과도하게 억압하는 것은 황금을 낳는 거위를 죽이는 것과 비슷하다'라는 경구(警句)를 토하고 동남 유럽 주민들에 대하여 공정한 조세제도를 실시했다.

제2차 비엔나 포위가 실패한 후에 오스만 제국은 오스트리아, 폴란드, 베네치아, 신흥 러시아를 상대로 5년에 걸쳐 격렬한 싸움을 계속했다. 새로 즉위한 무스타파 2세(1695년-1703년 재위)는 전대의 여러 술탄과 비교한다면 매우 정력적이고 군사적인 열의가 있어 오스트리아에 대한 보복의 생각이 강했다. 오스만 제국의 국가최고회의(디완)도 오스트리아 공격을 결정했기 때문에 무스타파 쾨프륄뤼는 1696년 9월, 도나우 강 지류 다이스 강변 투에타에서 유능한 장군 사부이와이겐이 인솔하는 오스트리아군의 주력과 대전했다.

그런데 오스만 군단은 다이스 강 도하중에 예기치 못한 공격을 받고 혼란상태에 빠졌다. 예니체리 대부대가 반항했기 때문에 2만 6천의 병력과 재상의 생명을 잃는 커다란 손해를 입었다. 술탄은 곧 후세인 쾨프륄뤼를 재상으로 임명하고 화평을 강구하게 했다. 후세인은 영국, 네덜란드의 조정이 있는 것을 호기로 여기고 화의를 진행하기로 했다. 다만 러시아만 반대했기 때문에 화평에 동의하는 오스트리아, 베네치아, 폴란드와 1699년 1월 카를로비츠에서 강화조약이 조인되었다.

이 조약으로 투르크(터키)는 모레아와 달마티아 일부를 베네치아에, 포톨리아 게메네트를 폴란드에, 트란실바니아와 헝가리의 대부분과 슬로베니아, 크로아티아 일부를 오스트리아에 양도했다. 이 조약은 유럽과의 관계에서 큰 중요성을 가졌다. 이후 투르크의 군사공세는 끝나고 더이상 유럽에는 위협이 되지 않았다.

쾨프륄뤼가 집정하던 시대에 문필활동을 한 저명한 사람으로는 오스만 제국이 낳은 스케일이 큰 여행가로 에블리야 첼레비(1611-1684년경)가 있다. 그는 이스탄불에서 태어났고 투르크의 이븐 바투타, 또는 마르코 폴로라고도 말해질 정도로 그의 발자국은 널리 내외에 미치고 실지 조사에 바탕을 둔 수많은 분량의 지리지 ≪세야핫드나메(여행의 책)≫는 약 40년에 걸쳐 관찰하고 견문한 것을 기록한 집적

물(集積物)이다.

이란, 카프카스, 메소포타미아, 시리아, 이집트, 남부 러시아, 크림, 몰다비아, 트란실바니아, 왈라키아, 보스니아, 달마티아, 오스트리아, 헝가리, 크레타 등 직접 방문하고 통과한 지역의 사정을 서술함에 있어 진귀한 것을 좋아하고 무미건조한 것을 배제하고, 때로는 풍부한 상상력을 움직여 환상적인 맛을 내고, 또 자기 체험을 수식하고 보충하는 데 아랍어나 이란어의 고문헌이나 이슬람교, 유태교, 기독교의 선대의 고기록들을 인용했다는 점에서 특징이 있다.

이 시대를 대표하는 학자 중에는 하지 하리프에(무스타파 빈 압둘라 카티브 제레비, 1608년-1657년)가 있다. 오스만 제국 최대의 백과사전 편찬자로 개괄적 지리서 ≪지한 누마(세계의 거울)≫를 비롯하여 ≪다구임 엘 데와리프(역사의 달력)≫와 같은 사서나 ≪두프후에드 엘 기바르 피 에스파르 엘 비하르(해전에 대한 큰 선물)≫와 같은 불후의 명저를 남겼다.

재상 후세인 쾨프륄뤼가 1702년에 죽자 국내에 반란이 발생하여 무스타파 2세는 퇴위하고 새로운 술탄 아흐메트 3세(1703년-1730년 재위)가 즉위했다. 여기서 '라레 데우리(튤립시대)'라고 불리는 화려하고 다채로운 문화개화기를 맞이하게 된다. 튤립이라는 시대명칭은 이 꽃이 유럽에서 수입된 장식품으로서 거의 열광적으로 전국에 유행되고 가는 곳마다 재배되었다는 것과, 여기에다 이 꽃을 닮은 화려한 문화의 냄새가 나왔다는 데 유래하고 있다.

튤립시대에는 새로운 외래문물이 투르크에 들어왔고 오스만조가 지금까지의 유럽에 대한 태도를 완화하고, 유럽사회에 대한 최초의 호의적인 다소나마 가까이하려고 하는 시대였다. 이 시대의 추진력이라 할 아흐메트 3세는 초기 오스만 술탄처럼 무인형이 아니었지만 서예가, 시문학, 음악, 건축, 공예의 애호자로 세상 물정에도 밝고 하렘이나 와지르(장관)한테 좌우되지 않는 견식을 가진 깨인 군주였다. 특히 통치 시작 6년과 마지막 12년은 러시아를 비롯하여 유럽에 관계되는 한 평화정책을 취하고, 참으로 지금까지와 다른 태평기였다.

더욱이 술탄의 개방적인 기질이 반영된 지금까지 보지 못했던 루이 15세 치하의 문물이 중요하게 여겨졌다. 이 중개를 한 사람은 이르미 세기즈 제레비 메흐메트로, 그는 술탄의 특사로 루이 15세의 궁전에 파견되었다. 이 사절은 프랑스의 성채, 공장시설, 일반문물을 잘 보고 이것이 오스만 제국에 얼마만큼 실리와 실익이 있는지를 보고하도록 지령되었다. 새로운 유럽세계를 소개하기 위해 ≪세파레드 나메(대사의 서적)≫를 저작함과 아울러 투르크에 인쇄기계를 도입한 것도 이 사람이었다.

이렇게 하여 베르사유 궁전이나 이궁(離宮)의 정원, 연못의 모습과 양식과 거기에서 생겨난 화려하고 아름다운 생활이나 취미를 오스만 궁정에 받아들였고, 투르크 사회에 커다란 자극을 주어 생활의 향상, 직물공업의 발달, 커피 등 기호품 소비의 증가가 보였다. 무를 숭상하는 기질이 변하여 우아한 신문화가 일어났다.

특히 그 중심기라 할 1718년에서 1730년은 풍류재상 네브셰히를리 다마트 이브라힘 파샤의 집정기였다. 이 재상은 정치적으로 각별히 유능하다고는 할 수 없지만 술탄에 못지않은 문화인이었다. 이 시대의 문화상태를 보면 그다지 의미가 없는 취미가 유행한 낭비의 시대로 보는 사람도 있고, 또 터키 문화사의 르네상스로 보는 사람도 있는데, 오스만 사회에서 종교의 영향력이 줄어들고 세속화가 진행하는 신지성의 성장기이기도 했다.

이 시대를 상징하는 것은 유명한 시인 네딤이 '우리를 웃게 하고, 놀게 하고, 세계를 즐기게 하세요'라고 노래한 시는 유미주의의 문화상을 요약적으로 말하고 있다. 술탄은 이 시구처럼 이스탄불 교외의 경치 좋은 보스포러스나 갸트하네의 계곡에 베르사유 궁전을 본따 아담하고 우아한 교스크(이궁)를 짓고, 젠기(무녀)나 교쥬그(소년 무동)들을 시종들게 하고, 라그(좋은 술)를 마시며 가무 음곡에 탐미의 날을 보냈다.

이 시기에 오스만 터키에 최초의 인쇄소가 이브라힘 뮈테페리카(헝가리 출신, 칼빈파로부터의 개종자)에 의해 이스탄불에서 열리고, 종교와 관계없는 조작물이 인쇄되고 역사, 지리, 언어에 관한 문헌의 입수가 용이하게 되었다. 당시로는 하나의 기술혁신이었다.

상류지배층의 유미주의와 단절된 서민층의 불만분자는 이 시대의 세속화 경향을 싫어하는 완고하고 사리에 어두운 수구파의 울라마(이슬람법 법학자와 신학자)나 분방한 예니체리의 대장에 선동되어 1730년 9월, 수도에서 반란이 일어났다. 반란 발발의 밤, 술탄은 재상과 함께 유스크다르에 있었으나 급보를 받고 서둘러 밤중에 수도로 돌아왔다.

2일간에 걸친 협상결과도 소용없이 퇴위 이외의 방법이 없었다. 반란의 지도자는 예니체리 출신의 알바니아인 바드로나 하리르와 그 일당인 무슈르 페슈였다. 여기서 오스만 국가의 서구화의 제일보라 할 튤립시대는 맥없이 색이 바래졌고 시들었다.

이집트는 16세기에 일단 터키에 정복되었고 오스만 술탄이 맘루크 행정기구를 그대로 두었기 때문에 오스만 터키가 동남 유럽, 중앙 유럽 방면의 경영에 전념하고 있는 사이에, 맘루크 베이들은 자기들에게 유리한 행정관이나 징세관을 임명하여 행정관리면에서 영향력을 키웠다. 그중에서도 카이로의 베이들은 세력의 중심이 되어 차차 술탄이 임명하는 총독과 경합하게 되었다.

술레이만 1세 때 이집트에서는 군사 및 종교를 대표하는 회의(디완)가 구성되어 군사면에서는 맘루크 베이가, 종교면에서는 아랍의 세이흐가 총독을 보좌하기로 되었다. 특히 군사 디완은 24명의 맘루크 베이와 7명의 예니체리 대장으로 구성되었다.

### 이슬람 세계의 근대화와 오스만 제국

17세기에 들어 맘루크 베이들은 더욱 횡포해지고 이스탄불 임명의 총독이 마음에 들지 않으면 배격하고, 자기들 마음대로 되는 총독을 세우는 양상이 되었다. 18세기에 오스만 중앙정부가 쇠퇴양상을 보임에 따라 이집트의 자립경향은 더욱 강해지고, 이스탄불의 국고를 충당할 막대한 세수입을 억제하고, 지배권을 탈취하기 위해 지방의 맘루크 여러 파들이 반란을 일으켰다.

이들 맘루크 여러 파는 셀림 1세가 정복한 구 맘루크 베이의 직접 계통이 아니라 17,8세기 사이에 구르지아인이나 시르가수이아인 가운데서 노예로서 징모되어 이집트에 와 정착한 자들이었다. 이들 중 유력한 지도자들은 세이흐 알 바라드(지방장관)로 불려져 실질적인 이집트의 지도자가 되었다. 이제 이스탄불이 임명하는 이집트 총독은 맘루크 지배자에 대한 대사에 지나지 않았다.

오스만 정부가 이집트에서 겨우 종주권을 잃지 않은 것은 맘루크 각 파벌간의 격렬한 권력 다툼 때문이었다. 점차로 이같은 와중에서 맘루크의 장로격에 해당되는 알리 베이가 착착 군권의 실권을 장악하고, 정치 세력을 굳히고 1776년 이스탄불이 임명하는 총독으로부터 세이흐 알 바라드로서 인정되어 이집트의 지배자가 될 지위를 확립했다.

그는 카프카스 출신의 아프하시아인으로 이브라힘 카트쿠다(1743년-1754년까지 이집트 지배)를 받들고 있었으나, 일찍이 이집트에서 살고 마침내 맘루크 베이로 승진한 인물이다. 이때에 가끔 오스만 제국이 에카테리나 여황제 치하의 러시아와 싸우고, 필요한 병력과 물자 제공을 명받음에 따라 맘루크 군단과 민중의 지지를 받고 1769년에 반기를 들고 독립을 선언했다.

그리고 상부 이집트의 아랍 여러 부족을 복종시키고 메카에 간섭하여 보호권을 얻음에 따라 술탄이라 칭하고, 자신의 이름을 새긴 새로운 화폐를 주조했다. 또한 시리아를 병합하기 위해 무함마드 베이 아부 알 다하브 등을 파견하여 다마스쿠스와 그 외 여러 도시를 포위했다. 기회를 포착하는 데 기민한 알리 베이와 통상협정을 맺고 홍해 항해를 위한 안전 보장을 약속받았다.

그러나 맘루크 군단은 구식이고 비능률적이고 거기에다 군단 유지에 필요한 재력은 인구에 비하여 과중하고, 특히 알리 베이의 시리아 원정은 이집트의 재력을 거의 고갈시켰다. 그런데다가 시리아에 있는 무함마드 베이 아부 알 다하브는 알리 베이를 제치고 이집트의 지배권을 차지하려고 군을 인솔하고 이집트에 쳐들어왔다.

1773년 5월, 나일 강 델타 지방 동쪽에서 알리 베이가 중상을 입고 쓰러지자 그의 지배도 끝났다. 1779년 이래 이집트는 새로운 맘루크, 무라트 베이나 이브라힘 베이 등이 실권을 장악하는 권력의 교대가 계속하여 나폴레옹 침입 때까지 이른다.

오스만 제국의 번영이 지나 수세기 동안, 특히 18세기 이후 권력이나 위신에서도 후퇴를 보이고, 판도는 축소의 외길을 달렸다. 아시아, 아프리카, 유럽에 군림하던 대제국은 점차로 그림자 같은 해골같이 되었다. 보여지는 것은 여전히 위대하지만 외부로부터의 침략이나 간섭에 저항할 수 없고, 판도 내에 있는 소수민족을 유효하게 통치하는 것도 곤란하게 되었다.

제정 러시아, 오스트리아를 비롯한 유럽 열강으로부터의 공세는 해마다 강화되었다. 이같은 상황에 대해 무능한 군주의 배출이 부분적으로 책임이 있을지도 모르지만, 정치조직의 능력이나 행정관리력의 후퇴야말로 중대한 요인으로 실정과 속지(屬地) 반란은 늘 있는 형상이다. 약체화되고 퇴보하는 오스만 제국과 반대로 강대화하여 진보를 계속하는 유럽 열강과의 틈새는 더욱 벌어지게 되었다.

터키의 일부 지도층은 현재 있는 조직의 틀 속에서의 변혁만이 시시각각으로 나라에 닥쳐오는 붕괴적인 위기에서 구하는 특효약이라고 생각하게 되었다. 이 경우 티마르 주이야메트와 같은 군사 봉토(封土) 상태나 예니체리와 같은 군단조직이든 가장 능률적인 원상태에 복귀하는 것을 목표로 생각하는 사람과, 외래의 새로운 기술을 받아들여 낡은 오스만식의 가장 잘못된 부분, 특히 군사제도를 중심으로 하는 서정쇄신이 시급한 일이라고 생각하는 사람이 나왔다.

마흐무트 1세(1730년-1754년 재위)의 치세 때 보이는 군사제도면의 개혁이 최초의 나타남이다. 이것은 아주 우연한 사정에서 행해졌다. 프랑스나 유럽에서 큰 명성을 얻은 보부아르 백작이 터키에 망명하여 오스만 정부를 위해 조력했다. 이름을 이슬람식으로 아흐메드 파샤로 개명하고 복장과 신앙을 바꾼 그는 술탄의 위촉으로 서양식의 두뇌로 포병조직의 개혁을 담당했으나 그 영향은 지속성이 없었다. 또한 무스타파 3세(1757년-1774년 재위)의 치세에 헝가리 귀족 출신의 바론 드 토트가 터키를 위해 신포병 교범이나 신형 대포의 제작을 맡았다.

개혁을 의도하는 지도층은 단순히 개혁이 당면한 필요성을 채워준다고 믿고 있었다. 이같이 18세기 동안 개혁의 노력은 군사적 분야에만 국한되었으나, 경험으로 얻은 새로운 방법이나 기술의 확립이 옛 전통적인 통치 속에서는 성취가 어려운 것이 사실이다. 이때 나타난 술탄이 셀림 3세(1789년-1807년 재위)이다. 그는 오스만 통치체제를 크게 개혁하고자 하는 열의가 있었다. 조금이나마 조직적 기획은 이 술탄의 '니자뫼 제디드'(신체제)에서 시작한다.

'니자뫼 제디드'는 현재의 체제에 변화를 주는 것만이 국운이 기울어지는 것을 만회할 수 있다는 이념으로 지탱되어 있었다. 여기에는 개혁하는 데에 시야가 확대되어 보이고, 적어도 중요한 여러 사항이 포함되어 있었다. 즉 오스만 국가의 부흥은 단지 군사면뿐만 아니라 종교제도까지 포함하는 국민을 다스리는 개혁사항이 있고, 포괄적인 개혁계획이 심의와 일반이 합의하는 찬의에 따라 진행되어야 한다는 데 있었다.

이 태도에는 프랑스 혁명의 영향이 보이고, 전대의 그것보다 훨씬 진보된 노선이라 하여도 실시를 함에는 기획에 관여하는 기관이나 결정을 구체화할 기관을 갖지 못했고, 더욱이 정부를 근대화하는 필요성도 그다지 인식되지 않았다.

여기에 '니자뫼 제디드'의 실패 원인이 있었다. 오랜 세월에 걸쳐

셀림 3세

오스만 제국 내정면의 암적 존재인 예니체리를 개편하여 서양식 장비를 실시하며 울라마(이슬람 법률학자)의 정치관여를 금지하고, 술탄의 권위를 분할하는 시에 이휼 이슬람의 여러 권한을 삭감하고 산업적인 건설, 신종 병력의 수립 등이 니자뫼 제디드의 달성목표였다.

그런데 수구파에 놀아나고 있는 가바그지 무스타파가 보스포러스 경비병과 힘을 합해 반란을 일으키고, 이를 울라마나 예니체리가 지지했기 때문에 셀림 3세는 폐위되고 생명도 빼앗기는 결말이 났다. 또한 술탄파에 속하는 루메리 지구의 아얀(지방 실권자) 아레무다르 무스타파 파샤가 보스니아의 알바니아병을 인솔하고 구원 때문에 왔으나 때를 맞추지 못했다.

짧은 공백기 후 즉위한 마흐무트 2세(1808-1839년)는 그의 집권 형태로 보아 개명(開明) 군주의 틀에서 벗어나지 못했으나, 지금까지의 오스만 술탄들과는 다른 점이 많았다. 형식적으로는 술탄이고 칼리프이지만 이미 과거의 이름뿐이고 이것이 갖는 전통적인 의미는 상실되었다. 마흐무트 2세는 셀림 3세가 시작한 개혁사업을 성공시키고자 하는 결의를 갖고 있었다.

그러나 사촌의 정치 말로를 잘 아는 술탄은 오랫동안 좀먹힌 오스만 제국의 위신을 재건하는 방법으로, 우선 울라마의 유력자를 자기편에 끌어들이려고 노력했다. 울라마 계층은 언제나 종교개혁이 종교적 권위를 약화시킨다고 생각하고 있는 개혁을 반대하는 세력의 아성이 되는 존재였다.

다음은 예니체리인데 술탄은 1826년에 비로소 횡포가 심한 그들 세력을 제거할 수가 있었다. 오스만 제국의 가장 커다란 장애의 하나를 분쇄한 것이다. 계속하여 행정관리, 산업경제, 보건위생, 교육, 문화, 통신 등의 개혁에 착수할 수 있었다. 페즈(터키 모자)의 사용 강제는 말하자면 개혁의 상징이었다.

마흐무트 2세의 세력이 성취한 개혁 사업은 크다. 그러나 해야 할 일이 하도 많아 마흐무트 2세 치세 말에서도 오스만 제국은 갱생이라는 점에서 아직 머나멀었다. 그래도 마흐무트 2세의 죽음은 터키의 개혁사업의 끝을 의미하지 않았다. 오히려 한층 넓은 개혁계획이 준비되어 있었다. 이것이 탄지마트이다.

마흐무트 2세의 치세에서 가장 중대한 손실은 이집트의 이탈과 그리스의 독립이었는데 쌍방이 다 관련성이 있는 전개를 보이고 있다. 지중해는 프랑스 혁명 후에 1791경부터 유럽 열강의 항쟁장이 되었다. 그즈음 터키의 성월기(星月旗)는 중립의 표지가 되었다. 이것은 오스만 제국의 종속민인 그리스인에게 적지 않은 이익을 주었다. 그들은 유럽의 각 항구나 수도에서 상업 활동을 하고 있는 중에 서양사상이나 정치이념을 흡수하는 데 이르러, 자기들이 위대한 민족의 자손이라고 자각하기 시작했다.

오스만 통치체제는 그리스 본토에 뿌리를 내리지 못했다. 지리적으로도 자립하기 쉬운 위치에 있었고, 억압에 대하여 민감하였다. 그런 환경에서 독립을 전개하기 위한 비밀결사 '친우회'를 만들었다. 1820년 이래 독립계획은 착착 준비되었다. 동기는 1821년 봄, 모레아와 쟈니나 방면에서 발발한 반란이었다. 이 반란은 순식간에 그리스 전토에 파급되었다.

'모레아에 터키인을 남기지 마라'는 것이 그들의 정치표어였다. 이 같은 정세에 호응한 영국, 프랑스, 러시아는 오스만 술탄에게 무력간섭을 가하기 위해 3국 동맹조약을 맺고, 이어 여기에 프러시아가 합세했다. 1827년 10월의 모레아 나바리노 만에서 해전이 행해진 것은 그 결과이다.

이 해전에서 오스만 터키의 함대와 오스만 술탄의 요청으로 참가한 이집트 함대는 영국, 프랑스, 러시아의 연합함대에 패해 곤경에 빠졌다. 승세를 타고 러시아군은 루메리아와 아나톨리아에 쇄도했다. 호기에 찬 마흐무트 2세도 굴복했다. 2년 후 에디르네 조약이 체결되고 근대 그리스가 태어났다. 1832년, 그리스는 바이에른에서 옷두(오든) 공작을 맞이하여 새로운 국가의 원수로 세웠다. 이 일은 다른 종속민에게 자립의 희망을 불러일으켰다.

19세기 중엽을 특색짓는 '탄지마트 시대'는 전통적인 구질서의 상징인 예니체리의 폐지와 직접 연관된다. 1839년, 압둘 메지트(1839년-1861년)의 즉위와 함께 터키는 본격적인 개혁기에 들어갔다. '탄지마트 시대'라 불리는 이 시대는 그 해 10월 발포한 '궐하네 핫두 쉬리흐' 즉 '탄지마트 헌장'으로 시작한다.

이 헌장은 당대의 개혁정치가이며 또한 개방적이고 자유주의자인 무스타파 레시드 파샤(1799년-1857년)가 젊은 술탄을 설득하여 발포하게 한 것으로, 본질적으로는 커다란 방침의 단순한 나열에 지나지 않지만 술탄의 전제의 포기를 선언하고 입법의 최고성을 인정하며, 전 국민에게 시민적 평등을 승인하고 재판이나 과세의 공정을 약속했다. 이런 의미에서 탄지마트 헌장은 오스만 근대국가를 새로운 사회 건설을 공식으로 표명한 것이다.

무스타파 레시드 파샤는 오스만 정부의 행정관리 여러 부문의 재편

탄지마트 기념 메달

성에 필요한 법령이나 입법조치를 강구하여 헌장의 대방침을 실천으로 옮기고자 시도했다. 결과는 적어도 지상(紙上)으로는 근대국가로서 중앙집권적인 행정기구나 지방지도자의 평의회, 기술학교의 개설이나 기타 여러 가지 기술혁신이 이루어지기로 되었다.

하지만 구체적인 성과는 그리 볼만한 것이 없었다. 이는 정부가 막 실시할 단계에서 헌장의 이념과 수구적이고 보수적인 상류층이나 이슬람 종교관계 종사자들의 감정과 맞는다는 것은 거의 불가능에 가까운 상황이라고 아는 것이 고작이었다. 무스타파 레시드 파샤나 탄지마트 지(탄지마트 지도자) 등이 일을 안이하게 보는 경향이 있었다. 그들은 창조보다 오히려 손쉬운 모방을 선택했다. 이것이 합리적인 동시에 시간절약이라고 믿은 감이 있다.

이런 심리는 서양문물에 대한 무비판적인 태도가 보이고, 의견만을 추구하는 되는 대로의 형편에 맡기는 것이다. 여기에 모처럼의 개혁사업이 좌절되는 근본요인이 있다.

1841년, 헌장의 작성자 무스타파 레시드 파샤가 파리 주재대사로 전출하자 반개혁파는 술탄의 개혁 의욕에 초를 치기 시작했다. 술탄의 의도가 냉각되면서 개혁운동은 차차로 둔화되고 뼈대가 없어졌다.

그런데 1856년에 이 운동이 새로운 자극을 받게 되었다. 이해에 마침 오스만 터키가 프랑스, 영국, 오스트리아, 사르데니아의 원조를 받고 크림에서 러시아와 싸워 세바스트폴을 공략한 결과로 파리 조약이 체결되었는데, 터키에 편들었던 열강은 수년래 정체되었던 개혁사아법의 촉진을 시사한 때문이다.

여기에 새로운 술탄의 칙령 '핫데이 휴 마윤'을 발포했는데, 이 칙령은 본질적으로 1839년의 '궐하네 핫두 쉬리흐'에 나타난 대방침의 재확인이다. 이 새로운 칙령에서 오스만 제국 내의 비무슬림계 주민, 특히 발칸의 기독교 주민의 완전한 평등이 강조되었고 양심의 자유가 보장되며, 공직은 차별없이 모든 오스만 시민에게 개방된다는 것이 선언되었다.

귈하네 헌장과 마찬가지로 1856년의 칙령에 그려진 개혁도 대부분은 종이 위에서 끝이었다. 아무것도 하지 않았다는 것이 아니다. 알리 파샤, 후와드 파샤 등의 지도 아래 여러 조치가 취해진 것은 사실이다. 그들은 사태를 개선하기 위해 힘썼다 할지라도 국가 쇠락의 근본적 원인을 해소시키기에는 불충분했다. 쓰러지는 듯한 행정기구, 관리들의 행정능력 부족, 오스만 사회에 스며들어온 개혁과 변화에 대한 저항은 일체가 되어 탄지마트를 싹트지 못하게 했다.

다시 말하면 탄지마트는 터키 내부의 비무슬림 국민을 위한 여러 권리를 인정하고자 하는 개혁이기 때문에, 무슬림과 비무슬림의 평등을 법제화하고자 하는 기획이었다. 이에 대해 무슬림의 종교지도층이나, 비무슬림 위에 타고앉아 자기의 우월성을 과시하려는 자들은 이를 신에 대한 모독으로 간주하고 반대파가 되었다.

압둘 메지트의 뒤를 이은 술탄은 압둘 라지즈(1868년-1876년)이다. 그는 탄지마트를 이용한 편승주의의 경향이 강했다. 후아드 파샤가 1871년에 죽자 탄지마트의 지주는 무너졌다. 압둘 메지트는 지나친 낭비벽이 있어 이 때문에 크림전쟁 이래 거듭되는 외국차관의 설정이 행해졌고, 압둘 라지즈는 한술 더 떠 방탕한 낭비벽이 있었다. 그리하여 오스만 술탄으로서 처음으로 서유럽 국가들을 순방하고 호유하는 등 경비가 거듭 증가하여, 1875년경에는 오스만 정부는 외채 이자의 절반을 지불 정지해야 했다.

이 같은 재정적인 위기는 정치적인 위기를 불러오고, 더욱이 아나톨리아와 발칸 일대를 덮친 천재, 기근, 전염병의 재해는 오스만 제국의 속주의 반란을 유발하고, 중요한 무슬림 민중에게도 불안과 반대의 기세를 일으켰다. 외국으로부터의 간섭 위기가 닥쳐왔다. 특히 외교면에서 터키에 압력을 가했다는 점에서 러시아는 영국이나 프랑스보다 더했다.

바로 1860년경부터 오스만의 사상계는 하나의 새로운 경향이 보였다. 일찍이 프랑스나 기타 외국에 유학하여 서양 지식을 흡수한 문인 그룹은 '신오스만인(예니 오스만루라르)'이라 불렸다. 이들은 1860년에 민간신문인 <데르쥬만 아흐와르(정보의 번역)>, 1862년에 <다스위리 에프갸르(사상의 표현)>를 발간하여 지식수준의 향상과 일반의 계발에 소용되게 했다. 이들 신문은 이보다 먼저 마흐무트 2세 시대에 발간된 관영신문 <다구위미 우에가이(시사력)>에 대한 것이다.

1867년에 '신오스만인 협회'를 창설하여 시문학, 문화, 정치평론적인 활동을 하고, 이스탄불, 이즈미르, 세라니그의 지식층의 공감을 얻었다. 이브라힘 수이나수이(1826년-1871년), 주이야 파샤(1829년-1880년), 나무이그 게마르 베이(1840년-1888년) 등이 활동의 중핵이었다. 신오스만인들의 견해에 따르면 탄지마트의 지도자들이 품은 얄팍한 뒤죽박죽한 이념이야말로 개혁을 좌절시키고 국가의 근대화를 막은 것이라 간주하고, 탄지마트는 국가적으로나 종교적으로 퇴보를 가져왔다고 비판했다.

미드하트 파샤

정치·경제적 위기에 대항하기에는 결함이 많은 행정기구를 뿌리째 개조할 이외에는 방법이 없고, 술탄의 전제를 그치게 할 입헌체제로 대체하는 것이 절실히 고려되기 시작했다. 미드하트 파샤 등의 견해가 이런 것이었다. 그들은 오스만 제국 갱생을 위한 가장 좋은 방법을 '헌법'이나 '입헌정치'에서 찾았다. 여기에는 압둘 라지즈의 퇴위가 선결이라고 생각했다. 이 점에 후세인 아으니 파샤 육군대신과 같은 수구파의 거두들도 같은 보조를 취했다.

후세인 아으니 파샤는 입헌정치가 바람직하다는 견해에는 반대했으나, 술탄의 퇴위가 국가를 구하는 데 필요하다는 점에서 미드하트 파샤와 견해를 같이했다. 드디어 퇴위의 때가 왔다. 1876년 5월, 미드하트 파샤가 일으킨 무혈 혁명이 이것이다.

미드하트 파샤들은 새로운 술탄으로 자유주의 사상에 호의를 보이는 무라드 2세를 옹립했다. 그러나 성격이 나약하고 결단력이 부족한 술탄은 미드하트 파샤처럼 성격이 강하고 그의 결단력에 따라갈 수가 없었다. 그는 전 술탄 압둘 라지즈의 자살, 후세인 아으니 파샤의 정치암살의 충격으로 심한 우울증에 걸려 불과 몇주 사이에 폐위되었다.

대신하여 압둘 하미트 2세(1876년-1909년 재위)가 후계자가 되었다. 압둘 하미트 2세는 술탄이 되기 위해 정세의 움직임을 교묘히 이용할 필요가 있었다. 그것은 헌법의 발포이고 입헌정치의 실시였다. 이런 조치는 외국으로부터의 간섭을 피하기 위한 것이었다. 미드하트 파샤들의 헌법기초 작업은 수구파의 반대와 견제로 매우 난항을 거듭했으나, 결국 여러 군데의 삭제나 부칙을 다는 조건으로 겨우 발포할 단계까지 왔다.

미드하트 파샤는 재상이 되고 1876년 12월에 미드하트 헌법이 발포되었다. 이 헌법은 언론, 출판, 집회 및 신앙의 자유를 인정하고, 주거, 재산의 불가침을 약속하고, 모든 오스만 국민에게 관리로 피임되는 권리를 주고, 또한 비례대표제 선거와 상하원으로 성립된 의회와 책임 내각제를 규정하고 있다. 외형적으로는 전제국가가 곧 입헌국가로 변했다.

그러나 술탄은 타고난 전제지배자였고 편의상 그 본성을 숨겼을 뿐, 결코 새로운 체제에 호의를 갖고 있지 않았다. 더욱이 앞의 세 명의 술탄이 서양화를 지향한 반동으로 이슬람 군주로 반유럽적이고 범이슬람주의적 정치체제를 취하고, 1877년 2월에 먼저 '술탄의 대권과 공공의 안녕에 대하여 적의를 가진 행동을 취했다'라는 구실 아래 미드하트 파샤를 파면하고 국외로 추방했다.

다음으로는 6월에 러시아와의 개전을 핑계로 입헌정치를 정지했다. 입헌정치는 이후 30년에 걸쳐 정지되었다. 압둘 하미트 2세의 범이슬람주의는 반서양적 사상가 자말 웃딘 아프가니(1838년-1897년)의 영향을 받은 바가 컸다.

1876년 6월, 세르비아인은 보스니아에 있는 같은 종교를 믿는 사람들을 터키의 압제에서 구한다고 말하고 술탄에게 선전포고를 했다. 몬테네그로인들은 곧 이에 뒤따랐다. 동시에 오스만 투르크의 지배에 대한 불만이 불가리아에 퍼졌다. 이들의 무력은 거의 조직화되지 않아 오스만 제국의 군대는 진압하는 데 곤란을 느끼지 않았다.

하지만 세르비아인이 러시아의 구원을 받아 러시아의 알렉산드르 2세는 범슬라브주의의 입장에서 남슬라브의 여러 족속과 불가리아인을 원조하고, 또한 크림전쟁 때 받은 패배를 설욕하기 위해 오스트리아에게 중립을 부탁하고, 압둘 하미트 2세에 대하여 선전을 포고했다. 이 일은 입헌정치를 정지시킬 구실이 되었다.

러시아의 장군 수코페러흐의 남하 공략에 대하여 오스만 투르크는 불가리아의 프레뷔나에서 잘 방어했으나, 러시아측에 루마니아 원병이 가세하여 투르크측은 힘에 겨워 에디르네를 점령당하게 되었다. 1878년 3월, 투르크와 러시아간에 산스테파노(예수이르 기요이) 조약이 체결되었다.

### 오스만 제국의 이슬람 정치와 밀레트 제도

1299년, 나라를 열고 15세기 중엽 동로마제국을 정복하여 유럽과 아시아로 발전한 오스만 제국은 16세기에 그 세력이 절정에 있었다. 프랑스와 영국과 처음으로 국교를 가진 술탄 술레이만(1520-1566년 재위) 시대에 이슬람 제국 오스만 투르크는 발칸 반도, 투르크인이 거주하는 소아시아, 북아프리카의 세 대륙에 걸쳐 면적 6백만㎢, 인구 6천만의 대판도를 지배하고 있었다.

헝가리, 몰다비아, 트란실바니아 이남의 기독교도 주민이 많은 발칸 반도, 투르크인이 거주하는 소아시아, 아랍인이 거주하는 메소포타미아, 팔레스타인을 포함한 시리아, 아라비아 반도 주변, 이집트 등은 38개의 주(빌라예트)로 나뉘어져 술탄 정부의 직접지배가 행해지고, 토착정권의 조공영지인 크림 반도, 튀니지, 알제리아는 간접적으로 통치되었다. 이 같은 전 영역, 특히 그 직할 지배지역에서의 구제도의 근저는 이슬람적 신정정치였다. 이것은 이슬람 및 비이슬람 교도의 종교제도를 존립시킨 밀레트 제도에 단적으로 나타나고 있다.

오스만 투르크 제국의 통치의 뿌리는 이슬람의 신정(神政)정치였다. 즉 기본적인 법은 코란에 근거한 종교법(샤리아)이고, 법률제도와 재판은 아랍인 지배 이래 계속되는 이슬람 제도로 운영되었다. 이슬람 종교법과 신학에 정통한 법학자 울라마와 사법관 카디 및 상급 재판관 무프티가 법의 제정과 운영을 관리했다.

이스탄불의 최고 무프티는 이슬람 장관 세이흐 알 이슬람이라 칭하고, 입법뿐만 아니라 술탄이나 대신들의 공적행위가 종교법에 적합한지 아닌지를 판정하는 권한이 인정되고, 이것으로 정부 전반을 구속하는 강한 권력을 갖고 있었다. 이슬람 종교 관계자나 신학자는 학교, 사원, 법정의 활동을 통제하고 무슬림의 세속적인 생활면도 구속하는 힘을 가졌다.

이처럼 7-9세기에 제정된 낡은 법률과 교리로 속박된 오스만 투르크의 무슬림 사회는, 종종 있었던 여러 개혁이나 변혁을 종교적인 법률이나 사회제도를 파괴하는 것으로써, 거부하는 강한 반동성과 보수성을 계속 유지했다.

오스만 제국 내의 기독교도나 유대교도들은 제국 지배기구의 한도 내에서 각각의 종교적 수장의 통제 아래 일종의 자치체제가 인정되었다. 이것을 밀레트(밀레트 교도의 집단을 표시하는 터키어로 현재는 민족 이름으로 사용된다)라 부르고, 알바니아인, 불가리아인, 루마니아인, 그리스인 등 그리스정교파 신자들은 콘스탄티노플의 그리스정교회 관장, 그레고리우스파의 아르메니아 교도, 유태교도는 각각 최고 수장의 관할 아래 자치적으로 생활하고 투르크의 지배에 복종했다. 이 밀레트 제도는 성직자에게 최고의 광범한 권한을 부여하였기에, 여기에서도 성직자들은 신도의 세속적 생활까지 크게 지배력을 휘둘렀다.

밀레트 제도는 이슬람의 종교제도와 마찬가지로 성직자들의 보수적·반동적 세력을 강화하는 데 기여했다는 점에서 오스만 투르크 제국의 진보를 크게 저해하고 있다. 유럽의 성직자층에서도 근세 초기에 봉건제도나 군주권에 저항하는 혁신세력이 일어났으나, 성직자가 술탄의 보호 아래 권력을 장악하고 있는 밀레트 제도에서는 그들 사이에서 세속적 권력에 대항하는 혁신운동이 일어날 여지는 거의 없었다.

오스만 투르크 제국의 통치기구는 꽤 정밀한 관료체계로 조직되었다. 술탄, 궁정관, 술탄의 대리인이며 행정부의 최고 책임자인 재상과 그의 정청(政廳) 3부국, 재무장관과 그 아래의 8부국으로 중앙정부를 구성하고, 지방에서는 주(州)에 지사와 재무장관, 군(郡)에는 군수가 통치를 담당하고, 사법에 대해서는 대략 군 범위에서 사법관(카디)이 재판소를 갖고 있었다.

일반통치와 군을 통괄하는 재상이나 주지사에 견주어 이에 길항할 수 있는 권한을 가진 재무장관이 설치된 것은 고대 페르샤 이래의 전통에 근거하지만 이슬람 정치의 커다란 특색이다.

투르크의 통치가 군사지배와 조세징수에 집중되었다는 점도 있다. 이들 정청의 관리들은 처음에 일반 기사(騎士 : 시파히) 중에서, 나중에는 술탄의 노예로 엄격한 훈련을 받은 예니체리 출신자로 구성되었다. 이 모든 기구는 기능적으로 운영된다면 어느 정도 강력한 중앙집권적 정치를 실현할 수 있는 체제였으나, 반대로 17세기 이후 온갖 부처가 부식하고 문란해졌으며, 반쪽의 방대한 기구로 타락하고 마냥 개혁을 저지하는 반동적 존재로 변했다.

술탄 압둘 라지즈가 퇴위한 후에 자유주의 사상에 호의를 가진 무라드 2세가 즉위했으나 성격이 약하고, 결단력이 결핍된 그는 즉위한 지 불과 수주 사이에 폐위되었다. 그를 대신하여 압둘 하미트 2세가 후계자가 되었다.

압둘 하미트 2세는 자신의 전제지배가 전복될 국내 동향을 우려하여 정보망의 조직과 정보정치의 강화를 시도하는 가운데 20세기에 들어섰다. 이런 동향 가운데 눈여겨볼 것은 혁명단체로서의 청년 터키당의 활약이었다.

1889년 수도의 군의학교 학생 이브라힘 데모 등의 그룹이 조직한 '통일과 진보를 위한 위원회(통칭 청년 투르크당)'라고 불리는 비밀결사를 만든 것이 사작이었다. 혁명적인 이 비밀결사는 많은 청년 장교를 끌어들였다. 20세기 초에 이 결사는 여러 위기를 겪으면서 당원수가 늘어났다.

1908년 7월, 터키당은 술탄에게 최후통첩이라 할 전문을 보냈다. 이 전문은 미드하트 헌법 부활과 국회 즉시 개설을 요구하는 것이었다. 이에 호응하여 루메리아 각지에 반란이 일어나고 이것도 과장되어 이스탄불에 전해졌기 때문에 술탄은 두려워 요구를 받아들이지 않을 수가 없었다.

같은 달 하순에 헌법 부활이 발표되었다. 헌법 부활에 동반한 총선거가 행해짐에 앞서, 청년 투르크당은 신국회에 의견을 가진 자는 당원이 되어야 한다는 것을 결정했다. 총선거의 결과는 예상대로 청년 투르크당의 일방적인 승리로 끝났다.

1909년 2월에 이르러 처음으로 청년 투르크당은 자기들의 내각을 조직할 수 있었다. 제2차 헌정기는 초반에 순탄치만은 않았다. 같은 해 4월에 이스탄불에서 반혁명이 일어났다. 그러나 혁명은 곧 진압되고, 4월 말에 술탄은 국민의회의 결의에 따라 퇴위했다. 그의 동생 메흐메드 5세(1909년-1918년 재위)가 옹립되었으나 이미 술탄제는 내용을 갖추지 못하는 껍데기였다. 이후 계엄령 포고에 따라 이슬람 보수 세력은 억압되었다.

그런데도 청년 투르크당은 새로운 정책을 내놓지 못하고 오히려 실패하고 발칸 전쟁, 리비아 전쟁에서 패전을 계속하고 오스만 제국 붕괴를 진행시켰다.

오스만 제국이 멸망하고 터키 공화국이 성립하는 과정은 터키인으로서의 자각보다, 무슬림으로서의 터키인 주민에게 커다란 변화를 주게 되었다. 이것은 제1차 세계대전 패배 후 터키인의 해방을 주장하는 무스타파 케말(1881년-1938년)이 전승국이 일방적으로 결정한 강화조약인 세브르 조약을 부정하고, 아나톨리아를 터키인의 국가를 위해 확보하는 주장에서 시작되었다.

에게 해 연안의 이즈미르에 그리스군이 상륙하여 점령을 개시하는 중에 1919년 무스타파 케말의 지도하에 터키인 구제를 위해 개최된 에르즈름 회의의 선언문에 '아르메니아인, 그리스인은 오스만 정부 및 무슬림에 대한 공격에 단호히 저항한다'라고 한 것처럼 아나톨리아의 대부분이 아르메니아인 등 기독교도에 의해 지배되는 것에 반대하는 터키인은 우선 무슬림으로서 단결했다.

에르즈름 회의 후에 아나톨리아 루메리아 권리 옹호단이 결성되고, 제1차 세계대전의 전승국에 의한 점령이나 분할 정책에 반대하고, 조국 해방전쟁을 지도하는 전 터키적 규모의 조직이 되었다. 이같은 저항운동에는 무슬림 지도자가 대량동원을 위한 커다란 힘을 발휘했다. 1920년 앙카라에 소집된 제1회 터키 국민회의에 참석한 376명의 의원 중 30명은 종교지도자였다.

그리스의 아나톨리아 점령을 저지한 터키 국민회의는 무스타파 케말을 의장으로 선출하고 마지막 오스만 의회에서 다수파가 점했던 해방 운동파가 채택한 '국민 서약'을 승인하고, 로잔의 강화조약 회의에 이스탄불 정부의 참가를 인정하지 않고 터키의 유일한 합법정권이라는 것을 선언했다.

이 때문에 영국의 뒷받침을 받고 있던 술탄 정부는 세이흐 이슬람에게 명하여 무스타파 케말을 반란자로 인정하는 '파트와(이슬람의 법적 해석)'를 내게 하고 궐석재판으로 사형 판결을 언도했다. 한편 국민의회측은 앙카라의 '무프티(자격을 가진 법학자의 이슬람법 해석과 적용)'가 발하고, 아나톨리아 각지의 무프티가 승인한 파트와를 가지고 이스탄불의 칼리프를 외국세력으로부터 구제하여야 한다고 했다. 여기서 그들은 술탄 정부와의 대립을 명확하게 하고 1923년 술탄제 폐지를 결정했다.

그 결과 국민회의는 터키의 합법적 권력이라는 것이 확인되었다. 오스만 일족이 갖는 이슬람의 종교적인 권위, 즉 칼리프 자리에 대해서는 지배권과 분리시켜 국민회의에서 다시 칼리프에 명하는 것이 결정되었다. 국민회의는 압둘 메지드를 새로운 칼리프로 선출했다.

세브르 조약에 대신하여 새로 터키의 요구를 받아들인 로잔 조약이 체결되고 점령군이 터키에서 철퇴하고, 1923년에 터키 공화국이 수립되었다. 무스타파 케말이 초대 대통령에 임명되었다.

국민회의의 보수파 의원은 무스타파 케말의 세속화 정책에 반대하고, 터키 민족해방 전쟁은 서방에 대한 이슬람의 승리로 이슬람 제국은 칼리프 아래 결집해야 하며, 이슬람 세계에서의 칼리프의 지위를 고려한다면 칼리프는 터키공화국의 원수의 지위에 놓여야 된다고 주장하는 자도 있었다.

그러나 국민회의는 터키인의 구제가 공화국에 과하여진 임무로 정치에 이슬람의 개입을 저지하기 위해 1924년, 보수파와 종교세력의 반대를 억제하고 칼리프제의 폐지를 결정했다. 이와 함께 와그프(성원의 재산 관리)성의 폐지가 결정되었다.

이때의 터키 헌법 제2조에 '터키국가의 종교는 이슬람이다'라고 규정하고 있으나, 1928년 국민회의는 헌법 제2조의 종교조항을 삭제했다. 그후 1937년 제2조에 '터키국가는 세속국가이다'라는 조문이 부가되었다. 이로써 터키는 정치와 종교의 완전분리를 선언했다.

# 연 대 표

| 연도 | 이슬람력 | 내 용 |
|---|---|---|
| 622 | 1 | 7월 16일 무함마드 메디나로 성천(聖遷) |
| 630 | 8-9 | 메카 점령 |
| 632 | 10-12 | 6월 8일 무함마드 서거, 아부 바크르 즉위 |
| 634 | 12-13 | 아부 바크르 서거, 오마르 제2대 칼리프 즉위 |
| 644 | 23-24 | 칼리프 오마르 서거, 오스만 제3대 칼리프 즉위 |
| 656 | 35-36 | 오스만 암살되고 알리 제4대 칼리프 즉위 |
| 661 | 40-41 | 무아위야, 다마스쿠스에 우마이야 왕조 수립 |
| 673 | 53-54 | 이슬람군 콘스탄틴노플 포위 |
| 680 | 60-61 | 야지드 1세 즉위 |
| 683 | 63-64 | 무아위야 2세 즉위 |
| 684 | 64-65 | 마르완 1세 즉위 |
| 685 | 65-66 | 압둘 말리크 1세 즉위 |
| 700 | 80-81 | 이슬람군 아프리카를 석권하고 대서양 기슭에 이르다 |
| 705 | 86-87 | 왈리드 1세 즉위 |
| 715 | 96-97 | 술라이만 1세 즉위 |
| 717 | 98-99 | 우마르 2세 즉위 |
| 720 | 101-102 | 야지드 2세 즉위 |
| 724 | 105-106 | 히샴 1세 즉위 |
| 743 | 125-127 | 왈리드 2세 즉위 |
| 744 | 126-127 | 야지드 3세 즉위, 이브라힘 1세 즉위 |
| 745 | 127-128 | 마르완 2세 즉위 |

| 연도 | 이슬람력 | 내 용 |
|---|---|---|
| 749 | 131-132 | 11월 25일 아불 아바스 쿠파에서 칼리프로 선임 (아바스조) |
| 750 | 132-133 | 1월 25일 아바스군 잡부 강가 전투에서 우마이야군 격파 |
| | | 3월 다마스쿠스 함락, 마르완 2세 전사하고 우마이야조 멸망함 |
| | | 히샴 1세의 손자 압둘 라흐만 스페인에 넘어가다 |
| 754 | 136-137 | 아바스조 제2대 칼리프 아부 자푸르 즉위 |
| 756 | 138-139 | 압둘 라흐만 코르도바에서 서우마이야조 수립 |
| 759 | 141-145 | 압둘 라흐만 안다르시아 평정 |
| 762 | 144-145 | 바그다드 건설 |
| 775 | 158-159 | 아바스조 제3대 칼리프 마흐디 즉위 |
| 785 | 168-169 | 아바스조 제4대 하디 즉위 |
| 786 | 169-170 | 아바스조 제5대 라시드 즉위 |
| 788 | 171-172 | 서우마이야조 제2대 아미르 히샴 1세 즉위 |
| 796 | 179-180 | 서우마이야조 제3대 아미르 하캄 1세 즉위 |
| 809 | 193-194 | 아바스조 제6대 아민 즉위 |
| 813 | 197-198 | 아바스조 제7대 마문 즉위 |
| 814 | 198-199 | 마문군과의 전투에서 아민 전사 |
| 822 | 206-207 | 서우마이야조 제4대 아미르 압둘 라흐만 2세 즉위 |
| 833 | 217-218 | 아바스조 제8대 칼리프 즉위 |
| 842 | 227-228 | 아바스조 제9대 칼리프 즉위 |
| 847 | 232-233 | 아바스조 제10대 칼리프 무타와킬 즉위 |
| 852 | 237-238 | 서우마이야조 제5대 아미르 무함마드 1세 즉위 |
| 861 | 246-247 | 아바스조 제11대 문다시르 즉위 |
| 862 | 247-248 | 아바스조 제12대 무스타인 즉위 |

| 연도 | 이슬람력 | 내 용 |
|---|---|---|
| 866 | 251-252 | 아바스조 제13대 무타즈 즉위 |
| 868 | 254-255 | 아바스조 제14대 무타디 즉위 |
| 870 | 256-257 | 아바스조 제15대 무타미드 즉위. 수도를 바그다드로 다시 옮김 |
| 872 | 258-259 | 호라산의 타히르 집안 멸망. 사파르 집안이 대신함 |
| 886 | 272-273 | 서우마이야조 제6대 아미르 문디르 즉위 |
| 888 | 274-275 | 서우마이야조 제7대 아미르 아부달라 즉위 |
| 892 | 279-280 | 아바스조 제16대 무타지드 즉위. 사만 집안 이스마일 푸르가나의 주권을 확립 |
| 902 | 289-290 | 아바스조 제17대 무크타피 즉위 |
| 908 | 295-296 | 아바스조 제18대 무크타티 즉위 |
| 909 | 296-297 | 아프리카에 파티마조 일어나고 마흐디 칼리프에 즉위 |
| 912 | 299-300 | 우마이야조 제8대 아미르 압둘 라흐만 3세 즉위 |
| 929 | 316-317 | 압둘 라흐만 3세 칼리프로 칭함 |
| 932 | 319-320 | 아바스조 제19대 가히르 즉위 |
| 934 | 322-323 | 아바스조 제20대 라지 즉위. 파티마조 제2대 카임 즉위 |
| 940 | 328-329 | 아바스조 제21대 무타키 즉위 |
| 944 | 332-333 | 아바스조 제22대 무스탁피 즉위 |
| 945 | 333-334 | 아바스조 제23대 무티 즉위. 파티마조 제3대 만수르 즉위 |
| 952 | 340-341 | 파티마조 제4대 무이즈 즉위 |
| 961 | 349-350 | 서우마이야조 제2대 칼리프 하캄 1세 즉위 |
| 973 | 362-363 | 파티마조 카이로로 천도 |

| 연도 | 이슬람력 | 내 용 |
| --- | --- | --- |
| 974 | 363-364 | 아바스조 제24대 타이 즉위 |
| 975 | 364-365 | 파티마조 제5대 아지즈 즉위 |
| 976 | 365-366 | 서우마이야조 제3대 칼리프 히샴 2세 즉위 |
| 977 | 366-367 | 스벡타긴, 가즈니조를 창립, 바그다드 정식으로 주권을 인정 |
| 991 | 380-381 | 아바스조 제25대 카디르 즉위 |
| 996 | 385-386 | 파티마조 제6대 하킴 즉위 |
| 997 | 386-387 | 가즈니조 마흐무드 바그다드에서 술탄 자리를 받음 |
| 1009 | 399-400 | 서우마이야조 제4대 무함마드 2세 즉위<br>서우마이야조 제5대 술라이만 즉위 |
| 1010 | 400-401 | 서우마이야조 무함마드 2세 중조(重祚)<br>서우마이야조 히샴 2세 중조 |
| 1013 | 403-404 | 서우마이야조 술라이만 중조 |
| 1016 | 406-407 | 이드리스가(家) 알리 빈 함무드 우마이야조 칼리프 자리를 찬탈 |
| 1018 | 408-409 | 우마이야조 압둘 라흐만 4세 칼리프 자리를 회복 |
| 1020 | 410-411 | 파티마조 제7대 자히르 즉위 |
| 1021 | 412-413 | 알리 빈 함무드의 아들 야흐야 즉위(코르도바) |
| 1027 | 418-419 | 압둘 라흐만 4세의 조카 히샴 4세 즉위 |
| 1031 | 422-423 | 코르도바의 우마이야조 멸망<br>아바스조 제26대 카임 즉위 |
| 1035 | 426-427 | 파티마조 제8대 무스탄지르 즉위 |
| 1036 | 427-428 | 아비센나(이븐 시나) 타계 |
| 1037 | 428-429 | 투그릴 베그, 술탄 마스우드의 뒤를 이어 술탄이 되다 |

| 연도 | 이슬람력 | 내 용 |
|---|---|---|
| 1058 | 449-450 | 투그릴 베그, 동서 전토의 술탄 자리를 카임에게 받고 셀주크 왕조를 수립 |
| 1063 | 455-456 | 투그릴 베그 죽고 조카 알프 아르슬란 즉위 |
| 1073 | 465-466 | 알프 아르슬란 죽고 말리크 샤 즉위 |
| 1075 | 467-468 | 아바스조 제27대 무크타티 즉위 |
| 1086 | 478-479 | 모로코의 무라비트 왕조의 유수프 빈 타스핀, 스페인에 건너가다 |
| 1092 | 484-485 | 셀주크조 술탄 말리크 샤 죽고 내란 일어나다 |
| 1094 | 486-487 | 아바스조 제28대 무스타데르 즉위<br>파티마조 제9대 무스타리 즉위 |
| 1096 | 489-490 | 제1차 십자군 진발(進發) |
| 1099 | 492-493 | 십자군 예루살렘 점령, 예루살렘 왕국 수립 |
| 1101 | 494-495 | 파티마조 제10대 아미르 즉위 |
| 1118 | 511-512 | 아바스조 제29대 무스타르시드 즉위 |
| 1120 | 513-514 | 무함다드 빈 아부달라 빈 두마르드, 서아프리카에 무와히딘조 수립 |
| 1127 | 520-521 | 장기, 모술의 아타베그 되다 |
| 1130 | 524-525 | 파티마조 제11대 하피즈 즉위 |
| 1134 | 528-529 | 아바스조 제30대 와시드 즉위 |
| 1135 | 529-530 | 아바스조 제31대 무크타피 즉위 |
| 1144 | 538-539 | 장기, 에데사를 함락하고 예루살렘에 박두 |
| 1145 | 539-540 | 무라비트 왕조 타스핀 암살되고, 영토의 대부분은 무와히딘조 압둘 무민의 수중에 옮겨지다 |
| 1147 | 541-542 | 제22차 십자군 진발<br>압둘 무민 스페인에 파병 |
| 1148 | 542-543 | 십자군 다마스쿠스 포위 |

| 연도 | 이슬람력 | 내 용 |
|---|---|---|
| 1149 | 544-545 | 파티마조 제12대 자피르 즉위 |
| 1154 | 548-549 | 파티마조 제13대 푸아즈 즉위 |
| 1160 | 555-556 | 아바스조 제32대 무스탄시드 즉위<br>파티마조 최후의 칼리프 아지드 즉위 |
| 1169 | 564-565 | 알레포 왕국 장군 살라흐 웃딘(살라딘), 파티마조의 집정이 되다 |
| 1170 | 565-566 | 아바스조 제33대 무스탄지드 즉위 |
| 1171 | 566-567 | 파티마조 멸망, 살라딘 이집트 왕이 되다 |
| 1174 | 569-570 | 살라딘 시리아 및 메소포타미아 평정 |
| 1180 | 575-576 | 아바스조 제34대 나시르 즉위 |
| 1181 | 576-577 | 살라딘의 위세, 전 서아시아에 떨치다 |
| 1184 | 579-580 | 무와히딘조 유수프 서거, 야쿠브 즉위 |
| 1187 | 582-583 | 살라딘 히틴 전투에서 기독교도를 격파, 예루살렘 점령 |
| 1193 | 589-590 | 살라딘 서거 |
| 1202 | 598-599 | 제4차 십자군 |
| 1206 | 602-603 | 시하부 웃딘 암살되고 쿠트부 웃딘(앙리베크) 인도의 주권을 획득 |
| 1217 | 613-614 | 제6차 십자군 |
| 1219 | 615-616 | 십자군 다미에타 겁탈, 카이로에 박두 |
| 1221 | 617-618 | 나일 강 범람, 십자군 고전 끝에 강화를 제의 |
| 1225 | 621-622 | 아바스조 제35대 자히르 즉위 |
| 1226 | 622-623 | 아바스조 제36대 무스탄시르 즉위 |
| 1229 | 626-627 | 프레데릭 2세 예루살렘 점령 |
| 1231 | 628-629 | 무와히딘조 멸망 |
| 1236 | 632-633 | 가스데르 왕 프레데난트 3세 코르도바 점령 |

| 연도 | 이슬람력 | 내 용 |
| --- | --- | --- |
| 1242 | 639-640 | 아바스조 제37대 무스타심 즉위 |
| 1249 | 646-647 | 이집트 술탄 아이유브 서거 |
| 1250 | 647-648 | 이집트의 바르 노예군벌 정권 장악 |
| 1258 | 656-657 | 몽골 장군 훌라구 바그다드 함락, 아바스조 멸망 |
| 1260 | 658-659 | 몽골군 아인잘루트 전투에서 술탄 바이바르스 때문에 격파 당함 |
| 1261 | 659-660 | 바이바르스, 아바스조의 후예 아메도를 카이로에 맞이하여 칼리프 자리에 오름(카이로 아바스조의 시조) |
| 1272 | 670-671 | 그라나다의 술탄 이븐 알 아마 서거 |
| 1299 | 698-699 | 오스만 1세 술탄 되다(오스만 투르크의 시조) |
| 1307 | 706-707 | 그라나다 왕국의 내란(나스르 술탄이 되다) |
| 1319 | 718-719 | 가스데르 왕자 베드로 그라나다에 육박 |
| 1359 | 760-761 | 그라나다 왕 알 가니 이복동생 이스마일 때문에 폐위되고, 아프리카 페스로 도망 |
| 1360 | 761-762 | 아부 사이드 반란, 이스마일 시해 |
| 1364 | 765-766 | 알 가니 복위 |
| 1391 | 793-794 | 알 가니 서거, 유수프 2세 즉위 |
| 1396 | 798-799 | 유수프 2세 서거, 왕자 무함마드 6세 형태자 유수프를 유폐하고 즉위 |
| 1405 | 807-808 | 가스데르군 그라나다령에 침입 |
| 1408 | 810-811 | 그라나다 왕 무함마드 서거, 유수프 3세 출옥하여 즉위 |
| 1423 | 826-827 | 무함마드 7세 즉위 |
| 1432 | 835-836 | 그라나다의 내란, 유수프 알 아마리 가스데르 왕 존 2세의 원조를 얻어 왕위에 즉위하자마자 죽고 |

| 연도 | 이슬람력 | 내 용 |
|---|---|---|
| | | 무함마드 7세 복위 |
| 1444 | 847-848 | 무함마드 7세 폐위되고 이븐 아나프와 이븐 이스마일 사이에 내란 일어나다 |
| 1454 | 858-859 | 이븐 이스마일 승리하고, 술탄 자리를 유지 |
| 1463 | 867-868 | 그라나다 왕 이븐 이스마일 가스데르 왕 헨리 4세에게 항복 |
| 1466 | 870-871 | 그라나다 왕 아불 하산 즉위 |
| 1469 | 873-874 | 페르디난드와 이사벨의 결혼에 의해 가스데르, 아라곤과 레온 병합 |
| 1482 | 886-887 | 알하마 함락 |
| 1483 | 887-888 | 아불 하산의 동생 아즈 자카르, 가스데르군을 격파하고 형에게 양위하다 |
| | | 아불 하산의 아들 보압딜 아즈 자카르에 배반하다 |
| 1489 | 894-895 | 가스데르군 파엣사 점령, 아불 하산 항복 보압딜, 그라나다 포위 |
| 1492 | 897-898 | 그라나다 항복, 보압딜 페스에 은퇴 |
| 1498 | 903-904 | 히메네스의 무슬림 박해 시작 |
| 1610 | 1018-1019 | 필립 3세, 무슬림들을 아프리카로 쫓아내다 |

# 찾아보기

# 이 슬 람 사

초판 인쇄 – 2012년 10월 5일
초판 발행 – 2012년 10월 10일

편저자 – 김 용 선

발행인 – 金 東 求

발행처 – 명 문 당(창립 1923년 10월 1일)
서울특별시 종로구 윤보선길 61(안국동)
우체국 010579-01-000682
전 화 (02) 733-3039, 734-4798
FAX (02) 734-9209
Homepage www.myunmundang.net
E-mail mmdbook1@hanmail.net
등록 1977.11.19. 제1-148호

■

* 낙장 및 파본은 교환해 드립니다.

* 정가 20,000원
ISBN 978-89-7270-430-0 03910